현대물류관리
Contemporary Logistics Management

현대물류관리

지은이 문일경 · 이철웅 · 장병만 · 정병도
펴낸이 조경희
펴낸곳 경문사
펴낸날 2020년 3월 2일 1판 1쇄
등 록 1979년 11월 9일 제1979-000023호
주 소 04057, 서울특별시 마포구 와우산로 174
전 화 (02)332-2004 팩스 (02)336-5193
이메일 kyungmoon@kyungmoon.com
facebook facebook.com/kyungmoonsa

값 29,000원

ISBN 979-11-6073-047-0

현대물류관리

Contemporary Logistics Management

| 문일경 · 이철웅 · 장병만 · 정병도 지음 |

KM 경문사

머리말

물류는 상품의 공간·시간적 이동 및 저장의 과정에서 운송·보관·하역·포장·유통 가공과 이를 지원하는 정보의 활용 등으로 효율을 창출하는 경제적 활동을 의미한다. 저명한 경영학자인 피터 드러커(Peter Drucker)는 "물류는 경제적으로 개선과 혁신의 여지가 많이 남은 암흑대륙이며, 비용 절감과 경쟁력 향상을 위한 최후의 경쟁 분야이고, 제3의 이윤과 비용 절감의 중요한 영역"이라고 설명하면서 물류관리의 중요성을 강조하였다. 4차 산업혁명 시대에 물류관리의 중요성은 더욱 부각되고 있으며, 기업들은 물류혁신을 이루고 새로운 가치를 만들기 위해 필사적으로 경쟁을 하고 있다. 따라서 물류관리의 기법을 이해하고 전체적인 시스템 관점에서 물류를 관리 감독할 수 있는 능력이 요구되고 있다.

이러한 요구에 맞춰 저자들은 물류관리에 관한 단순한 지식전달에 그치지 않고 이러한 능력을 배양하는 데 일조할 수 있는 교재를 집필하고자 하였다. 본 교재는 광범위한 물류의 개념과 이론을 다루며, 학생들로 하여금 전통적인 물류의 개념부터 4차 산업혁명 시대의 새로운 물류 기술까지 공부하고 물류관리의 전문가가 될 수 있도록 도움을 주고자 한다.

전체적인 시스템 관점에서 물류관리의 개념을 이해하기 위해서 이 책에서는

1. 물류관리의 이론을 이해하는 데 필수적인 기초적인 개념과 이론을 제시하고자 하였다. 특히 한 학기 강의내용으로 적합하게 구성하여 계획적이고, 완벽하게 개념에 대해 숙지할 수 있도록 하였다.
2. 기초적인 이론과 더불어 이해를 돕기 위해 수많은 사례를 제시하였다. 다양한 분야의 물류관리 성공사례로부터 이론이 실제 사례와 어떤 연관성이 있는지 제시하였다. 특히, 기존 교재들이 다루지 못했던 해운물류, 항공물류, 환경 및 회수물류를 다루면서 물류 이론의 확장과 응용을 학습할 수 있도록 하였다.
3. 물류관리를 처음 접하는 학생들을 배려하여, 엑셀로 실습할 수 있는 다양한 예제와 실제 사례들을 많이 제시하고 있다. 단순히 수식을 외우는 것이 아닌, 예제와 연습문제 등을 통해 학생들이 심도 있게 연습하고 풀이 과정을 따라가면서 이론에 대해 더 자세히 알 수 있도록 배려하였다.

Part 1에서는 물류관리의 기본적인 개념과 기업의 공급망 전략에 대하여 다루었다. 물류의 정의와 범위, 물류 현대화의 배경 등을 심도 있게 다루어 물류관리의 중요성을 배우게 된다. Part 2에서는 물류관리에 있어서 중요한 의사결정들인 수요예측, 설비입지, 수배송 의사결정, 구매관리, 재고관리들을 다루었다. 각 장에서 주제에 대해 기본적인 이론과 응용을 학습할 수 있도록 하였다. 또한 물류에서 중요한 분야인 하역·보관·포장에 대해 포괄적이고 깊이 있게 다루었다. Part 3에서는 물류 이론의 확장으로 해운물류, 항공물류, 환경 및 회수물류를 기본 개념부터 심화된 이론까지 폭넓게 소개하였다.

본 저서가 출간될 수 있도록 물심양면으로 도와주신 경문사 故 박문규 사장님과 조경희 사장님, 그리고 편집부에 깊은 감사의 마음을 전한다.

저자 일동 드림

학습로드맵

본 교재는 물류 분야의 학부 및 대학원 교재로 사용하기 적합하게 구성하였다. 크게 Part 1 개념과 정의(1장~2장), Part 2 물류 이론(3장~8장), Part 3 물류 이론의 확장(9장~11장)으로 구성하였으며, 각 장의 일부 내용은 대학원 과정에 적합하다.

강의차수	장	주요 내용
1주	**1장** 물류의 정의와 전략	물류의 정의와 목적 물류의 영역 물류 현대화의 배경 물류 전략과 계획
2주	**2장** 공급망 관리와 물류	전략적 공급사슬관리 기업물류 시스템의 현대화 고객 서비스 수준의 설정 정보기술의 활용 물류 정보화의 발전
3주/ 4주	**3장** 수요 예측	수요예측 방안 정성적 예측법 인과형 예측법 시계열분석법 예측오차 유연성과 신속대응 수요예측의 대안
5주	**4장** 설비입지	설비입지개요 단일설비입지 *복수설비입지 (대학원 수준) 서비스 시설 입지 문제
6주	**5장** 수배송 의사결정	수송수단의 유형과 선택 철도, 트럭, 해운, 항공, 복합일관수송 배송 수송 서비스 선택 *수배송 계획 수립 (대학원 수준)
7주	**6장** 구매관리	구매관리 개요 공급업체 선정과 관리 조달주기 조달일정계획 구매발주량과 시기결정
8주	중간고사	

강의차수	장	주요 내용
9주/ 10주	**7장** 재고관리	재고의 필요성 재고 및 재고비용의 종류 확정적 재고 모형 *확률적 재고 모형 (대학원 수준) 통합적 재고관리
11주/ 12주	**8장** 하역, 보관, 포장	하역 AGV 시스템 보관 효과적인 보관 및 재고관리 포장
13주	**9장** 해운물류	해운물류과 컨테이너 컨테이너 패킹 *컨테이너 로딩 (대학원 수준) *공 컨테이너 재배치 (대학원 수준) *공 컨테이너 재배치 게임 (대학원 수준) Terminal Operating System
14주	**10장** 항공물류	항공물류 항공화물 특성 및 운송 *공항의 시설 및 운영 (대학원 수준)
15주	**11장** 환경 및 회수물류	환경을 위한 물류의 중요성 구매와 조달 *수배송과 교통 (대학원 수준) *보관 (대학원 수준) 주도적인 환경 물류 방안 폐기물/쓰레기 처리 재생과 재활용을 위한 물류 미래의 전망
16주	기말고사	

차례

머리말 iv

학습로드맵 vi

PART 1
개념과 정의

제1장 물류의 정의와 전략

제1절	물류의 정의와 목적	6
제2절	물류의 영역	8
제3절	물류 현대화의 배경	12
제4절	물류 전략과 계획	16

제2장 공급망 관리와 물류

제1절	전략적 공급사슬 관리	32
제2절	물류 시스템의 현대화	40
제3절	고객 서비스 수준의 설정	44
제4절	정보기술의 활용	49
제5절	물류 정보화의 발전	57

PART 2
물류 이론

제3장 수요 예측

제1절	수요 예측 방안	67
제2절	정성적 예측법	69
제3절	인과형 예측법	70
제4절	시계열 분석법	73
제5절	예측오차	83
제6절	유연성과 신속대응 수요 예측의 대안	85

제4장 설비입지

제1절 설비입지 개요 95
제2절 단일설비입지 96
제3절 복수설비입지 103
제4절 서비스 시설 입지 문제 111

제5장 수배송 의사결정

제1절 수송수단의 유형과 선택 123
제2절 철도 124
제3절 트럭 128
제4절 해운 131
제5절 항공 137
제6절 복합일관수송 140
제7절 배송 143
제8절 수송 서비스 선택 156
제9절 수배송 계획 수립 158

제6장 구매관리

제1절 구매관리 개요 171
제2절 공급업체 선정과 관리 173
제3절 조달 주기 177
제4절 조달일정계획 178
제5절 구매 주문량과 시기 결정 185

제7장 재고관리

제1절 재고의 필요성 195
제2절 재고 및 재고비용의 종류 199
제3절 확정적 재고모형 203
제4절 확률적 재고모형 212
제5절 통합적 재고관리 230

제8장 하역, 보관, 포장

제1절 하역 243
제2절 AGV 시스템 252
제3절 보관 257
제4절 효과적인 보관 관리 265
제5절 포장 268

PART 3 물류 이론의 확장

제9장 해운물류

제1절 해운물류와 컨테이너 283
제2절 컨테이너 패킹 291
제3절 컨테이너 로딩 297
제4절 공 컨테이너 재배치 305
제5절 공 컨테이너 재배치 게임 311
제6절 TOS(Terminal Operating System) 316

제10장 항공물류

제1절 항공물류 325
제2절 항공화물 특성 및 운송 334
제3절 공항의 시설 및 운영 342

제11장 환경 및 회수물류

제1절 환경을 위한 물류의 중요성 367
제2절 구매와 조달 368
제3절 수배송과 교통 371
제4절 보관 377
제5절 주도적인 환경물류 방안 381
제6절 폐기물/쓰레기 처리 385
제7절 재생과 재활용을 위한 물류 386
제8절 미래의 전망 387

연습문제 풀이 391
부록 1 424
부록 2 426
부록 3 428
참고문헌 430
찾아보기 439

PART 1

개념과 정의

제1장 물류의 정의와 전략
제2장 공급망 관리와 물류

제1장

물류의 정의와 전략

제1장 물류의 정의와 목적

제2절 물류의 영역

제3절 물류 현대와의 배경

제4절 물류 전략과 계획

인류 역사를 바꾸는 산업혁명은 기술 개발과 함께 반복해서 일어나고 있습니다. 18세기 영국에서 시작된 1차 산업혁명은 대량생산과 자동화의 2차 산업혁명, 정보기술(IT)과 산업이 결합한 3차 산업혁명을 거쳐 최근에는 사물인터넷(Internet of Things, 이하 IoT)에 의한 4차 산업혁명이 전개되고 있습니다.

지금껏 물류 산업은 3번의 혁신적 변화를 겪었습니다. '물류 1.0시대'라 불리는 제1의 혁신은 '수송기계화'입니다. 물류 1.0 시대에 들어서며 철도망의 정비, 화물자동차의 실용화가 진행됐으며, 육상에서의 수송력이 크게 강화되기 시작했습니다. 또한, 다양한 현대식 선박 등의 보급으로 운항 안정성이 크게 향상됐습니다. 물류 1.0의 시대라 불리는 20세기는 다양한 운송수단이 등장, 대량수송시대가 개막된 시기라고 할 수 있는 것이지요.

'물류 2.0 시대'라 불리는 제2의 혁신은 1960년대의 '하역 자동화'입니다. 자동창고, 자동분류와 같은 물류기기의 실용화로 창고 내 하역작업이 일부 기계화됐습니다. 컨테이너선 보급에 의한 하역 기계화도 큰 변화라 할 수 있습니다. 물류센터의 효율적인 보관을 위해 랙 설비 등이 도입되기 시작했으며, 팔레트(pallet)을 운반용기로 활용하는 사례가 늘어났고 지게차 등이 등장했습니다. 또한 분류 효율화를 위해 컨베이어 등도 등장했습니다.

제3의 혁신은 1980년대부터로 '물류 관리의 시스템화'라 할 수 있습니다. WMS(Warehouse Management System), TMS(Transport Management System) 등 IT시스템 활용이 확대됨으로써 재고나 배차 등 물류 관리의 자동화, 효율화가 크게 진전했습니다. 첨단 물류 시스템의 도입으로 물류기업들이 철저한 재고관리를 실현되고, 글로벌 공급사슬 시스템의 전략적 활용으로 물류 업무가 경영에 적극 활용되는 시대가 열린 것입니다.

그렇다면 현재 진행중인 물류 4.0 시대의 혁신은 어떻게 진행되겠습니까? 앞으로 전개될 제4의 혁신, 즉 물류 4.0은 IoT 진화에 의한 인력 절감화와 평준화가 될 것으로 예상됩니다. IoT의 진화는 공급망의 각 영역에서 사람을 필요로 하는 작업을 대폭 감소시킬 것으로 보입니다. 자동운전이나 창고로봇 등 새로운 기술은 지금까지 사람에 의한 조작이나 판단을 기계로 대체하는 것을 뜻하며, 그것의 최종 목적지는 완전 자동화, 기계화가 될 가능성이 큽니다.

대변혁을 가져올 물류 4.0 혁신의 핵심 키워드는 어떤 것들이 있을까요? 많은 전문가들은 그 키워드로 IoT, 인공지능(Artificial Intelligence), 무인자동차, 로봇, 드론 등을 꼽고 있습니다. 현재 다가오고 있는 물류 4.0 시대의 물류는 지금까지의 물류와는 엄청난 차이를 보일 것이라고 예상하고 있습니다. 지금까지 물류의 변화가 '진화'였다면, 앞으로의 물류 변화는 '혁명', '파괴'가 될 수도 있다는 것입니다. 그만큼 현재 물류환경이 크게 바뀌는 시대가 올 수도 있습니다.

일부 기업들이 로봇과 무인자동차를 통한 자동화 도입을 검토 중이지만 상용화까지는 다소 시간이 걸릴 것으로 예상됩니다. 그러나 오늘날의 기술개발 속도를 보면 무방비상태로 있으면 낭패를 볼 수 있겠죠. 앞으로는 로봇으로 인해 일자리를 잃는 사람들이 생겨날 것입니다. 인공지능에 대한 공포감도 커지고 있습니다.

물류 4.0 혁신에 의한 인력 절감화로 가장 큰 변혁이 일어날 것으로 보이는 물류 프로세스는 화물차 수송입니다. 국내 화물수송량 중 화물차를 이용하는 비율은 상당히 큽니다. 그리고 기업들이 지불하는 물류비에서 가장 많은 비중을 차지하는 것 역시 운송료입니다. 무인자동차의 실현은 물류비용 구조에 큰 영향을 미칠 것으로 예상됩니다. 최근 등장하고 있는 창고로봇은 하역작업의 자동화 범위를 비약적으로 확대시킬 것입니다. 현재 사람이 대응하고 있는 작업을 기계로 대체하는 것이 가능해지기 때문입니다. 사람이 직접 해야 하는 프로세스는 더욱 줄어들 것으로 보입니다. 이러한 물류기기로 인해 물류현장에 당장 사람이 전혀 필요 없어지는 것은 아닐 것입니다. 그러나 인력 절감화는 확실히 이뤄지고 있습니다.

물류 인프라의 평준화를 통한 사회 전체의 혁신이라 할 수 있는 물류 4.0의 시대에는 IoT가 진화돼 물류의 디지털 관리 역시 진행되면, 기업, 업계간 차이가 축소될 수도 있습니다. 서비스 평준화가 진행될 수도 있다는 것으로 위탁하는 물류회사를 변경해도 관리시스템을 바꿀 필요가 없어서 교체 비용을 크게 줄일 수도 있을 것으로 예상됩니다.

▶ 출처: 물류신문 (2018.10.1.)

http://www.klnews.co.kr/news/articleView.html?idxno=118206

제1절 물류의 정의와 목적

2008년 추수감사절 직후 펼쳐진 미국 최대 세일 성수기인 블랙 프라이데이 시즌에 월마트에서 팔린 삼성전자의 LCD TV는 36만 대에 달했다. 당시 이틀 동안 월마트에서 팔린 LCD TV의 양이 예년의 한 달 치 미국 판매량과 맞먹었다. 삼성전자가 이같이 놀라운 실적을 낼 수 있었던 비결은 기업물류 정보 시스템인 SCM(Supply Chain Management) 시스템을 통해 전 세계에서 돌아다니는 삼성전자 제품의 현황을 손금 보듯 실시간으로 파악하였기 때문이었다. 블랙 프라이데이 시즌에 미국 각 지역에서 수요가 급증하자 SCM 시스템을 통해 현황을 파악한 뒤 인근 국가에 있던 물량 등을 수송하여 적기에 공급하였다.

초기 물류의 정의는 군대의 병참(Logistics Management)에서 나온 것으로, "전쟁에 필요한 물자, 인원 그리고 시설을 보급하고 유지하고 이동시키는 군사 과학의 한 분야"를 의미한다. 이후, 기업 활동과 국가적인 차원에서의 물류의 중요성이 강조되면서 물류를 다른 의미로 바라보기 시작하였다. 미국 공급사슬 전문가협회(Council of Supply Chain Management Professional: CSCMP, 구 CLM)는, 기업물류를 "원자재 공급지에서 생산지로의 시간적 공간적 연결 네트워크인 물적공급(Physical Supply, Supply Chain) 과정과 재화의 생산지에서 소비지로의 시간적 공간적 연결 네트워크인 물적유통(Physical Distribution, Demand Chain) 과정에서 수반되는 제반활동을 계획, 설계, 관리 및 통제하는 공급사슬 관리(Supply Chain Management)"로 정의하고 있다. 이 기업물류의 정의는, "기업의 이윤과 고객의 만족을 최대화하면서 고객이 원하는 제품과 서비스를 요구되는 장소와 정확한 시간에 만족할 만한 상태로 공급하는 것"을 포함하고 있다.

이와 같이 물류는 상품의 공간, 시간적 이동 및 저장, 일부 형질의 변경의 과정에서 효율을 창출하는 운송, 보관, 하역, 포장, 유통가공과 이를 지원하는 정보의 활용 등의 경제적 활동을 의미한다. 유명한 경영학자인 피터 드러커(Peter Drucker)는 "물류는 경제적으로 개선과 혁신의 여지가 많이 남은 암흑대륙이며, 비용절감과 경쟁력 향상을 위한 최후의 경쟁 분야이고, 제3의 이윤과 비용절감의 중요한 영역"이라고 설명하면서 그 중요성을 강조하였다. 기업은 물류 관리와 물류 시스템의 합리화로 비용절감과 상품가치의 향상과 경쟁력 강화를 도모할 수 있으며, 물류를 이용하여 고객 서비스의 개선과 기업이윤을 창출, 향상시킬 수 있다.

기업 경영에서의 물류의 목적은 고객 서비스의 수준을 향상시키면서 물류비를 최소화하여 기업의 이윤을 추구하는 것이다. 이를 위한 물류의 목표는 '필요한 물품을, 필요한 장소에, 필요한 시간에, 적절한 가격과 적절한 조건과 상태로 전달'하는 것이다. 이 목표를 위해 신속(speedy), 저렴(low), 안전(safety), 확실(surely)하게 물품을 고객에게 전달하는 것이 중요하다. 스마이키(Smykey) 교수는 물류의 목적을 달성하기 위한 물류 서비스를, "고객이 요구하는 서비스 수준과 기업의 경쟁력 확보에 적합하도록, 정확한 상품(Right Product), 정확한 품질(Right Quality), 정확한 수량(Right Quantity), 정확한 시간(Right Time), 정확한 장소(Right Place), 좋은 감명(Right Impression), 정당한 가격(Right Price)으로 고객에게 전달하는 것이다."라고 언급하였다.

개별기업은 물류 관리를 통해 물류와 관련된 비용을 절감하면서 고객을 위한 서비스를 최대화할 수 있고, 이를 통하여 이윤추구가 가능하다. 기업물류의 목표를 달성하기 위해서는 기업 내 물류 관리의 시스템화·합리화를 도모하고, 수송, 보관, 하역, 포장, 정보처리 등 개별요소들을 공급사슬 관리와 연계시켜 총괄적인 물류 관리체계를 구축하며, 물류시설을 최적화하여 설치하고 운영하는 방법들을 실행해야 한다. 국가적 관점으로는 물류합리화와 물류 생산성 제고로 물가상승을 억제하고 국가경쟁력을 확보하며, 경제 활동에서 유통 및 수송을 지원하고, 국민 경제 측면에서 총비용 절감이 가능하다. 사회경제적 관점에서는 물류능력 향상으로 산업 유통구조를 선진화하여 생산자와 소비자 간의 장소와 시간상의 간격과 수량, 품질, 가치에서의 차이를 연결하고 조정하여 사회적 안정과 경제적 능률을 향상시킬 수 있다.

물류의 목적을 잘 실행하기 위해서 수송, 보관, 하역, 포장, 유통가공, 정보 등의 물류활동요소들을 동일한 물류목표에 맞추어 작동되도록 통합시켜, 적합한 물류 서비스를 비용최소화로 산출하는 최적의 물류 시스템이 갖추어져야 한다. 물류 시스템은 투입된 자원과 각 물류기능을 통하여 물류 서비스를 제공한다. 대표적인 물류기능으로는 수송기능, 보관기능, 하역기능, 포장기능, 유통가공기능, 정보기능 등이 있고, 각 기능들을 구현하는 수송 시스템, 보관 시스템, 하역 시스템, 포장 시스템, 유통가공 시스템, 정보 시스템이 물류 시스템의 하위 시스템으로 구성된다. 하위 시스템들의 합리화와 유기적 통합을 통하여 적합한 물류 서비스를 최소의 물류비용과 최소의 환경 및 사회적 책임 비용으로 제공하는 것이 물류 시스템의 목적이다.

최근 들어, 4차 산업혁명이 사회와 산업의 화두로 대두되면서, 혁신적인 기술을 활용하여 물류 시스템의 목적을 달성하기 위한 방법으로 '물류 4.0'이 주목받고 있다. 수송의 기계화(물류 1.0), 하역의 자동화(물류 2.0), 물류 관리의 시스템화(물류 3.0)의 다음 단계로서, 빅데이터, 인공지능, Internet of Things (IoT), 자율형 로봇 등과 같은 새로운 기술이 주목받고 있으며, 많은 기업들은 이와 같은 기술을 통하여 기존과는 혁신적으로 차별화되는 프로세스와 시스템을 구축하고, 인구 고령화, 환경오염 등의 사회의 변화에 대응하기 위한 노력들을 지속하고 있다.

각종 환경과 공해문제와 사회문제 등을 최소화하며 기업의 사회적 책임을 고려하여 지속가능경영(CSR: Corporate Sustainable Responsibility)과 회사 이미지 등 소프트파워

(Soft power) 향상을 염두에 두고 물류 시스템과 프로세스를 지속적으로 개선하고 혁신하는 것은 매우 중요한 이슈이다. 20세기 후반부터 가속화되는 환경보호를 위한 규제와 자원절약과 재활용을 위한 환경 물류 활동이 글로벌 경제 구조와 인류의 생존을 위한 환경보호차원에서 중요한 변수로 대두되고 있다. 독일과 일본은 우리나라와 유사하게 좁은 국토 위에 산업화된 국가들인데 1960년대부터 환경보호를 위하여 재활용을 강조하고, 소각이나 매립을 통제하는 등 환경보호법으로 산업체의 물류 활동을 조달, 생산 및 판매물류 영역에서만 아니라 회수와 재생을 위한 환경물류(Environmental Logistics)에 많은 시스템 구축과 투자를 하고 있다.

제2절 물류의 영역

2.1 기업물류의 주요 활동 범위

물류의 영역은 기본적으로 조달물류, 생산물류, 판매물류와 회수/환경물류로 구분될 수 있다. 과거에는 물류의 범위는 생산한 상품을 소비자까지 운반하는 과정에 관계되는 제반 물적 유통활동(Physical Distribution)만을 의미하였다. 그러나 물류 활동의 현대화가 진행되고 전문화, 글로벌화, 시스템화를 지향하면서 물류가 의미하는 범위도 조달물류, 생산물류, 판매물류 및 회수/환경물류로 확대되어갔다. 제조업체의 기업물류는 그림 1.1과 같이 물류영역을 분류할 수 있으며, 물류의 영역별 흐름을 표현할 수 있다.

물류의 각 영역은 다음과 같이 정의 내릴 수 있다.

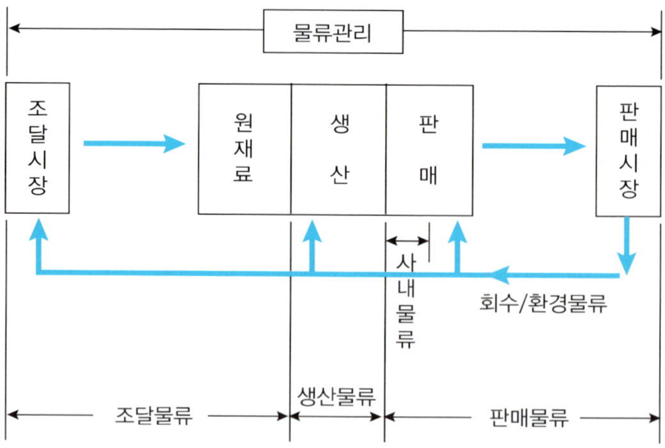

그림 1.1 물류의 영역

(1) 조달물류

자재, 원재료, 부품 및 부분조립품을 공급업체에 주문, 구매하여 제조공장이나 생산업체에게 수송, 입하하여 조달하는 물류이며, 공급업체의 개발과 선정, 조달을 위한 수송활동, 하역활동, 보관활동, 포장활동, 재고 및 정보관리가 포함된다.

(2) 생산물류

생산물류는 물류영역의 한 부문으로 생산에 투입되는 자재와 중간제품을 출고하여 생산 공정으로 하역 운반(자재취급, Material Handling)하고, 생산중인 제품의 운반, 완제품의 포장, 공장창고와 제품창고 입고 및 보관, 하역까지의 활동이 포함된다. 생산과정에서 물자의 이동과 취급은 생산을 위한 자재운반과 취급이 중심이며, 물류의 중요한 영역으로 포함된다.

(3) 판매물류

생산된 제품을 공장창고에서 출고하여 물류센터나 도매업체로 수송·보관하고, 주문이나 판매계획에 따라 물류센터나 배송센터에서 출하, 피킹, 유통가공, 분류, 포장 작업을 하고 소매업체나 고객에게 배송하는 활동과 고객 서비스 활동이 포함된다.

(4) 환경물류(회수/재생/폐기물류)

고객으로부터 빈 용기나 포장재를 회수하고, 소비된 제품의 폐기물을 회수하며, 회수품의 집하, 분류, 수송 및 재생가공을 위한 수송, 운반과 보관 활동, 하자보수와 판매제품의 반품, 리콜(Recall) 처리하는 활동이 포함된다.

물류의 영역별 정의에서 살펴본 바와 같이, 물류는 생산에서 소비로 향하는 단방향적인 흐름에 머물지 않는다. 물류는 자재를 조달하고, 생산 및 유통 공급과 판매를 통해 고객에게 인도한 후, 설치 및 서비스를 하며, 소비 후에 회수하여 일부 폐기하기도 하지만, 재생하여 다시 조달 및 생산으로 완결되는 순환과정을 거치기도 한다. 기업물류의 흐름을 조달-생산-판매-재생의 물류 사이클로 형성하게 하므로 그림 1.2와 같이 기업물류 관리 영역을 순환 모형의 물류 시스템으로 표시할 수 있다.

물류합리화를 도모하기 위해서는, 각 분야별 물류의 합리화뿐만 아니라 분야를 통합한 물류의 합리화 역시 고려해야 한다. 예를 들어, 제품의 수송 후 고객의 근처의 원료 공급업체에게서 원료를 수송해 오거나 다른 제조업체의 화물의 수송을 대행하는 등 공차수송을 줄여서 물류비의 합리화를 도모할 수 있다.

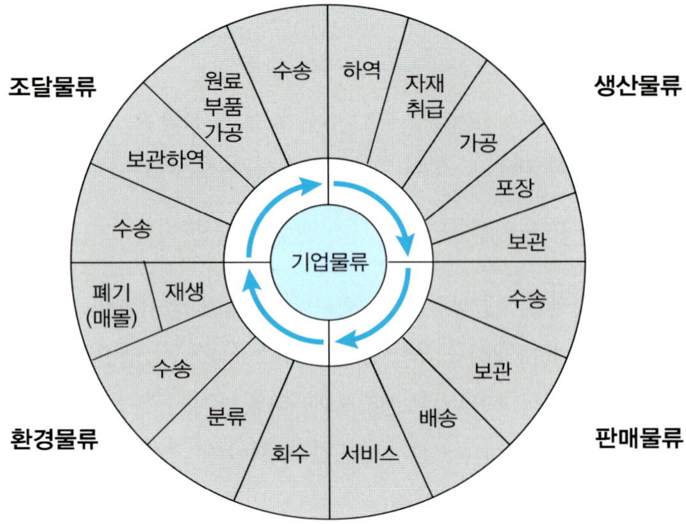

그림 1.2 순환 모형의 물류 시스템

2.2 물류 활동과 의사결정

기업물류(Business Logistics)는 제품의 부가가치를 증진시키고 물류 서비스를 통한 고객 만족과 매출 및 기업수익의 향상을 목표로 하며, 기업 활동의 중심인 생산과 판매부문의 사이를 연결하기 위하여 개별적으로 이루어지던 수배송, 보관, 포장, 정보 및 회계 활동분야들을 통합하여 관리하는 것이다. 기업물류의 활동으로는 물류 전략과 계획 수립, 고객 서비스, 수요 예측, 물류 정보관리, 재고 관리, 하역(물자 취급), 주문처리, 수배송, 부품 및 서비스 지원, 공장 및 창고 위치 선정(입지 분석), 구매, 포장, 반품관리, 폐품 회수와 재생 처리, 보관 등이 있다. 기업물류 활동을 핵심 활동과 지원 활동으로 구분할 수 있으며, 각 활동과 관련된 의사 결정 사항들은 다음 표 1.1과 같다.

표 1.1 물류 활동 기능별 의사결정사항

활동	기능	의사결정사항	비고
핵심활동	물류고객 서비스 관리	• 고객의 물류 서비스 요구사항 파악 • 현 서비스 수준 평가와 고객의 반응 파악 • 최적 물류 서비스 수준 결정	마케팅부서
	수송	• 수송수단 및 수송 서비스와 업체 선정 • 최적 물류 서비스 수준 결정 • 제품 혼재 • 경로 계획 • 배차계획과 수송차량선정 • 클레임 처리 수배송 • 운임정산	적시공급 재고관리

<table>
<tr><td></td><td>재고관리</td><td>• 원자재 및 생산품의 재고관리 전략
• 단기판매 예측
• 재고거점의 보유품목과 수량파악 및 결정
• 재고거점 수, 규모, 위치 선정</td><td>생산과 수요
간의 완충
적시공급</td></tr>
<tr><td></td><td>물류 정보처리</td><td>• 판매 주문처리 작업과 원칙
• 유통정보 교환 및 주문 정보전달
• 공급사슬 재고 파악과 가시성 확보
• 송장(청구서) 및 회계처리</td><td>공급사슬
가시성 확보</td></tr>
<tr><td rowspan="9">지원활동</td><td>보관</td><td>• 공장과 창고 입지선정과 공간규모 결정
• 창고 내 배치와 출하도크(loading dock) 설계
• 창고관리와 보관
• 재고배치(stock placement)</td><td></td></tr>
<tr><td>하역</td><td>• 하역장비선정-기계화 자동화
• 장비교체계획
• 제품피킹방식
• 입고·출고관리</td><td></td></tr>
<tr><td>구매</td><td>• 자재/부품 공급업체(구매선) 선정과 계약
• 조달방법과 구매시기와 구매량 결정
• 구매·생산·재고 및 수송시스템 간 통합화</td><td></td></tr>
<tr><td>포장</td><td>• 제품의 취급 수송 하역 보관을 위한 설계
• 환경과 제품광고를 고려한 설계
• 손상방지를 고려한 보호 설계
• 포장 단위화-복합일관수송체제 고려</td><td></td></tr>
<tr><td>생산량과
생산일정 조정</td><td>• 생산량 결정
• 생산일정 및 재고결정</td><td>수배송과 재고관리
효율성 연계</td></tr>
<tr><td>정보관리</td><td>• 정보수집, 보관 및 보안
• 자료분석과 물류 및 경영에 반영
• 정보관리 지원</td><td></td></tr>
<tr><td>환경물류와
지속가능경영</td><td>• 역물류와 회수물류 시스템 관리
• 폐기물 수집, 수송, 분류, 재활용과 처리 계획과 실행</td><td></td></tr>
<tr><td>사후관리</td><td>• 클레임처리, 반품처리
• 리콜 처리
• 고장수리와 보수 부품 공급</td><td></td></tr>
</table>

기업물류 활동은 판매부서와 생산부서에서도 다루기도 하나, 일반적으로 판매부서는 재화나 서비스의 교환이 효율적으로 이루어질 수 있도록 이들을 편리한 유통경로에 위치시키는 것이 주요관점이고, 생산부서는 생산비와 관련활동 비용의 절감이 핵심 관점이다. 따라서 물류문제 해결에 있어서 상호협조가 어려운 상황이 발생되기도 한다. 그 결과 물류 서비스 수준은 고객이 요구하는 정도를 충족시키지 못하고, 물류비용은 필요 이상으로 지출될 수가 있다. 이러한 측면에서 과거에 부분적으로 생산부서와 마케팅부서에 속해 있

던 재화의 흐름과 수배송, 보관, 재고관리기능은 관리의 효율성과 효과성을 개선하고 혁신할 수 있도록 독자적인 물류부서로 재편되어야 한다.

제3절 물류 현대화의 배경

1980년대 후반부터 물류라는 용어가 사용되면서 급속도로 국가와 산업계에 퍼져나갔다. 이는 물류비가 매출액의 17%(1995년) 수준으로 국가 및 기업의 국제경쟁력의 저해 요인이 되면서 물류 현대화가 크게 요구되었기 때문이다. 물류 현대화를 시켜야 하는 당위성과 배경은 다음과 같다.

3.1 물류의 후진성

앞서 이야기한 바와 같이 피터 드러커는 "유통은 경제의 암흑대륙"이라고 표현하였는데, 이는 물류를 포함하여 유통체계가 생산만큼 중요하며, 새로운 혁신을 통하여 효율성과 효과성을 개선할 수 있는 여지가 많기 때문이다. 물류 분야는 생산 분야의 발전과 비교해볼 때 너무나 낙후되었고 혁신적으로 개선시켜야 하는 분야이다. 생산 분야에서는 생산설비의 현대화와 생산방법의 혁신으로 대량생산 체제와 유연생산 체제를 구축하고 제품의 생산원가는 크게 절감되어 대량생산과 대량고객화(Mass Customization)가 진행되고 있다. 유통에서도 백화점이나 대형소매점의 보편화, 복합일관수송, 더블 트레일러, 고층자동창고, 자동분류장치, 물류 정보 시스템 등 각종의 기술혁신이 행해지고 있다. 그럼에도 불구하고 생산에서의 혁신적인 수준만큼 유통비와 물류비 절감이나 물류와 유통체계의 개선이 이루어지지 않고 있다. 제품가격에서 생산비와 비교해볼 때 물류유통비의 비중은 더 높은 편이라고 할 수 있다. 유통이 생산에 비교해서 현대화가 늦어지는 것은 전 세계적으로 공통되는 현상이다. 우리나라의 경우, 1970~90년대의 고도 경제 성장기를 지나서 본격적인 대량소비의 시대에 들어왔지만, 생산설비의 현대화, 생산방법의 합리화에 비교하면 유통과 물류의 현대화, 합리화는 뒤떨어진 편이다. 물류의 후진성에 관한 이유로는 물류 분야가 노동집약적인 서비스 산업분야이고, 생산 우선의 전통적 산업 가치관으로 물류에 대한 투자가 차선으로 밀린 것을 들 수 있다. 또한, 생산성이 낮은 영세한 중소기업 등이 많이 연관되어 있으며, 글로벌화와 정보 기술로 재편되는 공급사슬 관리의 선진 물류체계 등을 도입하기가 곤란한 사회적·경제적 문제도 연관되어 있기 때문이다.

3.2 경제 변화와 물류 중요성의 증대

물류 수준은 경제 활동의 질적 양적 변화에 따라 변화하고 있으므로, 향후 예상되는 미래의 경제발전에 대비하여 물류 시스템을 정비해야 한다. 우리나라는 1960년대부터 수출드라이브 정책과 경제개발계획, 1970년대 중화학공업 육성과 수출 100억불 돌파, 1980년대의 수출고도화와 꾸준한 경제 수준의 증가세로 국민 총생산의 성장에 비례하여 국내 화물수송량은 꾸준하게 성장해왔다. 고속도로 건설과 꾸준한 도로확장으로 증가하는 국내 화물수송량을 감당해왔다. 1980년대 후반부터 안정성장기에 들어서자 물류기초시설인 도로, 항만, 철도, 공항, 유통센터 등 사회간접자본의 부족이 문제로 대두되었다. 그 결과 도로혼잡에 의한 교통지체, 항만 혼잡에 의한 선적지연 등으로 물류비 압박과 산업경쟁력 저하의 문제들이 크게 발생했다. 이와 더불어 교통사고, 자동차의 배기가스에 의한 대기오염, 소음, 진동 등 공해와 환경문제, 사회문제 등이 대두되어왔다.

이러한 문제의 해결을 위해 물류 현대화, 물류 효율화가 기업경영 개선을 위해 추구되었고 물류시설에 대한 투자증가와 물류 관리와 소프트웨어의 정비 등 물류 관리의 효율화를 지향하기 시작하였다. 1990년에 들어와서는 경제 구조가 저성장형으로 바뀌면서 다양한 물류수요가 신장하였다. 이때부터 수요 추종형의 물류에서 수요 개발형의 물류가 중요하게 대두되었다. 우리나라의 물류수송업에서 새 분야의 수요개척에 성공한 분야는 택배이다. 소화물급송은 종래에도 우체국의 소포와 철도소화물로 취급되고 있었지만 고객의 요구를 만족하는 것은 아니었다. Door to Door의 편리성, 당일이나 익일배송의 고속성 등으로 고객 서비스를 개선하여, 고객 사이에 잠재하고 있던 고속배송 서비스 대한 니즈를 만족시켜 택배 사업은 급속으로 성장하였다.

3.3 고객 요구의 변화

경제가 성장함에 따라서 고객의 요구도 고도화되고 다양화되었다. 고객의 요구를 만족시키기 위해서는 물류 서비스의 신속화, 고급화라는 문제가 나오고 있다. 현재의 저성장 경제 구조하에서는 전체의 수요는 거의 확대되지 않으며 기본적 욕구는 만족되고 있다. 고객이 추가적으로 희망하는 것은 다양화·차별화된 제품과 서비스이다. 확대되지 않는 수요를 둘러싸고 시장의 점유율을 확보하려면 타사와 차별화된 제품과 서비스를 시장에 공급하지 않으면 안 된다. 신제품의 개발과 함께 디자인과 포장 등을 변화시킨 제품들을 포함하면 시장에서 다품종의 상품이 유통되게 되며, 한 품종당의 판매량은 소량이 되고 물류도 소량화, 소로트(Small Lot)화로 변화하고 있다.

또한 기업들은 수익성 재고를 위해 재고의 비용부담을 경감시키려고 한다. 편의점의 경우 점포면적이 좁고, 따라서 진열 상품의 개수를 가능한 적게 하고 상품의 재고회전율을 높이는 것으로 경영을 효율화하려고 한다. 따라서 오늘날의 물류는 1회의 주문량을 소량으로 정시에 납입되도록 요구받고 있으며, 짧고 정확한 납품 리드타임과 짧은 주문주기의 특성을 갖는 다품종 소량의 리얼타임 물류이다.

이와 같은 높은 수준의 다품종 소량의 리얼타임 물류는 배송 차량의 적재효율이 낮고 물류비용이 높은 문제점을 안고 있다. 물류 서비스 수준을 상승시켜 고객사로 하여금 재고부담을 줄이고, 효율과 효과성 높은 비즈니스를 할 수 있도록 하며, 신선한 상품을 판매하는 등 편익을 도모할 수 있어야 한다. 그러나 현재의 시장은 고객중심의 시장이어서 높은 서비스 수준에 걸맞은 대가를 확보할 수 없는 것이 문제이다. 결론적으로 저성장기의 경제하에서는 물류 활동이 경제적이면서도 다양한 고객의 욕구를 충족시키기 위한 물류 서비스의 고도화와 다양화를 지원할 수 있어야 한다.

또한 새로운 고객가치를 창조하기 위하여 기업이 상품을 적절한 시기까지 적절한 위치에 재고로 준비해 둔다면, 이전에는 존재하지 않았던 새로운 가치가 고객과 회사를 위해 생겨나게 된다. 예를 들어, 아마존은 빅데이터를 활용하여 언제 어떤 제품을 주문하는지 예측하고, 고객의 주문이 접수되기 이전에 구매 가능성이 높은 제품을 고객의 위치와 가까운 창고에 물건을 미리 가져다두는 예측 배송 시스템을 준비하고 있다. 이렇게 창출된 가치는 양질의 상품을 디자인, 생산, 기술개발을 하여서 생기는 가치와 유사한 것이다.

3.4 도시 물류문제

대도시와 위성도시에서의 인구집중으로 인한 교통 혼잡과 주차시설 부족은 물류관점에서 큰 문제이다. 물류수송은 지역간 수송과 지역내 수송으로 구분할 수 있다. 지역간 수송은 철도, 노선트럭, 해운과 항공편 등이 있지만, 지역내 화물 수송은 트럭이 핵심 수단이다. 그런데 대도시의 교통량은 도로의 용량을 이미 초과하고 있는 경우가 많고, 더 심각한 상황은 도시 내 화물수송량이 매년 증가 추세에 있다는 점이다.

교통 혼잡은 교통사고, 배기가스에 의해 대기오염, 소음, 진동 등의 공해를 유발시키고, 대당 운행횟수와 배송량의 저하, 운행소요시간 증가, 우회 거리증가 등으로 배송 효율의 악화 현상이 날로 심화되고 있고, 배송효율도 낮아지게 한다. 또한, 도시 내에서 발생하는 폐기물의 물류도 큰 문제가 되고 있다. 이와 같은 도시 내 물류문제를 해결하기 위해 '유통센터'를 설치하고 우회 가능한 교통량의 도시 내 통과억제, 대형차의 도심 내 진입 배제를 시도해왔지만, 도시 내 교통의 혼잡은 해결되지 않는 추세이다. 일본이나 독일의 경우 도시 내 물류를 위한 새로운 교통수단의 개발을 구상하고 있으나 트럭 수배송의 장점과 유연성을 대체하기가 용이하지 않다.

3.5 글로벌화의 진전

최근의 세계 경제동향은 국가 간의 경제가 통합되어 세계화 방향으로 나아가고 있고, 21세기 국제경제에는 국제 간의 분업체계로 인하여 글로벌 공급사슬 관리의 구도하에서 경쟁이 이뤄지고 있다. 기업은 자사의 상품을 글로벌화된 세계 시장을 겨냥해서 설계하고 세계 어느 곳이든 가장 비용이 싼 부품과 노동력이 있는 곳에서 생산하여 글로벌 시장에 판매하는 형태를 지향하며, 삼국에서 생산하여 수출, 수입하는 패턴의 다양화가 가속화되고 국제 간 물류의 효율화가 더욱더 중요한 과제로 부각된다. 또한, 유럽경제공동체(European Economic Community: EC)의 결성, 북미자유무역협정(North America Free Trade Agreement: NAFTA), 각 국가 간의 자유무역협정(Free Trade Agreement: FTA) 등이 확대되면서 기업과 산업 전반에 걸쳐 전 세계를 대상으로 물류 활동을 계획하고 운영하는 글로벌화 추세가 증가되고 있다. 이는 물류의 활동과 비용을 증가시키며, 이에 대한 관리와 중요성에 더 큰 비중을 실어 주고 있다. 특히 수송비가 전체 가격구조에서 큰 부분을 차지하게 됨에 따라 물류는 기업 내에서 그 중요성이 증가되고 있다. 또한 국제 물류의 효율과 효과를 개선하기 위해서, 특히 2016년 파나마 제2운하가 개통됨에 따른 초대형 컨테이너선의 취항으로 인하여 항만의 정비가 시급하다. 또한 내륙수출기지(Inland Depot System)의 구축과 국제일관 수송방식의 개선, 컨테이너 등의 물류 관련 설비와 시스템의 ISO(국제표준화기구)의 국제적인 표준화 규격화를 고려한 정비 등이 필요하다.

3.6 정보기술의 발달

정보기술의 발달로 판매시점관리(POS: Point of Sale) 시스템을 이용하여 바코드를 스캐닝하여 생산, 피킹, 분류, 출하, 입하, 보관, 수배송, 포장의 물류흐름 전 과정을 점검하고, 각종 판매, 재고, 수송 정보를 집계, 분석하여 재고관리, 주문과 물류 제반활동을 효과적으로 통제 관리하는 것이 중요한 개선사항이 되고 있다. 또한 e-비즈니스 시장의 급격한 성장으로 물류와 유통산업도 중개인이나 도소매상을 거치지 않고 고객과 공급업체나 생산자가 직거래하는 형태의 비중이 점차 증대하고 있다. 실시간으로 소비자 수요의 변화를 파악하고, 주문정보와 배송의 추적관리를 할 수 있어야 하고, 전자문서교환(EDI: Electronic Data Interchange) 등의 기술로 종합적인 물류 서비스를 온라인상에서 제공하는 웹기반의 전자 물류(E-Logistics), 무선통신과 무선인터넷기술을 활용한 PDA와 휴대폰, 노트북, 컴퓨터를 이용하여 주문관리와 추적, 창고관리, 화물분류, 차량관리, 신용카드결재 등을 하는 모바일 물류(Mobile Logistics)가 도입되고 있으며, 무선주파수인식칩(RFID: Radio-Frequency Identification)을 상품에 부착하여 상품의 위치추적, 재고관리, 고객관리, 물류경로 효율화와 이동 중인 고객에의 서비스 등을 할 수 있는 유비쿼터스 물류(Ubiquitous

Logistics)가 등장하여 물류 시스템의 정보화가 물류 생산성과 기업 경쟁력에 큰 영향을 미치고 있다. 이처럼 정보기술은 물류의 현대화에 핵심 기술요소로 자리 잡고 있다.

제4절 물류 전략과 계획

기업 전략은 생산, 마케팅, 재무, 그리고 물류 활동에 대한 각각의 전략과 계획을 구체화함으로써 달성될 수 있다. 물류부문에 있어서 중요한 의사결정 사항으로는 창고의 입지선정, 수송수단의 선택, 재고정책의 설정, 그리고 물류 정보 시스템의 설계 등이 있다. 물류 담당자는 물류에 관한 다양한 전략적 개념과 의사결정 기법을 이용하여 이러한 사항들에 대한 의사결정을 수행하게 된다.

4.1 물류 전략의 중요성

경쟁우위를 확보하기 위한 물류 전략을 수립하는 것은 우수한 기업 전략을 개발하는 것만큼이나 창조적이고 혁신적인 과정을 필요로 한다. 물류 전략은 기업 전략이 추구하는 바를 달성하기 위하여 물류시설과 장비를 위한 물류자본의 절감, 물류 관련 운영비용의 절감과 고객을 위한 물류 서비스 개선과 회사의 수익 향상 등을 그 목표로 한다. 이때 사용되는 중요한 지표로 물류자산대비 회수율(ROLA: Return on Logistics Assets)이 사용될 수 있으며, 이를 최대화하는 각종 전략들을 찾아 세워나가야 한다.

$$\text{ROLA} = \frac{\text{물류수익(Revenue)} - \text{물류비용(Costs)}}{\text{물류자산(Assets)}}$$

물류자본 절감은 투자에 대한 수익을 극대화하고, 물류 시스템에 대한 투자를 최소화하는 전략이다. 이러한 전략으로는 창고에 제품을 보관하지 않기 위해서 소비자에게 직접 제품을 운반하고, 자가창고를 운영하는 대신 영업창고를 이용하며, 재고를 비축하기보다 적시적량공급의 JIT(just-in-time) 공급방식이나 수송 품목의 입하 즉시 고객주문에 따른 분류와 출하를 하는 크로스도킹(Cross Docking) 방식을 선택하고, 자체적인 물류망을 구축하는 대신 물류 서비스를 제공하는 제3자 물류(3PL, 3rd Party Logistics)를 이용하는 등 다양한 자본절감을 위한 전략들이 강구될 수 있다. 이러한 전략들은 높은 수준의 투자를 필요로 하는 전략들보다 운영비용은 증가하지만 투자수익은 증가할 수 있다. 물류비용 절감은 수배송 및 보관과 관련된 운영비용을 최소화하는 전략이지만, 단순하게 비용을 최소화하는 전략보다는 적정한 물류 서비스 수준하에서 이윤의 극대화가 되는 전략이 더 바람직하다.

사례 1.1 물류 전략의 성공 사례

아틀라스 도어(Atlas Door) 회사는 산업용 문을 고객에게 주문받은 후 3개월 이내에 공급하는 회사가 없다는 것을 알고 훨씬 짧은 시간 내에 배달하는 물류 전략을 개발함으로써 후발업체임에도 불구하고 높은 시장 점유율을 차지하게 되었다.

4.2 물류계획

물류계획은 고객 서비스 수준, 설비 입지, 재고에 관한 의사결정, 수송에 관한 의사결정 등의 4개 분야로 나눌 수 있다. 고객 서비스 수준은 다른 세 가지 분야에서 결정된 전략의 결과로 나타나며, 이 세 가지 분야는 서로 관련되어 있어서 물류 시스템 설계에 중요한 영향을 미치기 때문에 물류계획을 수립할 때 이들을 동시에 고려하여야 한다. 4개 분야의 의사결정은 기업의 수익성에 큰 영향을 미치고, 이들 각각의 의사결정 분야들은 서로 연관되어 있기 때문에, 계획 수립 시 이들 간의 상충관계(Trade-off) 분석을 고려할 필요가 있다.

(1) 고객 서비스 수준

물류 고객 서비스 수준은 시스템의 설계에서 물류시설의 수와 입지, 수배송 수단, 제품 가용성과 재고유지 수준, 정보 시스템 수준 등 물류투자와 운영비용과 아주 밀접하게 연관되어 있으므로, 전략적인 물류계획을 수립할 때 가장 먼저 결정해야 할 사항이다. 일반적으로 물류 고객 서비스 개선전략 수립 시에는 제공되는 서비스 수준의 증가에 비례하여 수익이 어느 선까지는 증가하다가 정체하지만, 서비스 수준 증가에 따라 물류 관련 비용은 지속적으로 증가한다. 적절한 서비스 수준을 설정할 때는 수익이 비용을 상쇄하고도 남아야 한다.

(2) 물류시설 입지

물류센터 및 보관거점과 이곳에 제품을 공급하는 공급업체의 지리적인 위치와 물류 서비스를 받는 고객사들의 위치들은 장기적인 물류 전략과 계획의 기초가 된다. 물류시설의 수, 입지, 크기를 정해서 각 공급업체의 공급량, 공장의 생산량, 각 시장의 수요를 이들 물류시설에 할당하는 것은 제품들이 소비지역으로 흐르는 물류 네트워크와 경로를 결정하는 것이다. 물류시설 위치를 결정하는 문제는 제품이 중간 물류거점들을 경유해서 최종 소비자에게 이르는 과정에 포함되는 공장, 공급업체, 물류센터를 경유하는 제품의 수송과 이와 관련된 수배송비, 생산비, 설비고정비와 운영비용, 재고유지비용 등을 모두 포함한다. 설비입지 계획의 문제는 결국 수배송비와 물류시설 입지관련 고정비 및 운영비를 포함한 총비용이 최소가 되는 경로를 찾아서 장기적인 이윤을 최대화하는 것이 된다.

(3) 재고 의사결정

재고전략에는 재고보충방식에 따라서 보관지점에 재고를 할당하는 푸시(Push) 전략과 고객 주문과 수요를 고려하여 보관지점에서 재고를 주문 요청하는 풀(Pull) 전략이 있다. 이러한 재고전략에 따라서 보유재고 수준, 공급업체 및 고객사와의 거래 방식과 장기적 유대, 공급사슬의 경쟁력 등이 달라진다. 공급업체, 공장, 물류센터, 혹은 창고에서 제품별로 다양한 재고관리 방식에 의해 재고수준을 관리하는 것과 품목별 보관위치를 선정하는 것 등은 재고유지비, 재고 부족으로 인한 비용, 창고보관비 등과 연관된 물류 관리를 위한 중요한 의사결정 사항이다.

(4) 수송 의사결정

수송 의사결정은 운송 수단선택, 수송량과 수송 빈도수, 공급지와 수요지 간의 수송량 배정, 그리고 차량경로 결정과 일정계획 수립 등을 포함한다. 이러한 결정은 공장과 물류창고에서 소비지나 고객까지의 수송거리, 공급 가능량, 수요량 등에 의해 영향을 받으며, 이는 또한 물류시설들의 입지에 영향을 미치게 된다.

물류계획은 설계 문제이다. 네트워크의 구축 및 운영과 관련된 비용, 네트워크 설계에 의해 달성되는 고객 서비스 수준에 의해 발생하는 수익이 적절히 균형을 이룰 수 있도록 창고, 물류시설, 공장, 재고배치, 수송 서비스, 그리고 정보처리 시스템들을 구축해야 한다. 물류 정보 네트워크를 설계하는 것은 물류 시스템의 주문 사이클 시간에 영향을 미친다. 또한 주문 사이클 시간은 물류 네트워크상의 지점에서 유지되어야 하는 재고수준에 영향을 미친다. 재고의 가용성은 고객 서비스 수준에 영향을 미치고, 고객 서비스 수준은 주문 사이클 시간과 정보 네트워크의 설계에 영향을 미치게 된다. 물류체계의 각 요소들은 상호 의존적이기 때문에 물류 시스템을 부분적으로 고찰하기보다는 전체적으로 고찰해야 한다.

4.3 물류계획 수립 시 고려사항

물류계획 수립 시 고려되는 많은 원칙과 개념들은 수송과 물류 활동의 독특한 특성 및 일반적인 경제와 시장 메커니즘에서 유래된 것이며, 이러한 원칙과 개념은 물류계획 수립시 반영해야 한다.

(1) 총비용 중심의 상충관계 분석

그림 1.3과 같이 물류 시스템에서 입력은 수송, 보관, 하역, 포장, 정보, 유통가공의 개별 활동을 위한 투입자원들이다. 이 투입자원의 소비량이 각각 수송비, 보관비, 하역비, 포장비, 정보비, 유통가공비로서 추출되고 이 개별 활동에서 발생되는 비용의 합계가 물류비이다. 물류 시스템의 설계와 범위 설정은 총 물류비용 개념을 중심으로 상충관계 분석을 하는 것으로 귀착된다. 이는 기업의 다양한 활동과 관련된 비용이 서로 상충되는 특성을 나타낸다는 것에 근거한다. 이러한 비용의 상충은 관련 활동들 간에 균형을 이루도록 조정함으로써 전체적인 활동의 최적화에 활용할 수 있다.

상충관계는 '2개 이상의 목적이 공통의 자원에 대해서 경합하고 한편의 목적을 보다 많이 달성하려면 다른 한편의 목적달성이 일부 희생되는 목적 간의 관계'를 말한다. 최적의 상충 관계를 구하려면 관련 비용들의 합인 총비용이 최소가 되는 수준에서 각 목적들의 활동 수준들을 정하면 된다. 물류 활동에서는 여러 가지 종류의 상충관계가 존재한다.

- 물류 서비스와 물류비용 간의 상충관계
- 물류 서비스를 구성하는 개별 기능 간의 상충관계
- 물류비용을 구성하는 개별 비용 간의 상충관계

그림 1.4는 수송수단의 결정을 위한 상충관계 분석의 예를 보여준다. 항공기에 의한 빠른 수송은 비용이 높고 철도와 같은 느린 수송은 비용이 낮다. 단위 무게(톤)를 단위 거리(킬로미터)만큼 수송하는 운임이 임율이다. 여러 종류의 수송수단의 장단점을 비교하는

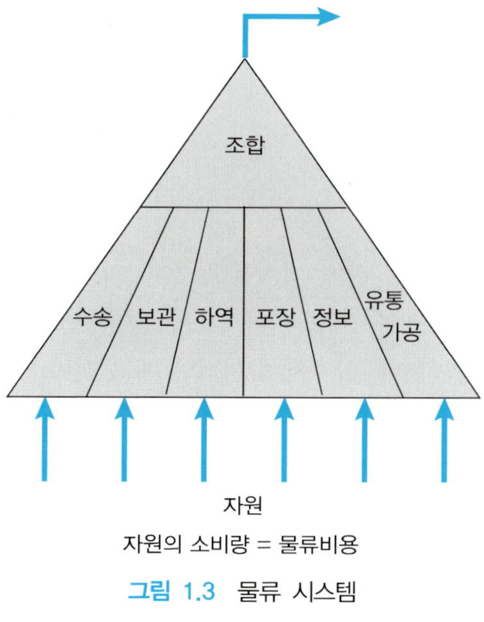

그림 1.3 물류 시스템

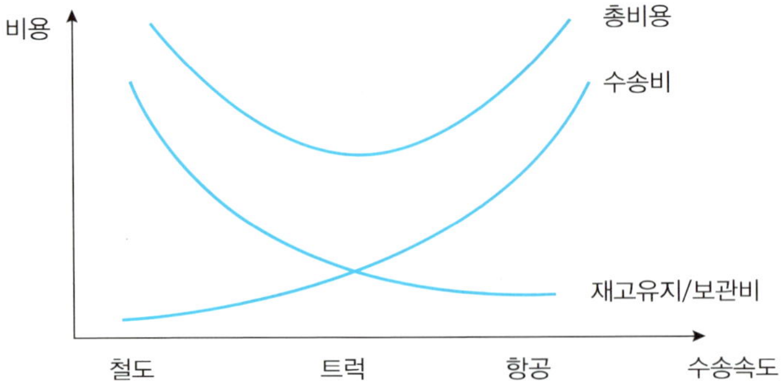

그림 1.4 수송수단 선정을 위한 상충관계 분석

것에는 임율과 수송비뿐만 아니라 상품의 보관비도 고려하여 총비용으로 평가하는 것이 더 바람직하다. 그림 1.4와 같이 가로축에 수송속도에 따라 철도, 트럭, 항공을 배열하면, 이 순서대로 수송비용이 높아진다. 그러나 빠른 수송수단을 사용하면 주문부터 상품 입하까지의 리드타임이 단축되며, 수송중인 상품 재고량이 감소하고, 운송 리드타임 간의 수요의 변동을 고려한 창고의 안전재고를 대폭 감소시킬 수 있다. 또한 리드타임이 짧아지므로, 수요 변화에 대해서 신속 대응할 수 있기 때문에 판매를 놓친 재고가 발생할 가능성이 낮아진다. 이와 같은 빠른 수송수단을 사용하면 상품 재고량은 감소하고 재고유지비와 보관비용은 저렴하게 된다. 수송수단의 선정에 관련된 수송비용과 재고유지/보관비용의 관계는 한쪽이 감소하면 다른 쪽이 증가하는 상충관계가 성립하고 있다. 따라서 수송비용과 재고유지/보관비용을 합한 총비용으로 수송수단을 선정하는 것이 타당하다.

또한, 상품 재고량과 고객 서비스 수준에 대한 상충관계 분석을 해보면 다음과 같다. 고객의 주문을 받을 때 보유 재고가 없으면 품절된다. 고객의 주문시에 보유재고에서 곧바로 서비스할 수 있는 확률이 재고 서비스율이다. 품절율과 서비스율 사이에 다음의 관계가 성립한다.

$$\text{품절율} = 1 - (\text{재고 서비스율})$$

재고 서비스율이 낮아지면 판매 기회를 놓치게 되고 또한 고객의 신용을 잃어버리고 판매경쟁에서 패할 수 있으며, 재고 서비스율이 높아지면 과잉재고가 발생하고 보관비용이 과중하여 경영을 압박한다. 따라서 합리적인 재고 서비스 수준을 설정할 필요가 있다. 이 경우에 품절비용과 보관비용 사이에 상충관계가 존재한다.

다음으로, 물류센터의 수의 결정과 관련된 상충관계 분석을 살펴보자. 공장창고에서 출하되는 제품들은 각 지역의 물류센터를 경유하여 고객에게 배송되는데, 이때 물류센터를 몇 개로 하면 가장 적당할지 결정하고자 한다. 수송은 공장창고에서 물류센터까지, 배송은 물류센터에서 소매점포까지를 말한다. 수송에서는 공장의 생산과 수요지의 수요의 변동을 고려해서 계획적인 수송을 적합한 차량을 이용해서 빠르고 저렴하게 할 수 있다. 그러나 배송에서는 특히 도시의 교통 혼잡 때문에 고속으로 주행할 수 없으며 배송비가 높아지게 된다. 또한 소매점에서의 주문은 다빈도이며 1회당 로트 크기도 적은 편이다. 따라서 소형차를 사용하게 되며, 화물을 만적할 수 없어서 적재효율도 나빠진다. 그러나 운전수는 대형차와 같이 소형차도 1인이 필요하다. 따라서 수송과 배송의 톤킬로당의 임율을 비교하여 보면 배송 임율이 수송 임율보다 비싸다. 그림 1.5와 같이 물류센터의 수를 증가하면 수송비용은 증가한다. 반대로 물류센터에서 소매점까지 배송거리는 짧아지기 때문에 배송비용은 감소한다.

물류센터를 설치하려면 토지구입대금의 금리, 건물 및 부속설비의 감가상각비, 고정자산세, 관리자의 인건비, 그 외에 일반관리비 등의 고정비가 발생한다. 따라서 그림 1.5에서처럼 물류센터 수가 증가함에 따라서 고정비가 증가하고 있다. 또한 주문을 처리하는 비용도 물류센터 수의 증가에 따라 약간 증가한다. 소매점의 주문을 리드타임 내에 납입하기 위해서는 물류센터 내에 상품 재고를 가지고 있어야 하므로 상품 재고량은 센터의 수가 증가하면 비례하여 증가한다. 그러므로 보관비용은 물류센터의 수와 재고량의 증가에 비례해서 증가한다. 이와 같이 물류센터 수에 따라 어떤 종류의 물류비는 증가하고 다른 종류의 물류비는 감소하는 상충관계가 존재한다. 그래서 각종의 물류비용의 합인 총물류비가 최저가 되는 수준의 물류센터 수를 최적의 수로 결정하는 것이 타당하다.

그런데 물류 시스템에서 물류비용의 절감만으로는 달성할 수 없는 물류 서비스 역시 대단히 중요한 요소이다. 고객의 주문을 접수 후 배송을 완료하기까지의 시간을 '배송 리드타임'이라 부르고 배송 리드타임 중에 배송을 완료할 '배송 서비스율'이라 할 때, 이 배

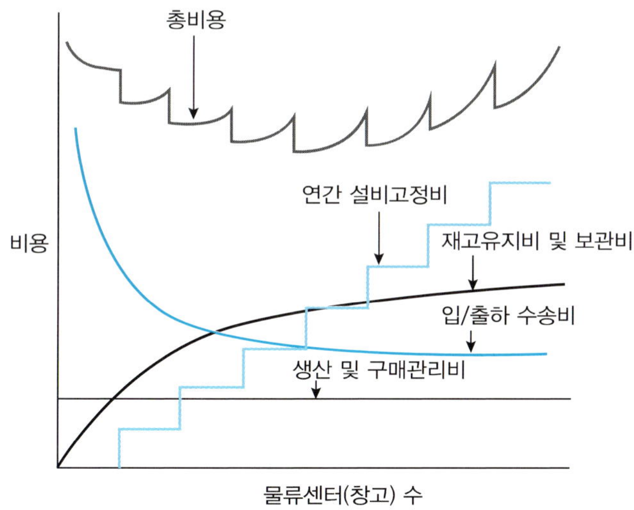

그림 1.5 물류센터의 수와 관련 비용간의 균형점 분석

송 서비스율은 물류센터의 수가 증가하고 중요 소비지의 근처에 물류센터를 입지하게 한다면 그 확률은 높아진다. 또한 물류센터의 수를 증가하면 배송 서비스율은 상승할 것이다. 따라서 총 물류비와 배송 서비스율 사이에는 물류센터 수에 대해서 상충관계가 성립한다는 것을 알 수 있다.

(2) 제품 특성에 따른 물류망과 물류 서비스 차별화

기업들이 판매하는 여러 제품들은 그 특성들이 서로 다르고 판매 대상이 다르며, 서로 다른 수준의 고객 서비스를 필요로 하므로 기본적으로 복수의 유통전략이 필요하다. 즉, 모든 제품들에 대해서 동일한 수준으로 고객에게 물류 서비스가 제공되어야 하는 것은 아니다.

■ 판매량과 수익에 따른 재고와 흐름의 차별화

관리자들은 제품을 판매량, 수익, 재고보유 수준 등에 따라 몇 개의 그룹으로 분류하고 재고의 위치와 재고관리 방식을 결정하는 데에 이러한 원칙을 적용해야 한다. 각 제품의 특성과 비용의 차이를 고려하지 않고, 모든 창고들에 모든 제품들을 보관한다면, 높은 물류비용을 초래하게 될 것이다.

제품들의 보관위치 선정에서도 일반적으로 주문이 빈번하게 발생하는 품목들은 공급사슬 네트워크에서 고객 가까이에 있는 배송센터나 지역창고에 보관하고, 판매량이 중간 정도인 품목은 지역거점창고에 보관하며, 유통속도가 느린 품목은 공장창고나 중앙 보관창고에서 보관한다. 각 보관지점에는 서로 다른 특성을 지닌 제품들을 재고로 유지하게 된다.

또 다른 전략은 공장이나 공급업체에서 고객에게 직접 공급되는 제품과 창고를 경유해서 공급되는 제품을 구별하는 것이다. 수송효율의 구조상 트럭단위(TL: Truckload Volumes)로 운송하는 것이 경제적이기 때문에, 기업은 고유의 유통패턴을 조사하여서 제품들을 먼저 적재단위에 따라 분류한 후, 트럭단위의 대량주문의 적재화물들은 공장에서 소비자에게 직접 수송하고, 트럭단위 미만(LTL: Less-than-Truckload Volumes)의 소량주문 제품들은 전략적으로 운영하고 있는 물류센터들을 경유해서 운송하도록 하는 구별된 수배송 전략으로 고객 서비스 수준을 유지하면서 유통비용을 절감할 수 있다.

■ 제품 수명주기(Product Life Cycle)에 따른 재고와 흐름의 차별화

시장에 출시한 제품은 제품 수명주기에 따라 판매량과 지역 등이 시간의 흐름에 따라 달라진다. 제품 수명주기는 일반적으로 진입(Introduction), 성장(Growth), 성숙(Maturity), 쇠퇴(Decline)의 4단계로 구분되며, 물류 전략은 각 단계에 따라 달라져야 한다.

제품의 진입과 성장단계에서는 시장진출로 판매량이 증가하게 되나 수요 예측과 판단이 어렵기 때문에, 창고의 수와 위치 및 보유 재고량과 물류망과 공급사슬 관리는 경영층의 판단과 통제하에 관리되고 신중하게 확장되어야 한다. 제품에 대한 고객의 관심과 수요량 증가에 유의하여 광범위 지역에 제품전시와 가용성을 고려한 재고배치를 확대해야 한다.

성숙단계에서는 판매량의 성장이 둔화되거나 최고 판매수준에서 안정 정체되므로 물류와 유통망이 가장 확대되어 가고, 많은 물류거점으로 제품의 공급가용성을 잘 통제하고 안정적인 상태를 유지한다. 쇠퇴단계에서는 판매량 감소에 따라 제품 이동과 재고전개의 패턴을 조정하고, 창고의 수를 줄이고 소수의 중앙 집중화된 물류센터 중심의 효율적인 물류망으로 전환하여야 한다.

■ 제품의 특성에 따른 차별화

물류비용은 제품의 무게나 부피, 가치 그리고 위험성 등의 특성에 민감하다. 물류채널 내에서 이러한 특성들은 제품이 운반되고 보관되는 동안 사용되는 포장 형태에 따라 변경될 수 있다. 부품형태로 제품을 적재하는 것은 제품의 무게-용적비율을 높이며 수송과 보관효율을 높인다. 제품의 특성을 변경하면 하나의 비용요소를 변화시킬 수 있기 때문에 물류 시스템에 대한 새로운 비용 균형점을 만들게 된다. 이와 같이 제품의 특성에 상당한 변화가 일어나면 물류 시스템을 다시 계획하는 것이 유익할 수 있다.

(3) 혼합 전략

혼합 전략은 그 개념이 복수의 유통전략을 활용하는 것과 유사하다. 단일전략은 규모의 경제효과를 얻을 수 있고 일반관리 문제가 단순하다는 장점이 있지만, 생산라인의 용량, 주문 크기, 판매량, 그리고 고객 서비스 요구사항 등에 상당한 변화가 생길 때 비경제적이 될 수 있다. 혼합 전략은 제품그룹별로 각기 다른 전략을 수립하고 적용하여서, 모든 제품그룹에 대해 동일한 단일전략이나 포괄적인 전략을 적용하는 것보다 비용이 적게 든다.

혼합 전략의 예로는 급격히 증가하는 판매를 충족하기 위하여 자가창고와 함께 영업창고를 사용하는 것으로, 전적으로 자가창고를 사용하는 단일전략에 비해 총비용을 낮게 할 수 있다. 이 혼합 전략을 사용하여 용적이 큰 제품들은 영업창고로 옮기고, 기존의 자가창고에 새로운 하역 및 보관 장비를 설치하여 물류처리 속도를 개선하여 용량부족을 해소하고 필요 공간을 충분히 확보하는 것이 가능하다. 또한 자가트럭과 영업용트럭을 함께 활용하는 것이나 전문물류회사(3자물류, TPL)를 회사 내 물류부서와 함께 활용하는 것도 혼합 전략의 방안이 될 수 있다.

(4) 유예(Postponement)

유예의 원칙은 물류의 관점에서 제품의 최종 생산 공정이 완성되는 위치나 출하시점 등을 고객의 주문이 확정될 때까지 유예하거나, 또는 제품의 기본 구조나 기본 형상(디자인)을 표준화하여 고객의 주문량이 최종 디자인과 함께 통보되었을 때 짧은 시간 안에 생산하여 대응하는 것이다. 전자는 시간을 연기하는 것이고, 후자는 제품의 최종 디자인의 결정을 수요가 발생할 때까지 연기하는 것이다. 이러한 개념은 제품별로 어떤 디자인의 제품이 수요가 언제 어디에서 얼마만큼 발생할 것인가를 예측해서 사전에 제품을 생산하여 출하하는 것을 피하는 것이다.

이 고객화 단계의 연기는 고객의 니즈에 관한 정보를 신속하고 정확하게 포착할 수 있을 때에 가치가 있다. 유예를 위한 설계의 기본 구조가 되는 세 가지 개념들은 풀(Pull) 방식, 물류방식 및 제품형상 유예이며, 만일 잘 실행되면 기업에 엄청난 가치를 더해준다. 물류과정에서는 상표부착, 포장, 조립, 가공 등의 최종 공정의 시작 시간을 고객 주문의 최종 확정까지 연기하는 것 등이 있다.

■ 풀 방식 유예(Pull Postponement)

주문생산(Make-to-order)이나 대량고객화의 경우 고객의 주문이 들어오기를 기다렸다가, 주문받은 제품의 수량과 디자인과 다양한 특성에 관한 정보를 받아서 정확하고 신속히 정보를 처리하여, 주문받은 제품대로 전체공급사슬과 생산, 수배송 등을 편성하여 활동하게 한다. 대량고객화 생산의 경우, 많은 기업들은 전 생산공정을 두 부분으로 구분하여, 생산공정의 앞단은 예측에 근거하여 생산하고 재공품들을 재고로 쌓아두었다가, 그 후의 공정은 고객의 주문에 근거하여 가동 생산하여 완성하게 된다. 예측에 의한 재고생산(Push) 방식이 이뤄지는 공정이 고객의 요구에 따른 주문생산(Pull) 방식의 공정으로 전환되는 시점을 경계점(Decoupling Point)이라 한다. 풀 방식의 유예는 전체 공정에서 경계점을 앞쪽으로 당기는 것을 의미한다.

풀 방식의 유예가 성공하기 위해서는 경계점 이전의 예측생산 공정들은 표준화된 흐름생산이 가능하고, 경계점 이후의 공정들은 고객의 주문에 유연하고 빠르게 수행될 수 있어야 한다. 고객의 요구에 신속히 반응하여 생산에 반영하며, 짧은 시간 내에 정확한 품질의 고객화 제품을 조립하여 생산하도록 하는 것이 중요하다. 정확한 주문파악이 주문생산의 핵심 성공인자이다. 고객의 정확한 주문 기록을 반드시 남기고 각 주문에 대한 생산과 수배송을 추적해야 한다. 인터넷이나 카탈로그상의 주문접수 방법을 고도화하거나 대리점에 CAD시스템, 샘플조립기계나 3D프린터 등의 설치도 고려해야 한다.

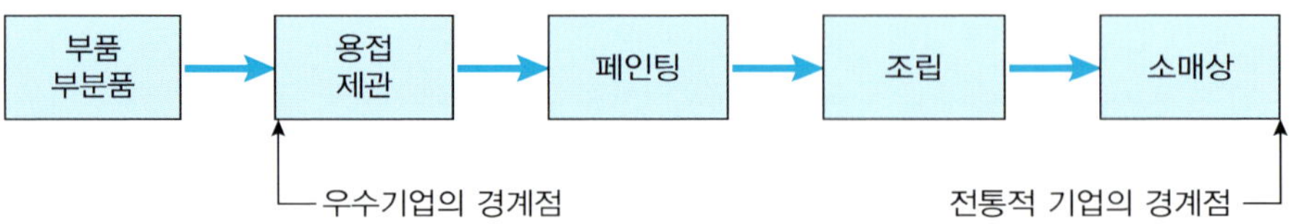

그림 1.6 풀 방식의 유예

이 풀 방식의 유예는 수요증가가 정체되고, 경쟁이 극심하며, 패션과 신제품에 대한 선호가 증가하며, 각 부품의 옵션이 합하여 모두 수만 가지 이상이 되는 패션의류, 자전거, 자동차, 컴퓨터, 오토바이 같은 제품의 대량고객화에 적합하다.

베네통 의류회사에서는 직조하기 전에 다양한 색깔로 실을 염색한 다음, 이 염색된 실로 직조하여 다양한 스타일과 크기로 봉제하여 완제품을 만들었다. 그 결과 색깔, 스타일, 크기 등에서 수요와 맞지 않은 완제품의 재고를 계절 말에 가격인하로 판매하여 많은 손해를 입었다. 그래서 풀 방식에 의한 유예의 개념을 도입하고 공급사슬에 대한 리엔지니어링을 실시하여서, 먼저 표백된 원사를 이용하여 다양한 스타일과 크기로 직조 봉제한 후에, 해당 계절의 유행할 패션과 수요량의 예측이 보다 더 확실해지면 다양한 색깔로 염색하여 최종 제품을 완성하여 출시하였다. 이 공정흐름의 개선을 위해서 염색에 감수성이 뛰어나도록 강력한 화학용액 처리방식를 도입하고 공급사슬업체와 공정을 조정했다. 베네통은 원래 경계점을 최종단계인 봉재로 스웨터 완성품을 생산하는 공정 이후의 포장과 유통과정에 두었는데, 직조와 봉제공정 다음의 염색공정에 위치시킴으로써 생산운영상의 성과가 크게 향상되고, 재고감축, 고객 서비스 향상, 판매증가 등을 크게 도모할 수 있었다.

■ 물류방식 유예(Logistics Postponement)

일반적으로 소비자에게 전달될 제품 생산과 관련된 모든 작업은 고객에서 멀리 떨어진 본 공장에서 수행된다. 반면, 물류방식 유예는 생산에 필요한 제품 기본 본체만 고성능의 표준품으로 재설계하여 본 공장에서 양산하고, 고객에 따라 달라지는 부품 및 모듈의 조립과 각종 부속품, 설명서 및 포장작업공정은 고객에 근접한 물류센터, 유통채널이나 도소매상에서 수행될 수 있도록 재설계하는 것이다. 물류방식 유예의 성공을 위해서는 물류센터 등의 고객화 단계에서 품질이 균일하게 유지되고, 작업들이 초과비용과 시간의 투입 없이 수행되어야 한다. 또한, 고객화 부품과 모듈 등을 조달할 수 있고, 기술팀이 고객화 작업을 물류센터 등에서 할 수 있도록 제품과 공정을 설계할 수 있어야 한다.

필립스의 전자제품, 휴렛팩커드(HP)의 데스크젯 프린터와 같은 글로벌 시장제품은 각 지역별로 전원공급장치, 전기코드, 플러그, 키보드와 같은 부속품 및 설명서 등이 서로 다르다. 과거에는 본 공장에서 각 지역별 특성을 감안한 제품을 제조하고 각 지역의 물류센

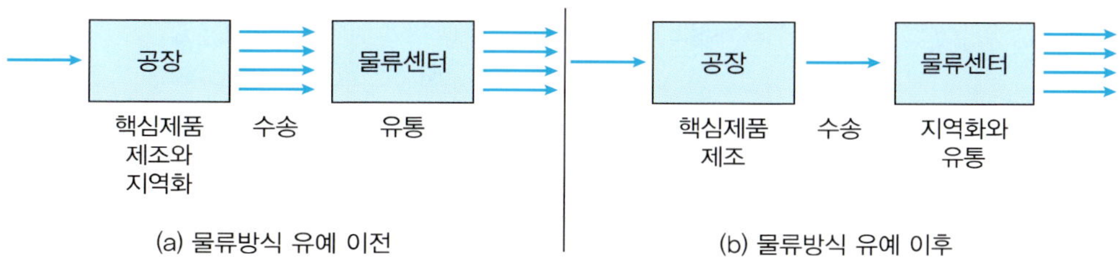

그림 1.7 물류방식의 유예

터에 수송하여 고객에게 서비스하는데 약 한 달 정도의 시간이 소요되었고, 지역화 제품의 다양성 때문에 고객 서비스의 압력에 대처하기 위해 지역별 물류센터에 엄청난 재고를 쌓아두어야 했다. 그럼에도 다양한 고객주문에 따라 고비용의 긴급공수를 해야 했으며, 쇠퇴기의 제품들을 폐품처리해야 했다. 물류방식 유예시스템을 도입을 위하여, 공장에서는 단 하나의 글로벌형의 프린터나 전자제품을 만들고 물류센터로 보내면, 각 물류센터에서는 전원공급장치와 지역화 부속품 등을 최종으로 조립, 추가, 포장할 수 있도록 재설계하였다. 그 결과 글로벌형의 프린터나 전자제품의 재고가 상당히 줄고, 재고비용이 크게 감소했다. 또한 글로벌형의 제품에 연구를 집중할 수 있어서 제품이 이전의 버전보다 고성능이고 소형화, 표준화되어 한 팔레트에 많이 적재할 수 있게 되어 수배송비를 절반으로 줄일 수 있었다.

■ 제품형상 유예(Form Postponement)

비슷한 제품이나 부분품을 여러 종류 생산하는 경우, 제품 형상구조(Form of the Product Structure)를 변경하여 초기 단계에서 기본 부분품들을 표준화하면, 이를 이용한 최종 제품들은 물류과정에서 취급하는데 크게 차별나지 않는다. 즉 초기부터 유사한 제품들의 공통이 되는 기본 핵심 부분품들을 표준화하여 놓고, 이를 대량으로 만들거나 유통시키고, 유통이나 가공의 마지막 단계에서 고객 요구에 따라 최종 제품을 완성하는 방식으로 유예할 수 있다.

휴렛팩커드(HP)는 여러 종류의 프린터에 110V와 220V 두 종류의 엔진을 각각 공급받아 소비지의 전압에 따라 수요 예측량에 따라 부착하여 유통 판매하였는데, 물류유통과 생산과정에서의 재고와 지연이 자주 발생하였다. 그 후에 110V와 220V 범용 엔진을 개발 탑재하여 공통의 프린터를 생산하여서 유통시켜 소비지의 전원공급장치에 거의 영향을 받지 않고 재고와 지연을 대폭 줄일 수 있었다.

(5) 혼재

작은 단위의 적재품을 모아서 대량 화물화하는 통합은 전략적 계획에 있어서 아주 경

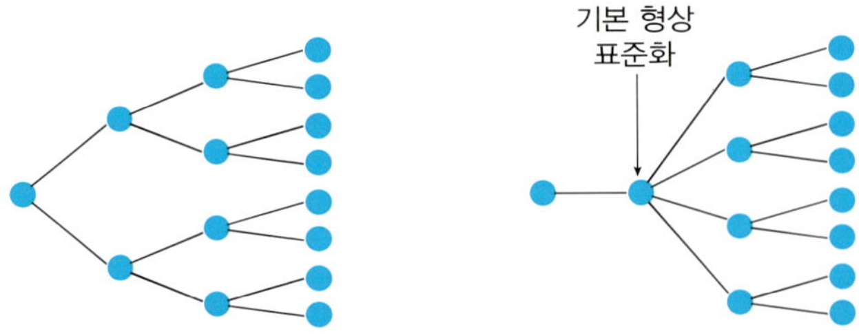

(a) 표준화 이전 (b) 표준화 이후

그림 1.8 제품형상 유예

제적인 방법이다. 혼재 전략은 수송비용 및 수송요율 구조가 대량 화물 수송시 단위당 수송비가 낮아지는 규모의 경제의 이점을 반영하고 있기 때문이다. 다수의 공급업체로부터 소량 화물들을 중앙 창고까지 장거리 운송하는 경우에 지역별로 터미널이나 지역창고들을 두고 일정 기간 동안 주문을 모아서 차량단위화물을 만들어 한꺼번에 운송을 하게 되면 평균 적재량의 크기가 증가해서 단위당 수송비용을 줄이는 효과가 있다. 이때 배달 시간은 길어져서 고객 서비스 수준은 하락하게 되므로, 주문통합(Consolidation)으로 인하여 절감되는 비용과 상충관계를 분석해야 한다.

(6) 표준화

제품의 다양성은 물류경로상에서 비용 상승을 일으킨다. 제품이 다양해질수록 재고는 증가하고 적재 단위는 감소하게 된다. 총 수요가 증가하지 않는 상황에서도, 단지 취급하는 제품의 종류를 단일 품목에서 두 품목으로 늘릴 경우 재고 수준은 40% 이상 증가하게 된다. 전략 수립에 있어서 중요한 문제는 물류비용을 거의 증가시키지 않고 소비자들이 원하는 다양성을 어떻게 충족시키는가 하는 것이다. 표준화와 유예의 개념을 결합하여 사용하여 이러한 문제를 효율적으로 해결하는 방법을 만들 수 있다.

생산과정에서 표준화는 상호교환 가능한 부품들과 모듈화 제품에 대해 활용할 수 있는데, 이러한 표준화는 공급경로에서 필요한 다양한 부품, 공급품과 자재들을 효율적으로 관리할 수 있게 한다. 제품 종류의 다양화로 인해 발생하는 문제들은 유통경로상에서 유예 전략을 통해서 관리할 수 있다. 예를 들면, 제조 메이커들은 동일한 부품들을 다양한 제품들에 공통 부품으로 사용하거나, 물류센터에서 옵션을 추가하거나 대체함으로써 재고를 증가시키지 않고 제품의 다양성을 추구할 수 있다.

연습문제

1 물류의 네 가지 영역을 서술하시오.

2 현재 많은 기업들은 물류 4.0의 시대를 준비하고 있다. 물류 4.0의 시대는 기존의 물류와 어떠한 차이를 보일 것인지 논의하시오.

3 기업 경영에서의 물류의 목적은 무엇인지 논의하시오.

4 글로벌화의 진전이 물류에 어떠한 영향을 주었는지 논의하시오.

5 다음 용어에 대해 설명하시오.
(1) JIT(Just In Time)
(2) 크로스도킹(Cross Docking)
(3) 유예(Postponement)

6 물류계획 수립 시 고려해야 하는 상충 관계를 예를 들어 설명하시오.

7 물류방식 유예(Logistics Postponement)를 이용하기 전과 후의 프로세스를 사례를 들어 설명하시오.

제 2 장

공급망 관리와 물류

제1절 전략적 공급사슬 관리
제2절 기업물류 시스템의 현대화
제3절 고객 서비스 수준의 설정
제4절 정보기술의 활용
제5절 물류 정보화의 발전

CEO 토마스 폴른은 반전을 위해 기술 개선에 집중하고 있다고 올해 초 투자자들에게 밝혔다. 그는 "시장에 대한 집중 외에 구조조정을 통해 단기적으로 더욱 신속한 제품 제공 그리고 장기적으로 지속적으로 차별화된 기술을 확보하는 조직이 되고 있다"라고 말했다. 이 기업이 기술 측면에서 투자하는 분야에 주목할 만하다. 핵심 영역 중 하나인 공급망 관리(SCM)에 인공지능을 도입 중인 것이다. 머신러닝을 활용해 과거의 생산 리드타임과 물류 제공자 성과의 변동성을 분석함으로써 제공 날짜를 더욱 잘 예측할 수 있도록 하려는 의도에서다. 인피네라의 정보기술 수석 부사장 토드 튜오말라는 "영업팀이 미결 견적 및 주문에 대해 현재의 제품 가용성을 신속하게 판단할 수 있도록 하고자 한다. 또 일정을 결정하면서 더 많은 요소와 제약사항을 즉시 고려할 수 있도록 할 계획이다"라고 말했다.

예상되는 AI의 영향

인피네라의 최초 공급망 AI 시범 프로젝트는 올해 중반에 한 제조공장에서 시작됐다고 튜오말라가 전했다. 그는 "올해 말까지 영업팀과 고객들에게 모든 제품에 대한 가용성 정보를 제공할 예정이다"라고 말했다. 그에 따르면 머신러닝을 통해 인피네라는 일정을 결정하는 속도가 빨라지는 한편, 더 많은 요소를 고려할 수 있을 것으로 기대하고 있다. 현재 인피네라는 스플라이스 머신(Splice Machine)의 AI 기술과 함께 인트리고 시스템스(Intrigo Systems)의 공급망 관리 기술을 활용하고 있다.

스플라이스 머신의 CEO 겸 공동 설립자 몬테 즈웨벤에 따르면 기업들은 30년 동안 공급망 관리 시스템에서 예측 정보를 얻어 왔다. 하지만 최근에야 제공 시기 등을 정확하게 예측할 수 있는 데이터 인프라가 마련됐다. 그는 "대형 네트워크 장비 제조사이고 영업 직원들이 이런 대형 시스템을 판매하려 하는 경우 영업 직원들이 '이 날짜까지 주문을 받아올 수 있는가?'라는 질문을 받을 수밖에 없다. 그리고 현존하는 최고의 ERP시스템을 보유한 기업일지라도 영업 직원들은 '확인하고 알려주겠다'라고 말하게 된다"라고 말했다.

실시간으로 정보를 제공할 수 있게 되면 영업팀은 고객과 협상할 수 있는 위치에 있게 된다. 개별 품목에 대한 날짜까지 제공되지 않지만 다른 여러 정보들이 제공될 수 있다. "완전히 다른 프로세스이다"라고 그가 말했다.

제공을 예측하는 것은 단순히 제조 및 선적 일정을 뽑는 것과는 많이 다르다. 스마트 공급망 관리 기술을 통해 기업들은 기존의 선적 시기와 제조 세부사항을 살펴보고 이를 일기예보 등 외부의 데이터 피드와 결합할 수 있다. 즈웨벤은 "계획된 재고 수준이 아니라 예측된 재고 수준을 바탕으로 약속할 수 있는 것이다. 그리고 계획이 아니라 개연성을 기준으로 고객에게 약속한다. 예측을 하는 것이다"라고 말했다.

공급망 미로

인피네라는 수직적으로 통합된 비즈니스 모델이 있기 때문에 이 기술을 배치하는데 이점이 있다. 그러나 다른 대다수 기업들의 경우 공급망을 위한 인공지능(AI) 기술 활용이 좀더 복잡해진다. 온타리오에 위치한 기업 정보 관리 벤더 오픈텍스트(OpenText)의 제품 마케팅 이사 마크 몰리는 "기본적인 문제처럼 보일 수 있지만 비즈니스 파트너 간 정보의 50% 이상이 여전히 팩스, 이메일, 전화 등을 통해 교환된다"라고 말했다. 그 결과, 기업들이 AI기술 도입을 고려할 때 물류는 검토 대상이 되지 않곤 한다는 설명이다.

최근 포레스터(Forrester)가 세계적인 의사 결정자들을 대상으로 실시한 설문조사에서 SCM에서의 AI 사용은 마케팅, 제품 관리, 고객 지원보다 크게 뒤쳐진 것으로 나타났다. 기업 중 13%만이 조직에서 물류로 AI 시스템 투자 및 도입을 주도 또는 평가하고 있다고 보고했다. 전문가들에 따르면 공급망에는 일반적으로 여러 외부 파트너가 관련되어 있으며 그 중 일부는 기술적으로 더 뒤쳐질 수 있다. 또한 데이터 품질 및 상호운용성 문제가 존재하는 경우가 잦다.

공급망 데이터에 고급 분석 및 머신러닝 알고리즘을 적용하기 전에 기업들은 먼저 제조사, 유통사, 재판매업자, 공급자로부터 데이터를 수집해야 한다고 포레스터 리서치의 부사장 겸 수석 애널리스트 보리스 에벨슨은 말했다. 그는 "이 모든 출처로부터 데이터를 얻는 것이 어렵다"라며, 그리고 데이터를 수집해도 항상 즉시 사용할 수 있는 형태가 아니라고 지적했다. 에벨슨은 "공급자가 일정 수준으로 자세한 데이터를 보유하고 있고 유통사가 다른 수준으로 자세한 데이터를 보유하고 있을 수 있다. 고급자는 개별 제품에 대한 데이터가 있지만 유통사는 용기에 기초한 데이터만 있을 수 있다"라고 덧붙였다.

하지만 그렇다고 기업들이 이 문제를 해결하기 위해 노력하지 않는 것은 아니다. 액센추어의 응용 지능 상무이사 프랭크 미어캠프는 "포춘 400에 속하는 모든 고객들이 모두 개념 이해, 연구, 증명에 관심이 있다. 공급망 관리에서 AI의 가능성은 크다"라고 말했다. 특히 소비자 제품 영역의 기업들은 마진에 대한 압박이 크기 때문에 최전방에 서 있다고 그는 덧붙였다. 그는 이어 "단순히 과장으로만 볼 수 없다. 과장이 존재하지만 긍정적인 것이라 생각한다. 사람들이 움직이려면 과장이 있어야 한다. 이제 시작이라고 생각한다"라고 말했다. (이하 생략)

▶ 출처: CIO Korea (2018.5.8.)

http://www.ciokorea.com/news/38164?page=0,1#csidx59c4dca5583ff36b5b0cecd417b1ca2

제1절 전략적 공급사슬 관리

1980년대 후반까지는 국내의 물류 관리가 유통과 분배(Distribution) 중심으로 기업 내 보관과 수배송에 초점이 맞추어져 있었다. 그러나 높은 수준의 물류비(연평균 매출액 대비 12% 수준)와 물류경쟁력 강화의 중요성에 따른 인식변화 등은 물류체계 개선의 필요성을 일깨워주었고, 특히 재고 감축에까지 눈을 돌리게 만들었다. 기업은 재고와 분배비용을 줄일 수 있는 내부 혁신을 어떻게 하는가에 주목하게 되었다. 공장과 공급업자의 조달기간을 단축하고 함께 안전재고를 줄이기 위해서 수요 예측과 구매과정에 주목하게 되었다.

1990년대 상반기에는 물류 관리의 초점이 공급사슬에서 비용구조의 리엔지니어링으로 이동되었다. 기업의 공급사슬흐름을 통합하여 공급사슬 운영비용과 투입자산을 줄이는 방향으로 바꾸었다. 그 결과 물류비가 16% 수준으로 조금씩 감소되고 있다. 미국의 경우에도 유사한 개선노력으로 1982년과 1996년 사이에 물류비가 18% 수준에서 7% 수준까지 감소되었다(Davis & Drumm, 1996). 1990년대 중반기에는 물류 관리의 초점이 비용절감에서 고객 서비스로 옮겨졌다. 미국의 경우 이러한 공급사슬의 성과 개선으로 인해 경쟁사에 비교하여 시장점유율이 높아지고 추가적인 가격할인을 통해 수입이 증가하였다. 1990년대 후반기에는 계속적인 공급사슬비용과 투입자산의 감소 필요성, 고객 서비스의 중요성 증가, 성장 노력으로 인해 많은 기업들이 공급사슬의 운영상 복잡하게 얽혀 있는 관계와 효과성에 대해 재고하였다. 어떤 기업들은 새로운 채널을 추가하거나 기존 채널의 일부를 제거하는 동안, 혁신적인 기업들은 채널상의 관련기업들과 새로운 제휴관계를 만들어서, 고객의 저변을 확대하고, 고객과의 관계를 두텁게 하였다.

앞으로 더 많은 기업들은 공급사슬의 전체 운영과정에 걸쳐서 전략적 공급사슬 관리의 발전에 따른 또 하나의 격변이 예상된다. 새로 대두되는 관점은 공급사슬 관리가 많은 기업들의 회사전략을 주도하게 될 것이며, 과거 전통적 관점처럼 기업운영전략의 한 부분이 되지 않을 것이라는 점이다.

1.1 전략적 공급사슬을 통한 가치창조

회사의 전략과 잘 연결된 공급사슬 전략의 성과는 미국의 월마트, 코카콜라, 델컴퓨터가 경쟁상대를 1988년에서 1996년간의 8년간 주가신장율에서 250~3000% 앞지른 성공에서 볼 수 있다. 월마트는 매장 확장과정에서 먼저 물류센터를 목표지역에 세우고 그 다음에 매장을 세워, 물류센터로부터 매일 최소한의 소요량을 보충받도록 하였다. 다른 공급사슬상의 적성을 구매과정에서 결합시키고자, 매장의 POS 데이터와 흐름유통체계(Flow-through Distribution)를 사용하여, 월마트는 '매일최저가'(Everyday Low Price) 판매전략

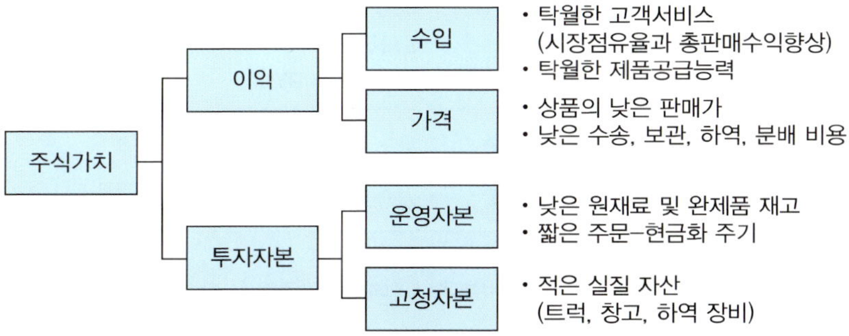

그림 2.1 수익증가와 관련된 공급사슬 관리 효과

을 보강하는 판매상품의 유효가격(a Significant Cost-of-goods)의 장점을 유지하고 있다.

코카콜라는 브랜드 가치가 높지만, 그 성공에서 공급사슬의 영향력을 간과할 수 없다. 코카콜라는 지난 수년간 다수의 대형 병제조공장들을 획득하기 위하여 수십억 달러를 투자하였는데 이는 경쟁상대인 펩시콜라와 비교해서 근원적인 유통상의 이점을 확보하는 것이었다. 펩시콜라는 광고에서 이겼지만, 코카콜라는 공급사슬에서 이겼고, 특히 빠르게 성장하는 미국 밖의 시장에서 이익의 70% 이상을 얻었다.

회사의 가치를 증가시키려면 수입이 회사 총자본의 잉여분을 초과해야 한다. 그림 2.1과 같이 공급사슬은 직접 이익과 투자 자본에 영향을 준다. 효율적인 물류 활동은 운영비용을 크게 줄일 수 있는 반면, 개선된 고객 서비스와 제품공급능력은 수익증가를 가져올 수 있다.

유연한 생산 및 물류 활동과 단축된 조달기간은 재고와 운영자본 소요액을 감소시키고, 수배송 네트워크의 최적화와 아웃소싱은 실질자산의 요구와 고정자본의 투자액을 줄인다. 공급사슬의 영향은 회사 수익이 뛰어난 결과에서 볼 수 있는데, 1996년 극심한 경쟁 속 미국 가구 산업체 중 선두 65개사에 대한 이익과 성장에 대한 공급사슬의 영향을 계량적으로 조사한 결과, 네 가지 핵심공급사슬 능력이 상당히 재정성과와 관련이 깊은 것으로 나타났다. 배송속도, 배송의 정확도, 목표시장에 대한 긴급반응능력, 저가의 총 수송비가 지속적인 경쟁력을 가지는 주문획득을 잘하는 기업의 특징이었다. 시장에 대한 반응능력과 배송의 정확도는 회수투자척도로 매우 중요한 반면, 낮은 수배송비는 매상액에 대한 회수 정도에 주요 인자로 판명되었다.

1.2 전략적 공급사슬을 통한 가치창조

공급사슬 전략을 형성하는 기본 구조는 고객 서비스 전략(Customer Service Strategy), 수요흐름전략(Demand Flow Strategy), 전문업체 연계전략(Sourcing Strategy)과 공급사슬 통합전략(Supply Chain Integration Strategy)의 네 가지 차원으로 구성되어 있다(그림

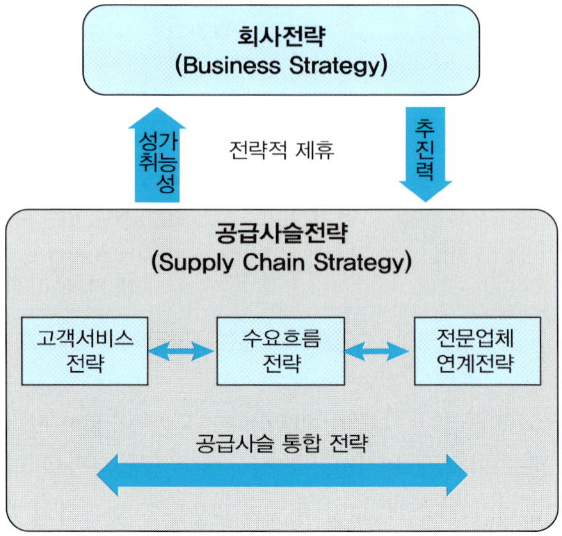

그림 2.2 전략적 공급사슬 전략의 네 가지 차원과 기업 전략과의 연계

2.2). 경영자는 시장의 수요에 맞고 회사수익을 향상시키도록 공급사슬 파트너들을 통합시키면서 총괄적인 사업전략과 연계된 효과적인 공급사슬 전략을 구체화시킬 수 있어야 한다.

(1) 고객 서비스 전략(Customer Service Strategy)

전략적 공급사슬은 고객에서 시작한다. 고객 서비스 전략은 이익을 극대화하기 위하여 고객의 요구와 기대에 기업이 반응하는 방법을 다룬다. 기업이 고객의 요구를 어떻게 민감하게 찾아내고 반응하느냐가 총체적 성공의 가장 중요한 결정요소이다. 고객 서비스 전략의 모형화는 고객 서비스 세분화, 비용 대 서비스 분석과 수익관리의 3단계가 포함된다.

■ 고객 서비스 세분화(Customer Service Segmentation)

고객 서비스 전략은 회사의 고객들을 적합하게 세분화하는 것으로 시작한다. 다양한 기술과 접근방식들은 서비스 요구사항과 서비스 기대치를 규명하며, 각종조사, 대상그룹, 인구통계 분석, 대규모 고객정보관리에 사용된다. 이 과정의 결과물은 각 관련 고객/제품/세분화된 지역별 고객 서비스 요구사항들과 기대치들이다.

■ 비용과 서비스 분석(Cost-to-Serve)

회사의 기존고객 서비스와 배송비용구조의 분석이 개선되고, 세분화된 고객별로 새로 설정된 서비스 수준에 맞는 비용들이 결정되어야 한다. 활동중심비용(Activity-Based Costing: ABC) 회계 시스템을 실행하는 회사들에게는 상대적으로 간단한 작업이 된다.

그러나 ABC 회계능력이 없으면 이 분석은 큰 프로젝트 작업이 된다.

■ 수익 관리(Revenue Management)

각 고객 세그먼트별로 확인된 서비스 요구사항과 기대수준에 적합하면서 회사의 이익과 성장을 최대화하는 대응방안을 정해야 한다. 이는 고객 서비스 전략의 수립에 가장 중요한 요소이지만, 잘 개발이 안 되어 있는 편이다. 고객 서비스 전략의 이 차원에 대한 올바른 이해를 못하고 있으면, 고객별 서비스 요구와 기대치를 정확하게 정하고, 요구되는 서비스 수준의 달성에 소요되는 모든 비용을 알고, 필요한 조처를 실행하였어도, 고객이 어떻게 새로운 서비스 수준에 반응할 것인가는 여전히 기본적인 의문으로 남는다.

고객이 더 큰 시장점유율이나 경쟁사에 비해 더 높은 가격 프리미엄에 어느 정도까지 호응해줄 것인가 알 수 없다. 만약 시장점유율에서 성과가 있다면 회사의 증가된 수요량을 충족시키도록 생산능력을 증강해야 하며, 가격 프리미엄을 확보할 수 있다면 생산능력의 추가보다도 제품가격의 조정을 즉각 해야 한다. 수익 관리는 고객 서비스의 여러 수준에 대해서 고객의 반응에 의한 시장점유율과 가격 프리미엄에 영향을 끼치는지 결정하는 과정이다.

(2) 수요 흐름 전략(Demand Flow Strategy)

수요 흐름 전략은 회사의 고객과 제품/서비스 공급업자 간의 연결을 규정한다. 이 전략을 위해서는 유통경로 설계, 수요 계획과 공급사슬구성의 세 가지 요소가 실행되어야 한다.

■ 유통경로 설계(Channel Design)

회사의 제품과 서비스가 최종 고객에게까지 연결되는 유통구조는 다양하다. 유통경로설계는 고객의 기대에 부응하는 서비스를 하면서 가능한 수익성을 높이는 유통경로를 설계하는 것이다. 대부분의 기업들이 소매상, 도매상, 딜러, 물류센터 등을 거쳐 제품이나 서비스를 판매하는 반면, 정보통신기술에서 앞선 회사는 최종 고객에게 직접판매하는 직접유통경로의 수를 증가시키고 있다. 유통경로의 구조 선택은 고객 서비스 수준과 관련비용의 수준에 장기적으로 직접 영향을 미치므로 대단히 중요하다.

■ 수요 계획(Demand Planning)

수요 계획은 최종 고객의 수요에 잘 맞는 생산과 재고의 수준을 정하는 것이며, 대부분 회사에서 아주 중요한 기능이다. 이 수요 계획에는 수요 예측, DRP(유통소요계획, Distribution Requirement Planning), MRP(자재소요계획, Material Requirements Planning)과 재고관리 활동이 포함된다. 최종 고객의 수요를 충족시키면서 회사와 공급사슬에 걸쳐 투입 비용과 자산을 최소화하는 것은 대단히 중요하다.

■ 공급사슬 구성(Supply Chain Configuration)

공급사슬 참가회사의 최적 수, 위치, 연결 및 각각의 역할을 결정하는 것으로, 회사의 총괄적 공급사슬 전략의 주요 요소이다. 유통네트워크의 정의에는 설비, 장비와 다른 자산과 같은 형태의 금융자본을 포함하고, 회사와 공급사슬 파트너들의 총괄적 운영비용과 효과성에서 어느 정도 명확한 수준을 정한다.

(3) 전문업체 연계전략(Sourcing Strategy)

전문업체 연계전략은 어디서 어떻게 제품과 서비스를 생산할 것인가를 결정하며, 기업의 제품과 서비스의 비용구조와 관련된 위험들에 대해서 상당한 영향을 준다. 전문업체 연계전략의 수립에는 자체생산/구매, 전문업체들의 능력관리와 제조 및 품질관리에 대한 파악과 결정을 잘 고려해야 한다.

■ 자체생산/구매

제품이나 서비스를 생산할 것인가 구매할 것인가에 관한 결정은 회사의 제품/서비스의 비용구조 변화와, 인건비 변동, 노조, 환율에 의한 손실불안, 수송중단, 정치적 제약과 관세변동과 같은 위험 노출을 고려해서 내려야 한다.

■ 용량관리(Capacity Management)

회사는 공장과 공급업체가 지리적으로 어디에 위치해야 하는 것과 각각의 생산이나 서비스 능력 수준을 결정해야 한다. 공급사슬의 구성에 대비해보면, 용량관리는 세부적인 공장/공급업체의 위치와 능력의 결정에 초점을 맞추는데, 이 결정에는 인건비 변동, 노조, 환율에 의한 손실불안, 수송중단, 정치적 제약과 관세변동 등을 포함한 위험을 고려해야 한다.

■ 제조관리(Manufacturing Management)

생산계획과 통제 시스템에 대한 전통적 접근방식은 효율성과 가동률을 극대화하지만, 고객중심의 세상에서는 더 이상 적합하지 않다. 경쟁에서 승리하고자 하는 기업은 고객만족과 효율성을 최적으로 유지하도록 하는 생산/서비스를 운영하게 하는 공정과 기술들을 상당 기간 안정적으로 적용해야 한다. 예를 들어, 전문업체 연계전략을 세우는 방식은 위험부담의 평균화를 고려해야 한다. 이는 JIT 생산으로 신뢰할 수 있고 안정된 공급업체가 필수적인 자동차 산업에서 올바른 것이 입증되었다. 도요다 자동차사의 브레이크 실린더 공급업체에 화제가 일어나서, 도요다사는 16,200대의 생산중단으로 2억 달러의 손실을 입었으나, 이 비효율적인 전문업체와 유대를 유지하고 지원하여 장기적으로 2억 달러를 훨씬 초과하는 성과를 거두었다. 도요다의 전문업체 연계전략은 경제적 이익뿐 아니라 제품의 생산과 연관된 생산공장, 생산업체, 생산관리방식에서의 위험까지 함께 나누는 것을 명확하게 명시하고 있다.

(4) 공급사슬 통합전략(Supply Chain Integration Strategy)

공급사슬의 통합은 공급사슬상의 파트너들과 정보, 회계, 생산운영관련 의사결정에서의 결합 수준을 정하는 것으로, 총괄적 공급사슬 전략의 핵심적 차원이다. 앞의 세 가지 차원들에 대한 결정들이 이 통합전략의 기반이 된다.

■ 합의 수준

파트너들과의 통합의 정도는 공급사슬 통합전략을 추진함에 따라 생길 수 있는 주식가치창조의 기회에 의해 결정된다. 이 주식가치는 공급사슬상의 고객 서비스와 비용 대비 성과비율(Cost Performance)의 개선에 의해 직접적으로 생길 수 있고, 회사와 공급사슬 파트너들 간의 공동 이익을 위해서 회사 간의 경쟁을 종식하고 서로 결합하는 포지셔닝에 의해 간접적으로 생길 수 있다. 다른 산업들과 다른 기업들과의 통합전략은 고객 세분화, 제공되는 제품과 서비스 및 지리적 위치에 따라 다양하게 개발된다.

적합한 공급사슬 통합전략의 개발의 영향은 지대할 수 있다. 앤더슨 컨설팅사의 150여 개로 구성된 글로벌 PC 공급사슬에 대한 연구결과, 최종조립공정을 조립업체에서 유통센터로 넘기는 제조의 유예(Postponement of Manufacturing) 방식으로 대단한 재고감축과 부가가치 향상의 성과를 제조/조립업체와 유통/소매업체들 쌍방이 다 얻었음을 보여주고 있다.

■ 공급사슬 통합의 형태

- 정보 통합(Information Integration): 이는 공급사슬에 걸쳐 유용한 정보를 공유할 수 있게 한다. 월마트와 P&G사는 월마트 매장에 P&G사의 상품의 소매판매를 위한 정보를 공유하고 있는데, 이 정보는 P&G사로 하여금 생산관리의 효율성을 높이고, 월마트 매장의 공급준비성을 높였다.
- 의사결정 통합(Decision Integration): 이는 공급사슬 내 다수 기업에 걸쳐 통합적인 관리를 위한 계획과 통제기능을 지원한다. GM(General Motors) 계열의 새턴(Saturn)사는 독립딜러의 정비부품의 재고를 관리하고자, 함께 각 딜러별로 비축 부품의 종류, 재주문 시기와 주문량을 결정하였다. 의사결정을 함께 함으로써 새턴사와 딜러 쌍방이 모두 고객에 대한 높은 부품 준비성, 낮은 전체 재고수준 및 재고폐기, 수배송과 하역, 취급비용의 감축을 달성하였다.
- 재정 통합(Financal Integration): 이는 공급사슬 내 다수 기업에 걸쳐 대금결재를 위한

약정과 조건 등을 개선한다. 제조업체는 소매상에게 제품을 넘길 때 지불을 요구하기보다 소매상에 의해 제품이 팔렸을 때 대금을 받을 수 있다. 이런 형태의 통합은 재고의 소유권과 자본비용을 변경시키고, 지불계정과 수입계정의 관리비용을 줄일 수 있다.

- 운영상의 통합(Operational Integration): 이는 공급사슬 내 다수 파트너 간의 물리적 자산과 인적 자산을 공유하는 것을 망라한다. 제조업체는 자체 공장 내에 공급업체들에게 조립라인을 위한 부품생산을 목적으로 작업공간을 마련해줄 수 있다. 공장과 장비의 고정비의 절약뿐 아니라, 당사자 간의 생산변경에 보다 더 신속하게 대응하게 하고 전체 사이클 타임과 비용을 단축시키게 한다.

■ 실질적 통합과 가상적 통합

공급사슬 내 다수 기업에 걸쳐 통합은 새로운 개념이 아니다. 20세기 초에는 수직적 통합(Vertical Integration)으로 자주 언급되었다. 포드 자동차사는 광산에서 제강소, 자동차 조립공장과 최종딜러까지 공급사슬의 모든 단위업체들을 조정하였다. 이 기업들은 정보, 의사결정, 재정, 생산 및 운영상의 통합을 총망라하여 수직적으로 통합되었다.

1990년대에 다수의 독립적인 기업들은 기존과는 다른 형태의 가상적인 공급사슬 연계를 세웠다. 이러한 연계는 정보기술(IT)의 발달에 의해서 가능해진 것으로, 공급사슬 통합의 이점은 구현하되, 수직적 통합의 단점들을 피하고자 하였다. 스웨덴의 몇몇 기업가들은 가상적 통합방식으로 GANT라는 세계적인 브랜드의 남성의류회사를 세웠다. 치밀하게 관리되는 네트워크를 통하여, 고품질과 최신 유행의 양복을 디자인, 생산, 유통, 판매하는데, 물리적 자산에는 최소한으로 투자할 수 있었다. 생산은 전문업체에 위탁하고, 대부분의 판매 매장은 프랜차이즈(독점판매권 위탁) 방식으로 허가를 내주었다. GANT 매장들은 개발된 정보시스템을 사용하고, 효율적인 판매와 재고정보 이동, 디자인과 생산활동의 조정, 광고와 판매촉진활동에 대한 명확한 의사소통으로 회사 네트워크 조직을 움직이고 있다.

상당수의 기업들은 물리적인 방식으로 공급사슬 통합을 구현하고 있다. 자동차 및 부품의 대규모 소매업체인 오토네이션 유에스에이(AutoNation USA)는 자동차 딜러자격을 획득한 후, 중고차 소매업체 '슈퍼스토어(Superstores)'와 차량재활용센터를 세우고, 중고차를 활용하는 렌터카 회사와 다른 회사들을 자동차 공급사슬 속에 물리적으로 연결시켰다. 이 전략으로 미리 선정된 지역들에는 독립적인 딜러들을 두되, GM과 포드 자동차처럼 물리적 공급사슬 통합을 지향하였다. 결론적으로 회사는 총괄적 공급사슬 전략의 한 부분으로 물리적 통합과 가상적 통합 간에 방향과 수준을 결정해야 한다.

1.3 기업 전략과 공급사슬 전략의 연계

월마트의 매일저가판매(Everyday Low Pricing)와 상품의 재빠른 준비성을 통한 고객에 대한 충성과 헌신은 지난 수십 년 동안 회사를 급성장하는데 공헌하였다. 그러나 이러한 재고보충방식을 달성하기 위하여 경쟁력 있는 전략을 가진 일류기업이 되어야 했다. 이 전략적 비전은 크로스도킹(Crossing docking)과 일괄흐름유통(Flow-through distribution) 같은 대규모의 공급사슬 개념을 적용하는 것으로 실현되었다.

기업 전략은 경쟁방식을 정의하는 다음의 3대 기본적이고 핵심적인 방침들, 즉 판매하고자 하는 제품과 서비스, 서비스하고자 하는 대상 고객, 활동할 지리적 시장에 대한 내용을 명확히 제시해야 한다. 기업 전략은 공급사슬 전략이 형성되는 배경들을 결정하게 되며, 공급사슬 전략은 기업 전략이 추구하는 방향과 일치되도록 설정되어야 한다. 궁극적으로 회사전략과 공급사슬 전략 간의 통합 정도는 각각에 투입되는 회사 자원의 수준에 따라 결정된다. 공급사슬 전략의 실행에 투입되는 자원의 평가는 핵심공급사슬 능력의 개발이 회사 내 타부문의 핵심역량의 개발과 연결되어 있는 정도를 확증하기 위해서 필요하다.

1.4 전략적 공급사슬을 통한 가치창조

많은 공급사슬 전략의 실행은 공급사슬 속에 포함되어 있는 많은 사업부, 부서, 회사들에 의해 까다롭고 복잡하며, 그 영향은 회사 내 여러 영역들과 여러 파트너 회사들에 걸쳐 일어난다. 공급사슬 전략을 효과적으로 연계시키고 실행하는 것은 한 회사 내에서나 여러 회사에 걸쳐서 그룹 간의 제휴를 필요로 한다. 각 부서와 회사들은 첫째, 같은 목표를 추구하며 둘째, 적합한 속도와 보조로 움직여야 한다.

(1) 동일 목표의 추구

각 사의 공급사슬 전략과 파트너사들의 전략 간에는 안팎으로 연계가 되어 있어야 한다. 실제로는 많은 회사들이 파트너사의 공급사슬 전략에 대한 지식이나 이해가 없는 편이다. 공동목표를 결정하는 좋은 방법은 공급사슬 전략을 세울 때 회사 내부와 외부에 걸쳐서 모든 파트너들을 포함하여 연결시키는 것이다. 생산적인 참여를 위해서는 최종 고객과 다양한 공급사슬 파트너들의 주주에 대한 공급사슬 전략의 충격과 영향을 고려해야 한다. 그러기 위해서는 현재보다 고객 서비스와 공급사슬상의 재정적 성과에 대한 보다 높은 안목이 요구된다. 모든 공급사슬 참여기업이 바라는 결과에 관점을 공유하기 위한 실질적인 조정과 노력이 긴요하다.

(2) 적합한 속도와 보조

변화의 속도는 매우 중요한 요소이다. 추구하고 있는 공급사슬 전략은 공급사슬 통합을 포함하고 있기 때문에 공급사슬 파트너들이 따라올 수 있는 속도가 핵심적인 고려사항이다. 특히 통합전략에서 재정적 통합이 성패를 좌우하는 결정적 요소인데, 그 이유는 공급사슬 파트너들이 실행에 필요한 가용 자원을 비슷한 수준으로 유지하기를 좋아하지 않으며, 실행을 위한 투자에 비하여 주가상의 이익을 높이 평가하지 않기 때문이다. 회사의 개혁속도는 많은 공급사슬 파트너들이 경쟁업체 공급사슬의 구성원이 또한 될 수 있으므로, 경쟁업체의 변화속도보다 비슷하거나 빨라야 한다.

제2절 물류 시스템의 현대화

물류 활동은 물류 서비스라 하는 용역을 고객에게 제공하는 경제 활동이라고 할 수 있다. 물류 시스템의 목적을 표현하면 다음과 같다.

- 보다 고객의 요구를 만족하는 물류 서비스를
- 보다 적은 물류비용으로
- 비경제적인 물류 관련 자산 투입과 환경상의 문제(교통체증, 공해와 폐기물 등)를 적게 하여 고객에게 제공하는 것이다.

물류의 이상은 '필요로 하는 제품을 필요로 하는 장소에 필요한 때에' 고객에게 제공하는 것이다. 제품이 생산자의 공장에 재고로 있으면 어떤 가치도 가지지 못한다. 이 제품을 고객 손에 제공하여 고객이 이용 가능하여 제품의 가치를 발휘할 수 있는 상태로 고객에게 제공하는 활동이 물류에 요구하는 기능이다. 이런 목적을 실현하기 위하여 물류 시스템을 설계하거나 개선 또는 리엔지니어링 할 때 필요한 기본적인 개념과 접근방식을 검토해 보고자 한다.

일반적으로 기업물류 관리를 합리화한다고 할 때, 그림 2.3과 같이 먼저 1단계로 물류 활동을 구성하는 수송·보관·하역·정보·포장·유통·가공의 각 개별 활동을 합리화할 수 있다. 다음 2단계로 사내 물류 시스템을 합리화 과정에서는 수송·보관·하역·정보·포장·유통·가공의 개별 활동들을 사내 물류 시스템의 전체적 관점에서 상충분석 등으로 합리화할 수 있다. 3단계로 공급업체와 유통업체 및 고객을 통합한 공급사슬 시스템 전체 활동의 효율화를 위해서 공급사슬 전략과 유통채널과 각 수송·보관·하역·정보·포장·유통·가공 개별 활동들의 조정과 기능분담 등을 리엔지니어링하고 개선하는 것이 될 수 있다.

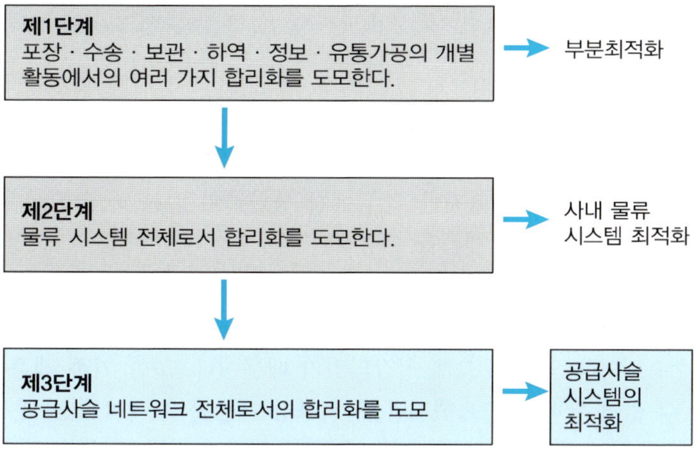

그림 2.3 물류 합리화 3단계

2.1 개별 물류 활동 기능의 합리화

1단계인 개별 물류 활동 기능의 합리화 과정에서도 물류 전략을 바탕으로 사내물류 시스템 및 공급사슬 시스템의 합리화를 동시에 고려해야 한다. 포장에서는 제품별 이동경로상의 창고, 장비, 수송수단, 고객의 편리성을 고려하여 포장규격, 자재, 방법, 개수, 강도 등을 고려하여 개선해야 한다. 수송 측면에서는 트럭, 철도, 선박, 파이프라인, 항공기 가운데에서 어떤 수송수단을 택하며, 트럭에서도 자가용과 영업용, 운영방식과 운임에 대한 검토를 경제성, 편리성 측면에서 결정해야 한다. 보관 측면에서는 창고형태와 자가, 영업, 임대창고 중에서 선택하고 창고 종류와 구조, 상용장비, 수송수단과의 연계성을 검토해야 한다. 하역 측면에서는 유닛 로드 시스템(Unit Load System: ULS)과 취급제품에 적합한 하역 방법과 분류, 피킹, 운반, 상하역 장비의 유형과 자동화 수준 등을 개선해야 한다.

또한 물류 정보 시스템의 설계에 관한 개선과 리엔지니어링도 이루어져야 한다. e-비즈니스와 전자 상거래를 고려한 하드웨어 시스템, ERP(전사적 자원계획, Enterprise Resource Planning) 및 SCM 등에 연관된 소프트웨어, 고객주문처리 정보 프로세스, 출고와 발송전표, 물류센터의 정보처리 시스템을 개선시킨다. 유통가공에 대한 타당성과 유예 유형과 수준, 기계화와 자동화 수준에 대한 개선도 검토하여 실행되어야 한다. 개별 영역에 따른 개선은 현재 물류현장의 실정과 실제 마케팅 현장에 맞도록 고려하여 고객 서비스를 실제적으로 개선하도록 이루어져야 한다.

이와 같이 물류합리화의 1단계는 각 개별 활동에서 여러 가지 합리화를 도모하는 것이다. 이를 위해서는 필요한 시설과 기구를 도입하는 일도 중요하고 작업방법을 개선하는 일이 긴요하다.

사례 2.1 일본의 박리다매 가구업계 니토리의 압축 싱글 매트리스

니토리에서 판매하는 2014년 출시 이후의 대히트 상품인 '싱글 매트리스'(개당 소매가 약 10만 원)라는 침대 매트리스가 있다. 가로·세로 각 28cm, 길이 103cm의 상자에 압축 포장돼 있고, 이를 꺼내면 한 사람이 눕기에 충분한 크기로 부풀어 오른다. 압축포장은 제조원가를 높였지만, 중국에서 생산하여 일본 전국에 산재해 있는 430여 곳의 니토리 매장까지 이 제품을 수송하는 데 드는 물류비가 크게 절약되었다. 기존에 판매하던 매트리스는 컨테이너 1개에 실을 수 있는 수량이 120개였지만 압축포장된 제품은 800개를 실을 수 있어서, 개당 수송비가 6분의 1로 크게 줄었고, 국내에서의 입하수송비와 하역비도 크게 절감되었기 때문이다. 또한 기존 제품은 고객이 직접 들고 갈 수 없어 택배가 필요했지만, 압축포장 제품은 고객이 직접 운반할 수 있어서 고객 측면에서도 추가 부담되는 배송비가 절감되는 장점도 있다. 물류비용을 절감할 때 부분별 비용절감과 관리보다 생산과 수배송과 보관 등의 전 과정에서의 '전체 최적화'의 가능성을 계속 추구하는 것이 중요하다.

2.2 사내 물류 시스템의 합리화

물류합리화의 다음 단계는 시스템 사고에 의한 통합된 사내 물류 시스템 전체의 합리화를 이루는 것에 의해서 달성된다. 상품수송량의 결정에 있어 수송비를 절감하기 위해서는 영업용 트럭에 만차로 적재하여 수송하는 것이 좋다. 대로트로 수송하는 경우 수송 빈도를 줄이고 수송의 합리화를 도모하여 수송비를 절감할 수 있지만 도착지에서의 보관 비용이 증가하고 보관의 합리화에는 도움이 되지 않는다. 반면, 소로트로 수송하면 도착지 창고에서의 상품 재고량은 적어지고 재고관리비가 줄어들지만 수송빈도가 늘어나고 수송비가 증가한다. 따라서 수송비와 재고 유지비와의 합인 총비용이 최소가 되는 1회 수송량을 찾는 것이 좋다.

사내에서의 물류 시스템은 수배송, 보관, 하역, 포장, 정보, 유통가공 등의 서브 시스템으로부터 구성되지만, 개별 활동이 산출하는 기능을 최적으로 결합하여 효과적으로 '제품을 고객이 이용 가능한 상태로 변화시키는 것'이 중요하다. 고객의 목적과 요구에 유연하게 대처하기 위해 변화하는 것을 고객대응성(availability)이라고 한다. 고객대응성을 높이기 위해서 고객의 관점에서 다음 여섯 가지의 서비스 요소를 고려할 수 있다.

첫째, 몇 시간 이내에 배송을 완료하면 유용한가 하는 배송 리드타임
둘째, 배송이 약속된 시간보다 빠르거나 늦어지는 것을 수용할 수 있는 배송의 신뢰성
셋째, 배송의 최소 로트 크기, 즉 경제적 배송 로트 크기
넷째, 주문처리 주기시간과 배송시간에 대한 제한

다섯째, 고객의 특별한 주문과 특별한 수송방법의 지정에 대한 시스템의 유연성
여섯째, 잘못된 배송에 대한 신속한 수정 서비스의 능력

물류 서비스의 경쟁력을 높이기 위해서 어떤 서비스 요소를 어떤 수준으로 제공해야 하는가는 경쟁전략차원에서 결정되어야 한다. 경쟁회사와의 경쟁에서 시장점유율을 높이기 위해서 제품과 시장을 세그먼트별로 세분하고 각 세그먼트별로 차별적인 물류 서비스 패키지를 적용하고 서비스 자원을 효율적으로 배분해야 한다.

2.3 공급사슬 시스템의 최적화

영업소에 소매점에서 필요한 제품을 주문하면 본사의 주문처리 컴퓨터로 전달되고, 본사 컴퓨터는 주문 상품의 재고위치와 수량을 확인하고, 물류센터에 출하지시를 한다. 출하지시에 따라 물류센터에서 소매점에 차량 경로별 배송계획에 따라 상품이 배송된다. 한편 물류센터의 상품 입출고에 관한 정보는 그때마다 본사의 중앙컴퓨터로 전달되고 상품 재고 상황은 재고 기록에 저장되고, 이 재고 기록상에서 물류센터의 재고가 재주문점 수준 이하로 감소하면 본사에서 공장에 물류센터로 보충 출하의 지시가 발생한다.

일반적인 물류합리화의 중요한 방안으로서 상물분리가 있다. 이는 마케팅(상류)과 물류 활동을 분리시켜 운영하는 것을 말한다. 각 영업소가 마케팅과 물류 활동을 할 경우 상품 창고를 가지고 상품의 보관, 배송 등의 물류를 하는 것이다. 상물분리를 한다는 것은 도시 내의 영업소가 물류 활동을 하는 것을 중지하고 여러 영업소의 창고들을 통합해서 교외에 현대적인 물류센터를 건설하고, 거기서 물류부서가 물류를 전문으로 담당하는 것이다. 그림 2.4는 상물분리의 개념을 설명하고 있다. 교외에 물류센터를 두고 각 영업소를 위한 배송업무를 물류부서에 통합시키는 것은 물류작업의 집약으로 물류량의 대량 처리를 가능하게 하며, 현대적이고 경제적인 보관시설, 하역설비 도입으로 물류 활동의 생산성을 향상시키며, 규모경제의 이익을 추구할 수 있게 한다. 각 영업소는 마케팅에 전념하여 능률을 향상시킬 수 있고, 물류센터에서는 최적의 차량경로별 배송으로 물류효율과 고객에 대한 배송 서비스를 개선하고, 물류비용 절감도 도모할 수 있다. 그 결과 물류 관리의 표준화와 정보화가 촉진된다.

최근에는 온오프라인의 융합과 옴니채널 판매 서비스의 추세에 따라, 상물분리를 보완하여 각 대리점이나 매장에도 고객들이 많이 찾는 상품들을 보관하는 창고를 운영하기도 한다. 가전제품의 경우 같은 회사의 온라인 쇼핑몰에서 구매한 상품을 오프라인 매장에서 수령하거나, 오프라인 매장에서 온라인 전용 상품을 바로 구매할 수 있는 옴니 세일즈 서비스를 하거나, 각 매장에 고객들이 많이 찾는 상품들을 구비한 체험형 매장으로 만들고 직접 바로 사용하여 비교해 보고 상품을 살 수 있게 하거나, 신선식품과 생활용품의 경우

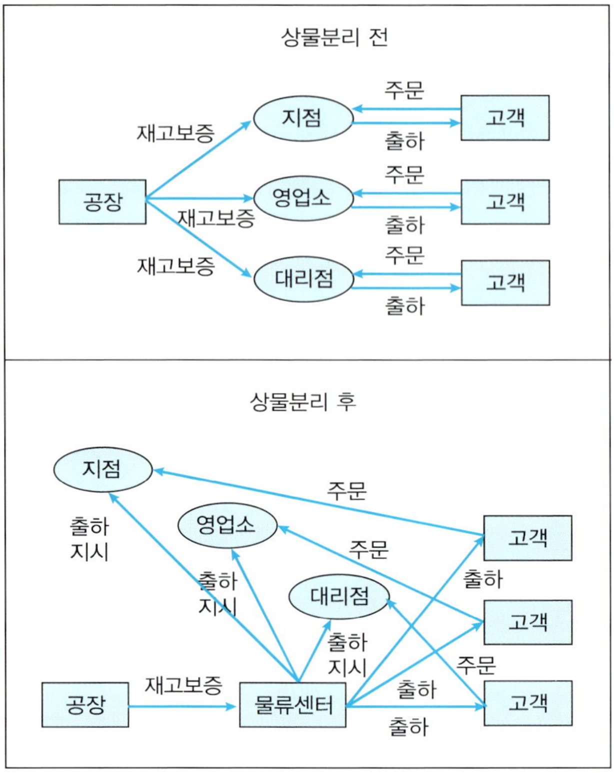

그림 2.4 상물분리의 개념도

장보기 도우미를 두고 고객이 온라인으로 주문한 식료품이나 신선식품과 생활용품을 고객들의 거주지와 가장 가까운 곳에 있는 매장에서 각 고객의 주문별로 직접 품질 좋은 제품들로 골라 고객별 시간에 맞추어 배송하기 위해서, 각 매장별로 창고시스템을 운영하는 시스템도 성장해가고 있다.

제3절 고객 서비스 수준의 설정

3.1 고객 요구에 맞추는 물류

공급사슬상의 비용을 줄이고 수익성을 개선하며, 복잡성을 완화시켜 효율성을 개선하기 위해서 많은 기업들은 물류 서비스를 표준 서비스 형태에 맞추려는 one-size-fits-all 사고개념으로 개선해왔다. 이는 거의 유사한 서비스를 다양한 고객들에게 하는 것을 의미하는데, 고객별로 구매량, 배송규모, 시간대와 주문요소들이 크게 다양하더라도 각 고객은 거의 동일한 요율로 동일한 수준의 서비스를 받게 된다.

고객들은 다양한 형태와 규모의 주문을 하며, 아주 다양한 물류 서비스 요구를 한다. 표준화시킨 서비스의 경우 일반적으로 고객의 참여는 거의 없이, 조직내부 관점에서 물류 활동의 편이성 향상을 중심으로 개발되고 있다. 기업들은 고객 요구사항들의 다양성을 인정하고, 이 다양성에 기초하여 고객 유형별로 물류 활동을 정렬하고 연계시켜야 한다. 이러한 고객중심의 물류 활동의 정렬과 연계는 비용효율성 이상의 이익들을 제공하며, 시장점유율과 경쟁력의 향상을 보장하고 있다.

물류 활동에 의한 고객 서비스는 판매실적에 크게 영향을 미치는 것으로 나타나고 있다. Sterling과 Lambert 등은 연구결과 고객 서비스 가운데 물류 관련 서비스가 직접적으로 판매증가와 시장점유율에 영향을 주는 중요한 요소이며 기업의 이익과 성장을 좌우할 수 있음을 제시하였다. Blanding은 고객 서비스 수준을 5% 낮게 하면 고객의 구매는 24% 정도 감소함을 밝혔다. 미국의 공급사슬 경영전문가협회(Council of Supply Chain Management Professionals: CSCMP)의 고객 서비스에 관한 연구결과에 의하면, 고객 서비스의 요소들은 우수한 고객 서비스를 제공할 수 있는 환경을 만드는 거래 전(pre-transaction) 요소, 고객에게 제품인도와 직접 관련된 거래 중(transaction) 요소, 소비와 사용현장에서 제품판매 지원과 고객보호와 서비스를 위한 거래 후(post-transaction)의 3요소들로 분류되며, 세부적인 내용은 그림 2.5와 같다.

고객 서비스 수준을 개선하기 위하여 물류 관리자는 주문처리주기(Order Cycle Time)를 단축하여야 한다. 주문처리주기는 주문전달시간(Order Transmittal Time), 주문처리시간(Order Processing and Assembly Time), 재고확보시간(Inventory Acquisition Time)과 인도시간(Delivery Time)으로 구성된다. 주문처리주기를 단축하기 위해서는 첫째 과정인 주문전달시간을 인터넷이나 이커머스(e-Commerce) 등을 이용하여 줄이고, 둘째 과정인 주문처리시간을 주문서류와 인출, 포장, 혼재 및 발송절차를 자동창고시스템(AS/RS), 바코드와 스캐닝을 이용한 자동인식장치와 자동분류 시스템 등으로 고속화하여 단축할 수 있다. 재고확보시간은 재고가 고갈되는 경우 생산과 주문품 확보와 미납주문(Backorder)

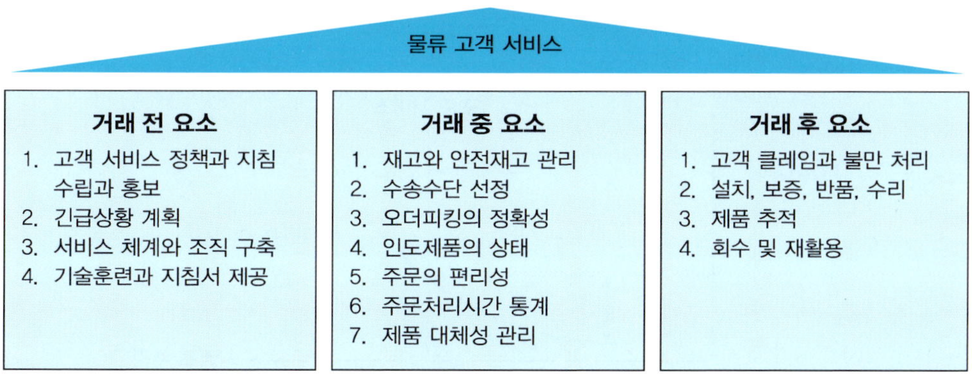

그림 2.5 물류 고객 서비스 요소

처리에 드는 시간이며, 재고준비성(Inventory Availability)에 따라 단축될 수 있다. 마지막 인도시간은 고객의 공헌도와 위치, 주문 크기 등 고객별 특성을 고려하여 배차계획과 적재 및 배달과정 합리화로 서비스를 개선해야 한다.

3.2 새로운 고객 서비스 사고방식

고객이 구매할 때 그들은 제품과 더불어 연관된 서비스를 구매한다. 이 서비스에는 가격 유연성, 선전물, 가격할인, 크레디트와 지불조건 개선, 거래와 구매 후의 지원혜택, 그리고 배송과 물류 서비스 등이 포함된다. 그 가운데 물류 서비스는 고객에 대한 각 거래활동마다 개입되기 때문에 고객의 심적 변화에 큰 영향을 끼친다. 물류 서비스에 대한 고객의 요구는 고객별, 제품별로 다양하다. 물류 서비스에 대한 표준적이고 규격화된 서비스는 평균 수준의 서비스 내용으로 구성되므로, 어떤 고객에게는 과잉 서비스를 하는 반면, 어떤 고객에게는 부족한 서비스를 하게 된다.

주문관리의 상황에서도 이와 유사한 사례들이 많다. 대형제약회사에서는 모든 고객들이 짧은 배송기간을 요구할 것이라고 판단하여 모든 주문을 긴급으로 처리하였는데, 실제로는 주문의 85%가 재고 보충이었다. 실제 시장에서 과잉 서비스를 하면 비용 부담이 상당히 높아진다. 서비스 비용과 서비스 수준 간의 균형곡선(그림 2.6)은 이 현상을 설명하고 있다. 하나의 평균적 서비스 수준을 모든 고객에게 적용하는 경우 상당히 높은 비용의 서비스를 하게 되는데, 실제로 경쟁이 치열한 시장에서는 어떤 중요 고객에게는 서비스 수준을 향상시켜야 하는 반면, 다른 일반 고객에게는 서비스를 줄여서 비용을 절감할 수 있는 여지가 있을 수 있다. 공급업체와의 연결도 이런 가능성들을 잘 고려하여서, 어떤 고객들에게는 서비스를 향상시키도록 하고, 다른 고객들에게는 서비스를 줄이고 수익성을 개선하도록 하여, 고객의 요구들을 맞출 뿐 아니라 제조업자와 공급업체 쌍방을 위하여 비용을 절감할 수 있게 한다.

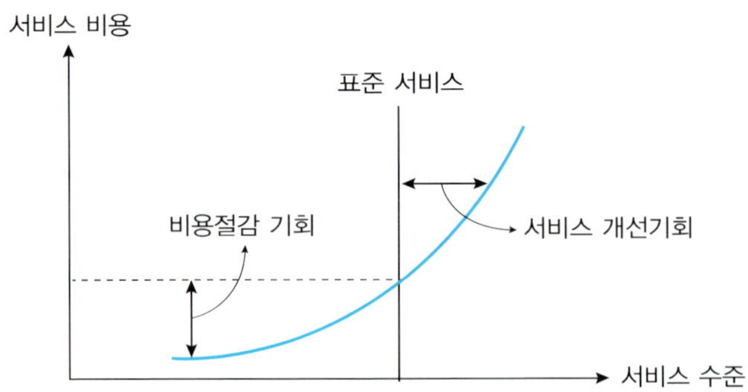

그림 2.6 서비스 비용 대 서비스 수준 간의 균형곡선

3.3 서비스개선: 수익증가와 고객확보

수익증가는 특정 고객에 대한 서비스를 평균 이상의 수준으로 개선함으로써 일어난다. 실제로 대형소매업체와 대형구매사는 그들에게 필요한 물류지원 서비스가 보다 정교해야 하므로 물류 서비스의 요구가 대형업체 중심적이고 고압적인 면이 있다. 이러한 고객들을 위한 서비스에는 전자문서교환(Electronic Data Interchange)과 효율적 소비자 대응(Efficient Consumer Response), 예측과 계획 지원을 위한 프로그램 접속 서비스, 팔레트에 숫자 표시, 매장 직배송, 고객사의 바코드 부착과 지정선반에 운반과 적재 등으로 지원하는 방안들이 있다.

또한 유통업체는 공급업체에 대해서 '우수공급업체(Preferred Supplier)'로서의 지위를 보장하고, 24시간 내내 유통업체의 물류센터를 운행하면서 배송하며, 매장 안까지 접근하게 하고, 그들 제품의 이동과 처리에 유통업체의 물류센터와 공급업체의 물류센터를 연결하는 '신속 추적(Fast Track)' 채널을 만들어 사용하도록 우선권을 부여하는 것 등이 개선방안일 수 있다. 이는 우수공급업체의 판매주기를 증가시키며, 그들 자신들의 물류 서비스를 소매업체나 고객의 요구에 맞추도록 유도할 것이다. 여러 산업에서는 유통업체들이 수년 내에 요구하는 수준의 물류 서비스 체제를 갖추지 않는 공급업체나 유사한 수준의 서비스 체제를 갖추지 않은 신규 공급업체와는 거래를 하지 않는 프로그램을 가지고 있기도 하다.

오늘날 제조업체들은 대단히 복잡한 유통채널의 복합체를 지원해야 할 필요가 있다. 유통업체를 포함하거나, 대형고객업체에 직판하거나, 다양한 소매형식을 통하거나, 매점에서부터 대량구매업체, 창고와 편의점에 이르기까지 다양한 판매구조를 거쳐 판매하는 경향이 있기 때문에 물류의 요구들이 대단히 다양하다. 수익의 개선 기회는 고급 수준의 물류 서비스를 제공하는 대가로 생길 수 있다. 고급 수준의 물류 서비스를 제공하기 위해서는 제조업체가 하청공급업체로 하여금 고객사의 재고량을 전자 모니터링에 의한 원격추적으로 보충하게 하여 배송비를 절감하거나, 고객사의 재고조사와 주문업무를 제거해주는 추가 서비스로 비용절감과 수익을 올릴 수 있다. 제조업체는 또한 실제 고객사의 제품 사용에 관한 정보를 활용하여, 내부 생산관리와 계획을 효과적으로 세우며, 완제품 재고와 원자재 재고유지비를 줄일 수 있다.

3.4 서비스의 최소화: 고객요구의 충족과 비용절감

일부 고객들에게는 평균 이하의 물류 서비스를 제공하여 물류 관련 자산의 수익성을 개선시킬 수 있다. 많은 제조업체들이 수리정비센터들에게 모든 정비부품을 긴급한 고객 정비용 부품으로 보고 익일배송 서비스를 하고 있는데, 소요내역을 잘 조사해보면 상당히 많은 부품들이 항상 많이 사용되지만 전혀 긴급하지 않은 것을 알 수 있다. 이런 부품들은 저비용의 일반배송방식으로 물류 서비스를 할 수 있다.

고객에 의한 수익성을 정보 시스템과 활동중심비용(Activity-Based-Costing) 방식으로 파악하여 고객별로 적합한 비용의 서비스(True Cost-to-Serve)를 제공할 수 있다. 이 방식으로 각 고객의 공헌도에 근거하여, 고객별로 서비스 수준을 조정하거나, 쌍방에게 유익한 독특한 비용절감 프로그램(Crossing Functional Selling) 등을 개발할 수도 있다. 고객의 독특한 요구에 맞춘 고객 서비스 체제의 구비는 조직에 많은 잠재이익과 경쟁상의 이점, 수입과 판매수익 향상, 비용절감을 가져오는데, 이를 위해서는 전통적인 표준 서비스 형태의 물류방식에서 대담한 전환을 하는 것이 필요하다.

3.5 고객 서비스 수준 결정

고객 서비스 수준에 대응하기 위한 물류 서비스 수준에 따른 비용과 수입의 구조를 파악하면 이익을 최대화할 수 있는 고객 서비스 수준을 결정할 수 있다. 이때 목표는 물류 관련 수입과 물류비용의 차이를 최대화하는 것이 되는데, 수리적으로 최대이익은 서비스 수준 한 단위 변화에 따른 물류수입의 변화액과 비용의 변화액이 같아지는 점에서 이루어진다. 즉, 한계수입(Marginal Revenue)과 한계비용(Marginal Cost)이 같아지는 점이다. 그러나 일반적인 기업에서는 판매수익과 고객 서비스 비용 간의 관계를 명확하게 도출하기가 어렵다. 따라서 사전에 각 고객 서비스 수준에 해당하는 서비스 방법들을 설정하고, 서비스 수준의 증가에 따른 연간 비용의 증가를 파악하여, 고객 서비스 향상에 따른 가치를 서비스 개선을 위해 추가되는 비용과 비교하여 적정 고객 서비스 수준을 결정할 수도 있다. 이 경우에 적정한 물류체계를 구축하기 위해서 서비스 방법들의 조합을 다양하게 변화시키는 민감도 분석을 하면서 예상수익과 물류 서비스 비용 간의 차이가 가장 큰 서비스 방법과 수준을 선정한다. 이때 고객 서비스 수준은 일반적으로 최적은 아니지만 경쟁업체의 고객 서비스 수준이나 전문가의 견해에 따라 결정하거나 관례에 따라 결정하게 된다.

적정의 고객 서비스 수준에서는 서비스 수준 향상으로 인한 판매의 증가에 따른 수익이 추가되는 물류비용을 충당하고 남아야 한다. 최종적인 고객 서비스 수준 결정은 경영진의 판단에 달렸으나, 다양한 서비스 요소와 수준에 따른 비용정보는 의사결정에 유용하게 사용될 수 있다. 다음 표 2.1의 예와 같이 3일 이내 제품을 인도받는 고객의 비율을 고객 서비스 수준으로 하여 다양한 물류 시스템을 설계하고, 각 고객 서비스 수준에 따른 연간 물류비용 관계를 구축해볼 수 있다.

표 2.1 물류 시스템 수준에 따른 고객 서비스와 비용

*고객 서비스 수준의 예: 3일 이내 제품을 인도받는 고객의 비율

수준	물류 시스템 설계	연간 물류비(원)	고객 서비스 수준
1	우편주문, 철도 수송, 낮은 재고수준	70억	75%
2	전화주문, 트럭 수송, 낮은 재고수준	100억	80%
3	전화주문, 트럭 수송, 높은 재고수준	120억	85%
4	인터넷주문, 트럭 수송, 높은 재고수준	150억	90%
5	인터넷주문, 항공택배, 낮은 재고수준	160억	93%
6	인터넷주문, 항공택배, 높은 재고수준	180억	95%

제4절 정보기술의 활용

4.1 물류 정보

물류 활동에 필요한 정보인 물류 정보는 공급사슬상에서 고객의 주문과 수요 발생으로부터 영업담당부서를 거쳐 도소매상, 물류센터, 본사와 제조부서, 공급업체들로 흐르고, 다시 역방향으로 고객에게 제품과 함께 흐르는 각종 정보를 말하며, 물류 시스템 운영에서 수요에 대응하여 공급사슬을 작동시키는 신경조직의 역할을 담당하고 있다. 오늘날 시장 중심의 글로벌 공급사슬은 정보 집약적이며, 복잡한 물류와 다양한 정보의 흐름을 관리하기 위해서 적응력 있는 정보 시스템을 필요로 하고 있다. 또한 물류 정보 시스템의 원활한 운영으로 물류 경쟁력을 향상시키기 위해서 공급사슬 업체들의 물류 시스템 운영의 통합과 합리화의 촉진이 요청되고 있다.

기업 내부의 물류 정보는 원자재의 구매 조달 입하에서 생산을 위한 자재, 중간제품 및 완제품 운반, 포장, 하역, 수배송, 보관 등을 거쳐 고객에게 신속 정확하게 인도할 수 있도록 물류 활동의 데이터와 정보를 수집 획득하여 전산화하여서 분석하고 관리하는 물류 활동 영역이다. 기업 내 물류 정보 시스템은 일상적인 물류 활동에서 발생한 물류 정보를 수집 획득하여 분석하고 유기적으로 관리하여 제반 물류 활동을 시스템적이고 과학적으로 통합하여서 고객 서비스 향상을 도모하며 물류비용과 주문처리시간을 절감시키는 효과적이고 효율적인 물류 시스템 구축과 운영을 지원한다.

물류 정보의 기본 정보로는 수주, 재고, 생산, 출하, 물류 관리 정보가 있으며, 수송 관련 정보로는 화물 운송, 화주, 화물 운송기기, 항만, 화물하역, 화물통관 정보 등이 있다. 물류 관리정보에는 장기적 물류 전략계획, 단기적 물류 전략계획, 물류 관리 시스템, 물류 업무활동, 물류회계 등이 포함되어야 한다. 장기적 물류 전략계획에는 물류 네트워크의

구축과 물류센터의 입지의 선정, 투자계획의 수립, 타당성 분석 등이 관련되어 있다. 단기적 물류계획은 제반 물류 활동의 계획과 물류 서비스 방침과 평가 및 물류비용에 대한 분석과 책정, 계획과 실적의 대비와 평가를 할 수 있어야 한다.

물류 관리 시스템은 수주관리, 포장작업, 수송관리, 배송관리, 보관관리, 재고관리, 하역작업관리 등의 각 개별 기능영역에 관한 정보들이 통합 분석되고 운영스케줄, 현황과 개선사항 등을 보고하며, 수많은 하위관리 시스템이 연결되어 있다. 물류회계 정보 시스템에는 물류처리 관련 회계처리, 물류예산의 책정, 예산과 실적의 대비 및 예산통제와 관련된 정보 시스템이 필요하다. 물류업무활동 정보 시스템은 주문, 주문처리, 재고관리, 창고관리, 하역, 포장, 수배송, 피킹 출하와 종합적 관리, 유통가공 등 일련의 물류업무와 활동을 관리, 통제 및 조정하는 정보 시스템이다. 기업 내부의 각 물류업무활동 정보 시스템에서 처리하는 정보활동을 중장기적인 계획, 일상적인 실행, 주기적인 통제의 세 가지 기능별로 표로 정리한 것이 표 2.2이다.

물류업무활동의 각 단계마다 발생하는 물류 정보에는 다음과 같은 특징이 있다.

- 물류 정보는 유형이 다양하고 또 절대량이 많다.
- 피크 시에는 보통 때와 비교할 때 정보량의 차이가 크다.
- 정보의 발생원, 정보처리 센터, 정보처리과정 등이 광역으로 분산되어 있다.
- 상품의 흐름에 대한 예측과 실시간적 대응이 요청된다.
- 마케팅과 생산 등 회사 내의 다른 부분과의 관련성이 강하다.

4.2 기업 내 물류 정보 시스템

물류 활동은 생산 및 판매 활동과 더불어 기업의 중요한 업무 정보이므로 그 기반을 유연하고 민첩하게 할 수 있는 물류 정보 시스템은 필수적이다. 물류 정보 시스템은 주문 처리 시스템(OMS: Order Management System), 수배송 관리 시스템(TMS: Transportation Management System), 창고관리 시스템(WMS: Warehouse Management System), 화물추적 정보 시스템으로 분류할 수 있다.

(1) 주문처리 시스템(OMS)

주문처리는 주문준비, 주문전달, 주문접수, 오더필링, 주문상태 보고로 구성된다. 주문준비는 제품이나 서비스에 대한 고객의 요구를 판매자에게 전달하는 활동이다. 주문전달은 주문을 요청한 지점으로부터 주문접수가 실제로 이루어지는 곳으로 전송하는 것을 의미한다. 주문접수는 주문 품목의 명세, 수량, 가격 등 주문정보의 정확성을 확인하고, 주문 품목의 재고 보유를 확인하고, 재고부족 시에는 수주잔고(Backorder)나 주문취소를 준

표 2.2 물류업무활동 영역별 정보처리기능

활동	계 획	실 행	통 제
발주	주문 방법의 선정 주문정보 전달 수단 선정	공급업체 관리 주문 납품 독촉 입하 검수	주문 통계 분석
주문처리	수주방법의 선정 주문정보 전달수단의 선정	주문추적처리 실보유 재고 확인 부족분 생산/구매 지시 신용한도 확인 하역능력 확인 배송능력 확인 출하지시 정확성 확인 납품청구서 작성 고객업체 관리	수주통계분석 반품 처리 납품 관리
재고관리	물류센터 창고 수, 위치결정 재고의 적정배치 재고예산의 설정 표준재고회전율 설정 재고 서비스율 설정	재고조회응답 취소 처리 입출고 처리 운반관리 재고 실사	재고예산과 재고실적 대비 표준재고회전율과 실적재고 회전율대비분석 과잉재고분석 A급 제품재고분석 재고상품의 불용화, 파손분석 보관비용 계산 보험료 계산
창고관리	영업창고, 자가창고 결정 창고용량 결정 창고설비 설계 보관형식 설계 창고설비투자의 경제성 계산	자동창고 운전 수납장소의 지시 고장수리관리 창고설비의 보전 정비 재고 위치 관리	창고설비의 가동률 분석 빈 저장공간 조사 고장분석 수리 비용계산 예방정비 비용계산
하역	하역방법 설계 하역기기투자의 경제성 계산	하역작업지시 검품 및 수량 확인	하역 비용분석 하역기기의 가동분석
포장	포장형식과 규격의 결정 수송화물적재 결정 자동포장설계	포장재료관리 포장공정관리 다양한 포장의 지시 팔레트 관리 빈 컨테이너 관리	포장비용의 분석 사고통계
수배송	수송수단의 선정 수송경로의 선정 수송 로트의 결정 다이어그램 시스템 선정 배송지역의 결정	배차수배 화물적재지시 배송지시 발송정보의 도착지 연락 반품화물 정보관리 화물의 추적관리	운임 계산 적재효율 분석 차량가동 분석 반품운임 분석 빈 용기 운임 분석 오배송 분석 교차수송 분석 사고 분석
출하	출하 및 피킹 방법 선정 출하 및 피킹 경로 선정	출하 지시 피킹 담당자 연락	출하 비용 계산
종합관리	물류종합 시스템 설계 수요 예측	주문처리의 흐름 추적	종합실적의 집계와 분석 종합적 물류비용의 분석 물류 서비스율의 분석

비하고, 고객의 신용상태를 확인하고, 필요한 주문정보를 입력해 두며, 청구서를 작성하는 활동 등이 포함된다. 오더필링(Order Filling)은 보유중인 재고인출, 생산이나 구매로부터 품목을 확보, 제품을 포장, 제품인도를 위한 선적계획, 적재서류와 청구서를 준비하는 활동들을 의미한다. 주문접수와 동시에 수행하면 주문처리시간을 상당히 단축시킬 수 있다. 주문상태 보고는 제품인도나 주문처리에서 발생되는 지연이나 문제점을 고객에게 미리 통보함으로써 고객 서비스를 향상시키며, 주문처리 과정을 추적하고, 주문 품목의 현재 위치와 예상 도착일시에 관해 고객에게 통보하는 것을 포함한다.

(2) 수배송 관리 시스템(TMS)

수배송 관리는 수송과 배송의 요구에 대해서 적기에 수배송체제 확립, 최적수송계획과 차량배송경로계획 수립, 수송업자 선정, 출하계획, 출하서류 전달, 운임계산, 화주에게 수배송 추적과 도착 정보제공, 터미널화물정보와의 연계 등으로 적기 수배송과 수배송 비용의 절감을 목적으로 한다.

(3) 창고관리 시스템(WMS)

창고관리는 적절한 재고관리에 의한 재고수준을 유지하며, 이를 위해 생산 및 구매관리 시스템과 연동시켜 재고관련 상황을 통제하고, 보유재고를 이용한 고객 서비스 수준을 올리도록 하고, 창고의 보관시설과 하역운반설비를 효과적으로 활용하는 것을 목적으로 한다.

(4) 화물추적 정보 시스템

FedEx, UPS와 같은 국제소화물특송 회사들과 화물 운송업체들은 운송중인 제품에 대해 바코드와 휴대용 스캐너와 트럭탑재형 컴퓨터와 인공위성 시스템을 이용한 추적을 효율적으로 수행함으로써 정확한 시간 내에 배송하여 높은 납기준수의 고객 서비스를 제공할 수 있는 현대적인 기술을 사용하고 있다. 또한 삼성전자, 네슬레, P&G와 같은 글로벌 공급사슬을 이용한 생산 판매업체들은 자신들이 판매해야 하는 상품의 예상되는 판매소요량을 정확한 시간 내에 수배송 서비스하여 높은 납기준수나 보유재고로 판매하여 고객의 만족을 최대화하기 위하여 추적정보 시스템 구축과 보강에 앞서 가고 있다.

4.3 정보기술의 활용

공급사슬 전체에 걸쳐서 고객요구의 다양화에 대응하기 위한 소규모, 다빈도, 즉시납품, 동기화를 지향하는 물류체계의 확립이 요청되고, 종래의 재고(Stock) 중심물류에서 공급사슬 전체의 관점과 흐름(Flow) 중심물류로의 변화가 긴요해져서, 기업 전체의 입장에서 물류를 종합적으로 관리하는 정보 시스템의 중요성이 높아지고 있다.

공급사슬상의 업체들(하청업체, 협력업체, 제조업체, 창고, 물류센터, 도소매업체, 고객) 간에 정확한 정보를 시간에 맞게 전달하는 것은 효과적이고 효율적인 방법으로 제품과 서비스의 흐름과 재무 및 회계처리를 위해서는 필수불가결한 것이다. 네트워크로 연결된 컴퓨터, 노트북, PDA(Personal Digital Assistants)와 스마트폰은 공급사슬의 상류와 하류흐름의 현장에서 실시간에 정보접근과 처리를 할 수 있게 하는 관리의 도구 세트로 사용되면서 공급사슬 계획과 통제와 가시성 확보를 지원하고 있다. 이상적인 공급사슬에서는, 모든 공급사슬상의 업체들 간에 흐름의 정체가 없는 정보의 교류가 실시간 기반으로 이루어지고, 관련된 모든 업체들과 최선의 이익을 함께 도모하며 진행되어야 한다.

글로벌 물류와 공급사슬 관리에 활용되는 정보기술들은 1970년대에 한 기업체의 자재 및 생산 계획과 집행을 위해 개발된 MRP에서 시작되었고, 통합되어 가는 비즈니스 환경과 기능의 변화에 따라 조직 내의 전 부서를 연결하는 ERP와 공급사슬 전체를 연결하는 협력계획보충 시스템(CPFR, Collaborative Planning, Forecasting and Replenishment)으로 진화 확장되어 왔다. 오늘날 전 세계 물류와 상거래와 무역에서 필수적인 e-비즈니스는 인터넷을 통한 상거래 이상으로 공급사슬 전반에 걸쳐 전자정보교환 활동을 망라하고 있다. 대표적으로 이용되고 있는 정보 기술로는 EDI, RFID, 클라우드 컴퓨팅, 통합 공급망 시스템 등이 있다.

(1) EDI (전자문서교환: Electronic Data Interchange)과 인터넷 EDI

EDI는 표준문서 양식을 이용한 비즈니스 문서의 전자교환방식으로, 다수 기업간 데이터를 전자적으로 교환하는 기술인데, e-비즈니스 업무프로세스를 처리하고 e-비즈니스를 이용한 산업과 서비스를 보편화시킨 혁신적인 방식이었다. EDI를 통한 데이터 전송의 양식으로 알려진 것은 고객에서 공급업체까지 구매주문, 공급업체에서 고객까지 지불청구서, 배송 스케줄 데이터 등이 있다. EDI를 통한 데이터 전달은 자동으로 이루어지는데, 고객으로부터 특별한 주문의 배송일자가 도착되면 공급업체 컴퓨터는 자동으로 해당 고객 컴퓨터로 상품송장과 청구서를 작성 발송한다. 그리고 공급사슬 전체에 걸쳐 RFID 같은 자동인식자료획득(Automatic Identification & Data Capture) 기술과 연결되면 주문품이 공장이나 물류센터 정문의 RFID 리더를 통과하여 나가는 시각에 상품송장과 청구서를 고객에게 정확하게 발송하는 등 더 유용하게 활용될 수 있다.

인터넷 EDI는 독점적인 부가가치망(VANs, Value-Added Networks) 상에서 제한적으로 운영되던 EDI의 정보처리의 민첩성과 경쟁력을 개선하고자 인터넷의 개방 표준 체계의 XML(Extensive Markup Language)를 활용한 것으로, 공급사슬업체들의 정보 시스템을 통합시켜 비즈니스와 업무처리의 민첩성을 가지고 있으며, 특히 중소기업 공급사슬망을 위한 대안이 되고 있다. 인터넷 EDI는 공급사슬업체들로 인터넷을 통한 비즈니스를 수행하게 하며, 구매비용과 고가 정보 시스템 구비에 따른 비용을 절감하게 하여서, 더 많은 거래업체와 더욱 저렴한 가격으로 거래할 수 있게 하고, 거래업체의 요구를 더 쉽고 빠르게 서비스할 수 있게 한다.

(2) Radio Frequency Identification(RFID)

RFID 기술은 화물과 하역운반장비를 자동적으로 인식하고 위치를 파악하게 한다. 물류, SCM이나 자재관리와 연결시켜서 활용하는 경우, 개별 품목, 자재, 컨테이너와 용기에 무선주파수 신호를 발송하는 RFID 송수신기나 태그를 부착하여 이동시키는데, 이 신호가 RFID 판독기에 의해 원격으로 검파되면, 데이터로 모니터에 나타나고, 화물과 하역운반장비의 위치와 내용 파악과 이동을 제어하게 된다. RFID의 원격 통신 능력은 바코드처럼 화물 가까이 가서 데이터를 스캔하거나 판독할 필요가 없게 하므로 복잡하고 광범위한 창고와 물류센터 운영에서 시간과 노동을 절약하고 정확도를 높일 수 있고, 공급사슬 업체들 간의 물류 활동을 위한 시스템 설계와 배치에서도 효율성을 높여준다. 창고 입하장에 트럭으로 적재화물을 반입할 때 이전에는 바코드 판독이나 기록을 했지만, RFID 장착 입하장에서는 판독기가 부착된 문으로 트럭이 통과만 하면 자동적으로 배송 시간과 배송 수량이 정보 데이터로 입력된다. 그림 2.7은 RFID를 활용한 물류운영의 기본 개념도를 설명하고 있다.

RFID는 한꺼번에 많은 항목의 정보를 읽을 수 있고 많은 정보를 저장 처리할 수 있는 기술적인 능력이 있어서 바코드보다 우수하며, 자동적인 사물인식 과정으로 작업자 도움 없이 대상물들 간에 통신도 할 수 있다. 가혹한 조건하에서도 작동이 되어, 병원, 제약, 수산, 수송, 재고와 유통업 등에서 사용될 수 있다. 능동형 태그는 배터리가 장착되어 있어 판독반경이 넓다. RFID는 ERP와 의사결정지원 시스템과 통합 운영시 공급사슬상의 가시성을 고도로 높이고 주문처리와 결제기간 단축 및 배송의 정확성 향상, 품절 상황 최소화, 제품의 정확한 위치파악을 재고 최소화와 함께 가능하게 한다. 그러나 기술적으로 더 개선되어야 하고, 활용상 상당한 투자가 필요하다.

RFID가 공급사슬 추적기술로도 등장하게 된 배경에는, 증가하는 제품의 다양성과 수요의 변동성에 대응할 수 있는 민첩한 활용성을 가지고 있기 때문에 가능하였다. 민첩하고 신속 대응해야 하는 공급사슬은 서로의 정보를 때에 알맞은 적시성과 정확성과 고품질로 소통하여야만 운영이 될 수 있으므로, 공급사슬 업체들 간에 실시간 제품 데이터 정보를 획득하고 활용할 수 있게 하는 능력이 실제로 민첩하게 대응하게 하는 핵심 요소인데, RFID의 활용으로 이 실시간 정보 획득과 제공과 활용이 용이해졌다. RFID는 공급사슬 업체들에게 판매나 변동 즉시 데이터를 제공하므로 실시간 가시성을 확보하게 하는 민첩

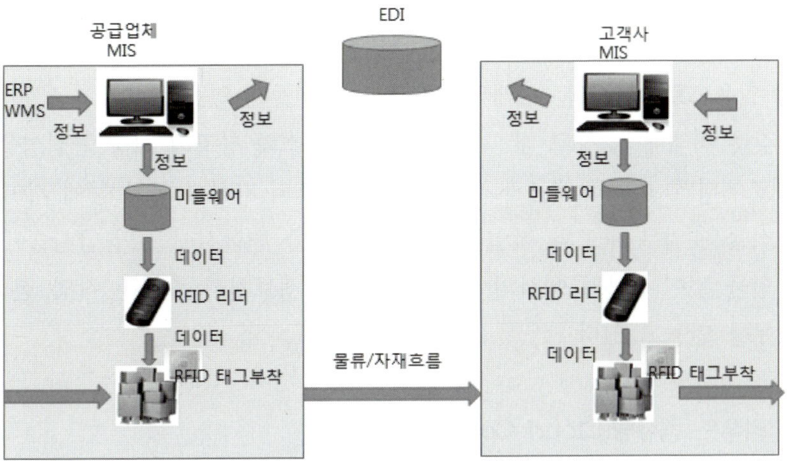

그림 2.7 물류운영 RFID 활용 기본개념도

한 대응력을 증대시키는 잠재력을 가지고 있으므로, 공급사슬상의 어느 지점에서 언제라도 정확하고 빈틈없는 제품 추적을 하며, 자동 보충과 제품의 생산이나 운송을 가능하게 하므로, 매우 복잡한 공급망이 수요의 변동에 즉각 대응할 수 있게 한다. 그 결과 공급사슬 업체들 간의 재고유지비용을 최소화하고, 생산 용량과 자원소요량을 줄여서, 획기적으로 물류비를 낮추게 한다.

또한 RFID는 다목적으로 활용할 수 있으며, 매장 판매시점 관리(POS)에서 활용할 경우 주요 용도는 제품과 물류장비 등 자산의 추적과 관리, 자산의 보안성 향상, 재고관리와 활용성 개선, 제품 데이터 처리상의 정확성 개선 등이다.

또한 RFID 태그는, 바코드나 다른 추적 기술과는 달리, 극한 온도나 치명적 화학물질 등을 견디도록 제작될 수 있으며, 복수 품목들을 스캔하는 능력을 구비하게 하며, 재사용이 가능하다. 예를 들어 의류매장에서 매주 의류 점포에서 바코드를 수동으로 읽어 재고 파악을 하는데, RFID 적용으로 동시에 다수 품목들의 재고를 파악하여 시간을 크게 줄일 수 있고, 이러한 규칙적이고 정확한 정보 획득으로 의류 공급업체들은 과잉생산과 품절을 예방하면서 다품목 소량의 다빈도 수요와 배송을 위한 생산이 가능하게 된다.

RFID를 혼적출하(Shipping Consolidation), 컨베이어에 품목 탑재, 컨베이어상의 품목 추적과 분류, 상하역과 품목 추적, 확인 조회, 보관, 제조공장 내 품목 추적, 창고의 효율성 생산성과 정확성 개선과 담당구역 조정, 소매 점포 내 품절과 인력소요와 도난과 가상 재고 문제 감소 등의 물류와 마케팅과 생산의 운영개선에 활용할 수 있다.

또한 RFID는 유비쿼터스 컴퓨팅 기술이어서 정보 시스템 내에서 공급사슬의 실제 현장들을 이음새 없이 연결시키는 것을 지원할 수 있다. 그러나 아직 보편화가 안 된 상태이며, 주로 공급사슬과 물류에서 활용되고 있다. 기존의 추적 프로세스는 작업자의 시야에서 작업이 요구되었으나, RFID에 의한 자동화로 적재와 수송과 제조와 창고 및 소매 운영의 디자인을 효과적으로 재고하여 관리할 수 있게 된다.

RFID 활용으로 예상되는 미래의 운영상의 혁신들은 연속선반 재고조사와 다빈도 보충 기능을 갖춘 미래매장, 창고 내 적재소요 공간 감소와 창고의 시장 근접성을 높이는 미래 창고, 제조에서의 고객화 대응과 실제 수요자 수요의 가시성 향상 등에 기여할 것이다. 이러한 혁신들은 업무 구조와 작업자의 직무 내용을 변화시키고, 공급사슬에 걸쳐 새로운 직무를 만들 것이다. 물류에서의 수작업 감소와 정보처리 증가는 작업 현장에서 새로운 일과 직무를 만들고 있다.

(3) 클라우드 컴퓨팅(Cloud Computing)

클라우드 컴퓨팅은 내외부 고객들을 위하여 다양한 컴퓨팅 기술과 정보처리를 상호 공동으로 운용하게 하는 통합인터넷 기반 하부구조이다. 클라우드 컴퓨팅은 정보 시스템의 추상적 형태를 가지고 있으며, 하드웨어, 소프트웨어, 데이터, 통신네트워크를 포함한 정보 시스템 요소들을 통합한 것으로 사용상 복잡한 것들이 안 나타나게 한 것이어서, 일반 사용자들도 즉시응답 서비스 방식으로 다양한 어플리케이션에 접근할 수 있다.

아마존의 Elastic Compute Cloud 같은 클라우드 컴퓨팅은 내외부 고객에게 다양한 컴퓨팅 기술을 사용하게 하는 통합된 인터넷 기반 하부구조로 구글 Calendar나 MS의 OneCare 서비스 같은 인터넷 상에 제공되는 SaaS(Software as a Service) 어플리케이션을 이용할 수 있게 한다. 클라우드 컴퓨팅은 공급사슬 관리의 여덟 가지의 핵심 비즈니스 영역, 즉 CRM, 고객 서비스 관리, 수요 관리, 주문 완성, 제조흐름 관리, SRM, 제품개발과 상품고객화 과정과 반품관리 등을 위해 활용할 수 있다. 계절별로 판매가 폭증하여 시스템의 한계를 넘거나 온라인 쇼핑몰 사이트가 마비될 수 있을 때, 일시적인 클라우드 컴퓨팅 활용 확대로 컴퓨팅 자원의 긴급 수요를 신속히 충당할 수 있다. 클라우드 컴퓨팅 자원의 유연한 활용으로 비즈니스 환경의 다양한 변화에 대처할 수 있는 조직의 민첩성을 증가시킬 수 있다.

(4) 통합 공급사슬 정보 시스템

공급사슬상의 업체들 간에 협업을 고려하지 않고 독립적으로 IT투자를 하면, 공급사슬 전략 수행과 달성에 요구되는 아키텍처와 하부구조 간의 원활한 연결이 안 되어서, 시스템이 효과적인 방법으로 통합되지 않거나 정보를 교환할 수 없게 되어, 곤란하게 되고 많은 운영비용과 시간이 소요되고, 공급사슬의 유연성이 저하될 수 있다. 그러므로 장기적인 관점에서 공급사슬상에서 IT를 어떻게 통합시킬 것인가 하는 것이 당장의 IT투자 결정만큼이나 중요하다. 정보 시스템은 기업 목표 성취를 위해서 필요한 요구 사항들을 충족시키도록 수립한 공급사슬 전략을 성공적으로 달성하기 위한 수단이다.

설계자는 상위수준의 아키텍처를 세부기술설계로 구현시켜야 하는데, 세부기술설계에는 시스템 요구사항, 표준, 데이터 요소들, 업무흐름 등을 포함해야 한다. 공급사슬업체들의 다양한 요구사항들을 원활히 충족시키기 위해서는 정보 시스템 요소들이 시종 일관 공급사슬 전략지향적인 개념과 논리로 하부구조상에서 통합되어야 한다.

제5절 물류 정보화의 발전

5.1 전자상거래의 확대와 물류의 변화

정보통신기술의 발달로 전자상거래 시장이 급속하게 팽창하면서 e-비즈니스 환경이 도래하고 있다. 글로벌 전자상거래의 비중이 크게 확대되어 세계 B2C 전자상거래 규모가 2017년에는 2.5조 달러를 넘어설 것으로 전망되며, 국내에서도 전자상거래 시장이 2013년에는 B2B를 중심으로 하여 1,200조 원 이상의 규모로 신장하였고, 거래 형태가 정착되어 가고 있다.

e-비즈니스의 확대에 따라 물류 산업도 지속적인 커다란 구조적 변화에 직면해 있다. 물류의 흐름이 생산자 → 도매상 → 소매상 → 소비자의 전통적 상거래 구조에서 생산자 → 물류센터 → 소비자의 흐름 구도로 변화되고 있으며, 주문형태도 소비자 → 소매상의 구조에서 소비자 →생산자의 구조로 변하고 있다. 또한 주문 대상 기업이나 사이트도 국내뿐 아니라 해외직구 등으로 크게 확장되고 있다. 이제 정보통신 기술의 발달로 소비자의 선택의 폭과 결정의 다양성이 점점 커져, 기업의 경영환경도 소비자 수요의 변화와 정확한 재고 현황을 적시에 파악하여 신속히 대응해야만 살아남을 수 있는 절대경쟁의 환경으로 변화되고 있다. e-비즈니스 환경하에서는 유통점의 판매정보에 의지하던 과거와는 달리 개별고객의 주문 정보와 배송물품의 실시간 추적관리 등도 필요하게 되었다.

물류 정보 시스템이 공동배송의 효율화, 공급사슬 관리에 필수적이며 전자상거래의 발달과 함께 e-SCM의 차원까지 고도화되고 있다. 그리고 중요한 물류 정보망인 각종 물류 VAN(부가가치통신망)의 이용이 점차 고도화되어 간다. VAN은 언어체계와 통신규약, 서류양식과 통신 속도까지 거래 상대방의 컴퓨터 시스템에 적합하게 연결되어 가공되고 즉시로 번역되고 통신을 매개하는 서비스를 행하는데, 현재 VAN은 광범위한 정보매개 서비스 수단으로 활용되고 있다.

특히 물류업자는 VAN 사업자가 되어 하주기업에 물류 서비스와 물류 정보 서비스를 병행해서 제공하고 하주의 고정 고객화를 도모하며, 은행 VAN 및 관련사업체들의 VAN

을 연결하며, 이 정보기능과 보관기능, 수배송 기능을 통합하여 강력한 물류 시스템을 구축하고, 보다 강화된 물류 서비스를 하는 물류 정보 서비스 산업으로의 진출을 도모하기도 한다.

5.2 물류와 정보통신기술의 결합

(1) 전자물류(E-Logistics: Electronic Logistics)

정보통신기술의 발달로 물류는 웹(Web) 기반의 E-Logistics로 진화하고 있다. E-Logistics는 보관, 재고, 운송 등의 물류 서비스를 온라인상에서 구현하여 공급사슬상의 물류흐름을 효율적으로 구현하는 것인데, 이때의 물류업체들은 온라인상에서 주문, 공차조회, 물동량 중개 등의 종합적인 물류 서비스를 제공하게 된다. E-Logistics의 주요기술은 전자문서교환(EDI: Electronic Data Interchange), 데이터베이스(DB), 첨단화물 운송정보(CVO: Commercial Vehicle Operation) 등이다. 여기서 CVO는 실시간 차량 위치 추적, 차량운행관리, 수배송 알선, 교통상황정보 등을 인터넷을 통해 제공하는 시스템을 의미한다.

FedEx는 매일 전 세계 215개국에 300여만 개의 소화물을 배달하는 세계적인 특송업체인데 자체 정보 네트워크인 COSMOS를 통해 1일 5,400만 건의 거래와 주문조회와 추적을 처리하고 있다. 세계 최대 소매유통업체인 월마트도 자체 보유한 3대의 인공위성을 통해, 전 세계의 가격동향을 점검하고 글로벌 아웃소싱을 하고, 지구상에서 가장 저렴한 원자재를 구입하여 인건비가 저렴한 곳에서 최고의 가격경쟁력을 갖춘 상품으로 만들어, 전 세계 4,000여 개소의 점포에 투입하고, 전체 점포에서 상품이 팔리는 순간 매출정보가 취합되게 하여 EDI를 활용하여 상품에 대한 주문을 하는 방식으로 하여서, 슬로건인 EDLP(Every Day Low Price)를 실현하며 세계 최고의 경쟁력과 생산성 향상을 유지하고 있다.

(2) 모바일 물류(M-Logistics: Mobile Logistics)

무선통신기술과 무선인터넷기술의 발달로 PDA, 휴대폰, 노트북 컴퓨터 등의 무선통신장비가 보급되면서, 온라인상에서 물류 정보를 제공하는 E-Logistics와는 다른 M-Logistics이 도입하는 물류업체들이 생기고 있다. M-Logistics에서는 화물분류, 위치추적, 배차정보 등을 무선네트워크를 통해 실시간으로 관리하며, 특히 블루투스(Bluetooth)와 와이파이(WiFi: Wireless Fidelity) 등의 무선통신기술로 창고관리와 화물분류 작업의 생산성을 증가시키고 있다. 블루투스는 휴대폰, PDA, 노트북 컴퓨터 등의 정보통신기기와 각종 디지털 제품을 무선으로 연결해주는 근거리 무선접속 기술이며, 와이파이는 국제 인증의 무선

통신장비 기술이다.

또 다른 기술인 차량번호판 인식기술(LPR: License Plate Reader)은 차량번호판으로부터 문자를 추출하고 이를 컴퓨터에 전송하고 관리하는 기술이며, 화물터미널 게이트 관리 등에 활용되고 있다. 물류용 PDA는 PDA에 주문관리, 화물추적, 차량관리, 영수증 발급, 신용카드 승인결재 등의 다양한 기능을 첨가한 것으로 실시간에 다양한 물류업무를 처리할 수 있게 한다.

미국의 화물배송업체인 UPS는 2002년도에 블루투스와 와이파이 기술을 기반으로 하는 무선네트워크를 이용한 화물 분류체계를 구축 활용하고 있는데, 손가락에 착용하는 반지형 블루투스 바코드 리더를 이용하여 포장화물을 스캔(Scan)하여 얻은 정보를 와이파이 장비를 통해 중앙컴퓨터로 전송하고, 이 컴퓨터의 제어에 따라 화물을 분류하여서 세계 각지로 배송하고 있다.

(3) 유비쿼터스 물류(U-Logistics: Ubiquitous Logistics)

모든 취급물품에 스마트태그라는 컴퓨터 기능을 가진 무선주파수 인식칩(RFID: Radio Frequency Identifier)을 부착시키고 이를 무선 네트워크로 연결하여 상태감시와 위치추적을 하는 유비쿼터스 네트워크를 물류에 접목한 U-Logistics도 광범위하게 활용될 전망이다. 상품에 부착된 칩을 통해 상품의 위치추적, 재고관리, 고객관리 등을 효율적으로 수행하고, 교통정체정보와 배송지정시간을 고려하여 물류경로를 항상 최적화하며, 상품과 배송트럭의 위치정보를 실시간으로 관리함으로써 고객이 이동중일 때도 상품을 전달할 수 있게 한다. 무선주파수 인식칩이 유비쿼터스의 핵심기술인데, RFID는 바코드보다 많은 정보를 저장하며 무선인식기술을 사용하므로 거의 무제한으로 먼거리에서도 언제나 실시간으로 스캐닝할 수 있다.

세계적인 면도기 생산업체인 질레트가 면도기에 RFID를 부착하여 월마트에 납품하려는 계획을 추진하여, 작지만 비싼 면도기의 분실을 막고, 매장에서 판매와 재고를 운반되는 동안이나 수시로 실시간으로 파악하여 선적과 판매의 에러와 도난을 방지하려 하고 있다.

(4) 블록체인(Block Chain)

블록체인은 계좌번호나 비밀번호 같은 각종 정보를 암호화해서 블록 조각처럼 나누어서, 각 참여자나 참여기관, 회사의 PC나 컴퓨터와 스마트폰을 체인처럼 연결하여 분산 보관하는 기술이다. 정보를 분산해 보관하기 때문에 해킹이 사실상 불가능한 것이 장점이다. 사용자의 비밀번호나 지문 등 개인정보를 지금처럼 중앙서버컴퓨터에 보관하지 않고, 여러 대의 PC에 블록 조각처럼 분산해 보관했다가 송금 등 필요할 때 다시 불러 조립해 사용한다. 현재는 은행이나 회사에서 수많은 고객들의 정보를 서버 한 곳에 보관하는 형태라면, 블록체인에서는 모든 참여자의 PC나 스마트폰에 분산해 보관한다. 블록체인의 정보를 훔치려면 참여자 모두의 PC와 스마트폰의 정보를 훔쳐야 하기 때문에 해킹이 사실상 불가능하다. 블록체인은 물류 산업에서도 활용하는데, 해상 수송 같은 경우엔 화주, 해운회사, 보험사, 변호사, 은행, 세관, 항만청 등 다양한 참여자들이 관련 서류를 확인해야 하는데, 신뢰성이 높은 블록체인으로 종이 서류를 대체하면 업무의 정확도도 높이고, 각종 인허가와 검증에 걸리던 시간도 70% 이상 줄게 될 것으로 예상된다. 또한, 블록체인 기술은 상품생산자, 포워더(운송중개인), 해상 운송인, 부두운영업체, 수하인은 물론 관세청, 항만당국 등 모든 컨테이너 국제 운송 관계자들이 공유된 정보를 사용하기 때문에, 화물이 어느 위치에 있는지 정확히 알려주는 가시성을 획기적으로 향상시킬 수 있어서 경쟁력 향상에 기여할 수 있다. 물류에 블록체인 기술이 개발 적용되면 기존보다 적은 비용으로 더 빠르게 컨테이너 이동 경로를 추적할 수 있게 될 것이다. 중국에서는 월마트가 식품 유통 시스템에 블록체인 기술을 도입해 각종 식품의 유통 경로를 모니터링 한다. 예를 들어 돼지고기가 사육과 도축 단계를 거쳐 슈퍼마켓 매장에서 판매될 때까지의 각종 유통 정보가 자동으로 블록체인에 기록되므로, 원산지나 유통기한 조작이 사실상 불가능하다.

(5) IoT를 기반으로 연동되는 물류혁신

현재 진행 중인 IoT(사물인터넷)와 인공지능(Artificial Intelligence) 기반으로 연동되는 물류 시대의 혁신, 즉 물류 4.0은 자동운반차와 무인 자율운행트럭, 드론이나 창고로봇 등 새로운 기술로 지금까지 사람에 의한 조작이나 판단을 기계로 대체하는 것을 뜻하며, 물류 시스템의 대부분의 영역을 정보화, 자동화, 기계화, 로봇화로 만들 가능성이 크다. 그만큼 현재 물류환경이 크게 바뀌는 시대가 전개되어서, 지금까지 물류의 변화가 진화였다면 앞으로의 물류 변화는 급진적이고 파괴적인 개혁이 될 수도 있다.

물류 혁신으로 인력 절감화, 무인자동차의 운영과 창고로봇의 하역과 보관작업의 자동화의 실현, 산업계 전반에 걸친 고도의 물류 인프라의 도입을 통한 산업사회 전체의 혁신과 함께 물류비용과 서비스 형태와 구조 개선에 큰 영향을 미칠 것으로 전망된다.

1 전략적 공급사슬을 형성하는 네 가지 차원에 대하여 설명하시오.

2 월마트는 공급사슬을 전략적으로 활용하여 큰 성공을 이룬 대표적인 기업이다. 월마트의 공급사슬 전략에 대하여 논의하시오.

3 물류합리화의 3단계 과정을 설명하시오.

4 상물분리의 개념에 대하여 설명하시오.

5 최근 들어 고객의 요구는 점점 다양해지고 있다. 다양한 고객의 요구에 대응하기 위하여 물류기업은 어떠한 활동을 해야 하는지 논의하시오.

6 다음 물류 정보 시스템의 기능에 대하여 설명하시오.
(1) 주문처리 시스템(OMS)
(2) 수배송 관리 시스템(TMS)
(3) 창고관리 시스템(WMS)

7 블록체인 기술이 물류 관리 분야에 사용되면 어떠한 효과를 얻을 수 있는지 설명하시오.

PART 2

물류 이론

제3장 수요 예측

제4장 설비입지

제5장 수배송 의사결정

제6장 구매관리

제7장 재고관리

제8장 하역, 보관, 포장

제 3 장

수요 예측

제1절 수요 예측 방안

제2절 정성적 예측법

제3절 인과형 예측법

제4절 시계열 분석법

제5절 예측오차

제6절 유연성와 신속대응 수요 예측의 대안

글로벌 패션업체 '자라(ZARA)'는 광고를 거의 하지 않지만 남다른 디자인과 유통구조를 구축하여 유명한 왕실과 패션스타들이 즐겨입는 '싸지만 고급스러운' 브랜드로 정착되었다.

자라는 '인디텍스'가 만든 세계적인 패스트패션(fast fashion) 브랜드다. 스페인 라코루냐에서 1963년 설립된 인디텍스는 54년 만에 전 세계 91개국에 진출해 7085개(2016년 기준) 매장을 운영하고 있다. 인디텍스의 매출액은 209억 유로(약 26조 원 · 2015년 기준), 영업이익은 47억 유로이며, 시가총액은 1000억 달러에 육박하고, 세계 브랜드 가치가 27위로 높이 평가되고 있다.

최신 패션을 발 빠르게 모방해 싼 제품을 내놓는 자라는 제품판매주기를 크게 줄인 패스트패션의 공식을 주도하고 있다. 일반 의류 브랜드의 경우 디자인에서 판매까지 보통 6개월~1년이 걸리지만 인디텍스는 한달 내 제품을 디자인하고 소비자에게 판매한다. 기존 패션업계가 1년을 4개 시즌으로 나눠 2000~4000개의 디자인 제품을 내놓는데 반해, 인디텍스는 1년을 20~30개 시즌으로 나누어서 2주마다 새로운 제품을 공급하면서 1만 2000개 디자인의 실제 상품을 제작 판매한다.

자라는 유행을 예측하는 대신 주로 실시간 수요를 반영하여 빠르게 생산하여 수송 판매한다. 자라의 세계 각 매장은 탈의실에 소비자가 입어보고 구매하지 않은 옷을 따로 분류하여 이런 옷의 정보를 실시간으로 본사에 전송한다. 본사는 이런 정보를 취합해 어떤 제품 생산을 늘리고 어떤 제품 생산은 줄여야 하는지 판단한다. 예측하기보다 수요를 실시간으로 생산에 반영하는 것이다. 일반 의류업체는 세계 패션쇼나 경쟁사 신제품을 분석하고 전년도 매출을 분석해 올해 어떤 디자인이 유행할지 예측해 제품을 생산한다. 자라의 인디텍스도 전형적인 시장조사를 하지만, 매일 실시간으로 전 세계 매장의 수요를 분석하고 수요가 많은 제품을 바로 생산해 유행이 지나기 전에 소비자가 제품을 살 수 있도록 하는 것이다.

이를 위해 인디텍스는 일본 도요타 자동차의 Just in time 생산방식을 도입 활용하여, 2~3주 이내에 상품기획, 디자인, 생산, 유통, 판매를 하고 있어서, 당장 유행이 시작되는 상품들을 자라 매장에서 싼 가격으로 구매할 수 있게 하고 있다. 그리고 상품은 2주 뒤 새로운 상품으로 교체된다. 이런 생산방식으로 수요에 맞춰 빠르게 생산해 판매량을 늘리기도 하고, 재고를 최소화해 비용도 줄일 수 있다.

또한 인디텍스는 원자재 조달과 제품 디자인, 생산, 유통, 판매 전반을 통제해 비용을 절감하는 '수직통합형 사업모델'을 구축하여, 중앙의 결정권자가 모든 단계를 통제하고 거래를 내부화함으로써 생산 비용을 낮추어서 저가정책을 유지할 수 있다.

그리고 스페인 본사 주변에는 생산 공장과 물류 창고를 함께 위치시키고, 인건비가 조금 높더라도 주요시장 인근에 생산공장을 건설해서, 조달과 배송에 따른 물류비용, 세금 · 환율 · 규제 관련 비용과 통신 소통 비용을 낮추고 있고, 재고를 줄이는 효과도 얻고 있다.

제1절 수요 예측 방안

물류운영관리자는 물류 관련 시스템을 위한 중장기 투자 및 운영계획, 예산계획과 비용통제, 물류 활동계획, 생산 및 판매계획, 물류 설비와 시설의 구입, 신규투자, 물류 프로세스 조정, 물류능력계획, 물류 설비배치 물류인력수급 등을 고려할 때마다 불확실한 미래에 얼마나 물류 관련수요가 발생할지 더 정확한 추정을 하고자 하는데, 이것이 물류 관리에서 수요 예측(Demand Forecasting)의 목적이다.

보다 정확한 수요 예측은 물류 서비스 산업분야에서 효율적인 운영을 위해서 아주 중요한 활동이다. 예측 시에는 수리적인 모형들로 과거 데이터를 미래로 연장시켜 추정하고 경영자의 올바른 판단에 의해서 조정되어야 한다. 모든 기업체에 동일하게 적용할 예측기법은 없으며, 어떠한 예측방법도 정확하기 어렵고, 고려 대상에 한계가 있다. 그래도 합리적 범위 내에서 가장 좋은 예측 방법을 찾아내도록 노력하여야 한다. 정확한 예측을 위해서 물류 담당자에게는 초기예측, 돌출적 수요, 지역적인 예측, 예측오차의 관리가 특별히 관심을 가져야 하는 중요한 문제들이다

예측 시 좋은 전략은 2, 3개의 방법을 사용하고 일반 경제상의 예상변화, 물류 산업과 고객과 업체들의 비즈니스 행동양식에 변화나 영향 등 상식적인 관점에서 관찰하는 것이 필요하다. 제품의 수명주기상의 특징 등을 추가적으로 고려하고, 관련된 새로운 유형의 데이터를 반영하는 것이 성공적인 예측의 기본사항이다. 또한 전체 수요를 동시에 자주 예측하는 것이 각 지역별로 예측을 행하여 이들을 합치는 것보다 더 정확한 예측을 할 수 있다. 그래서 장기적으로 볼 때 전체적인 예측을 각 지역으로 할당하는 것이 각 지역의 예측을 보다 더 정확하게 유지할 수 있다.

본 장에서는 수요 예측의 방법들을 살펴보고, 몇 가지 시계열 분석법을 설명한다. 이동평균법, 선형회귀분석, 추세, 계절지수, 기타 다양한 예측 방안 등이 소개되며, 예측오차와 현실적인 예측방법들에 대해서도 약술한다.

1.1 예측의 유형

일반적으로, 미래운영 계획을 위해 기업체는 경제 예측(Economic Forecasts), 기술 예측(Technological Forecasts), 수요 예측(Demand Forecasts)을 수행한다. 경제 예측은 글로벌 경제에서 진행되거나 예상되는 환경 변화, 산업계 동향, 개별고객의 행동양식의 변화, 자금수급, 각종 경제 동향 지표, 정치 경제 사회의 트렌드를 말한다. 기술예측은 물류 및 제품과 생산 기술의 동향, 신제품 출시, 신규 공장과 물류 관련시설의 증설 및 변동을 말하며 수요 예측은 물류 등 서비스와 생산 제품 수요에 대한 추정을 일컫는다. 보편적으로

수요 예측은 판매예측이라고도 한다.

수요 예측법은 다음과 같이 일반적으로 정성적 예측과 정량적 예측으로 구분된다.

- 정성적 예측법(Qualitative Forecasts): 물류 관련 의사결정자나 전문가 관리자들의 직관이나 판단, 경험 또는 여러 사람들의 의견에 입각하여 수요를 예측하는 방법이다.
- 정량적 예측법(Quantitative Forecasts): 여러 가지 수리적 모형들을 사용하여 과거 데이터나 관련 변수들을 이용하여 수요를 예측하며, 인과형 판단법과 시계열 분석법이 있다.
  - 인과형 판단법(Causal Model): 과거의 자료에서 수요와 밀접하게 관련되어 있는 요인변수를 찾아낸 다음, 수요와 이 요인변수들 간의 인과관계를 분석하여 미래 수요를 예측하는 것으로 선형회귀모형과 시뮬레이션 모형이 있다.
  - 시계열 분석법(Time Series Analysis): 과거의 시계열에 따른 실적수요 자료를 가지고 수리적인 방법들로 미래의 수요를 예측하는 방법이다.

1.2 수요의 구성요소

물류 관련 제품과 서비스의 수요실적 자료는 과거 특정기간 동안의 평균수요(Level), 계절 요인(Seasonal Variation), 순환 요인(Cyclical Fluctuation), 추세(Trend), 불규칙 변동(Randomness) 등 다섯 가지 구성요소를 통하여 파악하고 예측에 활용할 수가 있다.

과거의 평균수요는 수요 예측에 큰 영향을 줄 수 있다. 의사결정자가 매우 먼 과거의 수요 데이터를 평균수요로 활용한다면 매우 보수적인 계획이 될 것이며, 직전의 수요 데이터만 활용한다면 과거의 수요로부터 여러 특징을 파악하지 못한 채 예측하는 실수를 범할 수 있다.

계절 요인은 수요가 단기적이고 계절적 특징을 바탕으로 반복되는 형태를 보이는 변동을 의미한다. 반면 순환 요인은 2년 이상의 장기적인 주기를 가지고 파동 모양으로 발생한다. 만일 순환 주기를 알 수 없거나, 순환 원인이 고려되지 않은 경우 파악하기가 상당히 힘들다. 이러한 순환 요인은 경제적 순환 요인, 선거, 경제적 상황, 사회적 현상들에 의하여 영향을 받는다. 계절적 요인과 순환 요인은 자기상관성(Autocorrelation)이라는 수요 발생 패턴의 주기적인 연속성과도 상관이 있다. 높은 자기상관성이 존재한다면, 어떤 시점에서의 수요 예측량은 특정 주기 기간 이전의 과거 수요량들과 매우 높은 상관관계가 있다는 것이다.

추세란 수요가 장기적으로 상승하거나 하락하는 패턴을 의미한다. 과거의 데이터로부터 추세선을 찾는 것은 예측모델을 개발할 때 매우 중요하며, 추세선에 의한 예측치에 계절 요인, 순환 요인 및 최종예측에 영향을 주는 기타요인을 고려하여 조정한다. 일반적으로 추세선은 직선 추세선, S-곡선, 접근추세선(Asymptotic Trend), 지수곡선의 네 가지 추세선을 가정하여 활용한다. 직선 추세선은 시계열이나 주요 요인들과 수요변동의 관계가 직선의 연속관계를 나타내 보여준다. S-곡선은 출시 제품의 성장 및 성숙 곡선을 보여주며, 이를 통하여 시계열에 따른 수요의 성장 속도의 변화를 확인할 수 있다. 즉 저속 성장에서 급속한 성장으로 변화는 시점과 고속에서 저속으로 변화는 시점 등과 수요 변동의 크기를 보여준다. 접근추세선은 시작점에서는 급속한 성장을 보이다가 시간이 지남에 따라서 그 성장속도가 현저하게 둔화되어서 평행선에 가깝게 되어 시장이 포화상태에 이를 때와 그때의 시장 점유율을 파악하고 높이는 것을 목적으로 하는 경우에 도움이 된다. 지수곡선은 계속적으로 판매와 수요가 지수적으로 증가되는 경우의 예측에 사용될 수 있다. 예측 시 과거 실제 수치를 잘 나타내는 추세선들을 찾는 것이 필요한데, 이 해당 추세선을 알 수 있는 수학식을 얻을 수 있기 때문에 미래에 예측값을 비교적 쉽게 얻을 수 있는 장점이 있다. EXCEL을 이용하면, 과거 수요 데이터에서 보이는 추세선을 쉽게 찾아서 미래 수요를 예측할 수 있다.

불규칙 변동은 통계적으로 평균, 추세, 계절 요인, 순환 요인을 제외한 나머지 부문으로 자연재해, 경기의 이상변동, 전쟁 등과 예측하기 어려운 사건으로 인하여 수요가 급격하게 변동하는 것을 의미한다. 일반적으로 불규칙 변동은 정량적으로 모델링하기 어렵기 때문에, 데이터 분석 시에 이를 유의하여 분석해야 한다.

제2절 정성적 예측법

앞서 설명하였듯이 정성적 예측(Qualitative Forecasts)은 물류 관련 의사결정자나 전문가 관리자들의 직관이나 판단 또는 경험에 의지한다. 정성적 예측법은 예측 주체와 의사결정 방식을 기준으로 다음과 같이 여섯 가지 방법이 있다.

- 경영진 판단법(Jury of Executive Opinion): 경영자, 중역진과 전문가 그룹의 의견을 통계적으로 처리하여 수요를 추정하는 방법이다.
- 델파이법(Delphi Method): 의견조정자가 참여자의 신분을 비밀로 하여 익명성을 보장받는 다수의 전문가 그룹을 구성한다. 그들로부터 예측에 관한 질문을 설문지를 통해 의견을 수집하고 통계적, 과학적으로 분석한다. 종합 정리된 결과와 개선된 질문을 다시 각 전문가 그룹에 배포하여서 전문가들이 자신들의 의견을 수정하도록 유도하는 예측의 피드백 과정을 서너 차례 반복하게 된다. 이와 같은 과정으로 예측값의 분산 크기를 점점 작게 하여, 신뢰도가 높은 수렴된 예측을 하는 방법으로, 장기적 경제예

측과 기술예측을 하는데 사용된다. 이러한 델파이 기법은 1950년대 Rand Corporation에서 개발되었다.

- 판매원 추정 합성법(Sales Force Composite): 각 판매원들이 담당지역에서 판매가 예상되는 제품 종류별 예측수량을 추정하고, 이를 전체 차원에서 집결하여 최종 수요를 예측하는 방법이다.
- 시장조사법(Consumer Market Survey): 신상품이나 장기 수요 예측, 경쟁상품과의 비교를 위하여 외부의 전문 시장조사(Market Research) 기관에게 예측을 의뢰하여, 소비자를 대상으로 설문조사나 인터뷰 등 다양한 방법으로 정보 자료를 수집하여 예측하는 방법이다.
- 패널 동의법(Panel Consensus): 여러 사람의 의견이 한 사람의 의견보다 더 나은 예측치를 가져온다는 가정을 바탕으로 한다. 패널 동의법은 기업의 다양한 계층과 다양한 사람들이 서로의 의견을 자유로이 나누면서 예측치를 구하는 방법이다.
- 자료 유추법(History Analogy): 신제품의 경우와 같이 과거자료가 없을 때, 이와 비슷한 기존 제품, 보완재, 경쟁제품이 과거 시장에서 어떻게 도입기, 성장기, 성숙기를 거치면서 수요가 성장해 갔는가에 입각하여 수요를 유추해 보는 방법이다. 예를 들어, 흑백 TV에 대한 수요를 분석함으로써, 컬러 TV에 대한 수요 예측을 할 수 있으며, 토스트기를 생산하고 있는 회사에서 커피포트를 생산한다면 커피포트의 수요는 토스트기의 수요 변화와 비슷하게 성장할 것을 추정할 수 있다.

제3절 인과형 예측법

인과형 예측법은 예측하려는 수요나 물동량이 환경(소득수준, 온도, 인구수, 상품가격 등)의 인과적 요인 중에서 매우 연관성이 높은 요인을 찾아내고, 인과형 관계(Causal Relationship)를 찾아내어 미래 수요나 물동량을 예측한다. 이러한 인과형 예측에서 첫 단계는 중요한 원인 역할을 하는 요인인 변수를 찾는 것이다.

3.1 선형회귀분석법(Linear Regression Analysis)

회귀분석은 과거 수요실적치와 수요에 영향을 미치는 하나 이상의 변수들 간의 인과형 관계(상관성)를 함수관계로 표현하여 예측하는 것이다. 회귀분석은 크게 선형회귀분석법과 비선형회귀분석법으로 나눌 수 있으며, 선형회귀분석법이 수요 예측에서 많이 활용되고 있다. 선형회귀의 공식은 $Y = a + bX$로 표현되며, Y는 우리가 알고자 하는 수요 예측량

(종속변수)이며 a는 Y축의 절편(intercept)이고, b는 기울기(slope), 즉 추세이며, X는 인과적 요인(독립변수: 인구수, 온도, 예산, 소득 등)이고, 특히 시계열 분석에서 X는 연, 월, 분기 같은 시간단위를 나타낸다.

$$Y = a + bX$$

선형회귀분석에 의한 예측은 최소 자승법(Least Squares Method)을 사용하여 a와 b를 구하게 된다. 최소 자승법은 실적치(관찰치)와 직선상의 예측치와의 차이인 예측오차의 제곱의 합이 최소가 되도록 하는 직선을 찾는 것이다. 예측오차의 제곱의 합이 최소가 되도록 절편(a)과 기울기(b)에 대해서 미분하여, 절편(a)과 기울기(b)의 식을 구하고 또 상관계수(r)를 구하면 다음과 같은 식을 만들 수 있다. X값인 인과적 원인(변수)과 Y값인 수요(종속변수) 사이의 상관계수 r의 값을 계산하여 0.8 이상이거나, -0.8 이하이면, X변수와 Y변수와의 상관관계가 높다고 판단하며, 원인변수 X값의 변화에 따라 구한 수요 예측치 Y값을 신뢰하고 사용할 수 있다.

$$b = \frac{\Sigma XY - n\overline{XY}}{\Sigma X^2 - n\overline{X}^2}$$

$$a = \overline{Y} - b\overline{X}$$

$$r = \frac{n\Sigma XY - \Sigma X \Sigma Y}{\sqrt{[n\Sigma X^2 - (\Sigma X)^2]\,[n\Sigma Y^2 - (\Sigma Y)^2]}}$$

$\overline{y}$: y의 평균값, $\overline{x}$: x의 평균값, n : 데이터의 개수

선형회귀는 장기간의 물동량 예측, 제품군들의 수요 예측을 위한 추정에 유용하다. 비록 기간 동안의 제품군에 속하는 개별 제품의 물동량이나 수요량은 다양한 변화를 보이지만, 제품군으로 군집한 경우의 총 물동량이나 수요는 놀랍게도 완만한 형태를 나타낸다.

예제 3.1

지난 5년 동안의 수송량이 다음과 같을 때 2016년도 수송량을 회귀분석법으로 예측하고자 한다.

연도	2011	2012	2013	2014	2015	비고
수송량	200	230	290	280	320	단위:만 톤

다음 표와 같이 정리하여, b와 a의 값과 상관계수 r의 값을 구하였다.

연도	X	Y	XY	X^2	Y^2
2011	1	200	200	1	40000
2012	2	230	460	4	52900
2013	3	290	870	9	84100
2014	4	280	1120	16	78400
2015	5	320	1600	25	102400
계			4250	55	357800
평균			850	11	71560

$b = 29$

$a = 177$

$r = 0.9499$

$r = 1$에 근접하므로 수요 Y와 시간 X와의 상관관계는 높다.

2016년도는 X 값이 6이므로, 추세선 $Y = a + bX$는 $F_{2016} = 177 + 29 \times 6 = 351$

그러므로 2016년 예상 수송량은 3,510,000톤이다.

3.2 다중회귀분석(Multiple Regression Analysis)

예측에 영향을 미치는 변수가 여러 개 있는 경우에 적합한 예측방법으로 다중회귀분석이라는 것이 있는데 이것은 여러 개의 원인 변수들이 종속변수인 수요에 영향을 미치는 경우이다. 예를 들어, 택배 배송량의 증가는 쇼핑몰의 판매량과 가처분 소득수준과 택배 요율과 인터넷 통신요금과 관계가 있을 수 있는데, 다음과 같은 다중회귀식으로 표현될 수 있다.

$$F = A + B_s(X_s) + B_i(X_i) + B_d(X_d) + B_t(X_t)$$

F = 연간 총 택배 배송량, A = 시작 연도의 택배 배송량,

X_s = 연간 쇼핑몰의 판매량, X_i = 연간 가처분 개인 소득,

X_d = 택배 요율, X_t = 인터넷 통신요금

X_s, X_i, X_d, X_t의 변화가 택배 배송량의 변화에 미치는 영향을 나타내며, 이를 이용하여 차기 연도의 택배 배송량을 예측할 수 있다. 다중회귀분석에 의한 예측은 시계열 분석을 지원하는 EXCEL을 이용하며, 도구를 추가하여 데이터분석 메뉴를 이용할 수 있다.

제4절 시계열 분석법

시계열 분석은 시계열상에서 과거의 정보에 기반을 두고 미래를 예측하는 기법이다. 적용되는 모형은 그 상황과 정확도에 의하여 단순한 것부터 복잡한 것까지 다양하다. 수요 예측 시에 수요량의 장기적 추세(Trend)와 계절에 따른 변동(Seasonal Variation)과 경제순환 같은 2년 이상의 주기로 오는 순환변동(Cyclical Fluctuation)과 전쟁이나 지진 같은 불규칙 현상(Irregular Randomness)을 고려하여 이것들이 잘 반영된 예측을 하는 것이 필요하다. 추세에 대한 예측을 위해 이동평균법, 지수 평활법 등을 활용하며, 계절에 따른 변동을 감안하여 예측하는 데는 계절지수법을 사용한다. 순환변동을 고려하여 장기적 예측을 하는 데는 ARIMA(Auto Regressive Integrated Moving Average)와 같은 추세와 계절과 순환변동을 감안하여 예측하는 기법을 사용하기도 한다.

예측모형을 선정할 때, 단기, 중기, 장기 같은 예측 대상 기간 또한 고려해야 한다. 일반적으로 단기라는 것은 3개월 이내 단기간의 미래를 예측하는 것이며, 중기는 3개월~2년까지, 장기는 2년 이상의 미래에 대한 예측을 하는 것이다. 단기 예측은 일반적으로 고객들의 신상품에 대한 반응과 같은 비교적 짧은 기간의 변화에 대한 예측에 적합하다고 할 수 있으며, 지수 평활법, 회귀분석법, 이동평균법 등이 유용하다. 중기 예측은 계절적 변동요인을 고려하여 예측하며, 추세지수 평활법, 시계열분해법 등이 유용하다. 장기 예측모델은 장기적 순환변동요인과 주요한 전환점과 일반적인 수요의 추세를 고려하여 예측하는데, 인과형 회귀분석모형과 ARIMA, Box-Jenkins 기법 등이 유용하다.

4.1 단순 이동 평균법(Simple Moving Average Method)

단순 이동 평균법은 예측하고자 하는 시점의 예측치를 과거 일정기간의 실적 데이터의 평균을 이용하여 예측하는 것이다. 제품 수요 증감의 변화가 빠르지 않고, 계절적 요인이 없을 경우에는 단순 평균 이동법이 불규칙변동요인을 제거하면서 예측치를 구하는데 유용하게 활용된다. 단순 이동 평균법의 공식은 다음과 같다.

$$F_{t+1} = (D_t + D_{t-1} + \ldots + D_{t-n+1})/n$$

F_{t+1} : $t+1$기간에 대한 예측치, n :이동 평균기간, D_t :기간 t의 실제 판매량

여기에서 중요한 것은 이동평균 기간(n)을 얼마나 크게 정하는가이다. 이동평균기간이 길수록 우연변동성에 의한 변화의 폭이 작아져서 추세선과 비슷한 예측치를 나타낼 것이며, 이것은 실제의 증가나 감소 등의 변동을 즉각 반영하지 못하고 늦게 반영하는 완만한

예측치를 제시한다. 짧은 이동평균기간의 이동평균법은 변화의 최근 실제 변동을 어느 정도 가까이 반영하는 예측치를 나타낼 것이다. 즉 3주간 이동평균 예측치들은 20주간 이동평균 예측치들보다 최근의 추세 변동에 더 민감한 반응을 보이고, 20주간의 이동평균 예측치들은 장기적인 추세와 좀 더 완만한 변화를 나타낸다고 할 수 있다.

4.2 가중 이동 평균법(Weighted Moving Average Method)

가중 이동 평균법은 가중치를 적용하여 보다 최근의 수요 정보에 많은 가중치를 부여하여 미래를 예측하는데 보다 많은 영향을 미치도록 하는 것이다. 단순 이동 평균법은 모든 정보의 가중치가 동일하다는 가정을 바탕으로 하지만, 차기의 수요를 예측하는데 있어서 가장 영향이 큰 정보는 바로 현재나 최근의 정보라는 현실적 문제가 있다. 이러한 문제점을 해결하기 위하여, 예를 들면 가장 최근의 실제 판매량에 40% 가중치를, 1개월 전의 실제 판매량에 30%, 2개월 전의 실제 판매량에 20%, 3개월 전의 실제 판매량에 10%의 가중치를 각각 부여하는 식으로 가중치를 부여해서 차기 예측판매량을 계산할 수 있다. 가중 이동 평균법의 공식은 다음과 같다.

$$\sum_{i=1}^{n} w_i = 1$$

$$F_{t+1} = w_1 D_t + w_2 D_{t-1} + w_3 D_{t-2} + \dots + w_n D_{t-n+1}$$
$$F_t = w_1 D_{t-1} + w_2 D_{t-2} + w_3 D_{t-3} + \dots + w_n D_{t-n}$$

F_{t+1} : $t+1$기간에 대한 예측치, n : 예측에 사용된 총 기간

D_t : 기간 t의 실제 판매량, w_t: 기간 t의 실제 수요량의 반영을 위한 가중치

예제 3.2

다음과 같은 물동량의 실적을 가지고 있는 회사에서 6월의 물동량 예측치를 구하고자 한다.

월	2월	3월	4월	5월	6월
실제수요량	200	160	230	204	?

먼저 3개월 이동평균에 의한 단순 이동 평균법 예측치는, $n=3$이므로

$$F_6 = (D_5 + D_4 + D_3)/3$$
$$= (204 + 230 + 160)/3$$

$$= 198$$

만약 6월의 실제 수요량이 265이라면, 7월의 예측치는,

$$\begin{aligned} F_6 &= (D_6 + D_5 + D_4)/3 \\ &= (265 + 204 + 230)/3 \\ &= 233 \end{aligned}$$

그리고 가중 이동 평균법에 의한 예측에서 $w_1 = 0.5$, $w_2 = 0.3$, $w_3 = 0.15$, $w_4 = 0.05$이라면,

$$\begin{aligned} F_6 &= w_1(D_5) + w_2(D_4) + w_3(D_3) + w_4(D_2) \\ &= 0.50(204) + 0.30(230) + 0.15(160) + 0.05(200) \\ &= 205 \end{aligned}$$

6월의 실제 수요량이 265이라면, 7월의 예측치는

$$\begin{aligned} F_7 &= w_1(D_6) + w_2(D_5) + w_3(D_4) + w_4(D_3) \\ &= 0.50(265) + 0.30(204) + 0.15(230) + 0.05(160) \\ &= 236.2 \end{aligned}$$

가중 이동 평균법에 의한 예측치가 최근 수요 예측량에 기중치를 높게 부여함에 따라 단순 이동 평균법보다 더 최근의 동향에 근접한 예측치를 제시한다.

4.3 지수 평활법(Exponential Smoothing)

지수 평활법은 많은 양의 과거 데이터 없이 가장 최근의 예측치와 실제 수요량, 평활 상수 α의 세 가지 요소만 있으면 비교적 좋은 예측이 가능하다. 단순 지수 평활법의 공식은 다음과 같다.

$$\begin{aligned} F_{t+1} &= \alpha D_t + (1 - \alpha) F_t \\ &= F_t + \alpha (D_t - F_t) \end{aligned}$$

F_{t+1}: 기간 $t+1$에 대해서 지수 평활된 예측치

D_t: 기간 t(바로 직전 기간)의 실제 수요량

α: 평활 상수(Smoothing Coefficient), 단, $0 < \alpha < 1$

지수 평활법에서 새로운 예측치는 최근 예측치에 예측오차(예측치와 실제 수요량 간의 차이)의 일부분을 더한 것과 같다. 즉 수요 예측을 하는데 과거의 실적 정보보다는 최근의 실적 정보가 미래를 예측하는데 있어서 더욱 중요한 역할을 하는 것을 볼 수 있다. 지수 평활법은 예측의 정확도를 높일 수 있고, 작동 패턴을 파악하여 쉽게 조정할 수 있으며,

최근의 예측치, 실적치, 평활 상수만의 적은 정보자료를 가지고 쉽게 계산할 수 있어서 많이 활용되고 있다.

지수 평활법은 모든 예측기법 중에서 가장 많이 사용되며, 많은 상용 프로그램에서 실제적으로 활용도와 비중이 크다고 할 수 있다. 유통 시스템과 생산관리 시스템, 도매점, 소매점, 서비스 분야 등에서 폭넓게 활용되고 있다. 대부분 예측기법의 큰 단점은 엄청난 양의 과거 데이터를 필요로 한다는 것이다. 그런데 지수 평활법을 사용함에 있어서 우리는 과거의 정보보다는 최근의 정보가 미래를 예측하는데 더욱 중요한 역할을 한다고 전제할 수 있으므로, 합리적으로 과거 정보의 의존도를 줄일 수 있게 된다. 지수 평활법은 과거 수요실적치의 중요성을 현재에서 n기간 전이면 $(1-\alpha)^{n-1}$만큼씩 지수적으로 감소시키기 때문에, 적절한 α을 찾으면 과거 수요정보들의 중요성을 줄일 수 있다. 즉,

$$\begin{aligned}
F_{t+1} &= \alpha D_t + (1-\alpha)F_t \\
&= \alpha D_t + (1-\alpha)(\alpha D_{t-1} + (1-\alpha)F_{t-1}) \\
&= \alpha D_t + \alpha(1-\alpha)D_{t-1} + (1-\alpha)^2 F_{t-1} \\
&= \cdots \\
&= \alpha D_t + \alpha(1-\alpha)D_{t-1} + \alpha(1-\alpha)^2 D_{t-2} + \alpha(1-\alpha)^3 D_{t-3} \\
&\quad + \cdots + \alpha(1-\alpha)^{t-1}D_1 + (1-\alpha)^t F_1
\end{aligned}$$

이므로, 가중 이동 평균법과 유사하며, n기간 전의 과거 실제 수치의 가중치가 $\alpha(1-\alpha)^{n-1}$인 것을 볼 수 있다. 이 수식에서 평활 상수인 α는 완만한 정도와 예측치와 실제 수치 사이의 신속한 반응 정도를 결정한다. 상수의 값은 예측하려는 대상의 속성과 변화에 반응하는 속도를 결정짓는 관리자의 판단에 의해서 결정된다. 예를 들면, 비교적 안정적으로 성장하는 제품을 생산하는 회사에서는 α의 값이 5~10% 정도이고, 반면 제품 판매량의 성장속도가 빠를수록, 수요변동이 큰 제품일수록, 최근의 정보가 중요하므로 상수의 값은 20~30% 이상이 된다. 급속한 변화는 과거의 정보보다는 최근의 정보가 그만큼 중요하므로, 최근의 정보에 보다 많은 예측의 기준을 부여하기 위해서이다.

그러나 가장 적합한 α 값을 구하기 위해서는 α의 수준을 달리하여 여러 번 예측을 실시한 후 예측정확도가 가장 큰 α를 선정하면 된다. 때때로 단순 이동 평균법과 지수 평활법을 함께 유지하는 경우에는 α(평활 상수)를 $2/(n+1)$를 사용한다. 여기서 n은 이동 평균 기간 수를 의미한다. 또한 수요의 변화가 고정적이지 않기 때문에 α값을 계속해서 갱신하여야 한다. 따라서 자동적으로 α값을 추적하고 변화시키는 방법이 필요하다. 초기 예측치 F_1은 단순 이동 평균법이나 가중 이동 평균법을 이용하여도 되며, 지수 평활법은 최근 자료에 큰 비중을 주기 때문에 시간이 경과함에 따라 초기 예측치 F_1의 영향은 차

층 줄어든다.

예제 3.3

앞의 예제에 평활 상수가 0.15인 지수 평활법을 활용하여 예측하고자 한다.

월	2월	3월	4월	5월	6월
실제수요량	200	160	230	204	?

먼저, 최근 5월달의 예측치 F_5를 이동평균법에 의해서 다음과 같이 예측하면,

$$F_5 = \frac{(D_4 + D_3 + D_2)}{3} = \frac{(230 + 160 + 200)}{3} = 196.7$$

6월달의 지수 평활법에 의한 예측치 F_6은 다음과 같다.

$$\begin{aligned} F_6 &= \alpha D_5 + (1-\alpha)F_5 \\ &= 0.15 \times 204 + (1-0.15) \times 196.7 \\ &= 197.8(\text{단위}) \end{aligned}$$

6월의 실제 수요량이 260이라면, 7월의 예측치 F_7은

$$\begin{aligned} F_7 &= \alpha D_6 + (1-\alpha)F_6 \\ &= 0.15 \times 260 + (1-0.15) \times 197.8 \\ &= 207.1(\text{단위}) \end{aligned}$$

예측치들은 증가하고 감소하는 경향이 지연되어 나타난다. α의 값이 크면 클수록 예측치는 최근의 실적치에 가까이 근접한다. 실적치에 더욱 가까운 값을 예측하려면, 추세요인을 추가하거나 α값을 조정하는 것도 도움이 될 수 있다.

4.4 추세 반영 지수 평활(Trend-adjusted Exponential Smoothing)

추세가 올라가고 내려가는 동안에 지수 평활법으로는 그 반응이 늦게 나타나는 현상이 있다. 이러한 문제점을 해결하기 위하여 지수 평활 예측에 적합한 추세를 포함하여 보정할 수 있다. 추세를 보정하기 위하여 α 이외에 다른 평활 계수인 β를 사용해야 한다. 이 β는 실제수치와 예측치의 오차의 영향을 감소시켜 주는 역할을 한다. 만약, α, β가 없다면 추세는 오차에 과도하게 반응할 것이다. 추세 방정식을 구하는 방법에서 추세 초기값은 과거 정보에 근거하여 계산하거나, 경험에 의하여 추정하여 구한 뒤 입력된다. 추세를 포함한 예측방정식(FIT_t)은 다음과 같다.

$$FIT_t = F_t + T_t$$

$F_t = \alpha D_{t-1} + (1-\alpha)(F_{t-1} + T_{t-1})$

$T_t = \beta(F_t - F_{t-1}) + (1-\beta)T_{t-1}$

F_t : 기간 t의 지수평활 예측치

T_t : 기간 t의 지수평활 추세치

FIT_t : 추세를 포함한 기간 t의 예측치

α : 평균 평활 상수(Smoothing Coefficient for Average), $0 < \alpha < 1$

β : 추세 평활 상수(Smoothing Coefficient for Trend), $0 < \beta < 1$

예제 3.4

초기 예측치 F_0는 120단위, 초기 추세는 20단위, α가 0.2이고 β가 0.3이라고 가정하고, 실제 수요량 D_0이 125로 나타났을 경우 다음 기간 1월의 예측치 FIT_1은 다음과 같다.

초기 예측치와 추세를 더하여

$$FIT_{t+1} = F_{t+1} + T_{t+1}$$

$D_0 = 125$이므로,

$$F_1 = \alpha D_0 + (1-\alpha)(F_0 + T_0)$$
$$= 0.2 \times 125 + (1-0.2)(120+20) = 137$$
$$T_1 = \beta(F_1 - F_0) + (1-\beta)T_0 = 0.3 \times (137-120) + (1-0.3) \times 20 = 19.1$$
$$FIT_1 = F_1 + T_1 = 137 + 19.1 = 156.1 \text{ (단위)}$$

만약 1월의 실제수요량이 160이라면, 다음 기간 2월에 대한 예측은 다음과 같다

$$F_2 = 0.2 \times 160 + (1-0.2)(137+19.1) = 156.88$$
$$T_2 = 0.3 \times (156.88 - 137) + (1-0.3) \times 19.1 = 19.33$$
$$FIT_2 = 156.88 + 19.33 = 176.21\text{(단위)}$$

4.5 시계열 분해법(Decomposition of a time series)

시계열 분해법이란 시간 흐름으로 정리된 시계열상의 실제 수요 자료를 추세, 계절, 순환, 자기상관성, 우연성의 구성요소로 분해하고 파악하는 것이다. 수요가 추세와 계절적 요인

을 동시에 가지고 있을 때 두 요소가 어떻게 서로 연관되어 있느냐를 파악하는 것이 중요하다. 추세와 계절적 변동의 결합 형태로는 가법적 계절변동(Additive Seasonal Variation)과 승법적 계절변동(Multiplicative Seasonal Variation) 두 가지를 고려한다. 가법적 계절변동은 추세와 평균의 값에 상관없이 계절치는 일정한 경우이다

$$\text{추세와 계절적 요인 포함한 예측} = \text{추세} + \text{계절}$$

승법적 계절변동은 추세에 계절적 요소를 곱하게 된다. 시간이 지날수록 이와 관련하여 추세가 증가함에 따라서 계절적 변동의 양도 커진다고 할 수 있다.

$$\text{추세와 계절적 요인 포함한 예측} = \text{추세} \times \text{계절}$$

추세와 계절적 변동을 고려할 때 이러한 승법적 계절변동을 일반적으로 가정한다.

4.6 계절성 예측기법(Seasonality Forecasting)

대부분의 물류 산업에서의 주문이나 제품수요는 계절적으로 수요변동이 발생한다. 계절변동 요인은 시계열 자료 속에서 계절성 반영을 위하여 필요한 보정량으로 나타낼 수 있다. 계절별로 어떤 특정한 활동으로 인하여 해당 계절의 수요가 특성화된 현상을 보이는 것을 계절적이라고 하며, 일 년 이내에서 반복적인 활동의 주기성을 가진다. 계절요인만을 고려하는 수요 예측은 다음의 4단계의 과정으로 할 수 있다.

- 1단계: 각 연도의 실제수요량을 계절의 수 N으로 나누어서 계절별 평균수요를 계산한다.
- 2단계: 각 연도별로 계절별 실제수요를 계절별 평균수요로 나누어 각 분기별 계절지수(SI: Seasonal Index)를 구한다.
- 3단계: 각 계절별 계절지수의 평균치를 구한다.
- 4단계: 예측 연도의 연간 예측수요량을 계절의 수 N으로 나누어 구한 계절별 평균수요에 각 계절지수의 평균치를 곱하여 각 계절별 수요를 예측한다.

예제 3.5

KY항공사의 지난 4년간 이용 승객수에 관한 계절별로 자료가 표(단위: 천 명)와 같다. 2018년 이용 승객수은 예측기법들을 동원하여 360,000명으로 예상하고 있다. 2018년도 각 계절별 이용 승객수를 예측하시오.

계절	2014년	2015년	2016년	2017년
설	20	23	25	30
춘계관광시즌	60	65	70	80
여름휴가	72	75	90	100
추석	23	30	35	40
연말연휴	25	27	40	50
계	200	220	260	300

앞에 설명한 계절지수법에 의한 예측 과정은 다음 표에 요약된다.

1~3단계 : N(계절의 수) = 5

단위: 천명

계절(시즌)	2014년		2015년		2016년		2017년		평균 계절지수
	수요	SI	수요	SI	수요	SI	수요	SI	
설	20	0.5	23	0.523	25	0.481	30	0.5	0.501
춘계관광시즌	60	1.5	65	1.477	70	1.346	80	1.333	1.414
여름휴가	72	1.8	75	1.705	90	1.731	100	1.667	1.725
추석	23	0.575	30	0.682	35	0.673	40	0.667	0.650
연말연휴	25	0.625	27	0.614	40	0.769	50	0.833	0.710
계	200		220		260		300		5
계절별 평균수요	40(200/5)		44		52		60		

4단계: 2018년도 각 계절별 승객수의 예측은 각 계절별 예상수요 평균에 평균계절지수를 곱하여 구한다.

2018년도 각 계절별 예상 수요 평균 = 360,000 / 5 = 72,000

각 계절별 승객수 예측량 :

설 : F2018구정 = 72,000 × 0.501 = 36,072(명)

춘계 : F2018춘계 = 72,000 × 1.414 = 101,808(명)

여름 : F2018여름 = 72,000 × 1.725 = 124,200(명)

추석 : F2018추석 = 72,000 × 0.650 = 46,800(명)

연말 : F2018연말 = 72,000 × 0.710 = 51,120(명)

이러한 계절적 요인들은 나타내는 계절지수(Seasonal Index)는 새로운 데이터가 추가되면서 주기적으로 수정된다.

4.7 추세와 계절성을 함께 고려하는 모형

추세와 계절요인을 함께 고려하는 시계열 분해법은 시계열의 기본 구성요소인 추세와 계절요인, 순환요인 등을 찾아내어 예측하는 모형이다. 먼저 계절과 순환요인을 알기 위해서는 관계되는 지수를 계산한다. 그 후에 추세를 반영하고, 분해과정에서 결정된 계절과 순환지수를 이용하여 조정함으로써 예측과정은 분해과정을 역으로 진행하게 된다. 이러한 과정은 다음과 같은 단계를 거친다.

- 1단계: 시계열에서 구성요소 분해

  1-1단계: 계절주기를 찾는다.

  1-2단계: 수요에서 계절요인 제거: 계절변동과 예외적인 수요변화, 우연요소 등을 제외시키기 위해 계절주기 동안의 평균치로 수요변동 추세를 평활화시킨다.

- 2단계: 각 요소의 미래 예측치

  2-1단계: 추세요소로 예측치를 반영함: 평활화된 수요값을 회귀분석하여 추세선과 추세치를 구한다.

$$Y_d = a + bX_i$$

X_i : 계절(분기)

Y_d : 계절요인이 제거된 추세치(추세수요량)

  2-2단계: 계절지수를 계산함: 추세치와 실적치 비교로 계절지수를 구하고 연간 계절지수의 합이 계절주기 값과 같게 조정한다.

  2-3단계: 추세요소에 계절요인을 곱함: 추세치에 계절지수를 곱하여 계절별 수요 예측치를 구한다.

예제 3.6

예제 3.5의 2015년에서 2017년까지의 실적치 정보를 사용하여 추세와 계절요인을 함께 고려하여 2018년의 각 계절별 수요 예측량을 다음 표에서와 같이 구해보자.

1-1단계: 실적치를 보면 연간 계절주기는 5이다.

1-2단계: 비계절화를 위해 각 계절을 중심으로 앞뒤 5개 계절의 실적치의 평균치를 각 계절별 수요로 평활화시킨다.

2-1단계: 평활화된 수요값을 회귀분석하여 추세선과 추세치를 구한다.

$$\begin{aligned} Y &= a + bX \\ &= 37.98 + 1.69 \times X \end{aligned}$$

2-2단계: 계절지수를 구한 후, 연간 계절지수의 합이 계절주기인 5가 되도록 조정된 계절지수를 구한다.

2-3단계: 앞에서 구한 추세치에 계절지수를 곱하여 2016년도 계절별 수요 예측치를 구한다.

2016년	설	춘계시즌	여름휴가	추석	연말연휴	비고
계절별예측량	32,500	93,380	116,280	49,070	50,260	반올림조정

표 3.1는 EXCEL을 이용하여 단계를 따라 만들었으며, 그림 3.1은 EXCEL을 이용하여 만든 그래프로 실적치, 평활화된 평균치, 추세치, 계절지수와 각 연도별 계절별 수요와 2016년 예측치를 보여준다.

표 3.1 추세와 계절요인을 함께 고려하는 모형의 실적치와 계절별 예측치

순위	시즌	실적치	비계절화	추세치	계절지수	계절조정	계절예측치
1	2015설	23		39.7	0.579345	0.5	19.85
2	춘계시즌	65		41.4	1.570048	1.4	57.96
3	여름휴가	75	44	43.1	1.740139	1.7	73.27
4	추석	30	44.4	44.7	0.671141	0.7	31.29
5	연말연휴	27	45.4	46.5	0.580645	0.7	32.55
6	2016설	25	48.4	48.1	0.519751	0.5	24.05
7	춘계시즌	70	49.4	49.8	1.405622	1.4	69.72
8	여름휴가	90	52	51.5	1.747573	1.7	87.55
9	추석	35	53	53.2	0.657895	0.7	37.24
10	연말연휴	40	55	54.9	0.728597	0.7	38.43
11	2017설	30	57	56.6	0.530035	0.5	28.3
12	춘계시즌	80	58	58.3	1.372213	1.4	81.62
13	여름휴가	100	60	60	1.666667	1.7	102
14	추석	40		61.7	0.648298	0.7	43.19
15	연말연휴	50		63.3	0.789889	0.7	44.31
16				65		0.5	32.5
17				66.7		1.4	93.38
18				68.4		1.7	116.28
19				70.1		0.7	49.07
20				71.8		0.7	50.26

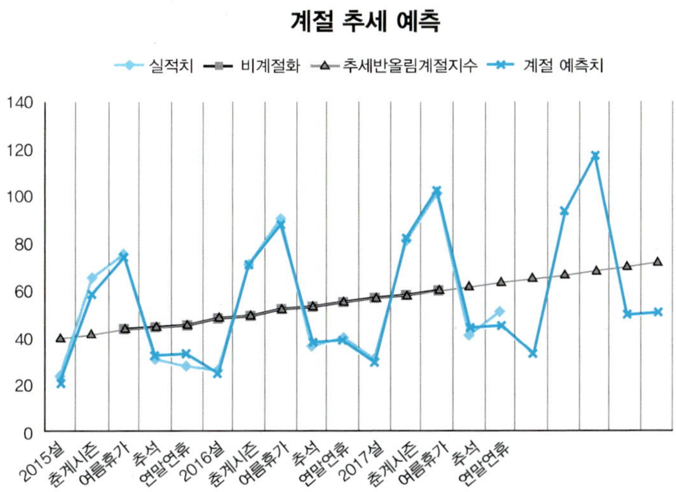

그림 3.1 추세와 계절요인을 함께 고려하는 모형의 그래프

제5절 예측오차

예측치와 실제수치와의 차이를 예측오차라고 한다. 물동량이나 제품의 수요량은 정확하게 표현될 수 없는 많고 복잡한 요인들 간의 작용으로 인하여 발생되므로, 모든 예측들은 약간의 오차를 피할 수 없이 가지고 있다. 오차에 대해서 논의할 때는 오차의 원인과 오차의 측정을 구별하는 것이 편리하다.

5.1 오차의 원인

오차의 발생 원인 중 하나는 과거의 추세로부터 미래를 예측하는 과정에서 발생한다. 통계적 오차를 이야기할 때 예측오차는 예측법으로 구한 예측치가 실제수치에서 벗어난 정도를 의미한다. 오차는 편향(Bias)와 우연성(Random)의 두 가지로 분류할 수 있다. 편향오차(Bias Errors)는 지속적인 실수로 인하여 발생된다. 편향의 원인은 잘못된 변수 사용, 변수들 간의 잘못된 상관성, 잘못된 추세선 도입, 계절적 요인의 잘못된 반영 등이다. 우연오차(Random Errors)는 전쟁, 석유가 폭등 같은 경제적 대형사건, 큰 지진 해일 등 자연재해 같은 예측모델로 설명될 수 없는 오차들을 의미한다.

5.2 오차의 종류

기간 t의 예측오차를 E_t라고 한다면, 예측오차는 다음과 같다.

$$\text{예측오차} : E_t = D_t - F_t$$

이러한 예측오차를 분석하는 지표로는 표준오차(Standard Error, SE), 평균제곱오차(Mean Squared Error, MSE), 누적예측오차(Cumulative sum of Forecasting Error, CFE), 평균절대오차(Mean Absolute Deviation, MAD) 등이 있다.

표준오차는 실제수치와 예측치 간의 표준편차를 크기의 루트 값만큼 나눈 값을 말한다.

$$\text{표준오차} : SE = (\text{표준편차}) / \sqrt[2]{n}$$

누적예측오차는 t기간 동안 오차들의 합을 나타낸다. 이는 예측기법이 실제수요 변화를 적절히 예측하고 있는지 판단할 수 있는 지표이다.

$$\text{누적예측오차} : CFE = \Sigma(D_t - F_t) = \Sigma E_t$$

평균제곱오차는 표준오차에서 음의 편향을 고려하지 않기 위해 오차들을 제곱하여 평균을 낸 것을 의미한다. 누적예측오차는 t기간 동안 예측오차들의 합을 의미하며 식은 아래와 같다.

$$\text{평균제곱오차} : MSE = \sum_{t=1}^{n}(D_t - F_t)^2 / n - 1$$

평균절대오차는 절댓값을 사용하여 평균 예측오차를 측정하며, 예측오차들의 절댓값을 합산하여 데이터 수로 나눈 것인데, 공식은 다음과 같다.

$$\text{평균절대오차} : MAD = \frac{\Sigma |E_t|}{n}$$

의사결정자는 상황에 맞는 방법을 선택하며, 수요처럼 양의 특성을 가진 데이터는 음의 편향을 고려하지 않은 평균제곱오차나 평균절대오차를 주로 사용한다.

또한 오차를 구하는데 있어서, 예측치의 양과 음의 편향을 확인하는 것도 중요한데 추적지표(Tracking Signal, TS)는 예측치의 양과 음의 편향을 표시하는데 주로 사용된다. 추적지표는 수요의 변화에 예측평균이 잘 따라가고 있는지의 여부를 측정하며 다음과 같은 식으로 나타낸다.

$$TS = 누적예측오차 / 평균절대오차$$
$$= CFE / MAD$$

예측오차들이 정규분포를 따를 때, MAD는 표준편차(σ)와 다음과 같이 관계가 있다.

$$1\ MAD = 0.8\sigma$$
$$1\sigma = 1.25\ MAD$$

즉, 표준편차가 평균절대오차보다(1.25배 정도) 더 크게 측정된다. 다시 말하면, MAD에서 측정된 오차가 100단위라면, 표준편차에서는 125 단위가 된다고 할 수 있다. 일반적인 통계적 방법에서 만약 관리한계(Control Limits)가 ±3σ(또는 ±3.75MAD)이라면 99.7% 만큼의 예측치들이 신뢰구간 내에 존재한다는 것을 의미한다.

몇 개월간의 추적지표를 계산하여 추적지표의 흐름이 －1 MAD ~ ＋3.75 MAD 사이로 나타난다면, 현재의 예측법으로 예측하는 것이 좋다는 것을 나타낸다. 특정기간에 걸쳐 실제치가 예측치보다 여러 번 높게 나타난다면 CFE가 계속 양수로 증가되어서 추적지표의 값이 올라가게 된다. 그러나 관리한계 범위를 벗어나면 현재의 예측법을 조정하거나 바꿔주어야 한다는 것을 의미한다.

제6절 유연성과 신속대응 수요 예측의 대안

불규칙적인 수요 형태의 상품 판매는 워낙 불확실하기 때문에 기존의 수요 예측기법을 이용하면 오차가 크게 되고 수요 예측이 부정확하게 된다. 이러한 경우, 실제로 고객이 주문할 때까지 기다렸다가, 주문이 오면 요구량에 신속하게 대응하는 것보다 더 좋은 수요 예측법이 없을 것이다. 공급 사슬상의 프로세스가 유연하고 신속하게 수요에 맞게끔 공급할 수만 있다면 굳이 수요 예측이 필요 없을 것이다. 그러나 수요와 공급의 차이가 커 수요 대응에 많은 시간이 걸리는 경우에는 적절한 대응이 필요하다. 이러한 경우에는 수요 예측을 이용하여 적절한 생산, 구매 및 재고의 수준으로 맞추어놓고, 초과 수요가 생기면 신속 대응하여 공급할 수 있게 한다. 수요변동이 심하여 극히 예측하기 어려운 제품이나 고객에 의한 디자인과 주문제작품이 대량인 경우에는 공급 사슬의 프로세스와 핵심 공장을 대응성과 유연성 높게 개선하여 고객의 특별한 요구에 신속하고 효율적으로 대응하도록 함으로써 수요 예측 기능이 필요가 없게 만드는 것도 좋은 대안이다.

6.1 초점예측(Focus Forecasting)

초점예측은 과거 실제수치 자료에 대해서 잘 맞는 간단한 규칙과 예측 방법을 만들어서 이 규칙과 방법으로 미래 예측을 하는 방법이다. 과거 실제수치로부터 미래를 예측하는데 있어서 논리적이고 이해하기 쉬운 몇 가지 규칙을 개발하고, 이 규칙들로 컴퓨터 시뮬레이션 프로그램을 만들어서 수요 예측치를 추정하고 실제 발생된 실제수치와 비교하여 더 정확한 예측수행을 하도록 각 규칙들을 조정한다.

작년과 과거 수년간의 추세와 지난 3~5개월 간의 실적치 동향을 보고, 추세의 증감을 백분율로 추정하며, 작년과 재작년 계절변동 패턴을 보고 같은 기간 대비 지난 수개월간 판매량 변화의 비율을 바탕으로 향후 수개월 간의 변화를 예상하고 예측한다. 이와 같은 예측규칙들로 만든 새로운 규칙이 잘 맞는다면 그대로 추가하고, 그렇지 않을 경우에는 조정한다. 예측규칙들을 컴퓨터 시뮬레이션으로 코딩하여 과거자료를 입력하여 최근의 실적치에 대한 예측치를 구해 본다. 이때 가장 좋은 예측결과를 내는 규칙을 선정하여 미래 판매량을 예측하는데 사용한다. 대량 수요와 물류량 증가, 경쟁회사들의 경쟁제품 출시로 인해서 다음 기간 예측이 맞지 않고 컴퓨터 프로그램에서는 반영되지 않는 부문이 많기 때문에, 물류나 구매담당자들에 의해서 초점예측으로 약 10% 내외의 예측이 수정 보완될 수 있다.

6.2 CPFR에 의한 수요 예측

CPFR(Collaborative Planning, Forecasting & Replenishment)은 공급사슬상의 파트너들이 장기적으로 신뢰성과 정확도가 높은 수요를 예측하기 위하여 내부정보를 공유하면서 각 사의 예측치를 수렴 조정하는 것이다. 소매점과 공급자의 수요 예측은 소매점의 POS(Point-of-sale)를 통한 판매시점 정보를 공유하여 정확하고 신속하게 수행하게 한다. CPFR에서는 수행의 빈도가 높고 광고와 가격할인과 같은 전문적인 정보와 연계하여야 하므로 이동평균법과 같은 간단한 기법을 채택하나, 각 기업 고유의 수요 예측기법을 사용할 수 있다. 그 후에 소매점(주문과 수요 예측)과 공급자(판매예측)는 최근 예측치를 공유하고, 수익성을 고려하여 미리 설정한 안전 범위를 초과하는 차이가 발생하는 예측치에 대해 해당 소매점과 공급자 양쪽의 예측을 수렴하기 위한 조정하고, 수렴 조정된 해당 수요 예측에 대해서 동의가 이루어지면 주문과 예측은 실제 주문으로 바뀌게 되고, 이것으로부터 재고 보충이 시작된다.

6.3 초기 예측

물류 담당자는 물류 서비스를 제공해야 하는 새로운 제품이나 서비스가 도입되는 초기에 물류 기능과 관련된 공급수준을 결정할 때, 필요한 과거자료가 없는 상황에서 수요수준을 예측해야 하는 문제에 직면하게 된다. 이러한 초기 예측 기간의 수요 예측에 사용되는 몇 가지 방법이 있다. 첫째, 판매촉진 효과, 초기 고객반응, 예상되는 고객의 수락수준 등을 매우 잘 알고 있을 판매업체로부터 초기 추정값을 구한다. 일단 6개월 정도의 합리적인 수요자료가 산출되면 어느 정도의 신뢰성 있는 자료들을 가지고 예측모형을 이용할 수 있다. 둘째, 유사한 제품의 수요패턴으로부터 필요한 추정치를 얻을 수 있다. 많은 회사들이 평균 2~5년에 한 번꼴로 판매 제품을 개선하거나 외형 등을 바꾸지만, 그 중 몇몇 제품만이 수요가 상당히 바뀔 뿐이다. 따라서 이전에 경험한 수요패턴의 변화는 신제품의 초기 수요량 추정에 많은 정보를 제공한다. 셋째, 지수평활모형이 예측을 이용하는 경우에 초기예측기간 동안 0.4 이상의 높은 지수평활 상수를 주어서 예측할 수 있다. 일단 수요량의 변화가 안정적으로 되면 지수평활 상수를 정상수준으로 조정하면 된다.

6.4 돌출적인 수요

돌출적인 수요상태는 과거 자료와 표준편차에 의하여 도출될 수 있는 최적예측모형의 수준을 크게 초과할 때 발생한다. 돌출적인 수요패턴은 여러 가지 원인들로 인해 발생한다. 돌발적인 수요패턴의 발생은, 가끔씩 발생하는 대량 단위의 고객주문 때문이거나, 유사 관련 제품이나 서비스 공급 변동에 의한 수요 변동이거나, 계절적 성수기, 예외적이거나 비정상적인 환경 변화 등으로 발생하는 것들이 있다.

돌출적인 수요는 변동성이 크기 때문에 수학적인 기법으로 정확하게 예측하기가 어렵지만, 적절하게 해결하기 위해서는 다음과 같은 과정을 거친다. 먼저, 수요의 불규칙성에 대한 명확한 이유를 찾아서 예측에 이용한다. 규칙적인 수요패턴을 보이는 제품군을 불규칙적인 수요 예측의 제품군과 분리하고 각각에 맞는 예측방법을 사용하는 것이다. 그러나 만약 수요변경에 대한 원인을 발견할 수 없으면 돌출적인 제품이나 서비스에 대한 수요패턴의 변화에 대처하지 말고, 단순하고 안정된 예측법인 낮은 지수평활 상수 값을 가진 기본적인 지수평활모형이나 1년 이상의 장기간에 걸쳐 추정된 회귀모형을 개발하여 추정하는 것이 좋다. 그리고 많은 경우 돌출적인 수요는 상대적으로 수요량이 적은 품목에 대해서 자주 발생하기 때문에 예측의 정확성이 결정적인 문제가 되지 않을 수 있다. 만약 재고수준을 결정해야 한다면, 예측의 부정확성을 보충할 수 있는 안전 재고를 배치하는 것이 예측을 주의깊게 다루는 것보다 더욱 경제적일 수 있다.

6.5 지역적인 예측

물류 담당자는 전 지역의 총 수요를 예측하고 이것을 판매나 물류 지역에 따라 나눈다. 담당자는 각 지역단위의 수요를 예측할 것인가 혹은 먼저 각 지역을 독립적으로 예측하여서 전 지역의 총 수요를 예측할 것인가를 결정해야 한다. 이는 각 지역수준에서 예측의 정확도를 높이기 위함이다. 전체 수요를 동시에 자주 예측하여 각 지역별로 나누는 것이, 각 지역별로 예측을 행하여 이들을 합치는 것보다 오히려 더 정확한 예측이 나오는 경향이 있다. 전체적인 예측을 각 지역으로 할당하는 것은 각 지역의 예측보다는 더 나은 정확성을 유지할 수 있다.

6.6 복합예측기법

여러 가지 예측모형과 방법들의 사용에 대해 살펴보았지만, 실제로 하나의 예측모형이 항상 최적이 될 수는 없다. 오히려 여러 모형을 결합하는 것이 보다 안정적이고 정확한 예측치를 얻을 수 있게 한다. 먼저 각 예측모형별로 수요를 예측하여, 예측수요량을 구한 후, 과거 상당기간 동안의 각 예측모형별로 예측오차율의 평균값을 계산한다. 이후 예측오차율의 평균값의 역비례로 가중치를 각각 계산하여, 모형별 예측수요량에 이 가중치를 곱한다. 마지막으로 반영할 각 모형별 수요 예측량을 다 합산하여서 차기 수요 예측량으로 산출한다.

예제 3.7

수송회사의 차기 연도의 수송량을 세 가지 예측모형으로 예측한 결과 , 지수 평활법으로는 350만 톤, 이동평균법은 400만 톤, 경영진판단법은 370만 톤으로 수요를 예측하였다. 과거 5년간의 각 예측모형별 평균예측오차율은 지수 평활법이 2.0%, 이동평균법이 5.2%, 경영진판단법이 7.3%였다. 먼저 각 모형별 가중치를 계산하면 다음과 같다.

예측모형	5년간 평균예측오차율	총오차에 대한 비율의 역	가중치
지수 평활법	2.0	7.25 (14.5/2.0)	0.6 (7.25/12.03)
이동평균법	5.2	2.79	0.23
경영진판단법	7.3	1.99	0.17
계	14.5	12.03	1.0

다음 각 모형별 수요 예측치에 가중치를 곱하고 이를 다 합산하여서 차기 수요 예측량으로 산출한다. 차기 수요 예측량은 367만 4,100톤이다.

표 3.2 예측모형별 가중예측를 합한 복합예측치

예측모형	모형별 예측치(만 톤)	가중치	가중 예측치(만 톤)
지수 평활법	350	0.60	210
이동평균법	405	0.23	93.15
경영진판단법	378	0.17	64.26
계			367.41

연습문제

1 수요 예측의 두 기법인 정성적 예측법과 정량적 예측법에 대해 서술하시오.

2 정성적 예측법 중 하나인 델파이법에 대하여 서술하시오.

3 지난 5년 동안의 수송량이 다음과 같을 때 2016년도 수송량을 회귀분석법으로 예측하시오.

연도	2013	2014	2015	2016	2017	비고
수송량	100	110	130	140	180	단위: 만 톤

4 ㈜한국무역은 월별 선박 수송량이 다음과 같다.

월	1	2	3	4	5	6
수송량	10	17	9	15	18	22

7	8	9	10	11	12	비고
16	19	18	21	19	?	단위: 만 톤

다음 각 기법을 사용하여 12월 수송량에 대한 예측을 하시오.

(1) 이동평균법(8개월)

(2) 가중 이동 평균법(단, $w_1 = 0.4$, $w_2 = 0.3$, $w_3 = 0.2$, $w_4 = 0.1$)

(3) 지수 평활법(단 $\alpha = 0.4$, $F_1 = 16.7$)

(4) 추세를 반영한 지수 평활법(단 $\alpha = 0.4$, $\beta = 0.4$, $F_1 = 16.7$, $T_1 = 15$)

5 위의 4번 문제의 결과를 바탕으로 지수 평활법과 추세를 반영한 지수 평활법의 장단점을 서술하시오.

6 ㈜한국무역의 지난 4년간 수송량에 관한 계절별 자료가 아래 표와 같다. 2019년의 총 수송량은 180톤으로 예상하고 있다. 이때 2019년의 계절별 수송량을 예측하시오.

(단위: 톤)

계절	2015년	2016년	2017년	2018년
봄	55	51	50	48
여름	77	73	72	68
가을	50	49	45	43
겨울	68	67	63	61
계	250	240	230	220

7 ㈜한국무역의 2019년 실제 수송량은 다음과 같다고 한다. 위의 6번 문제에서 예측한 계절별 예측법을 활용하여 예측을 하고 오차를 분석하고자 한다. 다음의 오차 분석 지표들을 구하고 차이점을 서술하시오.

(1) 누적예측오차(CFE)

(2) 평균절대오차(MAD)

2019년 실제 수송량

연도	봄	여름	가을	겨울
수송량	41	54	36	50

제 4 장

설비입지

제1절 설비입지 개요
제2절 단일설비입지
제3절 복수설비입지
제4절 서비스 시설 입지 문제

최근 국내 택배 물동량은 매년 꾸준한 증가를 이루고 있으며 택배 기업들은 물동량을 확보하고 처리하기 위해 허브터미널을 새로 건설하고 있다. 국내 택배 최대 기업인 CJ대한통운의 경우 4,000억 원을 투자하여 곤지암에 새로운 허브터미널을 건설하였다.
택배 회사는 허브터미널을 건설하기 위해 택배 운송 네트워크, 효율성 및 수익성을 모두 고려하여 터미널 위치를 결정한다.

택배 터미널뿐만 아니라, 물류 네트워크에 있어서 물류설비의 입지를 결정하는 것은 전체 물류 시스템의 형태, 구조, 그리고 공급사슬의 효율성을 결정짓는 중요한 전략적 의사결정 문제이다. 이러한 결정은 대안들을 설정하고, 시스템을 운영하는데 소요되는 제반비용을 산정하는 순으로 이루어진다. 입지결정은 물류 시설의 수, 위치, 그리고 규모를 결정하는 문제이며 각 입지에 새 설비를 설치하기 위해 필요한 비용은 알고 있다고 가정한다. 물류설비는 제품이 최종 소비자에게까지 전달되는 과정에서 일시적으로 머무르거나 분류 가공되는 지점으로 공장, 항만, 공급업체, 배송센터, 창고, 소매상 그리고 서비스 센터와 같은 연결점을 말한다.

CJ대한통운의 신허브터미널(곤지암)

제1절 설비입지 개요

1.1 입지 문제의 특성

입지 문제의 분류와 관련된 기본적인 사항들을 살펴보면 다음과 같다.

(1) 입지 결정에 영향을 미치는 주요 요소

설비입지 문제는 상대적으로 중요한 요인 한두 가지에 의해 결정되는 경우가 많다. 공장이나 물류센터나 창고 입지선정의 경우 수송비용 등 경제적 요인이 지배적으로 작용하게 되고, 소매점의 입지선정의 경우에는 입지에 따른 수익이 결정요인이 되는 경우가 많다. 수익과 비용을 쉽게 파악하기 힘든 서비스업(병원, 은행, 공공시설, 유지보수 센터 등)의 경우는 시설에 대한 접근성이 주요 요인으로 작용한다. 추가적으로 고려해야 할 요소들은 다음과 같다.

- 원재료 수급처로부터의 거리
- 에너지 및 기타 설비의 유무 및 가격
- 해당 지역의 노동 제공 능력
- 해당 지역의 법률 및 규제
- 해당 지역의 세금
- 보험
- 토지 가격 및 건설 가격
- 사회적 불안 요소(내전, 무정부 상태 등)
- 환율 변동률
- 수출 및 수입 관련 법률과 규제
- 교통 시설
- 환경 보호 관련 규제
- 연간 날씨
- 고객과의 거리
- 비즈니스 성향

(2) 입지설비의 수

단일 설비의 입지 결정 문제와 다수의 설비들의 입지 결정 문제는 상당한 차이가 있다. 복수설비입지 문제에서는 시장경쟁력, 물류설비들 간의 담당지역 분할, 재고통합효과, 설비 등을 고려해야 하나, 단일설비입지 문제는 단순히 운송비만을 고려하면 된다.

(3) 선택 대안 중에서 선정하는 이산형 해법과 연속형 해법

입지 문제 해법들은 현실성을 고려해서 미리 선정된 일련의 위치 중에서 하나를 선택하는 이산형 입지해법을 일반적으로 사용한다. 그에 반해 대상 공간상의 모든 지점 중 가장 좋은 위치를 선정하는 연속형 입지해법은 많이 사용하지 않는다.

(4) 자료의 집단화

전형적으로 입지 문제는 매우 광범위하고 다양한 형태의 네트워크 설계조건을 평가해야 한다. 실제로 큰 문제의 해를 구하기 위해서는 자료들을 크게 묶어서 집단화하는데, 문제의 성질에 따라 한 도시와 같은 광범위한 지역을 특정 입지로 하거나, 소매점의 입지나 공장, 창고 등의 입지를 선정하는 경우 도시 내의 도로를 기준으로 해서 입지를 정할 수도 있다.

(5) 계획기간

입지 문제의 해법은 그 특성상 정적인 해법과 동적인 해법으로 나눌 수 있다. 즉, 정적인 해법은 특정 연도와 특정 시점의 자료에 근거하여 입지를 결정한다. 그러나 시설의 투자 규모가 크고 확장, 이전 등의 비용을 고려하는 경우 입지 계획은 수년의 기간을 동시에 고려해야 한다.

제2절 단일설비입지

물류나 배송센터, 창고, 터미널, 공장, 또는 소매점/서비스점 등 단일설비의 입지를 정하는데 사용되는 해법에는 최적무게중심법(Exact Center of Gravity Method), 그리드 해법(Grid Method), 중심해법(Centroid Method) 등이 사용되어 왔다. 이들은 입지요인으로써 수송비만을 고려하기 때문에 단순하다. 단일설비입지는 다수의 공급지와 다수의 수요지의 위치와 그곳에서의 반입, 반출되는 물동량이 주어졌을 때, 총 수송비용을 최소화하기 위해서 그 시설은 어디에 입지해야 되는가 하는 문제이다.

2.1 최적무게중심법(Exact Center of Gravity)

단일설비입지 문제는 각 지점에서 취급하는 화물량과 단일설비 선정 지점 사이를 운반할 때의 단위수송비와 거리를 곱한 것의 총합이 최소가 되어 총 수송비용이 최소가 되는 입지를 찾은 것이 될 것이다.

$$Min\ TC = \sum_i V_i R_i d_i$$

TC = 총 수송비

V_i = i지점에서 취급하는 물동량

R_i = i지점에 수송 시 단위 수송비

d_i = 단일설비 입지에서 i지점까지 거리

설비입지의 좌표($\overline{X}$, $\overline{Y}$)는 최적무게중심법으로 다음과 같이 구한다.

$$\overline{X} = \frac{\sum_i V_i R_i X_i / d_i}{\sum_i V_i R_i / d_i}$$

$$\overline{Y} = \frac{\sum_i V_i R_i Y_i / d_i}{\sum_i V_i R_i / d_i}$$

$\overline{X}$, $\overline{Y}$ = 설비 입지의 x, y 좌표상의 값

X_i, Y_i = i 공급지 또는 i 소비지 위치의 x, y 좌표값

두 지점 간의 거리 d_i는 다음과 같이 구한다.

$$d_i = K\sqrt{(X_i - \overline{X})^2 + (Y_i - \overline{Y})^2}$$

K는 좌표상 두 지점 간의 거리를 킬로미터나 마일과 같은 실거리 척도로 환산하기 위해 사용되는 축척치(Scaling Factor)이다. 최적무게중심법으로 최적입지좌표 ($\overline{X}$, $\overline{Y}$)를 구하는 과정은 다음과 같은 몇 단계의 계산과정을 거친다.

- 1단계: 각 공급지와 수요지에 대한 X, Y좌표 점, 제품량, 그리고 운임을 결정한다.
- 2단계: 초기입지를 다음 공식으로 추정한다.

$$\overline{X} = \frac{\sum_i V_i R_i X_i}{\sum_i V_i R_i}, \quad \overline{Y} = \frac{\sum_i V_i R_i Y_i}{\sum_i V_i R_i}$$

- 3단계: 2단계에서 구한 $\overline{X}$, $\overline{Y}$를 이용해서 d_i^0를 계산한다. 여기서는 축척치 K를 사용하지 않는다.

$$d_i^0 = \sqrt{(X_i - \overline{X})^2 + (Y_i - \overline{Y})^2}$$

• 4단계: 3단계에서 구한 d_i^0를 다음 공식에 대입하여 수정된 $\overline{X}$, $\overline{Y}$의 좌표를 구한다.

$$\overline{X} = \frac{\sum_i V_i R_i X_i / d_i^0}{\sum_i V_i R_i / d_i^0}$$

$$\overline{Y} = \frac{\sum_i V_i R_i Y_i / d_i^0}{\sum_i V_i R_i / d_i^0}$$

• 5단계: 수정된 $\overline{X}$, $\overline{Y}$의 좌표를 이용해서 d_i를 다시 계산한다.

$$d_i = K\sqrt{(X_i - \overline{X})^2 + (Y_i - \overline{Y})^2}$$

• 6단계: $\overline{X}$, $\overline{Y}$의 좌표가 이전 좌표 값과의 차이가 없거나 매우 미미할 때까지 4단계와 5단계 과정을 되풀이한다.

• 7단계: 최적입지에 대한 총비용 $TC = \sum_i V_i R_i d_i$을 계산한다.

예제 4.1

남국전자에서 2개의 공급업체 공장에서 제품을 생산해서 물류센터를 경유하여 3개의 시장으로 제품을 공급하고 있는 경우 물류센터의 적정 입지를 구하는 문제를 고찰해 보자. 공장과 수요지의 지도상의 위치는 다음 그림에 나타나 있으며, 총 수송비를 최소로 하는 물류센터의 위치를 찾는 것이다. 제품 A는 공급업체 1에서 공급되고 제품 B는 공급업체 2에서 공급되고 있다. 제품들은 창고로 수송되어 3개 시장의 주문에 따라 포장되어 시장으로 운반된다. 각 지점의 좌표, 물동량 그리고 수송비는 표 4.1에 요약됐으며, 축척치수 K의 값은 10으로 가정한다.

표 4.1 공급업체와 시장의 위치 및 물동량과 운임

지점	제품	물동량(톤)	톤당 수송비($)	좌표 X	좌표 Y	비고
S1	A	600	100	2	5	공급업체
S2	B	800	100	8	7	
M1	A와 B	200	150	6	4	시장
M2	A와 B	300	200	3	8	
M3	A와 B	500	200	8	1	

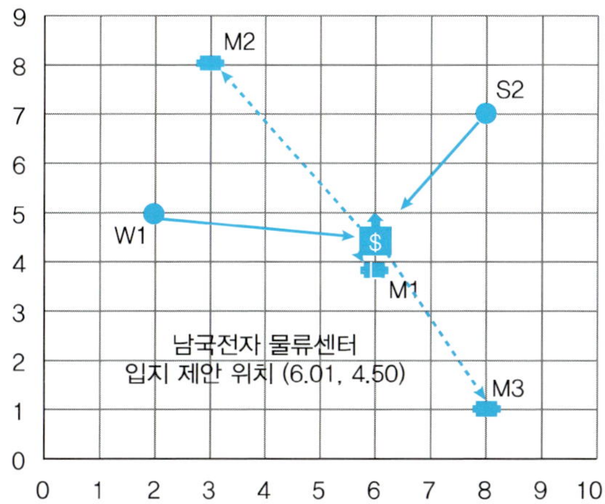

그림 4.1 공급업체와 시장 위치 및 물류센터의 입지제안 위치

최적무게중심법을 사용하여 물류센터의 근사적인 초기 위치를 아래처럼 구할 수 있다.

표 4.2 물류센터 초기위치에 따른 각 지점까지의 거리와 수송비용

지점	V_i	R_i	X_i	Y_i	d_i^0	V_iR_i	$V_iR_iX_i$	$V_iR_iY_i$	TC^0
S1	600	100	2	5	3.8	60,000	120,000	300,000	2,296,746
S2	800	100	8	7	3.2	80,000	640,000	560,000	2,320,396
M1	200	150	6	4	0.8	30,000	180,000	120,000	224,897
M2	300	200	3	8	4.3	60,000	180,000	480,000	2,591,340
M3	500	200	8	1	4.3	100,000	800,000	100,000	4,318,899
합계						330,000	1,920,000	1,560,000	11,952,278

따라서 다음과 같은 초기 위치의 좌표를 구할 수 있다.

$$\overline{X} = 1{,}920{,}000/330{,}000 = 5.8$$
$$\overline{Y} = 1{,}560{,}000/330{,}000 = 4.7$$

물류센터 초기위치에서 각 지점까지의 거리와 수송비용은 표 4.2에 있으며 총 수송비용은 11,952,278이다.

최적에 근사한 물류센터의 입지를 최적무게중심법으로 구하기 위해서는 앞에서 설명한 계산과정의 전 단계를 추가적으로 진행하여 연속적으로 근사치를 구하는 것이다. 이 방법은 다른 방법에 비해 효과적인 방법으로 밝혀졌으며, 컴퓨터를 이용하여 쉽게 해를 구할 수 있다.

예제 4.2

예제 4.1의 남국전자사의 물류센터 입지에 대한 최적근사위치를 찾아보자. 첫 번째 반복과정에 의한 위치좌표는 앞 예제의 결과를 이용해서 다음과 같은 도표의 형태로 방정식을 풀면 된다.

표 4.3 물류센터 초기위치 조정과 각 지점까지의 거리와 수송비용

지점	V_iR_i	$V_iR_iX_i$	$V_iR_iY_i$	d_i^0	$\frac{V_iR_i}{d_i^0}$	$\frac{V_iR_iX_i}{d_i^0}$	$\frac{V_iR_iY_i}{d_i^0}$	d_i^1	TC^1
S1	60,000	120,000	300,000	3.8	15,674	31,349	78,372	4.0	2,371,812
S2	80,000	640,000	560,000	3.2	25,393	203,143	177,750	3.1	2,494,949
M1	30,000	180,000	120,000	0.8	40,018	240,110	160,074	0.7	198,844
M2	60,000	180,000	480,000	4.3	13,892	41,677	111,139	4.4	2,669,156
M3	100,000	800,000	100,000	4.3	23,154	185,232	23,154	4.2	4,200,657
합계	330,000	1,920,000	1,560,000		118,132	701,511	550,489		11,935,417

따라서 다음과 같은 초기 위치를 1차 수정한 위치의 좌표를 구할 수 있다.

$$\overline{X} = 701,511/118,132 = 5.9$$

$$\overline{Y} = 550,489/118,132 = 4.7$$

남국전자사의 물류센터 입지의 최적 근사 위치는 $(\overline{X}, \overline{Y}) = (6, 4.5)$, 총 수송비용은 $11,926,500 부근으로 수렴하는 것을 볼 수 있다.

상기의 최적무게중심법으로 일부 과정을 반복 계산한 결과는 다음과 같다.

표 4.4 최적무게중심법 계산 결과

반복 회수 n	$\overline{X}^n$	$\overline{Y}^n$	TC^n	비고
0	5.8	4.7	11,952,278	초기 위치
1	5.9	4.7	11,935,417	
2	6.0	4.6	11,930,569	
3	6.0	4.6	11,928,560	
4	6.0	4.5	11,927,649	
5	6.0	4.5	11,927,159	
6	6.0	4.5	11,926,899	
7	6.0	4.5	11,926,759	
8	6.0	4.5	11,926,682	
9	6.0	4.5	11,926,640	
10	6.0	4.5	11,926,617	

최적무게중심법과 COG 관련 컴퓨터 소프트웨어 프로그램을 사용하면, 이러한 과정을 수십 회 반복 수행하여 총 수송비용 좌표가 거의 변화가 없는 최적근사입지를 구할 수가 있다.

2.2 가중점수 비교법(Weighted Score Comparison Checklist)

가중점수 비교법은 물류센터, 창고, 도소매 아울렛매장, 공장이나 본부 건물의 입지를 다수의 입지평가요소(Location Factor)들의 가중치를 고려하여 몇 군데의 후보지별로 가중점수를 찾아 최고의 가중점수의 후보지를 적정한 입지로 선정하는 체계적인 단일입지 선정 방식이다. 일반적으로 유통 및 서비스 시설의 입지선정에 있어서 중요시되는 많은 평가요소들은 쉽게 계량화하기가 곤란한 측면이 있다. 후보입지들을 서로 비교하기 위해서는, 대략적이나마 각 입지에 대해서 각 평가요소별로 상대적인 선호도를 점수(Score)화하고, 이 점수를 각 평가요소 가중치와 곱하여 가중점수를 구한 후, 이 평가요소별 가중점수의 합을 계산하고, 총가중지수의 값이 가장 큰 입지를 선정하는 계량화 과정이 필요하다.

가중점수 비교법으로 적절한 입지를 구하는 과정은 다음과 같은 몇 단계의 계산과정을 거친다.

- 1단계: 중요한 입지평가요소들을 찾아 선정하고 중요도를 매긴다. 평가요소들의 상대적 중요도에 따라 가중치를 1부터 10까지의 수를 부여한다.
- 2단계: 대안으로 삼을 수 있는 후보입지들을 찾고, 입지평가요소와 관련된 자료들을 수집한다.
- 3단계: 각 후보지의 수집된 자료들을 먼저 계량적으로 분석하여 수송비, 건설비나 임대료, 총비용, 투자수익률(ROI), 현재가 가치(NPV), 세금, 시간 등으로 계량화한다.
- 4단계: 각 후보지의 정성적인 평가요소들도 평가에 고려한다.
- 5단계: 대안들 간에 입지평가요소별로 가중점수비교를 할 수 있는 가중점수비교표(Preference Matrix)를 만들어서, 대안별로 총가중점수를 구하고 최고의 총가중점수가 나온 후보지를 최선의 입지로 선정한다.

표 4.5 대형마트 유통센터 등의 입지선정 시의 중요한 평가요소

대분류	입지평가요소
인구특성	지역 인구수, 지역 소득 잠재력
후보지역특성	부동산 가격, 주차 공간, 부지 크기와 형태, 현존 건물상태, 입출입 편이성
교통 흐름양 접근성	교통량, 차종, 보행자 수, 보행자 유형, 대중교통 이용성, 주요 고속도로 접근성, 교통 혼잡도, 접속도로 수준
법적, 재무적 요인	임대기간, 지방세, 운영과 유지비용, 지역 상권에 의한 규제
유통 구조	지역 내 경쟁 업체 수, 점포 유형별 수, 인근점포의 보완성, 거래업체와의 접근성, 지역 상권과의 공동판촉 가능성

예제 4.3

Eco-Mart 사에서 새로운 배송센터를 설치할 예정이다. 다음 표의 세 가지 후보지에 대한 평가 후 최선의 부지 선정 작업을 하고 있다. 전문가들에 의해서 입지평가요소, 가중치, 각 후보지별 점수가 표에서와 같이 결정되었다.

표 4.6 Eco-Mart 새로운 배송센터 입지 선정을 위한 가중점수 비교표

입지평가요소	가중치	A		B		C	
		점수	가중점수	점수	가중점수	점수	가중점수
인구특성	9	5	45	6	54	7	63
후보지역특성	2	9	18	8	16	4	8
교통 흐름양 접근성	7	6	42	10	70	8	56
법적, 재무적 요인	1	7	7	4	4	3	3
유통 구조	3	8	24	2	6	9	27
계			136		150		157

이 표의 예제에서 3개 후보입지 중에 총 가중점수가 157점으로 가장 높은 입지 C가 선정된다.

2.3 평면에서의 단일설비입지 Formulation 방법

크게 Minisum Formulation과 Minimax Formulation으로 나눌 수 있다. Minisum의 경우 아래와 같이 Formulation이 나오게 되며, X는 설비의 위치, P는 기존 설비 위치, w는 기존 설비의 가중치가 된다.

$$Min\, f(x) = \sum_{i=1}^{m} w_i \times d(X, P_i)$$

$X = (x, y)$: 새로운 설비의 입지

$P_i = (a_i, b_i)$: i번째 설비의 현재 위치, $(i = 1, \ldots, m)$

w_i : i번째 설비의 가중치

Minisum Formulation을 시각적으로 이해하기 쉽게 표현하면 아래와 같은 그림이 나온다.

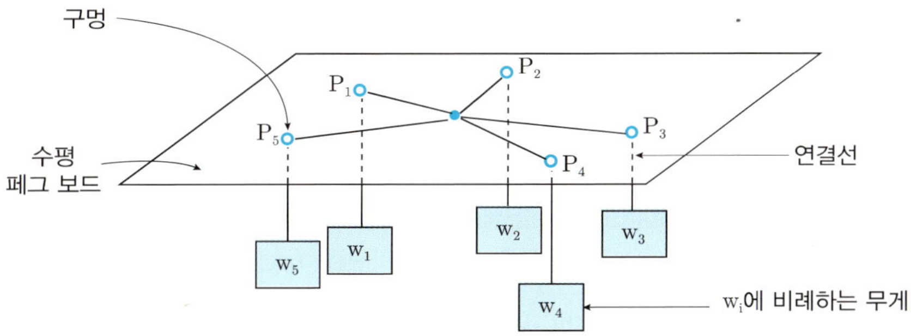

그림 4.2

검은색 점은 옷걸이의 중심, 흰색 점은 옷걸이 어딘가에 걸려 있는 무게 추라고 가정을 한다. Minisum Formulation은 옷걸이가 최대한 기울어지지 않도록 해주는 모형이 된다. 즉, Minisum Formulation을 사용하게 되면 새 설비의 입지가 기존 모든 설비들로부터 공평한 위치에 자리 잡게 되는 장점이 있다. Minimax Formulation은 다음과 같으며 사용되는 Notation은 Minisum Formulation과 같다.

$$Min\, f(x) = Max_{i=1,\ldots,m}\{w_i \times d(X, P_i)\} \quad \Leftrightarrow \quad \begin{array}{c} Min\, z \\ s.t.\ \ w_i \times d(X, P_i) \le z,\ i = 1, \ldots, m \end{array}$$

제3절 복수설비입지

대부분 기업은 물류 시스템에 2개 이상의 물류설비와 시설을 운용하기 때문에, 복수의 물류설비의 입지를 동시에 결정한 문제는 보편적이지만, 이 복수설비입지 결정문제는 상당히 복잡하다. 기본적으로 최적의 물류센터나 창고의 수, 규모, 위치 결정, 물류센터와 창고별 담당 구역이나 시장, 공급업체 등의 결정, 제품이나 품목별 보관 물류센터나 창고의 결정이나 유통경로의 결정 등을 포함하여 고려하면서 복수설비입지를 결정해야 한다. 물류설비의 수가 증가하면 수송비가 감소하는 것이 일반적이지만, 총 고정비와 재고유지비용은 증가하게 된다. 가장 좋은 해는 이러한 모든 비용의 합을 최소로 하는 복수설비입지를 찾는 것이다. 많은 복수설비입지 선정 해법이 사용되고 있는데 본 절에서는 최적해법, 시뮬레이션 해법, 그리고 탐색적 해법(Heuristic)을 소개한다.

3.1 최적해법

최적해법은 입지 문제에 대해서 수학적으로 상당히 정확한 최적 해를 수리계획모형

(Mathematical Programming Models)으로 도출할 수 있는 방법을 말한다. 이 해법은 컴퓨터 계산시간이 많이 걸리고 메모리를 많이 필요로 하지만, 많은 측면에서 이 해법은 입지문제를 해결하는데 이상적인 해법이다.

(1) 혼합정수 선형계획법(Mixed-Integer Linear Programming)

물류시설의 입지를 결정하는 공장(공급업체) - 물류센터 - 시장(고객)으로 구성되는 다제품 다층적 모형(Multi-Stage Multi-Product Model)은 현실적으로 복잡성과 규모가 큰 문제여서 일반 정수선형계획법으로는 해결이 불가능한 경우가 많다. 많이 선호되는 혼합정수선형계획법은 다른 기법보다 물류센터나 창고시설의 고정투자비를 고려할 수 있고, 물류 네트워크상에서 수요를 할당하는 문제를 다룰 수 있는 장점이 있다.

총 유통비(생산비, 수배송비, 창고고정비, 보관하역비 등의 총 비용 합)의 최소가 되게 하는 해에는, 각 공장 공급업체로부터 창고나 물류센터들로 수송하는 제품별 수송량과, 창고나 물류센터들에서의 처리물동량과 각 고객을 향한 배송량이 나와야 한다. 다수의 공장이나 공급업체 j와 다수의 제품 i와 다수의 시장이나 고객사 m이 있고, 그 가운데 다수의 물류센터나 창고 k로 구성된 물류 네트워크가 있으며, 총비용을 최소화하는 수송량 X_{ijkm}을 구하는 문제로 볼 수 있다. 각 공장이나 공급업체 j는 다수의 제품 i를 생산하며 공급(생산)능력 S_{ij}은 한계가 있다. 각 시장이나 고객사 m에는 제품 i별 수요량 D_{im}이 배송 공급되어야 한다. 시장과 고객 m은 하나의 물류센터나 창고 k를 통해서만 공급받으며, Y_{km}은 (0,1)의 값만 취하는 변수로, 시장이나 고객 m을 물류센터나 창고 k에서 담당하면 1이고 아니면 0의 값을 가진다. 각 물류센터나 창고 k는 총 연간처리물동량의 허용상한 U_k과 하한 L_k를 가지고 있으며, Z_k는 (0,1)의 값을 가지는데, 물류센터나 창고 k가 사용되는 경우 $Z_k = 1$이고, 아니면 $Z_k = 0$의 값을 가진다. 각 물류센터나 창고 k의 연간 고정비는 F_k, 단위당 변동비는 V_k가 고려되어야 한다. 이러한 다제품 다층적 모형(Multi - Stage Multi - Product Model)의 수리모형은 다음과 같다.

$$Minimize\ TC = \sum_{i,j,k,m} C_{ijkm} X_{ijkm} + \sum_k [F_k Z_k + V_k (\sum_{i,m} D_{im} Y_{km})] \qquad (4.1)$$

$$s.t. \quad \sum_{k,m} X_{ijkm} \le S_{ij} \qquad \forall\ i \in I,\ j \in J \qquad (4.2)$$

$$\sum_j X_{ijkm} = D_{im} Y_{km} \qquad \forall\ i \in I,\ k \in K,\ m \in M \qquad (4.3)$$

$$\sum_k Y_{km} = 1 \qquad \forall\ m \in M \qquad (4.4)$$

$$L_k Z_k \le \sum_{i,m} D_{im} Y_{km} \le U_k Z_k \qquad \forall\ k \in K \qquad (4.5)$$

목적함수식 (4.1)은 수배송비와 창고 고정비와 창고물동량에 따른 변동비의 합을 최소화한다. 제약조건식 (4.2)은 공장이나 공급업체의 공급능력 제약하에서 수송되어야 함을 나타내고, (4.3)은 창고 k를 거쳐 시장 m에 배송되는 물량이 시장의 수요량을 충족시키도록 한다. (4.4)는 시장 m은 하나의 창고 k에서만 배송 서비스를 받게 하며, (4.5)은 각 창고의 물동처리량의 상한과 하한을 나타낸다. 상기 문제는 정수계획법을 풀어 먼저 창고 k의 가동 Z_k과 배송하는 시장 Y_{km}을 먼저 잠정적으로 정한 다음, 총비용을 최소화하는 수송량 X_{ijkm}을 찾는 과정을 반복 시행한다.

3.2 휴리스틱 해법(Heuristic Method)

탐색적 방법은 창고입지 선정에 있어서 일반화된 방법론인데, 최적 해를 도출하지는 않지만 계산시간과 필요한 메모리 양이 적당하고 현실을 잘 반영하며, 만족할 만한 수준의 해를 얻을 수 있다는 이점이 있다. 이러한 문제들은 위치와 관련된 비용과 제반 물류비용을 절충함으로써 해결할 수 있으며, 관련되는 물류비용은 아래와 같다.

- 생산/구매 비용
- 물류센터나 창고의 저장과 취급 비용
- 물류센터나 창고의 고정 비용
- 재고에 관한 자본 비용
- 주문비와 소비자의 주문처리 비용
- 창고로 들어오는 인바운드 수송 비용
- 창고에서 나가는 아웃바운드 수송 비용

위의 물류비용들은 세부 항목들이 서로 상쇄되는 효과가 있는데 그 특성은 다음 그림에 나타나 있다. 재고, 저장, 그리고 고정비는 입하, 출하 운송비와 직접 상쇄되는 효과가 크다. 입지 모형은 이러한 비용 간의 상쇄효과를 바탕으로 하여 소비자 서비스의 제반 제약사항 내에서 전체 물류비용을 최소화하는 창고/공장의 수 등을 찾는 것이다.

그림 4.3은 물류 체계에서 창고의 수가 증가함에 따라 입출하 수송비 즉 수배송비는 감소하는 경향인데, 이것은 물류망 내에 물류센터나 창고의 수가 증가하면 물류센터와 고객들과의 거리가 가까워지게 되어, 물류센터로 입하되는 수송비의 증가에 비해서 물류센터에서 반출되는 배송비용이 상당히 큰 폭으로 감소하게 된다. 공장에서 복수의 창고로 수송되는 화물량은 대량이며 낮은 운임율이 적용되어 수송비가 적게 증가하며, 각 물류센터에서 고객이나 시장으로 가는 배송비는 상당히 큰 폭으로 감소하기 때문이다. 수송비용 곡선은 물류망 내에 창고의 수가 증가하여 모든 창고에 더 이상 차급 화물로 제품을 운반할 수 없을 때까지 이러한 형태로 계속 감소하게 된다. 이 시점에 도달하면 운송비용 곡

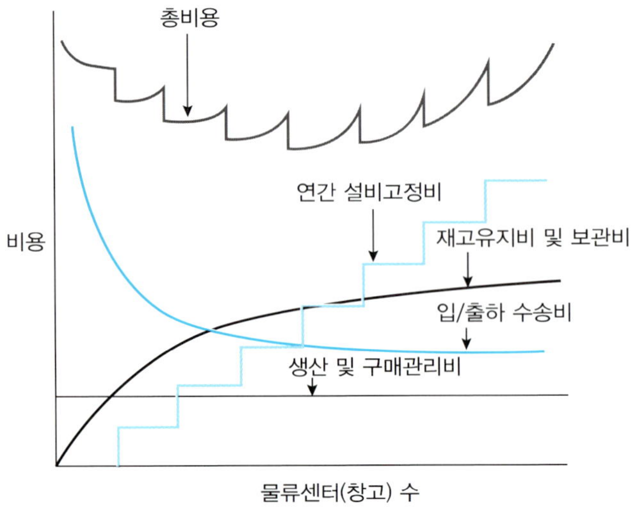

그림 4.3 물류센터 설비입지 관련 비용간의 균형점 분석(Trade-off Analysis)

선은 다시 올라가게 된다. 재고와 보관 비용곡선은 창고 수의 증가에 따라 활동재고량과 안전재고량이 증가하여 상승하게 되나 그 상승률은 점점 감소한다. 또한 자가 혹은 임대로 창고수가 증가하면 연간 시설고정비가 창고 수에 따라 증가할 것이다.

(1) 복수물류설비입지 휴리스틱 기법

물류센터 설비입지 관련 비용 간의 균형점 분석에 출하수송비와 물류센터 시설고정비와 재고관리비 등을 고려하고 시장의 수가 N이라고 하자. 먼저 수송비를 계산하면서 물류센터의 입지를 정하는데, 물류센터의 수가 1개일 때는 단일설비입지의 최적무게중심법으로 최저수송비의 물류센터 입지를 정한다. 물류센터의 수가 2개 이상 또는 N개일 때는, 시장들을 n개의 그룹으로 나누는 조합들을 만들고, 각 조합의 각 그룹 내에서 수요량이 가장 많은 시장에 물류센터를 두고, 여기서 공장이나 외부에서 입하수송을 받아서 그룹 내의 각 시장에 출하수송으로 공급하는 방식으로 하여, 각 조합 i의 수송비 TP_n^i를 먼저 구한다. 이 가운데서 최저수송비 TP_n^*의 조합을 물류센터 n개일 때의 물류센터의 입지와 수송네트워크로 만든다. 물류센터의 수 n을 2개에서 N까지 변화시키면서, 각 n에 대해서 같은 방식으로 최저수송비 조합으로 물류센터 n개일 때의 물류센터의 입지와 수송네트워크로 만든다. 물류센터의 수가 N개일 때는 모든 시장에 물류센터를 설치하므로 출하수송비가 미미하거나 없는 것으로 한다. 그 후에 물류센터의 수가 n개일 때마다 각각 물류센터 시설고정비와 재고 관리비를 주어진 방식으로 구하고, 이를 최저수송비 TP_n^*에 합하여서 물류센터의 수가 n개일 때의 총비용 TC_n을 구한다. 이 n개의 총비용 TC_n, $n = 1, \dots, N$ 가운데서 최소의 총비용 $TC_n{}^*$를 가지는 물류센터의 수 n^*와 그 n^*개의 물류센터 입지와 수송 네트워크를 최종해로 한다.

- 1단계: 각 물류센터 수 n에 대해 최저 수송비를 내는 수배송 조합을 구한다.
  - 1-1: 물류센터 수가 $n=1$일 때, 단일설비입지 문제를 풀어서 최적입지와 수송비를 구한다.
  - 1-2: $n \geq 2$ 이면,
    - ① 시장들을 n개의 그룹으로 할당하는 그룹 조합들을 나열한다.
    - ② 각 조합별로 포함된 시장 중에 최대수요량의 시장에 그 그룹의 물류센터를 입지시키고, 수송비를 계산한 후, 최저의 수송비가 나오는 조합을 물류센터의 수가 n일 때의 물류 네트워크상의 입지와 물류흐름으로 한다.
    - ③ $n=N$(각 시장에 물류센터나 창고를 설치)일 때까지 ①과 ②를 반복한다.
- 2단계: 물류센터 수 n별로 최저수송비의 조합에서의 수송비에 고정비와 재고 관리비를 추가하여 총비용(수송비+고정비+재고관리비)를 구하고, 최저의 총비용이 나오는 물류센터수와 그 물류 네트워크 상의 위치와 수송량 흐름을 최종해로 한다.

예제 4.4

4군데 시장의 수요량을 공급하는 복수의 물류센터를 세우고자 한다. 공급업체는 해외에 위치하여 물류센터들에 대한 입하수송의 차이는 무시할 수 있다고 가정한다. 각 시장의 위치와 연간 수요량은 아래 표와 같다. 각 물류센터로의 수송요율은 $5/톤이고, 물류센터 1개소의 연간고정비는 $500,000, 연간재고관리비는 $\$300,000\sqrt{N}$이다. 최적의 물류센터의 수와 위치 및 총비용을 제시하라. 단, 축척치는 $K=7$로 가정한다.

표 4.7 4개 시장의 위치와 연간 수요량

시장	위치(X,Y)	연간수요량(톤)	수송요율($/톤)	비고
M1	(4,5)	5,000	5	
M2	(8,2)	6,500	5	
M3	(9,7)	4,500	5	
M4	(3,9)	3,000	5	

- 1단계: 물류센터 수 n에 대해 최소 수송비를 내는 수배송 조합을 구한다.
  - ① $n=1$일 때, 단일설비입지 문제를 풀어서 최적입지와 수송비를 구한다.

$$(X,\ Y) = (6.4,\ 5.0),\ 수송비 = \$2,263,645$$

② $n=2$일 때, 물류센터를 2군데를 유지할 경우에 수송비가 가장 적은 물류 네트워크 구조(시장 조합과 센터 위치)를 찾아내어서 선정한다.

표 4.8 $n=2$일 때의 시장 조합과 물류센터 위치에 따른 수송비

시장조합과 물류센터 선정		물류센터1 위치와 수송흐름	물류센터2 위치와 수송흐름	d1	d2	d3	수송비	선정
1	2							
M1	M2,M3,M4	M1	M2 → M3,M4	0	5.10	8.60	1,706,340	
M2	M1,M3,M4	M2	M1 → M3,M4	0	5.39	4.12	1,281,090	
M3	M1,M2,M4	M3	M2 → M1,M4	0	5	8.60	1,778,296	
M4	M1,M2,M3	M4	M2 → M1,M3	0	5	5.10	1,678,096	
M1,M2	M3,M4	M2 → M1	M3 → M4	5	6.32		1,539,078	
M1,M3	M2,M4	M1 → M3	M2 → M4	5.39	8.60		1,060,744	**
M1,M4	M2,M3	M1 → M4	M2 → M3	4.12	5.10		1,236,022	

⇒ $n=2$일 때, 물류센터 1은 시장 M1에 위치하고, M1, M3에 공급하며, 물류센터2는 시장 M2에 위치하여 M2, M4에 공급하는 것이 최소수송비용 안으로 제시되었다.

⇒ $n=3$일 때, 물류센터를 3군데를 유지할 경우에 수송비가 가장 적은 물류 네트워크 구조(시장 조합과 센터 위치)를 찾아내어서 선정한다.

표 4.9 $n=3$일 때의 시장 조합과 물류센터 위치에 따른 수송비

시장조합과 물류센터 선정			물류센터 위치와 수송시장			d1	d2	d3	수송비	선정
1	2	3	1	2	3					
M1	M2	M3, M4	M1	M2	M3 → M4	0	0	6.32	664078	
M1	M3	M2, M4	M1	M3	M2 → M4	0	0	8.60	903244	
M1	M4	M2, M3	M1	M4	M2 → M3	0	0	5.10	803096	
M1, M2	M3	M4	M2 → M1	M3	M4	5	0	0	875000	
M1, M3	M2	M4	M1 → M3	M2	M4	5.39	0	0	848163	
M1, M4	M2	M3	M1 → M4	M2	M3	4.12	0	0	432926	**

⇒ $n=3$일 때, 물류센터 1은 시장 M1에 위치하고, M1, M4에 공급하며, 물류센터2는 시장 M2에 위치하여 M2에, 물류센터3은 M3에 위치하여 M3에 공급하는 것이 최소수송비용안으로 제시되었다.

⇒ $n=4$일 때는 물류센터를 각 시장마다 위치시키는 경우이며, 이때 수송비는 0이다.

- 2단계: 최저의 총비용이 나오는 물류센터수와 그 물류 네트워크상의 위치와 수송량 흐름을 구하면 아래와 같다.

표 4.10 물류센터 수에 따른 적정 위치와 총비용 비교

n	물류센터에 시장배정	위치	수송비	재고 관리비	고정비	총비용	최종안
1	M1, M2, M3, M4	(6.39,5.08)	2,263,645	300,000	500,000	3,063,645	
2	M1→M1, M3 M2→M2, M4	(4,5), (8,2)	1,060,744	424,264	1,000,000	2,485,008	
3	M1→M1, M4 M2→M2 M3→M3	(4,5), (8,2), (9,7)	432,926	519,615	1,500,000	2,452,541	**
4	M1→M1, M2→M2, M3→M3, M4→M4	(4,5), (8,2), (9,7), (3,9)	0	600,000	2,000,000	2,600,000	

최종 해는 물류센터 수가 3개소이고 위치는 시장 M1, M2, M3이다.

단, 물류센터1은 M1에 위치시키고 M1, M4 시장 수요량 수송 공급, 물류센터2는 M2에, 물류센터3은 M3에 위치시키고 그 시장의 수요량을 공급한다.

총비용 = \$2,452,541

(수송비 = \$432,926, 재고관리비 = \$519,615, 고정비 = \$1,500,000)

3.3 시뮬레이션 해법

시뮬레이션 입지모형은 물류망 체계를 경제적 또는 통계적 관계의 데이터로 분석 및 처리하고 시뮬레이션 모형을 이용하여 물류 네트워크를 다양하게 변화시켰을 때의 영향을 평가하게 된다. 알고리즘을 중심으로 하는 모형이 시설물의 최적 수, 위치, 크기를 구하는 반면에, 시뮬레이션 모형은 물류센터나 창고에 수요를 할당하는 형태를 다양하게 변경하면서 모형을 반복적으로 적용하여 가장 좋은 물류망을 찾아 나간다.

시뮬레이션 입지 모형은 일반적으로 주요 입력내용들로는 소비자 특성(위치, 제품별 연간수요량, 구매상품 종류와 수송요율), 물류센터나 창고특성(고정투자비, 연간운영비, 변동비-보관 하역 재고관리비), 공장/공급업체 특성(위치와 공급제품, 보관비, 하역비), 수송비(공장과 공급업체에서 물류센터나 창고까지의 입하 수송비), 배송비(물류센터나 창고에서 고객, 시장까지의 출하 수배송비) 등이 요구된다.

3.4 거리 측정 방법 차이

앞서 살펴본 단일설비입지와 복수설비입지는 크게 다음 12개 문제로 나누어지며, 거리 측정에 사용되는 방법은 세 가지가 있다.

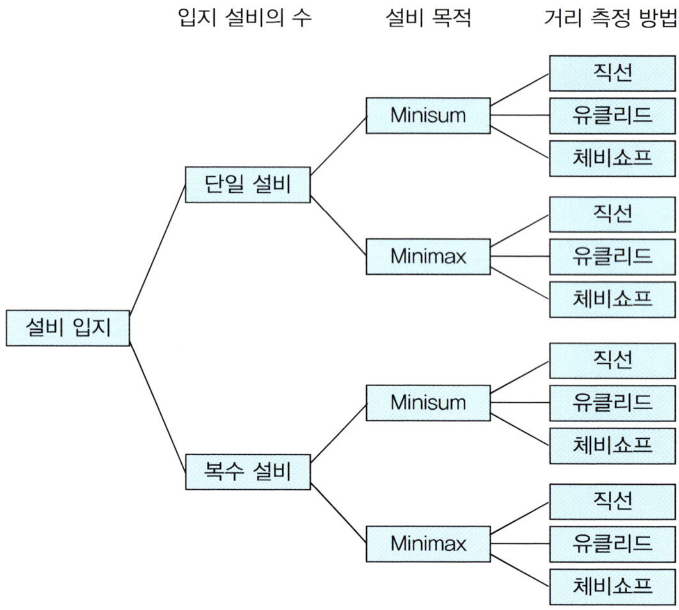

그림 4.4 단일설비입지와 복수설비입지의 분류

직교거리(Rectilinear Distance, L_1 norm)

-$d(X,\ P_i) = |x - a_i| + |y - b_i|$

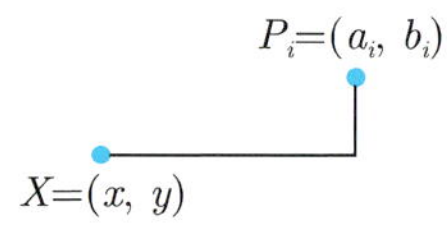

직선거리 혹은 유클리디언 거리(Straight line or Retilinear distance, L_2 norm)

-$d(X,\ P_i) = \sqrt{(x - a_i)^2 + (y - b_i)^2}$

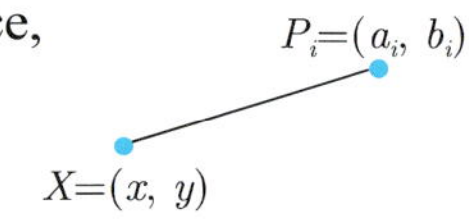

체비쇼프 거리(Chebyshev distance, L_∞ norm)

-$d(X,\ P_i) = \max\{|x - a_i|,\ |y - b_i|\}$

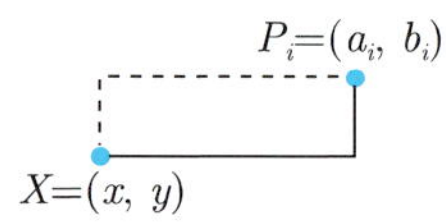

- 직교거리(Rectilinear Distance)는 뉴욕 맨해튼과 같은 계획 도시 내부처럼 모든 도로가 평행 또는 직각으로 이어져 있을 경우 사용하기 용이하다. 도시 내 체인점의 위치 선정 목적으로 사용될 수 있다.
- 유클리디언 거리(Euclidean Distance)는 일반적으로 우리가 사용하는 직선거리를 나타낸다. 설비의 위치가 도시 간 또는 국가 간 정도로 거리가 멀 때 사용하기 편리하다.
- 체비쇼프 거리(Chebyshev Distance)는 벡터 스페이스 내에서 특정 벡터 간의 거리를 나타내는 방법이다.

단일입지설비에서 소개된 Minisum 방법을 복수입지설비에 Rectilinear Distance를 사용하여 푸는 방법은 아래와 같으며, X는 새 설비의 위치, P는 기존 설비의 위치, v는 새 설비 간의 가중치, w는 새 설비와 기존 설비 간의 가중치다.

$$\text{Min } f((x_1,y_1),\cdots,(x_n,y_n)) = f_1(x_1,\cdots,x_n) + f_2(y_1,\cdots,y_n)$$

제약식

$$f_1(x_1,\cdots,x_n) = \sum_{1 \le j < k \le n} v_{jk}|x_j - x_k| + \sum_{j=1}^{n}\sum_{i=1}^{m} w_{ji}|x_j - a_i|$$

$$f_2(y_1,\cdots,y_n) = \sum_{1 \le j < k \le n} v_{jk}|y_j - y_k| + \sum_{j=1}^{n}\sum_{i=1}^{m} w_{ji}|y_j - b_i|$$

제4절 서비스 시설 입지 문제

4.1 Huff의 공간작용모형

공간작용 모형은 판매시설(백화점, 대형마트, 시장, 쇼핑센터 등)의 고객을 끌어당기는 힘과 고객의 접근 난이도를 어떻게 트레이드오프 하는지에 관하여 뉴턴의 중력 법칙을 이용하여 만들어진 모형이다.

판매시설의 끌어당기는 힘은 판매시설의 규모, 매장 면적 또는 취급하는 제품이나 서비스 종류의 다양성, 저장되는 품목의 수, 재고유지 수준, 또는 소비자를 수용할 수 있는 특성들이다. 고객의 접근도와 반비례 성격이 있는 '거리'는 고객이 판매시설 위치까지 이동하는 거리 또는 이동시간을 의미한다. 중력 법칙을 이용한 공간작용 개념은 Huff에 의해 실용적인 모형으로 수정되었다.

$$D_{ij} = C_i P_{ij} = C_i \times \frac{S_j / T_{ij}^a}{\sum_{j=1}^{n} S_j / T_{ij}^a}$$

D_{ij} : 고객지역 i의 구매 수요량 가운데 판매지점 j에서 구매하리라고 예측되는 지역 i의 수요량

P_{ij} : 고객지역 i에 거주하는 소비자들이 판매지점 j에서 구매할 확률

C_i : 고객지역 i에서 구매할 수 있는 총수요량(구매액)

S_j : 판매지점 j의 매장의 크기나 구매유인 매력치(면적, 가격, 품목 수, 보유재고 수준, 다양성, 쇼핑단 지크기, 주차시설 등)

T_{ij} : 고객지역 i와 판매지점 j 사이의 이동거리(시간, 교통 혼잡, 우회도로, 접근 난이도)

a: 이동 거리 값에 반비례로 고객 접근도에 영향 주는 추정 모수

T_{ij}^a: 고객지역 i와 판매지점 j 사이의 이동에 대한 회피를 유발하는 통행 저항값(Repelling Time)으로, 판매지점 j에 대한 지역 i의 소비자들이 가지는 매력도를 감소시킨다.

n : 판매지점들의 수

예제 4.5

서울의 종로와 역삼에 각각 백화점 A와 B를 입지할 계획을 추진한다고 가정하자. 백화점을 찾는 고객군은 강동(C1), 강남(C2), 서초(C3) 지역들의 거주 지역에 집중되어 있다. 세 거주 지역에서 발생하는 잠재적 총 구매액은 각각 15조, 25조, 20조 원이다. 백화점 A는 3,000평의 매장 면적을 가지고 있으며, B는 5000평을 보유하고 있다. 모수 a는 2로 추정되었다. 지점 간의 통행시간은 아래 표와 같다고 가정하자.

표 4.11 고객지역과 백화점간 이동시간 (단위: 분)

고객지역	백화점과의 이동시간(T)	
	종로	역삼
강동	50	40
강남	20	30
서초	35	20

먼저, 통행 저항값(Repelling Time) T^a은 이동시간 T 값의 제곱이다.

둘째, 백화점으로 유입되는 수익에 대한 확률 P_{ij}은 지역 i의 고객들이 두 백화점 중 백화점 j를 선호하는 매력도를 백분율로 나타낸 것이다. 예를 들면, 서초 지역 고객 C3이 백화점 B를 선택할 확률은 아래와 같다.

$$P_{3B} = \frac{5{,}000/20^2}{(3{,}000/35^2) + (5{,}000/20^2)} = \frac{12.5}{2.45 + 12.5} = 0.836$$

셋째, 각 고객지역의 잠재적인 구매액에 위의 확률을 곱하면 각 고객집단이 각 백화점의 판매에 미치는 판매기여도를 구할 수 있다. 서초 지역 C3의 백화점 B에 대한 예상기여도는 20조 × 0.836 = 16.72조 원이 될 것이다.

다음으로 각 백화점별로 모든 지역의 고객들의 기여도가 합해지면 백화점의 총 예상판매액이 된다. 이 경우에 백화점 A는 21.8조 원, 백화점 B는 38.2조 원의 판매액

을 올릴 것으로 예상된다. 이때 예상되는 수익과 투자의 타당성을 파악하기 위해서 운영비, 임대료, 시설고정비, 건설비와 비교해야 한다. 해법과정은 아래 표와 같다.

표 4.12 백화점별 예상판매액과 고객별 구매액

고객 지역	이동시간 T_{ij}		백화점 매력도 $\frac{S_j}{T_{ij}^{\alpha}}$		고객 관점 백화점 매력 비율 $P_{ij}=\frac{S_j/T_{ij}^{\alpha}}{\sum_j S_j/T_{ij}^{\alpha}}$		백화점 예상판매액 $D_{ij}=C_i\times\frac{S_j/T_{ij}^{\alpha}}{\sum_j S_j/T_{ij}^{\alpha}}$	
	종로	역삼	종로	역삼	종로	역삼	종로	역삼
강동	50	40	1.2	3.125	0.277	0.723	4.16	10.84
강남	20	30	7.5	5.556	0.574	0.426	14.36	10.64
서초	35	20	2.449	12.5	0.164	0.836	3.28	16.72
계							21.80	38.20

4.2 구역할당문제(셋커버링 문제: Set Covering Problem) 해법

셋커버링 모형을 이용한 구역할당 문제는 지역배송센터, 지역정비센터, 은행지점, 경찰서나 소방서, 응급병원, 우편집중국 같은 주요 서비스 시설의 위치 선정에 유용하다. 이러한 서비스 시설들의 위치 선정 문제들을 0−1정수계획법에 의해 해결할 수 있는데 대표적으로 P-Median 기법이 있다.

P-Median은 Minisum Location Model이라고 표현할 수 있는데, 평균 이동 시간이나 거리를 최소화하는 모형으로서, 입지할 시설의 개수를 사전에 P개로 결정하며, 최적 위치는 Median이 된다.

예제 4.6

A 도시에는 고등학교 시설이 존재하고 매년 증가하는 학생 수에 맞춰 고등학교 증설의 필요하다. 따라서 수요지로부터 시설(고등학교)까지의 학생들의 총 이동거리를 최소화할 수 있는 시설(고등학교)의 위치 선정을 하려한다면, 아래와 같이 Formulation을 할 수 있다.

I : 수요지
J : 시설 후보지
K : 학생들의 최대 이동거리
d_i : 수요지 i에서의 학생 수
$dist_{ij}$: 지점 i와 j간의 이동거리

P : 시설(고등학교)의 개수

Y_{ij} : 시설후보지 j가 수요지 i에 서비스를 제공하는 경우 1 아니면 0

X_j : 시설후보지 j에 학교를 설치하는 경우 1 아니면 0

$$Min \sum_{i=1}^{m}\sum_{j=1}^{n} d_i \bullet dist_{ij} \bullet Y_{ij}$$

$$s.t. \quad \sum_{j=1}^{n} Y_{ij} = 1 \qquad \forall i = 1 \cdots m$$

$$\sum_{j=1}^{n} X_j = P$$

$$Y_{ij} \le X_j \qquad \forall i = 1 \cdots m, \forall j = 1 \cdots n$$

$$dist_{ij} Y_{ij} \le K \qquad \forall i = 1 \cdots m, \forall j = 1 \cdots n$$

$$X_{ij}, Y_j \in \{0,1\} \qquad \forall i = 1 \cdots m, \forall j = 1 \cdots n$$

표 4.13 각 수요지별 가중치

수요지(I)	지역 명칭	가중치
1	a	302
2	b	254
3	c	301
4	d	294
5	e	1
6	f	1
7	g	1
8	h	1
9	i	321
10	j	343
11	k	441
12	l	290
13	m	491
14	n	1
15	o	1

위와 같이 15개의 수요지의 명칭과 각 지점의 가중치가 나와 있는데 가중치는 학생 수, 즉 수요를 의미한다. 1이 의미하는 것은 이 지역(학교)의 학생 수가 한 명이란 것이 아니고, 수요지 중에서 후보지를 선택하기 때문에 학교 설치에 적합한 지역을 수요지에 포함시켰고, 이 지역의 수요를 학생 수와 관계없이 1이라 표현했다.

표 4.14 수요지 간의 거리 행렬

	a	b	c	d	e	f	g	h
a	0	2.26	2.82	2.43	2.69	5.31	1.72	1.27
b	2.26	0	0.94	0.49	0.56	3.55	1.1	2.38
c	2.82	0.94	0	0.49	0.4	2.64	1.24	2.72
d	2.43	0.49	0.49	0	0.23	3.1	0.88	2.26
e	2.69	0.56	0.4	0.23	0	3.2	1.1	2.48
f	5.31	3.55	2.64	3.1	3.2	0	3.77	5.53
g	1.72	1.1	1.24	0.88	1.1	3.77	0	1.65
h	1.27	2.38	2.72	2.26	2.48	5.53	1.65	0
i	5.1	3	2.54	2.58	2.45	1.1	3.52	4.9
j	0.1	2.35	2.75	2.37	2.59	5.26	1.63	1.23
k	1.16	3.3	3.79	3.3	3.52	6.18	2.57	1.56
l	1.1	3.1	3.54	3.2	3.43	6.1	2.47	1.35
m	1.88	1.48	1.51	1.21	1.41	3.7	0.81	2.34
n	1.97	1.56	1.6	1.29	1.5	3.8	0.9	2.42
o	0.76	3.11	3.51	3.1	3.41	6	2.42	1.51

위와 같이 15개의 수요지 중에서 8개의 후보지를 선택하였고, 위의 표는 수요지와 후보지의 거리(km)를 의미한다.

컴퓨터의 MILP(혼합정수선형계획법) Solver를 이용하여 P를 5개로 선택하였을 때, a, b, c, f, g 후보지가 선택되고, 목적함수 값은 1619.49로 도출됨을 알 수 있다.

예제 4.7

신설되는 아리랑 대형마트에서 배송센터를 국내에 설치하는데, 한 도에 센터를 설립하면 인접한 도를 포함하여 배송 서비스를 하며, 인접한 도에는 배송센터를 설치할 수 없도록 하였다. 배송센터의 수를 최소로 하면서 서울과 남한의 모든 도(제주도 제외)를 배송 서비스할 수 있는 최소수의 배송센터의 입지를 조사하려 한다. 0-1정수계획법을 이용한 셋커버링 모형으로 이 문제를 풀기 위해서 다음과 같이 변수를 정의한다.

$$x_j = (0,1),\quad \text{배송센터를 } j\text{도에 설치되면 1, 그렇지 않으면 0}$$

지도상의 자료를 기초로 해서 문제를 다음과 같이 표현할 수 있다.

지역	번호
서울	1
경기	2
강원	3
충북	4
충남	5
전북	6
전남	7
경북	8
경남	9

그림 4.5 한국 도별 지역형태와 지역번호

$$Min\,Z = x_1 + x_2 + x_3 + x_4 + x_5 + x_6 + x_7 + x_8 + x_9$$

$$\begin{aligned}
s.t.\quad & x_1 + x_2 && \geq 1 \text{ (서울)} \\
& x_1 + x_2 + x_3 + x_4 + x_5 && \geq 1 \text{ (경기)} \\
& x_2 + x_3 + x_4 + x_8 && \geq 1 \text{ (강원)} \\
& x_2 + x_3 + x_4 + x_5 + x_6 + x_8 && \geq 1 \text{ (충북)} \\
& x_2 + x_4 + x_5 + x_6 && \geq 1 \text{ (충남)} \\
& x_4 + x_5 + x_6 + x_7 + x_8 + x_9 && \geq 1 \text{ (전북)} \\
& x_6 + x_7 + x_9 && \geq 1 \text{ (전남)} \\
& x_3 + x_4 + x_6 + x_8 + x_9 && \geq 1 \text{ (경북)} \\
& x_6 + x_7 + x_8 + x_9 && \geq 1 \text{ (경남)}
\end{aligned}$$

위와 같이 0~1 정수계획법 모형으로 수식화한 후, EXCEL의 스프레드시트 해 찾기를 이용하여 이 문제를 아래와 같이 풀면, $x_2 = 1$, $x_6 = 1$의 값과 $Z = 2$의 해를 얻는다. 즉, 2개의 배송센터를 경기도와 전북 지역에 하나씩 세우면, 전국을 배송 서비스하는 최소 배송센터를 세우게 된다.

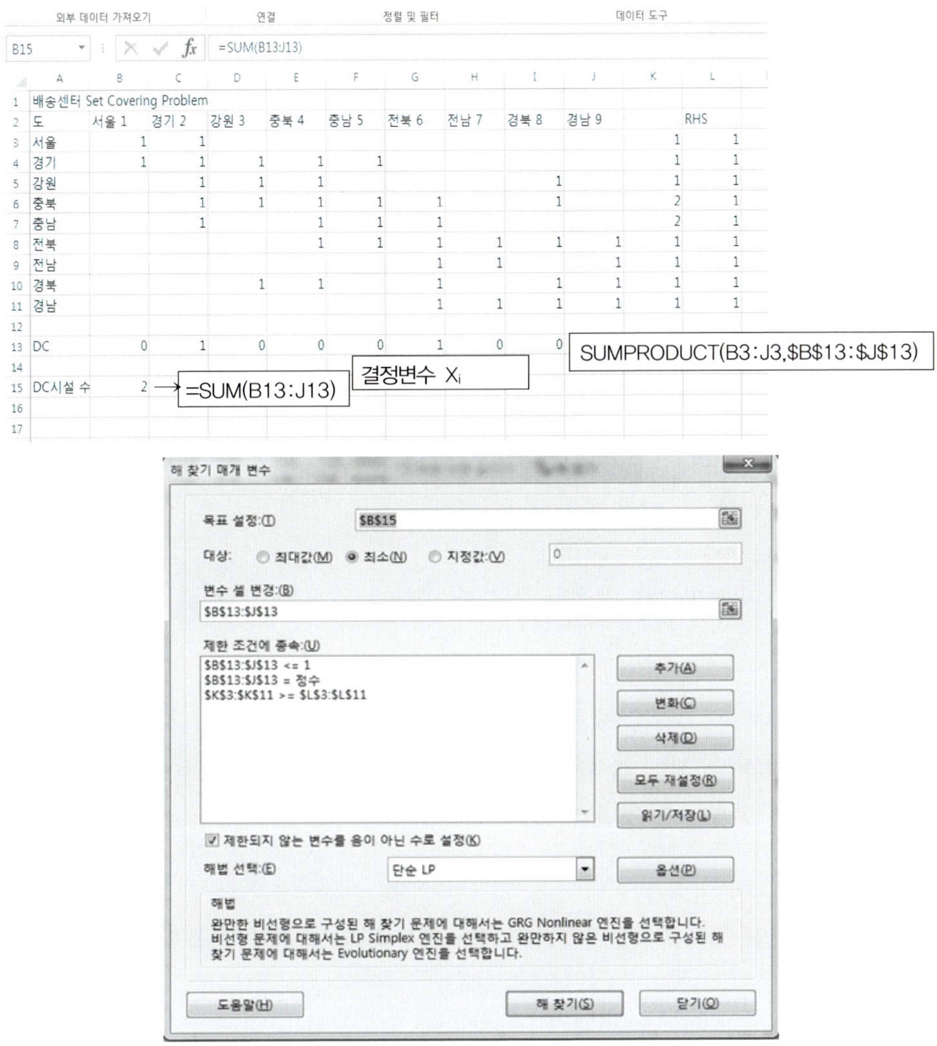

그림 4.6 아리랑 대형마트 배송센터 입지 문제 EXCEL스프레드시트 풀이

연습문제

1 입지 결정에 영향을 미치는 주요 요소는 무엇인가?

2 단일 설비의 입지를 정하는데 사용되는 해법과 복수 설비의 입지를 정하는데 사용되는 해법에는 어떤 것들이 있는지 각각 설명하시오.

3 최적무게중심법에 대한 설명과 수식을 적으시오.

4 가중점수 비교법으로 적절한 입지를 구하는 과정을 5단계로 설명하시오.

5 탐색적 방법은 창고입지 선정에 있어서 일반화된 방법론이다. 이 방법론은 위치와 관련된 비용과 제반 물류비용을 절충함으로써 해결할 수 있는데 이때 관련되는 물류비용의 봉류는 무엇인가?

6 단일설비입지와 복수설비입지의 경우에서 거리 측정에 사용되는 방법에 대해 설명하시오.

7 공급업체 2개소에서 제품들을 구입하여 시장 3군데로 공급하는데 수송비를 최소로 하는 물류센터의 위치를 찾고자 한다. 각 공급업체와 시장의 좌표상의 위치와 수송량과 수요량 및 단위당 수송비는 다음 표와 같다. 단, 축척치는 $K=10$ 으로 가정한다.

공급업체와 시장	번호	위치(X, Y)	총 수송량(톤)	수송운임($/톤/Km)	
S1	1	(8, 2)	3,000	5	
S2	2	(3, 8)	2,000	5	
M1	3	(6, 4)	1,000	7.5	
M2	4	(8, 8)	1,500	7.5	
M3	5	(2, 5)	2,500	7.5	

8 복수의 물류센터를 세워서 3군데 시장의 수요량을 공급하고자 한다. 공장은 원거리의 해안가에 위치하여서 물류센터들로의 입하수송의 차이는 무시할 수 있다고 가정한다. 각 시장의 위치와 연간 수요량은 아래 표와 같다. 각 물류센터로의 수송요율은 \$3/ton이고, 물류센터의 연간고정비는 \$2,000,000, 연간재고관리비는 $\$600,000\sqrt{N}$이다. 최적의 물류센터의 수와 위치 및 총비용을 제시하라. 단, 축척치는 $K=5$로 가정한다.

시장	위치(X,Y)	연간수요량(ton)	수송요율($/ton)	
M1	(6, 5)	25,000	3	
M2	(9, 10)	30,000	3	
M3	(3, 2)	45,000	3	

9 대도시 지역에 2개의 쇼핑센터(A, B)가 아래 표와 같이 위치시키려고 하는데, 각 쇼핑센터의 판매액을 예상하고자 한다. 소비자들은 1, 2, 3 지역에 집중되어 거주하고 있으며, 각 쇼핑센터와 소비자 거주지역간 이동거리 T_{ij}는 직선거리(유클리디안 거리)로 한다. 3개 소비자 거주 지역의 예상 구매액은 각각 20, 10, 14 백만 달러이다. 매장 크기가 쇼핑센터 A는 5,000평이고, B는 10,000평으로 신축할 예정이다. 통행저항값(repelling time) T_{ij}^{a}의 a값은 2로 가정한다.

위치	소비자 1	소비자 2	소비자 3	쇼핑센터 A	쇼핑센터 B
X	1	2	7	4	5
Y	2	6	4	2	6

10 어느 지방 도청에서 6개 군에서 발생하는 응급환자들의 생존율을 높이고자 10분 이내로 이동하여 긴급 서비스를 받을 수 있는 의료센터를 설치하고자 한다. 단 의료센터의 설치 개소가 최소화되어야 한다. 예상되는 각 군 간의 이동시간은 표와 같으며, 양방향 이동시간이 같다고 가정하자. 어느 군들에 설치하는 것이 좋겠는가?

군	A	B	C	D	E	F
A	0	15	25	25	15	5
B	15	0	5	15	30	20
C	25	5	0	15	25	10
D	25	15	15	0	20	10
E	15	30	25	20	0	9
F	5	20	10	10	9	0

제 5 장

수배송 의사결정

제1절 수송수단의 유형과 선택
제2절 철도
제3절 트럭
제4절 해운
제5절 항공
제6절 복합일관수송
제7절 배송
제8절 수송 서비스 선택
제9절 수배송 계획 수립

드론(무인 항공기) 배송이 어떻게 진행될 것인가에 대한 11가지 예측들
(Looking Ahead: 11 Predictions On How Drone Deliveries Will Work)

상업용 드론이 인기를 얻으면서 기업들은 물류에 드론을 이용한 물류 기술에 자원을 투자하고 있고, 소비자들도 무인 물류 시스템에 대한 기대를 가지고 있는 실정이다. 포브스 테크놀로지 위원회에서는 수송 및 배송과 관련하여 드론이 미래에 어떠한 역할을 할지 11가지 예측을 제시하였다.

1. 드론의 사용은 증가할 것이지만, 전통적인 수송 및 배송 방법을 완전히 대체하지는 않을 것이다.
2. 소비자들은 드론 배송을 통해 빠르고 편리한 배송을 요구할 것이다.
3. 드론은 지상 운송 차량과 함께 사용되어야 한다.
4. 드론 배송의 상용화에 걸림돌은 기술이 아닌 법이다.
5. 드론은 모든 거리에서 모든 패키지를 제공할 수 없다.
6. 드론 전용 배송은 저가 제품에 가장 적합할 것이다.
7. Last-mile 드론 배송은 큰 경제 성장의 기회가 될 것이다.
8. 드론 배송의 비용이 많이 들게 되면, 상용화는 기대하기 어렵다.
9. 드론 배송은 농촌 지역의 last-mile 배송에 이상적이다.
10. 드론의 소음이 상용화에 제한을 줄 수 있다.
11. 드론 배송은 모든 수송 및 배송 서비스의 미래가 될 수 있다.

▶저자 Forbes Technology Council

▶출처 Forbes, 2018년 10월 4일

▶링크 https://www.forbes.com/sites/forbestechcouncil/2018/10/04/looking-ahead-11-predictions-on-how-drone-deliveries-will-work/#45053c1151b3

제1절 수송수단의 유형과 선택

1.1 수송수단의 유형

수송은 물류의 기능 중에서도 물품의 공간적 이동을 담당하는 가장 중요한 기능이다. 2010년도 국내 국가물류비 130조 6,940억 원 중 수송비가 95조 6,040억 원으로 73.2%를 차지하였다. 수송의 중요한 경제적 기능으로는 시장의 확대를 통한 경제권의 확대와 물가의 안정화 등이 있다. 생산력의 확장도 그것을 지원하는 수송력의 성장에 따라서 실현된 것이므로, 수송수단의 발달은 산업발전의 기반이라고 할 수 있다. 대부분 국가의 초기 단계에서 경제성장을 지원한 것은 철도 수송이었고, 그 다음 단계에서는 트럭 수송이었다. 수송수단으로는 철도, 트럭, 선박, 항공과 파이프라인 등이 있으며, 각 수송수단들은 그 특성에 따라서 수송을 분담하고 있다.

즉, 철도 수송은 톤 수에서의 분담률은 적지만 장거리 수송을 분담하므로 톤-킬로미터의 분담률은 높은 편이고, 트럭 수송은 톤 수는 많지만 근거리 수송이 많으므로 톤-킬로미터의 분담률이 낮은 편이다. 또한 해운은 주로 국제 물류를 담당하므로 수송 톤 수와 톤-킬로미터의 분담률이 높으며 수송거리가 일반적으로 길다.

국내의 각 수송수단의 분담률을 2015년까지 수송량(톤) 분담률로 보면(표 5.1 참조), 트럭의 수송분담률이 91.3%로 아주 높고, 철도는 1.9%, 그리고 국내 해운이 중요하나 6.7% 수준에 있고 국내항공은 0.1%의 수준임을 알 수 있다.

1.2. 수송기관의 선택

철도, 트럭, 선박, 항공의 수송기관 중에서 사용할 수송수단을 선택하는 것은 수송물품과

표 5.1 수송수단별 수송량과 수송분담률

국내 화물수송량 및 분담률 [단위: 화물(천 톤), 분담률(%)]

구분			2010	2011	2012	2013	2014	2015
화물	철도	수송량	39,217	40,012	40,309	39,822	37,379	37,094
		분담률	5	2.5	2.3	2.3	2.2	1.9
	공로	수송량	619,530	1,439,625	1,568,354	1,546,407	1,512,701	1,761,291
		분담률	79	89.6	90.7	90.7	90.6	91.3
	해운	수송량	124,225	125,588	119,057	117,860	117,920	128,611
		분담률	15.9	7.8	6.9	6.9	7.1	6.7
	항공	수송량	262	281	265	253	283	288
		분담률	0.1	0.1	0.1	0.1	0.1	0.1

출처 : 국토교통부

관련된 물류 시스템에서 요구되는 물류 서비스와 지불 가능한 물류비용을 생각해서 결정되는 것이다. 하나의 수송수단만 사용하거나 여러 종류의 수송수단의 사용을 조합해서 복합수송을 해도 된다. 수송수단선정 방법은 가장 실제적인 조건을 기초로 해서 검토되어야 한다. 가장 중요한 구체적인 조건들은 수송물품의 종류, 수송량, 수송거리, 수송일수, 수송비용 등 다섯 가지이다.

첫 번째, 수송물품의 종류에서는 물류의 특성과 형태, 한 단위의 중량과 부피, 위험성, 변질성 등이 검토항목이다. 특히 고려할 것은 물품의 수송운임 분담력이다. 식음료 제품은 반도체나 보석류보다 수송운임 분담력이 낮다. 두 번째, 수송량에서 1회의 수송량의 크기에 따라 선택하는 수송수단이 다르다. 세 번째, 수송거리에서는 장단에 따라 적합한 수송수단이 다르다. 수송거리를 통상은 400km 이내는 트럭으로, 400~1000km는 철도로, 1000km 이상은 선박이 경제적이라 한다. 네 번째, 수송일수에 관해서는 물품의 납기와 납기 내에 도착할 수 있는 교통수단 중에서 선택해야 한다. 따라서 먼저 마케팅 단계에서 조달시간(리드타임)을 적합하게 정하는 것이 중요하다. 국제 물류에서 일반적으로 조달시간이나 물류수송기간이 1주 이상 단축되면 공급망에서 재고관리와 제품모델 변경 등을 신속하고 효율적으로 대응할 수 있고, 직접적인 물류 관련비용 감소 이상의 효과가 있게 된다. 다섯 번째, 수송비용이 중요한 항목이다. 특히 중요한 것은 앞에서 서술한 수송비와 재고와 보관비 등 다른 물류비와의 사이에 트레이드오프가 존재하기 때문에 수송비만 판단하지 아니하고 총비용을 고려하여 선정해야 한다. 그리고 환경에 주는 영향을 고려하여서 기업의 지속가능 경영의 수준을 향상시키도록 해야 한다. 참고로 철도 수송이 트럭이나 항공 수송보다 탄소배출량을 줄여주기 때문에 환경에 긍정적인 수송수단으로 평가된다.

구체적으로 수송기관을 결정하기 위해서 표 5.2와 같은 각 수송수단의 장점과 단점에 대해서 잘 이해해야 한다.

제2절 철도

2.1 철도 수송의 현황

국내에서 1970년 초까지 기간수송 부문이었던 철도의 지위는 경부고속도로의 개통 이후 트럭으로 대체되어 철도화물 수송은 급격히 낮아져왔다. 이것은 산업구조의 변화와 시장의 요구에 철도 수송이 잘 대응할 수 없었다는 것을 보여주며, 트럭의 문전에서 문전까지(Door-to-Door)의 기동성과 크게 향상된 기술과 편리성 때문이었다. 철도의 수송시간과 중거리 수송에서의 저운임의 경쟁력도 없어지고 있다.

표 5.2 수송수단의 장단점

수송수단	장점	단점
철도	• 대량 중량화물을 일시에 효율적으로 수송 • 운임 분담력이 적은 대량물품의 중장거리 수송의 경우, 수송인건비 및 에너지 소비가 적고 경제적 • 비교적 사고가 적고, 높은 안정성 • 날씨 영향이 적은 전천후 수송수단 • 복합일관수송이 Piggy Back으로 가능	• 근거리수송에는 고운임 지불 • 장거리수송 시 화차의 입환과 긴 체류시간 • 적기 배차와 긴급 수송 곤란 • 역에서의 환적작업이 필요 • 화물수취가 불편하고 배송용 트럭 집배송 필요
트럭	• 소 · 중량 화물의 근 · 중거리 수송 적합 • Door-to-Door 일관 수송 • 화물수취 편리, 하역과 포장비 경제적 • 배차가 용이 • 복합일관수송이 용이	• 대량수송에 부적합 • 장거리 수송 시 고비용, 안정성 결여 • 공해와 교통체증 • 기상상태에 영향 받고 안정성 다소 낮음
선박	• 대량 중량화물의 장거리 수송에 적합 • 수송비가 저렴하고 중량제한 없음 • 대량 수송 시 일괄하역 가능	• 수송기간이 장기간 소요 • 항만설비와 하역 필요, 화물수취 불편 • 기상상태에 큰 영향 받고 안정성 낮음 • 보관, 하역, 포장비 비쌈
항공기	• 소 · 경량화물의 장거리수송에 적합 • 짧은 수송기간 • 파손율이 적고 포장이 용이 • 안정성이 비교적 높음	• 고운임 • 기상상태에 큰 영향 받음 • 중량과 부피의 제한 • 복합일관수송 곤란 • 화물수취 불편

그러나 현재 국제 물류에서는 철도가 미래의 친환경 물류 수단으로 재조명받고 있다. 또한 러시아의 모스크바에서 극동 블라디보스토크를 연결하는 총 길이 9288km의 세계 최장 시베리아횡단철도(TSR: Trans-Siberian Railway)와 중국횡단철도(TCR)가 서로 연결되면서 경쟁력 있는 물류운송수단으로 새롭게 부상하고 있다. 그림 5.1에서 보듯이 시베리아횡단철도는 항공 운송과 대비하여 볼 때 물류비용감소는 물론 이산화탄소 감축효과가 있고, 해상 운송과 비교해 시간을 절반 정도로 단축할 수 있다. 유럽 · 아시아 기업에 이어 2016년 이후부터 한국의 글로벌 기업들도 적극적으로 시베리아횡단철도 활용에 나

그림 5.1 유럽과 극동을 연결하는 시베리아횡단철도

서서 한국과 중국에서 생산된 제품과 자재를 선박 혹은 만주횡단철도나 시베리아횡단철도를 통해 유럽과 러시아 서부로 수송할 수 있게 되어서, 해상 운송으로 35일이 걸리던 것을 20일 이내로 단축하는 등 철도물류를 이용한 경쟁력 개선이 일어나고 있다.

2.2 철도화물의 종류

철도화물을 수송할 경우 화물취급 종류로는 (1) 차급 (2) 컨테이너 (3) 혼적 화물, 즉 세 종류가 있다.

(1) 차급(화차단위) 화물

화물의 수량, 형상 등에 적합한 화차를 빌려서 수송하는 방법인데, 이 화차화물이 철도화물수송량의 대부분을 점하고 있다. 수송에 사용할 화차는 통상 한국철도공사(코레일, KORAIL)에서 보유하는 화차를 사용하지만 화물의 성질, 형상 때문에 코레일의 보유 화차로 수송할 수 없을 경우 화주가 관계기관의 승인을 받아서 자가 화차를 제조하여 사용하고 있다. 자가 화차 보유 시 자신의 제품, 원료의 수송 등의 사용목적 등을 코레일과 협의해야 한다. 화차화물은 화주가 코레일에서 화차를 빌려서 화물을 적재하고 그 화차를 코레일에 위탁하여 수송하는 제도이며, 화주는 적재와 하역작업 등을 통운사업자나 제삼자 물류업체(3PL: Third Party Logistics)에게 위탁할 수 있다.

(2) 컨테이너 화물

컨테이너 화물은 컨테이너에 수송 물품을 넣고, 컨테이너를 화물로서 철도 수송으로 위탁하는 경우이다. 컨테이너에 의한 수송은 송하인의 요청으로 컨테이너에 수납된 화물이 수하인에 의해서 인수되기까지 중간에 화물을 적재하지 않고 수송하는 것이며, 대량 화물의 경제적 육상수송을 위한 철도와 기동성이 있는 트럭을 결합하는 복합일관수송의 일종이다. 그 중에서도 선진산업국에서는 Flat line(플레트라인)이라고 하는 직통정기열차에 의한 컨테이너 수송방식을 사용하는데 고속, 정시성의 근대화된 컨테이너 화물수송의 방법이다. 철도 컨테이너에는 일반 컨테이너와 보온, 냉동, 냉장, 탱크 등의 특수 컨테이너들이 있다.

(3) 혼적 화물

운송업자가 불특정 다수의 화주에서 혼적 화물 운임을 받고 소량의 화물을 목적지별로 화차 또는 컨테이너 단위로 혼합적재하여 철도로 운송하는 것을 말한다. 혼적 화물의 수송 형태는 복합운송사업자나 제삼자 물류업체가 철도를 이용해서 수송하는 임대운송 형태가 될 수도 있다.

2.3. 철도 수송의 현대화

트럭의 Door-to-Door로 이어지는 고속수송에 비해 철도의 수송은 역에서 역으로의 수송이므로 편리성의 관점에서 철도가 열세를 보인다. 이 결점을 극복하고 국가 물류 시스템 내에서의 역할을 감당하기 위해 철도 수송의 현대화를 시도할 필요가 있다. 철도 수송은 산업구조의 변화와 국가 및 기업체들의 물류 합리화의 진전, KTX 고속철도 시스템 개통 등에 의해 큰 전환기를 맞이하고 있고, 물류 서비스 개선을 위해 화주와 물자별 터미널 구축, 고객사의 요구사항 수용, 도달시간의 단축과 운행시각의 개선 등 수송 서비스를 전면적으로 개선시켜야 한다.

(1) 직행화물 열차에 의한 시간단축

직행 컨테이너 화물열차 운행으로 소요시간을 단축할 수 있다.

(2) 고속 컨테이너 열차의 도입

선진국에서 최고속도 100km/h의 고속 컨테이너 열차는 속달성, 정확성에 높은 평가를 얻고 있는데, 터미널 역에서 출발과 도착시각을 운송업자들이 요망하는 시간대에 맞추어서 운행할 수 있다. 운행속도 향상으로 오늘의 물류요구를 적합하게 충족하기 때문에 많이 도입될 전망이다.

(3) Piggy-Back 수송의 검토

국내에서는 새로운 복합일관수송의 형태가 될 수 있는데, 4~10톤 트럭들을 화차에 싣고 철도로 장거리를 수송 후 목적지 부근 역에 내려서 트럭으로 최종목적지까지 수송하는 것으로, 국내에서 장거리 수송의 효율성을 재고하기 위해서 고려할 필요가 있다. 국내 철도의 일부 구간들의 터널을 높이고 확장하면 Piggy-Back 수송열차나 2층 컨테이너 고속열차의 운행으로 철도 수송의 경쟁력을 높일 수 있다.

(4) 냉동 컨테이너 운송 시스템

냉동생선식료품 등의 소비동향과 냉동가공기술의 발달에 따라 저온보관품의 수송수요는 금후 높아질 것으로 예상된다. 냉동 컨테이너를 전기 공급 장치를 갖춘 화차와 트럭에 결합하여 수송하는 시스템이며 주요수송물자는 유제품(우유, 아이스크림 등), 고급야채, 육류제품, 생선식품 등이 있다.

(5) 디지털 철도물류 시스템

첨단 ICT 기술을 적용해 데이터를 관리하는 디지털 철도물류 시스템은 기관차, 운송,

철도네트워크, 물류 공급망 등 운송 산업의 모든 영역을 소프트웨어를 이용한 데이터 분석을 통해 관리한다. 미국, 캐나다, 호주 등에서 운용중인 디지털 철도물류 시스템은 철도운영의 핵심요소인 속도, 연료효율, 신뢰성, 안전, 그리고 생산성을 높이는 효과를 내고 있다. 디지털 철도물류 시스템의 두 가지 주요 기능 중 하나인 철도차량 자동진단 시스템(Expert on Alert) 기능은 운행하고 있는 기관차의 데이터를 중앙 데이터 센터에 실시간으로 전송하도록 도와 전문가 팀이 시스템 상태와 성능 데이터를 진단 및 분석하여 실시간으로 모니터링하고 기관차 배치 및 운영에 대한 보다 효율적인 정보를 제공한다. 기관차 오토 파일럿시스템(Trip Optimizer) 기능은 실제 엔진출력과 엔진상태, 열차저항 등을 모니터링하여 열차가 자동적으로 운행되도록 하는 자동조정장치 역할을 하는데, 열차의 운행계획, 기관차의 특성, 선로 정보를 기반으로 최적의 운전 프로파일을 구성해 주고, 안전운전과 자동적인 엔진출력 및 제동력 제어와 연료 소모를 최소화해 배기가스 및 미세먼지를 감소시킨다.

제3절 트럭

3.1 트럭 수송의 특성

전 세계적으로 트럭 수송은 최근 급격히 신장되어 왔는데, 그 이유로는 트럭의 성능이 향상되고, 고속도로와 일반도로의 건설로 도로 사정이 개선되면서 트럭 수송의 편이성이 다변화되는 현대 물류와 수송 영역에서의 필요성에 크게 적합하기 때문이다. 현재 사용되는 트럭을 용도별로 분류하면 보통 트럭, 트레일러, 특수 트럭(전용특장차) 등으로 나눌 수 있다. 일반 트럭의 최대적재량은 1톤 이하의 소형부터 10톤 이상의 대형까지 다양하게 있다.

트레일러(Trailer)에는 크게 세미(Semi) 트레일러, 풀(Full) 트레일러, 더블 트레일러, 폴(Pole) 트레일러 방식의 네 가지로 구분된다. 세미 트레일러방식은 트랙터 부분과 화물적재용 트레일러 부분이 분리된다. 풀 트레일러 방식은 일반 트럭 뒤에 연결고리를 붙여 1대의 트레일러를 견인한다. 또한 더블 트레일러 방식은 트랙터 부분이 제1트레일러를 견인하고 한편 연결고리를 이어서 제2트레일러를 연결하여 견인한다.

트레일러는 다음과 같은 물류상의 우월한 기능을 가지고 있지만 국내에서는 아직 충분히 발휘되고 있지 않다.

- 트랙터 부분과 트레일러 부분이 분리되기 때문에 일반 트럭에 비해서 수송량을 증가시킬 수 있다.

- 트랙터 1대에 트레일러를 2대나 3대 비율로 운용하여 트랙터와 기사를 효율적으로 운용할 수 있다.
- 트레일러는 수송 중 일시 보관하는 창고의 대용으로서 이용된다.
- 세미 트레일러의 경우에는 다른 용도로 사용된 트레일러(세미, 평상, 탱크형 트레일러)들을 트랙터로 견인할 수 있다. 풀 트레일러나 더블 트레일러의 경우는 트랙터가 다른 목적지의 품목의 화물을 실은 트레일러를 수송할 수 있다.
- 목적지와 도착지의 중간지점에서 트레일러와 트랙터를 교환하여 중계하여 계속 운행하므로 1명의 운전수가 당일 중에 운행하고 돌아오는 경제적인 차량과 승무원 계획을 수립할 수도 있다.

최근 요구되는 물류기능에 대해서 트럭도 개조시켜 각종 복합기능을 수행하는 트럭이 개발되고 있다. 특히 하역기능의 개선과 고가의 화물적재에 따른 보관과 보안기능의 향상이 요구되고 있다.

3.2. 트럭 수송의 현대화

최근의 트럭 수송의 현대화 방향은 연비향상과 연료절감, 주행 중 사고방지와 차량 무인화 등을 주요 과제로 다루고 있다. 특히 한국의 경우 90% 이상의 국내 물류가 트럭 수송에 의지하고 있다.

(1) 트럭 현대화

현대 물류시장에서 트럭에 요구되는 기능들을 수송, 하역, 포장, 보관, 정보 측면에서 보면 표 5.3과 같다.

표 5.3 트럭 현대화 요구 기능

용도 측면	요구 기능
수송	• 긴(낮은) 적재함, 적은 진동, 작은 회전반경, 편안한 조작과 안전도 개선, 공기저항감소 Roof Fairing과 Deflector 시스템
하역	• 기계화된 하역장치 활용을 통한 적재와 하역의 용이, 신속화를 지원
포장	• 소량 완충재 포장 및 대형포장의 수송이 가능
보관	• 일시 보관기능과 온도관리, 신선도 관리, 악천후에서의 보호 가능
정보	• 충돌예방 시스템, 데이터 통신이나 이미지 전송이 되는 이동통신 기능, 수송차량 무인화, 트럭 대열주행(Platooning) 지원 시스템

수송 톤킬로 수를 개선하기 위한 대응 방안으로 다양한 트럭들이 개발되었는데, 개략적으로 보면 저상형 차량, 화물칸 탈착식, 에어 서스펜션 트럭, 전륜구동형, 자동변속차량,

ABS 장착, 트레일러, 무선통신 부착, 전자동 운행관리 기능 부착차량 등이 있고, 차체 형태별로는 택배차, 화물칸 탈착차, 윙바디(Wing-body)차, 측면 수납식차, 자동 승강판 부착차, 상하역 크레인차, 차높이 조절차, 복실냉동 냉장차, 각종 특수배송차(아이스크림, 식품, 냉동, 가구, 미술품, 양복) 등이 있다.

(2) 무인 트럭(Autonomous Vehicle)

자율주행의 무인 트럭과 로봇 트럭 등이 출현하여 충돌사고 방지와 여러 트럭 대열주행(Platooning), 연비 향상 및 무선통신과 각종 제어기능 등의 자동화가 이루어지는 수송과 배송의 변환기를 곧 맞이할 것으로 보인다. 특히 충돌사고와 관련하여 미국의 2015년 고속도로 트럭 수송관련 통계에 의하면 트럭 운송 중 사망자가 35,000명을 넘고, 한해 트럭충돌 사고로 인한 피해액이 2천억 달러를 넘어가고 있으며, 사고의 94%가 운전자의 실수로 보고되고 있어서, 무인 트럭 도입으로 충돌사고는 획기적으로 감소할 전망이다. 그림 5.2와 같이 무인 트럭 대열주행은 선두 주행차량에 다수의 무인 트럭들을 아주 가까이 붙여서 무선통신으로 연결 제어하면서 일정한 속도와 차간간격을 유지하며 주행하는 것으로, 운전자의 수를 줄이고 충돌사고뿐만 아니라 물류비와 연료소모를 크게 줄일 수 있는 방안이다. 일본에서 2013년에 10톤 트럭 4대가 4m 간격으로 시속 80km 속도로 달리는 실험에 성공했다. 또한 내연기관 트럭의 연비를 향상시키는 노력들과 함께, 전기 트럭, 수소연료전지 트럭 등 배기가스 없는 트럭을 개발하고 주행거리를 확대하는 움직임들이 최근에 기존의 자동차회사들과 Tesla사를 중심으로 가속화되고 있다.

그림 5.2 자율주행 기술을 이용한 무인 트럭

3.3 트럭 수송의 주요문제

(1) 트럭 터미널

트럭 터미널은 노선 트럭 화물의 적재와 양도와 하역운반기능을 수행하기 위한 시설을 가지고 있고, 도시 간 수송과 도시 내 수송 및 장거리 수송의 중계기능을 수행하는 집합 터미널이다. 경제의 고도성장에 따라 트럭 화물량의 증대에 대응하고 트럭 수송의 합리화와 효율화 및 도로교통의 혼잡완화를 도모하기 위해서 트럭 터미널의 건설과 정비가 진전되어 왔다. 또한, 트럭 터미널은 화물을 적재, 하역 및 양도를 위해 노선 자동차 사업용 트럭을 2대 이상 정차시켜 화물을 상하역하고 양도 및 처리를 할 수 있도록 만든 시설인데, 특정의 노선 트럭 사업자가 사용하는 전용 트럭 터미널과 불특정 노선 트럭 사업자가 사용하는 일반 트럭 터미널로 구분된다.

(2) 중소기업 중심의 트럭 산업

자동차운송 사업자는 중소기업자가 많은데, 이들의 경영 형태가 비근대적이며 기업규모가 영세하고 소수의 특정 화주에 의존하고 있다. 그래서 경제 사정 악화나 수송량의 증가율 정체 시에 기업을 유지하는 것이 곤란해지고 과당경쟁이 발생하거나 과적문제가 일어나고 있다. 이들 중소 트럭사업의 구조개선을 추진시켜 수요에 정확하게 대응하고, 부가가치가 높은 수송 서비스를 확립하며, 수송원가의 상승을 억제할 수 있도록 해야 한다. 이를 위해 다음과 같은 개선방안이 나오고 있다.

- 공동수송 및 공동수주 중심으로의 체제정비와 수송정보 시스템 추진
- 하역시스템의자동화와 기계화로 신속하고 유연한 하역과 적재능력 확보
- 정보화와 전산화 촉진
- 수송요구의 동향에 적절하게 대응하도록 경영지도
- 공동으로 물류센터와 트럭 터미널 건설 및 운영 추진
- 공동마케팅 전개

제4절 해운

4.1 해운물류 개요

해상수송은 대량 장거리 저비용의 수송능력을 갖추고 있으며, 특히 우리나라는 수출 중심의 산업구조를 가지고 있는 데다가 동북아 물류허브를 지향하고 있고, 삼면이 바다이고 북쪽으로의 대륙수송이 차단되어 있는 지정학적 특성을 가지고 있다. 그러므로 해운물류는 우리나라의 수송물류에 있어서는 커다란 비중을 차지한다. 특히 수출의 97% 이상이 해상수송에 의존하고 있는 현실은 해운물류의 중요성을 보여주고 있다. 중요한 해상수송

화물 중 수입물품은 석유, 철광석, 석탄 및 핵심조립부품 등 산업용 자원들이 많고, 수출물품은 전자제품, 기계류제품, 자동차 등 공산품이 많다.

현재 해운물류 산업에서는, 머스크와 MSC 등 세계 주요 선사들이 해운동맹인 얼라이언스(Alliance)를 결성하여 노선을 공동으로 개설 운영하여 원가 절감과 영업력 강화의 효과를 얻고자 노력하는 이합집산을 하는 등 글로벌 해운업계에 커다란 변화가 일고 있으며, 그 와중에 2016년 세계 7위의 한진해운이 도산하고 머스크 등 해외 해운업계를 이용하게 되자 해운 수송비가 크게 인상되어 국내 수출산업의 경쟁력에 제약이 되고 있다.

그리고 신파나마 운하가 기존의 운하 옆에 폭과 깊이가 2016년에 확대, 개통되어 초대형 선박들을 포함 전 세계 선박의 97%가 지나갈 수 있게 되어서, 동부 아시아에서 북남미 동부지역으로 가는 수송기간이 수에즈 운하를 지나는 경로보다 10여 일 단축되므로 해운 물동량의 변화와 함께 세계 해운물류 판도의 큰 변화가 오고 있다.

또한 장거리 해상수송에는 18,000TEU(1TEU는 20피트 컨테이너 1개) 이상의 초대형 컨테이너선과 고속 화물선의 도입 및 인공지능기술로 선장과 항해사 등 승무원을 대체한 인공지능기술로 선장과 항해사 등 승무원을 대체한 자율운항 무인선박과 스마트 선박의 개발과 여러 가지 기술 혁신이 행해지고 있다. 또한, 해운운송과 물류 사업 부문을 디지털 기반으로 전환하면서 기존 선박 수송체계의 개선을 통한 해운 수송의 합리화를 도모하고 있으며, 전용선과 컨테이너선 등 현대화된 선박의 활약이 크게 증가하고 있다.

4.2 해운 수송의 현대화

(1) 전용선

선박 수송은 장거리 수송이어서 1회에 운반량이 많을수록 수송비용이 저렴해지므로 선박은 점점 대형화되고, 또한 전용화될수록 경제적이다. 특히 기간산업에서의 원재료와 석유류 등의 대량 화물은 공급의 안정과 수송비용의 절감을 도모하기 위해서 각종 전용선에 의한 물자별 전용수송이 긴요하다.

수송의 2대 합리화 분야로는 벌크류 화물의 물자별 전용수송과 정형화물의 복합일관수송이다. 전용선은 특정의 화물만을 적재하고 안전하고 능률적으로 수송하는 구조와 설비를 갖춘 화물선이다. 선적화물의 형태는 액체, 분말, 입자, 고체 및 다품종 소형물품이며, 대부분 하역 후 빈 배로 회항한다. 또한 하역도 특정 하역설비를 이용하는 것이 많다. 주요 전용선으로는 다음과 같은 선박들이 있다.

- 탱커-석유탱커, LPG/LNG 탱커, 시멘트 탱커, 화공품 탱커
- 광석 운반선
- 자동차 전용선

- 곡물/청과물 전용선
- 석탄 전용선
- 특수선-냉장선 등

(2) 컨테이너선

해상수송의 합리화를 위한 복합일관수송 가운데도 가장 대표적인 것이 컨테이너선 수송이다. 표준화된 강철박스 컨테이너 안에 화물을 팔레트 단위로 단위화물화(Unit Load)하고, 송하인의 창고입구에서 수하인의 창고입구까지 화물 형태를 컨테이너로 수송한 후, 팔레트 단위로 기계로 하역하여 일관수송을 하는 것이다.

수송화물의 표준화된 컨테이너화는 수많은 노동 인력에 의지해 몇 주나 걸리던 선박 화물의 적재-하역 작업은 단 몇 시간 만이면 가능하게 하고, 컨테이너를 통해 항구에서 철도와 트럭으로 바로 이동할 수 있는 수송의 혁신으로 연결되어 운송비용은 파격적으로 낮아졌다. 그 결과 기업들은 땅 값이 싼 지방이나 소비자가 머무는 지역을 떠나 더 싼 값에 생산할 수 있는 저개발국으로 제조시설을 옮길 수 있게 되고, 국제무역은 발전하고 세계 시장은 넓어졌다. 각 나라의 싼 수출품은 빠른 속도로 전 세계에 수송할 수 있게 되었다. 이는 더 나아가 글로벌 공급사슬 네트워크의 발생으로 이어지게 되었다. 국제 컨테이너선 수송을 위해서는 컨테이너선 건조와 컨테이너 제작과 컨테이너 터미널 항만시설 구축 등 거액의 투자를 요하며, 관련 시설과 지원을 위한 항만 배후단지 조성이 중요하다.

컨테이너선 유형에는 대형 컨테이너 하역용 갠트리 크레인이나 컨테이너 적재 시스템(Intermodal System)을 이용하여 상하로 하역하는 리프트-온 리프트-오프(Lift-on Lift-off) 방식의 컨테이너선과, 선미 또는 선측의 출입구를 통해 대형 포크리프트나 트레일러로 컨테이너를 수평으로 하역 적재하는 롤-온 롤-오프(Roll-on Roll-off) 방식의 컨테이너선이 있다.

그림 5.3과 같이, 컨테이너 터미널은 마샬링 야드, 컨테이너 야드, 프레트 스테이션, 관제시설, 정비시설로 되어 있고, 갠트리 크레인, 스트래들 캐리어, 트레일러 등의 하역기계와 차량을 구비하고 있다. 마샬링 야드는 컨테이너를 각 배에 적재하거나 상하역하는 컨테이너를 정리하는 곳이고, 컨테이너 야드는 컨테이너의 반입과 빈 컨테이너 정리를 하고

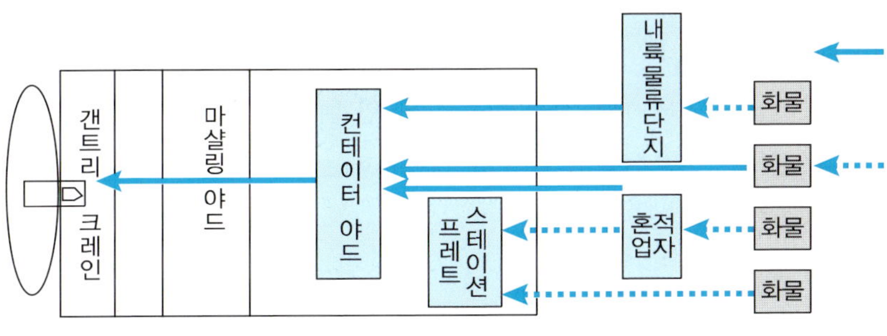

그림 5.3 컨테이너선 수송의 물류경로

그림 5.4 수직 배열 방식을 채택한 부산신항 터미널(연합뉴스 제공)

일시 적재하여 두는 곳이다. 프레트 스테이션은 소규모의 화물을 수송하기 위해 컨테이너로 도착한 소규모 화물을 컨테이너에서 출하하여 수하인별로 분류하고 수송 준비를 한다. 해상 컨테이너 수송을 위해서 내륙의 주요도시에 컨테이너 화물의 집화와 소규모 화물의 혼적을 행하는 거점으로서 내륙물류단지(Inland Depot)가 운영되고 있다. 그림 5.4는 아시아에서 유일하게 '수직 배열' 방식을 채택한 부산신항 터미널의 일부를 보이고 있다.

(3) 카페리(Car Ferry)

카페리는 승용차, 승객, 화물, 적재차량 등을 합해서 수송하는 자동차 수송선이 있다. 과거에 카페리 수송은 비교적 단거리의 안전한 항로에서 활용되었는데, 최근에는 해외의 주요항로에 취항하는 장거리 페리가 증가하고 있으며, 새로운 기간수송수단으로 변화하고 있다. 장거리 페리 수송은 자동차 수송을 통한 고객 서비스와 간편성과 선박 수송이 가진 대량, 장거리, 저비용성이 결합한 해륙복합일관수송 시스템으로서의 특색을 가지고 있다. 또한 장점으로서 다음과 같은 점들이 부각되고 있다.

- 롤온/롤오프(Roll-on/Roll-off) 방식으로 화물적재 차량을 그대로 승하선시킨다.
- 해상 바이패스(By-pass)로서의 기능을 발휘하고, 도로혼잡의 완화와 새로운 도로 건설의 부담을 해결해 준다.
- 연안 해상항로를 통해 화물적재 차량을 고속으로 수송해 수송시간의 절감이 도모된다.
- 관광지나 산업단지와 대도시를 용이하게 연결하므로, 지역 개발을 크게 도모한다.
- 생선이나 식료품 등 신선도를 유지시켜야 하는 물품을 산지에서 소비지로 직송이 가능하도록 기여하고 있다.

반면 단점으로 다음을 들 수 있다.

• 승객과 화물과 자동차를 함께 적재하기 때문에 비경제적인 수송이다.
• 자동차 여행객 수송전용으로는 이익을 내기 어려워, 일반 여객을 많이 수송해야 한다.
• 관광지를 중심으로 하는 항로라야 경제성이 있다.
• 항로수가 많아지고 경쟁이 심하게 되면, 채산성이 쉽게 나빠진다.

최근에는 열차페리가 도입되고 있다. 그림 5.5와 같이 열차페리는 화물열차와 페리선을 연결한 개념으로, 열차를 수송하는 배이다. 열차에서 화물을 내려 배에 싣는 과정을 생략하고 열차의 화물을 바로 배로 운송할 수 있기 때문에 비용을 줄이고 운송 시간을 감소할 수 있다는 장점이 있다. 독일, 덴마크와 스웨덴 간에는 수십 년 동안 열차페리를 운영하고 있고, 중국에서도 2004년부터 열차페리를 운영하고 있으며, 한국과 중국을 연결하는 한중 열차페리를 평택으로 연결하고자 하는 사업도 진행되고 있다.

그림 5.5 열차페리

(4) 자율운항선박과 스마트 선박

무선통신기술 발달로 해상에서 운항 중인 선박에서 인터넷을 활용하며 운항 정보 등 각종 데이터를 육지와 주고받을 수 있게 되면서, 선원 없이 원격 조종만으로 항해할 수 있는 자율운항선박(무인선박) 기술개발이 이루어지고 있다. 한 예로 영국의 롤스로이스는 구글이 보유한 클라우드 머신러닝 엔진(Cloud Machine Learning Engine)을 이용해, 자율운항선박이 해상 운항 도중 만날 수 있는 물체를 탐지하고 식별할 수 있도록 인공지능(AI) 기반의 물체 분류 시스템을 개발하여 자동 충돌 회피를 통해 해상사고를 줄이고자 한다.

2019년에 인공지능기술을 채용한 미해군의 무인 로봇군함이 운항되고 있는 것으로 보아, 선박 무인화가 빠르게 사용화되어 도입될 것으로 보이며, 이로 인해 운영비와 인건비 절감 등으로 선박들의 운항 효율성을 높이고, 선박과 승무원의 안전성도 높일 것으로 보고 있다. 국내 조선소에서는 스마트 선박의 기술개발이 이뤄지고 있는데, 스마트 선박은 육상에서 항해 상태를 확인하고 제어할 수 있는 선박이며, 추가 기술개발시 자율운항선박으로 발전될 수 있다.

4.3 해상수송의 종류

(1) 운항 형태와 종류

선박의 운항을 분류하면 정기선(Liner)과 부정기선(Tramper)으로 나누어진다. 정기선은 항로, 기항지, 발착시간, 취항회수, 항해시간이 거의 일정하고 화물은 여러 종류의 잡화가 대부분이다. 부정기선은 항로, 기일도 일정하지 않고, 적재 화물은 대량 화물에 비교적 저가격의 화물이 많고 화주의 수송주문대로 수시로 화물을 적재하여 수송한다.

(2) 해상 운송사업

해상수송에 관한 사업을 해상 운송사업이라 하고 해상 운송법으로 정해져 있다. 이것에는 선박운항사업, 선박대여업, 해상 운송 취급업, 해운중개업, 해운대리점업의 다섯 종류가 있다.

선박운항사업은 해상에서 선박에 여객과 화물을 수송하는 사업으로 정기항로사업과 부정기항로사업의 두 종류가 있다. 선박대여업이라는 것은 선주가 운송업자에게 선박을 대여하거나 선박의 운항을 위탁하는 사업으로서 중소선주의 사업이 대부분 해당된다. 해상운송 취급업은 화주에 대해서 자신의 이름으로 해상수송을 맡아서 그 수송을 선박운송업자에 의뢰하는 사업이다. 해운중개업은 선박운항업자와 화주의 사이에서 물품의 해상 운송과 선박의 대여, 매매 및 운항의 위탁과 중개를 하는 사업이다. 해운대리점업은 선박운항사업자와 선박대여업자와 대리점계약을 맺고 그 사업을 대리로 수행하는 사업으로, 이들 선박회사가 수행해야 하는 사무와 업무를 대행하고 있다.

(3) 항만운송사업

항만운송사업은 화주와 선박운항업자로부터 위탁을 받아서, 항만에서 해상수송을 진행하기 위해 화물을 배에 적재하거나 선박에서 수송되어온 화물을 하역시키거나 부선(바지선)으로 수송하며 관련된 화물의 검사, 보관, 인도 등을 행하는 사업이 있다. 이것에는 일반항만운송사업, 선내하역사업, 부선운송사업, 연안하역사업, 검수사업, 검정사업, 검량사업 등의 종류가 있다.

일반항만 운송사업은 화주와 선박운송업자로부터 위탁을 받은 대행인으로서 항만에서 선박 수송화물을 수송업자로부터 인수하고, 수하인이나 다른 수송업자에게 인도하기까지, 그 화물의 인수로부터 선적, 하역 및 인도에 이르기까지 일체의 업무를 수행하는 사업이다. 선내하역사업은 항만에서 선박으로 화물을 적재하거나 선박에서 화물을 하역하는 사업이다. 부선 운송사업은 항만 내에서 소형 선박(총 톤 수 100톤 미만) 또는 부선으로 화

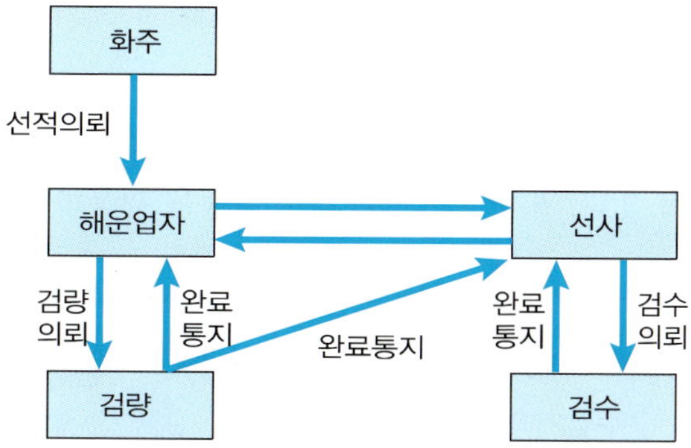

그림 5.6 KORNET 정보흐름의 개요

물을 선박과 부두 사이에 수운하거나, 선박을 견인하는 사업이다. 연안하역사업은 항만에서 선박과 부선에서 수송되어온 화물을 하역 및 보관하거나 부선에 화물을 적재하는 사업이다. 검수사업은 화물을 선박에 적재 또는 선박에서 상륙할 때, 화물의 개수를 계산하거나 검수하여 증명하는 사업이다. 검정사업은 선박화물의 내용의 증명과 조사감정을 수행하는 사업이다. 검량사업은 선박화물의 적재 용적과 중량을 계산하여 증명하는 사업이다.

4.4 국제화물 정보 네트워크

국제해상화물 수송에 종사하는 업종 중에서 해운업자, 선사, 검량업자, 검수업자 간을 물류/수송정보망을 통해서 온라인으로 연결하고, 일반 화물과 컨테이너 화물의 수출입 절차상의 정보관리를 하며, 화주의 선적의뢰와 선적화물정보의 입력에서 선사의 선하증권(B/L)의 발행과 관련 데이터 검색에 이르기까지의 정보처리와 정보교환을 관리하는 항만수송 정보 시스템이 필요하다.

우리나라에서는 그림 5.6과 같이 KORNET를 가동시키고 있는데, 대형선사를 중심으로 화주(Shipper)와 선사(Carrier)의 간의 무역화물정보를 교환하고, 대금결제도 은행 시스템을 이용하여 수행하게 하는 시스템이 운영되고 있다.

제5절 항공

5.1 개요

항공화물은 고운임의 약점을 가지고 있지만 빠른 속도로 신장하는 분야인데, 그 이유는 최근 국제무역에서 경소단박의 첨단제품들(휴대폰, 반도체, 디지털TV, 노트북, 소형 전자

제품과 부품)의 물동량과 국제 항공 택배사업의 신장과 시간중심의 경쟁력 강화와 고객 서비스 개선을 위한 수송기간 단축의 전략 등으로 인하여, 기업 전략의 관점과 총비용면에서 경제적이기 때문이다. 다른 장점들로는 신속성, 확실성, 안전성, 경제성, 그리고 효과적인 시장전략 등이 있다. 특히 항공물류의 신속성을 활용하면,

- 고가의 부품과 긴급한 자재 등의 조달(생산 스케줄의 확보)
- 변질이 쉬운 상품의 수송(생선, 식품, 특수의약품, 수혈용 혈액)
- 소형 고가품의 수주납기의 단축과 수송재고의 감축

등의 효과가 있다.

정확성, 즉 수송시간의 정확성을 유지하면 간접비, 보관비의 절약, 상품 이미지 개선과 신용 증대 등의 효과가 있다. 안전성이 높고 파손이 적고 추적과 점검횟수가 많고 수송 중 외부와의 접촉 기회가 적으므로 오배송이 적으며, 부대비용의 절감효과가 생긴다. 경제성이 높다고 하는 것은 배송센터와 물류센터 및 재고거점이 불필요하고 공장창고 등의 중심거점에서 직접보급이 가능해지며 포장비가 절약되기 때문이다. 시장전략으로 효과적인 것은 마케팅상의 좋은 기회에 신속하게 반응할 수 있으므로 고객의 주문을 신속한 시간 내에 충족시킬 수 있기 때문이다. 반도체 등 전자제품산업과 패션산업을 공항주변에 입지하면 큰 효과를 볼 수 있다. 생산, 운영과 물류 서비스를 개선 또는 리엔지니어링하고 있는 글로벌화된 공급사슬 네트워크 안에서 시간중심의 경쟁이 더 치열해져 갈수록 항공화물 수송의 이용률이 수출입에 있어서 크게 신장하고 있다.

5.2. 항공 수송의 현대화

(1) 컨테이너화

항공화물이 대량화함에 따라서 이전의 인력과 시간이 많이 요구되는 다품종의 소화물 운반 방식이 아닌 단위화물시스템(Unit Load System)의 사고방식을 도입하여 화물을 컨테이너화하고 이것을 컨베이어와 운반차량 위에 놓고 항공기까지 운반하고 리프트에서 화물칸의 높이까지 들어올려서 적재하는 방식으로 탑재 인도하여 시간을 단축하게 되었다. 이 컨테이너화는 하역시간의 단축과 기계화로 수송중의 화물의 안전성에도 크게 기여하고 있다.

항공 컨테이너는 A/C ULD(Aircraft Unit Load Device)라고 하고, 상부화물실용으로 슬래브 팔레트와 네트, 비구조형 이글루, 크로스세션 컨테이너가 있다. 또한 하부화물실용 컨테이너가 있다. 슬래브 팔레트는 항공기용 팔레트 위에 화물을 적재하고 붕괴하지 않도록 그 위에 네트를 씌운 것이다. 또한 이글루(Igloo)는 상부화물실에 적합하도록 에스키모

의 얼음집과 같은 형상을 하고 있으며, 비구조형 이글루는 밑바닥이 없고 슬래브 팔레트에 적재한 화물을 넣기 위한 것이고, 구조형 이글루는 밑바닥이 있는 완전한 컨테이너이다. 크로스 섹션 컨테이너(8ft × 8ft)는 육해공 일관수송을 목적으로 만들어졌다.

(2) 국제 항공화물 수송의 정보화

그림 5.7과 같이 화물예약의 접수, 관리와 출발공항에서의 적재부터 도착공항에서의 인도까지 화물에 대한 사무처리 등의 기능을 가진 각종 서류의 자동작성과 수송정보의 리얼타임 검표 등 화물 업무전반에 걸쳐서 신속한 정보처리를 위한 정보 시스템의 운영이 요청된다. 한편 항공 운송업자 측에 있어서는 정보 시스템의 고도화가 활발하게 전개되고 있고 미국, 유럽, 일본 및 아시아와의 정보 네트워크의 연결을 강화하여 서비스 향상을 도모하고 있다. 이와 같은 국제 항공화물 수송을 지원하는 체계를 항공화물 통관정보 시스템이라 한다. 이것은 세관, 항공회사, 수송업자, 통관업자, 혼재업자, 화물대리점 및 은행의 각 관계자가 전용회선에 의해서 대형컴퓨터에 접속하고 세관수속과 관세납부, 통관수수료 처리 및 각종 조회 등의 정보교환을 할 수 있어야 한다.

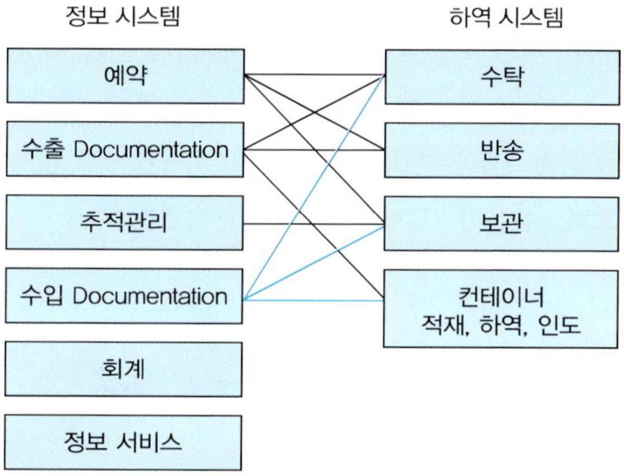

그림 5.7 국제 항공화물 정보 시스템 개요

(3) 첨단 항공물류 시스템의 도입

FedEx, UPS, DHL 등 항공택배와 항공기를 이용한 물류수송 서비스는 20세기에 들어서 소화물 운송 서비스를 재정의하게 하였다. FedEx의 경우 680여 대의 대형화물 제트수송기로 The World On Time이라는 기치 아래 멤피스 공항과 광조우 공항과 인천 공항 등 전세계 13군데의 대형 항공기지 허브(Hub)를 중심으로 고객의 소화물을 수탁 받아 바코드를 부착하고 집하한다. 집하 후 항공 수송하여 허브공항으로 모은 다음 바로 자동분류 컨베이어로 분류하여 각 목적지 공항으로 항공 수송하고 배송센터에서 분류하여 육상 수배송으로 고객에게 배송된다. 수탁받은 모든 소화물은 수하인에게 배송 완료될 때까지 모든 과정과 보관 분류 운송수단 속에서 바코드로 추적관리되며, 여러 대의 인공위성을 포함한 COSMOS와 Super Tracker, Fedex Delivery Manager의 통합정보 시스템 중심으로 하루 300만 건 이상의 모든 수화물의 물류 관련 자료들과 정보들이 통합관리된다. 국내는 1일에, 국외는 전 세계 220개국의 주요도시 간에는 2일 내 수배송을 할 수 있다. 그러나 2017년에 발표한 Tesla의 SpaceX 로켓에 의한 수송이 2022년에 현실화되면, 한 번 더 로켓수송수단 발달에 따른 화물수송 서비스의 대변혁이 예상된다. SpaceX는 재사용 가능한 로켓항공기이며 150톤의 화물을 싣고 뉴욕에서 상하이까지 30분 내에 주파하여 당일 국제택배 서비스를 할 수 있을 것으로 예상된다.

제6절 복합일관수송

6.1 수송의 현대화와 복합일관수송

수송의 현대화 경향은 주로 전용수송과 복합일관수송으로 되어왔다. 두 종류 이상의 수송수단을 조합하여 연계하여 수송하는 것이 복합일관수송이다. 예를 들면, 그림 5.8과 같이 트럭—철도—트럭, 트럭—선박—트럭, 트럭—항공기—트럭, 트럭—선박—철도—선박 —트럭, 트럭—선박—트럭—항공기—트럭으로 연결 수송한다.

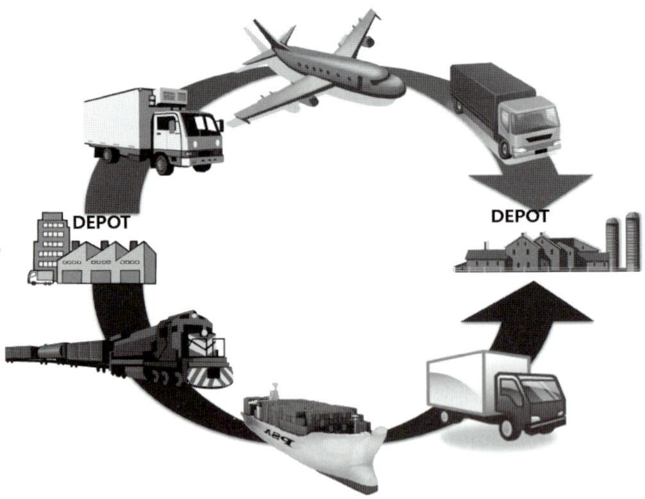

그림 5.8 복합일관수송의 예시

사례 5.1 DHL의 한국-유럽 간 복합일관수송 네트워크

DHL 글로벌 포워딩은 2017년에 한국과 유럽을 오가는 수출입 화물을 해상, 육상, 중국 내륙 철도를 이용해 운송하는 아시아-유럽 복합운송(Multimodal) 네트워크를 구축했다. DHL은 국내 수출 화물의 경우 인천, 부산 등 국내 주요 항구에서 상하이, 타이창, 롄윈강 등 중국 주요 항구로 화물을 보낸 뒤 화물차량 등을 이용해 청두, 허페이, 쑤저우, 시안 등 중국의 주요 내륙 물류 허브로 옮긴다. 중국 내륙까지 운송된 컨테이너는 철도를 통해 다시 유럽으로 운송된다.

한국에서 세 번째로 큰 수출 시장인 유럽까지 중국철도와 시베리아 철도 운송을 이용할 경우 항공 운송보다 운임을 6분의 1 수준으로 줄일 수 있고, 해상 운송보다 평균 21일 빠르게 운송할 수 있게 된다. 하이테크 제품 등 고부가가치 화물은 해운 운송보다 빠르게 화물을 보내야 하면서도, 항공 운송만큼 많은 비용을 부담할 수 없어서 복합일관수송 같은 새로운 형태의 운송을 필요로 한다.

DHL은 철도 운송을 이용할 경우 정기적인 운항일정으로 안정적 운송시간을 확보할 수 있을 뿐 아니라 항공 운송 대비 이산화탄소 배출량을 90% 가량 줄일 수 있을 것으로 보고 있다. GPS(위성 위치 추적 시스템)를 이용해 24시간 컨테이너를 모니터링하기 때문에 운송경로, 컨테이너 문 열림 등 이상상황, 충격 여부, 기온·습도 변화 등도 실시간 확인할 수 있다.

국제복합운송네트워크는 국내기업의 운송유연성, 비용 효율성, 신뢰성 등을 개선할 수 있을 뿐 아니라 주요산업에 특화된 물류솔루션으로 글로벌 시장 확대에 기여할 수 있다. (조선비즈니스, 2017.6)

6.2 단위화물시스템(ULS: Unit Load System)

단위화물은 수송·하역·보관 등의 물류 활동을 합리적으로 행하기 위해서 몇 개의 물품 또는 포장화물을 모아서 수송수단과 하역보관용 시설에서 물자취급과 운반에 적당하게 단위 화물이나 단일 화물로 만든 것을 말한다. 또한 ULS 시스템은 "발송에서 도착까지 단위화물 그대로 수송·하역·보관 체계를 통하여 서비스되는 체계"를 말한다. 단위화물로 만드는 방안에는 팔레트화(Palletization), 컨테이너화(Containerization) 등이 있으며 그 외에도 이동대차(Mobile Rack), 용기에 넣는 방법 등이 있다. 수송에 주로 사용되는 단위화물은 팔레트화와 컨테이너화이다.

ULS시스템에서 수송수단에 적재, 하역, 운반하는 작업은 지게차, 갠트리 크레인 등을 사용하는 기계하역을 할 수 있기 때문에, 개별화물을 인력으로 하역, 운반하는 것과 비교하면 노동력의 절약과 시간단축이 되고 작업능률도 많이 향상되는 이점이 있다. 또한 보관 시에도 개별화물을 인력으로 쌓아 올리는 것보다 되면 지게차 등의 하역기계로 랙

(Rack)에 이동 및 적재시키는 방법으로 작업능률을 증진할 수 있다. 즉 ULS시스템은 물류과정 전반에 걸쳐서 커다란 생산성 향상에 기여할 수 있다.

6.3 컨테이너화(Containerization)

(1) 컨테이너 종류

컨테이너 종류를 용도별로 분류하면 철도 컨테이너, 해상 컨테이너, 항공 컨테이너로 나누어지고, 해상 컨테이너에는 국제무역에 사용하는 국제 대형 컨테이너와 국내 화물 컨테이너가 있다. 컨테이너의 크기별로 20ft 컨테이너(TEU, 20′ × 8′ × 8.6′, 적재중량 10ton)와 40ft 컨테이너(FTU, 40′ × 8′ × 8.6′, 적재중량 30.48ton)가 가장 많이 사용되며, 40ft high cubic 컨테이너(40′ × 8′ × 9.6′) 등이 사용된다.

접이식(foldable) 컨테이너도 사용되는데, 철재나 유연한 재료에 의해 제작되어진 수송용 용기이며, 접을 수가 있고, 특히 분말입체의 수송용으로 적합하다. 특히 최근에 국내에서 개발된 철재로 된 접이식 컨테이너는 강도가 기존의 컨테이너와 같고, 4개를 접으면 컨테이너 1개와 같은 사이즈여서 빈 컨테이너 회수비용의 절감을 크게 도모할 수 있다.

(2) 컨테이너 운용

수천만 원 정도로 고가인 컨테이너는 국내외를 이동하며 무역 물동량이 많아지면 많은 수량이 필요하다. 따라서 빈 컨테이너가 어디에서 정체되고 있는가를 파악하고 빈 컨테이너를 빠르게 수요자에게 보내어 공급하고 터미널별로 보유 컨테이너의 재고를 확실하게 관리하는 컴퓨터화된 운영관리 시스템이 필요하다.

6.4 팔레트화(Palletization)

(1) 팔레트 종류

팔레트는 물론 평팔레트가 주로 활용되지만, 그 외에도 포스트 팔레트, 박스 팔레트, 롤박스 팔레트, 쉬트 팔레트, 슬래이트 팔레트, 특수 팔레트 등이 있다. 평팔레트는 목재로 된 것이 가장 많고, 그리고 금속재료, 플라스틱, 복합 합성재료, 종이로 된 것이 있다. 우리나라에서 사용되는 평팔레트의 치수는 다양한 복합일관수송 체제에 적합하도록 표준화시켜 표준치수의 것을 전국적으로 사용할 필요가 있다. 국내에서 ULS용의 표준 팔레트 치수는 1100 × 1100(mm), 900 × 1100(mm) 등이 있다. 포스트 팔레트는 평팔레트에 4개의 기둥을 세운 것이고, 박스 팔레트는 평팔레트에 박스형의 상부 구조물을 올린 것이며, 특수 재질의 플라스틱으로 만든 박스 팔레트도 있다. 슬래이트 팔레트는 합판에 알루미늄 코팅을 한 것으로 주로 항공 수송에 사용된다. 그 외에도 드럼통, 전용 팔레트, 유리전용 팔레트 등이 있다. 트럭 수송의 일관 팔레트화에 의한 물류비용 절감효과는 10~30% 정도이다.

(2) 팔레트화의 문제점

팔레트를 사용해서 복합일관수송을 하는 것을 일관 팔레타이제이션이라고 한다. 일관 팔레타이제이션은 물류합리화의 좋은 방안인데 몇 가지 문제점도 있다.

- 적재효율이 약간 나빠지고 운임이 증가된다. 수송기관에 화물과 팔레트가 함께 적재되므로 적재효율이 감소한다.
- 팔레트의 회수에 어려운 문제가 있다. 팔레트를 회수하여 수송하는 데에 수송비가 드는 비경제적 요소가 발생한다. 팔레트 풀시스템(Pallet Pool System)으로 팔레트 대여와 시스템 운영을 합리화해야 한다.
- 수송중 화물의 붕괴 방지를 대비할 필요가 있다. 수송 중 진동과 충격에 의해서 팔레트에 적재한 화물이 파손되거나 무너질 수 있다. 이것을 방지하기 위해서는 팔레트에 질서정연하게 화물을 적재하고 비닐로 둘러싸서 포장하거나, 화물을 적재한 후 견고하게 묶거나, 적재화물을 팔레트에 결박하여 고정시킨다. 사용하는 팔레트에 적재하는 적합한 패턴을 연구 검토하여 채택한다.
- 고객의 주문 로트크기에 적합하지 않다. 1회 주문로트는 배송주기 중에 판매되는 수량으로 정하는 것이 보통인데, 이 로트크기가 팔레트 단위의 상품량보다도 상당히 작을 때는 팔레트화가 비경제적이다.

제7절 배송

7.1 배송의 특성

물류센터에서 고객에게까지 단거리의 소량수송을 다빈도로 하는 것을 배송이라 한다. 수송은 대형화, 고속화, 전용화 등으로 합리화를 지향하고 있지만, 배송은 소규모 로트의 다빈도의 주문에 대한 서비스를 수행해야 하기 때문에 적재효율이 나쁘고 교통 혼잡이 큰 대도시에서 속도가 느린 소형차로 행해지는 것이 일반적인 경향이다. 또한 배송운임의 증가율이 수송운임의 증가율보다 높아 배송효율이 점차 낮아지고 있다.

일반적으로 배송은 많은 고객에게 소량의 다양한 물품들을 교통 혼잡을 통과하여 직접 배달하고, 필요한 서비스를 추가로 해야 하는, 번잡하고도 비용과 시간이 상당히 걸리는 작업이며, 배송자의 고객을 위한 서비스의 수준과 접하는 태도에 따라서 그 회사의 이미지나 신뢰도가 달라진다. 그리고 경제의 성장과 함께 소량의 다빈도, 다품종의 주문이 증가하고, 경제가 고객중심으로 바뀌고 고객 니즈와 서비스 요구가 다양해짐에 따라, 더욱 배송의 중요성은 증가하고 곤란성도 증가하고 있다.

사례 5.2 일본정부의 이동혁명의 실현 계획 추진 - 하늘길 '드론'과 육상길 '대열 주행'으로 해결

물류와 특히 택배업계 인력난 해결을 위해 일본 정부는 '이동혁명의 실현'이라는 기치를 내걸었다. 공동배송을 적극 지원하며, 하늘에는 드론을 띄우고, 도로에는 운전자 한 사람이 무인차량을 끌고 가는 대열주행(Platooning)을 실현해 인력난을 없앤다는 계획의 '일본 재흥(再興) 전략 2017'을 2017년 6월에 발표했다.

드론 배송은 2018년부터는 일본 산간지역에서 시작된다. 2020년대에는 도시에서도 드론이 물건을 배송하도록 추진하고 있다. 지바현 해안가에 건설 중인 아파트의 베란다에는 이미 가로·세로 각각 1m쯤 되는 정사각형 모양의 '드론 포트'가 설치됐다. 일본 물류 중심지인 도쿄항에 도착한 화물을 드론들이 36km 거리 반경 내의 각 가정으로 배달하게 된다. 이미 대형 드론이 1t짜리 화물을 싣고 10여km의 바다를 건너는 실험도 마쳤다.

그리고 2020년부터는 일본 고속도로에서 트럭들의 대열주행을 볼 수 있을 전망이다. 대열주행은 선두차량에 탄 운전자가 뒤따르는 무인트럭들을 무선통신으로 연결해 제어하면서 일정한 속도와 차간거리를 유지하며 달리는 것이다. 지난 2013년 일본 국책 연구소는 10t 트럭 4대가 4m 간격을 유지하며 시속 80km로 1시간을 달리는 실험에 성공했다. 무인트럭(자율 주행 차량)의 대열 주행을 통해 '사람 없는 수배송'을 실현하는 것이 최종 목표이다.(비즈니스조선 2017.6)

7.2 배송의 현대화

전자상거래와 인터넷쇼핑이 폭발적으로 증가하고, 온오프라인 도·소매가 정보기술을 바탕으로 서로 결합되어 물류와 고객 서비스가 더 촉진되면서, 택배물량이 매년 급증하고 있는 가운데, 배송비 절감과 온라인 쇼핑 서비스의 효율성을 개선하기 위하여 배송을 현대화하고자 많은 기업들이 다양한 방법들을 개발 발전시키고 있다.

(1) 물류센터의 설치

물류센터는 다품종의 다양한 양의 주문예상 물품을 공급자들에게서 납품받아 보관, 적재하고 주문인출, 분류, 유통가공, 포장(패킹) 작업, 정보처리 작업들을 통해서 고객의 주문에 맞추어서 물품을 발송하고 신속 정확하게 그리고 경제적으로 배송하는 시설로 정의된다. 많은 제조업자, 도매업자, 백화점 등이 소비지의 근처에 물류센터를 설치하고 있고, 이 물류센터를 중심으로 배송활동을 효율화하고 있다. 또한 물류센터 활용에는 다음과 같은 이점이 있다.

(가) 수송비의 절감

공장창고에서 각 고객으로 직접 배송하는 것보다 수요지 근교의 물류센터까지 대형차로 장거리 수송을 하고, 물류센터에서 고객까지는 소형차로 배송하는 방법으로, 수송비와 배송비를 합한 총수송비는 절감될 수 있다.

(나) 배송 서비스율의 향상

물류센터에 적정한 상품 재고량을 가지고 있으면, 일반적으로 공장에서 고객으로 배송하는 것보다 물류센터에서 고객으로 배송하는 방법이 배송 리드타임이 짧고 물류 서비스가 향상된다. 그러나 고객의 주문 사양과 수량이 매우 다양할 경우 오히려 유예(Postponement)와 대량고객화(Mass Customization), 아웃소싱(Outsourcing) 등의 방안들을 활용하며 물류센터를 줄이고 그 기능을 리엔지니어링(Reengineering)하여야 한다.

(다) 상물분리의 실시

모든 영업 지점과 영업소가 각각 창고를 가지고 있고, 각 영업소별로 영업과 물류를 행하고 있는 상물일치보다 도시근교의 교통이 편리한 장소에 배송센터를 설치하고 상물분리를 실시한다. 여기에 모든 영업소의 고객들에게 전문적으로 물류 서비스를 행하고 물류활동을 이 배송센터로 집중시키고, 종래의 지점과 영업소는 마케팅과 영업활동에만 전념하는 것이 보다 효율적일 수가 있다.

전국에 서로 다른 제품을 생산하는 공장이 몇 군데 있을 때, 각 공장에서 소비지까지 상품을 개별로 수송하면 수송이 그림 5.9의 시스템처럼 중복 교차하는 것이 된다. 이것을 교차수송이라 하며, 수송비가 많이 소요되고 비경제적이다. 여기서 전국의 적당한 장소로 물류센터를 설치하여 각 공장에서 물류센터로 생산 제품들을 수송하고, 이 물류센터에서 각 고객별로 주문 품목들을 혼합 적재하여 배송하면 각 고객에게는 1회의 배송만 하거나 배송회수를 줄일 수 있다. 최근에 제삼자물류업체(3PL: Third Party Logistics)를 이용하는 경우에는 3PL이 배송센터와 수송과 배송기능을 모두 전문적으로 대행해 주고 있다. 제품의 추적관리와 필요한 정보 서비스를 제공하여서, 이 3PL을 이용하여 보다 경제적이고 신속 정확한 배송을 실행하는 업체들이 증가하고 있다.

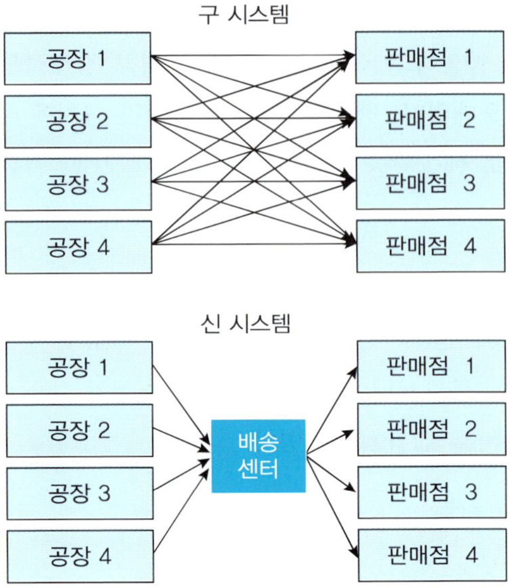

그림 5.9 배송센터에 의한 교차수송의 폐지

(라) 납품작업의 합리화

소매대리점과 백화점에 대한 상품공급 활동의 효율화를 위해서는 물류센터를 세워서 공급업체와 각 매장 간의 교차수송을 배제하고, 물류센터 내부에는 자동분류장치와 하역 장비 및 기계를 설치하고 정보처리 시스템을 보강하는 등 합리적으로 체계화하여, 소매대리점별 주문처리를 신속히 하고 각 매장 점포에게 상품공급을 적절한 시간에 정확한 품목들과 수량으로 배송되도록 할 수 있다.

(2) 계획배송

배송 문제가 어려운 것은 수요 발생량의 불확실성(randomness), 수요 발생시간의 무계획성, 수요 발생지역의 불확실성이 있기 때문이다. 이러한 무계획성을 극복하고 '계획배송'을 하기 위해서는 다음과 같은 두 가지 합리화 대책이 있다. 다수의 고객을 지역과 판매량 측면에서 계층별로 나누고, 고객계층별로 당일배송, 격일배송, 요일별배송 등 배송일정을 지적하는 방안이다. 이것은 발생량과 발생시간의 불확실성을 극복할 수 있는 접근방법이다. 또한 고객을 지역별로 분류하고 그 지역에 배송경로를 설정하고 차량으로 경로를 따라 순회 서비스를 하게 한다. 이것은 발생지역의 불확실성을 극복할 수 있는 접근방법이다. 또한 배송경로를 작성할 때 전체의 배송거리, 배송시간 또는 배송비용을 최소화하는 최적의 배송경로를 산출할 수 있는데, 이는 9절에서 다루는 차량 경로문제에서 자세히 다룬다.

(3) 공동배송

(가) 공동배송 개요

중소기업들이 각각 따로 수송과 배송을 행하게 되면, 각 중소기업별로 적은 양의 수배송을 매주 전체 고객에게 다 방문해서 배달해야 하며 적재효율도 낮은 낭비요소들이 있다. 고객도 각 중소기업별로 배달되는 물품을 하루에 여러 차례씩 접수해야 하는 비효율성이 있으며, 동일업종 혹은 동일지역의 중소기업들이 협동하여 공동배송을 하였을 경우에 보다 나은 성과를 얻은 사례들이 있다. 이와 같은 접근방법은 '공동배송 시스템'이며, 화주인 중소기업들이 공동으로 물류센터를 설치운영하고 집화와 배송을 하는 화주공동형과, 운송사업자가 공동으로 물류센터를 설치운영하고 집화와 배송을 하는 운송사업자 공동형이 있다.

(나) 공동배송의 효과

공동배송의 효과로서는, 자가용 트럭이 대폭적으로 줄어들게 되고, 출하와 순회방문 서비스가 고객별로 계획적으로 행해지며, 각 화주의 출하가 대량으로 물류센터에서 이루어지므로 출하체제의 합리화가 가능하게 되고 출하담당요원이 대폭적으로 감소하게 된다. 일본에서의 공동집배송의 효과를 보면, 보유차량 수는 50% 이상, 집배담당 사원이 40% 이상 감소되었다.

공동배송은 배송활동의 효율을 높여주며, 자동차 교통량과 종업원 수 등의 절감에 크게 기여하므로, 앞으로도 지속적으로 추진할 필요가 있다. 그러나 성공적인 운영을 위해서는 화주기업과 운송사업자들의 충분한 협력체제가 필요하다. 한편 고도화되고 다양화되는 물류 서비스 요구에 대응하고, 화물의 주문처리, 주문, 배차 등의 물류 정보를 정보 시스템을 이용하여 신속 정확하게 처리하게 되면, 공동배송의 효과와 이에 따른 비용 삭감 외에 물류 정보 시스템 활용에 의한 판매촉진과 수익개선 효과를 얻을 수 있다.

공동배송 시스템의 효과는 다음과 같다. 고객은 소량단위 주문이 가능해지고, 서비스와 품질이 충실해지고, 상품신선도가 향상된다. 화주는 주문 처리와 배송경비가 삭감되고, 고객과 판매의 증가가 기대된다. 시스템 전체의 관점에서 볼 때 공동배송 시스템 도입 전과 비교해서 일본에서는 30% 이상의 경비 삭감 효과가 있는 것으로 나타났다. 사회적 효과로서 공동배송센터에서 주문대로 여러 기업체의 제품들을 혼적하여 고객까지의 일괄배송에 따라 배송 차량의 주행량(교통량)이 감소한다.

(4) 드론 배송

드론 활용에 의한 B2C 배송이 가까운 장래에 많이 보급될 것으로 보인다. 드론에 의한 무인공중배송은 현 육상배송이나 택배의 좋은 대안이 될 수 있다. Google, Amazon, UPS

그림 5.10 우체국 드론 배송 시범운영(한겨레 제공)

등에서 고비용에 배송시간 불안정과 도난과 오배송이 많은 유인 배송체계의 대안으로 여러 측면에서 경제성이 높은 드론에 의한 배송을 도입하려고 준비하고 있다(그림 5.10). 드론 배송은 또한 대기시간과 인건비를 획기적으로 줄일 것으로 예상된다.

미국 Amazon과 중국 JD.com 등은 드론 배송 서비스를 수행하는 드론 설계와 대도시 안에서의 운행 공간 제약과 안전조건을 충족하는 드론 운영과 서비스 방안 등 드론 배송의 실용화를 추진하고 있다. 특히 Amazon은 도심 거주 고객에게 당일 배송 서비스를 제공할 수 있도록 드론전용의 벌집모양의 초고층 배송센터 도입을 추진하며, 2017년 현재 캘리포니아에서 드론 배송을 시험 중인데, 보유 중인 드론으로 122m(400ft) 상공에서 약 2.3kg(5lbs)에 해당하는 짐을 싣고 시간당 80km의 속도로 날 수 있다.

중국 JD.com의 드론 연구센터는 전자상거래 소화물을 적재 운반할 수 있는 수백 Kg의 중량물배송과 저고도로 300km 반경으로 장거리 비행을 할 수 있고 수백 개의 경로와 드론 기지를 운행하는 방안을 실용화하는 연구를 하고 있으며, 지방 소도시에서 드론 배송 서비스를 실시한 결과 차량과 밴트럭 오토바이를 이용한 서비스보다 70% 정도 물류비가 절감되는 것으로 파악하고 있다.

일본도 2018년부터 산간지역에서 드론 배송을 시행할 예정이다. 국내에서도 드론 배송 서비스를 운용하기 위해 관련 연구가 활발히 진행 중이다. 국내에서도 문일경 교수 등을 중심으로 드론과 트럭을 모두 활용한 통합 배송 계획과 드론 배송 서비스와 최적 배송 경로를 고려하여 드론 시설의 위치 결정 등의 연구와 실질적인 운용방안 등을 개발하고 있다.

드론 배송 시 고객 근접지점에서의 배송은 배송경로상의 혼잡성(Route Density)과 배송물 크기(Drop size)에 좌우된다. 배송경로상의 혼잡성은 단일배송경로에 진입하는 드론의 수로 조정하고 배송물 크기 문제는 각 드론별로 운송하는 배송 소하물의 개수로 조정될

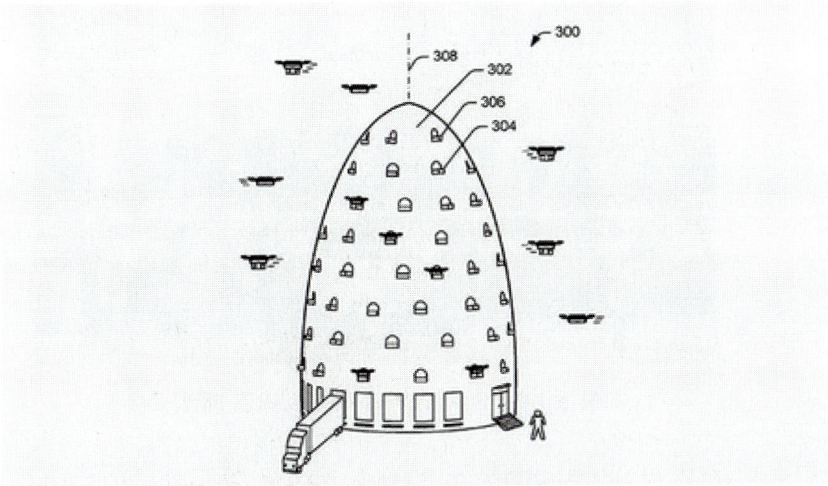

그림 5.11 Amazon의 벌집 모양의 드론 전용 배송센터 모델
(CNN, 비즈니스조선 제공)

수 있다. 특히 현재 직면하고 있는 대도시 안에서의 운행공간의 제약과 엄격한 안전과 보안조건을 충족하는 드론을 설계 제작해야 하고, 방대하고 완벽한 서비스를 수행할 드론 운영 기술과 방안을 강구해야 한다. 그리고 Amazon과 UPS에서는 소화물 배송체계를 개선하려고, 드론을 운행 중인 트럭, 트레일러, 철도, 선박 등 기존의 수송 시스템에서 소화물을 탑재한 드론을 이륙시켜 지나가는 경로 부근의 고객에게 배송하고 다시 돌아오는 드론을 착륙시켜 수용하고 다음 배송할 소화물을 탑재하고 날려 보내거나, 정비하는 드론 배송 이동허브(Mobile Launch Pad, Hub)를 그림 5.11처럼 실제로 실용화하려고 추진하고 있다.

(5) 퀵서비스 시스템

각종 긴급 전달 서류나 소화물, 신선식품, 음식 등 간단한 화물을 퀵서비스 배송 플랫폼으로 운전기사와 고객을 직접 연결하여 간편하고 신속 저렴하게 택배하거나 단시간 내에 퀵서비스하는 배송 시스템이 최근에 다양하게 발전하고 있다. 오토바이, 소형트럭, 밴(Van), 배송로봇 등을 이용하며, 웹과 앱을 통한 예약, 실시간 추적, 멤버십 가입이나 합리적인 가격 등으로 편리한 서비스를 제공하며, 주문과 동시에 운전기사에게 배송 정보가 전달되게 하여 신속한 배송을 한다.

이동식 허브앤스포크의 배송 방식을 사용하는 경우, 발송지역의 오토바이들이 배송물품을 수거해서 시간마다 타지역으로 가는 차량에 집하하면, 그 차량이 수하인들의 지역으로 이동해 대기 중인 오토바이에 전달하여 수하인에게 직접 물품을 짧은 시간 안에 배송한다. 또한 우버택시는 차량 예약 서비스 앱을 이용하여 가입차량들로 승객 택시 서비스를

그림 5.12 Starship사의 라스트 마일 배달 로봇

하고 있으며, 같은 방식으로 소화물 신속 배송 서비스 등에 활용하고 있다. 우버는 우버 택시로 검증된 차량 예약 서비스 영역을 다른 도시, 택배 오토바이, 헬리콥터 택시(우버콥터), 보트 택시(우버보트), 오토바이 택시(우버모토) 등으로 확장하고 있다.

최근 유통업체의 택배 상품이 목적지에 전달되기까지의 모든 과정과 요소를 뜻하는 단어로 라스트 마일(Last Mile)을 주목하고 있다. 유통업에서의 라스트 마일은 고객과의 마지막 접점을 의미한다. 여기에 배달, 전달을 뜻하는 딜리버리(Delivery)를 합성하여 만든 신조어가 '라스트 마일 딜리버리'이다. Starship은 라스트 마일 배달 로봇의 파일럿 시험 단계를 넘어 실제 상업적인 운영을 시행하고 있다. 그림 5.12와 같이 이 로봇은 캠퍼스와 거주 지역 내에서 소포, 식료품과 음식 등을 배달하는데 사용되고 있다. 목표로 하는 시장 중 하나는 식당이나 매장에서 음식이나 소비재를 고객들에게 15분에서 60분 안에 배달하는 것이다. 로봇의 모든 배달 과정은 스마트폰을 통해 모니터링할 수 있다.

7.3 유통의 발전에 따른 배송의 변혁

(1) 유통산업의 발전

(가) 온라인과 오프라인의 융합

대표적인 전통 비즈니스인 유통업이 하이테크 영역으로 진입하면서 미국과 중국 등에서 가장 빠르게 혁신하는 산업으로 바뀌고 있는 가운데, 그 중에서 Amazon, 알리바바 중심으로 인터넷·모바일 쇼핑이 가장 빠르게 성장하고 있다. 인터넷·모바일 쇼핑 때문에 오프라인 시장의 유동 인구가 줄어들고 있고, 그 가운데 백화점들이 가장 큰 타격을 입고 있으며, 많은 오프라인 유통업체들이 정체하거나 퇴조하고 있다. 2018년에 125년간의 역사를 가진 백화점과 유통업계의 공룡 시어스(Sears)가 최근 몇 년간 수백억 달러의 누적 적자를 거듭하다 파산하였다. 온·오프라인 유통 간 대결은 온라인의 승리로 나타나고 있으며, 온·오프라인의 융합의 단계로 들어섰고, 오프라인 유통은 대변신을 시도하고 있다.

이제는 유통업이 정보기술을 바탕으로 온·오프라인 도소매뿐만 아니라 제조업, 서비스, 물류까지 더 긴밀히 통합하여 경영하는 신리테일(New Retail)로 변화하고 성장하고 있다고, 최대 온·오프라인 유통업체 중 하나인 알리바바의 회장 마윈이 언급하였다. 전자상거래 업체인 Amazon은 미국 5위의 고급식품유통업계 Whole Foods를 합병하여, 온라인과 오프라인을 통합한 소매유통업을 추구하고자 한다. 구매자로 쇼핑의 편이성과 효율성과 비교구매에 의한 저가격과 가치 구매가 가능하게 하고, 고객의 구매를 추적 분석하여 새로운 구매를 제시하는 등의 데이터마이닝의 스마트한 능력과 온라인 유통산업 시스템 구축으로, 앞으로도 많은 유통업계와 식료품업계에서 많은 기업체들과 백화점 사업에 큰 변화를 일으킬 것으로 전망된다.

Amazon과 같은 온라인 전자상거래업체들은 가격 분석으로 가격 끌어내기 경쟁을 하게 되므로 그들이 진출하는 업계의 오프라인 경쟁업계들은 가격경쟁에 효과적으로 대응하지 못하면 시장을 잃게 될 것이다. 그래서 Amazon과 Whole Foods의 합병은 Amazon의 온라인과 Whole Foods의 오프라인을 결합하여 더 빠르고 편리하고 저렴한 고객 서비스를 하는 Amazon의 시스템으로 한층 더 보강시키게 되었다. 미국의 Walmart, Target 등 소매 식료품 유통업계에 커다란 위협이 되고 새로운 이정표를 세우는 것이며, 이 추세가 다른 산업계로도 확산되는 것이 전망된다. Walmart도 온라인 유통업체들을 인수합병하여 온라인 유통사업을 강화하고 있다.

온·오프라인의 융합의 또 다른 형태로 최근의 도소매 유통업계에서는 무점포 유통의 비중이 조금씩 증가하고 있다. 2016년 미국 시애틀에 신개념 식료품 마트 매장인 Amazon Go를 개장했는데, 외형상으로는 깔끔한 일반 식료품 매장과 다를 바 없지만 운영 시스템은 지금껏 세상에 없는 방식이다. 로봇이 물건을 분류하고 운반 진열 점검하며, 고객은 스마트폰에 깔린 앱을 통해 본인 인증 과정을 거친 후 매장에서 상품을 카트에 담은 후 그냥 퇴장하면 된다. 고객이 매장에서 고른 상품은 카트에 담으면 컴퓨터 센서가 인식해 자동 계산하고 자동으로 판매와 재고와 보충 및 구매와 기록이 되며 물건 값은 고객이 미리 등록한 신용카드에서 자동으로 결제된다. 매장에는 판매계산대도, 판매원도 없다. 80~90명이 필요한 일반 대형마트와 달리 직원은 6~10명 이내이다. 앞으로 Amazon 같은 전자상거래업체들이 온라인과 오프라인을 통합하여 데이터마이닝과 분석을 바탕으로 가격과 품질과 가치 경쟁을 전개할수록 기존의 물류방식과 브랜드 가치 및 영업과 유통방식을 고집하는 업체들은 큰 시련을 겪게 되며 생존이 달라질 수가 있다.

(나) 스마트폰과 컴퓨터를 통한 쇼핑

오늘날 소비자의 주요 쇼핑 창구는 스마트폰과 컴퓨터이다. 소비자가 여가중이나, 회사,

가정, 지하철, 학교 등에서 스마트폰 앱 등으로 구매하는데, 자사 제품이 이들에게 제대로 인식되려고 모바일 인터페이스를 소비자 중심으로 계속 업그레이드해야 한다. 소비자들은 제품을 국가별로 검색하지 않는다. 원하는 제품이 국내에 있든 해외에 있든, 원하면 저렴하게 구매하고 단시간에 받기를 원한다. 그래서 전자상거래를 하는 온라인업체들이나 오프라인 업체들은 모바일화된 현대 고객에 맞추어서 물류창고, 유저 인터페이스 등에 막대한 투자를 하며, 특히 신속한 택배가 가능하도록 3PL 같은 전문택배업체에게 택배를 위탁하거나, 자체적으로 Amazon처럼 택배 네트워크와 물류센터와 수배송 수단을 구비하여 신속 저렴하게 수배송 서비스를 하여야 한다.

또한 오늘날 많은 제조 및 유통업체들이 센서 · 로봇 · 빅데이터 · 인공지능 등 첨단 제조기술을 동원한 스마트 공장이나 매장에서 생산하고, 자동 포장과 자동 보관 및 출하하여 배송하는 모든 과정이 스마트화와 디지털화되어가는 경향이다. 설계하고 재료를 구하고 제품을 생산하는 시간, 내부소통, 고객과의 소통하는 시간, 고객에게 수배송하는 시간을 획기적으로 줄여서 고객이 원하는 단시간 내에 원하는 장소에 원하는 맞춤 제품을 배송하기 위하여, 디자인과 제조뿐 아니라 배송과 주문처리 전 과정을 디지털화하는 경향이 맞춤형이나 한정판으로 소량씩 의류 및 신발 등을 생산하여 배송하는 업계에서 많아지고 있다.

(2) 배송의 변혁

최근의 Amazon의 전용항공기 Prime 서비스, 중국 최대택배회사 선퉁, ZTO(중퉁), 순펑사의 전용화물기 택배 서비스, FedEx와 UPS와 DHL의 글로벌 항공택배의 급성장에는 Amazon과 알리바바와 징둥 등을 중심으로 하는 전자상거래 시장과 신리테일의 성장이 주원인이다. 중국의 2016년도 전자상거래에 의한 택배 물량은 코트라 베이징의 자료에 따르면 약 210억 건으로 중국 택배물량 300억 건(66조 원)의 70% 수준으로 성장했다.

Amazon과 알리바바 같은 글로벌 전자상거래업체들은 택배업체와 대형 물류회사 등을 연합한 네트워크 시스템을 구축하여, 고객이 온라인 쇼핑몰에서 주문하면 빅데이터 분석을 통해, 바로 상품의 위치와 최소시간 안에 수송할 수 있는 물류센터와 택배업체를 선택하고, 그 업체에게 고객 정보를 전송하여, 주문 후 최단시간 내에 고객에게 배송이 가능하게 지원한다. 또한 이들 전자상거래업계들은 고속자동분류 시스템들을 갖춘 큰 규모의 수많은 물류센터를 거점들로 하는 네트워크를 갖추고 있으며, 각 지역별로 재고와 소비 패턴을 고려한 수요 예측으로 고객의 인근 지역 물류센터에 미리 제품을 준비해두는 스마트 창고 시스템을 운영한다.

Amazon은 거대 인터넷기업들이라도 전자상거래산업에 진출할 경우 강력한 물류배송망이 없으면 경쟁에서 살아날 수 없음을 경험으로 판단하고, 적자에도 불구하고 물류에 거대한 투자를 계속 하고 있다. 그래서 Amazon은 2017년 현재 324개소의 물류센터를 미국과 전 세계에서 설치 운영하고 있으며, 기존 배송 네트워크를 확장하고 효율성을 높이기 위해 2017년에 항공기 40여 대를 임차해 '프라임 에어'라 이름 붙여서 FedEx와 UPS 등 대형 운송 업체의 주력 사업인 항공화물 택배에 나섰고, 배송 트럭도 4000대나 추가 도입하여 육상 수배송망을 확장하고 있다. Amazon은 배송 부문에 지출하는 배송비가 매년 크게 증가하는 것을 막기 위해, 장기적으로 사람이 적게 필요한 배송 시스템을 준비하고 있다. 물류 창고에서 로봇이 물건을 분류하면, 하늘에선 드론이 물건을 나르고, 도로에선 자율주행 트럭으로 수배송하는 것을 추진하고 있다.

중국 알리바바는 중국과 해외에 스마트 물류 네트워크를 구축하는 작업을 하고 있다. 알리바바는 자체물류센터를 직접 운영하지 않는 대신, 물류 계열사 차이냐오를 통해 국내외 물류 창고와 택배업체들을 하나로 통합한 물류 정보 플랫폼을 만들었다. 고객이 알리바바의 온라인 쇼핑몰 타오바오 등에서 주문하면 차이냐오와 제휴한 택배 업체가 물건을 배달한다. 알리바바는 배송과 물류 분야에 2024년까지 약 17조 원을 투자하기로 했다. 또한 최근에는 Amazon, 중국 징둥 등 전자상거래 업계에서는 드론을 이용한 택배를 추진하고 있다. 드론이 목적지에 도착하면 고객에게 알람과 문자메세지를 발송하고, 고객은 사전에 부여받은 비밀번호를 입력하여 상품을 수령하게 된다.

(3) 옴니채널 서비스

고객이 구매하려는 제품들을 오프라인 매장에서 직접 시연하여 체험하고 비교해본 후에, 온라인 매장에서 저렴하게 구매하려는 시장 환경에 대응하고자, 오프라인 매장에서 구매한 상품을 수령할 수 있는 서비스와 오프라인 매장에 가서 온라인 전용상품을 바로 구매하도록 하는 서비스를 도입하고 있다.

노드스트롬(Nordstrom) 백화점도 고객에게 온라인상에서 제품을 예약하고 오프라인인 점포에서 점검 비교 구입할 수 있도록 하는 Reserve Online and Try in Stores의 쇼핑방식을 채택하여, 전통적인 매장 중심 비즈니스에서 온라인의 전자상거래를 결합한 비즈니스로 전환을 위해서 각 매장들을 디지털화하고 서로 연결시키는 시스템 구축했다. 고객에게 모바일 앱을 제공하여 고객이 매장에 있는 상품을 스캔하고 온라인상에서 디자인, 색상과 사이즈 등을 비교 점검 후에 구매를 완결하는 방식을 도입했다. 온라인상에서 구매하고 매장에서 수령하는 방식 이상으로, 고객이 매장에서 전화로 다른 노드스트롬 백화점 매장이나 같은 수준의 매장에서 구매하거나 예약하여 착용해볼 수 있게 하였다. 국내에서는 고속배송이나 무료배송과 함께 고객이 지정한 오프라인 매장이나 편의점 무인택배함 등에서 상품을 받을 수 있는 픽업서비스가 증가하고 있다.

사례 5.3 월마트 점포 내에 온라인 구매자를 위한 자동 서비스 키오스크 (giant self-service Kiosk) 설치(CSCMP Supply Chain Smart Brief, 2017.07)

월마트에서 점포 내에서 온라인 주문품들을 처리하고 불출하여 고객이 찾아갈 수 있도록 대형 자동서비스 키오스크를 점포 내 입구에 설치하고 있다. 이 키오스크는 Pickup Tower라고 불리는 높이 16′, 폭 8′ 크기로 그림 5.13과 같은 대형 탑모양을 하고 있다. 온라인으로 구매요청한 고객이 구매서상에 있는 바코드를 키오스크의 바코드 리더에게 스캔하면 45초 이내에 기계의 문이 열리면서 주문품목들이 컨베이어벨트를 타고 나온다. 이 서비스 시스템은 기존의 점포 내에서 고객의 상품 선정과 구매의 흐름을 대폭 개선하며 신속하고 간편하게 하는 것이다. 이 기계 안에 수톤에 달하는 물품들을 보관하며 물품별 보관량에 따라 보관칸의 사이즈가 조정된다. 월마트는 온라인상에서 구매하고 점포 내에서 수령해 가는 구매자에게 새로운 할인정책을 실시하고 있다.

그림 5.13 자동 서비스 키오스크(giant self-service Kiosk)

(4) 콜드체인 배송의 증가

콜드체인은 온도나 습도 등 환경 조건에 민감한 과일·채소, 화훼, 수산물, 축산물 등 신선제품과 약품, 시약, 백신, 생물학제품 등 의약품을 공급할 수 있는 배송체계를 말한다. 식품·의약품 수배송 및 무역량의 증가와 냉장 보관·수배송 기술의 발전으로 신선도가 중요한 화물을 안전하게 운송할 수 있는 콜드체인 시장이 급성장하고 있다.

미국 시장조사기관 마켓앤마켓(Marketsandmarkets)에 따르면 세계 콜드체인 시장은

2017년 이후 매년 연평균 7% 성장하면서 2020년 2713억 달러 규모에 달할 것으로 전망하며, 특히 한국, 중국, 인도, 베트남 등 아시아 지역 국가를 중심으로 콜드체인 시장이 급성장할 것으로 예상된다. 중국의 콜드체인 물류시장의 규모는 최근 5년간 연평균 22.3% 성장하여, 2015년 1810억 위안(29조 8000억 원)으로 증가했는데. 현재 냉동냉장 창고나 냉장보온 차량 등 콜드체인 인프라가 부족해 신선제품의 20~30%가 유통과정에서 부패하여, 선진국의 신선제품 손실률 5~10% 수준에 비해 높은 편이다.

온도가 1도만 변해도 민감하게 반응하는 의약품의 콜드체인은 해외 네트워크가 잘 갖춰진 글로벌 특송업체들이 주도하고 있다. FedEx는 사물인터넷(IoT)을 기반으로 한 센서를 화물에 부착해 실시간으로 온도, 압력, 포장 상태, 현위치 등을 파악하고 온라인 배송추적, 온도조절, 통합 관리하는 의약품 물류 서비스를 제공하고 있다.

(5) 신선상품 배송

모바일 쇼핑이 대세로 떠오르면서 신선식품도 모바일로 구매하는 고객들이 늘고 있다. 신선식품의 특성상 유통기한이 짧고 보관과 배송이 쉽지 않은 데다 직접 눈으로 확인하고 구매해야 한다는 인식이 강해 신선식품은 전통적인 오프라인 시장·마트의 영역으로 여겨졌다. 그러나 물류 시스템이 발전하면서 이런 인식이 달라짐에 따라 온라인 상거래업체들도 신선식품 배송 경쟁에 뛰어들고 있다.

우리나라와 미국, 중국에서는 스마트폰 등 모바일로 신선하고 품질 좋은 음식재료와 식품과 생활용품 등을 구매하여 배송을 원하는 시간에 요청하는 고객의 수요가 증가하고 있다. 연회비를 내고 가입한 고객들이 주문하면, 같은 지역의 고객들을 모아 가장 가까운 곳에 있는 매장에서 유니폼을 입은 장보기 도우미를 배정하여 매장 내에서 고객들 사이로 다니면서 각 고객의 주문별로 신선식품과 생활용품을 직접 품질 좋은 것들로 골라 주문품을 포장하여 출하배송장에 보내면 배송기사들이 고객별 시간에 맞추어 배송해주는 시스템이 성장해 가고 있다.

또는 고객의 주문에 따라 도시 외곽에 있는 물류센터에서 신선한 상품들을 골라서 포장하여 지역별로 전문 배송업체를 통해 고객에게 보내는데, 모바일로 구매하는 고객들이 대부분 다른 종류의 상품들을 구매하기 때문에 신선상품과 다양한 상품들을 한꺼번에 신속하고 저렴하게 배송하는 경우에 좋다. 이 경우 스마트폰 등 모바일로 쇼핑하는 소비자들이 마트의 모바일 앱에 접속해서 무엇이든지 손쉽게 골라 구매할 수 있게 하고 최종결제까지 걸리는 과정을 매끄럽게 해서, 고객들의 앱 사용으로 쇼핑하는 즐거움을 경험하도록 향상시켜야 한다.

제8절 수송 서비스 선택

수송은 물류에 있어서 중요한 의사결정 부문이다. 비용면에서 볼 때 수송비는 구매비를 제외하고 물류비용에서 가장 높은 비중을 차지한다. 수송과 관련된 의사결정 문제는 여러 형태가 있지만 주로 수송수단선택, 차량경로선정, 차량일정계획, 혼재 등이다. 수송수단이나 수송 서비스의 선택에 있어서는 수송 서비스 비용, 평균수송시간(속도)과 수송시간의 변동성(신뢰성) 등이 가장 중요한 요인으로 판단되고 있다.

8.1 수송 서비스 비용의 상충분석

수송 서비스 비용 측면에서 수송수단이나 서비스를 선택하는 것은 특정 수송수단을 이용할 때의 재고비용과 수송비용을 서로 절충하여 이루어진다. 이것은 수송수단의 속도와 신뢰성이 화주와 구매인 사이에 수송중인 재고량뿐만 아니라 화주와 구매인이 보유하고 있는 재고수준(주문량, 주기재고 및 안전재고 모두)에 영향을 미치기 때문이다. 속도가 느리고 신뢰성이 낮은 서비스를 선택하게 되면 수송중 재고와 보유 재고는 더욱 더 늘어나게 된다. 재고비용은 수송 서비스의 비용과 상충관계가 있다. 여러 운송수단이 있을 때 고객서비스 수준도 만족하면서, 총비용이 가장 적게 드는 운송 수단을 선택해야 할 것이다.

연간수송비용은 다음과 같다.

$$단위당\ 수송운임 \times 총\ 수송량 = R \times D$$

연간재고비용은 다음 세 가지를 고려한다. [단위재고유지비용 = 단위당 비용 (C) × 연간재고유지비율 (I)]

1. 연간 수송중인 재고비: 수송중인 재고량 × 단위재고유지비용
   = 일간수요량 ×수송기간 × 단위재고유지비용
   = $(D\ /\ 365) \times T \times (C \times I) = C \cdot I \cdot D \cdot T/365$
2. 연간 출발지 재고비: 평균 출발지 재고량 × 단위재고유지비용
   = (1회 선적량/2) × 단위재고유지비용
   = $Q/2 \times (C \times I) = I \cdot C \cdot Q/2$
3. 연간 목적지 재고비: 평균 목적지 재고량 × 단위재고유지비용
   = (1회 입하량/2) × 목적지에서의 재고유지비용
   = $Q/2 \times ((C+R) \times I) = I \cdot (C+R) \cdot Q/2$

예제 5.1

광주의 GL사는 가전제품을 생산한다. 전형적인 유통계획은 생산지에 위치한 창고에 제품을 비축하고, 일반운송업자를 이용하여 수도권에 있는 물류센터로 운송하는 것이다. 현재 철도로 현재 공장과 수도권에 위치한 물류센터 간에 화물을 수송하고 있다. 철도 수송의 평균수송시간(T)은 7일이다. 각 재고지점에서 단위당 50만 원(C) 하는 제품을 30,000단위로 선적하여 출하하고 있다. 연간 재고유지비율(I)은 20%이다.

회사는 총비용이 최소가 되는 수송수단을 선택하기를 원한다. 현재 7일인 수송시간이 1일 감소하면 평균 재고수준은 2% 감소되는 것으로 추정된다. 광주 창고에서 1년간 출하되는 제품량(D)은 300,000단위이다. 그리고 회사가 이용할 수 있는 수송 서비스는 다음과 같다. 구매비용과 수송시간의 신뢰도는 고려하지 않는다.

수송 서비스	운임 (R, 천 원/단위)	수송기간 (T, 일)	연간 운송빈도
철도 수송	2	7	10
자가트럭	5	3	20
고속택배	7	2	30

어떤 수송수단을 선택하느냐에 따라 제품을 수송하는데 걸리는 기간이 달라진다. 연간수요량(D)는 수송기간 T일 동안 수송 경로상에 있게 된다. 이러한 경로로 제품을 수송하는데 소요되는 연간수송 중인 재고비용은 연간수송 중 재고량(D/365×T)×단위재고유지비(C×I)로 계산되므로 D · T · C ·I/365가 된다.

1회 선적량을 Q라 할 때 유통경로의 양쪽에 있는 공장과 물류센터의 평균 재고량은 약 Q/2가 될 것이다. 단위당 재고유지비(holding cost)는 I×C이며, 제품의 단위당 가치 C는 제품이 유통경로의 어디에 있느냐에 따라 달라진다. 예를 들면 공장에서 C의 가치는 제품가격이지만, 물류센터에서의 가치는 제품가격과 운임을 더한 값이 된다.

총 연간수송비는 단위당 운임에 총수요를 곱한 R×D가 된다. 각 수송수단에 대한 이러한 네 가지 비용은 표 5.4에 나타나 있다. 수송요율은 철도 수송이 가장 낮고, 재고비용은 수송소요시간이 가장 짧은 고속택배가 가장 낮으나, 총 수송비용은 자가트럭을 이용할 때가 가장 낮다. 자가트럭을 이용할 때 수송시간은 4일로 줄일 수 있고, 공장과 물류센터의 재고수준은 46% 수준으로 줄일 수 있다.

표 5.4 GL사의 수송수단 평가

연간비용	계산방식	철도 수송	자가트럭	고속택배	비고
수송비	R×D	2×300,000 = 600,000	5×300,000 = 1,500,000	7×300,000 = 2,100,000	단위: 천 원
수송중 재고유지비	I×C× (D/365) ×T	0.2×500× (300,000/365)×7 = 575,342.5	0.2×500× (300,000/365)×3 = 246,575.3	0.2×500× (300,000/365)×2 = 164,383.6	

표 5.4 GL사의 수송수단 평가(계속)

연간비용	계산방식	철도 수송	자가트럭	고속택배	비고
공장창고 재고유지비	I×C×Q/2	0.2×500×30,000/2 = 1,500,000	0.2×500×(15,000/2)×(1−0.02×(7−3)) = 690,000	0.2×500×(10,000/2)×(1−0.02×(7−2)) = 450,000	
물류센터 재고유지비	I×(C+R)×Q/2	0.2×(500+2)×30,000/2 = 1,506,000	0.2×(500+5)×(15,000/2)×(1−0.02*(7−3)) = 696,900	0.2×(500+7)×(10,000/2)×(1−0.02×(7−2)) = 456,300	
총비용		4,181,342.5	3,133,475.3	3,170,683.6	
선정			최적수송수단		

8.2 수송 서비스에 의한 경쟁우위

수송수단 선택 시 총비용의 최소화가 아니라 경쟁력을 확보할 목적으로 비용을 고려하지 않고 운송수단을 선택하는 경우가 있다. 구매자가 한 명 이상의 공급자로부터 제품을 구입할 수 있을 때 구매자에 대한 물류 서비스는 제품의 가격과 함께 구매자가 공급자를 선택하는데 상당한 영향을 미칠 수 있다. 또 공급자도 제품을 공급하기 위해서 수송수단을 선택할 때 구매자의 수송 서비스 요구를 만족시켜야 할 것이다. 수송시간이 짧고 수송시간의 신뢰성이 높은 수송 서비스는 구매자가 재고수준을 낮게 유지하고 제반 운영을 안정적으로 수행할 수 있게 한다. 따라서 구매자는 공급자에게 소량단위로 물품을 다빈도로 공급할 것을 요구할 수 있다. 이때 구매자는 수송 서비스 비용 절감보다 적합한 수송 서비스를 제공하는 공급자에게 구매의 비율을 늘리게 된다.

제9절 수배송 계획 수립

수송비용은 총 물류비용의 가장 많은 부분을 차지하기 때문에 수송의 효율성을 높이는 것이 주된 관심사가 되고 있다. 수송비용을 줄이고 고객 서비스를 개선하기 위하여 도로, 철도, 수로나 항공 수송 등에서 시간, 비용과 거리를 최소화할 수 있는 최상의 수송경로를 찾는 것이 수송문제에 있어서 자주 접하는 의사결정이다. 이는 환경보호와 에너지 절감을 통한 지속경영을 위하여서도 최소 비용의 수배송 경로를 찾는 것은 중요한 문제가 되고 있다.

실제로 수송문제는 아주 복잡하지만 몇 가지 기본유형으로 나눌 수 있다.

- 수송계획문제(Transportation Planning Problem): 다수의 출발지와 다수의 목적지를 가진 수송망에서 최소 수송비용으로 출발지 공급조건과 목적지 수요조건을 만족하는 경로를 찾는 문제
- 배송계획문제: 물류센터를 떠나 다수의 고객들을 서비스하고 같은 물류센터로 돌아오는 경로를 찾는 문제. 외판원문제(Traveling Salesman Problem: TSP), 차량경로문제(Vehicle Routing Problem: VRP), 차량경로일정문제(Vehicle Routing & Scheduling Problem: VRSP)
- 최단경로문제(Shortest Path Problem): 출발지와 목적지가 다른 수송망에서 최단의 수송경로를 찾는 문제.

9.1 수송계획문제

다수의 공급지에서 다수의 수요지로 수송하는 수송계획문제는 이들 공급지와 수요지 사이의 최소 수송비용의 수송계획을 찾는 것으로, 각 공급지에 수요지를 할당하는 것이 된다. 이러한 문제는 제품을 복수의 공장이나 창고에서 복수의 수요자에게 제공할 때 흔히 발생한다. 각 수요자는 받아야 할 수요량을 가지고 있으며 공급지의 공급량도 제한되어 있고, 각 공급지와 수요지 간의 단위수송비용이 주어지는 문제이다. 이러한 수송계획문제는 선형계획법에 속하며 경영과학의 수송계획법(transportation method)을 적용해서 쉽게 풀 수 있다. 참고로 엑셀 스프레드시트와 해찾기를 이용하여 공급지와 수요지가 각각 100개 정도 되는 수송계획문제까지를 풀 수 있다.

예제 5.2

4군데 공장으로부터 3개 유통센터(DC)로 제품을 수송하여 공급하고자 하는데, 공장과 유통센터 간 톤당 운임과 공급량 및 수요량은 아래 표 5.5와 같다. 운임(만 원)은 각 공급지와 수요지 사이의 가장 짧은 경로를 대상으로 산출한 것이며, 공급과 수요량은 톤으로 나타난다. 각 공급지의 생산량을 초과하여 공급할 수 없으며, 수요지의 수요량은 충족되어야 한다.

표 5.5 수송계획 예제의 수송 네트워크

공장/DC	DC1	DC2	DC3	생산량(si)
공장 1	35	50	30	100
공장 2	70	25	40	100
공장 3	40	15	60	180
공장 4	25	30	50	70
수요량(d_j)	120	100	170	

EXCEL의 스프레드시트(Spread sheet)의 해 찾기를 이용한 수송선형계획법으로 최적수송계획을 구할 수 있다. 엑셀 스프레드시트에 수송선형계획모형을 다음 표 5.5의 표와 같이 입력하고 해찾기를 실행하면 최적해가 나온다.

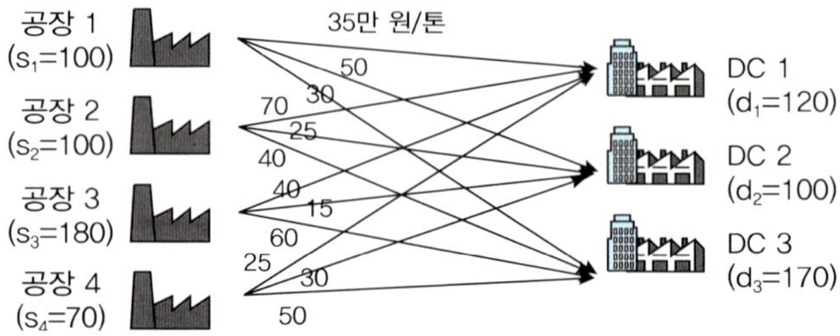

그림 5.14 공장과 유통센터 간의 네트워크

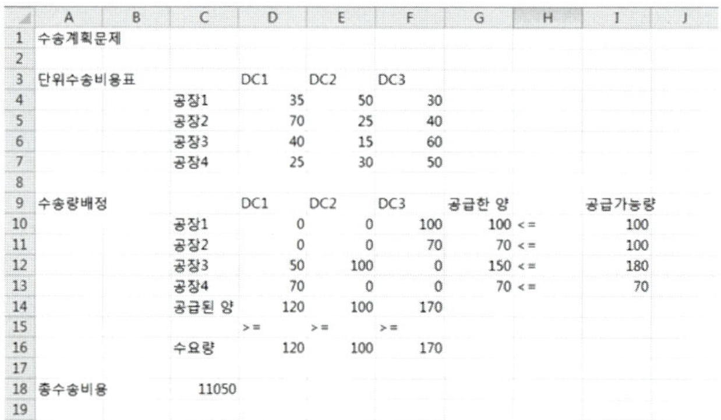

	A	B	C	D	E	F	G	H	I	J
1	수송계획문제									
2										
3	단위수송비용표			DC1	DC2	DC3				
4			공장1	35	50	30				
5			공장2	70	25	40				
6			공장3	40	15	60				
7			공장4	25	30	50				
8										
9	수송량배정			DC1	DC2	DC3	공급한 양		공급가능량	
10			공장1	0	0	100	100	<=	100	
11			공장2	0	0	70	70	<=	100	
12			공장3	50	100	0	150	<=	180	
13			공장4	70	0	0	70	<=	70	
14			공급된 양	120	100	170				
15				>=	>=	>=				
16			수요량	120	100	170				
17										
18	총수송비용		11050							
19										

그림 5.15 수송계획의 EXCEL 스프레드시트 입력과 출력

먼저 기본 데이터인 각 공장과 각 유통센터 간의 수송비용과 각 공장의 공급 가능량과 각 유통센터의 수요량을 입력해야 하는데, 수송비용은 D4:F7, 공급 가능량은 I10:I14, 수요요구량은 D16:F16에 입력한다. 그리고 최적해로 나오는 수송 배정량은 D10:F13에 출력되도록 칸을 배정한다.

각 공장이 공급한 양은 G10 = SUM(D10:F10), G11 = SUM(D11:F11), G12 = SUM(D12,F12), G13 = SUM(D13,F13)으로 입력하여 계산하게 한다. 각 DC 3개소에 공급된 양은 D14 = SUM(D10:D13), E14 = SUM(E10:E13), F14 = SUM(F10:F13)으로 입력하여 계산하게 한다. 총 수송비용은 C18 = SUMPRODUCT(D4:F7,D10:F13)으로 입력하여 계산하게 한다.

다음으로 해찾기 실행을 위하여 목표 셀로는 C18로, 최솟값으로 지정하고, 계산된 최적수송량이 배정되는 변수 셀 변경(B)에는 D10:F13을 지정한다. 제한조건에 종속(U)에는 공급량 제한조건으로 G10:G13 <= I10:I13을, 수요량 제한조건으로 D14:F14 >= D16:F16을 입력한다. 옵션으로는 선형모형이고, 음수가 아님을 가정하는 것을 체크한다. 그 후에 이 엑셀 스프레드시트 표의 해 찾기를 실행하면 된다.

최적해로 총비용 = 11,050만 원이며, 수송세부계획으로는,

공장 1로부터 DC 3으로 100톤,
공장 2로부터 DC 3으로 70톤,
공장 3로부터 DC 1로 50톤,
공장 3로부터 DC 2로 100톤,
공장 4로부터 DC 1로 70톤, 합계 390톤을 수송하는 계획을 얻는다.

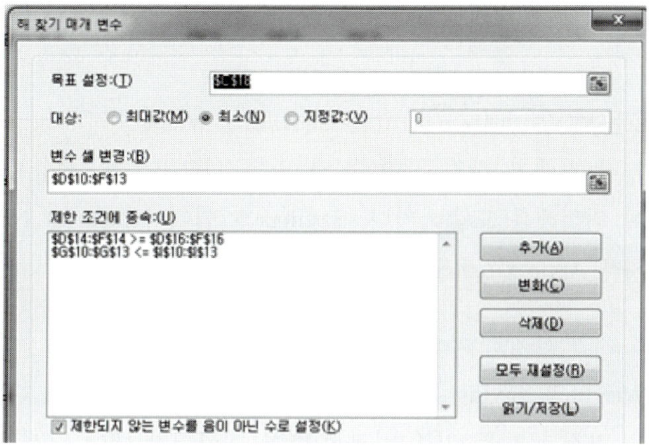

그림 5.16 수송계획의 EXCEL 스프레드시트에 의한 해찾기

9.2 배송계획문제

배송계획문제에서는 복수의 차량들이 물류센터를 출발하여 배송 서비스를 해야 하는 각 거래처들을 한 번씩 방문하여 물품들을 배달하고 경유하여 다시 물류센터로 돌아오는 최소의 비용(시간, 거리)의 차량배송경로를 찾는 문제이다. 물류센터나 창고에서 소매점 같은 거래처로 배송하는 경우의 차량경로를 구하거나, 소매점에서 고객으로 배달하는 트럭 배차 계획 등이 그 예이다.

이러한 문제의 해결방법으로 많은 해법들이 제시되었는데, 경유지가 많은 실제적인 문제의 최적경로를 찾는 경우 최적화 해법은 계산속도가 가장 빠른 컴퓨터를 이용하더라도 계산시간이 너무 오래 걸린다. 이러한 방법의 대안으로서 휴리스틱 기법이 이용될 수 있다. 배송계획문제는 세 가지 유형의 문제로 대분류하여 볼 수 있다.

- 외판원문제(Traveling Salesman Problem: TSP) : 1대의 차량이나 1명의 외판원이 모든 거래처를 한 번씩만 방문하여 서비스하고 다시 물류센터로 돌아오는 최소비용의 운행경로를 찾는 문제이다.
- 차량경로문제(Vehicle Routing Problem: VRP) : 복수의 차량들이 차량의 적재능력 이내의 물품을 싣고 물류센터를 출발하여 배송 서비스를 해야 하는 각 거래처들을 한

번만 중복 없이 방문하여 물품들을 배달하고 경유하여 다시 물류센터로 돌아오는 최소의 비용(시간, 거리)의 차량배송경로를 찾는 문제이다.

- 차량경로일정문제(Vehicle Routing & Scheduling Problem: VRSP) : 차량경로문제에 거래처의 방문 희망 시간대가 추가로 고려되는 차량의 배송경로 문제이다.

본서에서는 차량경로문제를 중심으로 배송계획문제를 다루도록 한다.

(1) 차량경로문제(Vehicle Routing Problem: VRP)

물류센터와 각 거래처 간의 거리, 시간 또는 수송비용을 구할 수 있는 경우 수리적 방법을 고려하여 최적해를 도출하거나, Savings 기법이나 Nearest Neighbor Heuristic 등을 이용하여 근사해(Approximate Optimal Solution)를 구한다.

(가) Saving 기법(Saving Algorithim)

Clarke와 Wright의 Saving 기법은 광범위한 실제 제약조건을 다룰 수 있고, 적절한 수의 방문지점을 가진 문제를 위해 비교적 빠른 계산시간 내에 근사 최적해를 찾을 수 있어 1960년대 이후로 주목을 받아왔다. 차량경로와 방문지점의 순서를 동시에 결정할 수 있기 때문에 Saving 기법으로 많은 실제적인 제약조건을 가진 차량경로문제를 풀 수가 있다.

Saving 기법의 목적은 모든 방문처를 경유해야 하는 차량수를 최소로 하면서 동시에 차량의 총 수송거리나 수송거리, 수송비용을 최소화하는 것이다. 이 Saving 기법의 기본 개념은 두 군데의 방문지점들을 2대의 차량으로 각각 배송 서비스하는 것보다 서로 묶어서 하나의 경로로 만들어서 배송 서비스하면, 차량의 수를 줄일 수 있을 뿐만 아니라 배송거리도 줄어들어 절약(Saving)된다. 그래서 모든 방문지점들 간의 절약(Saving)을 계산하여 가장 큰 절약을 주는 두 방문지점들부터 연결하면서 차량의 적재용량 범위 내에서 각 방문지점들의 수요량이 서비스될 수 있는 경로들을 만들어 나가면 된다.

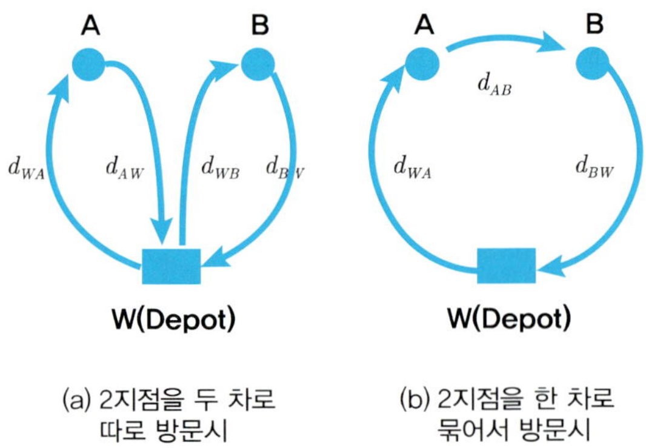

그림 5.17 Saving 기법 시 절약거리

물류센터 W를 출발하여 방문지점 A와 B 2지점을 함께 묶어서 배송하면, 절약되는 배송거리(S_{AB})는 다음과 같다.

$$S_{AB} = (d_{WA} + d_{AW} + d_{WB} + d_{BW}) - (d_{WA} + d_{AB} + d_{BW})$$
$$= d_{AW} + d_{WB} - d_{AB}$$

차량의 적재용량을 초과하거나 방문 시간대를 맞출 수 없으면, 그 다음으로 큰 절약값을 가진 방문지점 쌍을 선택하여 형성 중인 경로들에 연결한다. 이러한 방식으로 반복하여서 모든 방문지점들이 경로들에 한 번씩 다 포함되었으면, 이 경로의 앞뒤에 물류센터 W를 연결하여 배송경로가 형성된다.

Saving 기법은 현실적으로 중요한 많은 제약조건들인 경로별 최대운행시간, 차량의 적재용량, 거래처의 요청 방문시간대 등을 고려할 수 있고, 문제의 복잡성을 감안할 때 현실적으로 좋은 해를 얻을 수 있다.

예제 5.3

물류센터에서 거래처 6개소의 수요량을 배송하고 물류센터로 돌아오는 배송문제가 표 5.6에 나타나 있다. 각 지점 간의 통행시간은 일상적으로 운행하는 경로의 거리와 예상되는 트럭의 운행속도로 구하였다. 이때 양방향의 통행거리가 동일하다고 가정한다. 따라서 문제는 대칭적인 문제가 된다. 각 차량의 적재용량은 15톤으로 보유하고 있다. 최소의 소요 차량수와 차량별 운행경로를 구해보자. (거리 단위: km)

표 5.6 물류센터와 거래처 간 운행거리

출발/도착	DC	A	B	C	D	E
DC	0	30	22	20	19	35
A	30	0	18	19	35	52
B	22	18	0	7	21	38
C	20	19	7	0	24	41
D	19	35	21	24	0	15
E	35	52	38	41	15	0
수요량		5톤	4톤	7톤	3톤	6톤

절약을 계산하면 다음 표와 같다.

표 5.7 물류센터와 거래처 간 운행거리에 대한 절약거리

출발/도착	DC	A	B	C	D	E
DC	–	–	–	–	–	–
A	–	–	34	31	14	13
B	–	34	–	35	20	19
C	–	31	35	–	15	14
D	–	14	20	15	–	39
E	–	13	19	14	39	–
수요량		5톤	4톤	7톤	3톤	6톤

절약 리스트를 절약 크기의 내림차순으로 정리하고, 큰 절약의 방문지점쌍(호, Arc)부터 선택하여서 각 차량의 적재용량 15톤 이내의 수요량만 적재할 수 있는 것을 고려하여 연결하면, 다음 표와 같은 해(2대, 총배송거리 154km)를 구할 수 있다.

표 5.8 차량대수와 차량별 배송경로

경로번호	경로별 코스	적재소요량(톤)	배송거리(Km)
1	W–A–D–E–W	14(=5+3+6)	105(=30+35+15+35)
2	W–B–C–W	11(=4+7)	49(=22+7+20)

2지점 간에 운행방향 관계없이 거리가 같은 무방향 네트워크에서는 각 지점 간 거리행렬이 대칭행렬이므로 상삼각행렬에 대해서만 절약값을 구하여 절약값이 큰 지점들부터 선택하여 방향에 관계없이 경로를 연결해 나가면 된다. 단, 2지점 간에 운행방향에 따라 거리가 다른 양방향 네트워크에서는 각 지점 간 거리행렬이 비대칭행렬이므로 상하삼각행렬 모두에 대해서 절약값을 구하고 절약값이 큰 지점들부터 선택하여 운행방향과 차량 적재용량이 넘지 않도록 하는 제약조건을 고려하여 경로를 연결해 나가야 한다. 예제 5.3에서 Saving 기법으로 구한 최종해는 차량의 적재용량이 15톤인 경우, 차량 1의 운행경로는 W-A-D-E-W로 14톤을 105km 운행하고, 차량 2의 운행경로는 W-B-C-W로 11톤을 49km 운행하여 공급한다.

(나) Sweep 기법(Sweep Heuristics)

지도상에 표기된 배송지점들을 배송 서비스하는 차량의 배송계획을 세우는 경우의 운행경로를 탐색하는 경우, 지도상에서 차량경로문제를 해결하기 위해서 만들어진 'Sweep 기법'을 사용할 수 있다. 큰 문제의 경우에 약 10퍼센트 내외의 오류 수준으로 근사해를 찾을 수 있다. 배차 전문원이 짧은 시간 내에 차량운행경로를 결정해야 할 경우에는 이 방법이 적합할 것이다.

Sweep 기법

1단계: 물류센터에서 동서남북 중 한 방향으로 선을 긋거나, 소요량이 아주 큰 거래처(경유지)로 선을 긋는다. 적재용량이 큰 차량부터 배정한다.

2단계: 시계방향이나 반대방향으로 직선을 움직이면서, 만나는 거래처(경유지)를 찾는다.

3단계: 거래처의 소요량이 현재 배정하는 차량의 경로에 포함시킬 수 있는지 검토한다. 거래처(경유지)의 소요량이 현재 배정 중인 차량의 남은 서비스 용량보다 적으면, 현재 차량의 경로에 포함시킨다. 그러나 소요량이 남은 서비스 용량보다 크면 현재 차량의 경로에 포함 시키지 않는다. 현재 배정 중인 차량은 남은 용량으로 주변의 거래처를 더 이상 배송 서비스할 수 없으면 물류센터로 돌아오는 것으로 차량의 경로를 만든다.

4단계: 모든 거래처를 배송 서비스할 때까지 다음 차량을 배정하고, 앞 차량의 마지막 경유지 주변의 거래처를 찾고, 3단계로 간다.

예제 5.4

신성운송회사는 지역물류센터에서 트럭을 이용하여 고객들의 소화물을 집하하여 장거리 운송을 한다. 이 회사는 10톤을 운송할 수 있는 트럭들을 이용하여 당일에 운송을 마친다. 가능한 최소의 트럭으로 전체 고객사를 한 번씩 방문하여 서비스하고 거쳐 가는 차량별 경로들을 찾아야 한다.

동쪽을 기준으로 하여서 시계 반대방향으로 Sweep을 시작하여 30톤의 화물을 다 운송할 때까지 10톤 트럭 3대로 고객사들을 서비스하는 경로 설계를 그림 5.18의 오른쪽 그림과 같이 할 수 있다.

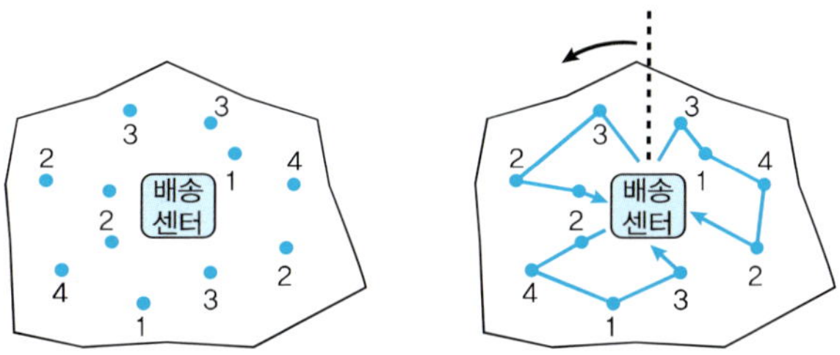

그림 5.18 Sweeping 기법에 의한 차량 배송 계획

그리고 지도상에 거래처들이 좌표점으로 표시되는 경우, 현실적인 규모의 차량경로문제에서 차량의 적재용량 내에 배송 서비스를 위해 방문하는 경로들은, 첫째, 하나의 경로 내에서 꼬이지 않고 다른 차량의 경로와 서로 교차하지 않도록 그 순서를 정하는 것이 좋고, 둘째로, 이때 경로의 형태는 보통 볼록하거나 눈물 모양(tear drop)의 형태가 되도록 한다. 이 두 가지 원칙에 근거하여 분석하는 많은 계산시간을 필요로 하는 경로계획 문제를 빠르고 근사해를 구하는 것으로 해결할 수 있다.

(2) 외판원문제(Traveling Salesman Problem: TSP)

차량경로문제의 기본모형인 외판원문제는 차량경로문제에서 운행하는 차량의 적재용량이 무제한이어서 한 대의 차량으로 또는 외판원 혼자서 방문지점들을 다 서비스하는 모형으로 최적해법과 최적근사해법들이 많이 연구되어 왔다. 이 문제 또한 Saving 기법을 사용하여 최적근사해를 구할 수 있다. 예제 5.3에서 차량의 적재용량이 무한이거나 고려할 필요가 없는 경우의 외판원문제(TSP)를 풀면, 표 5.7과 같은 절약값을 구하여 크기의 W-A-B-내림차순으로 나열하고, 큰 절약값의 호(Arc)부터 연결하면, 1대 차량의 운행경로는 W-A-B-C-D-E-W이고, 총운행거리는 129Km이다.

(3) 운행경로와 일정계획 문제(Vehicle Routing & Scheduling Problem: VRSP)

차량의 운행경로와 일정계획 문제는 제약조건들이 추가되면서 문제해결이 어렵게 된다. 방문시간대, 무게와 용적이 다른 차량들, 최대허용 운전시간의 제약, 구간별 다른 운행속도, 통행장애(호수, 우회도로, 산), 운전자의 휴식시간 등은 경로설계에서 요구되는 실제적인 고려사항들이다. 거래처(경유지)가 많은 큰 문제에서는 선배정 후경로(Cluster First, Route Second) 방법으로 먼저 서비스할 전 지역을 총 소요량, 도로, 행정 단위 등의 특성을 고려하여 구역으로 나누고(Cluster First), 그 다음에 각 구역별로 Sweep 기법이나 Saving 기법으로 각 차량별 경로를 정하는 것(Route Second)이 효율적이다.

1 수송수단선정 방법에서 중요한 조건 다섯 가지에 대해 서술하시오.

2 철도 수송이 트럭 수송에 비하여 왜 경쟁력이 떨어져 왔는지에 대해 서술하고, 철도 수송의 경쟁력 향상을 위해 어떤 노력이 필요한지 서술하시오.

3 현대 물류시장에서 트럭에 요구되는 기능들을 수송, 하역, 포장, 보관, 정보 측면에서 서술하시오.

4 해운 수송은 수송화물의 표준화된 컨테이너화로 인해 장거리 수송에 용이해졌으며 특히 국제무역에서 큰 비중을 차지하게 되었다. 이에 대해 어떤 장점이 있는지 간략히 소개하시오.

5 항공물류의 장점 중 신속성에 따른 효과 세 가지를 서술하시오.

6 단일화물시스템에서 가장 많이 쓰이는 방안 두 가지를 쓰고, 각 방안의 단점에 대해 서술하시오.

7 오늘날 택배물량이 매년 급증하고 있음에 따라 기업은 효율적인 배송을 위해 물류센터를 설치한다. 물류센터 설치에 따른 이점 네 가지를 서술하시오.

8 예제 5.1에서는 가전제품을 위한 최적의 운송 수단을 살펴보았다. GL사에서 신제품을 개발하여 기존 가전제품 대신 수도권 물류센터로 보내려고 한다. 신제품의 구매가격은 100만 원이며 연간 400,000개를 출하하려고 한다. 또한 이 제품의 연간 재고 유지비율은 15%이다. 이때 최적의 운송수단을 찾아라. (각 운송비용 정보는 동일함)

9 택배기사는 출발지로부터 세 곳 A, B, C를 방문하여 물건을 배송하고 출발지로 돌아와야 한다. 출발지로부터 각 방문지까지의 이동시간 및 방문지 사이의 이동시간은 주어진 그림의 호 위에 나타나 있다. 택배기사는 방문지의 방문 순서를 탐욕알고리즘을 기반으로 결정할 것이다. 택배기사가 출발지로부터 모든 방문지를 방문한 후 출발지로 돌아왔을 때의 총 이동거리와 방문순서를 구하시오.

[힌트] 외판원문제(Traveling Salesman Problem)를 해결하기 위한 발견적 해법(Heuristic) 중에서 절약기법(Saving Algorithm)이나 아래의 탐욕알고리즘(Greedy Algorithm)을 이용해보시오.

- 위치한 곳으로부터 거리가 가장 작은 방문하지 않은 방문지를 선택한다.
- 이동한 곳까지 거리의 합을 구한다.
- 모든 방문지를 방문하고 시작점으로 돌아오면 알고리즘을 종료한다.

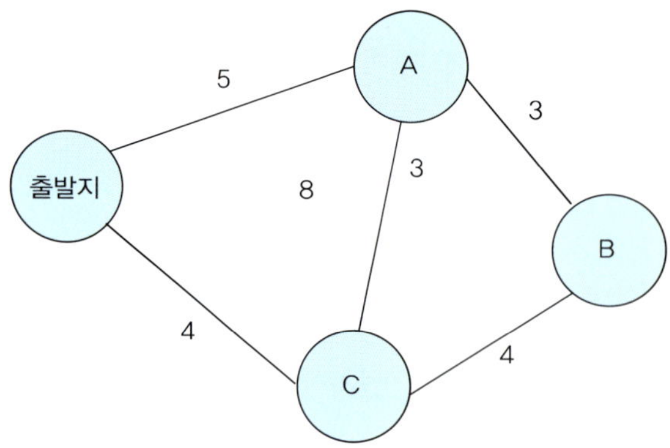

제 6 장

구매관리

제1절 구매관리 개요

제2절 공급업체 선정과 관리

제3절 조달 주기

제4절 조달일정계획

제5절 구매주문량과 시기 결정

보잉 및 에어버스는 공급업체들의 생산과 공급지연으로 항공기 납품 인도에 큰 차질을 겪고 있다 (Supply chain woes leave Boeing, Airbus struggling to deliver)

공급망에서 발생하는 많은 위험을 줄이고 유연하고 신속한 물류의 흐름을 확보하기 위해 공급망의 가시성을 높이고 파트너사 간의 협업 수준을 높여야 한다. 그러나 강하고 안정적이고 생산성 높은 공급망을 유지하기 위해서는 파트너사들을 위한 공급망 가시성을 또한 확보하여야 한다. 그래야 전체 공급망에서 저가격에 수요변동에 따른 변환생산이 유연하게 확보될 수 있다. 다음은 수요가 급증할 때 발생한 사례이다.

세계적 비행기 제조사인 보잉(Boeing)과 에어버스(Airbus)는 최근 민간 항공기 수요의 급증에 따라 2020년에 총 1,830여객기를 고객에게 인도할 예정이라고 밝혔는데 이는 2013년 생산량과 비교했을 때 45% 증가한 것이다. 각 부품 협력업체는 급작스럽게 증가하는 물량을 맞추지 못하였고 이에 따라 보잉 및 에어버스의 올해 목표 생산량을 달성이 힘들 거라는 전망이 나오고 있다. 에어버스 같은 경우는 고객 항공사에 항공기를 정해진 납품기한에 맞추지 못하고 계속해서 공급이 지연되고 있으며, 이는 항공권 예약 취소로 이어지고 있다. 그뿐만 아니라 연료 효율이 나쁜 낙후된 비행기로 대체하고 있다. 보잉 같은 경우는 아직 대량 납품 지연이 발생하지 않았지만, 협력업체로부터 비행기 주요 부품인 엔진, 날개 및 기체 공급이 지연됨에 따라 제품 생산에 차질이 생기고 있다. 이에 대한 대책으로 보잉은 협력업체뿐만 아니라 협력업체의 공급사 생산 능략을 향상시키기 위해 투자를 아끼지 않고 있으며, 에어버스 같은 경우는 몇몇 협력업체의 생산량을 줄이는 것을 검토 중이라고 알려졌다.

보잉과 에어버스 공급 지연 사태에서 보았듯이 구매관리나 공급망 책임자는 공급망의 현재 파트너사들뿐 아니라 파트너사들의 공급망 협력업체들까지 평소에 강한 유대관계를 유지하고 있으며, 가능한 한 속속들이 머리끝에서 발끝까지 생산능력, 품질 수준뿐 아니라 재정상의 안정 상태와 생산과 운영의 안정성까지 파악하고 있어야 한다. 또한 새로운 파트너사가 될 수 있는 업체들과 그 협력업체들까지도 파악하고, 현재 파트너사에서 일어날 수 있는 위기의 사태에 대비하고 있어야 한다.

▶저자 Gary Wollenhaupt

▶출처 Supply Chain Dive: Supply Chain News and Analysis

▶링크 https://www.supplychaindive.com/news/supply-chain-woes-leave-boeing-airbus-struggling-to-deliver/527949/

제1절 구매관리 개요

공급 경로(Supply Channel)상의 구매, 수송, 생산, 마케팅 등 물적 공급(Physical Supply)과 관련된 모든 다른 활동 간의 끊임없이 원활한 흐름은 매우 중요하다. 부품이나 자재 등의 구매나 조달 활동은 제품의 생산과 공급계획 및 수송과 잘 연결되어 원활한 흐름이 이루어지도록 하여야 하며, 관련된 수송, 재고, 생산 등의 비용 절감과 시간의 단축 등으로 향상된 고객 서비스와 효과적인 물류 공급을 할 수 있게 된다.

구매와 조달은 공급업체로부터 부품, 원자재, 제품, 서비스 또는 필요 자원을 획득하는 업무 프로세스를 말한다. 공급업체로부터 구매자 사이에 재화와 서비스의 흐름이 조화를 이루도록 구매와 배송처에 운송할 제품의 양을 결정하고, 언제 어떤 방법으로 운송할지 결정하는 것은 공급망 관리(SCM, Supply Chain Management)에 있어 중요한 의사결정 영역의 하나로, 일반적인 기업 관점에서 보면 구매와 조달 비용이 판매액의 40~60% 정도를 차지하며 수익성에 큰 영향을 주고 있다.

구매와 조달 관련 의사결정들은 공급경로에서 상품과 서비스의 흐름에 영향을 주며, 제품의 경쟁력에 직접 영향을 주게 된다. 삼성전자의 휴대폰 제조의 경우 부품제조와 소프트웨어 개발 공급업체들이 600여 사에 달하며, 휴대폰 원가, 품질, 납기 및 고객가치 등이 이들 협력업체에 의해 크게 좌우되고, 제품 경쟁력의 많은 부분이 조달과 공급망 관리에서 나오고 있다.

1.1 조달 및 공급관리의 중요성

구매(Purchasing)가 조직이 필요로 하는 모든 자재를 실제로 사는 기능과 과정을 포함한다면, 조달(Procurement)은 공급망 사이에 존재하는 조직 간 연결 관계를 형성하고 공급자와 고객 사이서의 재화 흐름을 조화롭게 조정하는 기능을 가지고 있다. 조달은 필요 재화의 확보, 주문인도시간, 수량, 제품의 품질, 가격과 수익성, 고객 서비스 등과 직접적인 관련성이 있다.

1980년 이후 자원의 안정적 확보가 기업과 조직의 경쟁력과 생산성에 중대한 영향을 주면서 구매의 중요성이 주목받고, 도요타와 DELL 같은 Lean 생산공급업체에 의해 공급업체와의 협력관계가 기업의 경쟁력에 절대적인 영향을 미치는 것을 인지하면서 조달부서의 중요성이 점차 강조되고 있다. 또 21세기에 와서 Apple 같은 많은 첨단 기업이 자신의 핵심역량에 치중하고 상당 부분을 아웃소싱(외주 조달, Outsourcing)하면서 구매와 조달이 전략적으로 중요하게 되었다. 공급업체들과의 협력과 연계성의 강화로 원가절감이 가능할 뿐만 아니라 기업들과 고객과 사회적 가치 창출로 기업의 경쟁력을 도모하는 공급망 관리와 연계되어 발전되고 있다.

구매는 구매 부품, 구성품, 공급이 일반적으로 최종 제품 판매가치의 40~60%를 나타내기 때문에 구매와 조달시의 적은 가격조정과 비용 절감이 판매 등 다른 부서조직의 비용 절감 노력보다 더 큰 이익을 내는 지렛대 효과가 있다. 구매 및 조달 가격을 절감하는 것은 회사의 자산을 더 낮추고 자산 수익률을 증가하고 재무 건전성을 높여준다.

구매와 조달 프로세스상에서의 변천 경향은 다음과 같다. 첫째, 아웃소싱과 공급망 관리의 중요성이 증대되어감에 따라 역할이 더욱 확대되고 고도화 및 정보화되고 있다. 둘째, e-Procurement 등 자동구매 정보 시스템의 도입 확산으로 서류작업들이 대체되고 있다. 셋째, 공급업체와 기술 및 연구개발을 공유하거나 이전하고 있다. 넷째, 외부 전문업체에 아웃소싱의 증대로 구매 관련 업무들이 고도화되고 있다. 다섯째, 공급업체와의 관계가 전략적 협력관계와 글로벌화로 발전 확대되고 있다.

1.2 조달 및 공급관리 기능의 목적

핵심 기능은 부품, 원자재와 서비스를 적합한 시간, 가격, 위치, 품질, 수량으로 확보하여 생산, 운영, 유통 및 서비스를 지원하는 것이다.

(1) 주요 목적: 고객 즉 사용자와 회사가 믿을 수 있는 원자재와 부품의 구매, 조달과 확보

(2) 보조적 목적: 조달관리를 통한 경쟁력 향상방안 지속 강구

- 적합한 공급업체 개발과 평가와 선정
- 전반적인 자재와 물류 관리: 원활한 자재 및 서비스 제공을 책임 관리
- 적절한 가격과 우수한 납품을 위한 협상
- 가격과 서비스와 수요 예측 판단
- 상호 동반성장을 위한 지원과 장기적이고 긴밀한 유대관계를 유지
- 입하 부품 품질관리와 기술관리 지원
- 총 구매비용 절감과 납품 품질 향상을 위한 가치분석/가치공학(Value Analysis/Value Engineering)
- 지속적인 국내와 글로벌 아웃소싱 추진
- 적절한 구매 시기 결정과 재고관리
- 공급망의 재고가시성 향상과 신속 정확한 흐름 관리

제2절 공급업체 선정과 관리

공급업체에 부품 생산이나 아웃소싱하는 것은 기업들이 한정된 자원을 중요한 핵심 역량 분야에 집중적으로 투자하여 기업 경쟁력을 높이고, 다른 분야의 기능이나 활동들을 외부 전문기업에 위탁하여 수행하는 것이다. 최근 기업 활동의 글로벌화로 복잡해진 조달, 생산, 판매의 통합된 물류 서비스를, 공급망 관리(SCM)를 중심으로 효율적으로 연계하여 서비스하는 전문 물류 기업(3PL)에 아웃소싱하는 경향이 파급되고 있다. 이런 전문물류 기업과 연계하는 물류 아웃소싱은 상호이익의 전략적이고 장기적인 관계를 바탕으로 화주 기업의 물류를 상당 부분 일괄하여 위탁 관리하며, 수송, 보관, 정보 등 개별기능 서비스가 아니라 공급망 관리와 물류 네트워크 구축과 컨설팅 등 종합적인 물류 서비스와 관리를 받는 것이다.

2.1 공급업체 선정의 중요성

공급업체 선정은 조달 기능에서 가장 중요한데, 장기적으로 경쟁력 향상 차원에서 상호 협력할 수 있는 양질의 공급업체를 선정하여야 한다. 공급망의 구매자와 공급업체 간의 정보, 기술 및 계획 공유 등 협력 강화로 상호 얻게 되는 이점들이 커지고 있으며, 장기적 협력관계로 서로의 기업의 경쟁력을 향상해 나가고 있다.

사례 6.1 도요타 리콜 사태로 본 공급업체 선정의 중요성

2009년 도요타 리콜 사태의 가속페달 결함 문제는 북미에서 신규 거래를 개시하였던 CTS사에서 공급하였던 부품에서만 문제가 발생하여, 소비자 신뢰 하락과 막대한 리콜비용(2010년 1조 3천 억) 및 미국 내 판매 대수 15% 감소, 회사재산 22조 원의 증발 등의 결과를 초래하였다. 동일 부품을 생산하는 일본의 부품업체인 덴소의 공급부품에서는 문제가 없었다. 도요타는 전 세계적으로 총 1,000만 대에 달하는 자동차를 리콜해야 했으며, 리콜 비용 및 벌금으로 천문학적인 비용을 지불해야 했다. 그러나 이후 기업혁신 및 철저한 품질관리로 인해 실적이 점차 개선되었으며, 다시 세계 1위 자리를 차지하게 되었다.

2.2 공급업체 선정기준

구매자는 공급업체를 주로 저렴한 비용 기준으로 선정하였지만, 점차 장기적 신뢰와 협력을 바탕으로 아래와 같이 다양한 기준을 가지고 평가한다.

표 6.1 공급업체 선정 기준이 되는 요소들

구분	공급업체 평가 요소
과거 실적과 예상되는 관계	• 정직성, 업계의 좋은 평판 • 재무적 건전성 • 노사관계 안정성 • 기술과 개발 능력 • 상호이익을 위한 협조 역량
측정 가능한 성과	• 납품 가격 • 설계나 조건 변경이나 요구에 대한 반응 • 적시 배송이나 조달인도기간(주문보충에 따른 Lead Time) • 정확한 납품 • 공급 유연성(납기 빈도, 최소 로트크기) • 제품과 서비스 문제 해결 능력 • 납품 물품의 품질 수준 • 세금과 환율 • 입하수송비용(Inbound transportation cost)
운영상의 호환성	• 정보 공유와 협력적인 처리 능력 • 전산 시스템 운영과 호환성

2.3 가중점수비교법에 의한 공급업체 선정

가중점수비교법(Weighted Score Comparison Checklist)에 의한 공급업체 선정을 다음과 같이 진행할 수 있다. 공급업체 평가요소들의 가중치를 고려하여 몇 군데의 후보 공급업체별로 가중점수를 찾아 최고 가중점수를 가진 후보 공급업체를 적정한 공급업체로 선정하는 체계적인 선정 방식이다. 일반적으로 공급업체 선정에 있어서 중요시되는 많은 평가요소는 쉽게 계량화하기가 곤란한 측면이 있다. 후보 공급업체들을 서로 비교하기 위해서는, 대략적이나마 각 공급업체에 대해서 평가요소별로 상대적인 선호도를 점수화하고, 이 점수를 각 평가요소 가중치와 곱하여 가중점수를 구한 후, 이 평가요소별 가중점수의 합을 계산하고, 총 가중 지수의 값이 가장 큰 공급업체를 선정하는 계량화 과정이 필요하다.

가중점수비교법으로 적절한 입지를 구하는 과정은 다음과 같은 몇 단계의 계산과정을 거친다.

- 1단계: 중요한 공급업체 평가요소들을 찾아 선정하고 중요도를 매긴다.
  평가요소들의 상대적 중요도에 따라 가중치를 1과 10까지의 수를 부여한다.
- 2단계: 대안으로 삼을 수 있는 후보 공급업체들을 찾고, 입지평가요소와 관련된 자료

들을 수집한다.

- 3단계: 각 후보 공급업체의 수집된 자료들을 먼저 계량적으로 분석하여 계량화한다.
- 4단계: 각 후보 공급업체의 정성적인 평가요소들도 평가에 고려한다.
- 5단계: 공급업체 간에 입지평가 요소별로 가중점수 비교를 할 수 있는 가중점수 비교표(Preference Matrix)를 만들어서, 공급업체별로 총 가중점수를 구하고 최고의 총 가중점수가 나온 후보지를 최선의 입지로 선정한다.

예제 6.1

East Electronic사에서 새로운 공급업체를 선정할 예정이다. 다음 표상의 3개의 공급업체에 대한 평가 후 최선의 공급업체 선정작업을 하고 있다. 실무진들에 의해서 공급업체 평가요소와 가중치와 후보지별 점수를 공급업체 평가방안을 다음 표와 같이 결정하였다.

표 6.2 East Electronic사의 새로운 공급업체 평가방안

평가요소	중요도	평가공식	밀양	광양	전주
납품부품 품질	50%	100% – 불량율	5%	3%	2%
납품 정시성	20%	100%–6%* – 실패회수	3회	4회	2회
가격	30%	최저가/입찰가	50000	48000	52000

이 표의 예제에서 3개 후보 공급업체 중에 총 가중점수가 94.3점으로 가장 높은 공급업체 전주가 선정된다.

표 6.3 East Electronic사의 새로운 공급업체 선정을 위한 가중점수 비교표

공급업체 평가요소	가중치	밀양		광양		전주	
		점수	가중점수	점수	가중점수	점수	가중점수
납품부품 품질	50	0.95	47.5	0.97	48.5	0.98	49
납품 정시성	20	0.82	16.4	0.76	15.2	0.88	17.6
가격	30	0.96	28.8	1	30	0.923	27.7
계			92.7		93.7		94.3

2.4 공급업체의 능력

구매나 조달은 외부 공급업체에 부품, 자재, 서비스 등을 아웃소싱 하는 것으로 자체 제작이나 공급 등 사내 조달하는 것보다 잉여이익이 있어야 하고 비용과 위험의 증가가 적어야 구매 요청을 하게 된다. 외부의 공급업체는 아웃소싱을 주는 구매업체에 잉여이익을 줄 수 있으며, 다음과 같은 전문적인 능력들을 일부분 가지고 있어야 한다.

- 기술력과 규모의 경제를 가진 생산 능력: 여러 고객사의 생산물량을 통합하여서 각 구매업체보다 저비용 고품질의 생산할 수 있어야 한다.
- 재고 통합관리 서비스 능력: 많은 고객사의 재고 통합으로 적은 안전 재고와 주기 재고를 유지할 수 있게 한다.
- 수송 통합 서비스 능력: 여러 고객사의 수송할 소화물들을 통합하여 규모 경제가 있는 수송 서비스를 함으로써 낮은 수송비용으로 전문적인 수송 서비스를 할 수 있어야 한다.
- 공동보관과 공동배송 서비스 능력: 다수 회사의 제품들을 공동으로 입하 수송하고 공동으로 보관한다. 여러 고객사의 주문에 따라 오더필링하고 공동으로 출하 수송하여 낮은 수송 및 보관비용으로 서비스할 수 있어야 한다.
- 창고 통합 서비스 능력: 여러 고객사의 소화물 보관을 통합하여 낮은 창고 처리비용으로 물동량 변동에도 안정적 창고 서비스를 제공할 수 있어야 한다.
- 조달 통합 서비스 능력: 많은 소규모 구매자의 구매를 통합하여 입찰, 계약, 생산 및 입하수송에서 규모 경제를 이루어 낮은 가격에 조달 받게 한다.
- 정보 통합 서비스 능력: 관련 제품 정보를 통합하여 고객사들의 검색비용과 정보시설 투자 고정비용을 낮추고 빨리 적합한 파트너를 찾아줄 수 있어야 한다.

2.5 공급업체 아웃소싱의 문제점

부품이나 제품의 하청이나 구매와 서비스 운영 등에 대한 아웃소싱을 할 때 먼저 몇 가지 문제점들을 평가하여 비용-이익 분석을 하고, 전반적인 통제력을 장악하면서 추진하여야 한다.

- 프로세스의 단절 – 공급 프로세스상에서 통제가 악화할 수 있다.
- 예상 못한 협력 비용의 증가
- 고객 접촉 상실과 고객 서비스 문제 발생 – 배송 서비스 아웃소싱의 경우
- 자체 생산 및 기술 능력 저하와 공급업체 권한 및 협상력 향상
- 중요 기술 및 생산 영업 정보와 지적자산의 유출

제3절 조달 주기

3.1 조달 주기 단계

공급업체를 선정한 후 구매 조달부서에서 구매를 위한 절차를 일반적으로 아래 표와 같이 진행하게 된다.

표 6.4 조달 주기 단계

담당	조달 주기 절차			
	요구파악과 구매요청	견적과 주문	생산 물류 및 검수	대금 지급
사용 부서	단계 1. 구매요구파악, 구매요청		단계 10. 물품 수령과 검수, 대금 지급 승인	
조달 부서	단계 2. 구매요청접수 재고 파악, 구매 결정 단계 3. 공급업체에 견적서 요청	단계 5. 견적서 접수 및 검토(기술, 예산) 단계 6. 최적 공급업체 선정 및 구매주문서 발송	단계 9. 물품 수령과 검수, 이송	단계 11. 대금 지급
공급 업자	단계 4. 구매요청검토, 고객사 신용점검, 견적서 발송	단계 7. 구매주문서접수 및 공급준비지시	단계 8. 오더필링- 물품생산과 확보, 포장, 선적, 운송과 송장 발송, 주문추적	단계 12. 대금 수령

3.2 e-procurement

이 조달 주기(Procurement Cycle) 단계마다 많은 서류작업이 요구되는데, 이 과정에서 구매 관련 비용과 입력 오류와 장시간 구매업무 시간이 소요된다. 전자상거래의 보급으로 서류 중심의 구매 관련 비용 및 입력 오류와 장시간 구매업무 시간을 줄이고자, 인터넷을 통한 전자조달방식인 e-procurement 시스템이 보급되어, 조달 프로세서 자동화와 구매비용 절감을 도모하고, 조달 주기의 여러 단계가 자동화 및 정보화되어 가고 있으며, 구매 조달 기능이 SCM과 연결해 전략적 구매를 실시간 기반으로 하도록 보강되는 등 핵심 기능이 되어가고 있다.

3.3 조달 기간에 영향을 미치는 요소들

조달 주기의 각 단계에서 걸리는 시간은 조달 기간의 길이 즉 조달인도기간(Lead Time)에 큰 영향을 준다. 구매 조달 절차상에서 처리시간을 줄이기 위하여 운영방법, 정보 전달방법, 공급업체의 고객 서비스 정책, 운송방법 등이 영향을 미친다.

- 조달부서의 구매요청 처리 우선순위

- 공급업체의 주문서 처리 우선순위
- 공급업체는 수익이 큰 주문의 고객사에 우선순위를 부여하며, 높은 우선순위의 주문부터 먼저 처리하는 경향이 많음
- 동시 병렬적 처리와 순차적 처리(Parallel Versus Sequential Processing)
- 오더 필링(Order Filling)의 정확성과 생산 소요기간
- 공급업체가 물품을 보유하고 있는 재고에서 찾는 경우는 조달인도기간이 단축됨
- 생산하거나 혹은 구매하여 공급하는 경우 기간이 연장됨
- 오더 피킹(Order Picking)과 포장 과정에서 정확하게 물품별 배송처와 수량의 정확성 여부는 조달인도기간을 연장함
- 조달부서에서의 구매요청 일괄처리
- 구매요청을 모아서 일괄처리하면 주문비용은 줄일 수 있지만 처리 기간이 길어짐
- 혼적(Consolidation)
- 공급업체나 배송업자가 적재 화물량을 경제적 규모의 대량 화물로 만들어 운송비용을 절감하기 위해서 발송이나 배송을 수일간 지연시키면, 총 조달 기간이 길어지게 됨

제4절 조달일정계획

JIT(Just-In-Time) 기법은 즉시 대응 및 시간단축이 일반화되면서 일정계획이 공급경로에 중요한 활동이 되었다. 소요량 일정계획은 재고로부터 필요량을 충족시키는 방법이다. 각각은 물류에서 수요, 혹은 소요량을 충족시키는 데 대해 고려될 수 있는 대안을 나타낸다. 여기서는 공급 경로상의 재고를 최소화할 수 있는 소요량 계획에 관해 기술하고자 한다. 공급경로상에서 생산에 필요한 자재 소요량을 충족시키면서 재고를 최소화할 수 있는 공급 소요량, 즉 수요량의 공급을 계획하는데, 다음과 같은 방식으로 이러한 수요를 충족시킬 수 있다.

- 자재소요계획(MRP: Material Requirement Planning)
- JIT

4.1 JIT 조달일정계획

JIT 조달일정계획은 고객사의 수요변동에 일치되도록 정확한 물품을 정확한 시기, 정확한 장소에 조달하기 위하여 전체 조달과정이 사용부서나 공장이나 고객사의 요구에 맞추어

동기화되는 조달 방식이다.

(1) JIT 조달일정계획 방식

• 소수의 공급업체 및 수송업자 선정과 긴밀하고 장기적인 거래 관계 유지
• 구매자와 공급업체 간에 정보의 공유와 교환
• 소량으로 자주 부품과 자재 등을 구매, 생산, 배송하여 공급경로 상의 재고수준을 최소화함
• 공급경로 상의 불확실성과 변동을 가능한 제거(주문처, 주문량, 조달 기간, 구매가격)
• 고품질을 절대 안정적으로 유지해야 함

JIT 조달일정계획에서는 구매자가 주문하는 부품과 자재의 주문량 변동에 대해 공급업체들이 생산과 공급을 동기시켜서 부품과 자재를 안정적으로 제때에 공급하도록 관리하는 것이다. JIT 방법으로 공급경로와 과정을 동기화시켜 관리하는 데 큰 노력이 들지만 재고의 최소화, 시간단축 및 실행과정 문제들의 지속적인 개선과 낭비 절감 등으로 이익을 얻을 수 있다. 구매자나 제품조립업체에서 생긴 이익 및 비용과 공급업체의 재고부담을 공급 경로상의 공급업체와 공유하는 노력이 상호이익에 중요한 요소이다.

도요타 자동차회사는 도요타시에 주요 공급업체들을 유치하고 자동차 조립공장의 생산조립일정에 맞추어서 공급업체들이 1~4시간마다 도요타 자동차회사에서 발급한 간반(Kanban Card)의 수에 해당하는 필요한 물량을 만들어 순회하는 배송차에 적재하여 공급하게 한다. GM 자동차회사도 JIT 조달일정계획을 실행하기 위하여 공장에서 300마일 내에 있는 공급자만 선정하여 공급자와 수송업자의 수를 수백 개로 대폭 줄였다. 그리고 주요 원료나 부품 공급업체에는 조립공장 가까이에서 재고를 유지하도록 요구하고, 공급업체의 생산계획을 돕기 위해서 생산일정계획을 제공하였다.

(2) JIT 조달일정계획 방식의 특징

JIT 조달일정계획 시스템은 표준 생산/구매량을 결정하기 위해서 재주문점 재고관리방식(Q-시스템, 정량주문방식) 개념을 기본적으로 사용하고 매우 낮은 생산준비 및 주문비용과 짧은 생산준비시간 및 조달시간을 연구와 노력으로 가능하게 하여 1회 주문비를 최고 수준으로 낮추므로 1회 경제적 주문량 크기를 크게 감소하였다. 이 방식으로 매번 소량씩 매일 2~4회씩 공급업자들에게 주문해도 조립공장에서의 총 생산비용을 최소화하여 최종 고객의 매일 변화하는 수요패턴을 수용하는 생산을 하게 된다. 공급경로상에서 평균재고량을 타 경쟁사보다 대폭 줄여나갈 수 있으며 적은 재고투자로 기업 경쟁력을 향상시킬 수 있게 되었다.

JIT 시스템의 특징은 다음과 같다.

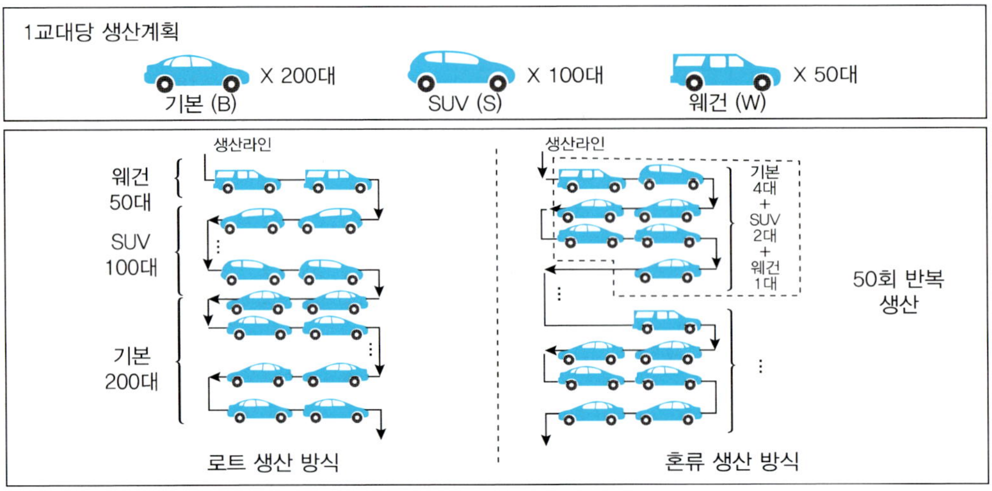

그림 6.1 로트 생산과 혼류 생산의 비교

첫째, JIT 생산 일정계획하에서 1회 주문량이 적기 때문에 생산 제품의 종류(품종, 모형)는 매우 빈번하게 교체된다. 이것은 현장의 1개 생산라인에서 여러 품종의 제품들을 혼합조립생산(Mixed Assembly Production)할 수 있게 하며, 제품들의 조립작업의 순서를 여러 품종 제품들의 일정한 패턴을 따라 리드미컬한 흐름으로 단조로운 감 없이 반복하며 조립할 수 있도록 만들어준다. 그리고 고객들의 여러 품종에 대한 주문을 매일 적합한 수량만큼 생산할 수 있게 하여 거의 매일 고객의 다양한 주문에 대응하여 고객이 원하는 사양의 차를 조립하여 출하할 수 있게 한다. 따라서 고객의 소요 제품과 수량의 변화를 수용하여 조립생산 공급하는 Pull 방식의 생산과 공급 시스템이 작동될 수 있게 한다.

둘째, 공급업체로부터의 조달인도기간이 짧고 정확한 예측이 가능하다. 그래서 수시로 빠르게 보충되므로 공급경로상의 재고량과 특히 공장 내 재고량을 대폭 줄일 수 있다. 대부분 공급업체는 조립공장 인근지역에 가까이 있고, 큰 수송비용을 들이지 않고 1~4시간에 한 번 정도로 빈번하게 배달할 수 있다.

셋째, 주문 및 생산준비비용과 조달비용이 적게 유지되기 때문에 공급업체의 1회 주문량이 적다. 1회 주문량은 주문비용 및 조달비용과 관계가 있기 때문에 비용 절감을 위한 목표가 된다. 또한 적은 주문량은 낮은 재고수준을 의미한다.

넷째, 회사의 높은 수준의 요구와 기대에 부응하는 몇몇 소수의 공급업체와 거래한다. 제조업체와 공급업체 사이의 높은 협력관계로 고품질의 제품을 보증하며 높은 물류성과가 실현된다.

다섯째, 최소한의 재고수준을 유지하면서 JIT 시스템을 이용하여 생산 및 공급관리를 하므로 공급경로상에서 예기치 않은 문제가 발생하면 공급경로 전체가 마비될 위험이 크다.

(3) JIT 조달일정계획 방식에 의한 공급업체에의 주문량

JIT 조달일정계획 방식은 고객의 소요 제품 종류와 수량의 변화를 수용하여 조립생산 공급하는 Pull 방식의 시스템이다. 제품 종류별 고객의 수요량을 파악한 후, 조립과 생산에 드는 부품별 소요량을 공급업자에게 전달해야 한다. 도요타 자동차 조립공장에서는 간반(Kanban Card)이라는 주문용 카드를 사용하는데 하나의 간반은 해당 부품을 사전에 계약한 사양, 품질, 수량 및 조달 위치로 한 컨테이너(용기, 상자) 단위로 조달하게 하는 구매주문서이다.

JIT 조달일정계획 방식으로 공급업체에 주문할 때 주문량은 다음과 같은 리틀의 법칙(Little's Law) 공식을 이용하여 계산한다.

WIP(Work-In-Process)은 평균 재공품량이라면,

WIP = (평균 1일 수요량) × (한 컨테이너의 조립가공 공정에서의 체류시간)

$$kc = \bar{d}(\bar{w} + \bar{p})(1 + \alpha) \tag{6.1}$$

$$\therefore k = \frac{\bar{d}(\bar{w} + \bar{p})(1 + \alpha)}{c}$$

단, k : 주문 부품의 컨테이너 수

$\bar{d}$: 예상되는 1일 부품 소요량

$\bar{w}$: 한 컨테이너당 평균대기시간 비율(조립 가공과 자재운반 공정에서 하루 중 대기시간의 비율)

$\bar{p}$: 한 컨테이너당 평균 처리시간 비율

c : 한 컨테이너 안에 들어 있는 부품의 수량

α : 예상 밖의 환경변화 대응을 위한 안전 재고 관련 정책변수

간반의 수 k는 컨테이너의 수이며 한 컨테이너에 들어 있어야 하는 부품의 수는 c, 주문량은 kc이다.

예제 6.2

전기 모터 조립제조회사에서 유도전동기(Induction Motor)를 조립 생산한다. 부품 컨테이너마다 조립 공정상에서 평균 0.04일 처리시간이 소요되고, 자재운반과 공정상에서 대기시간으로 0.16일이 소요된다. 부품의 일간 소요량은 평균 4,000개이고 경영층에서는 예상밖의 변화에 대비하는 안전재고를 10%로 정하였다.

컨테이너마다 30개의 부품이 들어 있다면, 몇 개의 컨테이너를 주문해야 하는가?

$\bar{d}=4{,}000/$일, $\bar{p}=0.04$일, $\bar{w}=0.16$일, $c=30$개, $\alpha=0.10$ 이므로,

$$\begin{aligned} k &= \frac{\bar{d}(\bar{w}+\bar{p})(1+\alpha)}{c} \\ &= \frac{4{,}000(0.16+0.04)(1+0.10)}{30} \\ &= \frac{880}{30}=29.3 \end{aligned}$$

29.3개의 컨테이너를 공급업자에게 주문한다.

4.2 자재소요계획

MRP(자재소요계획)는 제품의 기본생산계획(MPS: Master Production Schedule, 대일정계획)에 따라 그 제품의 생산소요량을 산출할 수 있도록 필요한 양의 자재나 부품의 구매시기를 소요 일자에서 조달 기간만큼 역산하여 미리 정함으로써, 부품을 필요한 시간에 따라 필요량만큼 조달하여 제품 생산이 원활하게 이루어지도록 조달일정계획을 수립하는 정형적인 방법이다.

(1) 자재소요계획의 특징

MRP 시스템의 주된 목적은 정확한 양의 자재를 적시에 주문하여서 공정에 투입하고 고객의 주문과 예측에 근거한 기본생산계획대로 생산 및 재고투자를 최소화하는 것이다. 이를 위해 최종 제품 조립을 위한 부품이나 자재의 조달이 지연되면 독촉하고 기본생산계획이 지연되어 자재나 부품의 소요시기가 늦어지면 조달 자체를 늦추어서 필요한 부품이나 자재를 적절한 시기에 조달하도록 한다.

(2) 자재소요계획 시스템의 구조

MRP 시스템의 기본 구조는 기본생산계획(MPS)과 자재명세서(BOM: Bill of Material)와 재고기록부(IR: Inventory Record)의 정보를 MRP 프로그램에 입력한 뒤 실행해서 행위통지(Action Notice) 등을 기록한 보고서를 출력시킨다. 이 보고서의 행위통지에 따라 주문 및 조달을 독촉하거나 조달 시기를 조정하여 통보하는 것이다. 기본생산계획(MPS)은 최종 제품에 대한 고객의 주문이나 예측량을 토대로 생산량과 생산 시기를 주간 단위로 나타날 일정계획이다. 또한 ATP(약속가능량, Available-to-Promise)을 생산량에서 다음 생산 이전의 실 주문량을 빼서 계산하여 제공한다. 자재명세서(BOM)는 최종 제품과 각 구성 부품 간의 관계를 구조적으로 나타내는 제품구조도(Product Structure Diagram)인데, 최종 제품 생산에 필요한 모든 구성 부품의 필요량, 조립순서, 조달시간(조립, 가공 시간)

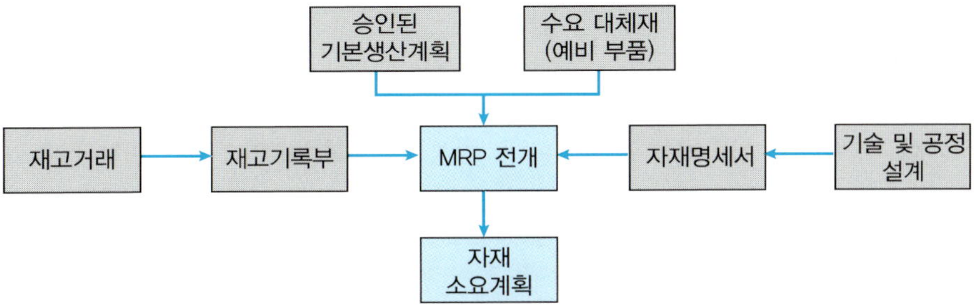

그림 6.2 자재소요계획 개요

및 단계 등이 명시되어 있다. 그림 6.2는 자재소요계획의 개요를 나타내고 있다.

재고기록부는 각 부품의 현 보유재고량(On-hand Inventory), 주문잔고(Scheduled Receipt), 조달 기간, 주문량 크기 등의 정보를 제공한다. 재고기록부는 주별로 소요량(GR: Gross Requirement), 예정입고량(SR: Scheduled Receipt), 예상보유재고량(OH: Projected On-Hand Inventory), 계획입고량(PR: Planned Receipt)와 계획주문량(PO: Planned Order)을 계산하여서 행위통지로 정보를 제공한다. 예상보유재고량은 주초재고량 + 예정입고량 + 계획주문량 − 주간소요량으로 계산한다. 계획입고량은 예상보유재고량이 안전재고나 0 이하가 되지 않도록 미리 정해둔 규칙에 따라 주문량 크기만큼 입고된다. 입고되는 주문량 크기는 경제적 주문량(EOQ: Economic Order Quantity), 고정주문량(FOQ: Fixed Order Quantity), 주간소요주문량(L4L: Lot for Lot), 기간소요주문량(POQ: Periodic Order Quantity) 방식이 있다. L4L방식은 그 주간에 필요한 추가 소요량만 주문하며, POQ방식은 P=3이면 앞으로 3주간 소요량보다 부족할 것으로 예상하는 양을 주문한다. 재고를 대폭 줄이려면 L4L 방식, 특정 기간분의 재고를 보유하려면 POQ 방식, 안정적으로 재고를 확보하고자 하면 EOQ나 FOQ방식을 사용한다. 계획주문은 계획입고일에서 조달 기간만큼 앞당겨 주문하는 것을 나타낸다.

(3) MRP에 의한 조달일정계획 수립

MRP 프로그램 안에서 보고서를 작성하기 위해서 MRP 전개(Explosion)가 일어난다. MRP 전개는 기본생산계획(MPS)과 자재명세서(BOM)와 재고기록부(IR)의 정보를 가지고 기본생산계획(MPS)에 있는 최종 제품의 생산량과 생산 시기에 맞추어서 최종 제품이 생산되도록 하여 자재명세서의 주요 부품 단계부터 낮은 하위 부품의 단계로 부품별 재고기록부를 만들어서 행위통지에 관한 보고서를 출력하는 것을 말한다. 조립의 순서와 반대로 마지막에 조립되는 최종 제품의 단계는 0이고, 먼저 조립되어야 하는 부품일수록 단계가 아래로 낮아진다.

예제 6.3

MKC 회사에서 전화기를 생산하는데, 기본생산계획(MRP)에 따르면 6주에 200대와 8주에 300대 최종조립을 시작해야 한다. 자재명세서와 부품의 재고기록부는 다음 표 6.5와 같다.

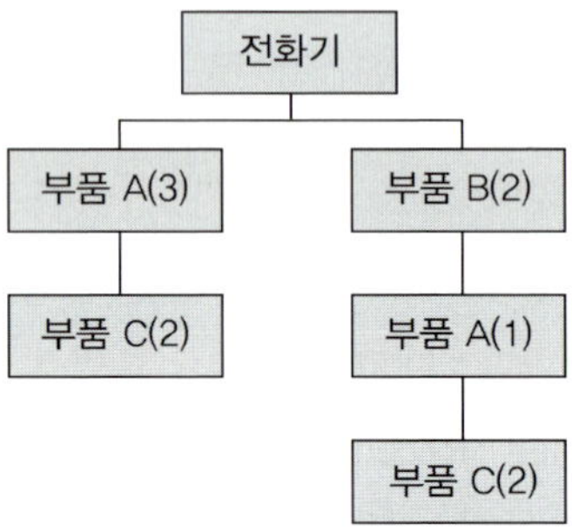

그림 6.3 전화기의 BOM

표 6.5 부품의 재고기록부 자료

부품	A	B	C
주문량 크기	FOQ = 500	L4L	POQ(P=2, 2주분 주문)
조달기간	3주	1주	2주
예정입고 (SR)	500(3주째)	120(1주째)	0
초기재고(I_0)	300	0	500

전화기 부품을 각 공급업자에게 주문하여 조달하는 예제의 MRP 조달일정계획은 다음 표 6.6과 같이 MRP 전개를 통해 재고기록부를 만들어서 한다.

자재명세서에 따르면 조립의 역순에 따라, 0단계가 전화기, 1단계는 부품 B, 2단계는 부품 A, 3단계는 부품 C이다.

1단계 부품 B는 주별 소요량이 전화기 1대당 2개씩 필요하므로 6주에 400개, 8주에 600개가 된다. 주문량 크기가 L4L이므로 계획입고량이 6주에는 400 - 120 = 280개, 8주에는 600 - 0 = 600개가 되며, 계획주문량은 조달 기간이 1주이므로 1주씩 앞당겨서 5주에 280개, 7주에 600개가 된다.

2단계 부품 A는 주별 소요량이 전화기 1대당 3개씩, 부품 B 1개당 1개가 필요하므로, 5주에 280개, 6주에 600개, 7주에 600개, 8주에 900개가 된다. 주문량 크기는 FOQ = 500이다. 그런데 6주 예상재고량이 520 - 600 = - 80개이므로 500개를 계획입고하여 OH = 500 - 80 = 420개가 되고, 7주 예상재고량이 420 - 600 = - 180개이므로 500개를 계획입고하고, OH = 500 - 180 = 320개가 되고, 8주 예상재고량이 320 - 900 = - 580개이므로 FOQ = 500의 2배인 1000개를 계획 입고하고, OH = 1000 - 580 = 420개가 된다. 계획주문량은 조달 기간만큼 3주간씩 앞당겨서 3주에 500개, 4주에 500개, 5주에 1000개가 된다.

3단계 부품 C는 주별 소요량이 부품 A 1개당 2개가 필요하므로, 3주에 1000개, 4주에 1000개, 5주에 2000개가 된다. 그런데 3주 예상재고량이 500-1000 = -500개이므로 3주에 보충되어야 하는데 주문량 크기는 P = 2이므로 주문 시에는 3주와 4주의 2주분의 소요량을 가지고 2주말 예상재고량 500을 뺀 양만큼 주문해야 한다. 계획입고량 계산 시에는 3주 소요량 1000개와 4주 소요량 1000개 합 2000개에서, 2주말 예상재고량 500개을 뺀 1500개를 계획 입고해야 한다. 그리고 5주에도 5주분 2000개와 6주분 0

개, 합 2000개에서 4주말 예상재고량 0개를 뺀 2000개를 계획입고해야 한다. 물론 계획주문량은 조달 기간만큼 2주간씩 앞당긴 1주에 1500개, 3주에 2000개가 된다.

구매담당관은 표 6.6의 보고서에서 각 부품 재고기록부의 내용에 따라 공급업체에 부품 B는 5주에 280개, 7주에 600개, 부품 A는 3주에 500개, 4주에 500개, 5주에 1000개, 부품 C는 1주에 1500개, 3주에 2000개를 주문해야 한다.

표 6.6 전화기 부품의 MRP 전개

품목	구분	1	2	3	4	5	6	7	8
전화기 MRP							200		300
부품 B I_0=0	GR						400		600
	SR	120							
	OH	120	120	120	120	120	0	0	0
	PR						280		600
	PO					280		600	
부품 A I_0=300	GR					280	600	600	900
	SR			500					
	OH	300	300	800	800	520	420	320	420
	PR						500	500	1000
	PO			500	500	1000			
부품 C I_0=500	GR			1000	1000	2000			
	SR								
	OH	500	500	1000	0	0			
	PR			1500		2000			
	PO	1500		2000					

제5절 구매 주문량과 시기 결정

구매전략으로는 요구가 발생할 때만 구매하는 JIT 전략하의 필요시구매(Hand-to-Mouth Buying)와 미래의 가격상승을 고려한 선물구매(Forward Buying)가 대표적이다. 구매량과 구매 시기는 구매 비용과 수송 비용, 그리고 재고유지 비용에 영향을 미친다.

5.1 혼합구매전략(Mixed Buying Strategy)

구매단가가 계절적으로 일정한 가격패턴을 가지고 변동할 때, 필요시구매와 선물구매에 대한 혼합된 전략의 사용이 더 낮은 총비용으로 구매할 수 있다. 선물구매는 가격이 오른다고 예상될 때 현재와 미래의 예측된 소요량을 현재의 낮은 가격에 구매하는 전략이다. 그러나 어느 정도의 재고가 생기므로 현재 구매량의 크기에 따른 재고유지 비용과 절약된 구매 이익의 변동을 비교 분석하여 최소 총비용의 구매량을 찾는 균형점 분석(Trade off Analysis)을 해야 한다. 필요시구매는 구매단가가 앞으로 떨어진다고 예상될 때 유리하므로 매달 필요량만큼만 구매하면 구매비용과 재고유지비용을 낮출 수 있다. 계절별로 소요량이 변동할 때, 이 두 가지 전략을 효과적으로 조합하여 실질적인 이익을 얻을 수 있다. 가격할인이나 상품 크기에 따른 단위당 수송 요율의 할인이 있다면 선물구매를 대량으로 하게 되므로 보다 더 경제적일 수 있다.

예제 6.4

구매 원자재의 가격이 계절적으로 변동하는 가격 패턴을 아래 표와 같이 가지고 있다고 예상하자. 연간 소요량은 한 달에 100톤으로 일정하다. 구매비용과 재고유지비용을 고려하여 최적의 구매전략을 수립하고자 한다. 톤당 재고유지비용이 연간 2.5억 원이라고 하자.

표 6.7 원자재의 월별 구매가격(톤당) 변동 패턴

월	1	2	3	4	5	6	7	8	9	10	11	12
구매가 (억 원)	2.0	2.3	2.5	2.7	2.8	3.0	2.8	2.6	2.5	2.4	2.2	2.0

1월부터 6월까지는 구매가격이 상승하기 때문에 선물구매가 유리하고 7월부터는 구매가격이 내려가는 추세이므로 필요시구매가 유리하다. 필요시구매와 선물구매의 최선의 조합을 탐색하고자 한다. 선물구매는 2개월, 3개월, 6개월 세 가지 구매전략을 검토한다.

먼저 구매비용을 구매전략별로 계산한다.

표 6.8 원자재 구매전략별 구매비용 비교

월	구매가	12개월 필요시구매	2개월 선물구매와 필요시구매	3개월 선물구매와 필요시구매	6개월 선물구매와 필요시구매
1	2.0	200	400	600	1200
2	2.3	230			
3	2.5	250	500		
4	2.7	270		810	
5	2.8	280	560		
6	3.0	300			
7	2.8	280	280	280	280

표 6.8 원자재 구매전략별 구매비용 비교(계속)

월	구매가	12개월 필요시구매	2개월 선물구매와 필요시구매	3개월 선물구매와 필요시구매	6개월 선물구매와 필요시구매
8	2.6	260	260	260	260
9	2.5	250	250	250	250
10	2.4	240	240	240	240
11	2.2	220	220	220	220
12	2.0	200	200	200	200
구매비용		2980억 원	2910억 원	2860억 원	2650억 원

구매전략별 재고유지비용과 총비용을 계산한다.

구매전략	필요시구매	2개월 선물구매	3개월 선물구매	6개월 선물구매
재고유지비용	100(톤)/2 ×2.5(억) =125억	((100(톤)×2)/2 +100(톤)/2) ×6(월)/12×2.5(억) =187.5억	((100(톤)×3)/2 +100(톤)/2) ×6(월)/12×2.5(억) =250억	((100(톤)×6)/2 +100(톤)/2) ×6(월)/12×2.5(억) =437.5억
구매비용	2980	2910	2860	2650
총비용	3105	3097.5	3110	3087.5

구매전략별 연간재고 유지비용은 연간평균 재고량(Q/2) × 톤당 연간 재고유지비용(H)으로, 필요시구매전략의 연간재고유지비용은 (100톤/2) × 2.5(억/톤) = 125억이다.

3개월 선물구매전략의 연간재고 유지비용은

$$[(100톤×3월)/2)×6/12+(100톤/2)×6/12]×2.5(억/톤) =250억$$

이다. 네 가지 구매전략 가운데서 6개월 선물구매 후 필요시구매하는 전략이 총비용 3087.5억 원으로 최소비용을 위한 구매전략이다.

구매 예산은 차기년도의 평균 구매단가에 기초하여 작성된다. 예산을 수립할 때 총 구매비용은 총 구매 결정량만큼 예산에 배정되고 구매시기별로 나누어서 분배된다. 그러므로 구매단가가 높을 때보다는 낮을 때 더 많은 수량을 구매하게 되지만 구매단가가 높아질 때는 구매량이 소요량보다 부족하여 생산 및 판매 나아가 회사경영에 위험한 문제가 발생할 수 있으므로 적정한 재고를 유지하는 선물구매방식을 활용하는 형태의 보호 대책이 필요하다.

5.2 공급업체별 구매량 결정

다수의 공급업체에서 공장이나 창고로 조달받아 회사에 속한 여러 공장이나 창고에 공급하는 경우에는 각 공장이나 창고의 물품 수요량, 공급업체의 공급능력, 사용되는 수송 서비스의 수행 빈도와 수송 요율, 구매단가, 가격정책 등을 고려해야 한다. 특히 다수의 공급업체에서 다수의 공장이나 창고로 조달하는데 각 공급업체로부터 공급받을 수 있는 양에 제한이 있으면 공급업체별 조달공급량의 결정 문제는 중요하며 수송선형계획법 모형을 이용하여 해결할 수 있다.

예제 6.5

유진종합기계회사는 여러 제품생산에 들어가는 공동부품을 4개 공급업체로부터 공급받아 세 군데 공장으로 조달할 예정이다. 각 공급업체의 견적가격(만 원)과 공급능력과 공급받는 각 공장의 소요량, 공급업체와 각 공장간 단위당 수송비(만 원)는 다음 표와 같다.

표 6.9 공급업체 선정 수송계획표

공급업체	공장도가격	공 장			공급가능량
		광주	부산	인천	
유비	50	5	7	3	300
조조	47	4	3	7	400
한신	52	3	1	2	200
유방	49	1	5	4	500
소요량		250	600	350	

수송계획모형의 수송단가는 공장도가격과 공급업체와 각 공장간 단위당 수송비를 합하여 조정하면 다음과 같은 수송계획표가 나온다. 예로 한신에서 인천으로 공급하는 수송단가는 $52+2=54$이다.

이 예제는 수송계획법의 모형으로 만들어서 EXCEL 스프레드시트를 이용하여 최적해를 구할 수 있다.

최적 조달수송계획과 총 조달수송비용은 다음 표와 같다.

공급업체	수송계획 및 조달량
유비	인천공장으로 300단위 수송
조조	부산공장으로 400단위 수송
한신	부산공장으로 200단위 수송
유방	광주공장 250, 인천공장 50단위 수송
총 조달 및 수송비용	61,650만 원

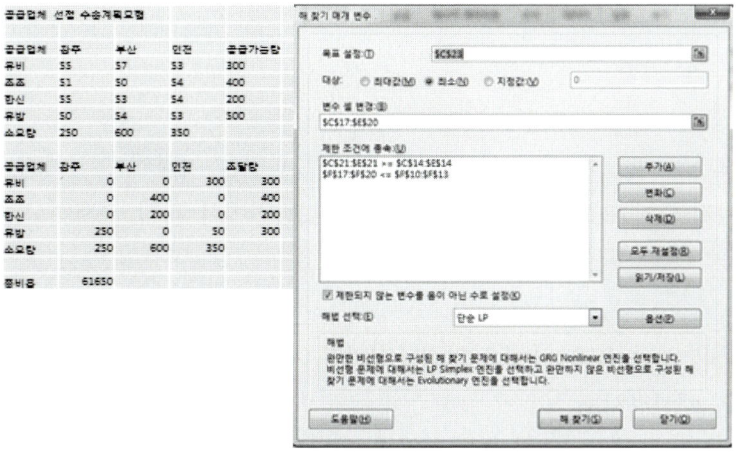

그림 6.4 공급업체 선정 및 수송계획

연습문제

1 도요타가 리콜 사태와 이로 인한 위기의 원인을 어떻게 분석하고 대응하여 극복하였는지에 대해 외부 환경 및 내부 요인 관점에서 각각 조사하고 설명하시오.

2 다음은 부품 B100의 조달일정계획이다. 주문량 크기가 L4L일 때의 주별 계획주문량을 계산하시오.

부품: B100 설명: Bicycle wheel 초기재고: 40						주문량 크기: L4L 조달기간: 2 weeks 안전재고: 15			
구분	1	2	3	4	5	6	7	8	9
Gross Requirements	0	124	0	176	100	70	0	70	100
Scheduled Receipts	0	200	0	0	0	0	0	0	0
Projected On-Hand Inventory	40	116	116						
Planned Receipts									
Planned Order Releases									

3 다음은 부품 B102의 조달일정계획이다. 주문량 크기가 FOQ=200일 때의 주별 계획주문량을 계산하시오.

부품: B102 설명: Bicycle wheel 초기재고: 40						주문량 크기: 200 조달기간: 2 weeks 안전재고: 15			
구분	1	2	3	4	5	6	7	8	9
Gross Requirements	0	124	0	176	100	260	100	70	0
Scheduled Receipts	0	200	0	0	0	0	0	0	0
Projected On-Hand Inventory	40	116	116						
Planned Receipts									
Planned Order Releases									

4 다음은 부품 B103의 조달일정계획이다. 주문량 크기가 P=3일 때의 주별 계획주문량을 계산하시오.

부품: B103 설명: Bicycle wheel 초기재고: 40					주문량 크기: P=3 조달기간: 2 weeks 안전재고: 15				
구분	1	2	3	4	5	6	7	8	9
Gross Requirements	0	124	0	176	100	70	100	70	0
Scheduled Receipts	0	200	0	0	0	0	0	0	0
Projected On-Hand Inventory	40	116	116						
Planned Receipts									
Planned Order Releases									

5 선물구매가 필요시구매에 비해 가지는 장점과 단점을 간단하게 서술하시오.

6 JIT 조달일정계획시스템을 구현하기 위해서는 몇 가지 하위 시스템들이 필요하다. 간반 시스템, 혼합 조립 생산 및 적은 주문량 등이 적시 생산의 핵심 요소로 6장에 소개되었다. 이외에도 다기능공의 역할이 매우 중요한데, 이를 Pull system 및 수요의 변화 관점에서 설명하시오.

7 장기간 동안 개최하는 행사에서 참석자들에게 매일 간식을 제공하려 한다. 간식업체에서 간식을 포장하는데 평균 0.2일의 시간이 소요되고, 공정상에서 대기시간 및 배송으로 1.8일이 소요된다. 간식의 일간 수요량은 평균 1,000개이며 안전재고를 10%로 정하였다. 리틀의 법칙(Little's law)을 활용하여 주문량을 계산하시오.

8 최근 인건비 등 각종 비용 절감을 이유로 해외에 나간 자국 기업이 다시 국내에 돌아오는 현상인 리쇼어링(Reshoring)이 생겨나고 있다. 미국은 일자리 대책 일환으로 리쇼어링 정책을 강하게 펼쳤으며, 일본도 대기업 규제 완화와 공격적 통화·재정 정책을 펴면서 리쇼어링 효과를 봤다. 리쇼어링이 활발한 것은 정책적인 원인도 있지만 해외에 나간 기업들이 아웃소싱의 문제점을 실감했기 때문이기도 하다. 공급업체 아웃소싱의 문제점에 대해서 서술하시오.

9 만수종합기계회사는 여러 제품생산에 들어가는 공동부품을 5개 공급업체로부터 공급받아 세 군데 공장으로 조달할 예정이다. 각 공급업체의 견적가격(만 원)과 공급능력과 공급받는 각 공장의 소요량, 공급업체와 각 공장간 단위당 수송비(만 원)는 다음 표와 같다. 이때 비용을 최소화하는 수송계획표를 작성하시오.

공급업체 수송계획표

공급업체	공장도 가격	공 장			공급 가능량	비고
		광주	부산	인천		
주현	1000	3	2	9	430	
슬기	400	2	10	8	200	
승완	400	2	2	1	260	
수영	600	9	3	1	310	
예림	900	3	5	3	170	
수요량		280	210	300		

10 조달인도기간(Lead Time)은 일반적으로 주문 후 납품까지의 소요 기간을 산정할 때 많이 사용한다. 보통 조달인도기간은 각 산업마다 정의하는 바가 틀리겠지만 일반적으로는 주문(Order)을 받았을 시점부터 시작하여 출고를 할 수 있는 시점까지를 보면 된다. 조달인도기간을 단축시키는 것은 효율적인 공급망 관리를 위해서 필요한 요소 중 하나이다. 조달인도기간 단축의 효과를 수요 예측 측면에서 설명하시오.

제 7 장

재고관리

제1절 재고의 필요성

제2절 재고 및 재고비용의 종류

제3절 확정적 재고모형

제4절 확률적 재고모형

제5절 통합적 재고관리

한 발 빠르게: 중소기업에서의 재고 계획의 중요성
(One Step Ahead:
The Importance Of Inventory Planning For SMBs[Small and Midisize Business])

고객은 상품이 언제 배송 시작이 되는지 최대한 빨리 알고 싶어 하며, 배송 프로세스 상에서 상품이 현재 어느 지점에 도달해 있는지 추적하기를 원한다. 하지만 대부분의 중소기업은 당일배송을 수행할 수 있는 자원이나 역량을 갖추고 있지 않다. 이러한 관점에서 당일 배송을 가능하게 하는 가장 중요한 측면은 적절한 재고 수준의 유지라고 할 수 있다. 미리 재고 수준을 계획하고 투명한 배송 프로세스를 제공하면 고객을 유지할 가능성이 매우 높아진다. 재고가 너무 많으면 낭비가 되는 반면, 너무 적으면 고객의 주문 만족을 시키기 어려워진다.

회사는 품절이 발생하기 전에 버퍼 역할을 하는 안전 재고 수준을 정기적으로 계산하여야 하는데 이는 안전 재고 수준을 최신 상태로 유지하기 위함이다. Bain에서 컨설턴트로 근무하고 있는 Pratap Mukharji와 Sam Israelit에 따르면 효율적으로 운영하는 부서에서는 3개월에서 6개월마다 정확성을 위해 재고 수준 계산을 업데이트한다. 이러한 안전 재고 수준을 정확히 계산한 뒤에는 더 높은 재고 회전율을 목표로 삼아야 할 것이다. 재고 회전율이란 주어진 시간 동안 보유하고 있는 재고를 소진하는 횟수를 의미하며, 상대적으로 추적할 수 있어야 한다. 이 횟수가 높을수록 운영 효율성이 높아지므로, 높은 재고회전율을 달성하기 위해 때때로 린(lean) 재고 관리를 활용하거나 더 작은 배치 크기로 생산하는 것이 타당하다. 작은 배치 크기로 생산하면 과잉 재고를 방지함으로써 재정적 부담을 줄일 뿐만 아니라 운영 효율성을 높일 수 있다. 공급 업체와 협력하여 비용을 절감하고 수요가 많은 상품에 투자할 수 있다.

▶저자 Kevin Gibbon

▶출처 Forbes, 2017년 4월 5일

▶링크 https://www.forbes.com/sites/kevingibbon/2017/04/05/one-step-ahead-the-importance-of-inventory-planning-for-smbs/#4f9e284870b7

제1절 재고의 필요성

재고는 공급사슬, 물류와 생산과정 전반에 걸쳐 물류센터, 유통센터, 창고, 야적장, 공장, 매장, 수송 중 여러 지점에서 원자재, 부분조립품, 부품, 반제품, 완제품, 수송 제품 등의 형태로 보유를 하게 되는 물품의 집합체들이다. 재고의 연간관리비용은 일반적으로 연간 총 제품가치의 15~30%에 해당하며, 물류와 제조 경쟁력 향상에 직접적으로 연관되므로 주의 깊게 재고수준을 관리해야 한다.

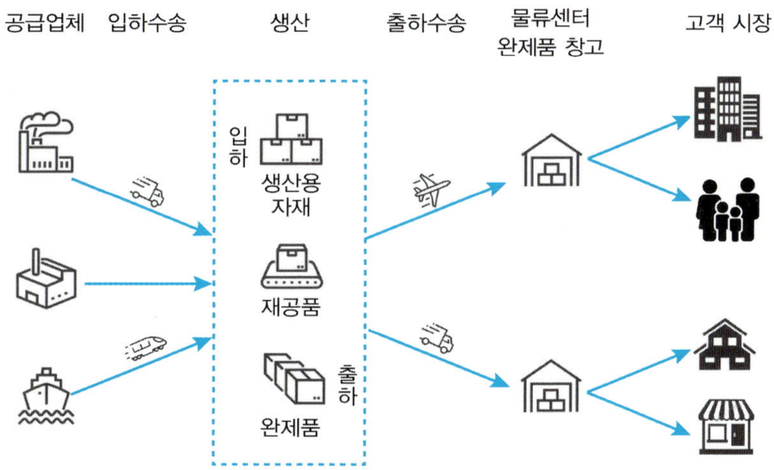

그림 7.1 물류공급경로 단계별 재고상태와 위치

회사는 공급사슬과 공정상에서 어느 정도의 재고를 보유하고 있어야 하지만, 또한 최소한의 재고 보유를 해야 하는데 그 이유들을 알아보기로 한다.

1.1 재고의 필요성

기업은 고객 서비스와 그로 인해 간접적으로 연관되는 비용절감 등의 이유로 재고를 보유하여야 한다.

(1) 고객 서비스 증가

고객의 제품이나 서비스 요구를 빠른 시간 내에 충족시키며, 고객에 근접해 있는 경우 높은 고객 서비스 수준을 유지할 수 있고, 판매를 촉진시킬 수 있기 때문에 재고를 보유해야 한다.

(2) 비용 절감

재고보유는 재고유지와 관련 비용을 유발시키지만 충분한 재고 보유로 다른 활동에서의 운영비를 간접적으로 줄일 수 있으며, 재고유지비용보다 더 많은 효과를 가져다주기도 한다.

첫째로, 보유중인 재고로 생산량과 수요량 간의 차이에 따른 문제들에 대해 완충작용을 할 수 있기 때문에 수요의 변동이 있어도 평준화된 생산을 할 수 있고, 또한 한 번의 생산준비로 대량생산하여 단위당 생산준비비용을 감소시키므로 생산의 경제성을 향상시킬 수 있다. 둘째로, 대량 수송으로 단위당 물자취급비용을 낮추게 되어 수송비를 감소시킬 수 있으며, 대량 구매로 수량 할인을 통해 구매비용을 줄일 수 있어서, 어느 정도의 재고 보유는 구매와 수송의 경제성을 개선시킨다. 셋째로, 미래의 구매 가격이 상승된다면 현재 낮은 구매 가격으로 미래의 수요량을 선매하여 재고로 보유함으로써 경제적 구매를 할 수 있다. 넷째로, 제품의 생산과 수송에 걸리는 조달기간 변동으로 인한 영향을 보유중인 재고로 완화시켜서, 고객 서비스 수준과 생산비에 줄 수 있는 악영향을 줄이고, 생산과 서비스 공정을 원활하게 하는데 도움을 준다. 마지막으로, 안전재고를 보유할 경우 물류 및 생산 시스템에서 발생할 수 있는 노동쟁의, 자연재해, 수요급증, 공급지연 등에 의한 영향을 감소시킬 수 있다.

1.2 재고의 불필요성

많은 경우 경영과 운영 관리상의 실수와 미숙은 결과적으로 재고의 증가를 가져오는 경향이 있다.

현대 경영 여건은 많은 재고 보유가 일개 회사의 문제로 국한되지 않고 하나의 공급사슬과 다른 공급사슬의 경쟁상황에서 소속된 공급사슬의 협력사들의 경쟁력을 저하하기도 한다. 재고관리비용의 상당 부분은 기회비용 속성이며 정상적인 회계보고서에는 명시되지 않으므로, 재고수준이 높으면 한 회사와 공급사슬의 파트너사의 관리운영에까지 상당한 악영향을 끼칠 수 있다.

첫째로, 재고비용을 생산성 향상이나 경쟁력 증가를 위해 사용한다면 유용하나, 재고보유는 직접적인 가치에는 기여하지 않으므로 낭비이다. 둘째로, 경영상의 문제점과 생산관리, 품질관리상의 문제들이 재고보유로 감추어진다. 품질문제가 발생할 때 기존의 불량품 재고를 제거해야 하나 오히려 재고자산 보호를 위해 품질문제 해결이 지연될 수 있다. 셋째로, 재고보유로 공급사슬상의 각 물류 단계가 분리되어 독립적으로 운영될 수 있고, 전체 물류 시스템을 고려하는 통합된 의사결정이 무시되어 효과적인 재고관리가 어렵다.

결과적으로 공급사슬상에서 적은 재고량으로 같은 고객 서비스를 하는 업체가 많은 재고량을 가진 업체보다 경쟁에 유리하다.

사례 7.1 GM의 Push-Pull 전략

과거 GM과 같은 자동차회사들은 각 지역의 딜러들이 재고를 보유하고 있었지만, 최근에는 각 지역별로 한 거점에 재고를 집합시킨 후 딜러가 주문한 만큼만 출하한다. 즉, 각 지역 거점을 중심으로 재고의 Push-Pull 전략이 조화롭게 적용된 경우이다. 각 지역거점까지는 재고를 Push함으로써 다양한 모델에 대해 안전재고를 충분히 확보하여 서비스 수준을 높일 수 있고, 동시에 지역거점부터 딜러까지는 Pull 시스템을 적용함으로써 딜러의 재고부담을 최소화하였다. 하지만 딜러들의 재고부담을 제거함으로써 대소규모 딜러들 간의 영업력 균등화에 기여한 반면에, 과거 대량 재고를 중요 영업전략으로 삼아온 대형 딜러들의 불만을 사기도 하였다.

1.3 재고관리의 목적

재고관리의 목적은 제품 가용성(제품공급 가용성; Product Availability), 즉 고객 서비스 수준을 높이고 이와 관련된 재고비용을 최소화하도록 하여 고객 서비스 수준에 따른 수입과 재고비용 간의 차이인 수익을 조정하는 것이다.

어떤 제품의 현 재고로부터 고객의 제품에 대한 주문을 채울 수 있는 확률, 즉 품목 충족률은 재고 서비스 수준으로 부르고 단일 품목에 대해서는 다음과 같이 정의된다.

$$\text{재고 서비스 수준} = 1 - \frac{\text{연간 평균품절량}}{\text{연간 총수요량}} \tag{7.1}$$

많은 고객들로부터의 여러 종류의 주문을 받는 실제 상황하에서의 재고 서비스 수준은 다음과 같이 구할 수 있다.

1. 각 주문품목 조합에 따라 각 품목의 주문충족률들을 곱하여 주문품목 조합별 주문충족확률을 구한다.
2. 각 주문품목 조합별 주문충족확률에 주문회수의 비율을 곱하여 각 주문품목 조합의 가중주문충족확률을 구한다.
3. 각 주문품목 조합의 가중주문충족확률을 모두 더하여 계산한 가중평균 충족률 (Weighted Average Fill Rate: WAFR)이 재고 서비스 수준이 된다.

목표 WAFR이 지정된다면 각 품목에 대한 서비스 수준은 원하는 WAFR을 획득하기 위해 조정되어야 한다.

예제 7.1 재고 서비스 수준과 WAFR 계산

어느 건강음료회사는 고객이 주문하는 다양한 형태의 조합으로 제품의 주문을 받아서 공급한다. 어느 기간에 대한 제품주문의 형태가 5개의 제품 조합으로 구성되어 있다. 회사의 과거기록으로부터 각 제품의 보유재고 서비스 확률은 Q 제품 0.98, R 제품 0.95, S 제품 0.90이다.

표 7.1 재고 서비스 수준과 가중주문충족확률

주문품 조합	주문회수 비율 (1)	주문충족확률 (2)	주문품조합별 가중주문 충족확률 (3)	비고
Q	0.15	0.98	0.15 × 0.98 = 0.147	(3) = (1) × (2)
R	0.1	0.95	0.1 × 0.95 = 0.095	
S	0.25	0.90	0.25 × 0.90 = 0.225	
Q, R	0.3	0.98 × 0.95	0.3 × 0.98 × 0.95 = 0.2793	
R, S	0.2	0.95 × 0.90	0.2 × 0.95 × 0.90 = 0.171	
가중평균충족률 (WAFR)			0.9173	

WAFR은 0.9173이다. 이것은 0.0867, 즉 약 8.7%의 주문은 고객이 요구하는 기간에 회사가 그 품목들을 공급할 수는 없다는 것을 의미한다.

사례 7.2 Wal-Mart의 OTIF(정시완납, On Time In Full) 제도

Wal-Mart는 방대한 공급망을 효과적으로 통제하기 위하여 공급업체들에게 정확한 시간에 수량과 품질과 포장이 완전한 상태로 납품하는 OTIF(On Time In Full, 정시완납)을 준수하도록 엄중하게 요청하였으며, 이를 어길 경우 공급물품 가격의 3%의 벌금을 부과하는 정책을 2017년부터 실시하고 있다.

몇 시간 늦거나 하루 일찍 납품하게 되거나 또는 품목과 수량과 포장이 완전히 안된 경우에는 벌금을 그 공급업체에 부과한다. OTIF 제도는 점포에서의 상품 구비성을 대폭 개선시켜 10억 달러의 수익 향상을 추가로 도모하려고 개발된 프로그램이다. 이는 임금인상과 상품가격인하와 WholeFoods Markets를 합병 인수한 강력한 아마존과의 경쟁에 대응하기 위한 조처인데, Wal-Mart는 효율성을 더 향상시키고 공급사슬 관리상의 낭비를 줄이고자 압착하고 쥐어짜고 있다.

우선적으로 재고감소와 미국 내 150개의 물류센터와 4700여 군데 점포의 창고정리와 점포창고 밖의 잉여대기재고품을 제거하고자 한다. 이를 위해 고회전상품(Fast-

Turning Items)을 트럭단위로 공급하는 75개 공급업체에게 100%의 완납을 공급날짜에 준수할 것을 요구하고 있으며, 지연이나 조기 공급 등으로 준수를 못할 경우 공급가액의 3%의 벌금을 물게 한다. 조기 공급 또한 잉여재고를 유발하므로 벌금을 물린다.

제2절 재고 및 재고비용의 종류

재고는 기업의 생산 및 판매 단계 전반에 걸쳐서 아래와 같이 다양한 형태로 존재한다.

2.1 재고의 종류

(1) 원재료

원재료(Raw Material)는 가공되지 않은 생산 활동의 기본 재료를 의미한다. 예를 들어, 오렌지 주스에는 오렌지, 플라스틱 병 등의 원재료가 필요하다. 제품의 생산에 필요한 원재료는 원활한 생산을 위해 생산 공장의 창고에 재고로 보관된다. 원재료는 일반적으로 완성품에 비하여 단위당 가격이 저렴하고 다양한 종류의 최종 생산품에 공통적으로 사용되므로 여러 생산 라인에 적용될 수 있어 활용 자유도가 높은 편이다.

(2) 공정재고

공정재고(Work-in-Process)는 제품 생산 활동 중에 발생하는 것으로 생산 활동의 과정에서 일부 가공되었으나 아직은 완제품의 형태를 갖추지 않은 상태의 제품을 의미한다. 생산 활동 각 단계별로 이러한 공정재고는 여러 형태를 갖추고 있다. 예를 들어 오렌지 주스는 오렌지의 껍질을 벗긴 제품, 오렌지를 갈아서 과립의 형태를 갖춘 제품 등의 공정재고가 공장의 창고에 보관된다. 공정재고의 단위당 가격 및 활용 자유도는 원재료와 완성품의 중간에 해당한다.

(3) 완성품

완성품(Finished Good)은 최종 소비자에게 전달되는 제품의 형태를 의미한다. 예를 들어, 오렌지 주스의 경우는 페트병에 담겨 포장이 완료된 최종 제품이 완성품 재고가 된다. 완성품 재고는 고객의 수요에 맞추기 위해 각 상점의 진열대 및 창고에 재고 형태로 존재하게 된다. 완성품은 일반적으로 원재료 및 공정재고가 더 가공된 형태이기 때문에 단가

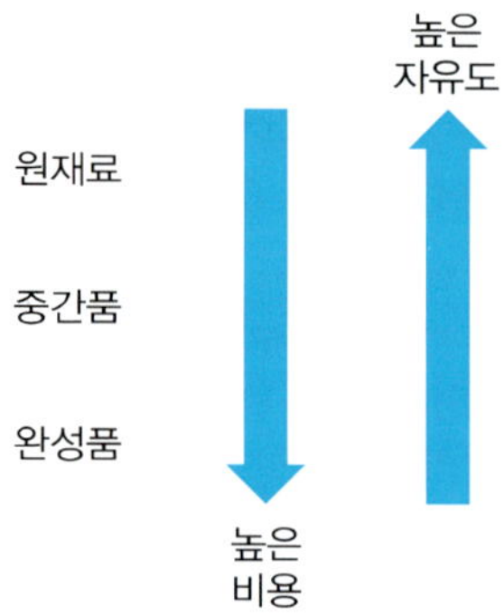

그림 7.2 재고의 종류 및 특성

가 가장 비싸다. 또한 완성품은 최종 고객 수요에 따라 그 형태가 세분된 상태이기 때문에 오직 해당 제품의 수요만 만족시킬 수 있으며, 재고로서의 활용 자유도는 가장 떨어진다고 할 수 있다. 이상과 같은 관계를 그림 7.2에 요약하였다.

2.2 재고비용의 종류

재고정책을 결정하는데 중요한 관련비용들은 일반적으로 주문비용, 재고유지비용, 품절비용이며, 이러한 비용들은 서로 절충하는 관계를 갖고 있다. 한 부품의 재고를 보충하기 위한 주문량을 결정할 때, 주문량의 크기에 따라 이들 관련비용들은 증감의 변동을 나타낸다.

(1) 주문비용

주문비용은 공급업체나 시장 등에서 부품, 자재, 완제품 등을 구매하는 경우 구매품의 구입가격이나 주문준비 비용, 주문비용, 통신비용, 수송비용, 자재 하역운반비용 등을 포함한다. 회사가 자체 공장에서 완성품을 생산하여 보충하는 경우, 조달비용에는 단위당 생산준비비용과 생산비용, 자재 하역운반비용 등이 대부분을 차지한다. 이러한 주문비용은 주문 건당 고정되어 주문량에 따라 변화되지 않는 것으로 가정한다. 그러나 수송비용, 생산비용, 자재취급비용 등이 주문량에 따라 크게 변하는 경우도 고려하여야 한다.

(2) 재고유지비용

제품을 일정기간 동안 보관하고, 유지하는데 드는 재고유지비용은 평균 재고량에 따라 달라진다. 이러한 재고유지비는 공간 비용, 자본 비용, 재고서비스비용, 재고위험비용으로 다시 분류할 수 있다.

- 공간비용: 공간을 임대했을 때의 보관 공간의 크기에 대하여 지불하는 보관료($/cwt./개월)이다. 공간비용은 자가창고인 경우 저장량을 기본으로 난방, 조명, 빌딩

과 저장장치비용과 공간과 관련된 운영비용 등이 포함된다.

- 자본비용: 자본비용은 보관중인 재고 품목과 관련된 발생이자와 자본의 기회비용, 감가상각과 진부화 등으로 총 재고유지비용의 약 80% 정도를 점유한다.
- 재고서비스 비용: 보험과 세금 등 현 재고량에 따라 지출되는 재고유지비용이다.
- 재고위험비용: 재고로 보관 과정에서 발생하는 재고 품목의 진부화, 도난, 손상, 폐기와 관련된 재고유지비용이며, 제품가치가 직접적 손실, 제품의 재가공 비용으로 인하여 저하되는 경우의 비용도 포함된다.

(3) 재고품절비용

재고품절비용은 고객사로부터 주문이 들어왔지만 재고가 없을 경우가 발생했을 때, 품절로 인한 주문 상실로 판매를 하지 못함으로 생기는 판매기회 상실비용(Lost Sales Cost)과 고객이 구매를 기다리는 경우 추가적인 관리나 할인 등의 서비스로 생기는 수주잔고비용(Backorder Cost)이 발생한다.

판매기회상실비용은 판매를 하여 이익을 낼 수 있는 것을 재고가 없어 이익을 내지 못하는 비용이 발생할 뿐만 아니라, 고객들이 다른 경쟁회사 제품을 구매하여 미래의 판매에 부정적 영향을 미치는 추가비용도 발생할 수 있다. 경쟁이 치열한 생필품, 과자, 술, 담배, 음료수 등과 같은 제품은 기회상실비용이 많이 발생하는 품목이다.

수주잔고 비용은 고객이 주문한 물품이 충족되기를 기다릴 때 발생하기 때문에 기회손실비용은 발생되지 않고 단지 판매가 지연되나 주문에 대한 추가적인 관리비용, 판매비용, 수송비용과 취급비용이 발생한다. 고객의 목적, 취향과 기보유 제품과 연관성 있는 제품들, 자동차나 정밀기계, 악기 등의 구매자는 다른 회사의 제품으로 대체하여 구매하기보다는 Backorder를 하여 그 제품을 구매하는 경향이 있다.

표 7.2 재고비용의 종류

종류		내용
주문비용		제품의 주문에 소요되는 비용
재고유지 비용	창고 보관비	창고에 제품을 보관하는데 소요되는 제 비용(보험, 세금 포함)
	이자비용	제품 구매 및 보유에 소요되는 비용을 조달하기 위한 이자 비용
재고품절비용		제품의 재고 부족으로 판매하지 못할 때 발생하는 기회비용 및 고객 신용의 감소로 인한 비용

2.3 재고관리 문제의 분류

(1) 수요의 속성에 따른 재고관리

일정기간에 대한 수요의 속성은 재고수준 관리를 어떻게 다루는가를 결정하는데 중요한 역할을 한다. 수요패턴에는 지속적(Perpetual) 수요, 계절적(Seasonal) 또는 일시적 수요, 돌출적(Lumpy) 수요, 쇠퇴기적 수요의 몇 가지 일반적인 형태가 있다. 첫째로, 지속적 수요의 특징은, 수요가 미래에 상승이나 하강할지라도 긴 판매수명을 가지고 있는데, 많은 제품들의 수요가 이에 해당된다. 둘째로, 계절적 또는 일시적 수요패턴의 제품들은 일회성(Single) 주문 구매품들이고, 재주문이 거의 없다. 보유하는 재고는 보통 큰 가격할인 처분이나 손해보고 반품하거나 반품에 대한 기회가 없는 제품들이다. 패션 의류, 명절이나 특별행사 제품들이 이러한 수요패턴의 예이다. 셋째로, 수요가 보통 때와는 다르게 한꺼번에 돌출적 패턴으로 나타나고, 이는 예측 가능한 것이 아니다. 이런 돌출적 제품들의 수요의 표준편차 또는 예측오차는 평균수요 또는 예측수요보다 훨씬 크다. 넷째로, 미래의 어느 시점에서 수요가 중단되는(Terminating) 제품들의 수요 제품이 있다. 이러한 품목에는 단종된 자동차나 비행기의 부속품 등이 있으며, 계속되는 수요요구량을 충족시키기 위해 재고를 유지하며, 일부 한정된 기간 내에서는 제조업체나 공급업체에 약간의 재주문도 가능하다. 마지막으로 종속(Dependent) 품목의 수요패턴은 다른 제품 수요 변동에 따라서 종속된 수요로 발생된다. 최종 제품(Primary Product)의 수요에 따라 종속된 부품이나 부분품의 수요량이 변동하게 된다. 이 재고관리는 자재소요계획(Material Requirements Planning: MRP)과 분배소요계획(Distribution Requirements Planning: DRP)으로 관리된다.

(2) 관리방식에 따른 재고관리

재고관리에 대해서는 기본적으로 Pull 방식과 Push 방식의 두 가지가 있다. 첫째로, Pull 방식은 각 창고나 물류센터에서 수요 예측과 보충량을 담당하는 지역에서의 주문량과 수요 예측량을 중심으로 주문량을 결정하고, 재고관리와 생산의 경제성을 고려하되 고객의 수요량을 우선적으로 충족하기 위해서 공급업체나 생산 공장에 주문하는 방식으로, 각 창고나 물류센터에서 재고수준에 대한 관리를 보다 정확하게 할 수 있다.

둘째로, Push 방식은 회사나 공장에서 각 창고나 물류센터에 대해 공통적으로 각 담당 지역 수요 예측량과 현 보유량과 가용 공간, 회사의 경제적인 재고계획을 기초로 재고수준을 세우고, 공급업체나 생산 공장에 주문하는 양을 결정하고, 이것을 각 창고나 물류센터에 할당한다. 재고보충 기간과 보충량은 제품로트 크기, 경제적 구매량 또는 최소 주문량을 고려하여 유연성 있게 조정한다.

(3) 제품집단의 정도에 따른 재고관리

재고관리 접근방법에는 상향적 접근방법과 하향적 접근방법이 있다. 상향적 접근방법의 재고관리는 각 품목별로 정확히 관리 통제하는 것에서부터 출발하여서 전체 품목에 대한 총재고 수준의 정확한 관리를 하도록 유도한다. 하향적 접근방법은 최고 경영층의 예측에 의해서 제품을 큰 그룹별로 지역별로 나누어 재고투자와 수준에 대한 전략적 계획을 세우고 수요변동과 보유현황을 집계 관리하고 매일 품목별로 재고보충과 관리를 한다.

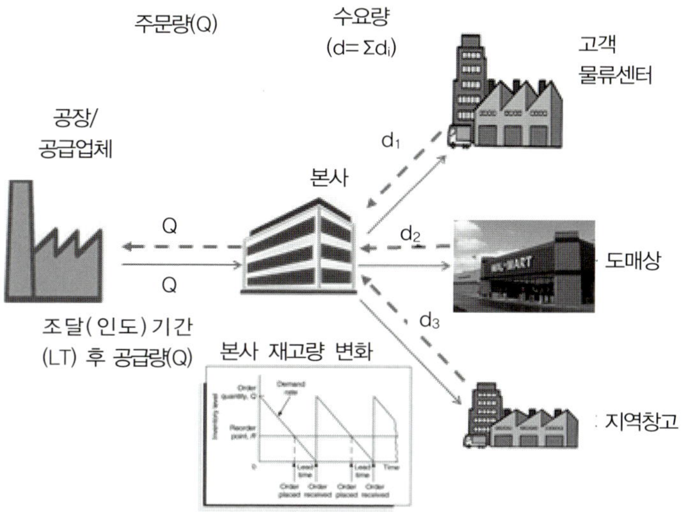

그림 7.3 재고관리 관련업체 간의 주문정보와 공급물품의 흐름

제3절 확정적 재고모형

재고관리는 수요가 확정적으로 주어졌는지 또는 확률적 분포를 따르는지에 따라 확정적 재고모형과 확률적 재고모형으로 나눌 수 있다. 또한 수요가 한시적으로 발생하는지 또는 계속적으로 발생하는지에 따라 단기주문 문제와 반복주문 문제를 나눌 수 있다. 각각 다양한 재고모형들이 존재하지만 본 교재에서는 대표적으로 확정적 재고모형과 확률적 재고모형으로 나누어 해당하는 대표적인 모형을 공부하기로 한다.

3.1 경제적 주문량(EOQ) 모형

(1) 경제적 주문량 모형의 가정

EOQ 모형은 주문시마다 발생하는 고정 주문비용과 매 기간마다 창고에 보관하고 있는 재고의 수량별로 발생하는 재고유지비용을 고려하여, 최소의 비용을 지출할 수 있는 주문 정책을 찾는데 사용된다. EOQ 모형의 기본 가정은 아래와 같다.

• 고정적이며 확정적인 수요: 고객의 수요는 단위시간당 비율로 표현되며, 이 비율은 변

하지 않고 고정되어 있으며, 알려진 것으로 가정한다.

- 즉시도착: 제품은 주문과 동시에 도착하는 것으로 가정한다.
- 고정비율 재고유지비용: 재고유지비용은 재고량에 비례하여 고정된 비율로 발생하는 것으로 가정한다.
- 고정 주문비용: 제품의 주문시 운송료나 기타 서비스 비용이 발생하며, 이 비용은 주문량에 상관없이 일정하게 발생하는 것으로 가정한다.

만약, EOQ 모형에서 고정 주문비용이 존재하지 않는다면 우리는 한 번에 몇 개의 제품을 주문해야 하는지 고민할 필요가 없다. 필요할 때마다 제품을 주문하면 주문과 동시에 제품이 도착하여 사용할 수 있고 제품을 보유할 필요도 없어 재고유지비용도 발생하지 않는다. 주문을 할 때마다 고정비용이 부과된다면 한 번에 많은 양을 주문하면 주문비용을 줄일 수 있다. 하지만 필요할 때마다 주문할 때와 달리 재고유지비용이 발생할 수 있다. 결국 평균 주문비용 및 재고유지비용 간에는 상충관계(Trade-off)가 존재하게 되는데, 이 관계를 그래프로 표현하면 다음과 같다.

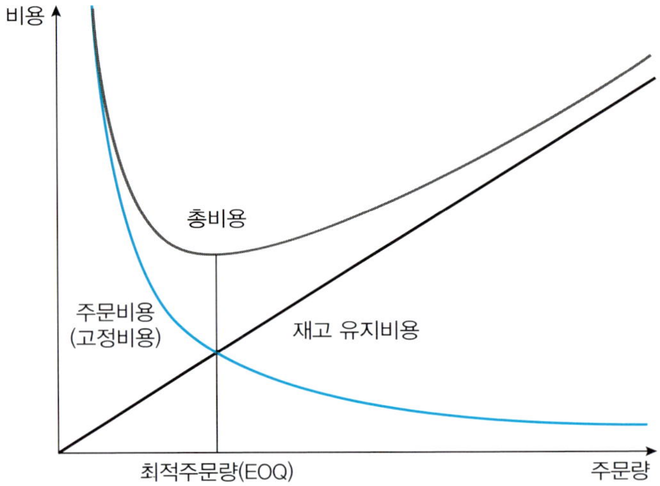

그림 7.4 EOQ 모형의 총비용 및 최적주문량 결정

(2) EOQ 최적 주문량의 도출

Harris(1913)는 이러한 문제를 위한 최적 주문량을 구하기 위해 다음과 같은 총비용 식에서 도출된 경제적 주문량(EOQ: Economic Order Quantity) 공식을 유도했다.

연간 총비용 = 연간 주문비용 + 연간 재고유지비용 + 연간 구매비용

$$\text{즉, } TC = \frac{D}{Q}S + \frac{Q}{2}CI + DC \tag{7.2}$$

단, TC = 연간 재고관련 총비용

Q = 보충재고를 위한 주문량

D = 품목의 연간 수요량

d = 품목의 월간(주간, 1일) 수요량

S = 1회 주문(주문, 조달)비용

C = 단위당 구매비용

I = 단위당 연간 재고유지 비율(단위구매비 C에 대한 재고유지비 비율, % / 연)

D/Q는 연간주문 횟수를 나타낸다. $Q/2$는 평균 재고량이다.

Q가 증가함에 따라 연간 재고유지비는 증가하게 되고 연간 주문비용은 감소한다. 최적 주문량(Q^*, EOQ)은 이러한 두 비용이 균형을 이루고 연간 총비용이 최소인 점에 존재한다.

이 EOQ에 대한 공식은 다음과 같다.

$$Q^* = \sqrt{\frac{2DS}{IC}}$$

최적주문주기는

$$\begin{aligned} P^* &= \frac{Q^*}{D}(\text{년}) \\ &= \frac{Q^*}{D} \times 12\text{개월} = \frac{Q^*}{D} \times 52\text{주} = \frac{Q^*}{D} \times 365\text{일} \end{aligned}$$

연간 주문(주문) 횟수는

$$N^* = \frac{D}{Q^*}$$

예제 7.2 기본 EOQ 모형의 최적 주문량 계산

트랙터 제조업회사가 엔진부품 공급업체로부터 특수 부품들을 공급받고 있다. 이 특수 부품에 대해 주간 수요량은 250개로 예상된다. 매회 부품주문비용은 200달러, 단위당 연간 재고유지비용은 부품가격의 20%로 추정되고, 이 부품의 가격은 100달러이다. 이 회사는 1년에 50주 동안 생산과 영업을 한다.

경제적 주문량(EOQ)은,

$$Q^* = \sqrt{\frac{2DS}{IC}} = \sqrt{\frac{2(250 \times 50)(200)}{(0.20)(100)}} = 500\text{개}$$

주문주기는, $P^* = Q^*/D = 500/(250 \times 50) = 0.04$년

$= 0.04$년 $\times 50$주/년 $= 2$주

연간 주문 횟수는, $N^* = \dfrac{D}{Q^*} = \dfrac{250 \times 50}{500} = 25$회가 된다.

3.2 EOQ－재주문점 모형

EOQ 모형은 주문 시 제품이 즉시 도착한다고 가정하고 있다. 만약 주문 후 제품이 도착하는데 일정 시간이 걸리는 경우 EOQ 모형의 주문에 어떤 변화가 있는지 생각해보자. EOQ 모형에서 주문 시점은 창고에서 제품이 비는 순간이었다. 마찬가지로 주문 후 주문 인도기간(Lead Time)이 있는 경우에도 주문한 제품이 도착할 때까지 창고에 제품이 모두 소진되도록 하면 비용을 최소화할 수 있다. 즉, 주문 인도기간을 안다면 그 동안의 예상 수요만큼 창고에 제품이 있을 때 주문을 하여 EOQ 모형처럼 창고가 비는 시점에 제품이 도착하도록 할 수 있다. 예를 들어, 제품을 주문한 후 도착까지 걸리는 시간이 1주일이고, 1주일간의 평균 수요가 100이라면, 창고에 100개의 제품이 남는 순간이 EOQ 주문 시점이 된다.

주문인도기간을 L이라고 할 때, 재주문 시점(Reorder Point: ROP)의 결정은 그림 7.5에서 볼 수 있다. 주문 후 제품이 도착할 때까지 L이라는 시간이 걸리는 상황에서도 제품이 즉시 도착하는 EOQ 모형의 주문시점을 그래도 유지하게 되면 그림 7.5의 왼쪽처럼 L시간동안 고객의 수요를 만족시켜 줄 수 없다. 하지만 오른쪽 같이 평소보다 L시간 이르게 주문을 하면 고객의 수요를 계속 만족시켜 줄 수 있다. 이를 창고의 제품량 기준으로 보면, 보유중인 재고수준이 L시간 동안의 수요량만큼 남는 시점에 주문을 시행하는 셈이다. 이렇게 L시간 동안의 고객 수요에 해당하는 창고의 제품 수량을 재주문점(Reorder Point)이라고 부른다.

기본적 재고관리 절차의 부분으로써 이 공식을 사용하여 재고의 고갈과 보충의 형태가 톱니 형태로 발생함을 알 수 있다. 그림 7.5의 설명처럼 재주문점은 재주문이 되기 전의

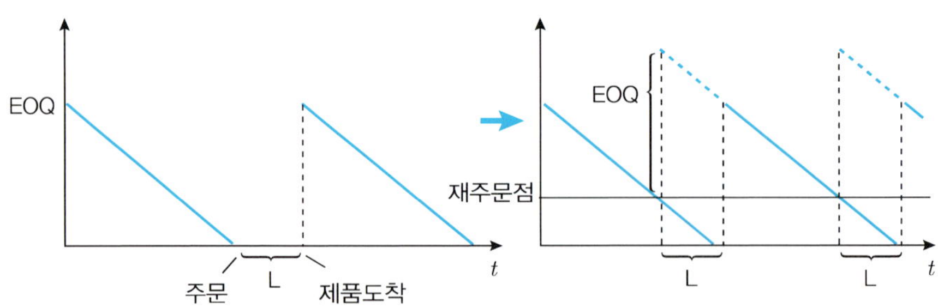

그림 7.5 주문 후 인도기간(L)이 있을 때의 EOQ 모형

재고량이다. 일반적으로 주문이 될 때와 재고에서 부품이 이용 가능할 때의 사이에 시간 경과가 있기 때문에 이 조달기간에 대해 발생하는 수요는 예측되어야 한다. 재주문점(ROP)은

$$ROP = d \times LT$$

ROP = 재주문점 수량

d = 수요율 (단위기간의 평균 수요량)

LT = 평균 조달기간

수요율(d)과 평균조달기간(LT)은 같은 시간주기로 표시되어야 한다.

3.3 EOQ–가격할인 모형

EOQ 모형에서는 주문량에 상관없이 제품의 단위당 비용은 항상 같다고 가정한다. 하지만 구매 수량에 따라 구매 가격의 할인이 이루어지는 것을 흔히 볼 수 있다. 본 장에서는 가격할인을 고려한 EOQ 모형을 고려해본다.

예제 7.3 가격할인 모형의 최적 주문량 계산

의료기기를 판매하는 A사의 경우 연평균 2만 대의 의료기기를 판매하고 있다. 이때 의료기기 1대당 원가는 10만 원이다. 의료기기의 연간 재고유지비용은 연간 구매단가의 15%로 예상되고 있다. 또한 1회 주문할 때 주문비용은 50만 원 소요된다. 더불어 A사는 1,000대 이상 주문을 할 경우 4%의 할인을 적용하여 1대당 96,000원을, 2,000대 이상 주문을 할 경우 1대당 6%의 할인을 적용하여 94,000원을 지불하는 대량구매 할인계약을 체결하였다. 이때, 최적 주문량은 얼마나 되는가?

표 7.3 가격 할인 정책의 예

할인 구간 번호	할인 적용 수량	할인(%)	개당 가격
1	0~999	할인 없음	100,000
2	1,000~1,999	4	96,000
3	2,000	6	94,000

이상과 같은 할인 정책을 모형화하기 위해서는 할인 적용 수량 및 각 할인 구간별 개당 가격 정보가 필요하다. 위와 같이 총 3구간의 할인 구간이 있는 경우 각 구간의 시작점 및 끝점은 0, 1,000, 2,000 이렇게 3개가 존재하며 이를 β_1, β_2, β_3로 정의해보자. 각 구간에서의 가격은 $C_1 = 100{,}000$, $C_2 = 96{,}000$, $C_3 = 94{,}000$으로 정의할 수 있다. 가격

할인하에서 전체 비용은 EOQ 모형과 같이 재고 유지비용과 구매비용으로 구성이 된다. 다만 기존의 재고 모형에서는 재고 유지비용이 구매 개수에 관계없이 항상 IC를 곱해서 구할 수 있다면, 수량 할인에서는 구매 개수에 따라 총 평균 재고량을 구한 후 구간별 비율 C_i를 곱하여 구한다. 즉, Q를 주문할 때 총비용은 Q가 할인구간 i에 속할 때 식 (7.2)와 같으며, EOQ 주문량을 계산하면 식 (7.3)과 같다.

$$TC_i(Q) = \frac{DS}{Q} + \frac{IC_i}{2}Q + DC \tag{7.2}$$

$$Q_i^* = \sqrt{\frac{2SD}{IC_i}} \tag{7.3}$$

하지만 이러한 EOQ 주문량이 해당 할인 구간에 속하지 않는다면 이를 사용할 수 없다. 수량할인 EOQ 모형에서의 최적 주문량은 다음과 같이 계산할 수 있다.

가격할인 모형에서의 최적 주문량 계산 알고리즘

- 1단계: 할인이 가장 많이 된 상태에서 EOQ값을 계산하여 최적 주문량 Q_1를 산출, Q_1을 2단계에 입력
- 2단계: 입력된 Q_i가 속한 구간이 해당 할인구간이면 4단계로 이동, 아니면 3단계으로 이동
- 3단계: Q_i를 해당 할인 구간의 주문량 중 최소 주문량으로 갱신, Q_i보다 한 단계 낮은 할인구간에서 EOQ 값을 계산하여 Q_{i+1}산출 및 2단계에 입력
- 4단계: 각 Q_i에 대해 총 주문 비용과 구매 비용의 합을 계산하여 최소 총비용의 Q_i를 최적 주문량으로 선택

예제 7.3 가격할인 모형의 최적 주문량 계산(계속)

1단계: 가장 많이 할인이 된 경우의 구간은 2,000대 이상을 주문하는 구간이다. 6%의 할인이 일어나는 것을 고려하여 EOQ 값을 구하면 Q_1=1,191.

2단계: Q_1은 2,000대 이상의 구간에 속하지 않으므로 Q_1을 2,000으로 갱신한다. 두 번째 할인 구간인 1,000대 이상 2,000대 미만 구간에서 4%의 할인을 고려하여 EOQ 값을 계산하면 Q_2=1,179.

3단계: Q_2는 두 번째 할인 구간인 1,000대 이상 2,000대 미만 구간 안에 있으므로 다른 구간의 할인에 대해서는 더 이상 고려하지 않고 Q_1과 Q_2만 비교한다.

4단계: Q_1과 Q_2의 비교

가격할인이 들어가면 구매비용 또한 변동하므로, 구매비용을 고려해야 한다.

Q_1(=2,000)대 주문

$$94{,}000 \times 2{,}0000 + \frac{500{,}000 \times 20{,}000}{2{,}000} + \frac{2{,}000 \times 0.15 \times 94{,}000}{2} = 18\text{억 } 9910\text{만원}$$

Q_2(=1,179)대 주문

$$96{,}000 \times 20{,}000 + \frac{500{,}000 \times 20{,}000}{1{,}179} + \frac{1{,}179 \times 0.15 \times 94{,}000}{2} = 19\text{억 } 3679\text{만원}$$

따라서 2,000대를 주문하는 것이 최적임을 알 수 있다.

3.4 와그너-휘틴(Wagner-Whitin) 모형

와그너-휘틴 모형은 EOQ 모형과 같이 고정적인 고객의 수요와 주문비용하에서 재고유지비용을 고려할 때 최적의 주문량을 결정하는 모형이다. 다만, EOQ 모형과 달리 와그너-휘틴 모형은 고객의 수요가 단위시간당 일정한 것이 아니라 각 단위기간당 관찰된다. 예를 들어, 매일매일 창고를 점검하여 소비된 제품의 수를 조사한다면 하루간의 고객 수요를 파악할 수 있다. 와그너-휘틴 모형은 이처럼 정기적인 시점마다 조사된 수요를 기반으로 재고비용을 최소화하는 주문량을 결정한다. 또한 와그너-휘틴 모형에서는 고객의 수요가 일정하지 않고 조사 시점마다 변할 수 있다고 가정한다.

와그너-휘틴 모형은 정기적인 기간을 기반으로 하고 있으므로 이 기간들을 편의상 1, 2, 3, …과 같이 번호를 붙여보자. 또한 EOQ 모형과는 다르게 와그너-휘틴 모형에서는 재고의 주문과 고객의 수요가 끝나는 시점인 T를 고려한다. 따라서 와그너-휘틴 모형은 시작시간 0에서부터 1, 2, 3, …, T까지의 분할된 시점들을 대상으로 한다. 각 시점마다 확인된 수요를 $d_1, d_2, d_3, \cdots, d_T$로 정의하자. 시점 0에서의 초기 재고를 0으로 놓고, 각 시점마다 아래의 순서로 고객의 수요와 재고유지비용을 계산해보자.

1. 해당 시점의 주문량을 결정하면 주문 즉시 도착한다.
2. 도착한 주문량과 기존에 보유한 재고에서 해당 시점의 고객 수요를 만족시킨다.
3. 남아있는 재고에 대해 재고유지비용을 단위당 h의 비율로 계산한다.

와그너-휘틴 모형도 EOQ 모형과 마찬가지로 보유한 재고가 모두 소진된 순간 주문을 할 때 전체 비용을 최소화할 수 있다. 와그너-휘틴 모형도 고객의 수요를 항상 즉시 만족시켜야 하므로 재고가 모두 소진되었을 때 주문을 미룰 수는 없다. 따라서 와그너-휘틴 모형의 주문량은 해당 시점 이후 고객 수요의 합과 일치한다. 즉, t시점의 주문량은 d_t, $d_t + d_{t+1}$, $d_t + d_{t+1} + d_{t+2}$, …와 같이 표현할 수 있다. 만약 t시점에서 미래

$s(s>t)$시점까지의 수요량 총합과 같은 양을 주문한다면 t시점의 주문량을 $\sum_{i=0}^{s-t} d_{t+i}$와 같이 표현할 수 있다.

그렇다면 t시점에서 미래 어느 시점까지의 수요량 총합을 주문해야 전체 비용을 최소화할 수 있을까? 이를 결정하기 위해서 먼저 t시점에서 T시점까지 최적 주문량에 따라 도출될 최소 비용의 합을 θ_t로 정의하자. 그럼 최초 시점 0부터 마지막 T시점까지의 총 비용은 θ_0로 나타낼 수 있다. T시점에서는 더 이상 주문이 이루어지지 않으므로 $\theta_{T+1}=0$으로 정의한다. 이때 t시점 이후 처음으로 주문을 하는 시점을 s라고 하면 t에서 T까지의 최소 비용 θ_t는 아래와 같이 나타낼 수 있다.

$$\theta_t = \min_{t < s \leqq T+1}\left\{K + h\sum_{i=t}^{s-1}(i-t)d_i + \theta_s\right\} \tag{7.4}$$

위 식을 풀기 위해서는 $\theta_{T+1} := 0$으로 정의한 것을 이용하여 T시점에서부터 t까지 시점을 하나씩 뒤로 돌려가면서 0시점이 될 때까지 풀어나간다. 즉, 아래와 같은 알고리즘을 따르면 처음 시점 0부터 마지막 T시점까지의 최적 주문량 및 주문 시점들을 계산할 수 있다.

와그너-휘틴 알고리즘

- 1단계: $\theta_{T+1}=0,\ t=T$으로 대입한다.
- 2단계: 식 (7.4)을 이용하여 대괄호 안의 식을 최소화하는 s를 $s(t)$로 설정하고, 해당 $s(t)$를 대입한 θ_t를 구한다.
- 3단계: $t=t-1$로 놓고 $t=0$이 될 때까지 2번 과정을 반복한다.

위 과정을 통해 각 시점의 최적 주문량을 도출할 수 있으나, T가 늘어나면 T^2에 비례하여 계산해야 하는 항목이 급격히 늘어나는 단점이 있다. 따라서 정확한 최적해는 아니지만 아래와 같은 휴리스틱(Heuristic) 알고리즘을 이용하면 최적 주문량에 가까운 주문량을 와그너-휘틴 알고리즘보다 빠르게 계산할 수 있다.

실버-밀(Silver-Meal) 휴리스틱

만약 t시점에서 $t+j$시점까지의 총 수요에 해당하는 주문량을 결정한다고 가정하자. t시점부터 시작하여 $t+j$시점까지의 수요를 $n_1,\ n_2,\ \cdots,\ n_j$로 정의한다. 이때 총 주문비용은 K가 한 번 소요되며, 총 유지비용은 해당 주문량들이 각 시점마다 순차적으로 감소하는 것을 고려하여 아래와 같이 계산할 수 있다.

$$C(j) = \frac{K + \sum_{i=0}^{j-1} ihn_{i+1}}{j} \quad (7.5)$$

실버-밀 알고리즘은 아래와 같다.

- 1단계: $j=0$으로 설정한다.
- 2단계: 식 (7.5)를 통해 $C(j)$와 $C(j+1)$을 계산한다.
- 3단계: 만약 $C(j) > C(j-1)$이 되면 중지하고 t에서 $t+j$까지의 총 수요를 주문량으로 결정한다. 만약 $C(j) < C(j-1)$이라면 $j=j+1$로 1 증가시키고 2단계를 반복한다.

실버-밀 휴리스틱은 최적해를 보장하지는 않지만, 와그너-휘틴 알고리즘과는 달리 시점 0에서부터 T의 방향으로 진행하여, t가 증가하더라도 와그너-휘틴 알고리즘보다 빠르게 최적 주문량에 근사한 주문량들을 찾을 수 있다는 장점이 있다.

예제 7.4 실버-밀 휴리스틱을 사용한 주문량 계산

회사는 다음해 상반기에 필요한 제품의 수량을 아래와 같이 예상하였다. 고정 주문비용은 \$50, 재고유지비용은 \$0.4/박스/월로 가정한다.

표 7.4 월별 수요(박스)

월	1	2	3	4	5	6	총합
수요	20	50	10	100	160	60	400

실버-밀 휴리스틱을 이용하면 1월부터 6월까지 필요한 주문량은 몇 박스가 되는가?

고정 주문비용과 재고유지비용이 각각 K=\$50, h=\$0.4/박스/월로 주어졌으므로 다음과 같은 계산이 가능하다.

$$\$20 = hd_2 = 0.4 \times 50$$
$$\$28 = hd_2 + 2hd_3 = 0.4 \times 50 + 2 \times 0.4 \times 10$$

표 7.5 시점별 비용 계산(Iteration 1)

T	수요	재고 유지기간	재고 유지비용	주문비용	총비용	월별 평균비용
1	20	0	\$0.0	\$50.0	\$50.0	\$50.0
2	50	1	\$20.0	\$50.0	\$70.0	\$35.0
3	10	2	\$28.0	\$50.0	\$78.0	\$26.0
4	100	3	\$148.0	\$50.0	\$198.0	\$49.5

월별 평균비용 계산을 통해서 감소하다가 증가하는 시점이 4이기 때문에 $T=3$까

지 첫 번째 주문에 포함시켜야 되고, 1월 초에는 재고가 없다는 가정하에 1월의 주문량은 3월 수요까지 한꺼번에 주문하는 80박스가 된다.

$$Q = \sum_{j=1}^{T} d_j = \sum_{j=1}^{3} d_j = d_1 + d_2 + d_3 = 20 + 50 + 10 = 80(\text{박스})$$

3월까지 수요를 만족시켰으므로, 그 다음 4월이 다시 $T=1$이 되어 두 번째 계산을 수행한다.

표 7.6 시점별 비용 계산(Iteration 2)

T	수요	재고유지기간	재고유지비용	주문비용	총비용	월별 평균비용
1 (4월)	100	0	\$0.0	\$50.0	\$50.0	\$50.0
2 (5월)	160	1	\$64.0	\$50.0	\$114.0	\$57.0

월별 평균비용 계산을 통해서 감소하다가 증가하는 시점이 2이기 때문에 $T=1$까지 두 번째 주문에 포함시켜야 되고, 4월의 주문량은 4월 수요만 만족시키는 100박스가 된다. 이런 방식으로 알고리즘을 수행하면 다음 표와 같은 주문량을 구할 수 있다.

표 7.7 실버-밀 휴리스틱을 사용한 주문시점 및 주문량

주문시점	1월	4월	5월
주문량	80	100	220

제4절 확률적 재고모형

재고관리에서 확정적 재고모형의 가장 기본적이고 대표적인 모형이 경제적 주문량 모형이라고 하면, 확률적 재고 모형의 가장 기본적이고 대표적인 모형은 신문 판매원 모형(Newsvendor Model)이다. 신문 판매원 모형은 매우 단순한 모형이지만 실제 응용 사례가 많은 모형이며, 경영과학 과목에서도 다루는 모형이다. 재고관리의 목적은 최소의 재고비용으로 수요와 공급을 부합시키는 것이다. 만일 수요가 확률적(불확실)이면 수요가 발생하기 전에 미리 주문해야 하는 경우는 확정적 상황보다 훨씬 복잡하다. 수요보다 많이 주문하게 되면 과잉재고(Overstock)가 발생하며, 수요보다 적게 주문하게 되면 부족재고(Understock)가 발생하게 된다. 따라서 과잉재고의 위험과 부족재고 위험 간의 상충이 발생하며, 이 위험들을 절충할 수 있는 최적 주문량(Order Quantity)을 결정하는 것을 이 장에서 공부하기로 한다.

4.1 신문 판매원 모형

신문 판매원 모형 혹은 단일 기간 재고 모형은 현실에서 자주 만날 수 있는 문제를 다룬다. 매일 새벽 신문 판매원은 그날 판매할 각 신문들의 주문량을 결정하여 신문 보급소에 통보한다. 신문 판매원은 과거 판매해오던 판매 자료나 경험을 가지고 주문량을 결정하지만 신문의 수요를 정확히 예측하기란 불가능한 일이다. 예를 들어, 전날 스포츠 경기의 결과에 따라 스포츠 신문 판매 부수는 변동할 것이며, 전날 발생한 국내외 주요 사건에 따라 일반 신문 판매 부수도 상당히 달라질 것이다. 신문 판매원 모형의 대표적인 예로 크리스마스 카드를 판매하는 경우 카드를 얼마나 생산할지 결정하는 것을 들 수 있다. 경제 상황 등에 따라서 크리스마스 카드 구매량은 변동하게 되며, 수요가 늘어난다고 해도 크리스마스 카드의 판매 시즌이 매우 짧아서 재생산하여 공급하기는 쉽지 않다. 또 다른 예는 결혼식 피로연의 음식주문이다. 혼주는 미리 피로연 참가 하객 수를 예측하지만 하객들이 여러 가지 이유로 피로연에 참석 못하는 경우도 많다. 너무 많은 음식을 주문하면 참가 하객 수가 적어서 경비를 과다하게 지출할 수도 있고, 너무 적은 음식을 주문하면 하객들을 제대로 접대하지 못하는 곤란한 상황이 발생한다.

앞에서 설명한 다양한 현실 문제들을 보면 알 수 있듯이, 신문 판매원 모형은 다음과 같은 특징을 가지고 있다.

- 판매 기간이 짧은 편이며 판매 시작 시점과 종료 시점이 비교적 명확하다. 신문의 경우는 하루, 피로연 음식의 경우는 두 시간 남짓, 크리스마스 카드의 경우 2주 남짓 등에 불과하다. 판매 종료 시점은 신문의 경우 그날 판매 마감 시간이 되며, 크리스마스 카드의 경우도 성탄절 당일이 판매 종료시점이 됨은 자명한 사실이다.
- 판매 시작 전에 사전 주문을 해야 한다. 결혼식 피로연의 음식 주문의 예를 보듯이, 음식 준비 시간이 필요하기 때문에 미리 몇 인분의 음식을 주문해야 결혼식 피로연에 맞추어서 음식이 도착할 수 있게 된다.
- 사전에 주문 정정 또는 추가 주문의 기회가 있을 수 있다. 상황에 따라서 최초 주문을 정정하거나 추가로 주문량을 늘릴 수 있는 기회가 있는 경우가 있다. 예를 들어, 판매 기간이 2주 정도 되는 경우, 초기 수요를 보고 예상보다 높다고 판단하여 급하게 주문을 하여 주문량을 늘리는 효과를 볼 수도 있다. 이런 경우 제조업체에서 생산을 하여 공급하는 기간이 매우 짧은 경우만 가능하기 때문에 실제 이런 상황은 드물다고 할 수 있다.
- 남은 재고에 대한 잔존가치가 없거나 매우 작다. 신문 판매원 모형이나 결혼식 피로연의 경우처럼 남은 재고(기간이 지난 신문 혹은 남은 음식)에 대해서는 잔존가치가 0인 경우가 대부분이다. 크리스마스 카드의 경우처럼 판매 기간이 종료된 후 할인 판

매를 하는 경우도 자주 있으며, 이 경우는 본래 판매가격보다는 상당히 할인된 잔존 가치를 갖는다.

(1) 한계 분석을 통한 수리 모형

신문 판매원 모형을 수립하기 위하여 다음과 같은 기호의 정의가 필요하다.

p = 판매가격/단위($)

c = 구매가격/단위($)

v = 잔존가치/단위($)

X = 수요(확률변수)

μ = 수요 X의 평균

σ = 수요 X의 표준편차

$F(X)$ = 수요 X의 확률분포함수

신문 판매원 모형에서 의사결정변수는 주문량 Q이다.

신문 판매원 문제는 앞에서 설명했듯이 너무 많이 주문하는 위험과 너무 적게 주문하는 위험이 상충된다. 이러한 위험들의 균형을 찾기 위하여, 이를 비용으로 나타낼 수 있다. 기대 이익을 최대로 하는 것은 기대 비용을 최소로 하는 것과 동일하기 때문에 기대 비용을 최소로 하는 주문량을 찾도록 한다. C_o를 1개 추가 주문했는데 팔리지 않아서 발생하는 손실[= 과잉재고비용(Overstock Cost)]이라고 하면, 과잉재고비용은 구매가격과 잔존가치(Salvage Value)의 차이, 즉 $C_o = c - v$가 된다. 잔존가치는 보통 양수이지만, 만일 팔리지 않은 물건을 비용을 들여 폐기해야 하는 경우가 있다면 잔존가치가 음수가 될 수 있다는 점도 유념할 필요가 있다. 반면에 C_u를 1개 추가 주문하였으면 팔 수 있었는데 주문하지 않아 판매 기회를 놓쳐서 발생하는 손실[=부족재고비용(Understock Cost)]이라고 하면, $C_u = p - c$가 된다. 여기서 중요한 사실은 수요가 불확실하기 때문에 판매기간 종료 후 잔여량 혹은 부족량을 알 수 없지만, 한 단위 과잉재고비용과 부족재고비용은 알 수 있다는 것이다.

이제 기대 이익을 최대로 하기 위해서 한 단위 과잉재고비용과 부족재고비용의 균형을 맞추는 최적 주문량을 찾는다. 한 단위 추가 주문하는 기대 손실이 기대 이익과 같아질 때까지 한 단위씩 늘이면서 주문해야 한다. 한 단위 추가 주문에 따른 기대 손실은 Q개째 주문량이 재고로 남을 확률은 재고보유 확률(In-Stock Probability) $P(X \leq Q) = F(Q)$와 과잉재고비용의 곱이므로 기대 손실은 $C_o \times F(Q)$가 된다. 한 단위 추가 주문에 따른 기대 이익은 그 단위가 판매될 확률을 그 단위가 판매됨에 따라 얻을 수 있는 추가 이익(즉,

부족재고비용)에 곱하면 된다. 따라서 기대 이익은 $C_u \times [1-F(Q)]$가 된다. 여기서 $1-F(Q)$는 품절 확률(Stockout Probability)이다. 식 (7.6)을 변형하여 식 (7.7)을 얻을 수 있으며, 식 7.8과 같이 표준정규분포로 변환시킬 수 있다. 따라서 최적 주문량을 Q*라고 하면 한 단위 추가 주문하는 기대 손실이 기대 이익과 같아지는 다음 식을 만족하는 Q가 된다.

$$C_o \times F(Q) = C_u \times [1-F(Q)] \tag{7.6}$$

$$F(Q) = \frac{C_u}{C_o + C_u} \tag{7.7}$$

$$P(X \le Q) = P\left[\frac{X-\mu}{\sigma} \le \frac{Q-\mu}{\sigma}\right] = \frac{C_u}{C_o + C_u} \tag{7.8}$$

위 식을 만족시키는 표준정규분포 확률변수 값을 z라고 하면 정규분포의 표준화 공식에 따라 $z = \dfrac{(Q-\mu)}{\sigma}$이 되므로 최적 주문량 Q^*는 다음과 같이 나타낼 수 있다.

$$Q^* = \mu + z \times \sigma$$

예제 7.5 한계 분석을 통한 최적 주문량 결정

추석 명절상품 고급갈비 세트 판매를 보통 500세트 예상하지만, 과거의 판매 경험을 고려하여 고급갈비 세트의 수요량에 대한 분포를 다음과 같이 정리할 수 있었다. 고급갈비 세트의 구매가격은 10만 원이고, 판매단가는 15만 원으로 책정되었다. 그러나 안 팔리는 세트는 2만 원에 공급업자에게 반품할 수 있다. 적정한 일회구매량을 결정하고자 한다.

표 7.8 고급갈비 세트의 수요확률에 따른 판매량

판매량(세트)	350	400	450	500	550	600
수요확률	5%	10%	25%	30%	20%	10%
누적확률(CP_n)	0.05	0.15	0.40	0.70	0.90	1.0

최적 주문량을 구하면,

한계이익(MP) = 단위당 판매가격 - 단위당 구입비용 = 150,000 - 100,000 = 50,000(원)
한계손실(ML) = 단위당 구입비용 - 단위당 처분가치 = 100,000 - 20,000 = 80,000(원)

$$CP_n = \frac{MP}{MP + ML} = \frac{50,000}{50,000 + 80,000} = 0.385$$

이 값이 누적확률과 같아지거나 약간 높게 근접하는 일회구매량은 Q = 450세트이다. 그러므로 최대 기대수익은 450세트 구매(Q = 450)의 경우에 나오며,

최적 기대수익은

$$
\begin{aligned}
EP_{Q=450} &= 0.05 \times (50{,}000 \times 350 - 80{,}000 \times (450 - 350)) \\
&+ 0.10 \times (50{,}000 \times 400 - 80{,}000 \times (450 - 400)) \\
&+ 0.25 \times (50{,}000 \times 450) + 0.30 \times (50{,}000 \times 450) \\
&+ 0.20 \times (50{,}000 \times 450) + 0.10 \times (50{,}000 \times 450) \\
&= 21{,}200{,}000(\text{원})
\end{aligned}
$$

참고로, 각 구매량 Q에 대한 기대수익은 다음과 같다.

표 7.9 구매량별 기대수익

구매량 Q	350	400	450	500	550	600
기대수익 EPQ	1750만 원	1967.5만 원	2120만 원	2110만 원	1905만 원	1570만 원

예제 7.6 신문 판매원 모형의 최적 주문량 결정

ABC 수영복 판매점은 여름철 피서철을 맞아 고급 수영복을 미리 주문하고자 한다. 고급 수영복의 피서철 동안의 수요는 평균이 500벌, 표준편차가 100벌인 정규분포를 따른다고 예년의 수요 데이터를 바탕으로 추정되었다. 수영복 한 벌의 구매가격은 \$100, 판매가격은 \$180이며, 피서철 종료 후 파격가 할인을 통해 \$80에 모두 판매될 것으로 예상하고 있다. ABC 수영복 판매점은 몇 벌을 주문해야 하는가?

$C_o = \$100 - \$80 = \$20$, $C_u = \$180 - \$100 = \$80$이 된다.

$F(Q) = \dfrac{C_u}{C_o + C_u} = 0.80$이며, 부록 1에 있는 표준정규분포표에서 근사적으로 $z = 0.84$가 된다. 따라서 $Q^* = \mu + z \times \sigma = 500 + 0.84 \times 100 = 584$벌이 된다.

(2) 이익 함수 최적화 수리 모형

한계 분석을 통해 신문 판매원 모형의 최적 주문량을 결정하는 방법에 이어 신문 판매원 모형의 이익 함수를 유도하고 이 함수를 최대화하는 주문량을 유도해보기로 한다.

$X^+ = \max(X, 0)$이라고 하자. Q만큼 주문하면 $\min(Q, X)$만큼 팔리고, $(Q-X)^+$만큼 과잉재고로 남아 잔존가치 v로 처분되기 때문에, 기대수익은 다음 식과 같이 나타낼 수 있다.

$$\pi^F(Q) = pE[\min(Q, X)] + vE(Q-X)^+ - cQ \tag{7.9}$$

그런데 $\min(Q,X)=X-(X-Q)^+$와 $(Q-X)^+=(Q-X)+(X-Q)^+$임을 쉽게 증명할 수 있다. 위 관계들을 이용하여 기대수익 함수 식 (7.9)를 다음과 같이 변환시킬 수 있다.

$$\begin{aligned}\pi^F(Q) &= p\mu - pE[(X-Q)^+] + vQ - v\mu + vE[(X-Q)^+] - cQ \\ &= (p-v)\mu - (c-v)Q - (p-v)E[(X-Q)^+]\end{aligned}$$

적분식을 미분하는 라이프니츠 법칙을 이용하면 식 (7.10)을 유도할 수 있다.

$$\begin{aligned}\frac{d\pi^F(Q)}{dQ} &= -(c-v)-(p-v)[-P(X>Q)] \\ &= -(c-v)-(p-v)[P(X\le Q)-1]=0 \\ P(X\le Q^*) &= F(Q^*)=\frac{p-c}{p-v} \qquad (7.10)\end{aligned}$$

식 (7.10)은 한계 분석을 통해서 유도한 최적 주문량을 구하는 식 (7.7)과 동일함을 알 수 있다.

(3) 이산분포 신문 판매원 모형

이번 절에서는 수요가 이산분포를 따르는 경우에 최적 주문량을 구하는 방법을 공부하기로 한다. 식 (7.9)에 의해

$$\begin{aligned}\pi(Q) &= \text{매출액} - E[\text{과잉재고비용}] + E[\text{과소재고비용}] - \text{구매비용매출액} \\ &= (p-v)\mu - (c-v)Q - (p-v)E[(X-Q)^+]\end{aligned}$$

이산분포 신문 판매원 모형에서, 최적 주문량 계산을 위한 필요조건은 다음과 같다.

$$\pi(Q) \ge \pi(Q-1) \text{ and } \pi(Q) \ge \pi(Q+1)$$

위의 부등식의 우항을 정리해보면,

$$\begin{aligned}\pi(Q-1) &= (p-v)\mu-(c-v)(Q-1)-(p-v)E[(X-Q+1)^+] \\ &= (p-v)\mu-(c-v)Q+(c-v)-(p-v)[\sum_{X=Q}^{\infty}(X-Q+1)f(X)] \\ &= (p-v)\mu-(c-v)Q+(c-v)-(p-v)[\sum_{X=Q+1}^{\infty}(X-Q)f(X)+\sum_{X=Q}^{\infty}f(X)]\end{aligned}$$

$\pi(Q-1)$을 좌변으로 이항하여 위 부등식의 조건을 구해보면,

$$\pi(Q) - \pi(Q-1) = -(c-v) + (p-v)P(X \geq Q) \geq 0$$

$$P(X \geq Q) = 1 - P(X \leq Q-1) \geq \frac{c-v}{p-v}$$

$$P(X \leq Q-1) \leq \frac{p-c}{p-v}$$

이와 같은 방법으로 $\pi(Q) \geq \pi(Q+1)$에 대해서 수식을 전개하면

$$\frac{p-c}{p-v} \leq P(X \leq Q)$$

그러므로 이산분포 신문 판매원 모형에서 최적 주문량 Q^*는 다음을 반드시 만족해야 한다.

$$P(X \leq Q^* - 1) \leq \frac{p-c}{p-v} \leq P(X \leq Q^*)$$

예제 7.7 이산분포 신문 판매원 모형의 최적 주문량 결정

A 옷가게는 겨울 패딩을 개당 4만 원에 구매해서 10만 원에 팔았다. 만약 패딩을 겨울 안에 모두 팔지 못하면, 패딩 1개당 2만 원에 아울렛 매장에 팔아서 처리해야 한다. A 옷가게의 예측에 의하면, 겨울에 팔리는 패딩의 양은 아래 표의 이산분포를 따른다고 추정되었다. A 옷가게가 가장 많은 이익을 낼 수 있는 최적의 주문량을 구하시오.

표 7.10 이번 겨울에 팔리는 패딩의 양의 이산분포

D	0	10	20	30	40	50
$f(D)$	0.1	0.2	0.2	0.15	0.15	0.2

최적해를 구하기 위하여 위의 표를 다음과 같이 나타낼 수 있다.

표 7.11 하루에 팔리는 신문의 양의 누적 분포

Q	0	10	20	30	40	50
$P[X \leq Q]$	0.1	0.3	0.5	0.65	0.8	1

$\frac{p-c}{p-v} = \frac{10-4}{10-2} = 0.75$이고, $P(Q \leq 30) = 0.65 < 0.75 < 0.8 = P(Q \leq 40)$이므로, 최적 주문량은 $Q^* = 40$이 된다.

(4) 신문 판매원 모형의 기대 이익

신문 판매원 모형의 기대 이익을 유도하기 위해서는 몇 단계를 거쳐야 된다. 여기서 수요는 정규분포로 주어진다고 하자. 먼저 기대 품절량(Expected Lost Sales: ELS)을 구해야 한다. 기대 품절량 ELS는 다음 관계식을 통해 구할 수 있다.

$$ELS = \sigma \times L(z)$$

여기서 σ는 수요의 표준편차이며, $L(z)$는 표준 정규분포로 변환시킨 z값에 대한 손실 함수(Loss Function)이다. 이 손실 함수는 부록 2에서 구할 수 있다.

이제 기대 판매량(Expected Sales: ES)을 구해보자. 수요가 발생하면 판매가 되거나 아니면 품절이 발생하는 상황밖에 발생하지 않기 때문에 다음 식이 성립함을 알 수 있다.

기대 수요 = 수요의 평균 = 기대 판매량(ES) + 기대 품절량(ELS)

기대 판매량(ES) = $\mu -$ 기대 품절량(ELS)

이제 기대 잔존 재고량(Expected Leftover Inventory: ELI)을 구해보자. 기대 잔존 재고량은 주문량과 기대 판매량의 차이이므로 다음과 같이 나타낼 수 있다.

기대 잔존 재고량(ELI) = Q $-$ 기대 판매량(ES)

예제 7.8 신문 판매원 모형 관련 통계량 계산

예제 7.6에서 다룬 ABC 수영복 판매점을 고려하자. 기대 품절량, 기대 판매량 및 기대 잔존 재고량을 구하라.

예제 7.6에서 $z = 0.84$를 구하였다. 표준편차는 100벌이므로 부록 2에서 기대 품절량 $ELS = \sigma \times L(z) = 100 \times L(0.84) = 11.2$가 된다. 따라서 기대 판매량 $ES = 500 - 11.2 = 488.8$이 된다. 만일 584벌을 주문했다고 하면

$$\text{기대 잔존 재고량} = Q - ES = 584 - 488.5 = 95.2$$

가 된다. 이제 기대 이익을 구해보도록 하자. 한 단위 판매로 얻는 이익은 $p-c$가 된다. 반면 한 단위 잔존 재고로 발생하는 비용은 $c-v$가 된다. 따라서 기대 이익은 다음과 같이 구할 수 있다.

$$\text{기대이익} = (p-c) \times \text{기대 판매량}(ES) - (c-v) \times \text{기대 잔존 재고량}(ELI)$$

4.2 분포 자유 신문 판매원 모형

확률적 재고 모형들은 수요의 분포를 알고 있다고 가정한다. 하지만 수요의 분포에 대한 추정은 많은 데이터와 함께 추정의 노력이 필요하다. 만일 과거 수요에 대한 데이터만 주어진 상태에서 빠르고 손쉽게 의사 결정하려면, 분포 자유 접근방법(Distribution Free Approach)을 사용할 수 있다. 이 절에서는 수요의 분포에 대한 정보가 없고, 단순히 평균과 분산의 정보만 추정할 수 있는 경우에 사용할 수 있는 분포 자유 신문 판매원 모형에 대해서 공부한다.

식 (7.9)에서 이익함수는 $\Pi^F(Q) = (p-v)\mu - (c-v)Q - (p-v)E[(X-Q)^+]$이므로, 비용함수는 다음과 같이 나타낼 수 있다.

$$C^F(Q) = -(p-v)\mu + (c-v)Q + (p-v)E[(X-Q)^+] \tag{7.11}$$

분포 자유 접근방법은 최악의 분포가 발생한다는 상황에서 최적의 의사 결정을 내리는 전략인데, 다소 보수적인 전략이라고 할 수 있다. 경제성공학의 의사 결정에서는 Minmax 의사결정법으로 잘 알려져 있다. 분포 자유 접근방법을 신문 판매원 모형에 적용하면 다음과 같은 식으로 나타낼 수 있다.

$$\min_{Q \geq 0}[\max_{f \in F} C^F(Q)]$$

이 문제를 풀기 위하여 Scarf(1958)가 제안하고 Gallego and Moon(1993)이 확장하여 발표한 정리를 사용할 수 있다.

■ 정리 1

$$\max_{f \in F} E(X-Q)^+ \leq \frac{\sqrt{\sigma^2 + (Q-\mu)^2} - (Q-\mu)}{2}$$

정리 1을 사용하면, 식 (7.11)은 다음과 같이 정리될 수 있다.

$$\min_{Q \geq 0} C^W(Q) = -(p-v)\mu + (c-v)Q + (p-v)\left[\frac{\sqrt{\sigma^2 + (Q-\mu)^2} - (Q-\mu)}{2}\right]$$

$$\frac{dC^W(Q)}{dQ} = (c-v) + \frac{p-v}{2}\left[\frac{Q-\mu}{\sqrt{\sigma^2 + (Q-\mu)^2}} - 1\right] = 0$$

위의 식들을 통해서 분포 자유 접근방법을 사용한 최적의 주문량 Q^*를 다음과 같이 유도할 수 있다.

$$Q^W = \mu + \frac{\sigma}{2}\left(\sqrt{\frac{p-c}{c-v}} - \sqrt{\frac{c-v}{p-c}}\right) \tag{7.11}$$

예제 7.9 분포 자유 신문 판매원 모형의 분포 정보의 가치

이 예제는 Silver and Peterson(1998)를 참조하였다. 구매가격이 $35.10, 판매가격이 $50.30, 그리고 잔존가치가 $25.00이다. 수요의 평균과 표준편차는 각각 900과 122이다. 우리는 이 예제에서 수요의 분포가 최악의 경우일 때와 정규분포일 때의 결과를 비교하려고 한다. 정규분포의 최적 주문량을 $Q^N(N \in F)$이라고 하자. Q^N을 계산하면 약 931이 나온다. 그러므로 최대 기대 이익은 다음과 같다.

$$\pi^N(Q^N) = \$12,488.15$$

또한, 분포 자유 모형에서의 최적 주문량 $Q^W \simeq 925$이고, 이 경우의 최대 기대 이익은 $12,168.38이다. 실제 분포가 정규분포를 따른다고 하면, 분포 자유 접근방법의 주문량에 따라 $\pi^N(Q^N) - \pi^N(Q^W) = \$12,488.15 - \$12,486.70 = \$1.45$라서 불이익을 계산할 수 있다.

이 $1.45라는 값이 우리가 수요의 분포와 관련된 지식을 알기 위해서 기꺼이 지불할 수 있는 최대 크기이다. 즉, 이 값은 분포 정보의 가치(Expected Value of Distributional Information)라고 생각할 수 있다.

4.3 연속 조사 시스템(Continuous Review System), Q–모형

실제 현실에서의 재고관리는 수요와 조달기간이 불확실하고 변동가능성이 높다. 그런데 정상재고(Regular Stock)는 평균수요와 평균조달기간 중의 수요량을 충족시키기 위한 목적으로 유지되므로, 조달기간 중의 불확실한 수요와 조달기간의 변동에 의한 고객 수요량 증가를 대비하는 안전재고(Safety Stock)의 확보가 요구된다. 이 안전재고량은 보유재고로 고객수요량 변동을 충족시키려는 경영층의 고객 서비스 수준(In-stock Probability), 즉 허용하려는 품절발생 확률에 따라서 결정된다.

(1) Q^*와 ROP 계산

정량주문 시스템(Q-시스템)의 운영은 대상 품목의 조달기간(공급업체에 주문 후 주문량이 주문자인 본사에 도착 입고되기까지 기간) 동안 고객으로부터의 수요량이 불확실하지만 수요량 변동을 정규확률분포로 가정하고 설명한다. 조달기간 동안의 수요(Demand During Lead Time) 분포는 평균값 $\overline{X}$와 표준편차량 σ_d를 가진다. $\overline{X}$과 σ_d에 대한 값은 일간, 주간 또는 월간의 수요량(d)과 표준편차(σ_1)을 조달기간(LT)만큼 고려함으로써 다

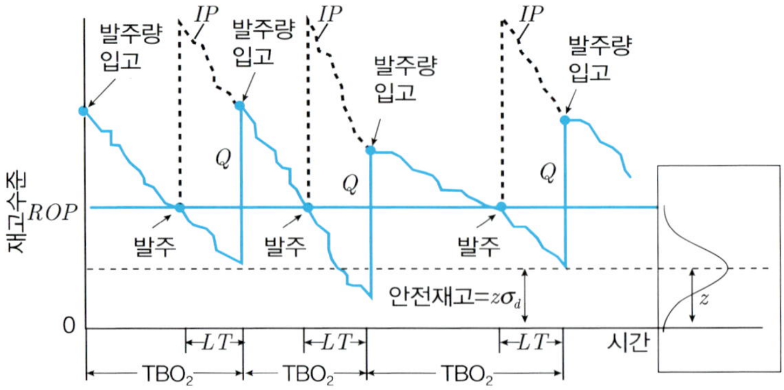

그림 7.6 불확실한 수요를 가진 Q-시스템 모형

음과 같이 계산할 수 있다.

$$\overline{X} = d \times LT$$
$$\sigma_d = \sigma_1 \sqrt{LT}$$

예를 들면, 어떤 품목에 대한 주당 수요량이 평균 $d = 250$개, 표준편차 $\sigma_1 = 100$개의 정규분포를 따르고, 조달기간은 3주라고 가정하면,

$$\overline{X} = d \times LT = 250 \times 3 = 750(\text{개})$$
$$\sigma_d = \sigma_1 \sqrt{LT} = 100\sqrt{3} = 173(\text{개})$$

이 된다.

재주문점(ROP: Reorder Point)은 조달기간 중의 평균 수요량과 안전재고량의 합과 다음과 같다.

안전재고량은 고객 서비스를 위해 보유재고로 고객수요량을 보충하려는 서비스 수준(In-stock Probability)에서 나온 정규분포 표준편차계수 z값에 조달기간(LT) 중 수요의 표준편차량 σ_d를 곱하여 구할 수 있다.

$$ROP = d \times LT + z(\sigma_d)$$
$$= d \times LT + z \cdot \sigma_1 \sqrt{LT}$$

표준편차 계수 z값은 고객 서비스 수준의 퍼센트 비율에 따라 정규분포표(부록 1)로부터 정해진다. 재주문점관리시스템을 적절하게 작동시키기 위해서는, 보충주문을 언제 해야 하는지 결정할 때, 그러한 결정이 유효재고수준(Effective Inventory Level)을 기준으로 이루어져야 한다. 유효재고수준이란 현 보유재고와 예정입고량의 합에서 미납주문을 뺀 것이다. 그리고 주문여부를 결정할 때는 유효재고수준(IP: Inventory Position)이 재주문점

이하가 되었는지를 확인해야 한다. 시점 i에서의 IP는 현보유재고(On-hand Inventory)와 예정입고량(Scheduled Receipt, 주문잔고)의 합에서 미납주문(Backorder)을 뺀 것으로, 다음과 같이 계산된다.

$$IP_i = OH_i + SR_i - BO_i$$

그리고 $IP_i \leq ROP$일 때는 다시 경제적 주문량 Q^*만큼 다음 주문을 실행하게 된다.

예제 7.10 연속 조사 시스템의 재주문점과 안전재고의 계산

트랙터 제조회사에서 특수부품을 하청업체로부터 공급받는다. 이 품목에 대해 수집된 자료는 다음과 같다.

주간수요, d	250개/주
주간수요표준편차, σ_1	100개/주
보충조달기간, LT	3주
품목가격, C \$	100/개
주문준비비용, S	\$ 200/회
재고유지비용, I	20%/년
조달기간 동안 재고로 서비스하는 확률	P = 90%
1년간 영업 및 생산 활동기간	50주

트랙터 회사의 경제적 주문량은

$$Q^* = \sqrt{\frac{2DS}{IC}} = \sqrt{\frac{2(250 \times 50)(200)}{0.20 \times 100}} = 500(\text{개})$$

재주문점은

$$\begin{aligned} ROP &= d \times LT + z \cdot \sigma_1 \sqrt{LT} \\ &= 250 \times 3 + 1.28 \times 100\sqrt{3} \\ &= 750 + 221.7 \\ &= 971.7(\text{개}) \end{aligned}$$

여기서 안전재고량은 $z \cdot \sigma_d = z \cdot \sigma_1 \sqrt{LT} = 1.28 \times 100\sqrt{3} = 221.7$개이다. z값은 부록 1의 정규분포표에서 $P = 0.90$의 값에 가까운 표준편차계수를 찾으면, $z = 1.28$일 때이다.

따라서 효과적인 재고관리를 위해서는 재고수준이 972개 이하로 떨어졌을 때 500개를 재주문하는 것이다.

(2) 평균재고수준

이 품목에 대한 평균재고수준(AIL: Average Inventory Level)은 정상재고와 안전재고의 합이다.

$$AIL = Q/2 + z \cdot \sigma_d$$
$$= Q/2 + z \cdot \sigma_1 \sqrt{LT}$$

예제 7.11 연속 조사 시스템의 재주문점과 안전재고의 계산(계속)

앞의 예제 트랙터 제조회사 문제에서 연간 평균 재고량은 471.7개이다.

$$AIL = Q/2 + z \cdot \sigma_1 \sqrt{LT}$$
$$= 500/2 + 1.28 \times 100\sqrt{3}$$
$$= 471.7$$

(3) 총 관련비용

총 관련비용은 재고정책의 선택을 비교하거나 최적정책 편차의 영향을 결정하는데 필요하다. 총비용은 다음과 같이 나타낸다.

총비용 = 주문비용 + 정상재고유지비용 + 안전재고유지비용 + 품절비용

$$TC = \frac{D}{Q}S + IC\frac{Q}{2} + ICz\sigma_d + \frac{D}{Q}k\sigma_d \cdot E_{(z)}$$

여기서 k는 단위당 품절비용이다. 품절비용 항에서 $\sigma_d \cdot E_{(z)}$는 한 주문주기 기간 동안의 평균품절 단위 수를 나타낸다. $E_{(z)}$는 정규표준편차 z의 함수로서의 단위정규 손실합(부록 2)이며, D/Q은 보통 1년 동안의 주문 횟수이다. 연간 품절량은 한 주문주기 기간 동안의 평균품절개수에 연간 주문횟수를 곱한 값이다. 그리고 연간품절비용은 한 단위당 품절비용에 연간 품절량을 곱하여 산출한다.

예제 7.12 연속 조사 시스템의 총 관련비용의 계산

트랙터 제조회사 예제에서 품절비용이 단위당 20달러로 추정된다고 가정하면, 이 품목에 대한 총 연간재고관리비용은 다음과 같다.

$$TC = \frac{D}{Q}S + IC\frac{Q}{2} + ICz\sigma_d + \frac{D}{Q}k\sigma_d . E_{(z)}$$

$$= \frac{250 \times 50}{500} \times 200 + 0.2 \times 100 \times \frac{500}{2} + 0.2 \times 100 \times 1.28 \times 100\sqrt{3}$$

$$+ \frac{250 \times 50}{500} \times 20 \times 100\sqrt{3} \times 0.0475$$

$$= 5{,}000 + 5{,}000 + 4{,}434.1 + 4{,}113.6$$

$$= 18{,}547.7(\text{달러})$$

단, $E_{(z)} = E_{(Z=1.28)} = 0.0475$ (부록 2 참조).

(4) 서비스 수준

재고정책에 의해 구한 고객 서비스 수준 또는 품목 충족률은 식 (7.1)에서 제시하였다. 이것을 다시 쓰면

$$SL = 1 - \frac{\text{연간 평균품절량}}{\text{연간 총수요량}}$$
$$= 1 - \frac{(D/Q)(\sigma_d \times E_{(z)})}{D}$$
$$= 1 - \frac{\sigma_d E_{(z)}}{Q}$$

예제 7.13 연속 조사 시스템의 서비스 수준의 계산

트랙터 제조회사의 재고정책에 따른 평균 고객 서비스 수준은

$$SL = 1 - \frac{100\sqrt{3}(0.0475)}{500} = 0.9835$$

특수 부품에 대한 수요는 98.35%를 충족시킬 수 있다. 이것은 조달기간 동안의 보유재고 서비스 확률 $P = 0.90$보다 높다.

(5) 수요와 조달기간이 불확실한 공급사슬에서의 Q-시스템 모형

공급사슬상에서 고객의 수요량과 공급업체로부터의 조달기간 두 가지가 다 불확실한 경우의 Q-시스템 모형에서의 재고관리와 주문은 보다 현실적인 문제이다. 여기서 중요한 점은 수요와 조달기간의 불확실성을 기초로 한 조달기간 중의 수요량의 표준편차(σ_{dLT})를 찾는 것이다. 이것은 조달기간의 분산에 수요의 분산을 더하여 구할 수 있다.

수정된 σ_{dLT}의 식은

$$\sigma_{dLT} = \sqrt{LT \times \sigma_1^2 + d^2 \times \sigma_{LT}^2}$$

여기서 σ_{LT}는 조달기간의 표준편차이다.

예제 7.14 연속 조사 시스템의 조달기간 중 수요량의 표준편차 계산

트랙터 제조회사 예제에서 σ_{LT}는 2주, σ_{dLT}의 값은

$$\sigma_{dLT} = \sqrt{3(100)^2 + 250^2 \times (2)^2} = 5500\text{개}$$

이와 같이 수요와 조달기간 변동의 불확실성들이 겹치면 σ_{dLT}가 크게 증가되며, 이에 대처하려면 결국 안전재고가 증가하여야 된다.

예제 7.15 연속 조사 시스템의 평균 재고량 계산

배송센터에서 재고를 보유하고 고객들의 주문이 들어오면 판매하고 있다. 공급사슬상에서 물품은 일본 공급업체로부터 해운 수송을 거쳐 부산 창고를 거쳐 육상으로 수도권 배송센터까지 전달된다.

제품에 대한 주간 평균수요량은 d = 250개/주이고 σ_1 = 100개/주로 추정한다. 연간 생산과 영업기간은 50주로 한다.

배송센터에서 일본 공급업체로 주문하면, 공급업체에서의 생산과 발송, 해운 수송과 육상수송에서의 평균 소요기간과 그 분산은 다음과 같다.

표 7.12 수송경로별 평균소요시간과 분산 수송경로별 평균소요시간과 분산

공급사슬 단계	평균소요기간	소요기간분산
1. 일본공급업체(Supplier)	1주	0.3주
2. 해운 수송(Ocean)	3주	2주
3. 육상수송(Truck)	2주	0.5주

그리고 I = 20%/년, S = \$200/회, C = \$100/개당, P = 0.90이고, 이 배송센터가 재주문점(ROP)을 이용하여 재고관리를 하고 있다면, 보유해야 할 평균 재고량은 얼마가 적정한가?

공급사슬상에서 고객의 수요량과 공급업체로부터의 조달기간 두 가지가 다 불확실한 경우이므로, 먼저 공급사슬상의 조달기간과 그 기간 중의 수요량의 불확실성의 크기를 판단하고 이것을 고려하여 σ_{dLT}을 구하고, 이를 이용하여 평균 재고량을 계산해야 한다.

$$\sigma_{dLT} = \sqrt{LT \times \sigma_1^2 + d^2 \times \sigma_{LT}^2}$$

평균 재고량은 다음과 같다.

$$AIL = \frac{Q^*}{2} + z \times \sigma_{dLT}$$

먼저, 공급사슬상에서의 소요시간의 총분산 σ_{LT}^2 를 구한다.

$$\begin{aligned}\sigma_{LT}^2 &= \sigma_s^2 + \sigma_o^2 + \sigma_t^2 \\ &= 0.3 + 2.0 + 0.5 \\ &= 2.8\ (\text{주})\end{aligned}$$

그리고 평균소요시간

$$\begin{aligned}LT &= \overline{X_s} + \overline{X_o} + \overline{X_t} \\ &= 1 + 3 + 2 \\ &= 6\ (\text{주})\end{aligned}$$

그러므로,

$$\begin{aligned}\sigma_{dLT} &= \sqrt{6 \times 100^2 + 250^2 \times 2.8^2} \\ &= 741.6\end{aligned}$$

경제적 주문량이

$$Q^* = \sqrt{\frac{2(250 \times 50)(200)}{0.2(100)}} = 500\ (\text{개})$$

이므로, 평균 재고량 수준은 다음과 같다.

$$\begin{aligned}AIL &= \frac{500}{2} + 1.24(741.6) \\ &= 991.6\ (\text{개})\end{aligned}$$

4.4 정기 주문 시스템(Periodical Review System), P-모형

주기적으로 재고수준을 조사하여 목표재고 수준과의 차이만큼 주문하는 정기주문모형(Periodical Review System)은 P-시스템모형, 고정주기주문모형 등으로 불린다.

P-시스템은 매일 또는 매주 재고를 파악하여 주문하므로 ABC 분석에 의한 통합재고에서 A급 품목의 재고관리에 유용하며, 같은 주기의 품목들을 한 공급업체에 공동 주문할 수 있어서 주문비와 수송비 등을 절감하고 주문 품목의 관리가 용이할 수 있다. 그런데 주문량으로 주문 후 조달기간과 다음 주문기간인 방어기간(Protection Interval) 동안 고객의 수요량을 감당해야 함으로 보유재고량이 약간 증가하게 된다.

참고로 Q-시스템모형(고정량 주문모형, Continuous Review System)은 B, C급 품목의

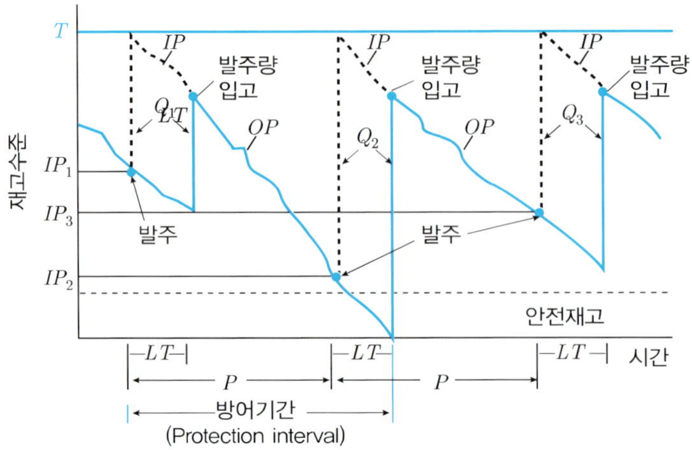

그림 7.7 불확실한 수요를 가진 P–시스템 모형 재고 변화 형태

재고관리에 도움이 되고, 재고수준이 ROP에 도달하면 경제적 주문량 Q^*만큼 주문하므로, 보유재고량은 조금 적고 재고관련 비용은 적을 수 있으나, 공동주문이 쉽지 않아서 생산, 수송, 구매에 있어서는 경제성을 상실한다.

1) 단일품목관리

불확실한 수요조건하에서 정기주문 모형은, 주기적으로 재고수준을 조사하여 목표재고(T^*: Target Inventory) 수준과의 차이만큼 주문하는데, 이 주문량은 조달기간과 다음 주문기간 동안의 수요변동에 대처해야 되고, 이 기간 동안의 수요변동은 재주문점 모형에서와 같이 안전재고로도 감당하도록 하는 것이 중요하다.

정기주문모형에서는 그림 7.7처럼 어떤 품목에 대한 주문은 미리 정한 주문간격(p)마다 일어난다. 주문량은 목표재고량(T)과 재고조사시점에서의 현재고량(IP: Inventory Position)과의 차이이다. 따라서 주문량과 재고량은 T^*와 p값을 정함으로써 결정된다.

최적 주문기간(주문간격, p)은 기본적인 재고관리 모델이다. p는 Q-시스템에서의 TBO (Time Between Orders)이다.

$$Q^* = \sqrt{\frac{2DS}{IC}}$$

최적주문주기 p는

$$p = \frac{\text{경제적 발주량}}{\text{연간수요량}} = \frac{Q^*}{D}$$

주문간격과 조달기간 동안, 즉 방어기간($p+LT$) 동안 평균수요량과 안전재고량의 합이 최대재고수준인 목표재고량(T^*)이 된다.

$$T^* = d(p+LT) + z \times \sigma_{p+LT}$$

이 표준편차는 다음과 같다.

$$\sigma_{p+LT} = \sigma_1 \sqrt{p+LT}$$

평균재고 수준은 다음과 같다.

$$AIL = \frac{dp}{2} + z \times \sigma_{p+LT}$$

총 관련비용은 Q-시스템과 같은 개념의 공식으로 계산된다.

$$TC = \frac{D}{Q}S + IC\frac{Q}{2} + ICz\sigma_{p+LT} + \frac{D}{Q}k\sigma_{p+LT} \cdot E_{(z)}$$

예제 7.16

트랙터 제조회사 문제의 데이터를 이용하여 P-시스템으로 운영시의 변화를 평가해보자. 최적 주문량 Q^*은 500개로 같다. 주문간격 p는 2주가 된다.

$$p = \frac{Q^*}{D}(\text{년}) = \frac{500}{250 \times 50} = 0.04(\text{년}) = 0.04(\text{년}) \times 50(\text{주/년}) = 2(\text{주})$$

$$\text{또는 } p = \frac{Q^*}{d}(\text{일, 주, 월}) = \frac{500}{250} = 2(\text{주})$$

$$\sigma_d = \sigma_1 \sqrt{p+LT} = 100\sqrt{2+3} = 223.6(\text{개})$$

보유재고 서비스율 P = 0.90일 때의 안전재고 수준은

$$SS = z.\sigma_1 \sqrt{p+LT} = 1.28 \times 100\sqrt{2+3} = 286.2(\text{개})$$

$$T^* = d(p+LT) + z(\sigma_{p+LT}) = 250(2+3) + 1.28 \times (100\sqrt{2+3})$$

$$= 1536(\text{개})$$

재고 정책은 2주마다 재고수준을 평가하고 현 재고량과 목표재고량 1,536개와의 차이만큼 보충 주문을 실시하는 것이다.

(평균재고수준)

$$AIL = \frac{dp}{2} + z.\sigma_{p+LT} = \frac{250 \times 2}{2} + 1.28 \times 100\sqrt{2+3}$$
$$= 536.2(\text{개})$$

(총 비용)

Q-시스템의 총 관련 비용식을 조정하여 적용하면,

$$TC = \frac{D}{Q}S + IC\frac{Q}{2} + ICz\sigma_{p+LT} + \frac{D}{Q}k\sigma_{p+LT}.E_{(z)}$$
$$= \frac{250 \times 50}{500} \times 200 + 0.2 \times 100 \times \frac{500}{2} + 0.2 \times 100 \times 1.28 \times 100\sqrt{2+3}$$
$$+ \frac{250 \times 50}{500} \times 20 \times 100\sqrt{2+3} \times 0.0475$$
$$= 5{,}000 + 5{,}000 + 5{,}724.3 + 5{,}310.7$$
$$= 21{,}035$$

총비용이 P-시스템에서는 $21,035로, Q-시스템(재주문점) 방식에서의 $18,547.7보다 비용이 $2,487.3만큼 더 많이 소요된다.

(서비스 수준)

식 7.1로부터 얻은 서비스 수준은

$$SL = 1 - \frac{\sigma_{p+LT}E_{(z)}}{Q} = 1 - \frac{100\sqrt{2+3} \times 0.0475}{500}$$
$$= 1 - 0.02 = 0.98(\%)$$

이다.

제5절 통합적 재고관리

경영자는 각 개별품목의 관리뿐 아니라 재고와 관련된 총비용과 전체 품목에 대한 서비스 수준의 관리에도 관심이 많다. 전체 품목을 그룹으로 나누어 통합적으로 관리하는 방법이 필요하다.

5.1 재고회전율(Inventory Turnover Ratio)

재고회전율은 가장 일반적인 통합적 재고관리 방법이며, 이것은 연간 판매액을 평균재고보유액으로 나눈 값이다. 즉,

표 7.13 2018년 가트너 공급망 관리 분야 상위 25개 기업

순위	기업명	패널 점수	가트너 전문가 점수	3년 가중 ROA	재고 회전율	3년 가중 성장률	CSR 점수	최종 점수
		25%	25%	20%	10%	10%	10%	
1	Unilever	2413	667	0.103	7.5	0.026	10	6.36
2	Inditex	1254	345	0.165	3.9	0.109	10	4.85
3	Cisco Systems	785	541	0.079	13.1	−0.004	10	4.41
4	Colgate-Palmolive	898	324	0.176	5.1	−0.022	10	4.4
5	Intel	831	499	0.089	3.6	0.048	10	4.36
6	Nike	1349	270	0.174	3.8	0.068	6	4.25
7	Nestlé	1326	426	0.064	4.8	−0.002	10	4.21
8	PepsiCo	1094	391	0.073	8.8	−0.6%	10	3.99
9	H&M	760	193	0.181	2.8	0.078	10	3.96
10	Starbucks	1040	186	0.204	11.8	0.092	4	3.85
11	3M	783	198	0.14	4.1	0.014	10	3.56
12	Schneider Electric	737	410	0.048	5.2	−0.005	10	3.55
13	Novo Nordisk	121	49	0.379	1.2	0.053	10	3.37
14	HP Inc.	390	354	0.073	8.4	0.002	10	3.3
15	L'Oréal	999	210	0.096	2.9	0.046	8	3.26
16	Diageo	651	227	0.092	1	0.076	10	3.25
17	Samsung Electronics	907	117	0.107	14.6	0.098	9	3.22
18	Johnson&Johnson	880	322	0.062	2.7	0.028	6	3.08
19	BASF	470	281	0.069	4.4	−0.005	10	3.02
20	Walmart	1416	256	0.062	8.3	0.016	3	2.98
21	Kimberly-Clark	619	133	0.136	6.7	−0.016	8	2.96
22	Coca Cola	1558	221	0.046	4.8	−0.101	4	2.87
23	Home Depot	431	78	0.186	5.1	0.067	5	2.81
24	Adidas	821	115	0.068	2.9	0.135	7	2.58
25	BMW	679	118	0.041	4.2	0.06	10	2.45

https://www.gartner.com/newsroom/id/3875563

$$\text{회전율} = \frac{\text{연간판매액}}{\text{평균재고보유액}}$$

이 방법은 회사의 재고상태 보고서와 같은 일반적 자료들을 이용하여 측정할 수 있는 방법의 간결성 때문에 많이 활용된다. 또한 재고회전율은 재고가 직접적으로 판매변화와 관련성이 높은 것을 보여주기 때문이다. 공급망 관리 분야에서 가장 영향력 있는 순위는 가트너 차트(Gartner Chart)이다. 재고회전율이 가트너 차트의 평가 항목 중 10%를 차지할 정도로 재고회전율은 실제 기업 운영에 있어 매우 중요한 척도이다.

5.2 ABC 제품 분류

통합적 재고관리의 또 다른 일반적 방법은 몇 개의 범주로 제품을 차별화하고 각 범주의 제품들에 대하여 적절한 재고관리정책을 적용시키는 것이다. 이것은 모든 제품들의 판매량 크기와 변동율과 빈도, 이익, 시장점유율이나 경쟁력과 수명주기상의 위치 등의 중요성이 똑같지 않기 때문이다. 대부분 제품들은 시장에 진출되는 도입기에는 판매량이 낮은 수준을 보이다가 어느 시점 성장기에 접어들면서 급격히 증가한다. 그 후 시장이 성숙기에 이르면 판매량이 안정상태가 되고 곧이어 쇠퇴기에 들어가 판매량이 감소하는 수명주기 현상을 보여준다.

수명주기는 판매와 이익에 다양한 형태의 영향을 끼친다. 몇몇 품목들은 판매량에 있어서 높은 비중을 차지하나, 품목마다 판매량과 이익과 중요성이 다양하다. 이러한 현상을 포용적으로 설명하는 80-20법칙을 이용하여, 전 품목들을 판매량과 중요도 등을 고려하여 ABC 세 가지 범주로 분류하여 관리하는 것이 기본개념이다. 일반적으로 A품목들은 판매가와 이익율이 높고 재고회전율이 높은 품목, B품목들은 중간 정도의 수준의 품목, C품목은 판매가가 낮고 재고회전율이 낮은 품목들로 분류할 수 있다. 품목들을 몇 개의 범주로 그룹화하는 것은 각 회사별로 재고관리 정책과 재고서비스 수준에 따르며 정확한 방법은 없다. 참고로 표 7.14와 같이 ABC 세 가지 범주로 품목들을 분류하여 관리할 수 있다. 실제로 ABC 세 가지 범주로 분류하려면, 전체 품목들을 판매액수의 크기의 내림차순으로 나열한 후, A급 품목은 품목 수의 누적백분율 10~20%선에서 판매액 누적백분율이 50~80%이 되며 회사 방침에 맞도록 정하면 된다.

다만 ABC 제품 분류에서 주의해야 할 점은 C품목으로 보이는 제품이 실제로는 A품목이어서 중요하게 관리해야 하는 경우도 존재한다. 예를 들어 병원에서 지혈제는 판매가와 이익률이 높은 제품은 아니기 때문에 B나 C품목으로 분류할 수도 있으나 지혈제가 부족한 경우 환자에게 매우 위험한 상황이 일어날 수 있으므로 중요하게 관리해야 한다. 그러므로 지혈제는 A품목으로 중요하게 관리해야 하는 품목이다. 이처럼 ABC 제품 분류는 맹목적으로 시행할 것이 아니라 제품의 중요도도 고려하여 신중하게 시행되어야 한다.

표 7.14 ABC분류에 의한 재고관리

범주	품목 특성	품목비율	판매액비율	일반적 재고기법
A	판매가와 이익율이 높고 재고회전율이 높은 품목	10 ~ 20%	50 ~ 80%	정기주문, P–시스템
B	중간정도의 수준의 품목	30 ~ 40%	30 ~ –40%	정량주문, 경제적 주문량
C	판매가가 낮고 재고회전율이 낮은 품목	50 ~ 60%	5 ~ 20%	정량주문, Two Bin System

5.3 Vendor Managed Inventory(VMI: 공급업체 주도 재고관리)

VMI 시스템은 공급업체들이 고객사의 재고현황과 정보를 POS 시스템 등으로 파악·공유하고 재고를 보충하고 수배송 및 공급하여서, 고객사의 재고관리 기능을 대신 수행하며 고객사와 동반자적인 관계를 유지하는 것을 말한다. 번화가의 소매점포 체인처럼 고회전 소비물품의 재고관리를 공급업체들에 아웃소싱을 하는 경우, 공급업체는 고객사의 판매현황, 현 재고수준, 제품 입고일, 회수량 등의 정보가 필요한데, 이러한 정보들이 POS에 의해 파악되어 EDI 네트워크를 통해 실시간으로 전송되기 때문에 항상 고객사의 새로운 재고 현황을 파악할 수 있다. 월마트와 토이저러스와 같은 소매기업은 공급업체로 하여금 자기들의 재고 현황을 파악하고 재고를 보충할 수 있도록 하고 있다.

VMI로 공급사슬상의 수주문과 생산계획 프로세스를 간소화하고 정보를 동기화하며, 공급을 안정시키게 된다. 또한 EDI와 인터넷에 의한 수요 예측 정보의 정확도 및 적시·적기 납품율을 향상시키며, 고객사와 공급업체의 재고정보 공유로 재고비용 등이 절감될 수 있다.

때로는 VMI 방식이 공급업체가 수송비용을 부담해야 해 비용이 더 들 수도 있지만, VMI 방식으로 생기는 매출의 증가로 극복할 수 있다.

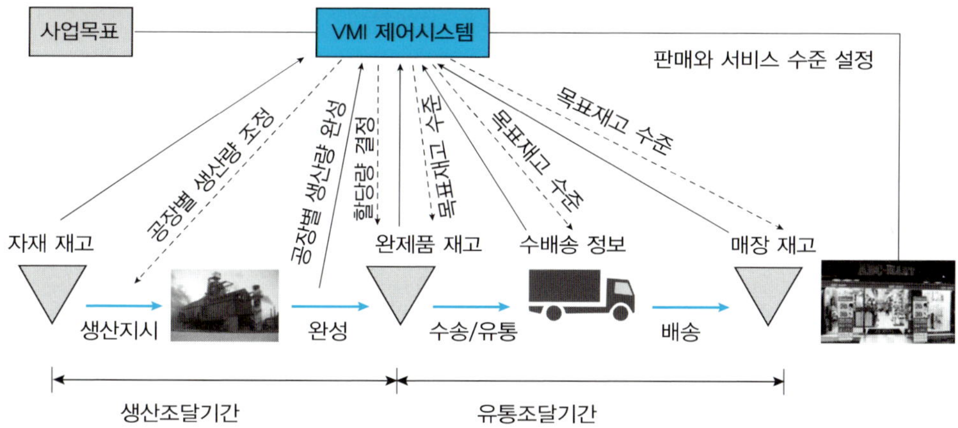

그림 7.8 VMI 프로세스

5.4 CPFR(Collaborative Planning, Forecasting and Replenishment)

CPFR(협력계획 예측보충 시스템, Collaborative Planning, Forecasting and Replenishment)의 목적은 공급사슬상에서 장기적으로 신뢰성과 정확도가 높은 수요를 수렴 조정하면서 예측하기 위하여 웹을 통해 선별적인 내부정보를 공유하는 것이다. CPFR은 ERP로 해결 안 되는 공급업체와 고객 간의 수요 예측과 생산구매계획과 공급 및 재고보충에 관한 물류상의 불일치와 재고감소, 품절제거, 제품 진부화 감소문제 등을 협력 조정하는 효과적인 일정계획을 세우는 웹기반의 도구로 개발되었다. CPFR은 공급사슬상의 주요 파트너(제조, 유통, 소매관련 공급업체와 고객들) 간의 비즈니스 프로세스와 시스템을 통합하고 정보를 공유하여, 고객과 소매점 수준에서 차기 판매량을 추정 예측한 후 공급사슬의 상류로 가면서 마케팅, 공장, 구매부서, 공급업체들 사이의 구축된 정보통신 채널을 통한 정보 교환으로 수요 예측, 생산 구매계획 재고보충계획 및 공급의 정확성을 향상시킨다.

적시의 정확한 정보의 교환과 가시성과 명료성을 제공하는 공급사슬의 핵심 어플리케이션이며, 대형 슈퍼마켓 같은 유통회사의 공급사슬을 고속으로 연결하기 위해서는 웹기반의 CPFR이 필수적이다. CPFR의 해당 당사자들은 매년 파트너 관계를 검토하고, 분기별로 공동사업계획을 평가하며, 주별로 월별 수요 예측을 서로 수렴 조정하고, 일별로 재고보충하는 과정을 주기적으로 반복하는 방법을 사용한다.

- 1단계: 협력사 간 협정 결성(Creation of a Front-end Partnership Agreement) 협업을 위해 필요한 자원요구사항(하드웨어, 소프트웨어, 수행단위요소)과 시스템 구현을 위한 상호 신뢰와 회사 정보의 공유 수준을 협의한다.
- 2단계: 협업사업계획수립(Joint Business Planning) 협력사들 간의 협업 전략을 수립하고 제품의 흐름에 영향을 미치는 기획과 생산과 거래 파트너들의 수요 예측 조정에 관한 협력작업과 일정을 설계한다.
- 3단계: 수요 예측시스템의 개선(Development of Demand Forecasts) 소매점과 공급자의 수요 예측은 소매점의 POS(Point-Of-Sale)를 통한 판매시점 정보의 공유라는 핵심기능을 활용하여 정확하고 신속하게 수행하게 한다. CPFR에서는 예측기법은 수행의 빈도가 높고 광고(프로모션)와 가격할인과 같은 전문적인 정보와 연계하여야 하므로 이동평균법과 같은 간단한 기법을 채택하나, 각 기업 고유의 수요 예측기법을 사용할 수 있다.
- 4단계: 예측공유와 조정(Sharing Forecasts) 소매점(주문과 수요 예측)과 공급자(판매 예측)는 최근 예측치를 그들의 호스트 서버에 보내어, 수익성을 고려하여 미리 설정한 안전 범위를 초과하는 차이가 발생하는 예측치에 대해 해당 소매점과 공급자 양쪽의 예측을 수렴하기 위한 조정을 한다.
- 5단계: 재고보충(Inventory Replenishment) 해당 수요 예측에 대해서 수렴과 동의가 이루어진 후, 주문과 예측은 실제주문으로 바뀌게 되고, 이것으로부터 재고보충이 시작된다. 재고보충의 과정은 각각의 제품별로 거래당사자 간에 설정된 주기와 일정에 따라 반복적으로 시행된다.

공급사슬 거래 파트너 간에 정보공유와 교환으로 공급사슬상에서 수요에 대한 신뢰성과 가시성이 향상되면서 공급사슬 파트너십으로 인한 다양한 수익과 혜택이 발생할 수 있다. 그러나 파트너들 간의 정보공유에 대한 신뢰의 부족과, 이윤을 극대화하려는 공급자와 비용을 최소화하려는 소매상과 고객 사이의 상반된 목적으로 반목적인 공급사슬관계가 될 수 있다. 기업의 재무, 생산계획, 재고가치 등의 전략적 정보를 온라인상에 올려놓은 것은 정보보안과 안전에 문제를 초래할 수 있으므로, 긴밀한 파트너십 유지와 정보의 제한적 접근 등이 필요하다.

사례 7.3 협력계획 예측보충 시스템의 효과

국내 SS전자는 해외매출 비중이 전체 매출의 85%를 차지하고, 순이익 역시 해외시장에서 약 88%가 창출되고 있는 만큼 판매에서 구매에 이르기까지의 글로벌 비즈니스를 최적화할 수 있는 경영정보 시스템 체계의 구축이 요구됐다. 지·법인 판매 경쟁력을 강화하기 위해 거래선의 접점에 위치하여 내부 유관 시스템을 통합 및 연계하고, 거래선과의 구매, 판매, 재고, 마케팅, 물류 정보를 공유하는 시스템을 구축하였다.

해당 시스템에 연계되어 있는 57개 해외 지법인과 718개의 주거래선들은 협업 네트워크를 통해 SS전자의 신제품 정보를 살펴보고 원하는 제품 물량과 시기 등의 구매계획을 입력하면 SS전자의 생산능력이 자동으로 체크되어 구매 가능 여부를 실시간으로 통보받을 수 있다.

시스템의 도입효과

- 수요 예측 정확도 향상
- 납기 준수율 상승
- 고객 주력 거래성과의 프로세스 구축
- 브랜드 로열티(Brand Loyalty) 제고
- 거래선과의 Win-Win 협업체제로 매출 향상 및 영업 자동화에 따른 비용절감 등

SS전자 경영인프라그룹 부장은 "대표적인 사례로 세계 최대의 전자제품 유통사인 Best Buy와의 CPFR 사례가 미상거래 표준협회 VICS 주관의 CPFR '최우수상거래 상호 협력상'을 수상할 정도로 고객의 반응이 긍정적"이라며 "시스템 구축 이후 Best buy의 유통재고율이 15%, 주문리드타임은 5% 감소한 것으로 조사되었으며, 적기 적량 배달율은 9.6%, 수요 예측 정확도 20% 증가한 것으로 나타났다"고 밝혔다.

5.5 리스크 풀링(Risk Pooling)

리스크 풀링은 제품이나 재고거점별로 분산 처리하지 않고 중앙물류센터 등에서 통합하여 처리하는 경우, 각 제품이나 재고거점별로 수요량의 변동이 있지만, 회사 전체적으로 통합된 수요량의 변동성은 줄어들게 되고, 따라서 안전재고량과 평균 재고량이 줄어들게 되므로 결과적으로 재고유지에 들어가는 비용이 줄어드는 현상을 말한다.

즉 분산된 재고거점별로 각 거점이나 창고에서 고객에게 서비스하는 경우보다 중앙 집중화된 물류 시스템의 통합 물류센터나 창고에서 광범위한 지역의 많은 고객에게 서비스를 제공하는 경우가 이에 해당된다.

리스크 풀링 시스템에서는 많은 지역창고에 분산되는 재고를 통합시켜 중앙 집중화된 물류센터에서 재고관리를 통합하게 하여 전체 재고량의 변동성이 낮고, 수요가 낮은 지역의 여유분은 수요가 높은 지역의 수요를 위해 할당될 수 있어서 그 결과 전체 재고량의 변동폭이 적어지고, 따라서 전체적으로 보다 감소된 안전재고량과 평균 재고량으로 전체 고객들을 서비스할 수 있다.

또한 중앙의 물류센터는 집중화된 조직과 고도화된 자동화와 정보화된 시설들을 구축할 수 있어서, 높은 수준의 서비스를 고객에게 제공할 수 있고 총 간접비는 줄일 수 있다. 그리고 수송비용은 감소하고 배송비용은 증가하게 되지만, 수배송의 Outsourcing이나 제3자 물류(3PL, 3rd Party Logistics)의 활용으로 효과적인 수배송 서비스를 할 수 있어서, 리드타임 단축과 신속한 주문배송 및 총체적인 수배송비용의 절감을 도모할 수 있다.

5.6 총 투자 한도

재고는 실질적인 자본투자를 요구한다. 재고관리정책은 총 재고투자가 예산을 초과 요구하면 이를 조정하여야 한다. 재고가 확실한 수요조건과 조달기간의 조건하에서 재주문점의 정량주문정책(Q-system)에 의해 관리된다면, 각 품목별 재고투자는 단가(C_i) × 평균 재고량($Q_i/2$)이므로, 다음과 같이 나타낼 수 있다.

$$\sum_{i}^{n} C_i(Q_i/2) \leq L$$

여기서 L = 재고에서 품목 i에 대한 투자한도

C_i = 재고에서 품목 i의 가격

Q_i = 재고에서 품목 i의 주문량

품목별 주문량 Q_i^*은 경제적 주문량 공식에 의해 결정된다. 각 품목의 평균재고 가격의

합이 투자한도(L)를 초과하면, 각 품목들에 대한 주문량을 줄여 각 품목의 평균재고 투자액을 줄이고 그 합이 투자한도를 맞추도록 감소시켜야 한다.

이를 위해 경제적 주문량 공식을 다음과 같이 수정시킨다.

$$Q_i = \sqrt{\frac{2D_iS_i}{C_i(I+\gamma)}}$$

즉, 다음 식을 만족하는 γ를 찾는다.

$$\gamma = \left(\frac{\sum_i^n \sqrt{2D_i\, S_i\, C_i}}{2L}\right)^2 - I$$

γ를 알면 이 γ을 $Q_i = \sqrt{\frac{2D_iS_i}{C_i(I+\gamma)}}$ 에 대입하여 Q_i를 구한다.

예제 7.17 총 투자 한도 제약에서의 주문량 계산

3개의 중요한 품목에 재고투자를 하고 있다. 이들 품목들에 대해 평균재고투자의 총 가격 한도는 $60,000이다. 연간 단위당 재고유지비용은 연 20%이고, 1년 50주 동안 생산과 영업을 한다. 다른 관련 데이터는 다음과 같다.

품목 i	조달비용 S_i	구매비용 C_i	주간수요 D_i
1	$200/주문	$100/단위	250개
2	$50	$200	500개
3	$100	$50	1,000개

먼저 각 Q를 계산하자.

$$Q_1 = \sqrt{2DS/(IC)} = \sqrt{2(250\times 50)(200)/0.20(100)} = 500\text{개}$$

마찬가지로

$$Q_2 = \sqrt{2(500\times 50)(50)/0.20(200)} = 250\text{개}$$
$$Q_3 = \sqrt{2(1{,}000\times 50)(100)/0.20(50)} = 1{,}000\text{개}$$

의 계산 값을 이용하여 총 재고투자액 $\sum_i^n C_i(Q_i/2)$를 구하면

$$\begin{aligned}\text{총 재고투자액} &= C_1(Q_1/2) + C_2(Q_2/2) + C_3(Q_3/2)\\ &= 100(500/2) + 200(250/2) + 50(1000/2)\\ &= \$75{,}000\end{aligned}$$

투자한도 \$60,000을 초과하므로 수정한 경제적 주문량 공식으로 풀면,

$$\frac{100}{2}\sqrt{\frac{2\cdot(250\times 50)\cdot 200}{(0.2+\gamma)\cdot 100}}+\frac{200}{2}\sqrt{\frac{2\cdot(500\times 50)\cdot 50}{(0.2+\gamma)\cdot 200}}+\frac{50}{2}\sqrt{\frac{2\cdot(1000\times 50)\cdot 50}{(0.2+\gamma)\cdot 50}}$$

$$=60{,}000$$

γ에 대한 변화는 앞의 식의 좌변이 거의 60,000에 가까워질 때까지 시도될 수 있다. γ값을 0.1, 0.05, 0.055로 선택하면 그 결과는 다음과 같다.

$\gamma \Rightarrow$ 재고값
0.1 $\Rightarrow$ \$ 55,259
0.05 $\Rightarrow$ \$ 60,530
0.055 $\Rightarrow$ \$ 59,933

재고투자한도를 \$60,000로 할 때, $\gamma = 0.055$일 때 근삿값인 \$59,933의 평균재고투자가 요구되며, 이 값은 투자 한도값에 충분히 근접한다.

$\gamma = 0.055$를 각 품목의 경제적 주문량 식에 대입시키면 재고투자한도 \$60,000에 맞는 각 부품의 수정된 주문량을 구할 수 있다. 즉, 품목 1의 수정된 주문량은

$$Q_1=\sqrt{\frac{2D_1S_1}{C_1(i+\gamma)}}=\sqrt{\frac{2\cdot(250\times 50)\cdot 200}{100\cdot(0.2+0.055)}}=443\text{개}$$

같은 방법으로 다른 품목에 대한 주문량을 계산하면 $Q_2=221$개, $Q_3=626$개이다.

1 제품을 생산자로부터 공급받아 소비자들에게 판매하는 소매업자의 관점에서, 재고의 장단점에 관하여 서술하시오.

2 시스템에서 재고와 관련된 비용 중 재고유지비용은 단위제품당 일정 기간 보관하고 유지하는 데 드는 비용으로 정의될 수 있다. 그렇다면 제품의 재고유지비용을 특정 값으로 정의하고자 할 때 어떤 요인들이 고려될 수 있는지 소개하시오.

3 남성복을 판매하는 R아울렛에서는 K패션에서 새로 출시한 클래식 와이셔츠의 주문량을 결정하고자 한다. 와이셔츠는 6개월 동안 약 120벌이 판매될 것으로 예상하고 있으며, 이 매장은 와이셔츠를 K패션으로부터 4만 원에 공급받고 있다. 와이셔츠의 공급 금액에 더하여, 와이셔츠의 주문에는 한 번에 20만 원의 주문비용이 발생한다고 한다. R아울렛에서 주문한 와이셔츠는 주문 후 K패션으로부터 바로 도착한다고 가정한다. R아울렛에서는 제품의 유지비용을 1년 동안 와이셔츠 공급 가격(4만 원)의 30%로 계산하고 있다. 이때 아래의 비용 및 의사결정을 도출하시오.

3-1 R아울렛의 최적 주문량은 몇 벌인가?

3-2 최적 주문 주기를 계산하여 답하라.

3-3 이 매장이 매년 지출하는 총 구매비용은 얼마인가?

4 앞의 3번 문제에서 계약상 문제로 인하여 K패션으로부터 와이셔츠가 R아울렛에 도착할 때까지 2주(약 0.5개월)가 소요될 것으로 예상된다. 이때 R아울렛의 주문 시기와 주문량은 어떻게 변해야 하는지 계산하시오.

5 앞의 3번 문제에서 R아울렛은 K패션과 새로운 계약을 통해 아래와 같은 수량할인 계약을 하였다. 이때 R아울렛의 주문량은 어떻게 변해야 하는지 계산하시오.

주문량	와이셔츠당 공급 가격(원)
1~50	40,000
51~100	38,000
101~	36,000

6 앞의 3번 문제에 이어, R아울렛은 한국은행 각 지점의 사원들을 대상으로 정장 공동구매를 요청받았다. 현재부터 각 주별로 수요량은 80, 100, 60, 90이 될 것으로 예상하고 있다. 다음 물음에 답하시오.

6-1 와그너-휘틴 알고리즘을 이용하여 각 주별 주문량 및 총 재고비용을 계산하시오.

6-2 실버-밀 휴리스틱을 사용하여 각 주별 주문량 및 총 재고비용을 계산하시오.

7 다음과 같은 이산형 신문 판매원 문제를 생각해보자. 신문은 50부 단위로 주문 가능하며, 신문 한 부당 구매가격은 500원, 판매가격은 1,500원이며, 판매되지 않은 신문은 폐지업체에 한 부당 250원을 받고 넘길 수 있다. 가장 많은 이익을 낼 수 있는 최적의 신문 주문량을 구하시오.

D	0	50	100	150	200	250	300
f(D)	0.05	0.1	0.35	0.2	0.15	0.1	0.05

8 ABC 스노우보드 판매점은 겨울철 스노우보드 시즌을 맞아 스노우보드를 미리 주문하고자 한다. 스노우보드의 시즌 동안의 수요는 매우 불확실하지만 과거 경험으로 평균이 500대, 표준편차가 100대인 정규분포를 따른다고 예년의 수요 데이터를 바탕으로 추정되었다. 스노우보드 한 대의 구매가격은 10만 원, 판매가격은 25만 원이며, 스키 시즌 종료 후 파격가 할인을 통해 5만 원에 판매될 것으로 예상하고 있다. ABC 스노우보드 판매점은 스노우보드 몇 대를 주문해야 하는가? 이 경우 기대 품절량은 몇 대이며, 기대 판매량은 몇 대인가? 기대이익은 얼마가 될 것인가?

9 AAA 대리점에서 판매하는 어떤 제품의 일주일 수요는 평균이 400개, 표준편차가 50개인 정규분포를 따른다고 추정되었다. 주문 조달기간은 5주가 소요되며, 서비스 수준은 90%를 유지하기를 원한다. 대리점은 연속조사 재주문점 모형을 사용하고 있으며, 주문량은 과거 경험에 의해서 1,200개를 주문하고 있다. 안전재고량 SS는 얼마이며, 재주문점은 몇 개가 되는가?

10 9번의 AAA 대리점의 서비스 수준은 몇 % 정도 되는가? 조달기간 동안의 보유재고에 대한 목표 서비스 수준과 비교하여 어떠한가?

제 8 장

하역, 보관, 포장

제1절 하역
제2절 AGV 시스템
제3절 보관
제4절 효과적인 보관 관리
제5절 포장

아마존 물류센터의 AI · 로봇들이 초당 50건의 주문량을 배송처리

미국 시애틀에서 차로 한 시간 거리에 있는 아마존의 듀폰트 시 물류센터는 축구장 46개 크기(37만 2300m^2)로 북미 최대 규모이며, 이 물류 창고에는 미국 최대 전자상거래업체 아마존의 핵심 경쟁력이 모두 집약돼 있다.

창고 안에서는 '아마존로봇(Amazon Robot)' 1000여 대가 곳곳을 누비고 있다. 대형 로봇 청소기처럼 생긴 아마존로봇은 주문받은 상품을 2000만 종의 물품이 쌓여 있는 복잡한 재고 창고에서 정확하게 찾아 컨베이어 벨트 위에 올려놓는다. 창고 안에 이어진 컨베이어 벨트의 길이는 무려 9km에 달하고 롤러코스터처럼 복잡한 경로로 움직였다.

아마존 듀폰트 물류센터는 인공지능과 로봇 기술을 이용해 만든 아마존의 8세대 창고이며, 이 창고 안의 로봇들은 아마존 서버(대형 컴퓨터)에 있는 인공지능의 명령에 따라 움직인다. 아마존의 인공지능은 창고 내의 모든 것을 파악해 로봇을 조종한다.

무게 6t까지 한꺼번에 들어올리는 노란색 기중기 로봇 '로보스토'가 물류센터로 들어오는 각종 제품을 2층 재고 구역으로 옮기면, 오렌지색 '아마존로봇(AR)' 1000여 대가 2층에 대기해 있다가 로보스토로부터 짐을 받아 지정된 보관 랙(Rack, 선반) 위치로 상품을 옮긴다.

이 물류센터의 주문처리량은 초당 50건 하루 300만 개 이상에 이른다. 고객이 아마존 쇼핑몰에서 상품을 결제하는 순간부터 이 물류센터에서 트럭에 물품이 실려 배송 준비가 끝나기까지 10분 정도 소요되는데, 이는 경쟁업계보다 5배 이상 신속하게 처리하는 것이다. 아마존로봇 한 대가 네 사람분의 일을 하고 있으며, 직원 1000여 명이 이곳에서 하는 일은 포장 직전에 물품을 확인하는 것뿐이다.

2017년에 아마존은 물품을 싣고 떠다니는 거대한 열기구형 공중 창고 '항공 수송센터'를 개발하고 있다. 고객의 주문이 들어오면 가까운 공중 창고에서 드론(무인기)이 상품을 적재하여 고객에게까지 배송한다는 것이다.

아마존은 전 세계 5억 명의 고객들에게서 모은 방대한 데이터를 AI(인공지능)로 분석해 고객의 수요에 발빠르게 대응을 하며, 오프라인 유통 시장의 경쟁자를 제압하고 있다.

▶ 출처: (조선닷컴 2017. 7.)

제1절 하역

1.1 하역의 개념

원자재를 이용하여 제품을 만들고, 이를 소비자에게 판매하기 위해서는 공장 내에서 다양한 프로세스를 거치게 된다. 원자재가 공장에 도착하면 트럭에서 하차되고 원자재 창고로 운반되며 사용이 필요할 때까지 저장된다. 생산이 계획되면 필요한 원자재가 선정되고, 이는 생산라인으로 이동하게 된다. 생산된 제품은 반제품 또는 완제품 창고로 운반되며, 적절한 위치에 적재되고 주문에 의해 이동될 때까지 저장된다. 이후, 주문에 따라 필요한 제품들이 선택되어 분류되고 트럭에 상차하게 된다. 이렇게 상차된 제품은 공급사슬의 하위 단계로 운송된다. 창고와 도매점 등에서도 이와 유사한 프로세스가 반복되며, 최종적으로 소비자에게 물건이 전달된다. 이와 같이 화물을 싣고 내리는 일, 시설물 내외에서 짧은 거리를 이동하는 일, 창고에 물건을 보내고 꺼내는 일 등을 포함하여 화물을 취급하는 다양한 작업을 하역(Material Handling)이라고 한다.

하역에서 발생하는 세부 작업들은 일반적으로 다음의 여섯 가지로 구분된다.

- 상하차(Loading & Unloading): 수송기기와 컨테이너 등을 이용하여 물품을 트럭 등의 수송수단에 실어 넣는 일과 짐을 내리는 일을 말한다.
- 운반(Moving): 생산, 유통, 조달의 과정에서 물품을 물류센터, 창고, 공장과 도소매 매장 내 등에서 짧은 거리를 이동시키는 것을 말한다.
- 적재(Stacking): 창고 등 보관시설 내의 정해진 장소로 이동한 물품을 적절한 보관 위치에 적합한 형태로 쌓아두는 작업을 말한다.
- 피킹(Picking): 인출이라고 하며 적재하여둔 물품을 꺼내는 일을 말한다. 특히 오더피킹(Order Picking)은 주문된 제품을 보관장소에서 꺼내어 용기에 담아 보내는 일을 말한다.
- 분류(Sorting): 인출된 물품을 품목별, 발송 방면별, 고객별 등으로 분류하는 일을 말한다.
- 정리(Collection): 출하하는 물품을 수송수단에 상하차, 하역, 운반과 적재 등 고려하여 적재해 두기 위해서 단위하물(유닛로드, Unit Load)로 적합하게 포장하거나 정리하는 것을 말한다.

하역 작업은 수송 및 보관의 원활한 수행을 위해 발생하는 필수적인 작업이다. 생산에서 소비에 이르는 전 유통과정의 수송, 보관의 전후에는 반드시 하역작업이 따르기 때문에, 하역의 합리화는 물류합리화를 위해서 아주 중요하다. 과거 하역은 사람의 손과 힘을 요구하는 노동 집약적인 작업이었으며 경영자들에게 큰 관심을 받지 못하는 물류의 영역이었다. 하지만 비용 효율성을 위하여 기계화와 자동화가 꾸준히 진행되고 있으며, 최근에는 하역의 무인화와 지능형 로봇의 활용으로 발전하고 있으며, 물류의 노동생산성 향상에 크게 기여를 하고 있다.

고객의 요구를 최대한 신속하고 정확하게 반영하기 위해서 고객 서비스와 배송 속도를 중요시하는 아마존은 고객의 요구를 최대한 신속하고 정확하게 반영하기 위해 물류센터를 인공지능(AI)에 의해 통제받는 로봇집단으로 구성하였다. 하역과 운반뿐만 아니라 주문을 처리하는 시스템으로 거듭 개선하여, 고객 주문 후 배송준비 완료를 10분 내에 수행한다. 아마존 시대(the Age of Amazon)의 경쟁에서 살아남기 위해서 글로벌 대기업뿐 아니라 중소기업과 유통업체들도 고객의 요구를 충족시키기 위해 아마존처럼 로봇 시스템 중심의 하역과 물류 솔루션의 중요성을 고려할 필요가 있다.

1.2 하역의 합리화

효율적인 하역작업을 진행하기 위해서는 다음과 같은 몇 가지 원칙을 고려해야 한다.

(1) 무리한 작업의 배제: 하역작업은 부가가치를 산출하는 작업이 아니다. 부적절한 하역작업은 물품을 파손하거나 불필요한 작업횟수를 늘리게 되므로, 하역작업은 가능한 축소시켜야 한다. 적재와 운반횟수를 줄이고 운반거리를 짧게 하는 것이 필요하다.

(2) 운반활성의 향상: 물류과정에서 일단 적재된 물품을 다시 운반하여 항상 다음 이동에 편리하도록 물품을 위치시키는 것이 중요하다. 이동의 편리함 정도를 '운반활성'이라 한다. 표 8.1은 활성지수를 나타낸 것이다.

(3) 중력 이용: 플로 랙(Flow Rack), 슈트(Shute)와 같이 중력을 이용한 물품 이동은 에너지와 인력, 기계 투입을 줄인다. 하역작업에서 중력을 최대한 이용하고 저항과 마찰력을 줄여야 한다. 운반작업에서는 화물을 대차에 적재하여 작업자가 중량을 직접적으로 부담하는 것을 방지한다. 대차를 이동시킬 땐 반발력과 저항력이 적어야 하며 윤활유를 이용하거나 통로의 노면을 평평하게 정비하는 일이 필요하다.

표 8.1 운반활성

활성지수	물건의 위치와 상태	비 고
0	마루에 놓아둔다.	상자에 담는 것, 팔레트화 대차나 컨베이어에 싣거나 작업자 운반 필요
1	상자에 넣는다.	팔레트화와 대차나 컨베이어에 싣는 작업 필요
2	팔레트, 스키드에 싣는다.	대차나 컨베이어에 싣거나 작업자 운반 필요
3	대차에 싣는다.	작업자의 운반이 필요
4	컨베이어 위에 싣는다.	운반 노력이 불필요

(4) 흐름 이용: 하역작업을 연속적으로 정체없이 순조롭게 수행하려면 화물의 흐름과 작업동선을 정비할 필요가 있다. 이를 위해서는 동선과 화물의 흐름을 잘 분석하고 개선하는 일이 중요하다. 또한 불필요한 정지 등이 없어야 한다. 컨베이어로 물품을 운반할 경우에는 컨베이어의 속도를 적절하게 통제하여, 처음과 마지막 공정에서 적재하는 작업과 속도가 균형 있게 연결되어 정체와 대기가 생기지 않도록 해야 한다.

(5) 하역기계의 이용: 하역작업의 생산성을 향상시키기 위해서는 인력하역을 줄이고, 기계하역으로 고도화시켜야 한다. 따라서 작업에 적절한 하역기계를 선택하는 것이 중요하다. 또한 같은 기계에도 수동식 기계부터 컴퓨터 제어에 의한 자동화 기계까지 다양한 종류가 있으므로, 처리량의 규모에 따라 적합한 유형의 하역기계와 장비를 선택하고 경제적인가를 검토할 필요가 있다.

(6) 유닛로드시스템화: 유닛로드시스템(ULS: Unit Load System)은 효과적인 하역 운반과 수송합리화를 위하여, 팔레트나 컨테이너에 적절한 수량의 품목을 쌓아서 일정한 크기와 중량의 단위하물로 만들어, 목적지까지 그대로 기계를 이용하여 하역·운반·적재·수송을 하는 방법이다. 유닛로드시스템은 다수의 수송방식을 연결시켜 수송하는 복합수송(Intermodal Transportation, 협동일관수송)에서 하역작업의 기계화, 화물파손 방지, 적재의 신속화, 차량회전율 향상 등으로 물류비를 절감하기 위해 활용된다.

(7) 효율적인 통합 시스템의 형성: 포장, 수송, 배송, 보관, 하역의 제반활동은 각각 독립된 것이 아니고 서로 연결되어 있으며, 고객과 공급업체의 물류 시스템과도 서로 연계되어 있다. 따라서 이러한 제반활동들을 하나의 통합물류 시스템으로 파악하고, 그 시스템 내에서 포장된 제품과 팔레트 및 컨테이너 등이 효율적으로 취급, 운반 및 수배송되도록 설계되어야 한다.

1.3 하역 기계

(1) 지게차(Fork Lift Truck)

지게차는 가장 대표적인 하역기계장비이다. 지게차는 하역작업의 여섯 가지 요소작업에서 적재, 운반, 상하차, 피킹 등의 복합작업을 수행하기에 편리한 기계이다. 그러나 개별 단위화물의 취급 작업은 불가능하며, 포크를 이용하기 때문에, 취급 화물은 팔레트화 등의 유닛화가 필요하다.

지게차의 종류로는 카운트 발란스형(Counter-balanced) 트럭, 팔레트 스태킹(Pallet Stacking) 트럭, 사이드 포크리프트(Side Forklift), 리치 포크리프트(Reach Forklift), 워키

그림 8.1 지게차

포크리프트(Walkie Forklift), 래터럴 스태킹(Lateral Stacking) 트럭, 삼방향 리치 포크리프트(Three Direction Reach Forklift), 오더 피킹 트럭(Order Picking Truck) 등이 있다.

지게차에는 각종의 부속장치(Attachment)가 준비되어 있다. 부속장치는 특별한 작업용으로, 통상 포크와 교환하여 부착하는 부속장치이다. 하물의 구멍에 넣어서 운반할 수 있는 암, 크레인 작업하기 위한 크레인암(Crane Arm), 횡방향으로 화물을 이동하는 사이드시프트(Side Shift), 포크상의 화물을 꽉 잡아 밀어주는 푸셔(Pusher) 등이 있다. 또한 푸셔는 시트(Sheet)팔레트에 적재된 화물의 하역도 할 수 있다. 한편 화물을 횡방향으로 잡아 처리하는 사이드그래브(Side Grabber), 화물을 잡은 채 수직면 내로 회전하는 회전그래브(Rotational Grabber), 포크의 화물을 꽉 잡는 장치를 가진 스테빌라이저(Stabilizer) 등이 있다.

하역기계 시스템 전체를 자동화하기도 하지만, 지게차를 컴퓨터 제어방식으로 자동화시킨 자동주행지게차(Automated Guided Forklift truck)로 유연성 있게 운영하기도 한다. 그림 8.2와 같이 자동화된 무인 지게차를 사용하거나, 유인운전이지만 컴퓨터 제어로 포크의 높이조정, 자동정지와 하중의 표시, 회전모멘트의 표시와 경고신호, 포크의 승강에

그림 8.2 자동주행지게차

따른 라이트 추적조사, 취급하중과 작업회수의 기록 등을 수행하는 자동화 장치도 있다.

(2) 운반장비

운반장비는 물건의 이동을 주목적으로 하며, 산업차량은 동력식 산업차량, 수동식 산업차량, 자동주행 운반차량 및 로봇으로 구분할 수 있다. 동력식 산업차량은 디젤, LPG, 전동과 같은 다양한 동력 방식을 이용하며, 지게차와 트랙터, 트레일러 등의 운반차량과 기관차 등이 포함된다. 동력식 산업차량은 운반작업에 인력을 필요로 하지 않으나, 수동식 차량보다는 가격 측면에서 비싸다. 수동식 산업차량에는 수동대차, 롤러대차, 핸드리프트 트럭, 팔레트 트럭이 있으며, 인력으로 작업이 진행된다. 또한 가격이 저렴해서 많이 사용된다.

자동주행 운반차량(Automated Guided Vehicle: AGV)은 바닥에 설치된 센서, 마그네틱, 마커 등을 인식하고, 이에 맞춰 필요한 지점까지 자동으로 물건을 이송해주는 운송 로봇이다. 그림 8.3은 제조 작업이 수행된 물건을 주어진 경로를 따라 자동으로 이동하는 AGV의 예시이다.

운송 로봇은 자동화된 창고에서도 많이 사용되고 있다. 그림 8.4는 아마존 물류센터에서 이용하는 KIVA이다. 작업할 물건에 대한 요청이 들어오면, 작은 KIVA 로봇은 바닥에 있는 바코드를 따라 이동하면서 물건이 적재되어 있는 선반을 찾아간다. KIVA 로봇이 선반 자체를 작업자에게 운반해오면, 작업자가 필요한 물건을 선택하여 포장한다. 작업이 완료되면 선반은 다시 저장 공간으로 이동하며, 일정 시간마다 충전소에 가서 스스로 충전을 하게 된다. 이와 같은 지능형 운송 로봇은 작업자가 물건을 찾으러 가는 시간과, 작업자가 이동하는 선반 사이의 공간을 획기적으로 줄여서 효율적으로 일을 처리할 수 있게 한다.

크레인은 작동하는 방식에 따라 여러 가지 방식으로 구분할 수 있다. 그림 8.5는 철골 기둥과 천장에 설치된 레일을 따라 이동하는 천장 크레인(Overhead Crane)으로 넓은 천장 공간이 있을 때 활용된다. 그림 8.6은 작업장 벽에 암(Arm)을 설치하여 이용하는 지브

그림 8.3 자동주행 운반차량(AGV)

그림 8.4 아마존 물류센터와 KIVA 로봇

그림 8.5 천장 크레인

크레인(Jib Crane)이며 상대적으로 좁은 공간에서 반복되는 작업을 수행할 때 사용된다. 그 외에 타워형 크레인(Tower Crane), 브리지형 크레인(Bridge Crane), 그림 8.7과 같이 상하 이동을 위한 리프터(Lifter), 트럭에 크레인을 장치한 트럭 크레인(Truck Crane), 모빌 크레인(Mobile Crane) 등이 있다.

그림 8.6 지브 크레인

그림 8.7 리프터

그림 8.8 벨트 컨베이어

그림 8.9 체인 컨베이어

그림 8.10 롤러 컨베이어

그림 8.11 행거 컨베이어

컨베이어는 연속적인 흐름을 갖는 운반기계로 대량 생산 시스템에서 많이 사용되고 있으며, 최근에는 운반과 더불어 분류, 검사, 포장과 같은 다양한 작업이 동시에 이뤄지는 장비로 그 범위를 확장하고 있다. 그림 8.8은 벨트(Belt)를 이용하여 물건을 이동시키는 벨트 컨베이어를 보여주며, 평판형(Flat), 홈통형(Troughed), 자석식(Magnetic) 컨베이어 등이 있다. 그림 8.9는 체인(Chain) 형태의 바닥면을 이용하는 체인 컨베이어이며, 체인 컨베이어에는 슬레이트(Slat) 컨베이어, 트레이(Tray) 컨베이어, 슬라이드(Slide) 컨베이어, 트롤리(Trolly) 컨베이어, 토우(Tow) 컨베이어, 플로어(Floor) 컨베이어 등이 있다. 그 외에 그림 8.10과 같은 롤러(Roller) 컨베이어, 진동(Vibration) 컨베이어, 스크류(Screw) 컨베이어, 그림 8.11과 같은 행거(Hanger) 컨베이어, 서류와 가벼운 물건을 운반하는데 주로 사용되는 공압 슬라이드(Pneumatic Slider) 등으로 구분할 수 있다.

수직방향의 이동에 사용되는 장비로는 엘리베이터, 호이스트(Hoist), 슈터(Chute, 자동활송장치) 등이 있다. 화물용 엘리베이터는 다층 창고를 넓게 사용하게 하며, 그림 8.12와 같은 호이스트는 와이어 로프나 체인으로 중량물을 끌어올리는 장치로 수동식과 전동식이 있다. 그림 8.13의 슈터는 나선형이나 직선형으로 중력을 이용하여 소화물, 서류, 광석 등을 아래로 이동시킨다.

그림 8.12 호이스트

그림 8.13 나선형 슈터

모노레일은 천장에 설치된 궤도에 캐리어가 달려 있어 물품 이동을 컨베이어보다 유연성 있는 경로로 운반한다. 캐리어는 자체적으로 이동 정지 조정을 할 수 있는 것도 있다.

그림 8.14 모노레일

(3) 분류기기(Sorting System)

분류기기는 수동식 분류기와 기계식 분류기로 구분할 수 있다. 수동식 분류기는 인력과 기구에 의해 분류하는 것으로 대차, 컨베이어, 팔레트와 지게차 등의 장비가 사용된다. 대차식 분류는 대차에 주문물량을 모두 적재한 후 이동하면서 각각의 주문이나 고객별 분류위치에 분배하는 방식이다. 컨베이너식 분류는 설치된 컨베이어 위에 물자를 흐르게 하고,

각 분류위치에 있는 작업원이 화물꼬리표, 색깔, 번호 등의 분류표시를 보고 피킹을 하여 보조컨베이어, 대차 혹은 바닥에 적재하는 방식이다. 또한 팔레트에 의한 분류는 팔레트에 화물을 적재하여, 지게차로 이동하면서 수작업으로 집어내어 분류위치에 있는 상자나 팔레트에 분배하는 방식이다.

기계식 분류는 그림 8.15와 같이 자동분류장치를 이용하는 것이며, 최근에 자동화된 기기들이 매우 발달하여 고속분류 컨베이어 시스템 등이 출현하고 있다. 자동분류 장치는 분류지시정보를 제공하는 컴퓨터와 제어장치, 분류위치까지 화물을 이송하는 반송장치, 분류위치로 화물을 분류하여 보내는 분기장치, 분류위치에 화물을 저장하는 보관장치로 구성된다.

자동분류장치의 제어방식에는 외부기억방식과 내부기억방식의 두 가지가 있다. 외부기억방식은 화물 혹은 대차, 상자 등의 분류대상에 바코드 번호 등을 붙이고, 이것을 분기장치가 판독 처리하고 분류하는 방식이다. 내부기억방식은 자동분류장치의 반송장치의 입구에 설치된 컴퓨터에서 분류하려는 화물 등에 대한 분류지시정보를 작업자가 입력하고 그 화물이 분류위치에 올 때 분기장치가 작동되게 하는 방식이다. 입력의 방법으로서는 키보드 키인방식과 음성으로 지시하는 음성 인식방식이 활용되고 있다. 분기방식에는 압출식, 부출식, 경사식, 분기식의 네 가지 방법이 있다.

- 압출식: 물품의 측면을 압출장치로 밀어서 분류하는 장치이다.
- 부출식: 반송 컨베이어의 아래에서 부출식 장치로 물품을 부상시켜 반송 컨베이어의 옆으로 보내어 분류하는 장치이다.
- 경사식: 반송용 컨베이어에 분기장치가 내장되어 있고 정해진 분류위치에서 각 물품이 담긴 트레이(Tray)를 한쪽으로 기울어지게 하여서 경사된 반송로로 분류하는 장치이다.

그림 8.15 자동분류 컨베이어 및 자동분류장치

• 분기식: 반송장치의 경로를 분류시키려는 위치로 변경시켜 분류를 하는 장치이며, 토우 컨베이어 등이 있다.

(4) 피킹(Picking)

피킹은 고객별로 주문받은 물품들을 분류하고 나누는 것이며, 작업방식에는 씨뿌리기 방식과 적취 방식의 두 종류가 있다.

씨뿌리기 방식은 동일품종의 화물을 모아 출하장소로 돌아다니며 고객별로 지정된 상자나 팔레트 등에 주문량이나 출하된 수량만큼을 나누어주는 방식이다. 적취 방식은 고객별로 주문받은 다품종의 주문물품을 각 물품의 보관장소를 돌아다니며 주문량만큼 피킹하여 모아 상자나 컨테이너나 팔레트에 넣어 포장하는 방식이다.

DPS(Digital Picking System)는 피킹작업자가 담당하는 한정된 피킹 공간에서 디지털 신호로 표시되는 저장 칸에 가서 표시된 수량만큼 피킹하여 상자나 용기에 담아 출하시키는 방식으로 신속하고 정확하게 피킹시간을 줄여준다.

피킹 장비에는 취급품의 크기, 중량 및 형태와 작업 성격과 운반조건에 적합한 각종 반송기기, 운반기구, 로봇들이 사용되고 있다.

제2절 AGV 시스템

2.1 AGV 시스템

자동주행 운반차량이라 불리는 AGV는 운전자 없이 운반물을 이동해 주는 시스템으로 공장, 창고 등에서 다양하게 활용되고 있다. 전통적인 AGV는 바닥에 설치된 케이블이나 광센서 등의 고정된 경로를 따라 이동하면서 물건을 운반한다. 무궤도(Free-ranging) AGV는 이러한 유도장치 없이 자율적으로 환경을 감지하고 이동경로를 결정하기도 한다. AGV는 차량의 방향성에 따라서 단방향 AGV, 양방향 AGV로 구분되며, 선적 능력에 따라 Unit-load AGV, Multi-load AGV 등으로 구분된다.

AGV 시스템을 구축하고 운영하기 위해서는 다양한 문제들을 해결해야 한다. 우선 시스템의 설계와 관련된 문제로는 해당 작업장에 필요한 차량의 대수 결정, 차량의 유도경로의 설계, 작업장의 분할과 차량의 할당 등이 대표적이다. 그리고 시스템의 운영과 관련된 문제로는 AGV의 이동 경로 결정, AGV의 충돌 및 혼잡 방지, 운반할 작업을 할당하는 차량 주문법, 작업이 없는 AGV의 대기 장소 결정, 배터리의 관리 방법 등이 포함된다.

2.2 AGV 차량 경로 설계

(1) 단일루프 차량 경로(Single-Loop Guided-Path)

가장 간단한 형태의 차량 경로는 전체 작업장을 이동하는 차량이 다닐 수 있는 경로를 하나의 큰 루프로 구성하는 것이다. 그림 8.16과 같이 단일 루프로 차량의 경로를 설계하는 경우, 일반적으로 한 방향으로만 차량이 이동하는 단방향 AGV를 많이 이용하게 된다. 작업장의 규모가 작아서 한 대의 차량으로 운영하는 경우 양방향 AGV를 사용하면 효율적일 수 있으나, 복수의 양방향 AGV를 이용하게 되면 두 대의 차량이 같은 지점을 향해 이동하는 경우 차량의 어느 차량도 이동할 수 없는 교착상태(Deadlock)가 발생하기 때문에 이를 방지하는 운영 방안을 만들어야 한다.

(2) 전통적인 차량 경로(Traditional Guided Path)

AGV가 다녀야 하는 작업장의 규모가 커지면 단일루프 차량경로는 비효율적인 설계 방식이 될 수 있다. 한 작업장에서 다른 작업장으로 이동하기 위해서 먼 길을 돌아 가야 하기 때문에 보다 짧은 경로로 이동할 수 있도록 설계된 경우보다 차량의 이동 거리가 길어지고 효율성이 떨어지게 된다. 이는 마치 짧은 거리의 골목길을 이용하지 않고, 먼 거리의 외각 순환도로를 이용하는 것과 비슷하다. 따라서 그림 8.17과 같이 개별 작업장들을 연결하는 다양한 경로를 만들면 보다 빠르게 물건을 운반할 수 있게 된다. 하지만 AGV가 다니는 경로가 많아지고, AGV의 수가 많아질수록 차량의 혼잡을 방지하는 것이 중요한 문제로 대두된다.

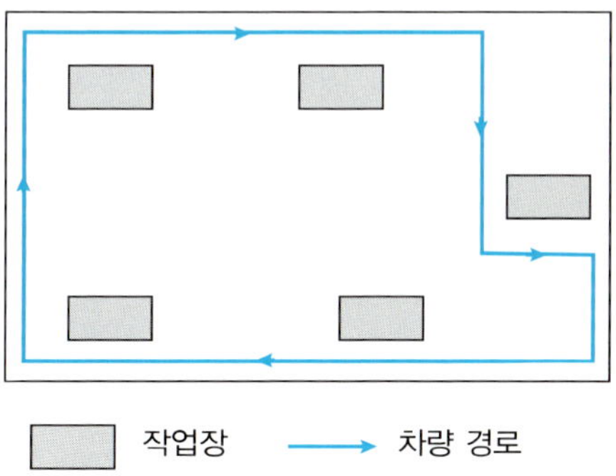

그림 8.16 단일루프 차량 경로

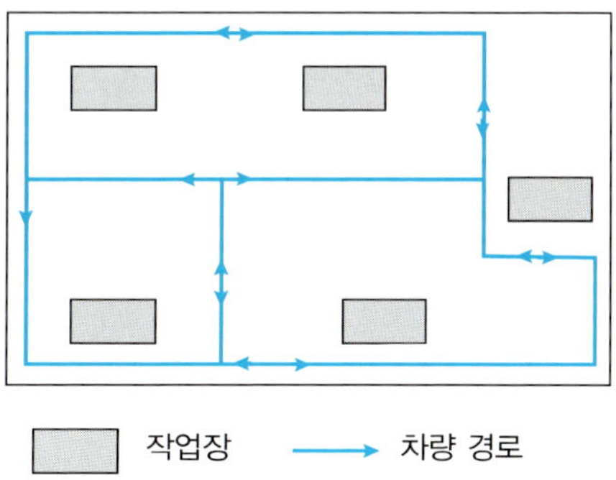

그림 8.17 전통적인 차량 경로

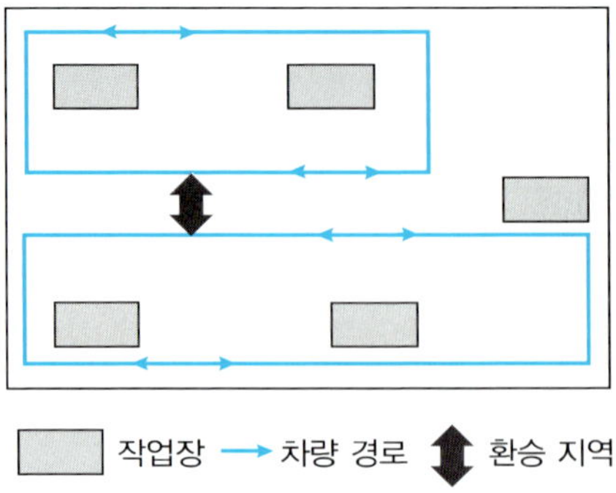

그림 8.18 텐뎀 차량 경로

(3) 텐뎀 차량 경로(Tandem Guided Path)

전통적인 차량 경로를 사용하는 AGV 시스템에서 발생하는 차량의 혼잡 문제와 운영의 복잡성을 보다 쉽게 해결하기 위하여 제시되는 경로 설계방식으로 텐뎀 AGV 시스템이 제시되었다. 그림 8.18과 같이 텐뎀 AGV 시스템은 분할 정복(Divide and Conquer)의 개념을 적용하여 전체 시스템을 몇 개의 지역으로 구분하고, 각 지역을 하나의 차량으로 서비스하는 방식으로 경로를 설계한다. 텐뎀 AGV 시스템은 Bozer와 Srinivasan(1992)에 의해 처음으로 제안되었으며, 이후 Segmented Bi-directional AGV 시스템, Divided AGV 시스템 등과 같은 비슷한 유형의 시스템이 여러 연구자들에 의해서 제시되고 있다. 이들 시스템은 모두 전체 영역을 몇 개의 지역으로 구분하고 각 차량이 한 지역을 담당한다는 공통점이 있다. 텐뎀 차량 경로를 사용하는 AGV 시스템은 하나의 지역에 한 대의 차량만 존재하기 때문에 단일루프 차량 경로에서 사용하는 간단한 운영 방식을 적용할 수 있다.

텐뎀 차량 경로를 이용하는 AGV 시스템은 설계 방식의 변화를 통하여 복잡한 운영 방식을 쉽게 만들었다. 하지만 이를 위해서는 전체 작업장을 어떤 방법으로 분할할 것인지, 분할된 작업장 간의 부하를 어떻게 균등하게 분산시킬 것인지, 분할된 지역 간의 물건의 이동을 위한 환승 지역(Transfer Point)을 어느 곳에 위치시킬 것인지 등의 의사결정에 의해 시스템의 성능이 결정될 수 있기 때문에 적합한 설계 방법을 적용하는 것이 중요하다.

2.3 AGV 작업지시

AGV 시스템의 차량 경로와 차량 대수가 정해지면 이를 어떻게 운영할 것인가의 이슈를 생각해야 한다. 즉, 어떤 AGV가 어떤 물건을 이동시킬 것인가에 대한 의사결정이 필요하다. 하나의 물건에 대한 이동 요청이 발생하고, 복수의 AGV가 이용 가능할 경우 어떠한 차량이 작업을 수행할지 결정해야 한다. 반대로, 하나의 AGV가 이용 가능하고, 여러 물건에 대한 이동 요청이 발생하는 경우 어떠한 물건부터 이동을 해야 할지 결정이 되어야 한다. 물론, 이동해야 할 물건이 복수로 존재하고, 이용 가능한 AGV가 여러 대 존재하는 경우도 작업 할당이 이뤄져야 한다. 이와 같은 의사결정을 AGV 작업지시(Dispatching)이라고 한다. 일반적으로 작업지시는 AGV가 물건의 이동을 완료한 시점, 새로운 작업 요청이 발생한 시점에 이뤄진다.

AGV에 대한 작업지시는 크게 분산형 통제 방식과 중앙 집중형 통제방식으로 구분된다. 분산형 통제방식은 각 지역, 또는 각 차량 주위의 지역적 정보를 바탕으로 운반 작업을 수행한다. 과거의 분산형 통제방식은 단방향 차량을 이용하는 단일루프 시스템과 같이 단순한 시스템을 빠르고 쉽게 운영하기 위해서 사용되었으며, 크게 주목받지는 못했다. 하지만 최근 4차 산업혁명의 중심인 스마트팩토리에서 분산형 통제방식이 다시 주목받고 있다. 스마트팩토리에서는 AGV를 포함한 운송 차량, 설비, 운반되어야 할 물건이 모두 네트워크에 연결되어 실시간으로 정보를 공유하고 통신하며 자율적으로 작업을 수행하게 된다. 즉, 분산되어 있는 AGV들이 지능을 갖고 서로 통신하며 해야 할 일을 스스로 결정하는 자율형 공장이 구성된다. 이는 무인 자율주행자동차가 운전자를 대신해서 스스로 목적지까지 가는 것과 동일하다.

중앙 집중형 통제방식은 AGV 시스템이 구축되어 있는 작업장 전체의 정보를 수집하고 이를 바탕으로 차량들이 수행해야 할 작업을 할당하는 방식으로 운영된다. AGV의 작업지시를 위하여 가장 많이 활용되고 연구되는 운영 방식으로, 중앙 통제 장치가 차량의 위치, 이동해야 할 작업, 설비의 작업 스케줄 정보들을 바탕으로 지속적으로 AGV와 통신하고 통제한다. 중앙 집중형 통제방식에서 사용 가능한 대표적인 작업지시 규칙은 다음과 같다.

(1) 단일 특성 중심의 작업지시

단일 특성 중심의 운영 규칙은 차량 또는 운반해야 하는 물건에 관련된 중요한 한 가지 특징을 운영의 기준으로 이용하는 것이다. 운영을 위한 의사 결정이 이뤄지는 시점에 운반해야 하는 작업물, 차량의 위치 등을 바탕으로 의사결정이 이뤄진다. 이는 직관적이고, 빠르게 의사 결정할 수 있다는 장점이 있으나, 상황에 따라 운영규칙이 안 좋은 성능을 보일 수 있다는 단점이 있다. 일반적으로 작업장에서 주로 쓰이는 단일 특성 중심의 규칙으로 아래와 같이 세 가지가 있다.

- Shortest-Distance-First: 운반이 필요한 작업장에서 가장 가까운 곳에 위치한 AGV를 이용한다. AGV가 작업물 없이 이동하는 거리를 최소화해 줄 수 있다.
- First-Come-First-Served: 먼저 도착한 작업을 먼저 처리한다. 선입선출 개념으로 특정 물건이 오래 대기하는 상황을 방지한다. 하지만 차량의 이동거리는 길어질 수 있는 단점이 있다.

• Maximum-Outgoing-Queue-Size: 운반을 위하여 대기하고 있는 작업물이 가장 많은 작업장을 먼저 처리한다. 이는 특정 작업장이 운반해야 할 물건이 많이 쌓이는 것을 방지하나, 이로 인하여 차량의 이동거리가 길어질 수 있다.

예를 들어, 현재 A 작업장 AGV가 작업물을 내리고, 빈 상태가 되었다고 가정하자. 이 AGV는 다음 작업을 위해 어느 곳으로 이동해야 하는지 결정해야 한다. A 작업장에는 싣고 이동해야 하는 물건이 없으며, 20m 떨어져 있는 B 작업장에는 2개의 작업이 이동을 대기하고 있고 10m 떨어져 있는 C 작업장에는 1개의 작업이 이동을 대기하고 있다. 다음 운반할 짐을 선택하기 위하여 Shortest-Distance-First 규칙을 사용한다면 해당 AGV는 가까운 A 작업장으로 이동하여 물건의 이동을 준비할 것이다. 하지만 Maximum-Outgoing-Queue-Size 규칙을 사용한다면 대기하고 있는 작업이 많은 B 작업장으로 이동하여 물건의 이동을 준비할 것이다. 보다 많은 단일 특성 중심의 작업지시는 Ganesharajaha et al.(1998)에 정리되어 있다.

(2) 복수 특성을 활용하는 작업지시

앞서 설명한 바와 같이, 한 가지 특성을 이용한 작업지시는 단순하다는 장점이 있다. 하지만 실제 작업장에는 차량의 이동거리, 작업의 대기시간, 대기하는 작업의 개수와 같이 다양한 특성들이 존재한다. 따라서 이들을 함께 고려한다면 보다 좋은 성능을 유도할 수 있다. 만일 n개의 특성 값 중에서 i번째 특성 값을 F_i, 전체 목적함수 값에 대한 가중치를 α_i라 한다면 전체 목적함수 값을 계산하기 위하여 다음과 같은 선형함수를 고려할 수 있다.

$$\sum_{i=1}^{n} \alpha_i F_i$$

Klein and Kim(1996)은 복수 특성을 활용하는 경우가 단일 특성을 활용하는 경우보다 좋은 성능을 얻을 수 있다는 것을 시뮬레이션 실험을 통하여 보여주었다. 하지만 특성 값 사이의 가중치를 어떻게 결정할 것인가의 이슈가 남는다. 이를 해결하기 위해 Jeong과 Randhawa(2001)은 신경망(Neural Network)을 이용하여 가중치를 결정하는 방법을 제시하였다. 우선 버퍼의 상태를 바탕으로 신경망 모델에서는 현 상황에 가장 적합한 가중치를 결정한다. 신경망 모델에서 결정된 가중치, AGV 상태, 버퍼 상태를 고려하여 최종적인 작업지시가 이뤄진다. 이와 같은 모델은 최근 중요한 화두로 제시되고 있는 딥러닝(Deep Learning)과 강화학습(Reinforcement Learning) 등을 활용한 작업지시 모델로 확장할 수 있다.

제3절 보관

3.1 보관 시스템의 필요성

일반적으로 수요를 정확하게 예측하는 것은 불가능하기 때문에 재고 없이 기업을 운영하는 것은 비실용적이며 비경제적이라고 할 수 있다. 그리고 공급과 수요의 조정이 완벽하게 이루어진다 해도 수요에 따라 생산이 즉각 이루어져야 하고 수송시간 또한 신뢰할 수 있어야 하는데, 현실에서는 그렇지 못하기 때문에 재고 없는 기업 운영은 불가능하다. 그러므로 기업들은 공급-수요관계를 조절하고 총비용을 줄이기 위해 재고를 보유하게 되며, 보관은 경제적 필요에 의하여 이루어지는 물류 활동이라 할 수 있다.

사례 8.2 아마존(Amazon)의 글로벌 물류센터 네트워크

아마존은 온라인 도서판매회사로 출발하였으며, 2000년경에 재정상의 큰 위기를 겪은 후, 물류사업 분야에서 새로운 돌파구를 찾아서 대대적으로 진출하여 물류센터와 네트워크를 확장하기 시작했다. 2016년 현재 MWPVL International 물류컨설팅사의 보고서에 의하면, 아마존(Amazon)의 글로벌 물류센터 네트워크에서는 글로벌 물류거점이 324개소인데, Fulfillment Center 172개소, 지역분류센터(Regional Sortation Center) 28개소, 배송센터(Delivery Station) 59개소와 Prime Now Hub 65개소를 운영하고 있다.

고객의 주문품은 Fulfillment Center로부터 지역분류센터를 거쳐 고객 지역의 배송센터로 우편번호코드에 의해 수집 분류 수배송되고, 고객에게는 지방의 택배 서비스 업체에 의해서 배송된다.

Fulfillment Center는 보관과 집하와 유통가공과 분류 및 지역분류센터로의 수송을 담당하며, 대부분 분류 컨베이어시스템을 설치하고 있으며, 재유통센터와 회수센터 역할도 일부 담당한다. 지역분류센터는 고객 지역으로의 출하수송을 담당하며, 수송은 USPS와 협력하여 수행하고 있다. 배송센터는 고객에게 배송하기 위한 소규모 분류센터 역할을 하며 대도시 근교 공항에 위치하고 있다. Prime Now Hub는 대도시 근교의 소규모 배송센터로 당일 이내 고속 배송을 담당하며, 특히 베스터셀러 같은 고회전 상품을 취급한다.

3.2 보관의 목적

(1) 수송비와 생산비의 절감

창고와 자재 취급에 비용이 소요되지만 수송비, 생산비 및 구매비를 절감할 수 있어서 상쇄되는 효과가 있다. 이는 재고를 창고에 유지함으로써 기업은 경제적인 생산량과 순서를 유지할 수 있어서 생산비를 낮출 수 있고, 불확실한 수요 패턴과 변화에 따라 불규칙하게 생산을 변동시키는 것을 피할 수 있다. 또한 창고에 재고를 보관함으로써 한 번에 대량의 화물을 운송하게 되어 수송비를 절감하는 효과를 얻을 수 있다. 따라서 보관 시스템의 목적은 적정 수준의 재고 보유를 통하여 창고비, 생산비, 그리고 수송비가 조정되어 총비용이 최소화되도록 하는 균형점을 찾게 하는 것이다.

(2) 수요와 공급의 조절

수요와 공급을 정확히 일치시키는데 드는 높은 비용을 절감하기 위해서는 제품의 보관이 필요하다. 생산량이 계절에 따라 크게 변하는 제품을 생산하는 기업은 수요에 따라 공급을 조절하는 것이 중요한 문제이다. 수요가 불확실하거나 계절적인 변동이 심한 제품 및 서비스 품목들을 공급하는 기업들은 일반적으로 생산비를 최소화하는 수준으로 연중 생산을 조절하며, 비교적 짧은 기간 동안의 수요를 충족시키기 위해 필요한 재고를 유지하게 된다. 가격변동이 심한 원자재의 경우 가격이 하락하였을 때 미리 많이 구매해두고 이를 사용하게 되는데, 이때 미리 구매한 원자재의 보관이 필수적이다. 또한 많은 수량의 제품을 구매하는 경우 가격할인을 받을 수 있거나 원자재나 제품이 필요한 시기보다 앞당겨 할인받은 가격으로 구입하려면, 창고 보관이 필요하게 된다.

(3) 마케팅 경쟁력향상

시장에서 필요한 제품을 창고 보관으로 시장에 상대방보다 신속하게 내어놓을 수 있으면, 상품의 가치와 시장점유율을 높이게 된다. 또한, 소비지 가까운 곳에 위치한 창고에 제품을 보관함으로써 수요 증가와 변동에 따라 제품을 시장에 짧은 시간 안에 배달하면 빠른 배달로 인해 서비스가 향상되어 판매가 증가하게 된다.

3.3 보관의 기능

(1) 저장(Holding, 비축)

재고를 저장하여 보호하고 비축하는 것이며, 보관설비의 형상과 배치 형태는 보관하는 제품의 평균보관 기간과 보관 상태에 의하여 결정된다. 또한 보관 품목들의 재고관리 기능을 수행하여 과잉재고나 품절을 통제하고 신속 정확한 재고정보를 관리하며, 수주에서 입출고와 하역 및 납품까지의 효율화와 신속화를 통하여 물류경쟁력을 향상시킬 수 있다.

(2) 혼재(Consolidation)

운임구조는 소량단위 화물보다 대량 화물에 대하여 낮은 요율이 적용되기 때문에 소량 화물을 혼재하는 것이 경제적이며 운송비를 감소시키므로 혼재는 창고나 트럭터미널의 중요한 기능이 되고 있다.

(3) 분류(Break-Bulk)

혼재와는 반대로 화주별 또는 목적지별로 분류하기 위해 보관설비를 사용하는 것으로, 낮은 요율을 적용받기 위하여 혼재되어 수송된 대량 화물은 도착지 창고로 운반된 후 소비자의 주문에 따라 소량단위로 나누어진다.

(4) 제품혼합(Mixing)

다양한 품목을 많은 제조업체들로부터 대량으로 구입 수송해 와서 많은 고객들이나 대리점들에게 다양한 주문에 따라 조합된 품목들을 배송 공급하는 기업은 제품혼합을 하고 수배송을 경제적으로 수행하기 위해서 제품혼합 거점으로써 창고를 운영하게 된다.

3.4. 저장창고와 유통창고

(1) 저장창고(Storage Warehouse)

보관은 생산과 소비의 시간적 차이를 극복하고 시간적 효용을 창출하기 위해 창고나 물류센터에 사용할 때까지 저장하고 관리하는 일이다. 쌀은 가을에 수확하지만 연간 평균적으로 소비하고, 생선도 풍어 때에 수확한 물량을 냉동가공하여 보다 긴 기간 소비한다. 쌀이나 생선과 같은 농수산물과 특정 제품들은 특정기간에 집중적으로 생산한 물자를 시장에서는 장기간 평균적으로 소비하므로, 수요에 따른 시간적 조정을 하고, 가격폭등이나 폭락을 방지하기 위해서 창고에 보관하여 놓는 일이 필요하다. 또한 선풍기나 에어컨디션은 더운 여름에 많이 팔린다. 그러나 생산은 일 년 내내 계속 행해지게 된다. 여기서는 평균적으로 생산하여 저장한 물자를 집중적으로 소비하는 때까지 시간을 조정하기 위해서 창고에 보관해 놓는 일이 필요하다. 이와 같은 보관 활동은 시간적 차이를 극복함과 함께 수요조정과 가격조정도 하는 두 가지 기능을 가지고 있다.

전통적으로 이와 같은 기능을 하는 창고를 '저장창고(Storage Warehouse)'라고 하며, 물품을 비교적 장기간 저장하고 그 기간 동안 물품의 품질을 보호하는 것을 임무로 한다. 이 저장창고는 보관효율을 좋게 해야 하는데, 이 보관효율은 창고에 보관된 물품의 총량을 창고의 전체 면적으로 나눈 것으로, 보관효율을 높이려면 전체 면적에서 통로와 사무소 같은 면적을 줄이고 고층으로 물품을 쌓아야 한다.

(2) 유통창고(Distribution Warehouse)

최근에 과학적인 수요 예측에 따라 예측생산과 적시생산이 행해지고 있지만, 고객에 대한 판매촉진과 물류 서비스가 더 중요시되어서, 고객 서비스를 향상시키는 목적을 위해서 신속하게 배송할 필요성이 생겨났다. 결국 공장에서 계획적으로 생산하는 것과 더불어, 계획적으로 대규모 로트로 수송하고 상품을 보관하고 행선지별로 분배하고 고객에게 신속하게 유통시키는 기능이 중요하게 되었다. 이를 효율적이고 신속 정확하게 하기 위해서 자동 입출고를 하고 지게차로 운반하며 벨트 컨베이어로 자동 분류하는 기능이 요구되었다. 그러나 지게차를 사용하기 위해서는 통로 폭이 넓어져야 하고, 자동 분류장치나 컨베이어를 설치하고 있는 장소에는 상품을 보관할 수가 없어서 보관효율은 저하된다. 보관효율보다 신속한 분류 및 하역과 신속한 배송을 수행하는 일을 목적으로 하는 이와 같은 형태의 창고를 '유통창고(Distribution Warehouse)'라 부른다.

유통창고는 물류 현대화와 함께 나타난 창고로 상품의 보관기간이 비교적 짧고 상품의 입출고 빈도수가 많은 특징을 가지고 있다. 또한 여기서는 최종 조립, 포장, 꼬리표 부착 등의 유통가공과 혼재 작업이 행해진다. 또한 적절한 재고관리와 배송관리를 수행한다. 유통과정에서 물류 서비스를 위한 기지로서 중요한 기능을 수행하고 있는 것이 유통창고인 것이다. 이와 같은 유통창고로서의 기능을 강화하기 위해서는 상품의 입출고 지시 정보, 재고기록 정보 등을 처리하고 갱신하기 위한 컴퓨터와 물류 정보 네트워크가 도입되어야 한다. 한편 이 컴퓨터에 의한 정보처리 기술과 기계자동화 기술을 이용해서 입출고, 분류, 피킹, 보관 작업을 자동화한 자동창고도 증가하고 있다. 실제 많은 창고가 유통창고와 저장창고의 두 가지 기능을 동시에 수행하고 있다.

3.5. 창고의 종류

창고를 명칭, 보관 형태, 이용 형태, 창고업법, 입지, 건축양식, 건축자재, 창고내부 형태 등으로 다양하게 분류하는데 몇 가지만 살펴보면 다음과 같다.

(1) 명칭에 따른 분류

- 영업창고 : 창고업법에 의해서 인가된 창고업자의 창고이다. 창고의 구조와 시설, 보관설비도 창고업법 시행령에 따라야 한다. 영업창고로 물품의 보관을 의뢰하는 수탁자는 수탁한 물품에 대해서 창고업자에게서 창고증권을 발행하여 받고, 그 창고증권에 의해서 물품의 소유권을 타인에게 양도할 수 있다.
- 자가창고: 개인기업이 소유한 창고를 의미한다.
- 공용창고: 공공의 목적을 위하여 국가, 지방자치체가 건설한 창고를 의미한다.

- 농수산업창고: 농업이나 수협협동조합 등이 일부 정부보조를 받아서 건설하는 창고를 의미한다.
- 보세창고: 수출을 위해 수입한 부품, 재공품, 완제품 등 관세를 미납한 화물을 보관하는 창고를 의미한다.

(2) 보관 형태에 따른 분류

제품의 보관 형태에 따라서 창고를 다음과 같이 구분할 수 있다.

- 보통창고: 상온의 일반적인 창고를 의미한다.
- 냉장, 냉동창고: 냉각설비와 보냉시설을 갖춘 창고(10°C 이하)이며, 냉동창고는 보관 온도에 따라 네 가지 수준으로 나누어진다. 채소, 생선, 육류, 과일 등 신선식품과 낙농제품과 제조식품, 냉동식품, 냉장식품 들의 소비가 크게 증가함에 따라 콜드체인의 물류 시스템의 핵심이 되는 냉장, 냉동창고의 중요성이 크게 증가하고 있는데, 보관 상품별로 냉동과 냉장 온도가 다르고 운영비가 많이 소요된다.

F급: −20°C 이하
C1급: −10°C ~ −20°C
C2급: −2°C ~ −10°C
C3급: 10°C ~ −2°C

- 정온창고: 온도와 습도가 일정하게 유지되도록 조정되는 창고(대부분 10~20°C 정도)를 의미한다.
- 야적창고: 석탄, 광물자원, 벽돌, 건축자재 등을 야외에 쌓아놓고 보관하는 실외창고를 의미한다.
- 저장창고: 곡물, 비료, 시멘트와 같은 입체분말 등을 보관하는 창고로 사일로(silo) 시설을 갖추고 있다.
- 위험물창고: 소방법, 고압가스 취급법에 의해 지정된 위험물, 고압가스를 보관하는 창고이며, 액체와 기체의 경우 탱크 시설을 갖추고 있다.
- 수면창고: 목재를 구획한 수면에 보관하는 옥외창고를 의미한다.
- 간이창고: 텐트와 같은 간이 구조의 창고를 의미한다.

(3) 창고내부 형태별 분류

창고내부 형태에 따라서 다음과 같이 구분할 수 있다.

- 평상창고: 일반 평상면의 창고로 다양한 보관 랙을 사용하는 것이 많다.

• 랙 창고: 창고 내에 다층의 랙을 구축한 창고로, 랙 위를 화물, 팔레트 등이 흘러내리는 플로 랙(Flow Rack) 창고를 의미한다. 랙 자체가 이동하고 그 사이를 통로로 이용하여 운반하는 이동랙(Mobile Rack) 창고가 있다.
• 자동창고(AS/RS: Automated Storage and Retrieval System): 입출고를 스태커 크레인과 컨베이어 등에 의해 기계적, 자동적으로 수행하는 고층의 랙 창고를 의미한다.
• 램프 웨이(Ramp Way) 창고: 다층의 창고이며 승강용으로 램프 웨이를 설치한 창고를 의미한다.

3.6. 보관 기기

보관은 창고를 통한 자재의 흐름이 일시적으로 정지된 것을 의미한다. 적합한 보관장비를 사용하면 공간이용률을 높이고 자재 취급의 효율성을 개선할 수 있다. 바닥적재, 팔레트를 이용한 다층적재, 랙 적재, 팔레트 적재 등이 있다.

(1) 일반 랙(general rack)

화물을 직접 올려서 적재하거나 팔레트 화물을 적재할 수 있는 랙이며, 후자를 팔레트 랙(pallet rack)이라고도 부른다. 그림 8.19는 일반 랙을 보여준다. 랙은 창고바닥에서 천장까지 다층의 적재를 가능하게 하며 각 선반에 제품을 쌓거나 꺼내는 작업의 접근성을 높인다. 회전율이 높은 품목은 아래쪽 랙에 보관하는 것이 전체 작업시간을 줄일 수 있다. 랙은 또한 선입선출 재고관리 시스템처럼 보관품을 신속하게 회전하는데 도움이 된다.

그림 8.19 일반 랙

(2) 드라이브 인 랙(Drive-in Rack)

드라이브인 랙은 팔레트 적재를 위해 사용되는 랙이다. 이 랙에는 구조상 랙의 하판이 없으며, 랙의 기둥에 팔레트의 단이 적재되는 받침대가 붙어 있다. 랙의 하판이 없기 때문에 지게차가 적재공간 안으로 들어갈 수 있으며, 지게차로 받침대 위쪽에 팔레트의 양단을 걸쳐서 적재하게 된다. 랙 전면에서 직각방향으로 넣고 팔레트가 없는 위치까지 출입할 수가 있으며, 보관장소가 지게차 통로가 되기도 한다. 지게차가 이동하는 공간을 줄임으로서 팔레트의 격납효율을 높일 수 있다.

(3) 플로우 랙(Flow Rack)

플로우 랙은 경사진 구조로 랙을 설계하여 화물이나 팔레트가 미끄러져갈 수 있게 되어 있다. 플로우 랙의 뒤쪽 부분에 적재하면 경사로를 따라 중력에 의해서 앞쪽 방향으로 슬라이딩된다. 슬라이딩 기구로서는 롤러 컨베이어, 이동대차 등이 있다. 보관화물을 선입선출 방식으로 관리할 경우 적합한 유형이며, 통로 공간을 최소화하고 저장 공간을 최대화할 수 있다.

(4) 이동식 랙(Mobile Rack)

이동식 랙은 랙의 양단을 레일 위에 놓고 전기력에 의해서 레일을 따라 이동할 수 있게 되어 있는 랙이다. 이 방식은 다수의 랙을 복도나 통로 없이 집합시켜 저장하고 적재나 인출 시 해당되는 통로를 열어서 지게차가 들어가서 작업하기 때문에 통로비율이 적고 창고 내 공간을 크게 활용하게 된다.

3.7 자동창고 시스템(AS/RS: Automatic Storage and Retrieval System)

비용측면에서 자동창고 시스템으로 운영되는 창고는 전통적인 재래식 창고 등 다른 방식들과 비교할 때 많은 차이가 있다. AS/RS는 컴퓨터에 의해 조절되는 컨베이어, 크레인과 같은 자동화된 장비와 현대식 창고로 이루어지기 때문에 고정비가 아주 높으며, 인력 의존도가 낮기 때문에 노동력, 조명, 난방 등이 거의 필요하지 않아서 운영비용은 아주 낮다. 창고의 처리물동량이 아주 많은 경우에는 AS/RS는 단위당 처리 비용이 아주 낮은 장점이 있다. 그림 8.20은 AS/RS의 예를 보여주고 있으며, 다음과 같은 장점을 갖는다.

- 신속 정확한 품목별 재고위치(로케이션) 관리, 오더 피킹, 분류(Sorting) 등으로 보관품목의 재고회전율이 증가하고 수익성이 개선됨
- 고객주문에 따른 신속 정확한 수주처리로 고객 서비스가 향상됨
- 인력 의존도가 낮고, 노동력, 조명, 난방 등의 간접비가 절감됨

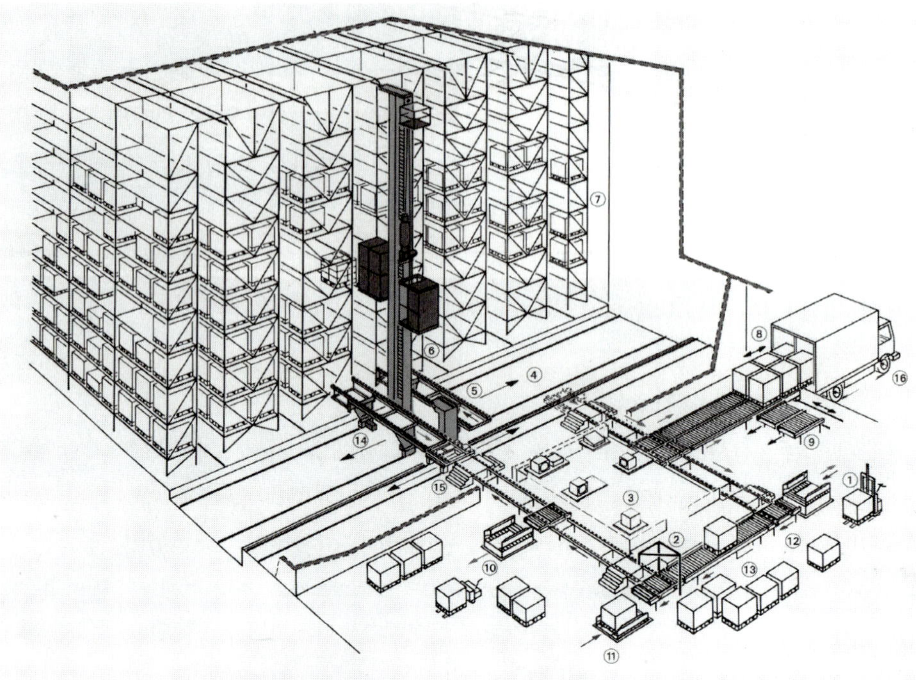

그림 8.20 자동창고(AS/RS)

• 시장 인접지역의 비싼 토지의 활용도가 증대됨

자동창고 도입 시 고가의 투자비와 설치 후의 변경을 위한 유연성이 떨어진다는 점 등 다음과 같은 사항들을 고려해야 한다.

• 자동창고 설치에 따른 자본 투자액과 투자 수익율 검토
• 공급사슬상의 입지, 생산 공장과 공급업체, 고객 및 시장과 유통경로와의 적절한 연결성
• 고객 서비스의 수준 개선 정도
• 재고관리 비용의 절감 정도
• 자동창고 운영비와 유지보수 비용

자가창고나 영업창고에 의한 보관 시스템들과 비교 분석하기 위해서는 총 보관비용을 보관, 하역, 관리업무 등의 세 가지 기본적인 비용항목으로 분할하는 것이 유용하다. 영업창고의 경우 이러한 비용은 요율을 설정하는 기초를 제공해준다. 자가창고에 있어서 위의 비용은 다양한 종류의 경비지출을 조절하거나 영업창고 이용과 비교할 수 있는 근거를 제공해준다는 점에서 중요하다.

제4절 효과적인 보관 관리

4.1 재고 보관 문제의 효과적인 해결

재고 보관 문제를 효과적으로 해결하기 위해서는 다음과 같은 2단계로 생각해보는 것이 좋다.

- 1단계: 재고보유 물류센터의 수와 입지 결정
- 2단계: 각 센터에서의 상품별 재고관리 방식 결정

(1) 물류센터 수와 입지결정 문제

배송센터 수와 배송 서비스율과 물류비와의 관계를 따져서 결정하게 된다. 경영자와 전문가의 판단에 의해서 물류센터의 수와 각 센터의 입지에 대한 대안들을 만들 수 있다. 이 대안들 중에서 배송 서비스율을 만족하고 총 물류비가 최소로 되는 대안을 선정하며, 각 센터의 수에 따른 적절한 입지 대안과 관련 물류비를 구하게 된다. 본서에서는 설비입지 관련 장에서 보다 자세히 다루도록 한다.

(2) 재고분배

물류센터의 수와 입지가 결정되면 다음 문제는 각 센터별로 어떤 종류의 상품들을 어느 정도 재고로 관리하는가에 대한 재고분배의 문제가 중요하다. 공장창고, 지역창고 및 물류센터 모든 곳에 전체 상품을 재고로 두는 것은 재고량이 불필요하게 많아 보관비와 물류비가 증가하여 비경제적이다.

재고 품목	분배 형식	재고 위치
A	고객지역 분산배치	배송 센터
B	중간 배치	지역 창고
C	집중 배치	공장 창고

여기서 ABC분석을 사용해서 그림 8.21에 의한 분배를 행하는 것이 하나의 좋은 방안이다. 여기서는 A품목은 회사로서 중요상품이기 때문에 가장 고객에게 가까이 위치시킬 수 있고, 고객 서비스를 잘 할 수 있는 각 배송센터에 재고를 둔다. C품목은 품목수가 많고 관리비가 많이 들지만 수익이 적은 상품이므로 전국적으로 소수의 공장창고에 집중하여 보관한다. B품목은 중간적 성격이며 어느 정도 수량이 많아서 경제적 주문량 관리를 할 수 있으므로 중간의 지역창고에 배치시킨다.

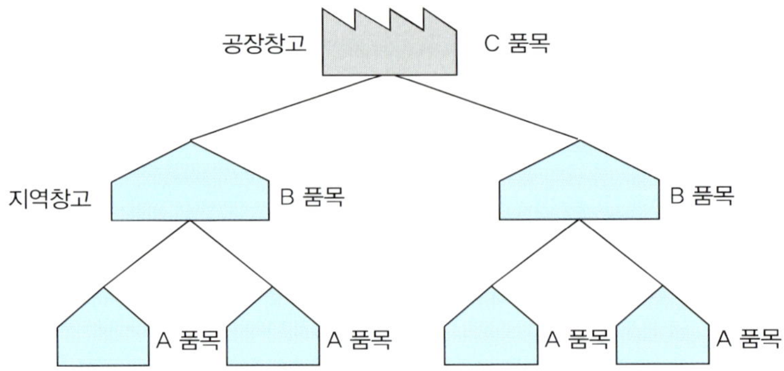

그림 8.21 ABC 분석에 의한 재고분배의 예

4.2 DRP(유통소요량계획: Distribution Requirements Plannig)

그림 8.22는 공장-물류센터-도매상이라는 3단계의 재고배치계층으로 구성된 물류 모형인데 이것을 다계층 재고 모형(Multi-echelon Inventory Model)이라고 부른다. 예를 들어 설명하면 도소매상 A, B, C, D의 어느 상품의 6주간의 수요 예측량은 각각 매주 10, 30, 20, 40씩이다. 물류센터로의 주문량은 수송, 하역의 경제성을 고려해서 팔레트(50개 적재) 단위로 하고 물류센터에서 공장으로의 주문도 수송의 경제성과 센터와 공장창고에서의 하역의 경제성을 고려하여 주문단위는 4팔레트(200개)로 한다고 하자. 이상의 조건하에서 도매상 A, B, C, D의 예측수요를 만족하는 주문계획, 수송계획, 생산계획을 작성한 것이 그림 8.22이다.

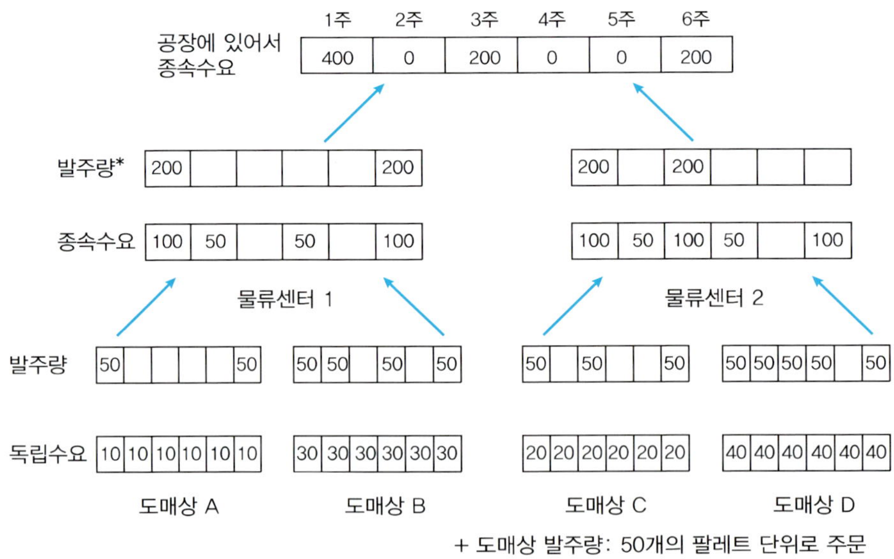

그림 8.22 다계층 재고 모형

도소매상 수요는 고객의 주문에 의해 발생하는데 이것을 독립수요라 한다. 이것에 대해서 물류센터와 공장에서의 수요는 도소매상의 수요에 이끌려서 발생하는 것으로 이를 집계한 종속수요이다. 독립수요는 매주 발생하는 연속적인 수요이지만, 종속수요는 많은 주도 있고 수요가 없는 주도 발생하므로 수요의 기복이 큰 돌출형 수요(Lumpy Demand)가 된다. 그의 전형은 공장의 주별 생산요구량이(400, 0, 200, 0, 0, 200)으로 변하는 것을 보면 알 수 있다.

각 도소매상에는 주문점법에 의한 재고관리방식을 채용하는 것은 가능하지만, 물류센터와 공장에서 이와 같은 재고관리방식은 비효율적이다. 그래서 DRP를 활용하게 되었다. DRP의 방법은 그림 8.22의 내용을 전부 대일정계획(MPS: Master Production Schedule, 기본생산계획)으로 데이터베이스화시켜 컴퓨터에 저장하여 이것에 의해 관리하는 것이다. 즉, 공장에는 제1주에 400, 제3주에 200, 제6주에 200을 생산할 계획을 수립하고, 물류센터 1로는 제1주에 200, 제6주에 200을 각각 수송하고, 물류센터 2로는 제1주에 200, 제3주에 200을 수송할 계획을 세운다. 또한 물류센터 1에서 도매상 A로 1주차부터 6주차까지 각각 50, 0, 0, 0, 0, 50개를 수송하고, B로는 주차별로 50, 50, 0, 50, 0, 50개를 수송한다. 또한 물류센터 2에서는 도매상 C로 각 주차별로 50, 0, 50, 0, 0, 50개, D로는 50, 50, 50, 50, 0, 50개를 수송할 계획을 수립하고, 각 도매상에서의 보충요구량을 고려해서 실행한다.

각 도소매상에서의 실제의 판매량은 그 예측량과 차이가 있기 때문에 판매활동의 원활한 진행을 위해서 수정하게 되고, 수정에 따라서 물류센터에서의 주문량과 주문시기, 공장에서의 주문량과 주문이시기를 수정하게 된다. 이에 따라 공장의 생산량, 생산시기도 수정하게 된다. 이와 같은 DRP의 장점은 물류센터와 공장에 있어서는 불필요한 재고를 최대한 줄이는 것이다.

DRP는 다계층 재고 모형에서 도소매상의 제품별 소요량(수요 예측량과 주문량)을 정확하게 적기에 공급하기 위한 시스템이다. 컴퓨터 프로그램으로 리드타임과 수송 및 하역의 경제성을 고려한 주문 단위를 고려하며, 각 공장에서의 생산 시기와 생산량, 공장에서 각 물류센터로의 수송시기와 수송량, 물류센터에서 각 도소매상으로의 배송 시기와 배송량을 미리 파악하여 수송과 배송 계획을 세운다.

4.3 물류환경 변화에 따른 보관 시스템의 대응

현대사회에서의 물류환경이 고속화와 시간단축, 다품종 소량화와 경박단소화, 그리고 소량주문과 다빈도 배송을 요구하고 있다.

(1) 고속화와 시간단축 대응방안

- 리드타임의 단축을 위한 크로스도킹(Cross Docking)이나 오더피킹(Order Picking)의 현대화 도입
- 유통가공, 검품, 검수, 분배과정의 고속화
- 보관과 불출(Storage and Retrieval)의 고속화를 위한 유연자동창고와 자동고속분류 컨베이어 시스템의 연결
- 수배송의 고속화를 지원하기 위한 보관과 수송정보 시스템 연계

(2) 다품종 소량화와 경박단소화 대응방안

- 고객 선호도가 높은 다양한 상품 구색 구비
- 상품별로 적합한 디지털피킹과 보관방식 채택

(3) 소량주문과 다빈도 배송 대응방안

- 오더피킹과 창고 내 운반과 적재, 배송의 자동화와 정보화
- 고객주문에 따른 바코드나 발송전표 발행과 부착에 의한 오배송 방지

제5절 포장

5.1 포장의 필요성

포장(Packaging)은 적절한 재료나 용기를 이용하여 제품을 싸거나 꾸리는 것을 의미하며, 하역과 보관 작업을 위해서 필수적으로 동반되는 작업이다. 과거의 포장 개념은 단순히 물건을 안전하게 보호하기 위한 작업에 불과하였으나, 기업의 경쟁이 심화되고 현대화됨에 따라 포장은 운영의 효율을 높이고 제품의 상품성을 높이는 등 새로운 가치를 창출하기 위한 작업으로 간주되어 그 중요성이 부각되고 있다. 즉, 포장이란 제품을 소비자에게까지 전달하기 위한 일련의 과정에서 제품의 상태를 보호하고, 판매를 증진시키기 위해 포장재료와 포장 용기를 이용하는 것을 의미한다.

이와 같이 포장은 제품 판매를 위한 중요한 작업이나, 포장 재료와 포장 용기들은 소비자에게 전달되어 제품이 사용됨과 동시에 그 가치를 상실하고 폐기되곤 한다. 따라서 환경 오염이 심각해지고, 지속 가능한 성장의 중요성이 부각되는 요즘은 친환경적인 포장, 포장 관련 물품의 재사용과 재활용, 폐기물을 발생시키지 않는 프리사이클링(Free-cycling) 등이 중요해지고 있다.

5.2 포장의 목적

(1) 제품의 보호 및 품질 유지

물건을 만들어 저장하고 이동되는 과정 중에 제품에 손상이 발행될 수 있다. 마찰이나 충격에 의하여 제품이 손상될 수 있으며, 온도, 습도 등의 환경적인 요인에 의해서 품질이 나빠질 수도 있다. 유리, 달걀과 같은 제품은 외부의 충격으로 인해서 쉽게 깨질 수 있기 때문에 안전하게 운반될 수 있도록 충격을 흡수할 수 있는 포장이 요구된다. 음식물은 더운 여름에 쉽게 상할 수 있다. 따라서 제품의 신선도를 유지시켜줄 수 있는 포장을 한다면 소비자에게 보다 좋은 품질의 제품을 제공할 수 있을 것이다. 포장은 미생물이나 벌레로부터 제품을 보호해주기도 한다. 이와 같이 소비자가 원하는 형상과 품질 수준을 유지한 상태로 소비자에게 물건을 전달하기 위해서 제품의 내용물을 보호하는 것은 포장의 가장 기본적이고 중요한 목적이다.

(2) 운영의 효율성 향상

일반적으로 제품은 유통 과정 중에 낱개 단위로 운반되지 않는다. 경제적 효율을 위해서 공장에서 지역창고까지는 대량으로 물건을 이동하며, 소비자 지역에 가까워질수록 한 번에 이동되는 제품의 운송 단위가 작아진다. 이 과정 중에 발생하는 이동과 저장의 효율성을 위해서는 표준화된 형태의 포장이 요구된다. 표준화된 형태의 포장을 이용하는 경우, 운반과 하역이 편리해지며, 판매를 위한 진열 역시 편리해진다. 간장, 고추장과 같은 제품들은 포장용기가 없다면 운반 자체가 어려울 수 있다. 이렇듯 적절한 용기의 사용은 운영의 효율성을 향상시켜준다.

(3) 마케팅 경쟁력 향상

포장은 단순히 기능적인 부분을 넘어 판매를 촉진시키고, 마케팅 경쟁력을 향상시키기 위한 용도로 활용된다. 아름다운 포장은 고객의 감성을 자극하고, 제품의 가치를 극대화하여 표현해줄 수 있다. 또한 개인화되어 판매되는 제품의 경우, 고객 한 명 한 명의 선호에 맞춘 포장을 가능하게 해준다. 포장은 소비자의 구매 욕구를 일으키게 만들고, 이를 통해 판매를 증진시키는 효과를 얻을 수 있다.

5.3 포장의 기능

앞서 설명한 바와 같이 시대가 변화함에 따라 포장의 필요성과 기능이 변화하고 있다. 다음은 포장의 대표적인 기능을 설명하고 있다.

(1) 제품의 보호와 보전 기능

가장 중요한 포장의 기능은 제품이 소비자에게 전달될 때까지 안전하게 보호되고, 손상되지 않도록 하는 것이다. 유통 과정 중에 발생하는 물리적, 화학적인 손상 방지와 더불어 소비자가 사용을 위해 보관하는 동안의 보호와 보전까지 고려하는 포장이 필요하다. 특히, 신선식품의 경우 냉장고에 보관되어야 하기 때문에 이를 고려한 포장이 되어야 한다.

(2) 편리성

제품이 생산되어 소비자에게 전달되는 과정에는 다양한 물류 작업이 동반된다. 포장은 제품의 특성에 맞춰 물류 처리 과정 중에 발생되는 운송, 보관 작업이 용이하게 이뤄질 수 있도록 취급의 편의성이 제공되어야 한다. 누구나 운반하기 쉽고, 보관하기 쉽도록 포장되어야 하며, 개봉이나 밀봉이 편하도록 포장되어야 한다.

(3) 정보의 제공

제품을 포장하는 포장 재료는 작업자나 소비자를 위해 제품에 대한 다양한 정보가 표시되어 있다. 깨지기 쉬운 제품은 운송, 저장 작업을 하는 작업자가 이를 인식할 수 있도록 표시되어야 한다. 소비자들이 브랜드, 내용물, 유효기간 등과 같이 제품에 관련된 정보를 얻을 수 있도록 표시되기도 한다. 친환경, 고품질 등을 표현할 수 있는 차별화된 포장을 통해 제품의 의미를 전달하여 판매를 촉진시킬 수도 있다.

(4) 환경적 기능

포장에 사용되는 포장재료나 용기는 개별적인 제품으로서의 기능을 하지 못하는 경우가 대부분이기 때문에 쓰레기로 폐기되는 경우가 많다. 따라서 이를 재활용하고 재사용하여 환경오염문제를 최소화할 수 있도록 만들어야 한다. 과대 포장으로 소비자를 현혹시키지 않도록 적정 포장을 준수하며, 폐기나 재활용이 용이하도록 포장되어야 한다.

5.4 적정 포장

사회적인 관점에서 봤을 때, 포장은 마치 양날의 검과 같다. 포장으로 인해 소비자들은 제품에 대한 정보를 얻을 수 있고, 시간과 장소에 구애받지 않고 제품을 구매하고 소비할 수도 있다. 하지만 잘못된 포장은 소비자에게 과장된 정보나 허위정보를 제공하기도 하고, 폐기물 처리와 같은 환경 문제를 유발하기도 한다. 소비자 단체와 정부는 이와 같은 문제점을 해결하기 위해서 과대 포장, 속임 포장에 대한 규칙들을 만들고 있으며, 적정 포장을 위한 고려사항들을 주문하고 있다. 특히 포장 규제에 관한 법률 등을 통해 과대 포장을 억제하고 있으며, 포장 공간 비율을 측정하여 이를 관리하고 있다.

적정 포장이란 물품 보호를 통해 소비자가 원하는 품질의 제품을 전달하고, 운영의 효율성과 마케팅의 경쟁력을 향상시키기 위한 포장 본연의 목적을 달성하면서, 동시에 가장 경제적인 포장을 해야 함을 말한다. 과대 포장은 소비자의 불만족을 야기할 수 있으며, 사회적·환경적 비용을 발생시킨다. 하지만 과소 포장을 하게 되면 제품의 유통 과정 중에 손상되거나, 운영의 비효율성이 발생할 수 있다. 제품의 종류에 따라 내용물의 보호, 포장 재료나 용기의 안전성, 포장 단위, 포장된 물품과 관련된 정보의 전달, 포장물 대비 공간의 면적, 비용, 폐기 처리 등이 적절한지를 살펴보아야 한다.

환경적인 관점에서 보았을 때, 적정 포장은 포장 재료의 감소와 제품 부피와 무게의 감소 효과를 통해 공급사슬 내에서 발생하는 이산화탄소 배출을 줄임으로써 환경적으로 큰 효과를 볼 수 있다. 우선, 포장을 위해 사용되는 포장재를 없애거나 최소화하여 포장 재료를 감소시킬 수 있다면, 포장에 필요한 비용 감소와 폐기되는 포장 재료의 감소로 이어진다. 제품의 부피와 무게를 감소시킬 수 있다면, 운송과 저장에 요구되는 공간을 줄일 수 있으며, 하역, 저장, 운송의 효율을 높이고 비용을 절감할 수 있게 된다.

5.5 포장의 종류

포장은 목적, 포장 재료, 포장 방법, 내용물, 수송 방법 등으로 다양하게 구분된다. 이중 몇 가지를 살펴보면 다음과 같다.

(1) 한국산업표준에 따른 분류

한국산업표준(Korean Industrial Standard)은 산업표준화법에 의해 확정되는 국가표준을 의미한다. 한국산업표준에서는 포장을 단위포장, 내부포장, 외부포장으로 구분하고 있다.

- 단위포장(Item Packaging) – 물품의 보호, 소비자 정보전달, 상품 가치의 향상 등을 위하여 개별 물품을 포장하는 것으로, 단위포장된 물품은 소비자 판매의 단위가 되기도 한다.
- 내부포장(Internal Packaging) – 물품이 물, 빛, 충격 등으로 인해 손상되는 것을 방지하기 위하여 포장화물 내부를 적절한 재료 등으로 포장하는 것을 의미한다. 충격 방지를 위해서 에어캡, 골판지, 스티로폼과 같은 완충재를 이용한다.
- 외부포장(Outer Packaging) – 제품의 보호, 운송의 용의성 등을 위하여 포장화물을 다시 한 번 포장하는 것을 의미한다. 상자나 병과 같은 용기에 포장화물을 넣거나 끈으로 묶는 방식 등이 있다.

(2) 기능에 따른 분류

미국이나 유럽에서는 포장의 기능에 따라서 포장을 다음과 같이 구분하고 있다.

- 1차 포장(Primary Packaging) – 포장 재료를 이용하여 제품을 직접적으로 접촉하여 진행되는 포장으로, 일반적으로 사용 또는 운송의 가장 작은 단위이다.
- 2차 포장(Secondary Packaging) – 판매, 운송, 저장 등의 목적을 위하여 1차 포장된 물건을 그룹지어 포장하거나, 도난을 방지하기 위하여 1차 포장된 물건을 다시 한 번 포장하는 것을 의미한다.
- 3차 포장(Tertiary Packaging) – 주로 제품의 저장과 운송의 효율성을 위하여 제품을 묶음으로 포장하는 것을 의미하며, 소비자에게 판매되기 이전에 3차 포장은 제거된다. 팔레트를 이용하여 유닛로드화하는 것이 대표적인 예이다.

(3) 목적에 따른 분류

- 상업포장(Commercial Packaging) – 상업포장은 소매 또는 소비자 전달 과정에서 요구되는 포장으로 제품의 보호와 판매 촉진을 주된 목적으로 하고 있다. 특히, 소비자에게 판매하고 전달하기 위한 제품의 포장을 소비자 포장이라고도 한다.
- 공업포장(Industrial Packaging) – 공업포장은 제품의 이동과 저장 과정을 위해 포장하는 것을 의미하며, 제품의 보호와 취급의 편의성을 주된 목적으로 하고 있으며, 수송 포장 또는 물류 포장이라고도 한다. 물류 과정에서 발생하는 비용을 최소하기 위한 방법들이 고려되어야 한다.

(4) 포장 방법에 따른 분류

제품의 종류와 물류 환경에 따라서 제품은 다양한 방법으로 포장된다. 아래 제시된 포장은 포장 방법에 따른 몇 가지 분류의 예이며, 실제 산업 현장에서는 더 많은 방법들이 활용되고 있다.

- 방수포장 – 빗물이나 바닷물 등으로부터 제품을 보호하기 위한 포장 방법으로 방습지와 같은 방수포장재, 건조제 등을 이용한다.
- 방습포장 – 습기로 인하여 제품이 변하거나 손상되는 것을 방지하기 위한 포장 방법으로 건조식품, 의약품 등에 많이 사용된다.
- 방청포장 – 금속 및 금속 제품에 녹이 발생하는 것을 방지하기 위한 포장 방법으로 공기 노출을 방지하기 위해 방청필름, 방청제 등을 이용하여 포장한다.
- 진공포장 – 방청포장과 비슷하게 공기 노출로 인하여 제품이 손상되는 것을 방기하기 위한 목적을 갖고 있으며, 포장 내부에 존재하는 공기를 완전히 제거하는 포장 방법

이다.

- 완충포장 – 수송, 하역 등 물류 프로세스에서 발생하는 진동이나 충격이 제품에 직접 전달되는 것을 방지하고 제품을 보호하기 위한 포장 방법으로, 종이, 에어캡, 스티로폼 등의 완충재를 사용한다.
- 무균포장 – 살균 과정을 통해 음식물과 같은 제품을 미리 무균 상태로 만든 후, 무균 환경에서 이를 포장하는 방법을 말한다.
- 무균화포장 – 공기중에 존재하는 먼지나 미생물을 클린룸 수준으로 제거하기 위하여 위생처리 과정을 거친 포장을 의미한다.

5.6 포장 표준화

표준화란 제공자, 사용자, 관련 단체들이 함께 공통된 기준을 정하여 산업 전체적인 낭비를 줄이고 이익을 창출하기 위한 활동을 의미한다. 취급해야 할 물건의 치수와 재질, 제품의 처리 방법, 물류 관련 정보의 표준화 등이 대표적이다. 이중 가장 기본적인 표준화는 취급해야 할 물건의 치수를 표준화하고, 물류에서 사용되는 설비와 장치들을 표준 치수에 맞춰 준비하는 것을 의미한다. 업체마다 서로 다른 치수의 물건, 또는 포장 용기를 사용한다면 다양한 물건을 운반하거나 저장하는데 많은 비효율성이 초래될 것이다. 추가적으로, 작업 환경의 표준화, 설비 안전 장치의 표준화 등은 작업장 내에서 어느 누가 작업을 하더라도 쉽게 적응하고, 보다 안전하게 작업할 수 있게 해준다.

물류 표준화의 대상에는 수송, 보관, 하역, 포장, 정보 등 물류와 관련된 모든 영역이 고려되며, 물류 시스템을 구성하는 하드웨어와 소프트웨어의 표준화를 포함한다. 이 중 포장 표준화는 물류 작업의 기준이 되는 영역이기 때문에 더욱 중요하다. 포장된 물건의 규격은 팔레트 적재의 효율성에 영향을 주고, 이는 지게차, 화물트럭, 열차와 같은 수송 장치의 효율성과 창고 보관 랙의 크기, 기둥의 간격, 판매점의 진열대 크기와 같은 저장장치의 설계에 영향을 미친다. 즉, 표준화된 포장은 시간적, 공간적으로 물류 설비의 활용도에 영향을 미치기 때문에, 물류비 절감과 물류 경쟁력 향상을 위해서 중요한 요인으로 고려되어야 한다. 또한, 공급사슬 내에서 더 많은 참여자가 표준화에 참여할수록 공급사슬 전체의 관점에서 더 큰 효과를 얻을 수 있게 된다.

서로 다른 크기와 모양의 제품들이 한 공간에 저장되고, 같이 이동해야 한다면, 물류 과정이 매우 복잡하고 효율이 떨어질 것이다. 제품을 다루는 방법이 모두 다르다면 작업자들은 제품마다 하역하는 방법을 다르게 행해야 하며, 저장 공간도 최대로 활용하지 못하게 된다. 공급사슬 전체적으로 효율적인 물류의 흐름을 만들어가기 위해서는 표준화가 필요하며, 이는 유닛로드 치수의 표준화와 포장 치수의 표준화 등을 이뤄야 한다. 표준화된

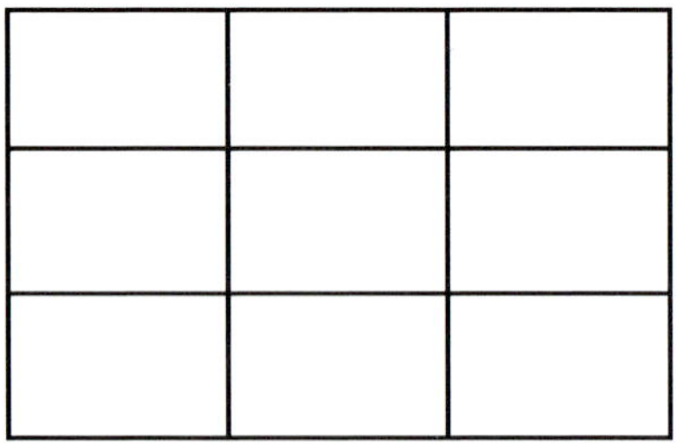

그림 8.23 포장의 정합성

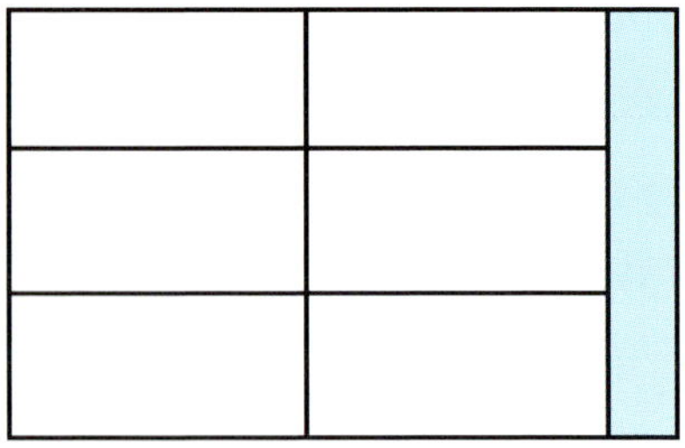

그림 8.24 포장의 비정합성

치수의 물건과 유닛로드가 공급망을 통해 이동하고, 각 작업 영역에서는 표준화된 유닛로드를 취급할 수 있는 설비들이 작업을 한다면 공급망 전체적으로 물류 관련 비용을 절감할 수 있을 것이다. 즉, 유닛로드 시스템을 위해서는 포장의 표준화가 동반되어야 한다.

일반적으로 포장 표준화는 치수, 강도, 재료, 기법의 4대 요소의 표준화를 의미하며, 여기에 관리를 포함하여 5대 요소로 구분하기도 한다. 이 중에서 치수의 표준화는 물류 공간을 효과적으로 사용하는 것을 목적으로 한다. 동일한 크기의 제품이라 하더라도 낱개 포장의 치수, 수송 포장의 치수, 팔레트의 크기가 서로 정합성이 없다면 적재 효율이 낮아져서 효율성이 떨어질 것이다. 그림 8.23은 치수의 표준화를 통해 팔레트 위에 9개의 제품을 쌓아 올려 100%의 적재율로 팔레트를 이용하는 모습을 보여준다. 하지만 팔레트와 포장 치수의 정합성이 이뤄지지 않는다면 그림 8.24와 같이 팔레트의 남는 공간(회색 부분)이 발생하게 된다. 이는 나아가 트럭 공간의 비효율적 사용, 컨테이너 공간의 비효율적 사용으로 이어진다. 따라서 물류 합리화를 위해서는 물류 과정 전반을 고려하는 포장 치수를 결정해야 한다.

포장 강도의 표준화는 운송, 하역 등의 물류 과정에 발생하는 물품의 파손을 방지하기 위해서 필요하다. 또한 재료의 표준화와 직접적으로 연관된다. 포장에 많이 사용되는 골판지 상자를 표준 재료로 사용하는 경우, 파열강도와 압축강도 등을 고려해야 한다. 한국산업규격에서는 환적 회수와 환적 조건을 바탕으로 세 가지 등급으로 분류하여 포장 강도의 적정 여부를 판정하고 있다.

5.7 포장 최적화

길이, 무게와 같은 제품과 관련된 제약을 고려하면서 여러 개의 작은 물품을 큰 소수의 객체 또는 그룹으로 구분하는 것은 경영과학 분야에서 지속적으로 연구되고 있다. 특히 이러한 문제들은 커팅 및 패킹(Cutting and Packing) 문제라고 명명된다. 큰 소수의 객체를 여러 개의 작은 물품으로 구분하는 것은 커팅 문제이며, 여러 개의 작은 물품들을 큰 소수의 객체에 할당하는 것이 패킹 문제에 해당된다. 이 중, 포장 최적화는 패킹 문제로 설명될 수 있으며, 포장 최적화 제약의 종류와 문제의 특성에 따라 더 세부적인 분류로 나뉜다. 예를 들어, Wäscher et al.(2007)은 커팅 및 패킹 문제를 고려하는 차원(1차원, 2차원, 3차원), 할당의 종류, 작은 물품의 분류, 큰 객체의 분류, 작은 물품의 모양 등을 기준으로 문제를 구분하여 정리하였다. 배낭 문제, 상자 채우기 문제는 대표적인 포장 최적화 문제들이며, 아래 배낭 문제와 상자 채우기 문제는 한 가지 특성(예, 제품의 무게)만을 고려한 가장 간단한 문제이다.

(1) 배낭 문제(Knapsack Problem)

배낭 문제는 주어진 다양한 특성을 갖는 작은 물건들을 어떻게 조합하여 제한된 용량의 배낭에 넣을 것인가를 결정하는 조합 최적화 문제이다. 일반적으로 크기는 배낭에 넣을 짐에 대한 제약으로, 가치는 최대화되어야 하는 목적함수 값으로 고려된다. 수학적으로 이를 일반화하면 다음과 같다. 우선, 포장되어야 하는 물건의 종류가 n개 존재하며, i번째 물건($i=1,2,\cdots,n$)의 무게는 w_i, 얻을 수 있는 이윤은 p_i이다. 물건을 포장할 수 있는 배낭 또는 포장 용기는 1개 존재하며, 최대로 포장할 수 있는 짐들의 무게는 C로 한정되어 있다. 의사결정자는 수익을 최대화할 수 있도록 제품을 포장용기에 넣고 싶다. 이 문제의 의사결정 변수는 x_i이며, i번째 물건이 선택되어 포장되면 1의 값을 갖고, 선택되지 않으면 0의 값을 갖게 된다. 이를 배낭 문제로 수식화하면 다음과 같다.

$$\begin{aligned}
&\max \sum_{i=1}^{n} p_i x_i \\
&s.t. \\
&\sum_{i=1}^{n} w_i x_i \le C \\
&x_i \in \{0,1\} \ \forall i
\end{aligned}$$

이 문제와 같이 제품을 분할하여 포장할 수 없는 문제는 0-1 배낭문제라고 하며, NP-hard 문제로 알려져 있다. 0-1 배낭문제를 위해서 Dynamic Programming이나 Branch-and-Bound 알고리즘 등이 많이 이용된다. 또한 빠른 시간에 큰 규모의 문제를 풀기 위해서 다양한 휴리스틱, 메타휴리스틱 알고리즘들도 개발되고 있다. 최적해를 도출하지 못하나, 쉽게 적용 가능한 알고리즘은 다음과 같다.

1) 이윤이 높은 제품 먼저: 목적함수를 가장 빠르게 향상 시킬 수 있도록 배낭의 용량이 가득 찰 때까지 이윤이 높은 제품을 먼저 할당한다.
2) 무게가 가벼운 제품 먼저: 배낭이 가능한 천천히 채워지도록 무게가 가벼운 제품부터 먼저 할당한다.

3) 무게대비 이윤이 높은 제품 먼저: 무게와 비용을 함께 고려하며, 단위무게당 수익이 가장 높은 제품부터 할당한다.

(2) 상자 채우기 문제(Bin Packing Problem)

상자 채우기 문제는 서로 다른 크기의 물건들을 동일한 유형의 상자에 넣는 경우, 어떻게 조합하여 최소 개수의 상자를 이용할 수 있는지 결정하는 문제이다. 다음의 예를 살펴보자. 포장되어야 하는 물건의 종류는 n개 존재하며, i번째 물건($i=1,2,\cdots,n$)의 무게는 w_j이다. 배낭 문제와는 다르게 물건을 포장할 수 있는 상자 또는 포장 용기는 m개 존재하며, j번째 상자 ($j=1,2,\cdots,m$)가 최대로 포장할 수 있는 짐들의 최대 무게는 C로 동일하다. 상자 채우기 문제의 목적은 상자의 개소를 최소로 사용하는 것이다. 상자 채우기 문제를 위해서는 두 가지 의사결정 변수가 필요하다. 첫 번째 의사결정 변수는 y_j이며, j번째 상자가 선택되어 사용되면 1의 값을 갖고, 선택되지 않으면 0의 값을 갖게 된다. 두 번째 의사결정 변수는 x_{ij}이며, i번째 물건이 j번째 상자에 포장되면 1의 값을 갖고, 그렇지 않는 경우 0의 값을 갖게 된다. 다음은 상자 채우기 문제를 위한 수리 모델을 보여준다.

$$
\begin{aligned}
&\min \sum_{j=1}^{m} y_j \\
&s.t. \\
&\sum_{i=1}^{n} w_i x_{ij} \le C y_j \quad \forall j \\
&\sum_{j=1}^{m} x_{ij} = 1 \quad \forall i \\
&x_{ij}, y_j \in \{0,1\} \quad \forall i,j
\end{aligned}
$$

상자 채우기 문제의 목적함수는 앞에서 설명한 바와 같이 선택된 박스의 개수를 최소화하는 것이다. 첫 번째 제약식은 상자의 용량을 보여준다. 만일 j번째 상자가 선택되면 우변의 값은 C가 되어, 필요한 제품을 최대 용량까지 상자에 넣을 수 있다. 하지만 j번째 상자가 선택되지 않는다면, 우변의 값은 0이 되며, 어떤 제품도 j번째 상자에 포함시킬 수 없다. 두 번째 제약식은 하나의 제품은 하나의 상자에만 넣을 수 있다는 것을 의미한다.

1 하역에서 발생하는 여섯 가지 세부 작업들을 설명하시오.

2 하역 합리화의 일곱 가지 원칙을 설명하시오.

3 지게차의 단점을 설명하시오.

4 물건의 수직방향 이동에 사용되는 장비에는 무엇이 있는지 설명하시오.

5 기존의 전통적인 AGV 시스템은 규모가 커짐에 따라 차량의 혼잡을 통제하는 것이 어려운 문제로 대두되었다. 이로 인하여 새롭게 제안된 AGV 시스템은 무엇이며, 어떠한 방식으로 차량의 혼잡을 회피했는지 설명하시오.

6 한 대의 AGV로 운영되는 AGV 시스템이 존재한다. 다음 표과 같이 이동을 요청하는 작업이 발생하였다. 다음 규칙을 사용할 때 어떠한 작업을 우선 이동해야 하는지 결정하시오.

(1) Shortest-Distance-First

(2) First-Come-First-Served

(3) Maximum-Outgoing-Queue-Size

작업 ID	출발지	도착지	요청 시간	현재위치에서의 거리
Job 1	WS1	WS2	13:05 pm	10m
Job 2	WS2	WS4	13:10 pm	5m
Job 3	WS1	WS4	13:02 pm	10m
Job 4	WS1	WS2	13:04 pm	10m
Job 5	WS3	WS1	13:08 pm	3m

7 저장창고와 유통창고의 차이를 설명하시오.

8 포장의 목적을 설명하시오.

9 적정 포장의 의미와 필요성을 설명하시오.

10 단위포장, 내부포장, 외부포장으로 구분하여 포장이 이뤄지는 이유를 설명하시오.

PART 3

물류 이론의 확장

제9장 해운물류

제10장 항공물류

제11장 환경 및 회수물류

제 9 장

해운물류

제1절 해운물류와 컨테이너
제2절 컨테이너 패킹
제3절 컨테이너 로딩
제4절 공 컨테이너 재배치
제5절 공 컨테이너 재배치 게임
제6절 TOS(Terminal Operating System)

네덜란드의 한 회사는 접이식 컨테이너가 복합 수송의 비효율을 끝낼 것으로 희망한다 (Dutch company hopes foldable containers end intermodal inefficiency)

Holland Container Innovations(HCI)에 따르면 평균적으로 해상 수송 컨테이너의 20%와 육상 수송 컨테이너의 40%가 비어 있다(연간 4400만 톤). HCI는 40-피트 컨테이너를 접어서 수송할 수 있게 하여 운영 비용과 CO_2 배출량의 25%를 절감할 수 있을 것으로 예상한다. HCI에서 개발한 접이식 컨테이너 4FOLD는 공 컨테이너 4개를 접어 하나로 쌓아 일반 컨테이너와 동일한 방식으로 운반 및 취급할 수 있으며, 현재 연간 250억 달러에 달하는 공 컨테이너 재배치 비용을 획기적으로 감소시킬 수 있을 것으로 기대된다.

공 컨테이너 수송의 2/3는 수입-수출 구조의 불균형에서 온다. 예를 들어, 중국과 같은 국가는 수입량에 비해 수출량이 크고 이에 따라 운송업자들이 공 컨테이너를 이들 국가로 조달해야 한다. 공 컨테이너의 수송이 적재 컨테이너에 비해 수익이 적기 때문에, 트럭 운송 회사들은 4FOLD와 같은 접이식 컨테이너를 이용하여 한 번에 여러 개의 공 컨테이너를 수송하고, 남은 트럭을 적재 컨테이너 수송에 활용하게 될 것이며, 더 많은 수익을 창출하고 유연한 운영을 가능하게 할 것이다.

접이식 컨테이너는 공 컨테이너의 재배치 및 운영 비용에 더불어 컨테이너의 보관에 필요한 공간을 줄이고 소음 공해, 미관, 도시 개발 등의 사회적인 측면에도 영향을 미쳐 항만의 토지를 효율적으로 이용할 수 있게 한다. 더욱이 공 컨테이너 수송의 감소는 CO_2, NOx, PM10과 같은 공해 발생을 감소시켜 지속 가능한 산업을 위한 해결책이 될 수 있게 한다.

▶저자 Emily Hennessey

▶출처 Freightwaves, 2018년 8월 4일

▶링크 https://www.freightwaves.com/news/2017/8/1/dutch-company-hopes-foldable-containers-end-intermodal-inefficiency

제1절 해운물류와 컨테이너

1.1 해운물류

고대로부터 근대까지 도시와 국가의 경제와 문화는 해상 운송을 중심으로 발전해왔다. 특히 원양항로의 개척으로 인한 식민지 개척과 무역, 산업혁명을 통해 발명된 증기선이 근대화의 흐름을 이끌었다. 해운물류의 여러 특성으로 인하여 유사 이래 인류 대부분의 물자 운송은 하상 또는 해상을 통하여 이루어졌다. 특히 1950년대에 Malcolm P. McLean에 의해 컨테이너의 상업적 활용 및 컨테이너화가 시작되었으며 해상 운송은 급격하게 성장하였다. 현재에도 전 세계 무역량의 80퍼센트 이상이 해운물류를 통하여 운송되고 있다(UNCTAD, Review of Maritime Transport, 2018). 특히 우리나라의 경우 3면이 바다로 둘러싸여 있으며 북한의 존재로 인하여 육상을 통한 타국과의 교역이 불가능하기 때문에, 수출입 화물의 99.7%를 해운에 의존하고 있다(국토교통부 「국토교통통계연보」, 2017). 2011년부터 2016년까지 우리나라의 국제 화물수송량 및 수송분담률은 표 9.1과 같다.

표 9.1 국제 화물수송량 및 분담률(국토교통부 「국토교통통계연보」, 2017)

		2011년	2012년	2013년	2014년	2015년	2016년
해운	수송량(천 톤)	1,069,556	1,108,538	1,123,205	1,184,641	1,216,782	1,242,597
	분담률(%)	99.7	99.7	99.7	99.7	99.7	99.7
항공	수송량(천 톤)	3,238	3,209	3,246	3,411	3,519	3,780
	분담률(%)	0.3	0.3	0.3	0.3	0.3	0.3

표 9.2 해상 운송의 장 · 단점

장점	단점
• 수송 비용이 저렴 • 대량의 화물 수송 용이 • 장거리 수송 가능 • 자유로운 수송로 • 국가 간 운송이 자유로움	• 신속성이 떨어짐 • 정확성이 떨어짐 • 하역설비가 있는 항만 간 수송만 가능

해운물류의 특징은 대부분 대규모의 수송 능력을 소유한 선박을 이용한다는 것에서 비롯된다. 선박은 매우 높은 자본집약도를 가지는 수송수단으로, 육상 및 항공을 통틀어 가장 저렴한 수송비용으로 대량의 화물에 대한 원거리 수송이 가능하다. 또한 도로나 철도와 같은 시설이 필요하지 않으므로 수송로가 자유롭고 대외 개방성이 높다. 그러나 연료 소모량이 속력의 3제곱에 비례하므로 수송 속력이 매우 느리며 특히 정기선 시장의 비율이 높아 물류 유연성이 낮다는 단점이 존재한다. 또한 높은 자본비용과 낮은 변동비용으

로 인해 발생하는 선가 및 운임의 변동이 시황에 큰 영향을 끼친다는 것이 특징적이다. 해상 운송의 장·단점은 표 9.2와 같다.

1.2 해운물류의 종류

해운물류를 품목별로 분류하면 크게 탱커 화물과 건화물로 나누어진다. 탱커 화물의 경우 유류와 가스를 용기나 저장탱크에 넣은 상태로 수송하며, 따라서 개별 품목을 위해 특수 제작된 탱커선을 이용하여 수송되기 때문에 위와 같이 불린다. 탱커 화물에는 원유, LNG, LPG 및 케미컬 등이 포함된다. 건화물의 경우 5대 메이저 및 마이너 벌크, 컨테이너 및 일반화물이 포함된다. 벌크 화물은 포장되지 않고 화물 그대로 적하 및 양하되는 건화물을 말하며, 5대 메이저 벌크 화물에는 석탄, 철광석, 곡물, 보크사이트/알루미나 및 인광석이 속하며 마이너 벌크 화물에는 철강제품, 목재, 고철, 니켈, 시멘트 및 설탕 등이 포함된다.

1980년부터 2017년까지의 품목별 해상물동량의 변화를 그림 9.1과 같이 나타내었다.

품목별 해상물동량의 연도별 추이(단위: 백만 톤)

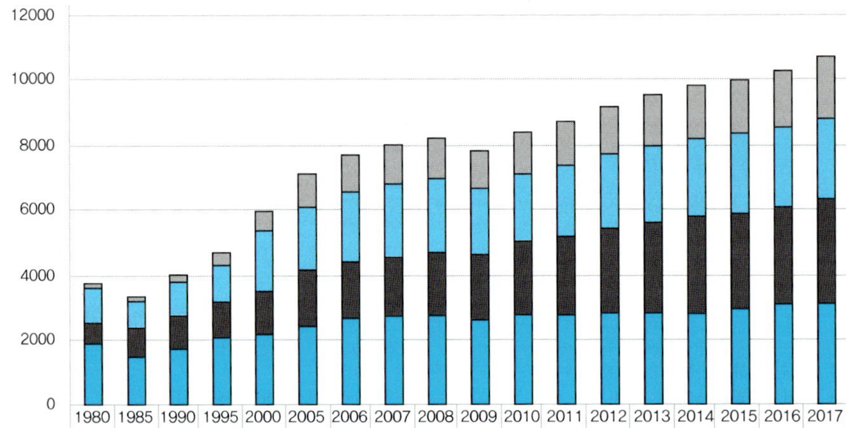

	1980	1985	1990	1995	2000	2005	2006	2007	2008	2009	2010	2011	2012	2013	2014	2015	2016	2017
컨테이너	102	152	234	371	598	1001	1098	1215	1272	1134	1291	1411	1458	1532	1622	1660	1734	1834
마이너 벌크 및 건화물	1123	819	1031	1125	1928	1975	2197	2232	2269	2060	2087	2188	2304	2392	2408	2471	2459	2526
5대 메이저 벌크	608	900	988	1105	1295	1711	1713	1840	1946	2022	2259	2392	2594	2761	2988	2961	3041	3196
원유 및 가스	1871	1459	1755	2050	2163	2422	2698	2747	2742	2642	2772	2794	2841	2829	2825	2932	3055	3146

그림 9.1 1980–2017년 품목별 해상물동량 추이
(UNCTAD, Review of Maritime Transport, 2018)

2016년과 2017년도의 경제 그룹별(선진국, 체제전환국 및 개발도상국), 지역별 및 품목별 수입량과 수출량을 표 9.3과 같이 나타내었다.

표 9.3 2016-2017년 경제 그룹별, 지역별 및 품목별 수입량과 수출량 및 비율
(UNCTAD, Review of Maritime Transport, 2018)

경제 그룹	연도	수입량				수출량			
		총량	원유	석유제품 및 가스	건화물	총량	원유	석유제품 및 가스	건화물
	백만 톤								
세계	2016	10,288.6	1,831.4	1,223.7	7,233.5	10,279.9	1,990.0	1,235.7	7,054.1
	2017	10,702.1	1,874.9	1,271.2	7,555.9	10,666.0	2,035.0	1,281.5	7,349.4
선진국	2016	3,492.9	150.5	453.0	2,889.4	3,840.4	1,001.3	507.6	2,331.5
	2017	3,675.0	162.6	478.3	3,034.2	3,838.3	956.8	509.1	2,372.5
전환경제 (Transition economies)	2016	637.3	176.3	40.2	420.7	59.6	0.3	4.0	55.3
	2017	664.5	190.7	48.3	425.6	65.9	0.8	3.4	61.7
개발도상국	2016	6,158.4	1,504.5	730.5	3,923.4	6,379.9	988.5	724.2	4,667.3
	2017	6,362.5	1,521.6	744.7	4,096.2	6,761.7	1,077.4	769.1	4,915.3
아프리카	2016	692.7	271.3	58.8	362.6	492.9	38.7	80.8	373.4
	2017	726.2	288.0	60.0	378.2	499.8	33.9	90.5	375.4
아메리카	2016	1,336.8	232.5	7509	1,028.4	566.0	51.9	128.2	385.8
	2017	1,379.4	227.3	71.9	1,080.2	608.3	54.7	141.8	411.8
아시아	2016	4,121.2	999.1	594.9	2,527.2	5,307.6	897.0	510.9	3,899.7
	2017	4,248.8	1,004.6	611.8	2,632.4	5,640.1	988.0	532.5	4,119.6
오세아니아	2016	7.7	1.7	0.9	5.2	13.5	0.8	4.2	8.4
	2017	8.0	1.7	0.9	5.4	13.5	0.8	4.2	8.4

경제 그룹	연도	수입량				수출량			
		총량	원유	석유제품 및 가스	건화물	총량	원유	석유제품 및 가스	건화물
	퍼센트								
세계	2016	100.0	17.8	11.9	70.3	100.0	19.4	12.0	68.8
	2017	100.0	17.5	11.9	70.6	100.0	19.1	12.0	68.9
선진국	2016	33.9	8.2	37.0	39.9	37.4	50.3	41.1	33.1
	2017	34.4	8.7	37.6	40.2	36.0	47.0	39.7	32.3
전환경제 (Transition economies)	2016	6.2	9.6	3.3	5.8	0.6	0.0	0.3	0.8
	2017	6.2	10.2	3.8	5.6	0.6	0.0	0.3	0.8
개발도상국	2016	59.9	82.2	59.7	54.2	62.1	49.7	58.6	66.2
	2017	59.5	81.2	58.6	54.2	63.4	52.9	60.0	66.9
아프리카	2016	6.7	14.8	4.8	5.0	4.8	1.9	6.5	5.3
	2017	6.8	15.4	4.7	5.0	4.7	1.7	7.1	5.1
아메리카	2016	13.0	12.7	6.2	14.2	5.5	2.6	10.4	5.5
	2017	12.9	12.1	5.7	14.3	5.7	2.7	11.1	5.6
아시아	2016	40.1	54.6	48.6	64.9	51.6	45.1	41.3	55.3
	2017	39.7	53.6	48.1	34.8	52.9	48.5	41.6	56.1
오세아니아	2016	0.1	0.1	0.1	0.1	0.1	0.0	0.3	0.1
	2017	0.1	0.1	0.1	0.1	0.1	0.0	0.3	0.1

1.3 항만하역의 개념과 컨테이너 물류

항만법상으로 항만의 정의는 선박의 출입과 사람이 타고 내리거나 화물을 선박에 싣고 내릴 수 있는 시설이 구비된 항이다. 항만은 해상수송 기지로서 해상수송을 육지와 연결시키는 역할을 수행한다.

컨테이너는 일정량의 화물을 운반하고 보관하기 용이하도록 정해진 규격에 따라 만들어진 박스 모양의 운송용구이다. 규격화된 용기는 각종 화물이 섞여 직접 수레로 운반되던 과거에서 벗어나 하역, 환적 및 복합운송을 용이하게 하여 물류 전반에 거대한 혁신을 가져왔다. 컨테이너는 철도 운송에서 처음 사용되기 시작했으며, 이후 제2차 세계대전 중 미국이 군수품의 수송을 위해 해상용으로 제작된 컨테이너를 처음으로 사용하였다. 미국의 Sea-Land 사가 1957년에 휴스턴-뉴욕항 간 연안운송에 최초로 'Gateway City'라는 컨테이너 해상수송선을 사용하였으며, 이후 1966년에 뉴욕-유럽 간 대서양항로에 'Fairland' 호를 투입하여 국제 해상물류에 컨테이너가 사용되기 시작하였다. 이후 컨테이너와 컨테이너선이 극동-북미항로를 포함한 전 세계의 항로에 보급되었으며, ISO 표준화 과정을 거쳐 현재에는 탱커와 벌크와 더불어 해운물류에서 가장 큰 역할을 담당하고 있다.

컨테이너 물류는 약 60여 년 전부터 지속된 해운물류 기술 혁신의 기념비적인 존재로 평가된다. 1980년 해상 운송 물량이 총 37억 톤에서 2016년 103억 톤으로 약 2.8배 성장하는 동안 해상 컨테이너 운송 물량은 1억 톤에서 17억 톤으로 약 17배 이상 성장하였다. 국제 간 해상물류에서 이용되는 가장 대표적인 컨테이너로는 20피트와 40피트 컨테이너가 있다. 컨테이너의 종류는 재질에 따라 알루미늄, 철재, Fiberglass Reinforced Plastics 컨테이너 등이 있으며, 목적을 기준으로 일반(Standard), 냉동(Reefer), 오픈탑(Open Top), 탱크 컨테이너 등이 사용된다.

컨테이너 운송이 갖는 장점으로는 규격화된 견고한 용기가 제공하는 경제성, 신속성 및 안전성이 대표적이다. 경제성의 경우 화물의 규격화에 따른 화물취급 비용의 절감과 운송시간의 절감을 의미한다. 신속성의 경우 환적 등에서 내용물을 일일이 적입하는 대신 용기 그대로 옮길 수 있다는 것을 의미하며, 안전성의 경우 컨테이너 용기의 견고성으로 인해 화물의 파손이 줄어드는 것을 의미한다. 또한 정보기술의 발달로 각 컨테이너에 대한 정보를 공유하고 활용할 수 있게 되면서 운송의 신뢰성이 빠르게 상승하고 있다. 반면 컨테이너 운송에 따른 문제점으로는 항만에서 컨테이너를 취급하기 위해 Gantry Crane, Quay Crane 등 자본집약적인 대규모 시설이 필요하며, 컨테이너 수요와 회수의 불균형으로 인해 각 선사가 최대 선적 수량의 약 3배에 달하는 컨테이너를 소유해야 하므로 항만 및 선사가 큰 초기 투자비용을 필요로 한다는 것이다.

컨테이너선 수송은 재래의 정기화물선 수송에 비해서 20-30%의 비용 절감이 된다고

그림 9.2 초대형 컨테이너선

말한다. 포장의 단순화, 총체적인 비용 절감, 화물의 수송사고 감소, 수송시일의 단축 등으로 국제물류에서의 수송합리화에 크나큰 기여를 하고 있어, 해상수송의 컨테이너화는 꾸준히 발전되고 있다. 2016년에 제2의 파나마 운하의 개통으로 13,500 TEU의 초대형 컨테이너선의 취항이 가능함에 따라 동북아시아와 미국 동부지역 간 및 태평양연안 중남미와 미국 동부지역간 물동량이 급증할 것이 예상되고, 미국 동·서부 해안의 항만들과 동아시아 주요 항만들도 확장과 준설 등으로 이에 대비하고 있다. 세계 1위 해운업체 머스크(MAERSK Line)는 18,000 TEU급 컨테이너선 20척을 일시에 주문 도입하여 극초대형 선박 시대를 열고 있고, 해운운송과 물류 사업 부문을 디지털 기반으로 전환하고 있다. 2018년에는 20,000 TEU가 넘는 용량을 가진 초대형 선박(mega vessel)들이 아시아-유럽 항로에 운영되고 있다. 선박들의 크기는 점점 더 거대화되는 추세이며, 컨테이너가 물류의 핵심 자리를 차지하고 있다.

이와 더불어 항만 컨테이너 터미널에서의 물류 프로세스에 대한 이해는 해운 물류의 이해를 위해 매우 중요하다. 트럭이나 기차를 통해 컨테이너가 터미널로 운송되면 데포에 컨테이너들을 쌓아서 저장하게 된다. 컨테이너선이 도착하면 크레인을 이용하여 컨테이너를 배에 선적하게 된다. 반대로 양하할 때에는 크레인을 이용해 컨테이너선에서 컨테이너를 양하해 데포에 저장하게 되며, 트럭이나 기차를 이용해 컨테이너를 내륙으로 운송하게 된다. 이와 같은 프로세스가 그림 9.3에 요약되어 있다.

1.4 컨테이너 수요의 불균형과 접이식 컨테이너

세계적으로 주요한 물류 루트는 대부분 대양을 동서로 횡단하여 대륙을 연결하는 항로이다. 각 대륙마다 수입 및 수출 품목과 물동량이 다르므로 대륙 간 컨테이너 수요의 불균형이 발생한다. 이런 불균형이 특히 크게 나타나는 곳이 생산 및 수출 위주의 동아시아와 수입 위주의 북미 및 유럽이다. UNCTAD에서 발표한 자료에 따르면 동아시아에서 북미

그림 9.3 터미널에서의 물류 프로세스

지역으로 가는 컨테이너 물동량이 북미에서 동아시아로 오는 물동량의 두 배 이상이며, 동아시아에서 유럽으로 향하는 컨테이너 물동량의 경우 그 반대 항로의 물동량의 두 배 이상에 달한다. 주요 항로의 컨테이너 물동량은 표 9.4와 같다.

표 9.4 2016-17년 주요 항로의 컨테이너 물동량(백만 TEUs)
(UNCTAD, Review of Maritime Transport, 2018)

항로 / 연도	동아시아 → 북미	북미 → 동아시아	유럽/지중해 → 동아시아	동아시아 → 유럽/지중해	북미 → 유럽 /지중해	유럽/지중해 → 북미
2016	17.7	7.7	7.1	15.3	2.7	4.2
2017	18.7	8.1	7.6	16.4	3.0	4.6

기사 9.1 연합뉴스 영문판, "South Korea develops new folding container, cutting cost and space for shipment", 2017.01.22

한국에서 원래의 1/4 크기로 접을 수 있는 컨테이너가 개발되어 수송 및 보관비용을 크게 줄일 수 있을 것으로 기대되고 있다. 이번에 발표된 접이식 컨테이너는 한국철도기술연구원에 의해 개발된 세계 최초의 접이식 컨테이너 중 하나이며, 기개발된 접이식 컨테이너들에 비해 접이 과정이 효율적이면서도 일반 컨테이너에 뒤떨어지지 않는 강도를 가진 것으로 알려졌다. 국토교통부는 미국과 네덜란드를 비롯한 여러 나라에서 공 컨테이너 재배치 비용의 절감을 위하여 접이식 컨테이너에 대한 연구를 활발히 진행하고 있으나, 대부분의 제품이 하중지지 면에서 약점을 보여 상용화에 실패하였음을 언급하였다. 한국철도기술연구원에서 개발된 접이식 컨테이너는 각 모서리 기둥별로 96톤의 무게를 지지할 수 있으며, 2명의 인력이 간단한 보조장비를 활용하면 10여 분에 접이 작업을 완료할 수 있다.

현재 국내에서 연간 발생하는 공 컨테이너 재배치 비용은 3960억 원에 달하며, 모든 컨테이너를 접이식 컨테이너로 교체하는 경우 이 중 약 75%가 감소한 960억 원이 될 것으로 예상된다고 국토교통부는 밝혔다. 철도기술연구원은 보도자료를 통하여 새로운 접이식 컨테이너 기술에 대한 추가적인 R&D를 통해 2021년까지 상용화를 완료할 것을 발표하였다.

해운회사의 경우 그 운송수입이 적재 컨테이너 운송에서만 발생하는데 비해, 비용의 경우 공 컨테이너(Empty Container)와 적재 컨테이너의 여부와 상관없이 동일하게 발생하기 때문에 공 컨테이너 재배치가 수익과 직결된 매우 중요한 문제로 다루어진다. 운송비용은 일정 부피당 비용으로 발생하기 때문에, 최근 접이식 컨테이너가 개발되어 공 컨테이너 재배치 비용을 획기적으로 감소시킬 것으로 기대되고 있다. 접이식 컨테이너는 비어 있는 컨테이너를 접어 부피를 줄이고, 이를 여러 대 쌓아 일반 컨테이너처럼 운송할 수 있어 물류강국을 중심으로 각광받고 있다. 현재 미국, 한국, 일본 및 유럽이 해당 기술을 선도하고 있다(국도교통부 한국교통연구원, 물류효율성 및 부가가치 향상을 위한 접이식 컨테이너 개발 기획보고서, 2016). 2017년 1월, 우리나라에서는 한국철도기술연구원이 4개의 빈 컨테이너를 접어 하나의 일반 컨테이너처럼 연결할 수 있는 접이식 컨테이너를 공개한 바 있다(그림 9.4). 철도기술연구원이 공개한 접이식 컨테이너와 기대되는 도입 효과는 그림 9.5와 같다.

그림 9.4 한국철도기술원이 개발한 접이식 컨테이너의 모습
(한국철도기술연구원 보도자료, "컨테이너를 접는다?
철도연, 부피를 1/4로 줄인 접이식 컨테이너 개발", 2017)

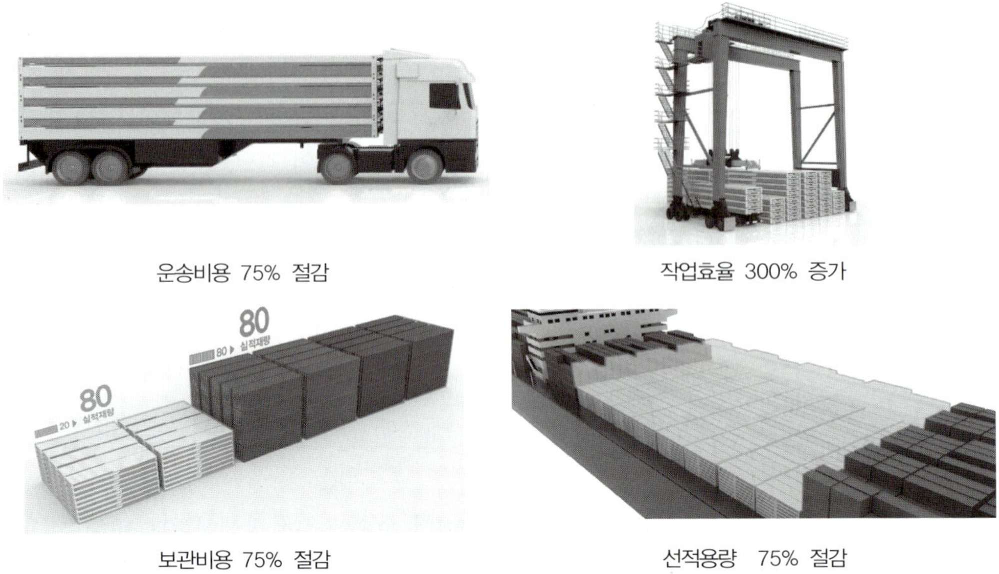

그림 9.5 접이식 컨테이너의 도입 기대 효과
(한국철도기술연구원 보도자료, "컨테이너를 접는다? 철도연, 부피를 1/4로 줄인 접이식 컨테이너 개발", 2017)

현재 세계적으로 네덜란드의 Holland Container Innovations가 개발한 '4Fold Foldable Shipping Container'가 주목을 받고 있으며(DC Velocity, "Foldable shipping containers cut costs and carbon", 2017), 해운물류 분야 외에도 접이식 컨테이너의 개념을 항공물류에 사용되는 항공 컨테이너(연합뉴스, "우유팩처럼 접히는 항공 컨테이너 개발... 대전 벤처기업서 양산", 2017) 및 냉동 컨테이너(C4ISRNET, "How collapsible refrigerators and unmanned helicopters are solving DoD's logistics problems", 2018) 등에 적용한 제품들이 개발되고 있다. 4Fold Foldable Shipping Container의 모습을 그림 9.6에 나타내었다.

그림 9.6 4Fold Foldable Shipping Container의 모습

접이식 컨테이너의 표준을 선점하기 위하여 선발 업체인 Holland Container Innovations 사와 후발 주자인 한국 철도기술연구원의 치열한 경쟁이 예상된다. 30여 년 전 캠코더 개발업체의 양대 주자였던 Sony사와 Panasonic사의 예를 살펴볼 필요가 있다. 당시 Sony사의 캠코더는 촬영한 화면의 재생을 위하여 캠코더를 케이블로 연결하고 캠코더 자체가 플레이어의 역할을 해야 하는 번거로움이 있었던 반면에, Panasonic사의 캠코더는 VHS-c 타입이라는 새로운 비디오 카세트를 개발하고, 어댑터를 활용해 일반 비디오 리코더에서 재생할 수 있게 만들었다. 사용자들은 편의성을 중요시해 Panasonic사의 캠코더를 많이 구매하게 되어 결국 표준을 선점하게 되고, Sony사의 캠코더는 경쟁에서 밀리게 되었다. 이 사례에서 알 수 있는 것은 표준을 선점하기 위해서는 제품의 사용 용이성이 큰 역할을 한다는 것이다. 접이식 컨테이너의 경우도 한국 철도기술연구원이 개발한 것처럼 모터를 사용하여 원터치식으로 접거나 펴는 방식이 상용화되면 포크리프트와 작업자들의 도움을 받아서 접거나 펴는 Holland Container Innovations사의 접이식 컨테이너를 밀어내고 접이식 컨테이너의 표준으로 자리잡을 수 있을 것으로 예상해본다. 다만 이 경우, 접이식 컨테이너의 생산 단가가 중요한 요인이 될 수 있다. 아무리 제품의 사용 용이성이 뛰어나다고 하더라도 생산 단가가 경쟁 제품보다 많이 높으면 제품 경쟁력이 떨어질 수 있다. 접이식 컨테이너의 평균 수명을 10~15년으로 예상하면서 접이식 컨테이너를 사용함으로써 일반 컨테이너에 비해서 어떤 경제성이 있는지 경제성 분석이 반드시 필요하다. 접이식 컨테이너의 장점은 공 컨테이너를 재배치(Repositioning)할 때 발생하게 된다.

제2절 컨테이너 패킹

2.1 정의 및 기대효과

세계무역이 성장하면서, 컨테이너를 이용한 물자의 이동이 물류에서 중요한 부분을 차지하고 있다. 컨테이너를 이용해 물자를 수송할 경우, 많은 양의 물자들을 한꺼번에 실을 수 있어 비용적인 측면에서 효과적인 수송을 할 수 있다. 이러한 이유로 물류회사에서 물자 수송에 컨테이너를 많이 이용할 뿐 아니라 컨테이너를 이용한 수송 관련 연구들이 꾸준히 진행되고 있다. 이러한 연구들 중 하나가 컨테이너 패킹이다. 컨테이너 패킹은 제한된 컨테이너 공간 안에 수송할 물자들을 적재하는 프로세스를 의미한다.

수출과 수입의 증가로 인해 많은 양의 물자들을 수송해야 하는 상황에서 효과적인 컨테이너 패킹이 중요하다. 효과적인 컨테이너 패킹이란, "최소한의 컨테이너 개수로 최대한 많은 물자들을 수송하는 것"을 의미한다. 이는 컨테이너 추가에 따른 컨테이너 사용료,

컨테이너를 배와 컨테이너 야드(yard) 사이에 옮기게 되면서 발생하는 비용 그리고 배와 컨테이너 야드의 추가적인 공간 사용으로 인한 비용 등을 줄일 수 있다. 그렇기 때문에 효과적인 컨테이너 패킹에 대한 연구들이 물류회사에서 큰 이슈로 대두되고 있다.

2.2 컨테이너 패킹 문제

컨테이너 패킹 문제 연구에서 물자는 3차원의 직육면체 형태로 제한하고, 컨테이너 내에 물자를 쌓을 때 컨테이너 3개의 축과 평행하게 쌓는 것을 가정한다. 최적화 측면에서 컨테이너 패킹 문제는 크게 두 가지로 구분할 수 있다.

1. 단일 컨테이너 패킹 문제(Single Container Packing Problem): 하나의 컨테이너가 주어져 있고 다양한 크기의 물자들이 존재할 때, 가장 효과적인 패킹 패턴을 찾는 문제이다. 즉, 컨테이너의 공간 활용을 최대화하도록 일부 물자들을 선택해 컨테이너 내 어느 위치에 쌓을지를 결정하는 문제이다.
2. 다중 컨테이너 패킹 문제(Multi Container Packing Problem): 컨테이너 개수는 많이 있고 다양한 크기의 물자들이 존재할 때, 주어진 물자들을 모두 쌓는 데 필요한 최소의 컨테이너 개수를 찾는 문제이다. 즉, 최소 필요한 컨테이너 개수를 찾고 모든 물자들을 어느 위치에 쌓을지를 결정하는 문제이다.

단일 컨테이너 패킹 문제의 경우 최대화 문제이고, 다중 컨테이너 패킹 문제의 경우 최소화 문제이다. 두 문제의 방향성은 다르게 보일 수 있으나, 효과적인 컨테이너 패킹 패턴을 찾는 것에서 보면 동일한 목적을 가지고 있다. 본 교재에서는 단일 컨테이너 패킹 문제로 컨테이너 패킹 문제에 대한 설명을 진행하고자 한다.

단일 컨테이너 패킹 문제는 일반적으로 NP-hard 문제로 알려진 '0/1 배낭(Knapsack) 문제'의 3차원 형태라고 할 수 있다(NP-hard의 개념은 경영과학을 참고할 것). 0/1 배낭 문제는 1개의 배낭에 담을 수 있는 최대 무게가 있고 배낭에 들어갈 짐들은 각각 가치와 무게가 있는 상태에서, 배낭이 견디는 최대 무게를 넘지 않으면서 가치의 합이 최대가 되는 짐들의 집합을 고르는 문제이다. 0/1 배낭 문제와 단일 컨테이너 패킹 문제 사이의 연결 관계를 표 9.5에 정리하였다.

표 9.5 0/1 배낭 문제와 단일 컨테이너 패킹 문제 사이의 연결 관계

	0/1 배낭 문제	단일 컨테이너 패킹 문제
물리적 차원	1차원 (무게)	3차원 (가로, 세로, 높이)
제약조건	배낭에 담을 수 있는 최대 무게	컨테이너 내 최대 부피
목적함수	배낭 안에 들어갈 짐의 가치	컨테이너 안에 들어갈 물자의 부피

0/1 배낭 문제와 달리 단일 컨테이너 패킹 문제의 경우, 가로, 세로, 그리고 높이를 고려하는 3차원 형태를 보이면서 추가적으로 고려해야 하는 제약들도 있다. 단일 컨테이너 패킹 문제를 목적함수와 제약식으로 다음과 같이 나타낼 수 있다.

목적함수

$$Max \sum_{i=1}^{n} V_i p_i \text{ (컨테이너에 들어가는 물자들의 총 부피를 최대화)}$$

제약식

1. 기하학적 측면 제약
2. 물자 간의 겹침 방지 제약

정수 계획법(Integer Programming)으로 표현한 단일 컨테이너 패킹 문제의 공식은 부록 3에 제시한다. 목적함수는 컨테이너에 들어가는 물자들의 총 부피의 합을 나타내고 이를 최대화하고자 한다. 3차원 형태를 보이면서 추가적으로 고려해야 하는 제약들을 보면 크게 두 가지로 구분할 수 있다. 첫 번째로는 '기하학적 측면 제약'이다. 선택된 물자들은 컨테이너 내부에 위치해야 하며, 물자들은 그림 9.7에서와 같이 여섯 가지 회전방향 중 한 가지 형태로만 제시되어야 한다. 두 번째 제약은 '물자 간의 겹침 방지 제약'이다. 이는 선택된 두 물자 사이에는 서로 겹쳐지는 공간이 없도록 컨테이너 내부에 위치하는 제약이다. 그림 9.8은 두 물자 사이에 겹쳐지는 공간이 있어 제약에 위배되는 예시 중 하나이다.

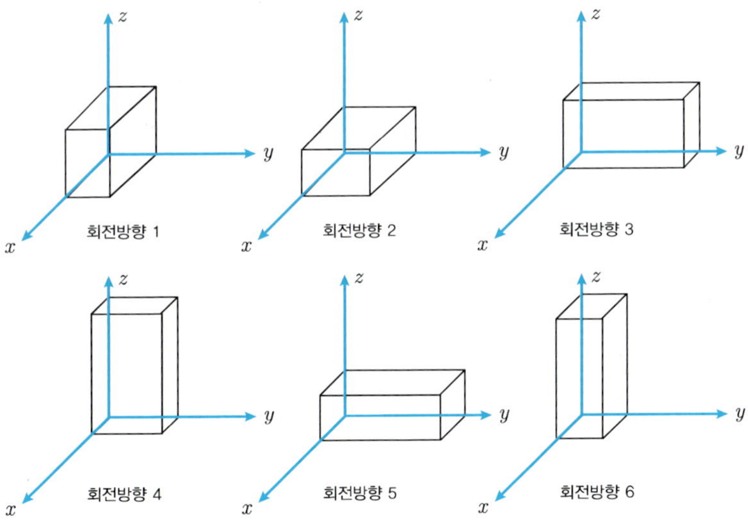

그림 9.7 물자의 여섯 가지 가능 회전방향(Moon & Nguyen, 2014)

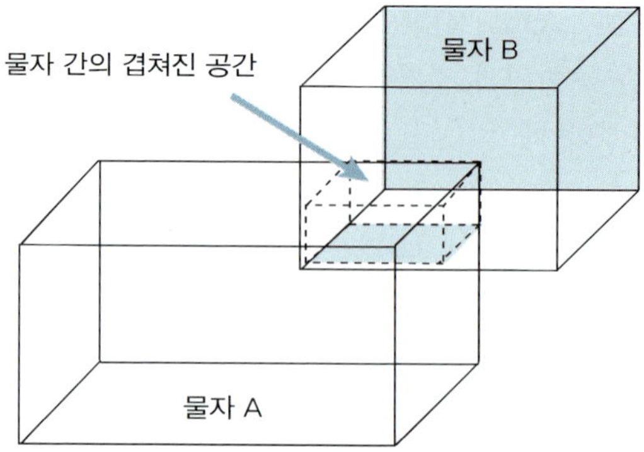

그림 9.8 '물자 간의 겹침 방지 제약'에 위배된 예시 (Moon & Nguyen, 2014)

2.3 DBLF(Deepest Bottom Left with Fill) 전략

2.2절에서 제시한 실제 물자 적재에 활용되는 3차원 컨테이너 패킹 문제는 대표적인 NP-hard 문제이다. 이는 정수 계획법에 따라 공식화했지만, 물자의 개수가 많아지고 크기가 다양해짐에 따라 계산 시간이 지수적(Exponential)으로 증가한다. 최근 연구들은 정수 계획법에 따른 공식화를 제시할 뿐만 아니라 현실 문제에 적용 가능한 효율적인 휴리스틱 방법 역시 제안하고 있다. 휴리스틱 방법으로 얻은 해는 최적해가 아닐 수 있지만 빠른 시간 내에 최적 목적함수 값과 가까운 괜찮은 가능해를 찾는 것에 의의가 있다.

지금까지 빠른 시간 내에 좋은 해를 찾기 위한 많은 휴리스틱 대안들이 연구되고 있다. 본 책에서는 Karabulut & Inceoglu가 쓴 《A hybrid Genetic Algorithm for Packing in 3D with Deepest Bottom Left with Fill Method》(2005)에서 제시한 휴리스틱 방법인 'Deepest Bottom Left with Fill (DBLF)'를 소개한다.

예제 9.1 Deepest Bottom Left with Fill(DBLF) 전략

DBLF 전략은 가능한 'DBLF 위치'에 물자를 쌓는 방식을 의미한다. 컨테이너가 그림 9.7에서와 같이 좌표축에 놓여 있다고 하자. 물자들을 쌓는 순서와 회전방향이 정해져 있다고 할 때, 물자를 쌓을 수 있는 다양한 왼쪽-아래 위치 중 현재 순서에 해당하는 물자가 실제로 위치하게 되는 곳이 'DBLF 위치'가 된다.

● **DBLF 위치**

가능한 왼쪽-아래 위치 중 실제 위치하게 되는 DBLF 위치를 선정하는 기준은 다음과 같다.

Step 1. x축 좌표가 가장 작은 값을 나타내는 위치, 위치가 1개면 종료.

만약 둘 이상의 위치가 나올 경우, Step 2로 간다.

Step 2. z축 좌표가 가장 작은 값을 나타내는 위치, 위치가 1개면 종료.
만약 둘 이상의 위치가 나올 경우, Step 3으로 간다.

Step 3. y축 좌표가 가장 작은 값을 나타내는 위치, 종료.

DBLF 위치가 결정되면, 현재 순서에 해당하는 물자의 왼쪽 아래점이 DBLF 위치에 놓이도록 쌓게 된다. 만약 컨테이너 공간을 넘게 되는 경우, DBLF 위치를 제외한 가능한 위치 중 새로운 DBLF 위치를 선택하게 되고, 그곳에 물자를 놓이도록 쌓게 된다. 그림 9.9는 DBLF의 예시를 보여주고 있다.

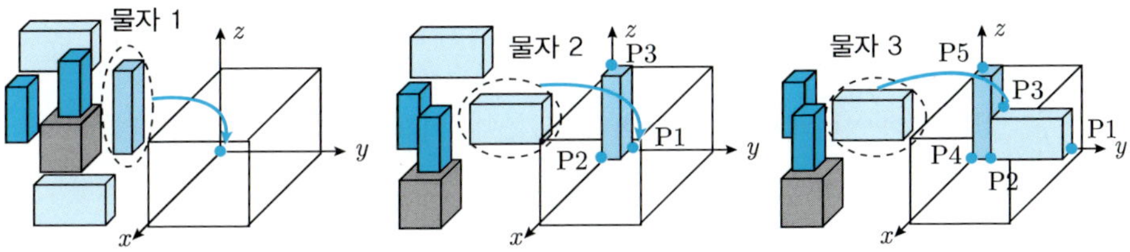

그림 9.9 DBLF의 예시(Moon & Nguyen, 2014)

맨 처음 가능한 왼쪽-아래 위치는 원점만 존재하기 때문에 물자 1의 DBLF 위치는 원점이다. 물자 2의 경우, P1~P3까지 가능한 3개의 위치들 중 P1이 DBLF 위치가 되므로 물자 2의 왼쪽 아래점을 P1에 두어 쌓게 된다. 물자 3의 경우, P1~P5까지 가능한 위치들 중 P1이 우선적으로 DBLF 위치이지만, 물자 3이 P1에 위치할 경우, 컨테이너 공간을 넘게 되어 제외한다. 그 다음으로 P3이 DBLF 위치가 되므로 물자 3의 왼쪽 아래점을 P3에 두어 쌓게 된다. 이러한 방식으로 적재를 진행한다.

2.4 컨테이너 패킹 시 실제 고려하는 제약들

제한된 컨테이너 사이즈 내에 가능한 많은 물자들을 쌓아 물류비용을 줄이는 것이 컨테이너 패킹 문제의 목표이나, 실제 상황에서 고려되어야 할 여러 제약들 역시 존재한다. 컨테이너 자체의 제약이 있을 수 있고, 컨테이너와 물자들의 집합 사이 또는 물자와 물자 사이에서 발생하는 제약이 있을 수 있다. 만약 무거운 물자가 가벼운 물자보다 위에 쌓게 되어 물자의 파손이 발생할 경우, 그림 9.10과 같은 결과가 나타날 수도 있다.

특히, 접이식 컨테이너가 등장하면서 고려해야 할 제약들이 더 많아졌다. 그 이유는, 일반 컨테이너와 달리 접히는 부분이 옆면 혹은 위/아래면에 추가되면서 좀 더 취약해졌기 때문이다. 현실적인 컨테이너 패킹에 앞서 고려되어야 할 제약들은 다음과 같다.

(1) 적재 중량(Weight Limit) 제약: 컨테이너 내에 최대로 적재 가능한 중량에 대한 제약 조건으로, 컨테이너별로 최대 적재 중량이 다르다. 특히, 접이식 컨테이너의 경

그림 9.10 파손된 물자로 인해 발생할 수 있는 잘못된 결과 예시

그림 9.11 하중 균형을 고려하지 않아 나타날 수 있는 잘못된 결과 예시

우 일반 컨테이너보다는 취약하기 때문에 적재 가능한 중량을 중요하게 고려해야 한다.

(2) 하중 균형(Load Balancing) 제약: 물자의 하중이 컨테이너 내에서 고르게 분포될 수 있도록 하는 제약식으로, 무게 중심 기반으로 이를 파악한다. Moon et al. (2014)이 등록한 특허 '컨테이너에서의 무게중심을 고려한 박스 적재 방법'에서 하중 균형 제약에 대한 개념을 제시하였다. 컨테이너 왼쪽 부분에 물자의 무게가 쏠릴 경우, 그림 9.11과 같은 결과가 나타날 수 있다.

(3) 내하력(Load Bearing Strength) 제약: 물자들은 각각 하중을 견디는 힘(내하력)이 다르다. 내하력이 큰 물자는 컨테이너 공간의 아래쪽에, 내하력이 작은 물자는 컨테이너 공간의 위쪽에 두는 식의 적재 패턴을 도출하기 위한 제약식이다. 각 물자는 다른 물자의 중량으로 인해 물자가 손상되어 균형이 흐트러지는 일을 방지하고자 한다.

(4) 안정성(Stability) 제약: 내하력 제약과 마찬가지로 물자의 적재 패턴이 안정적으로 유지될 수 있도록 하는 제약식으로, 각 물자의 바닥면이 컨테이너의 바닥 혹은 다른 물자의 윗면과 맞닿아 무너지지 않도록 하는 제약이다. 그림 9.12는 위 물자의 바닥면의 일부가 컨테이너 바닥 혹은 다른 물자의 윗면에 닿지 않아 안정성 제약을 만족하지 못하는 예시이다.

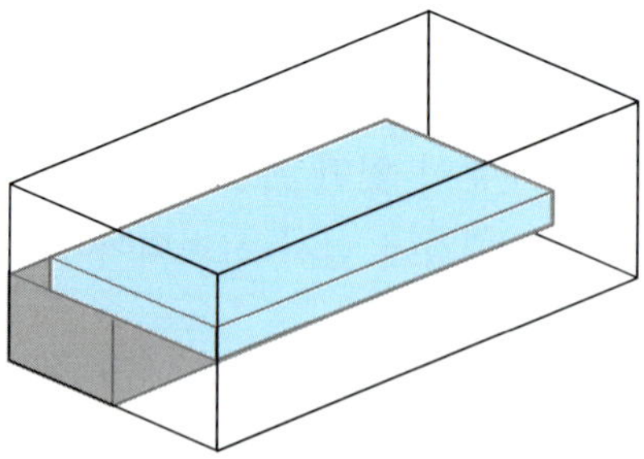

그림 9.12 안정성 제약을 만족하지 못하는 예시

(5) 물자 위치(Item Positioning) 제약: 물자들의 절대적 혹은 상대적 위치를 제한하는 제약식이다. 예를 들어, 식재료와 같이 유통기한이 짧은 물자의 경우 냉동 컨테이너에만 실어야 하는 상황이 있을 수 있고, 두 물자 사이의 거리가 가까우면 물자 사이의 화학작용으로 인한 변형으로 두 물자 사이의 거리를 두어야 하는 경우도 존재할 수 있다.

크게 다섯 가지 제약을 볼 수 있지만, 그 외에도 컨테이너와 물자의 특성에 따라 다양한 제약들이 존재할 수 있다. 컨테이너 패킹 문제를 풀 때, 앞서 제시한 제약들을 상황에 맞게 선택해 정수 계획법 혹은 휴리스틱 알고리즘 개발을 고려하는 연구들이 현재도 진행 중에 있다.

제3절 컨테이너 로딩

3.1 정의 및 기대효과

국제 교역에서 가장 큰 비중을 차지하는 해양 물류는 철근으로 이루어진 근대적인 컨테이너가 도입된 후 뛰어난 내구성 및 종합 수송 능력으로(Transmodality) 인해 눈부신 성장을 해왔다. 특히 국제표준화기구(ISO)에서 컨테이너를 규격화함에 따라 다양한 종류의 컨테이너를 활용해왔다. 대표적으로 많이 쓰이는 컨테이너는 20ft와 40ft 일반 컨테이너가 가장 널리 쓰이고 있다. 컨테이너 로딩이란 선사가 화주에게 주문받은 컨테이너 화물을 컨테이너선 도착지에 따라 효율적으로 적재하는 문제를 의미한다.

항만에서 컨테이너를 적재하기 위해서는 키 크레인(Quay-crane)을 이용하는데 보통 컨테이너 야드장에서 대기하고 있는 컨테이너를 들어올려 가장 먼 도착지 컨테이너를 컨테이너 적재 공간(Container Slot) 가장 하단부터 채워 넣는 방식으로 이루어진다. 이때 이러한 방식으로 쌓지 않는 경우, 다음 항만에서 내릴 컨테이너 위에 도착지가 더 먼 컨테이너가 적재되어 있으면 상위 컨테이너를 임시로 양하한 후 다시 재선적해야만 한다. 이러한 작업을 이화(Shift)라고 부르며 비효율적으로 쌓인 컨테이너 적재 방식을 부적절한 적재(Overstowage)라고 부른다. 컨테이너 수와 무게를 고려하면 상당한 추가 시간 및 비용이 드는 것은 자명하고 현장에서는 실시간으로 컨테이너가 도착하기 때문에 적재 계획을 재빨리 수립해야 한다. 따라서 항만마다 신속하고 효율적인 적재 계획을 수립함으로써 비용 및 시간 낭비를 줄일 수 있다.

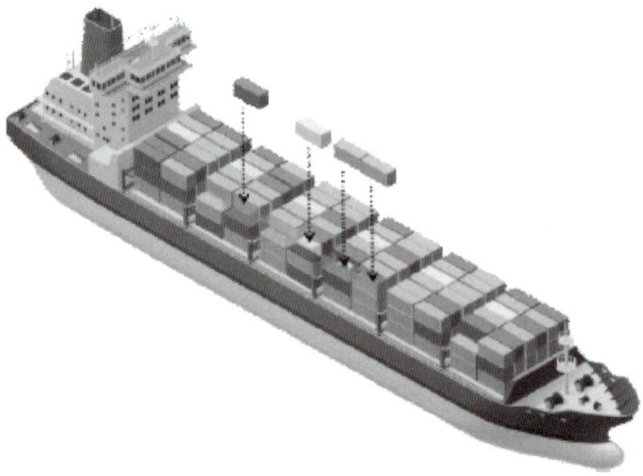

그림 9.13 컨테이너 적재 계획 개념

3.2 컨테이너 로딩 문제

컨테이너 적재 계획은 그림 9.13과 같이 많은 양의 컨테이너를 도착지 순으로 컨테이너선에 선적하는 것을 말한다. 먼저 선사가 정기선의 항만 방문 계획을 수립한 후 운송할 컨테이너의 특성 정보를 항만 터미널 운영자에게 전달한다. 특성 정보는 컨테이너 도착지, 종류 및 무게 등을 포함하고 있으며 이러한 정보를 이용하여 항만 운영자에게 컨테이너 적재 상태가 표시된 적부도(Bay Plan)를 전달해야 한다. 이러한 적부 자료를 전산처리하여 터미널 전산 시스템에 등록되면 크레인 작업계획서가 생성된다.

컨테이너 적부도는 그림 9.14와 같이 나타나며 컨테이너 적재 공간을 보여준다. 보통 일반 40ft 및 2개의 일반 20ft 컨테이너가 하나의 셀(Cell)이라는 공간에 적재되며 이러한 셀들의 집합을 베이(Bay)라고 한다. 그림에 나와 있듯이 베이는 행(Tier)과 열(Stack)로 이루어지며 접이식 공 컨테이너의 경우는 4~6개 접힌 묶음으로 적재되어 있음을 알 수 있다.

국제 교역이 해마다 증가함에 따라 컨테이너선의 규모가 거대해지고 그에 따른 적재 계획이 훨씬 복잡해지고 있다. 항만 운영자는 부적절하게 적재된 컨테이너 수를 최소화

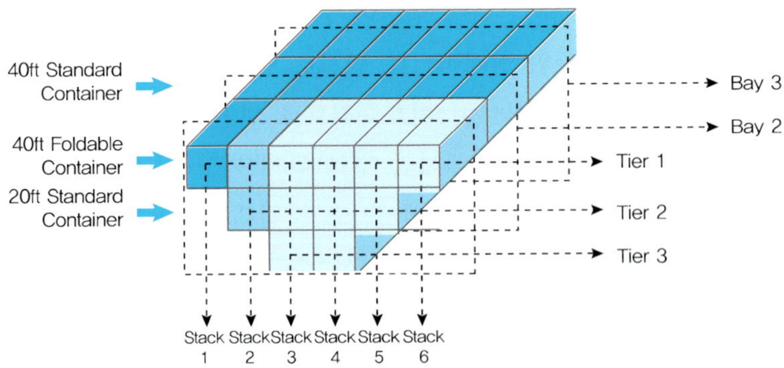

그림 9.14 컨테이너 적부도

및 선박의 적재율을 극대화함으로써 효율적인 적재 계획을 생성하는데 목표를 가진다. 또한 적재 계획을 수립할 때 여러 요소를 고려하게 되는데 이는 다음과 같다.

- 적재할 컨테이너의 수, 유형, 무게 및 길이와 같은 컨테이너 정보와 컨테이너 야드장 안에서의 컨테이너 위치 및 도착지
- 선박의 구조, 길이, 폭 및 재화중량과 중량분배
- 선박의 안정성, 즉 종강도, 갑판 내구성 및 종경사
- 양, 적하 및 수송비용 최소화
- 위험화물 및 냉동화물 등 특수 컨테이너의 선적 특성

이러한 요소들은 적재 계획을 수립할 때 서로 상호작용 및 대립하게 되는데 이는 복잡한 제약식을 가진 조합 최적화 문제(Combinatorial Optimization Problem)로 직결된다. 수리모형은 모든 복잡한 관계성을 다 포함하기 어렵기 때문에 경험이나 분석을 통해 필요한 요소들을 추출할 수 있다.

3.3 컨테이너 로딩 문제의 수리모형

컨테이너 로딩 문제 수리모형은 다양하고 활발히 개발되어 있지만 그중에서 Delgado et al. (2012)의 수리모형을 통해 알아보자(경영과학의 선형계획법과 정수계획법을 참고할 것). 본 모형은 컨테이너 적재 공간 문제로 표현하여 실제 적재 계획을 모방한 것이다. 본 교재에는 컨테이너 로딩 모형을 설명하기 위해 Delgado et al. (2012)의 모형을 좀 더 단순화시켜 가장 기본적인 모형틀만을 나타내었다. 문제를 풀기 위한 가정 사항은 다음과 같다.

- 컨테이너가 배치된 셀은 항상 스택을 형성한다. (이는 스택을 형성함으로써 컨테이너가 공중에 떠 있는 것을 방지하기 위함이다.)
- 20ft 일반 컨테이너는 40ft 일반 컨테이너 상단에 적재할 수 없다.
- 컨테이너 길이는 항상 일정하다. (어떤 셀에서는 40ft나 20ft만 적재할 수 있다.)
- 컨테이너의 높이 및 무게는 항상 스택 용량을 만족한다.
- 한번 적재된 컨테이너는 다른 셀로 위치 이동을 할 수 없다.
- 그림 9.14와 같이 셀은 비어 있거나 모든 공간을 차지해야 한다.

기호 및 모수

I : 컨테이너 집합

J : 스택 집합

D : 목적지 항만 집합

K_j : 스택 j에 있는 셀 집합

T : 20ft 일반 컨테이너 집합

F : 40ft 일반 컨테이너 집합

W_j^s : 스택 j의 무게 제한

W_i^c : 컨테이너 i의 무게

A_{id} : 컨테이너 i가 도착항만 d에서 양하할 경우 1, 아니면 0

L : 적재된 컨테이너 집합

M : 적재된 컨테이너 및 그와 관련된 셀 튜플 집합: $\{(j,k,i)|\ j\in J,\ k\in K_j,\ i\in L\}$

■ 의사결정변수

$o_i\in\{0,1\}$: 컨테이너 i가 부적절하게 적재된 여부

$c_{jki}\in\{0,1\}$: 셀 k 및 스택 j에 컨테이너 i의 적재 여부

$\delta_{jkd}\in\{0,1\}$: 셀 k 및 스택 j에 있는 컨테이너가 도착지 d보다 먼저 양하하는 여부

■ 목적함수

$$\min\sum_{i\in I}o_i \tag{1}$$

■ 제약식

$$\frac{1}{2}\sum_{i\in T}c_{j(k-1)i}+\sum_{i\in F}c_{j(k-1)i}-\sum_{i\in F}c_{jki}\geq 0, \forall j\in J, k\in K_j-\{1\} \tag{2}$$

$$\sum_{i\in T}c_{jki}-\sum_{i\in T}c_{j(k-1)i}\leq 0, \forall j\in J, k\in K_j-\{1\} \tag{3}$$

$$\frac{1}{2}\sum_{i\in T}c_{jki}+\sum_{i\in F}c_{jki}\leq 1, \forall j\in J, k\in K_j \tag{4}$$

$$\sum_{j\in J}\sum_{k\in K_j}c_{jki}=1, \forall i\in I \tag{5}$$

$$\sum_{i\in T}c_{jki'}-2c_{jki}\geq 0, \forall j\in J, k\in K_j, i\in T \tag{6}$$

$$\sum_{k\in K_j}\sum_{i\in I}W_i^c c_{jki}\leq W_j^s, \forall j\in J \tag{7}$$

$$\sum_{k'=1}^{k-1}\sum_{d'\in 2}^{d-1}\sum_{i\in I}A_{id'}c_{jk'i}-2(k-1)\delta_{jkd}\leq 0, \forall j\in J, k\in K_j, d\in D \tag{8}$$

$$A_{id}c_{jki}+\delta_{jkd}-o_i\leq 1, \forall j\in J, k\in K_j, d\in D, i\in I \tag{9}$$

$$c_{jki}=1, \forall (j,k_j,i)\in M \tag{10}$$

먼저 목적함수 (1)은 경로에 있는 모든 항만의 부적절하게 적재된 컨테이너의 수를 최소화하는 것이다. 제약식 (2)는 40ft 일반 컨테이너 아래에는 20ft 일반 컨테이너 쌍이나 40ft 일반 컨테이너 하나만 적재할 수 있음을 보장한다. 제약식 (3)은 20ft 일반 컨테이너 아래에는 같은 유형의 컨테이너만 적재할 수 있다는 것을 보여준다. 제약식 (4)는 모든 셀은 최대 20ft 일반 컨테이너 쌍이나 40ft 일반 컨테이너 하나만 적재하도록 요구한다. 제

약식 (5)는 컨테이너는 항상 하나의 셀만 차지하는 것을 표현한다. 제약식 (6)은 20ft 일반 컨테이너가 쌍으로만 적재할 수 있도록 한다. 제약식 (7)은 한 스택에 들어 있는 컨테이너 무게가 스택 무게 허용치 범위 내에서만 적재할 수 있도록 한다. 제약식 (8)과 (9)는 부적절하게 적재된 컨테이너를 감지하여 그 수가 셀 수 있도록 한다. 제약식 (10)은 적재되어 있는 컨테이너에 대해 표현한다.

본 모형의 제약식은 선박의 구조와 가정 사항에 반영된 적재 방식으로 이루어져 있는데 이러한 제약식 때문에 선박의 크기와 컨테이너 수가 커질수록 계산 복잡도가 기하급수적으로 늘어남을 알 수 있다. 그러므로 많은 컨테이너 로딩 문제에서는 최적해에 비해 성능이 좋은 해를 비교적 빨리 찾을 수 있는 각종 휴리스틱을 개발하여 연구하고 있다. 휴리스틱에 대한 자세한 설명은 본 교재의 범위를 벗어나기에 생략하도록 한다.

3.4 컨테이너 로딩 문제 제약식

앞선 수리모형에서 간략히 설명한 제약식들을 좀 더 자세히 설명해보자. 실제 컨테이너를 선박 적재할 때 필수적으로 고려해야 할 제약 조건은 다음과 같다.

1. 컨테이너 크기: 가장 널리 쓰이는 일반 컨테이너는 20ft 및 40ft이며 각각의 폭과 높이는 8′×8′로 국제표준화기구(ISO)에서 규격화하였다. 20ft 일반 컨테이너는 TEU (Twenty-foot Equivalent Unit)라고 불리며 40ft 일반 컨테이너는 FEU(Forty-foot Equivalent Unit)이다. 40ft 일반 컨테이너는 20ft 컨테이너의 폭과 높이가 같기 때문에 2TEU로 표현할 수 있다.
2. 컨테이너 분류: 사용 목적에 따라 일반 컨테이너 외에도 다양한 컨테이너 유형이 있다. 유형 중에는 냉동 컨테이너, 오픈 탑 컨테이너, 플래트랙(Flat Rack) 컨테이너, 탱크 컨테이너, 벌크 컨테이너, 팬 컨테이너 및 통풍식 컨테이너 등이 있다. 냉동 컨테이너는 냉동 및 냉장화물의 수송을 위해 냉동장치를 부착한 컨테이너이며 온도 조절이 가능하다. 오픈 탑 컨테이너는 중량화물의 수송에 적합하도록 컨테이너 천장이 캔버스 덮개로 이루어져 자유로이 개방할 수 있게 설계되어 있다. 플래트랙 컨테이너는 일반 컨테이너의 천장과 앞, 뒷벽의 일부를 제거한 모양으로 양단벽도 탈부착이 가능하여 바닥과 네 기둥만의 형태가 될 수 있다. 탱크 컨테이너는 액체화물 수송을 위해 설계된 컨테이너이다. 벌크 컨테이너는 콩, 쌀, 보리와 같은 입자 및 분체 화물이나 같은 형태의 철물 및 화학제품을 운반하기 적합한 구조로 설계되어 있다. 팬 컨테이너는 살아 있는 동식물의 운반용으로 사용되는 컨테이너로서 지붕은 햇빛을 가릴 만한 합판으로 되어 있고 통풍이 잘 되며 측면하부에는 배설구, 배수구 등이 설치되어 있다. 통풍식 컨테이너는 냉장할 필요가 없는 생체식물의 운송에 사용된다. 그림 9.15는 이 중 두

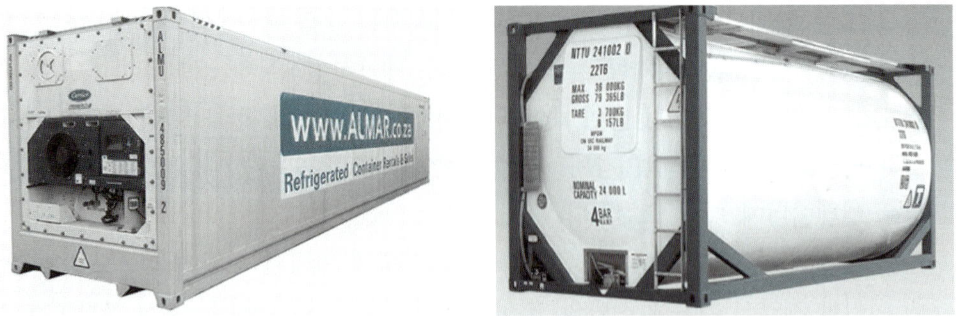

그림 9.15 냉동 컨테이너 및 탱크 컨테이너

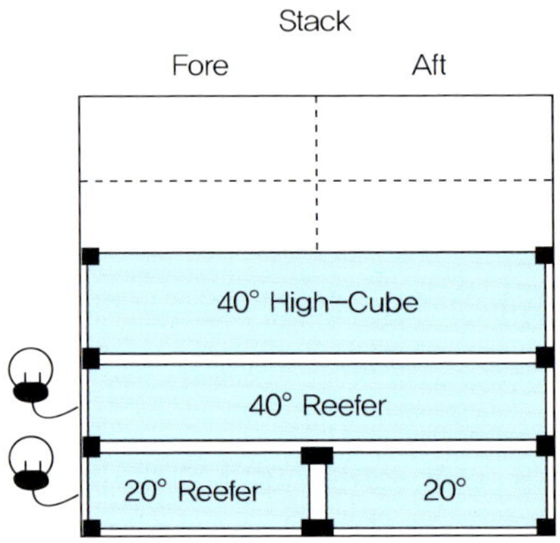

그림 9.16 여러 유형의 컨테이너가 적재된 스택 예

가지 컨테이너 유형인 냉동 컨테이너 및 탱크 컨테이너를 보여준다. 이러한 특수 컨테이너는 지정된 적재공간에만 실을 수 있는 제약 조건이 존재한다. 예를 들어 냉동 컨테이너는 전기 코드가 있는 공간에만 적재할 수 있으며 위험 화물 컨테이너는 선박 갑판 위나 서로 인접한 장소에 적재할 수 없는 조건들을 만족시켜야 한다. 이는 그림 9.16과 같이 나타난다.

3. 컨테이너 무게: 20ft 일반 공 컨테이너와 40ft 일반 공 컨테이너의 무게는 각각 2.26t 및 3.74t이며 최대적재중량은 20ft 컨테이너 경우 20~32t이며 40ft 컨테이너는 30~48t이다. 또한, 컨테이너 무게를 3개의 그룹으로 나눌 수 있는데 5~15t, 15~25t 그리고 25t 이상으로 무게별로 지정할 수 있다. 적재된 총 컨테이너 무게는 선박의 최대적재중량을 초과할 수 없다.
4. 컨테이너 도착지: 일반적으로 행하는 적재방식은 마지막에 도착하는 컨테이너를 먼저 선적하고 반대로 제일 먼저 도착하는 컨테이너를 맨 뒤에 적재하는 것이다.
5. 컨테이너 무게 분배: 이 제약식은 그림 9.17과 같이 선박에 가해지는 컨테이너 무게 중량이 적절히 분배되는 것을 의미하는데 좋은 적재 계획을 수립하는 데 있어 가장

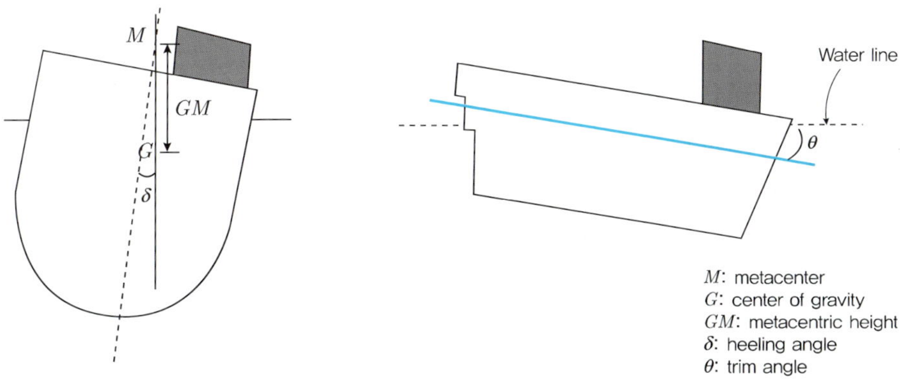

그림 9.17 선박의 좌우 앞뒤 무게 균형 제약

기본적인 조건이다. 무게 분배는 선박의 안정성과 직결되는데 이는 컨테이너를 적재할 때 수리식을 통해 간단히 확인할 수 있다. 선박의 좌우 앞뒤 무게는 서로 균형을 이루어야 하는데 이는 선박 운항에 관한 안정성 문제 때문에 생긴 제약식이고 이를 어길 경우 대형사고로 이어질 수 있기에 필수적으로 지켜야 할 조건이다. 실제 현장에서 경험을 통해 얻은 적재방식은 가장 무거운 컨테이너는 선박의 선창(Hold)에 적재되며 상대적으로 가벼운 컨테이너는 갑판 위에 적재된다. 또한, 가장 무거운 컨테이너 순으로 스택 가장 하단부터 채워나간다.

3.5 지역 및 전역 최적화 관점에서의 컨테이너 로딩

일반적으로 이화 작업은 전역 최적화 관점에서 보다 지역 최적화 관점에서 더욱 많이 발생하게 된다. 여기서 말하는 지역 및 전역 최적화의 차이점은 각 항만에서 컨테이너를 적재할 때 다음 항만에의 적재 계획 고려 여부에 따라 나누어진다. 이를 설명하기에 그림 9.18과 같이 이화 작업을 극대화시키는 시나리오를 살펴보자.

항만 1에서 항만 3으로 수송되는 13개의 컨테이너, 그리고 항만 2에서 항만 4로 향하는 11개의 컨테이너가 24개 셀을 지니고 있는 베이에 적재된다고 하자. 현실에서는 이러한

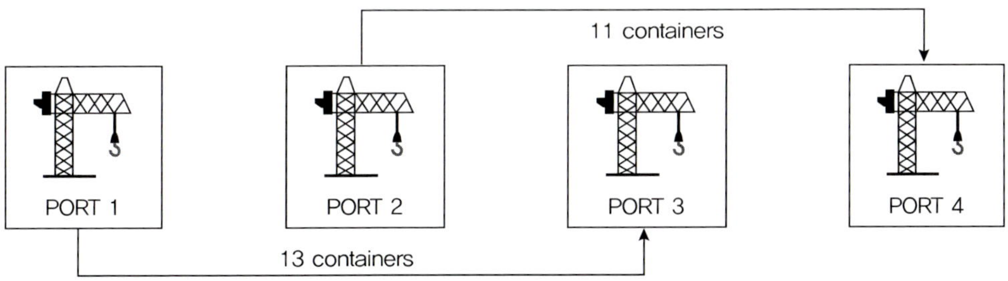

그림 9.18 이화 작업을 극대화시키는 시나리오

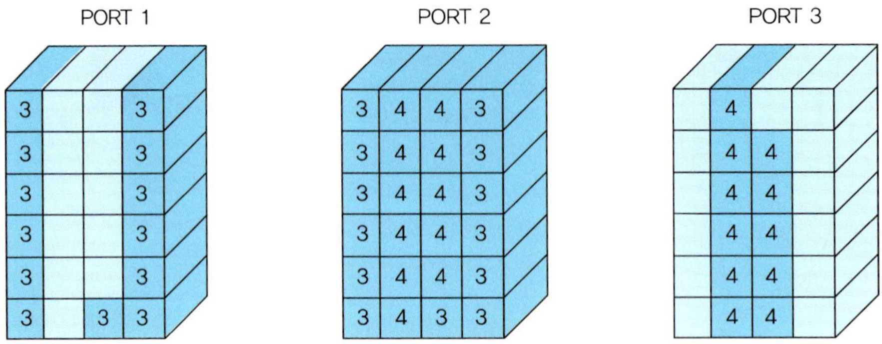

그림 9.19 지역 최적화 관점의 적재 계획

경우가 거의 발생하지 않지만 여기서는 부적절하게 적재된 컨테이너의 수를 극대화하기 위해 만든 임의의 시나리오이다.

먼저 지역 최적화 관점에서의 적재 계획이 그림 9.19에 나와 있다. 각 번호는 컨테이너 도착지 정보를 나타낸 것이다. 항만 1에서 실린 도착지 3 컨테이너 하나가 베이 중간에 적재되어 있고 항만 2에 도착지 4 컨테이너들이 부적절하게 적재된다. 이때 항만 3에서 베이 중간에 있던 컨테이너를 양하하기 위해 도착지 4 컨테이너를 먼저 임시로 양하한 후 현재 도착지 컨테이너를 내리게 된다. 그러므로 총 5번의 이화 작업이 항만 3에서 발생하였다.

이와 다르게 그림 9.20과 같이 전역 최적화 관점에서의 적재 계획에서는 항만 2에서 베이 중간에 있는 도착지 3 컨테이너를 먼저 양하한 후 도착지 4 컨테이너를 선적한 이후에 다시 도착지 3 컨테이너를 스택 맨 위 상단에 적재한다. 이는 항만 2에서 항만 3의 적재 계획을 고려하였기에 항만 3에서 수행하여야 할 이화 작업을 항만 2에서 단 한 번의 이화 작업으로 미리 수행함으로써 총 4회의 이화 작업을 줄일 수 있음을 알 수 있다.

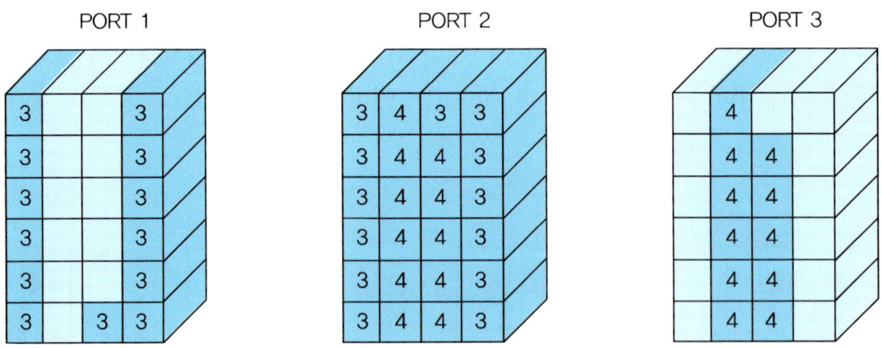

그림 9.20 전역 최적화 관점의 적재 계획

제4절 공 컨테이너 재배치

4.1 정의 및 기대효과

1970년대 이후로 전 세계적인 무역량의 증가로 인해 해상 운송량이 급증하고 있으며 이 중 15% 정도가 컨테이너의 형태로 운송된다(UNCTD 2018). 재사용해야 하는 컨테이너의 특성 때문에 컨테이너는 물자를 운송하는데 사용된 후 빈 상태로 해운회사에 반납되며, 반납까지의 시간 지연 때문에 컨테이너의 수요와 공급이 일치하지 않는 문제가 발생한다. 뿐만 아니라 대륙 간 컨테이너 운송량의 불균형은 공 컨테이너의 수요-공급 불일치를 급증시킨다. 수출이 많은 아시아에서는 공 컨테이너가 매우 부족하며, 수입이 수출보다 많은 북미나 유럽에서는 공 컨테이너가 많이 남는 현상이 발생한다. 수요를 만족시키기 위해 해운회사는 공 컨테이너를 북미 또는 유럽에서 아시아로 재배치해야 하며 이는 해운회사에게 매우 큰 비용을 유발한다. 북미 또는 유럽에서 아시아로 운송되는 컨테이너의 절반 정도가 공 컨테이너일 정도로 공 컨테이너를 효과적이고 효율적으로 재배치하는 것은 해운회사에게 매우 중요한 문제이다. 이를 공 컨테이너 재배치(Empty Container Repositioning: ECR)라고 하며, 산업과 학계 모두에서 주목받고 있는 주제이다.

공 컨테이너 재배치 문제를 이해하기 위해서는 컨테이너의 흐름에 대해 알아야 한다. 내륙에 있는 화주 또는 송하인(Shipper or Consignor)은 화물을 해상 운송을 통해 수하인(Consignee)에게 보내고자 하며, 이를 공 컨테이너 재배치 문제에서의 수요라고 한다. 수요가 발생하면 해운회사는 공 컨테이너를 송하인에게 보내며, 송하인은 공 컨테이너에 화물을 싣고 화물을 실은 컨테이너는 항만으로 운송된다. 해운회사는 선박을 통해 컨테이너를 바다로 운송하며 도착 항만에서 컨테이너는 내려지고 수하인에게 보내진다. 수하인은 도착한 화물을 꺼내고 컨테이너는 빈 상태가 되어 해운회사가 가진 창고로 보내진다. 이를 공 컨테이너 재배치 문제에서의 공급이라 한다. 이와 같은 컨테이너 흐름에서 공 컨테이너에 대한 수요와 공급의 불균형을 해소하기 위해 해운회사는 공 컨테이너를 재배치하게 되며, 최적의 재배치 운영 계획을 수립하는 것이 해운회사의 중요한 과제이다.

극심한 무역 불균형으로 인해 공 컨테이너 재배치 비용이 해운회사의 운영비용의 큰 비중을 차지하기 때문에 효과적이고 효율적인 공 컨테이너 재배치 계획을 수립하는 것은 해운회사에게 매우 중요하다. 또한 경제적인 효과와 더불어 선박의 연료 소비량, 항만의 혼잡 등에도 영향을 주므로 공 컨테이너 재배치 문제는 환경과 사회 전반에 중요한 문제이다.

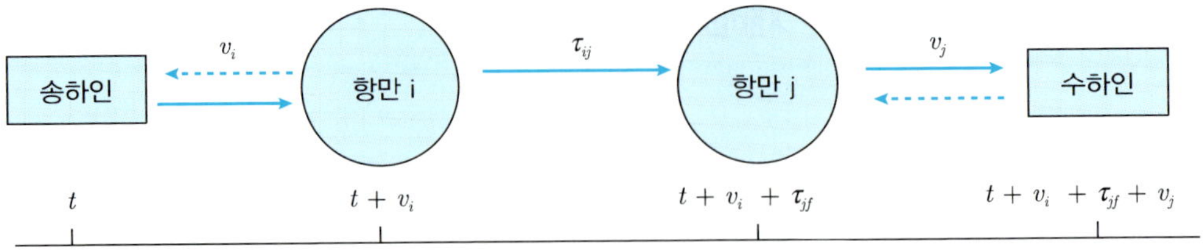

그림 9.21 본 수리 모형의 컨테이너 흐름

4.2 공 컨테이너 재배치 문제의 수리 모형

공 컨테이너 재배치 문제는 학계에서 많은 주목을 받았으며 많은 연구자들이 다양한 상황을 고려하고 이에 대한 해법을 제시하였다. 본 절에서는 공 컨테이너 재배치 문제의 기본적인 모형 중 하나를 제시하고 이를 통해 공 컨테이너 재배치 계획을 수립할 수 있음을 보일 것이다. 본 모형은 Tsang and Mak (2015)의 모형에서 오류를 수정하여 그림 9.21과 같이 쉽게 이해할 수 있도록 하였다.

여러 항만에는 공 컨테이너를 적재하는 데포(depot)가 존재하며 송하인으로부터 화물을 운송하고자 하는 수요가 발생하면 데포에서 공 컨테이너를 송하인에게 보내준다. 송하인은 공 컨테이너에 화물을 채우고 항만으로 돌려보낸다. 해운회사는 해상 운송을 통해 컨테이너를 운송하고 이를 수하인에게 보낸다. 화물을 내리고 비워진 컨테이너는 항만의 데포에 돌아가 다음 수요를 만족하기 위해 사용되거나 데포에 저장된다. 문제 상황에 대한 그림은 다음과 같다. 점선은 공 컨테이너의 운송을 의미하며, 실선은 화물이 채워진 컨테이너의 운송을 의미한다.

여기서 특히 주의해야 할 점은 컨테이너가 하역 후 데포로 반납되는 과정(devanning)을 모형에 반영해야 한다는 것이다. 공 컨테이너를 재배치할 경우에는 위와 같은 과정이 나타나지 않지만, 컨테이너를 이용해 화물을 옮길 경우에는 사용이 완료된 공 컨테이너가 데포의 재고에 추가된다. 이 과정을 모형에 반영하지 않으면 공 컨테이너 재배치 문제의 중요한 특징 중 하나를 놓친 모형이 되어 현실적이지 못한 모형이 된다.

본 모형의 가정은 다음과 같다.

- 본 모형은 여러 개의 항만과 T 기간 동안의 공 컨테이너 재배치 문제를 다룬다. 선박의 항로는 고려하지 않으며, 컨테이너는 모든 시점에 어떤 항만으로도 운송 가능하다.
- 항만 사이의 운송 시간과 내륙에서의 운송 시간은 주어진다.
- 만족되지 못한 수요는 단기 리스를 통해 만족되며, 이때 패널티 비용이 발생한다.

본 모형의 가정 사항을 반영한 항만에서의 재고 균형 제약식을 그림으로 나타내면 그림 9.22와 같다.

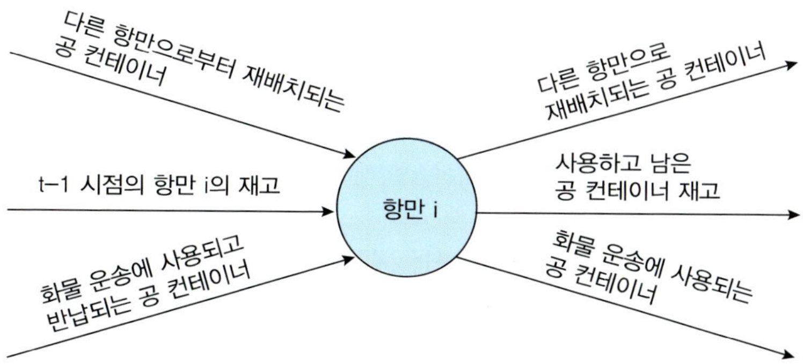

그림 9.22 항만 i에서의 재고 균형 제약식

t 시점에 항만 i의 재고로 들어오는 공 컨테이너는 세 가지 종류가 있다. 바로 전 시점의 재고, 다른 항만들에서 항만 i로 화물을 옮기는데 사용하고 반납되는 공 컨테이너, 그리고 다른 항만들에서 항만 i로 재배치되는 공 컨테이너가 다른 항만들의 재고로 들어오게 된다. t 시점에 항만 i의 재고에서 나가는 공 컨테이너는 항만 i에서 다른 항만들로 화물을 운송하기 위해 사용되는 공 컨테이너와 항만 i에서 다른 항만들로 재배치되는 공 컨테이너가 있다. 항만 i에서 다른 항만들로 운송되는 화물이 많다면, 공 컨테이너의 수요가 많으므로 균형을 만족하기 위해 단기 리스를 이용하여 초과된 공 컨테이너의 수요를 만족시킨다. 수요를 모두 만족시키고 남은 재고는 다음 시점으로 이월된다.

만약 항만 i가 수출 위주의 항만이어서 공 컨테이너 수요가 많다면, 항만 i로 재배치되는 공 컨테이너의 양이 많을 것이며, 부족한 수요를 만족시키기 위해 단기 리스가 빈번히 활용될 것이다. 반대로 항만 i가 수입 위주의 항만이라면 화물을 운반하고 반납되는 공 컨테이너의 수가 많기 때문에 공 컨테이너의 재고가 많이 남게 된다. 그렇기 때문에 항만 i에서 다른 항만으로 재배치되는 컨테이너의 양이 많으며 단기 리스는 거의 일어나지 않을 것이다.

본 모형의 목적은 운영비용을 최소화하면서 수요를 만족시키는 공 컨테이너 재배치 계획을 수립하는 것이다. 이를 위해 결정해야 할 것은 수요를 만족하기 위해 사용하는 컨테이너의 수와 불균형을 해소하기 위한 공 컨테이너 재배치량이다. 본 모형은 다음과 같다. (경영과학의 선형계획법과 정수계획법을 참고할 것)

기호 및 모수

기호 및 모수

$p \in P$: 항만

$t \in 1, \ldots, T$: 계획 기간

c_{ij} : 항만 i에서 항만 j로 컨테이너 1개를 운송할 때 발생하는 비용, 내륙 운송 비용도 포함하고 있음

R_{ij} : 항만 i에서 항만 j로 공 컨테이너 1개를 재배치할 때 발생하는 비용

H_i : 항만 i에서 컨테이너 1개를 보유하고 있을 때 발생하는 재고유지비용

P_i : 항만 i에서 수요를 만족시키지 못해 발생하는 단위 패널티 비용, 단기 리스 비용을 포함하고 있음

K_{ijt} : 항만 i에서 항만 j로 시간 t시점에 운송할 때 배의 용량 제한

τ_{ij} : 항만 i에서 항만 j로 해상 운송할 때 소요되는 시간

ν_i : 항만 i에서 내륙 운송할 때 소요되는 시간, 데포에서 공 컨테이너를 보내 화물을 싣고 다시 항만 i로 돌아오는데 소요되는 시간

D_{ijt} : 항만 i에서 항만 j로 시간 t에 발생하는 수요

■ 의사결정변수

r_{ijt} : 항만 i에서 항만 j로 시간 t에 재배치하는 공 컨테이너의 수

x_{ijt} : 항만 i에서 항만 j로 시간 t에 수요를 만족시키기 위해 사용하는 공 컨테이너의 수

$z_{i,t}$: 항만 i에서 시간 t에 데포에 저장되어 있는 공 컨테이너의 수

■ 목적함수

$$Minimize \sum_{t=1}^{T}\Big(\sum_{i\in P}\sum_{j\in P}(R_{ij}r_{ijt}+c_{ij}x_{ijt})+\sum_{i\in P}H_i(z_{i,t})^{+}+\sum_{i\in P}P_i(z_{i,t})^{-}\Big)$$

■ 제약식

$$z_{i,t}=z_{i,t-1}+\sum_{j\in P}r_{ji,t-\tau_{ji}}-\sum_{j\in P}r_{ijt}+\sum_{j\in P}x_{ji,t-\nu_i-\nu_j-\tau_{ji}}-\sum_{j\in P}x_{ijt}\quad \forall i\in P, t=1,\ldots,T$$

$$x_{ijt}=D_{ijt}\quad \forall i,j\in P, t=1,\ldots,T$$

$$r_{ijt}+x_{ij,t-\nu_i}\le K_{ijt}\quad \forall i,j\in P, t=1,\ldots,T$$

$$r_{ijt}\ge 0\ \forall i,j\in P, t=1,\ldots,T$$

$$x_{ijt}\ge 0\ \forall i,j\in P, t=1,\ldots,T$$

목적함수는 계획 기간 동안의 총 운영비용으로 재배치 비용, 운송 비용, 재고유지 비용과 패널티 비용을 포함하고 있다. 첫 번째 제약식은 항만 i에서의 균형 제약식으로 t 시점의 재고는 들어오는 양과 나가는 양의 차이로 결정된다. 항만 i로 재배치되어 들어오는 공 컨테이너와 항만 i에서 재배치되어 나가는 공 컨테이너, 수요를 만족시키기 위해 사용된 공 컨테이너, 사용되고 빈 후 반납되는 공 컨테이너가 합쳐져서 현재 시점의 재고가 결정된다. 이때 주의해야 할 점은 과거에 사용된 컨테이너가 현재에 반납되므로 시점을 정확히 고려해야 한다. 그림 9.21을 참고하면 이해에 도움이 될 것이다. 두 번째 제약식은 수요를 만족시켜야 한다는 제약으로 현재 모형에서는 x_{ijt}와 D_{ijt}가 동일하므로 큰 의미가 없다고 생각될 수 있으나, 추후 접이식 컨테이너나 불확실성을 고려한 모형으로 확장될 때 중요하므로 본 기본모형에도 포함하였다. 세 번째 제약식은 선박의 용량 제한과 관련된 제약식으로 재배치하기 위해 사용되는 공 컨테이너와 수요를 만족시키기 위해 사용하는 컨테이너의 총량은 선박의 용량을 넘을 수 없다는 제약식이다. 마지막 두 제약식은 의사결정변수의 비음조건이다.

본 모형은 화물을 실은 적재 컨테이너와 공 컨테이너를 동시에 고려하고 있으며, 내륙 운송 시간도 고려하고 있다. 문제 정의에 따라 위와 같은 세부 사항 등은 다양하게 변화할 수 있으며 이에 따라 다양한 모형들이 존재한다. 또한 접이식 컨테이너를 고려할 것인지, 수요의 불확실성을 고려할 것인지에 따라 다양한 확장이 존재한다. 다음 절에서는 이와 관련된 내용을 다루고자 한다.

4.3 공 컨테이너 재배치 문제의 확장

접이식 컨테이너가 상용화된다면 운영계획수준에서 해운회사의 의사결정에 영향을 미칠 것이다. 예를 들어, 일반 컨테이너에 비해 적은 수인 접이식 컨테이너를 언제, 얼마만큼 사용하여야 가장 비용을 절감할 수 있을지, 또는 고객의 접이식 컨테이너 수용 여부 등 운영과 관련한 의사결정 과정이 변화할 수 있다. 그렇기 때문에 접이식 컨테이너를 고려한 수리 모형 개발은 가까운 미래에 일어날 수 있는 변화에 발 빠르게 대처할 수 있도록 하여, 해운회사의 의사결정에 도움을 줄 것이다. 또한 해운회사 의사결정에 있어 불확실성을 고려하는 것이 중요하다. 해운회사가 계약을 통해 장기적으로는 정확한 수요를 알고 이를 바탕으로 계획을 수립한다고 해도, 이를 실제로 시행할 때에는 여러 가지 불확실성이 존재한다. 예를 들어, 날씨가 좋지 않아 선박이 항만에 정박하지 못할 수도 있으며, 항만에서 차량 정체로 인해 실어야 할 컨테이너가 도착하지 못할 수도 있다. 뿐만 아니라 단기적으로 고객의 수요가 급변할 수 있다. 이와 같은 불확실성에 의해 계획한 의사결정이 시행되지 못할 수도 있으며, 이에 따라 운영비용이 증가할 수 있다. 그러므로 운영계획수준에서 불확실성을 고려한 의사결정은 매우 중요하다.

접이식 컨테이너를 고려한 공 컨테이너 재배치 문제에 대한 연구는 Shintani et al.(2010), Moon et al.(2013), Myung and Moon(2014), Moon and Hong(2016), Myung(2017), Zhang et al.(2018) 등이 있으며, 최근에 활발히 연구가 이루어지고 있다. 불확실성을 고려한 공 컨테이너 재배치 문제에 대한 연구는 Song(2007), Francesco et al.(2009), Erera et al.(2009) 등이 있으며, 수요와 공급의 불확실성 등 다양한 불확실성을 고려한 연구가 이루어지고 있다. 불확실성을 고려한 모형들은 추계계획법(Stochastic Programming)이나 강건한 최적화 기법(Robust Optimization) 등을 활용하고 있다. 이외에도 공급망 관점에서 재배치 문제를 접근한 연구로는 Jeong et al.(2018)이 있다.

접이식 컨테이너를 고려한 공 컨테이너 재배치 모형의 한 예를 소개하고자 한다. 접이식 컨테이너를 고려하는 경우의 추가적인 가정은 다음과 같다.

"임대는 일반 컨테이너만 고려한다."

실제로 접이식 컨테이너는 재배치 과정에서 유리한 컨테이너이기 때문에 수요를 만족시키기 위한 임대 상황에서 접이식 컨테이너를 고려하는 것은 적합하지 않다. 다음은 최적화 모형의 집합 및 모수이다.

$P(=\{1,2,\cdots,n\})$	항만의 집합
D_{ijt}	기간 t에 항만 i에서 항만 j로의 수요 (확정적)
T_{ij}	항만 i에서 항만 j로의 운송 시간
H_i	항만 i에서 단위당 재고비용

C_{ijt}	기간 t에 항만 i에서 항만 j로의 운송비용
L_i^S	항만 i에서 일반 컨테이너 구매비용
L_i^F	항만 i에서 접이식 컨테이너 구매비용
R_i	항만 i에서 일반 컨테이너 임대비용
k_i^S	항만 i에서 일반 컨테이너의 초기 재고
k_i^F	항만 i에서 접이식 컨테이너의 초기 재고

다음은 최적화 모형의 결정변수이다.

s_{it}^S	기간 t에 항만 i의 일반 컨테이너 재고 수준
s_{it}^F	기간 t에 항만 i의 접이식 컨테이너 재고 수준
l_{it}^S	기간 t에 항만 i에서 구매한 일반 컨테이너의 양
l_{it}^F	기간 t에 항만 i에서 구매한 접이식 컨테이너의 양
a_{it}^S	기간 t에 항만 i로 도착한 일반 컨테이너의 양
a_{it}^F	기간 t에 항만 i로 도착한 접이식 컨테이너의 양
x_{ijt}^{LS}	기간 t에 항만 i에서 항만 j로 운송된 일반 컨테이너의 수
x_{ijt}^{LF}	기간 t에 항만 i에서 항만 j로 운송된 접이식 컨테이너의 수
x_{ijt}^{RS}	기간 t에 항만 i에서 항만 j로 재배치된 일반 컨테이너의 수
x_{ijt}^{RF}	기간 t에 항만 i에서 항만 j로 재배치된 접이식 컨테이너의 수
r_{ijt}	기간 t에 항만 i에서 항만 j로 운송되기 위해 임대된 일반 컨테이너의 수

일반 컨테이너만을 고려한 모형과 달리 접이식 컨테이너를 고려하는 경우 결정변수가 굉장히 많아짐을 확인할 수 있다. 이는 접이식 컨테이너의 재배치를 고려해야 하는 것뿐만 아니라 수요를 만족시키는 데에 있어 재고로 보유하고 있는 일반 컨테이너 및 접이식 컨테이너와 임대한 일반 컨테이너를 고려해야 하기 때문이다. 따라서 사용자는 일반 컨테이너만을 고려하는 경우보다 의사 결정해야 하는 사항이 많아지며 최적의 의사 결정에서 벗어날 가능성이 굉장히 커지게 된다. 다음은 앞서 언급한 모수와 결정변수를 적용한 최적화 모형의 목적 함수와 제약식이다. 이 때 접이식 컨테이너의 재고비용은 일반 컨테이

너의 1/4로 가정한다.

$$\begin{aligned} \min \quad & \sum_{i \neq j}\sum_{t} H_i (s_{it}^S + \frac{1}{4} s_{it}^F) \\ & + \sum_{i \neq j}\sum_{t} (L_i^S l_{it}^S + L_i^F l^F) \\ & + \sum_{i \neq j}\sum_{t} C_{ij} (x_{ijt}^{LS} + x_{ijt}^{LS} + x_{ijt}^{RS} + \frac{1}{4} x_{ijt}^{RF} + r_{ijt}) \\ & + \sum_{i \neq j}\sum_{t} R_i r_{ijt} \end{aligned}$$

$$\begin{aligned} \text{subject to} \quad & s^S = s_{i(t-1)}^S - \sum_{j:j \neq i} (x_{ijt}^{LS} + x_{ijt}^{RS}) + l_{it}^S + a_{it}^S & \forall i,t \\ & s^F = s_{i(t-1)}^F - \sum_{j:j \neq i} (x_{ijt}^{LF} + x_{ijt}^{RF}) + l_{it}^F + a_{it}^F & \forall i,t \\ & x_{ijt}^{LF} + x_{ijt}^{LF} + r_{ijt} = D_{ijt} & \forall i,j,t \\ & a_{it}^S = \sum_{j:j \neq i} (x_{ji(t-T_{ji})}^{LS} + x_{ji(t-T_{ji})}^{RS} + r_{ji(t-T_{ji})}) & \forall i,t \\ & a_{it}^F = \sum_{j:j \neq i} (x_{ji(t-T_{ji})}^{LF} + x_{ji(t-T_{ji})}^{RF}) & \forall i,t \\ & s_{i0}^S = k_i^S, \quad s_{i0}^F = k_i^F & \forall i \\ & x_{ijt}^{LS}, x_{ijt}^{RS}, s_{ijt}^S, l_{ijt}^S, r_{ijt} \in Z^+ & \forall i \neq j,t \end{aligned}$$

일반 컨테이너만을 고려한 경우와의 차이는 수요 만족 제약식에서 발생한다. 앞서 언급한 것과 같이 수요의 충족이 일반 컨테이너, 접이식 컨테이너, 임대한 일반 컨테이너로 가능하기 때문에 수요 만족을 어떻게 할 것인지를 결정해야 하는 것이다. 다른 제약식은 접이식 컨테이너를 고려함에 따라 각 제약식 항목 별로 접이식 컨테이너를 고려한 것이다.

제5절 공 컨테이너 재배치 게임

5.1 소개

지역별 공 컨테이너의 수급 불균형 현상은 중국을 비롯한 동북아 경제권이 급속한 물동량 증가율을 기록하고 있는 가운데, 주요 원양항로에서 동서항로 간 수송 물동량의 불균형이 심화되고 있는데 기인한다. 즉, 아시아 지역은 경제성장과 함께 컨테이너를 이용한 수출물량이 수입물량을 초과하는 공 컨테이너 부족지역으로 분류되고, 이에 비해 유럽 및 미주 지역은 일반적으로 수출물량이 수입물량보다 적은 공 컨테이너 잉여지역으로 분류된다. 특정지역이 부족지역으로 분류되면 그곳에서는 수요에 비해 부족한 공 컨테이너의 재고를 충족시키기 위해 추가적으로 공 컨테이너를 임대 혹은 구매하여야 하는데 반해, 잉

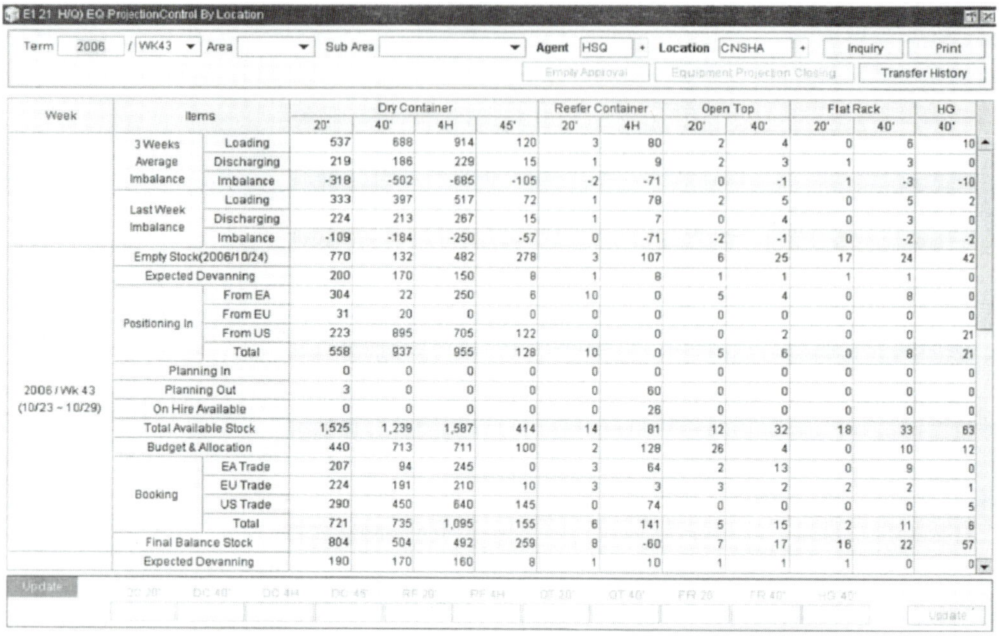

Week	Items		Dry Container				Reefer Container		Open Top		Flat Rack		HG
			20'	40'	4H	45'	20'	4H	20'	40'	20'	40'	40'
	3 Weeks Average Imbalance	Loading	537	688	914	120	3	80	2	4	0	6	10
		Discharging	219	186	229	15	1	9	2	3	1	3	0
		Imbalance	-318	-502	-685	-105	-2	-71	0	-1	1	-3	-10
	Last Week Imbalance	Loading	333	397	517	72	1	78	2	5	0	5	2
		Discharging	224	213	267	15	1	7	0	4	0	3	0
		Imbalance	-109	-184	-250	-57	0	-71	-2	-1	0	-2	-2
2006 / Wk 43 (10/23 ~ 10/29)	Empty Stock(2006/10/24)		770	132	482	278	3	107	6	25	17	24	42
	Expected Devanning		200	170	150	8	1	8	1	1	1	1	0
	Positioning In	From EA	304	22	250	6	10	0	5	4	0	8	0
		From EU	31	20	0	0	0	0	0	0	0	0	0
		From US	223	895	705	122	0	0	0	2	0	0	21
		Total	558	937	955	128	10	0	5	6	0	8	21
	Planning In		0	0	0	0	0	0	0	0	0	0	0
	Planning Out		3	0	0	0	0	60	0	0	0	0	0
	On Hire Available		0	0	0	0	0	26	0	0	0	0	0
	Total Available Stock		1,525	1,239	1,587	414	14	81	12	32	18	33	63
	Budget & Allocation		440	713	711	100	2	128	26	4	0	10	12
	Booking	EA Trade	207	94	245	0	3	64	2	13	0	9	0
		EU Trade	224	191	210	10	3	3	3	2	2	2	1
		US Trade	290	450	640	145	0	74	0	0	0	0	5
		Total	721	735	1,095	155	6	141	5	15	2	11	6
	Final Balance Stock		804	504	492	259	8	-60	7	17	16	22	57
	Expected Devanning		190	170	160	8	1	10	1	1	1	0	0

그림 9.23 스프레드시트를 사용한 공 컨테이너 수요 예측

여지역에서는 수요를 초과하는 공 컨테이너가 사용되지 않은 채 야드에 적재되어 불필요한 재고비용을 발생시킨다. 두 경우 모두 불필요한 운영비용을 증가시키고 시스템의 효율성을 저해시킨다.

공 컨테이너의 수급 불균형으로 인한 비용과 비효율성 문제를 해결하기 위해, 선사에서는 공 컨테이너의 재배치를 활용하고 있지만, 재배치 수량과 시기 그리고 위치에 대한 의사결정에 있어 현업에서는 컨테이너 관리 담당자의 경험을 기반으로 스프레드시트를 사용한 수작업에 전적으로 의존하고 있다. 재배치 문제가 공 컨테이너의 이송 시간과 선박 용량 그리고 적재 컨테이너 선적량에 대한 고려를 동시에 요구하는 만큼 종래의 설명서만으로는 해당 의사결정에 대한 최적화를 보장하는 것이 매우 어렵다. 그림 9.23은 국내의 한 해운회사에서 공 컨테이너의 재배치를 위해 사용하는 스프레드시트의 한 예를 보여준다.

스프레드시트에서는 각 타입별 공 컨테이너의 양·적하 불균형, 재배치를 통한 유출·입 수량, 그리고 Booking된 컨테이너 수요 등을 표 계산을 사용하여 제시하지만, 단순한 수치 데이터의 시각적 정렬에 불과하다. 즉 사용자의 의사결정을 뒷받침하기 위한 최적화 혹은 대안 제공의 기능은 제대로 지원하지 못한다. 또한 공 컨테이너의 재배치와 관련한 문제점은 실무상 발생하는 문제로 실무가 아닌 모의 상황에서 접할 수 있는 방법이 없으므로 실제적인 교육이 불가능하고, 경험이나 노하우를 통해서만 해결할 수밖에 없는 문제가 있었다.

기존의 수작업 방식 의사결정의 최적성 및 효율성을 향상시키기 위해 공 컨테이너 재배치 게임은 공 컨테이너 관리를 사용자가 직접 게임 플레이어가 되어 모의 실험해볼 수 있는 시뮬레이션 형식의 게임 시스템으로 동일 게임에 대한 최적화 값을 대안으로 제공할 수 있는 의사결정지원시스템(DSS)을 구현하는 것을 목적으로 시작되었다. 이러한 DSS는 사용자가 다양한 데이터에 대해 실험해볼 수 있도록 하고, 최적의 의사결정과 비교할 수 있도록 함으로써 사용자의 업무 능력 향상을 도모할 수 있다. 하지만 기존의 DSS에서 적용해오던 방식은 사용자와 시스템 간의 상호작용이 어렵고, 전통적 방식을 고수하는 사용자들의 강한 반발로 인해 잦은 부작용을 경험해왔다. 때문에 공 컨테이너 재배치 게임에서는 게임 인터페이스를 채택하여, 종래의 DSS가 가져오던 문제를 해결하고자 했다. 게임 인터페이스의 적용은 사용자의 자발적 흥미를 유발할 뿐만 아니라 시스템과 사용자 간의 양방향 상호작용을 가능하게 한다. 1960년대 공급체인의 생산·분배 시스템을 설명하기 위해 MIT 교수진에 의해 개발된 Beer Game(Jacobs, 2000)이 교육용 S/W로 확장되어 현재까지 널리 이용되고 있는 것 역시 게임 인터페이스의 사용자 친화성에 기인한 것이라고 할 수 있다.

5.2 공 컨테이너 재배치 모형

공 컨테이너 재배치 게임은 플레이 종료 후 각 시기(Period)별 최적의 의사결정 결과를 제공함으로써 자신의 의사 결정 기록 및 최종 결과(총비용)를 비교하여 이용자가 노하우 축적과 업무 능력 향상을 촉진한다. 따라서 공 컨테이너 재배치 게임에 적용될 최적화 모형이 필요하다. 최적화 모형은 비용 최소화 문제이며 혼합정수계획법(Mixed Integer Linear Programming)으로 모형을 수립한다.

다음은 최적화 모형의 가정이다.

- 의사결정은 주(Week) 단위로 진행된다.
- 공 컨테이너의 수요는 사전에 Booking을 통해 미리 주어지며, 모든 수요는 만족되어야 한다.
- 임대한 공 컨테이너는 바로 사용이 가능하다.
- 임대는 출발 항만에서 이뤄지며 반납은 도착 항만에 도착 직후 이뤄진다.
- 공 컨테이너의 재배치를 위한 선박의 용량은 고려하지 않는다.

다음은 최적화 모형의 집합, 모수 및 결정변수이다.

$P=(\{1,2,\cdots,n\})$ 항만의 집합
C_{ijt} 기간 t에 항만 i에서 항만 j로의 운송비용
L_i^S 항만 i에서 컨테이너 구매비용

H_i	항만 i에서 단위당 재고비용
R_i	항만 i에서 일반 컨테이너 임대비용
D_{ijt}	기간 t에 항만 i에서 항만 j로의 수요 (확정적)
k_i^S	항만 i의 초기 재고
T_{ij}	항만 i에서 항만 j로의 운송 시간

다음은 최적화 모형의 결정변수이다.

s_{it}^S	기간 t에 항만 i의 일반 컨테이너 재고 수준
l_{it}^S	기간 t에 항만 i에서 구매한 일반 컨테이너의 양
a_{it}^S	기간 t에 항만 i로 도착한 일반 컨테이너의 양
x_{ijt}^{LS}	기간 t에 항만 i에서 항만 j로 운송된 일반 컨테이너의 수
x_{ijt}^{RS}	기간 t에 항만 i에서 항만 j로 재배치된 일반 컨테이너의 수
r_{ijt}	기간 t에 항만 i에서 항만 j로 운송되기 위해 임대된 일반 컨테이너의 수

다음은 최적화 모형의 목적 함수와 제약식이다.

$$
\begin{aligned}
\min \quad & \sum_{i \neq j} \sum_{t} H_i s_{it}^S \\
& + \sum_{i \neq j} \sum_{t} L_i^S l_{it}^S \\
& + \sum_{i \neq j} \sum_{t} C_{ijt} (x_{ijt}^{LS} + x_{ijt}^{RS} + r_{ijt}) \\
& + \sum_{i \neq j} \sum_{t} R_i r_{ijt}
\end{aligned}
$$

$$
\begin{aligned}
\text{subject to} \quad & s_{it}^S = s_{i(t-1)}^S - \sum_{j:j \neq i} (D_{ijt} + x_{ijt}^{RS}) + l_{it}^S + a_{it}^S && \forall\, i,t \\
& a_{it}^S = \sum_{j:j \neq i} (x_{ji(t-T_{ji})}^{LS} + x_{ji(t-T_{ji})}^{RS} + r_{ji(t-T_{ji})}) && \forall\, i,t \\
& s_{i0}^S = k_i^S && \forall\, i \\
& x_{ijt}^{LS}, x_{ijt}^{RS}, s_{ijt}^S, l_{ijt}^S, r_{ijt} \in Z^+ && \forall\, i \neq j, t
\end{aligned}
$$

목적 함수는 비용 함수로 재고비용, 구매비용, 임대비용, 운송 및 재배치 비용으로 구성된다. 제약식은 균형 제약(Balance Equation)과 초기 재고에 대한 조건이 있다. 그리고 각 시기(Period)마다 과거에 다른 항만에서 운송이 시작되어 해당 시기에 도착하는 컨테이너 수에 대한 제약이다. 이것은 균형 제약에서 유입되는 컨테이너를 나타내는 데에 사용된다.

5.3 공 컨테이너 게임 실행 화면

그림 9.24는 공 컨테이너 게임의 전체 화면이다. Rotterdam, Busan, LongBeach, Dubai, Singapore 5개 항만이 제시되며 각각의 항만에서 임대량과 다른 항만으로 보낼 재배치량

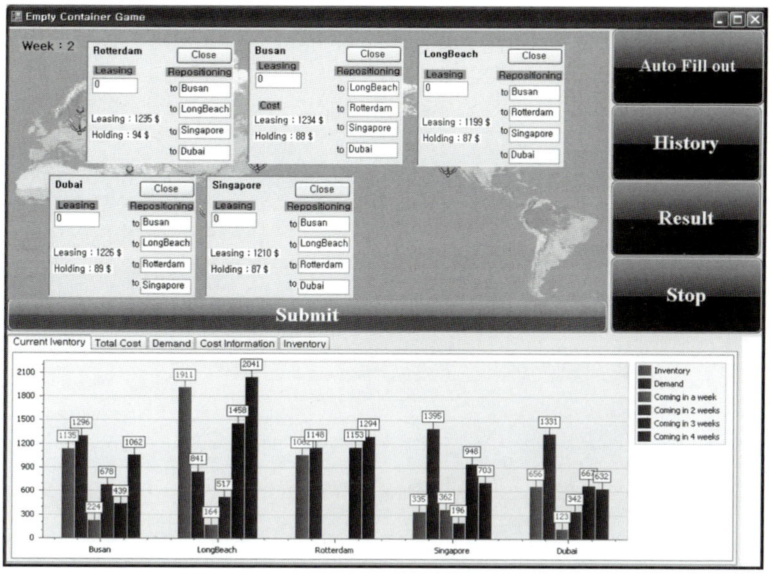

그림 9.24 공 컨테이너 게임의 전체 화면

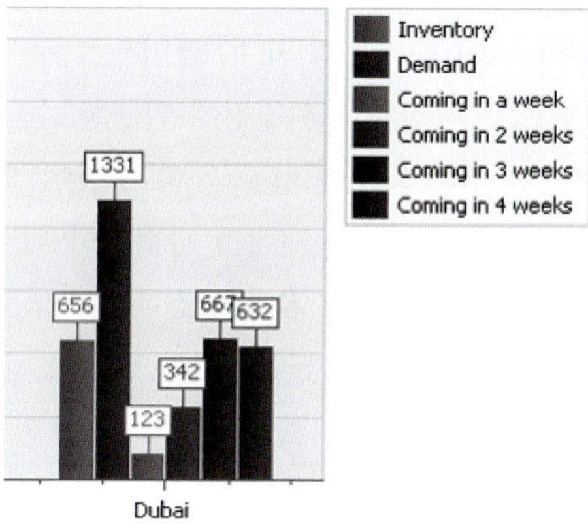

그림 9.25 게임 화면에 제시되는 정보

에 대한 의사결정 결과를 입력하는 것으로 게임이 진행된다.

게임 진행에 있어 필요한 의사결정은 그림 9.25에 제시된 정보를 참고하여 이뤄진다. 막대그래프로 제시된 정보는 오른쪽부터 해당 항만의 재고, 항만에서의 수요, 1주 후 해당 항만에 도착할 컨테이너, 2주 후 해당 항만에 도착할 컨테이너, 3주 후 해당 항만에 도착할 컨테이너, 4주 후 해당 항만에 도착할 컨테이너이다. 현재의 재고, 수요, 앞으로 도착할 컨테이너를 고려하여 의사결정을 하게 되는 것이다.

그림 9.26은 플레이 종료 후 결과를 제시하는 화면이다. 플레이어의 입력 결과에 따른 비용과 최적 의사결정에 따른 총비용을 비교할 수 있으며, 각 비용의 추이를 확인할 수 있는 그래프가 제시된다. 결과를 살펴보면 각 비용의 대소 관계에는 차이가 있지만, 총비

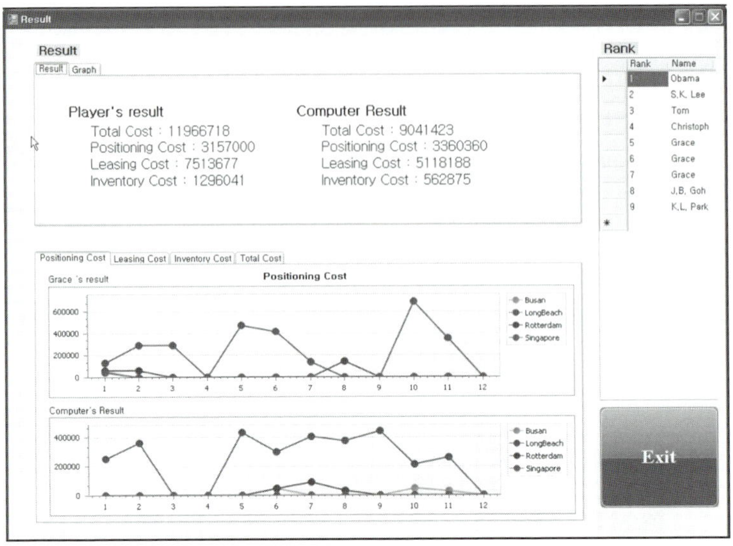

그림 9.26 공 컨테이너 게임의 결과

용에서는 최적의 의사결정 결과인 Computer Result가 낮은 결과를 출력한다는 것을 알 수 있다. 플레이어는 이와 같이 총비용의 차이, 총비용을 구성하는 각 요소별 차이, 각 비용의 추세를 고려해서 앞으로 자신의 의사결정에 반영할 수 있으며, 이러한 시뮬레이션은 경험 축적을 가져와 현업에서의 작업자 업무 능력 향상에 도움을 줄 수 있다.

그동안 널리 사용된 일반 컨테이너는 재배치 과정에서 적재 컨테이너와 운송비용이 동일하게 발생하는데 이를 보완하기 위해 접이식 컨테이너가 개발되었다. 접이식 컨테이너는 일반적으로 4개를 일반 컨테이너 하나의 크기로 만들어 재배치 비용을 25%로 줄일 수 있는 장점이 있다. 현재 접이식 컨테이너는 상용화를 위해 계속적인 반전에 있다. 공 컨테이너 재배치 게임에 앞으로 도입될 가능성이 높은 접이식 컨테이너를 고려할 수 있다. 접이식 컨테이너를 고려하는 경우 의사 결정할 사안이 많아지기 때문에 접이식 컨테이너를 고려한 공 컨테이너 재배치 게임은 본래의 목적인 교육적 용도로서의 효용가치가 굉장히 높다. 접이식 컨테이너를 고려한 공 컨테이너 게임도 현재 개발 중에 있다.

제6절 TOS(Terminal Operating System)

6.1 개요

전 세계적인 항만 무역량이 증가함에 따라 컨테이너 물동량을 수용하기 위하여 항만 컨테이너 터미널의 생산성이 중요해졌다. 컨테이너 수용을 위하여 항만 컨테이너 터미널을 확장하는 등의 여러 가지 방안으로 문제를 해결하려고 노력했지만, 터미널 확장은 토지 및 비용 등 다양한 문제로 인하여 한계에 도달한 상황이다. 따라서 여러 항만 컨테이너 터미널은 터미널의 자원을 효율적으로 사용하여 컨테이너 수용을 늘리려고 노력하고 있다. 오늘날, 4차 산업혁명에 따른 ICT 첨단기술의 발전으로 실시간 정보를 수집이 가능해졌다. 이를 항만 산업에 적용하여 항만 데이터를 수집 및 저장, 보관하는 TOS(Terminal Operating System)을 구축하고 TOS 정보를 활용하여 항만 컨테이너 터미널의 생산성 향상을 위하여 노력하기 시작하였다.

터미널 운영시스템인 TOS는 해운 프로세스의 중요한 요소로, 항만 컨테이너 터미널, 항구, 선박 또는 내륙 등의 다양한 화물의 이동과 보관을 제어하는 것을 목표로 한다. 첨단 ICT 기술의 발전으로 인터넷, 무선 LAN, RFID(Radio-frequency identification) 및 IoT(Internet of Things) 기술을 활용하여 항만 컨테이너 터미널의 항만 자원, 인력 및 장비에 대한 현황을 실시간으로 모니터링이 가능하다. TOS를 통해 항만 컨테이너 터미널 운영자는 항만 터미널 현황을 실시간으로 확인하고 이를 통해 효율적인 항만 컨테이너 터미널 의사결정에 활용한다.

항만 산업에는 운송업체, 해운사 등 다양한 이해관계자들이 모여있기 때문에 각 집단의 사용자 요구사항을 충족하기 위해서 항만 컨테이너 터미널 운영사는 노력해야 한다. 그러나 산업마다 각기 다른 정보 체계를 가지고 있고 각 이해관계자 입장만을 대변하기 때문에 서비스를 제공하는 항만 컨테이너 터미널 운영사는 많은 어려움을 겪는다. 모든 이해관계자들의 요구를 충족시키기 위해 항만 산업은 데이터의 투명성 및 협력이 중요하다. 항만 컨테이너 터미널 정보가 저장 및 보관된 TOS를 활용한다면, 항만 터미널의 효율성, 생산성 향상은 물론이고 투명한 정보 공유를 통해 이해관계자들의 요구사항 만족이 가능하다. 따라서, TOS를 기반으로 항만 산업 정보를 통합·관리 운영시스템을 개발한다면 항만 물류 전반적인 프로세스에서 효율성을 극대화가 가능하다.

6.2 TOS 적용 분야

(1) Berth area

항만 컨테이너 터미널은 선박과 정보 교류를 통해 계획을 수립한다. TOS에 저장된 선박의 터미널 도착 예정시각 및 실제 도착시각, 항만 터미널 자원 현황 등 항만 정보를 토대로 선박의 접안 위치(Berthing position)와 접안 시간(Berthing time)을 결정하는 효율적인 berth planning을 계획할 수 있다. 또한, TOS의 정보인 컨테이너의 종류(크기, 유형, 무게 등)와 선박의 구조, 크레인의 특성(Twin/Single)을 고려하여 선박 정보를 바탕으로 컨테이너 재이동 횟수와 선적 작업 소요시간을 최소화하는 Stowage planning 수립이 가능하다. 이처럼 선박과 관련된 일정 계획 수립 시, TOS 정보를 활용하여 Berth area의 생산성을 극대화하는 항만 컨테이너 터미널 계획을 추진할 수 있다.

(2) Yard area

항만 장비에 부착된 IoT 센서를 통해 작업 현황을 실시간으로 모니터링이 가능하다. 컨테이너 적재 및 하역 작업 시 사용되는 야드 크레인의 작업 부하와 선박 도착시각, 컨테이너 속성 정보를 TOS를 통해 확인하고 불확실하게 반입되는 컨테이너를 효율적으로 보관·관리하는 Yard planning 및 Yard Crane scheduling을 계획할 수 있다. 또한, 야드 크레인의 휴동 시간에는 TOS에 저장된 다음 정박할 선박에 선적할 컨테이너에 대하여 적재 시간단축을 위하여 야드 크레인 움직임을 최소로 하는 pre-marshaling을 실시하여 항만 컨테이너 터미널의 생산성 향상에 이바지할 수 있다. 야드 크레인뿐만 아니라 야드 트럭 효율성 향상을 위해 TOS 정보 활용이 가능하다. TOS 정보를 통해 확인할 수 있는 컨테이너 이동 정보를 토대로 야드 트럭의 공회전을 최소화하는 알고리즘을 적용하여 실시간 할당이 가능하다. 이처럼 야드 장치장의 일정 계획 수립 시, TOS 정보를 활용하여 Yard area의 생산성/효율성을 향상하기 위한 항만 컨테이너 터미널 계획을 추진할 수 있다.

6.3 TOS 사례

(1) NAVIS의 N4 Terminal operating system

NAVIS는 인공지능(AI) 및 기계학습(ML) 기술을 컨테이너 터미널 작업에 적용함으로써 과거의 컨테이너 이동에서 얻은 데이터를 기반으로 생산성 향상을 위한 자동화 시스템을 구축하였다. 인공지능과 기계학습을 통하여 최적화 알고리즘의 작동 상황을 확인하고 역동성과 예외가 발생하는 항만 컨테이너 운영 현실에 신속하고 강력한 솔루션을 적용한다. NAVIS의 N4 Terminal Operating System은 터미널 운영사와 해상 운송 업체의 비즈니스 네트워크를 구축한 XVELA를 통하여 컨테이너 흐름 전반에 걸친 프로세스를 연결하고 있다. 네트워크 구축뿐만 아니라 의사결정을 자동화하고 해상 물류 프로세스 범위 전반에 걸쳐 생산성 향상을 위하여 다음과 같은 최적화 모듈이 구성되어 있다.

- Expert decking: 본 모듈은 야드 상황을 최적화하기 위한 최적화 모듈로 장치장에서 실시간으로 컨테이너를 반입/반출이 쉽게 하여 야드 할당을 하는데 적은 시간을 소비하고 효율적인 야드 관리가 가능하도록 하는 모듈
- Primeroute: 본 모듈은 항만 터미널 내 항만 자원을 운영 관리하는 모듈로 최적의 실시간 라우팅, 디스패치 및 모니터링을 통해 효율적인 운영이 가능케 함. 또한, 장비 할당을 할 때 장비를 풀링하여 개별 작업 단계 구성요소로 분리하고 사용 가능한 작

업에 최적의 실시간 장비 디스패치를 실시하여 생산성 향상 및 운영비용 최소화를 가능하도록 하는 모듈

- Rail Autostow: 본 모듈은 컨테이너를 철도에 선적하기 전 각 철도 차량에 로드 시퀀스를 할당하여 효율적인 적재가 가능하도록 도와주는 모듈
- Vessel Atuostow: 본 모듈은 선박 계획을 수립하고 수립된 계획을 기반으로 적하 계획을 생성하는 최적화 모듈로 컨테이너 종류 및 속성, 크레인 할당 제약 등을 고려하여 최적의 선박 계획을 수립하고 이를 통해 효율적인 항만 운영을 가능하도록 도와주는 모듈

다양한 항만 컨테이너 터미널이 NAVIS의 N4 Terminal Operating System을 적용하여 효율성을 극대화하고 있다. Baltic 컨테이너 터미널은 러시아, 동유럽 및 서유럽 사이의 해양 무역을 위한 항만으로 NAVIS의 N4를 적용하여 항만 자동화는 물론이고 특히 어려웠던 육상 수단과의 연결을 해결하면서 트럭 게이트 대기시간을 10분에서 2분으로 줄여 항만 생산성을 향상하였다. 사우디의 Riyadh Dry Port에 본 N4 Terminal Operating System을 적용하여 컨테이너 처리 물량을 적용 전보다 75% 이상 증가하는 효과가 확인했고 운영 활동을 간소화 및 게이트, 야드 운영을 75% 이상 개선하였다. 이외에도 중국의 DaChan Bay 터미널, 영국의 DP World's London Gateway 등 13개 터미널에 NAVIS의 N4를 적용하여 큰 생산성 향상한 사례가 있다.

(2) Cyberlogitec의 Vessel&Terminal Operating System

Cyberlogitec은 최적화 알고리즘, 데이터 분석 및 인공지능을 활용하여 항만 컨테이너 터미널 운영 최적화를 위하여 유연한 End to End 솔루션을 개발하고 있고, 해운, 항만, 물류 분야에서 다음과 같은 다양한 솔루션을 제공하고 있다.

- ALLEGRO 솔루션: 지능형 알고리즘을 기반으로 다차원 데이터를 분석하여 비즈니스 의사결정을 지원하여 선사의 정기선을 효율적으로 관리하는 솔루션으로 해상 운송 과정에서 발생하는 각종 위험 상황을 대비하기 위해 상시 모니터링 기술을 접목하여 선박 운송 계획을 관리함
- CARA 솔루션: 선사 간, 선사와 터미널 간의 정보 공유를 통해 협업을 강화할 수 있도록 구현된 통합 솔루션으로 효율적인 정보 공유를 가능토록 지원하여 효과적인 계획 수립이 가능함
- OPUS Stowage 솔루션: 컨테이너 선박의 적재 용량을 극대화하고 적하/양하 시간 최소화를 목표로 하는 솔루션으로 중량 할당, 데이터 검증, 공간의 최적화 및 장비 배분 등을 계산하여, Hatch Time 최적화를 기반으로 선박 출발 지연을 방지하여 불필요한

화물 이동을 제거하여 시간과 비용을 절약함

- OPUS Terminal 솔루션: 야드와 컨테이너 운영, 선박 도착 시점부터 야드에서 떠나기 전까지의 계획을 제공하는 솔루션으로 항만 컨테이너 터미널의 자원 작업 현황 정보를 고려하여 작업을 할당하고 트럭 경로 최적화하는 Global Truck Pooling 모듈 등 다양한 모듈로 이루어져 있어 항만 컨테이너 터미널의 생산성을 높임
- Eagle Eye 솔루션: 장비에 부착된 IoT 센서를 통하여 터미널의 모든 활동에 대하여 실시간 모니터링, 위치 추적 기술을 기반으로 구현된 터미널 자동화 시스템으로 시간 및 비용 절감을 통하여 야드의 생산성을 극대화함

다양한 항만 컨테이너 터미널이 Cyberlogitec의 Vessel&Terminal Operating System을 적용하였다. 대표적인 항만 컨테이너 터미널은 말레이시아 Westports Terminal, 브라질 Portonave Terminal, 인도 Hazira Terminal, 태국 Lamchabang A1 Terminal, 두바이 Jebel Ali terminal 2, 4, 인도네시아 Panjang/Palembang/Jakarta Domestic Container Terminal 등이 있으며 항만 컨테이너 터미널 운영에 있어 효율성 향상 효과를 보인다.

1 고대부터 근대까지 도시와 국가의 경제와 문화는 해상 운송을 중심으로 발전해왔고, 현재 전 세계 무역량의 80% 이상이 해운물류를 통하여 운송되고 있을 정도로 해운물류는 물류 산업에서 꾸준히 중요성을 보이고 있다. 그렇다면 해운물류가 가지고 있는 장점과 단점은 무엇인가?

2 해운물류를 하기 위해 많은 국가에는 항만이 존재한다. 항만의 개념을 설명하시오. 그리고 제2차 세계대전 이후 컨테이너가 등장해 현재까지도 컨테이너를 통한 해운물류는 큰 역할을 하고 있다. 컨테이너를 해운물류에서 사용하는 이유를 서술하시오.

3 3차원 컨테이너 패킹 문제는 물자의 개수가 많아지고 크기가 다양해짐에 따라 계산시간이 지수적(exponential)으로 증가하면서, 빠른 시간 내에 괜찮은 가능해를 찾기 위한 많은 휴리스틱 대안들이 연구되고 있다. 예제 9.1에서 DBLF(Deepest Bottom Left with Fill) 전략이 그 중 하나이다. 2차원으로 축소한 패킹 문제에 대한 DLF(Deepest Left with Fill) 전략은 다음과 같다.

• DLF 위치

가능한 왼쪽 위치 중 실제 위치하게 되는 DLF 위치를 선정하는 기준은 다음과 같다.

Step 1. x축 좌표가 가장 작은 값을 나타내는 위치, 위치가 1개이면 종료.
만약 둘 이상의 위치가 나올 경우, Step 2로 간다.

Step 2. y축 좌표가 가장 작은 값을 나타내는 위치, 종료.

① 10×10 크기의 정사각형 모양의 공간이 주어져 있고, 총 5개의 직사각형 모양의 물자가 있다. 크기는 아래 표에 제시하였다. 물자를 정사각형 공간에 진열하는데, 진열 순서는 물자 1에서 시작해 물자 5에서 종료한다. 그리고 물자를 90도 회전할 수 없다고 하자.

물자	1	2	3	4	5
크기	5×4	2×4	5×2	3×8	4×3

DLF 전략을 이용해 진열한 결과를 도식화해보자.

② 물자의 순서를 바꾸어 DLF 전략을 진행해보자. ①번 문제의 결과보다 더 나은 진열 결과를 보이는 물자의 순서가 존재하는가? 존재한다면 어떤 순서인가? (물자를 90도 회전할 수 없다.)

4 컨테이너 적재 계획을 다루는 컨테이너 로딩 문제는 해양물류에서 중요한 문제 중 하나이다. 최근 접이식 컨테이너의 등장으로 인해, 접이식 컨테이너에 맞춘 컨테이너 로딩 문제가 새롭게 제시되고 있다. 일반 컨테이너를 접이식 컨테이너로 대체하면서 나타날 수 있는 비용적인 측면에서의 장점과 단점은 무엇인가? 그리고 로딩 문제를 풀 때 새롭게 고려해야 할 제약식에는 무엇이 있을지 서술하시오.

5 공 컨테이너 재배치 문제에서 컨테이너 흐름에 대해서 서술하시오. 서술할 때 컨테이너의 반납과정에 대해 정확히 서술해야 하며, 그림을 이용해 설명하시오.

6 공 컨테이너 재배치 비용을 줄이는 것이 해운회사에게 중요한 이유를 서술하시오.

7 공 컨테이너 재배치 문제의 수리모형에서 항만의 균형 제약식을 서술하고, 제약식의 의미에 대해 설명하시오.

8 공 컨테이너 재배치 문제에 접이식 컨테이너를 활용하였을 때의 장점에 대해 서술하시오.

9 공 컨테이너 재배치 게임은 공 컨테이너 관리를 사용자가 모의 실험해볼 수 있는 시뮬레이션 형식의 의사결정지원시스템(DSS)이다. 공 컨테이너 재배치 게임의 활용 가능성과 장점에 대해 서술하시오.

제 10 장

항공물류

제1절 항공물류
제2절 항공화물 특성 및 운송
제3절 공항의 시설 및 운영

최근 항공물류 시장은 고부가가치 IT 제품의 약진, 전자상거래(E-commerce)의 활성화 및 저유가 기조로 성장세가 지속될 것으로 전망하고 있다. 2017년 국내 항공화물 수출액은 1,750억 달러로 전년 대비 30.3% 증가하였고, 지난 5년간 연평균 8.1%의 높은 성장률을 기록하고 있다. 항공물류 시장의 성장세는 전자상거래 시장의 활성화, 항공운송서비스의 공급 패턴 다양화로 설명할 수 있다. 웹/애플리케이션 기반 전자상거래 플랫폼과 모바일 간편 결제 등의 발전에 따라 국가 간 전자상거래 시장 물량이 크게 증가하였으며, 소비자 수요가 다변화됨에 따라 직구/역직구(CBE:Cross-Border Trade on E-commerce) 시장이 성장하였다. 또한, 화물 전용기 증편, 대형 항공사와 저가비용항공사(Low Cost Carrier)의 여객 증가로 여객기 화물 운송(Belly Cargo)이 증가하는 등 항공화물의 공급 패턴이 다양해짐에 따라 항공화물 운송 능력이 확대되었다. 물류 컨설팅 업체 Armstrong & Associates에 따르면, 항공화물 포워더는 전년 대비 11.1% 증가한 약 1,600만 톤의 화물을 처리하며 매년 성장하고 있다. 국제항공운송업체인 DHL과 Fedex는 성장하는 항공물류 시장에서 공급망의 가치를 극대화하기 위하여 전용 화물기를 통하여 화물을 운송하고 있으며, 이를 통해 운송 시간 최소화를 선호하는 소비자의 만족도를 극대화할 수 있다.

최근에는 성장하는 항공물류 시장에 대비하여 전자상거래를 기반으로 한 IT 기업인 아마존 또한, 수익성 향상을 위해 화물 전용 항공기 규모를 50대로 늘리며 직접 항공물류에 개입하고 있고, 이를 기반으로 공급망에 대한 통제력을 강화함으로써 소비자에게 향상된 서비스 제공이 가능할 것으로 기대하고 있다.

국내 LCC 대표기업 제주항공

제1절 항공물류

1.1 항공물류

항공물류란 항공과 물류의 합성어로 항공 운송 서비스와 물류 서비스의 두 가지 개념이 합성된 용어이다. 물류 서비스가 항공 서비스 중 화물 운송 서비스를 이용할 때 나타나는 현상으로 물류 현상을 일으키는 가장 대표적인 요소를 '운송이라는 측면'에서 본다면 물류의 목적인 3S1L(Speedy Safety Surely Low)을 실현할 수 있는 가장 효과적인 운송수단은 항공 운송 서비스이다. 수출화물을 포장, 운송, 보관, 하역하는 과정에서 화주, 물류 산업 관련 회사, 공항 관계자, 물류 장비 제조업자 그리고 국가 간에 발생하는 모든 현상을 항공물류라 지칭하며, 일반적으로 항공물류를 항공화물 운송과 동일한 개념으로 혼용하여 사용하는 경우가 많다. 혼용하여도 큰 차이는 없지만 '항공화물 운송'은 물류를 구성하는 미시적 관점의 단순한 운송 활동을 의미한다. 그리고 영역적인 면에서는 항공사를 중심으로 하는 항공사 업무에 제한하지만 항공물류가 항공화물의 운송 서비스를 통해 화주, 포워더, 항공사 등의 이해관계자 간에 발생하는 거시적 관점의 현상으로 생산품의 출고에서부터 항공 운송을 거쳐 수요자에게 이르는 모든 단계를 포함하므로 포워더의 역할을 중심으로 하는 영역까지 이룬다 할 수 있다.

(1) 항공 운송과 항공물류

국제 물류는 기존 물류가 가지고 있는 기능들을 모두 포함한 종합적인 시스템 구축이다. 하지만 무엇보다도 장소와 시간의 차이를 극복해 나가기 위한 노력이 매우 중요한 만큼 이동수단을 어떤 운송수단으로 사용하느냐에 따라 그 결과가 큰 차이를 보이게 된다. 즉, 국제 물류에서 운송수단이 차지하는 비중은 매우 크다고 할 수가 있다. 그러므로 국제 물류는 각각의 운송수단을 최대한 효과적으로 연계한 뒤 운용해야 하며, 그 운송수단들을 서로 이어주는 연결점이라 할 수 있는 공항이나 항만, 또는 내륙에 위치한 터미널 등에서 작업할 때 최대한 효율적인 결과를 내야 한다. 최근 국제 물류에서 항공 운송의 비중이 점점 높아지고 있는데 비중이 높아지는 이유도 바로 이 때문이며, 무엇보다 소비자와 생산자 간의 제품 이동에서 정확성과 신속성을 요구하는 분위기가 높아져가고 있기 때문이다. 물론 대량 화물의 운송 과정에서는 운송 방식으로는 아직 해상 운송이 절대적인 역할을 하고 있으나, 수출입 제품들이 점점 고급화, 첨단화 및 경량화되어가고 있으며 이로 인해 항공 운송을 이용한 물류 관리가 계속해서 늘어나고 있는 추세이다. 국제 물류에서의 주도적인 역할을 항공 운송이 새로이 해 나가고 있으며 그 이유가 바로 여기에 있다.

항공물류와 항공 운송(혹은 항공화물 운송) 간의 차이점이 무엇일까? 항공 운송은 국내외 공항에서 항공기의 수송력을 이용하여 여객과 화물을 실어 나르는 운송 시스템으로 이때 일정하게 규정된 항로를 이용하여 다른 지점의 공항까지 이동하게 된다. 즉, 조금 더 정확한 의미에서의 항공 운송은 항공기를 사용하여 사람이나 화물을 다른 지역으로 이동시키는 방식의 단순 운송 시스템이라는 의미로 제한할 수 있다. 이는 특정 지점에서 항공기가 운항하는 노선에만 의지하여 다른 지점으로 화물을 이동시킨다는 물류의 운송기능만으로 그 범위를 국한하여 이야기하는 것이다. 그에 비해서 항공물류라고 말하는 것은 공항을 통하여 항공기를 이용한 운송을 행하면서 그와 동시에 운송과 관련된 모든 물류적인 활동을 포함하는 항공 운송보다 더 광범위한 의미를 가지고 있다. 그렇기 때문에 일반적으로 국제 물류에서 주력으로 사용되는 운송수단으로 항공기가 사용될 경우 우리는 이를 항공물류라 정의하며 특히 항공물류는 단순히 항공기를 운용하기만 하는 항공사 이외에도, 제품의 운송을 의뢰한 화주 기업과 그들의 물류 기능을 대행해주는 포워더뿐만 아니라 창고 및 터미널 사업자와 세관 등이 참여하는 모든 물류 행위를 포함하여 말한다. 하지만 통상적으로 실제 일을 하는 경우에는 항공 운송, 항공화물 운송 그리고 항공물류를 각기 구분하는 경우가 거의 없으며 대체적으로 '항공화물 운송'이라 말한다면 이들 모든 개념을 포괄하여서 지칭한다.

(2) 항공화물 운송과 항공화물

항공화물 운송은 기존의 운송 산업들에 비하면 가장 늦게 시작된 운송 산업이라 할 수가 있다. 그럼에도 불구하고 고도의 첨단 기술들을 접목시킨 항공기 개발은 단순히 운송 산업뿐만 아니라 인류의 생활 방식 자체를 급변하게 만들었다고 해도 과언이 아니다. 항공화물 운송이 발전하게 된 원인을 살펴보면 가장 기본적인 요인은 그 어떤 것보다도 기술의 발달이다. 항공기가 개발되고 이를 운송에 이용하게 되면서부터 인간이 추구하는 욕구인 '더 빠르고 더 멀리'라는 욕구를 충족시킬 수 있게 되었다. 또한 이와 함께 항공 운송에서 사용되는 컨테이너 등의 각종 지상 조업 장비와 관련된 기술도 함께 발전함으로써 항공화물 운송의 고도화가 이루어졌다. 무엇보다 해상 운송에 비하면 비교적 열세였던 대량운송에 관한 문제도 기존 기체를 대형화시키고 화물 전용기를 개발함으로써 일정 수준 수요자들의 욕구를 충족시키고 있다. 항공화물 운송에서의 초기 항공운임 비용이 다른 운송수단의 운임 비용에 비해 비싸다는 인식이 있었지만 물류 개념이 확산되면서 기업들이 물류비용을 산출하는 데에 총비용이라는 개념을 도입함으로써 그 인식을 불식시키고 있다. 또한 항공화물 운송을 이용 시 운송시간의 단축으로 인하여 화주 기업들은 단축된 시간만큼의 무형의 이익을 얻을 수 있게 되면서 항공화물 운송을 선호하는 상품이 점차 늘어나고 있는 추세이다. 현대 산업구조가 점점 고도화되고 있으며 소비자의 선호도가 유행에 민감해져 가면서 고부가가치를 지닌 상품이 증가하게 되고, 이들 상품은 기업들이 가진 마케팅 전략으로 인해, 고객들에게 좀 더 빨리 다가가기 위해 신속성이 보장되는 항공화물 운송 방식을 많이 채택하고 있으며, 이로 인해 항공화물 운송은 더욱 발전을 하고 있다.

1.2 항공물류 시스템

사전에서는 시스템을 "체계적인 방법이나 조직, 또는 제도" 혹은 "하나의 통일적 전체를 구성하는 과학적 혹은 철학적 명제의 집합"이라고 한다. 이를 적용하였을 경우 항공물류 시스템이라 함은 항공화물 운송 시 참여하는 각각의 구성원, 즉 화주, 항공사의 화물 운송 서비스, 터미널 운영업자 또는 포워더 등이 서로 간에 상호작용을 하면서 각자의 질서를 유지함으로써 '항공물류'라는 단일기능을 발휘함을 의미한다. 항공 운송물류가 기능으로서 역할을 수행하기 위해서는 항공화물, 항공기 그리고 이들을 운영하는 항공사의 존재가 중요하지만, 물류의 관점에서 볼 때는 중간인의 개입이 필수적으로 요구된다. 운송의 대상이 되는 항공화물을 항공 운송으로 연결하기 위해서는 거쳐야 할 과정이 복잡하고 많은 노하우를 요구하기 때문이다. 일반적으로 물류를 구성하는 요소는 다음의 표와 같다.

표 10.1 항공물류 시스템의 구성 요소

시스템 요소의 구분	물류	항공물류
주체	기업	항공화물화주
객체	유통서비스	항공 운송서비스
매체 시간적 매체 공간적 매체 기능적 매체	물류 사업자 창고업자 운송업자 주선업자 등	항공물류사업자 항공화물청사 항공사 항공 포워더

주체란 어떤 행위에서의 주(主)가 되는 부분으로 물류에서의 주체는 물류 현상의 원인을 제공하는 자이므로 일반기업이 된다. 기업은 물류 서비스의 이용을 통해 해당 상품을 소비자에게 유통시킴으로써 생산기업의 목표가 달성되기 때문이다. 같은 이유로 항공물류의 경우에도 주체는 항공 운송을 이용하는 화주(무역업자)가 된다. 객체란 어떤 행위의 목적이 된다. 물류의 경우에는 물류 자체가 하나의 '재화의 흐름'이라고 볼 수 있으며, 기업이 물류 서비스를 이용하는 목적은 상품의 유통에 있기 때문에 그 목적은 바로 '유통'이 된다. 같은 맥락에서 화주가 항공물류를 이용하는 목적은 항공서비스를 통한 운송, 즉 항공 운송 서비스이다. 매체란 어떠한 흐름이 있을 때 그 작용을 한쪽에서 다른 쪽으로 전달하는 역할을 의미한다. 물류에서의 매체는 객체를 주체에게 전달하고 매개하고 연계하는 역할을 전문으로 하는 모든 사업체를 물류매체라 한다. 주체와 객체를 연결하는 사업

체의 서비스 내용에 따라 시간적 매체와 공간적 매체 및 기능적 매체로 구분한다.

- 시간적 매체: 화물이 유통되는 과정의 한 서비스 단계에서 다음 서비스 단계로의 이전을 원활하게 하도록 머무름의 효용을 만들어주는 기능을 말한다. 창고 및 터미널이 이에 해당한다.
- 공간적 매체: 생산(공급처)과 소비(수요처) 사이의 공간적 장애를 해결하는 기능(운송)을 의미한다. 생산품을 이전하는 데 있어 한 지점과 다른 지점과의 사이에 있는 공간적 거리를 이동함으로써 효용을 창출하는 기능이다. 모든 종류의 운송수단이 이에 해당한다.
- 기능적 매체: 물류 시스템을 구성하는 전체 요소들 간의 상호작용이 가능하도록 구성요소들의 연결을 통해 효용을 만드는 기능이다. 대표적인 사업체로는 포워더가 있으며, 포워더 외에도 물류에 가담하는 모든 사업체 조직 기구 등은 직간접으로 매개기능을 한다고 보아야 할 것이다.

항공물류 시스템의 구성 요소에서 매체는 항공물류 사업자라고도 할 수 있다. 여기에서 항공물류 사업이라 함은 항공 운송수단을 이용하여 화물의 운송, 보관, 하역 또는 포장과 이와 관련된 제반 활동을 하는 것을 말한다. 이때 항공물류 사업자에는 항공사, 항공화물 포워더, 항공화물 터미널 사업자 등이 속하며, 그들을 다시 세분하면 시간의 효용을 창출하는 터미널 혹은 창고업자와 공간의 효용을 창출하는 운송업자 그리고 제 요소 간의 매개기능을 통해 항공물류 서비스를 만들어내는 포워더로 구분된다.

- 항공 운송업자

  항공 운송업자란 "생산설비인 항공기를 운항하여 무형재인 항공 수송 서비스를 고객에게 제공하고 그 대가로 징수한 운임으로 수익을 얻는 사업"이라 정의한다. 항공물류의 매력인 항공 운송 서비스를 개발하여 제공한다는 점에서 항공물류의 핵심적인 산업이다. 정기 스케줄에 의해 운영되는 정기 항공사와 수요가 있을 때만 운영되는 부정기 항공사로 나뉜다.
- 포워딩업자(포워더)

  포워더란 항공사에 대해서는 고객의 입장에 서며, 고객에 대해서는 운송업자의 역할을 수행하는 중간 판매인이 된다. 우리나라 물류촉진기본법에서는 복합운송업자에 대해 "상품이 생산되어 최종소비자에게 도달하기 전에 철도·차량 등을 이용하게 되는데, 이러한 화물 운송과정에서 자기책임하에 두 종류 이상의 운송수단을 이용한 화물의 주선이나 운송을 이행하기 위한 사업"이라고 정의하고 있다. 현행법은 외국인도 결격사유에 해당하지 않고 외국인 투자촉진법에 의한 외국인 투자를 증명할 수 있는 서류를 제출하면 사업을 영위할 수 있도록 규정하고 있어(화물유통촉진법 시행령 제3조), 최근에는 상당히 많은 외국업자들이 활동을 하고 있다. 포워딩 사업은 물류의 꽃이라 할 만큼 물류에서는 그 역할이 대단히 중요하다.

- 터미널 사업자

터미널은 물류 기능 간의 상호작용을 가능하게 하는 중요한 매체다. 터미널이란 화물유통촉진법(제2조 7항)에 의하면 "화물의 집하·하역·분류·포장·보관 또는 통관 등에 필요한 기능을 갖춘 시설물"을 말하며, 동법 제2조 8항에서는 화물터미널사업을 "두 가지 이상의 운송 수단 간의 연계 운송을 할 수 있는 규모 및 시설을 갖춘 화물터미널을 경영하는 사업"이라 정의하고 있다. 창고가 단순히 보관을 목적으로 한다면, 터미널은 보관 기능 외에 화물의 항공기 탑재를 원활하게 하기 위한 '화물의 단위화 작업'을 주요 목적으로 한다.

(1) 항공화물 운송의 특성

항공화물 운송의 특성을 구분할 경우 일반적으로 여객 운송과의 차이점을 기준으로 두고 구분하는 경우가 많다. 항공 여객 운송과는 달리 화물 운송의 경우에는 '일방적인 운송'이라는 큰 차이점을 가지고 있다. 일반적으로 여객 운송의 경우에는 여객들이 출발지를 떠난 다음 다시 되돌아오는 방식의 왕복 운송이라는 형태가 대부분이지만, 반대로 화물의 경우에는 도착지의 현지 통관에서 문제가 생기지 않는 이상 다시 되돌아오는 경우가 거의 없기 때문이다. 더군다나 화물 운송의 경우에는 대부분 그 화물에 대한 고정적인 구매자가 있으며 그들은 일회성 거래가 아닌 반복적인 거래로 이루어지는 경우가 많다. 또한 항공 여객 운송은 여객들이 항공기에 탑승 시와 도착 시 발생하는 문제에 대해 스스로가 그 상황에 대처할 수 있지만, 화물의 경우는 지상조업이라는 별도의 조치를 취해야 한다. 그리고 대부분의 화물 운송에서 화물전용기를 이용한 수송의 경우에는 출발하는 당일 오후까지 전부 집화되어 출발한 뒤 익일 오전 중에 목적지에 도착하게 되는 스케줄이 일반적이므로 대부분 야간에 화물이 집중된다는 특성이 있으며, 여객과는 달리 계절적인 변동요인이 매우 작다는 특성도 지니고 있다. 항공화물 운송의 특성을 정확하게 알기 위해서는 서로 경쟁 및 보완 관계에 있는 해상 운송과의 차이점을 비교해보는 것이 유용할 수가 있다.

- 신속성

항공화물 운송의 특성을 가장 잘 설명할 수 있는 것이 신속성이다. 일반적으로 국제물류에서 사용되고 있는 운송 수단에는 항공기를 이용한 항공 운송과 해상 운송에서의 선박 그리고 육상 운송의 경우에는 트럭(자동차), 철도 등이 있다. 항공기는 선박보다 신속하게 화물을 수송할 수 있는데 기업의 입장에서는 운송시간을 단축시키는 것은 매우 중요한 일이다. 이 점에서 항공 운송은 비용이 다소 비싸지만 화주들의 요구를 가장 잘 만족시킬 수 있는 운송 수단이다.

- 정시성

다른 교통수단들 역시 정시성을 목표로 하여 운항되고 있으나, 그 중 신뢰도가 가장 높은 것은 항공기 운송이다. 항공 운송을 사용할 경우 화물을 화주가 원하는 시간대에 가깝게 운송해준다는 장점이 있다.

- 안전성

항공기 역시 초기에는 안전성 면에 있어서는 그리 높은 신뢰도를 가지지는 못 하였으나 항공기의 제작 기술이 발전함에 따라 안전성이 향상되었다. 해상 운송의 경우 장기간 수송으로 인하여 제품의 변질 우려와 해수에 의한 침식 또는 부식이라는 위험에 노출되어 있지만 항공 운송은 그런 위험으로부터 안전하다고 할 수 있다.

- 경제성

운임 면에서만 보면 항공 운송은 해상 운송에 비해 가격이 비싸다. 하지만 화물의 포장비와 보험료, 전체적인 배달 시간 등의 유무형의 비용을 합친 총비용과 신속성과 안전성 등을 비교하게 되면 경제성이 충분하다고 할 수 있다.

(2) 항공화물 운송의 장점

여러 운송수단과 비교하면 위와 같은 특성들로 인해서 항공화물 운송은 다양한 장점을 가지고 있다.

- 물류 측면에서의 장점

항공화물 운송은 긴급한 화물이나 소형화물을 운송하기에 적합하다는 장점이 있다. 수요기간이 짧아 바로 시장에 도착해야 하는 제품의 경우 수송에 적합하며, 운송시간을 단축할 수 있어 비용을 절감하고 화물(제품)의 훼손을 방지할 수 있다. 또한 포장비가 절감되며, 통관이 다른 운송에 비해 비교적 간소화된다는 점도 물류 측면의 장점으로 꼽힌다.

- 비용 측면의 장점

다른 운송 수단에 비해서 포장을 경량화시킬 수 있어 이에 따른 운임 비용을 절감할 수가 있다. 육상 운송에 비해 상대적으로 저렴한 보험료로 인해 운송중인 제품에 대한 비용이 절감된다. 빠른 운송 시간으로 인해 신속한 운송이 가능해 보관비용을 줄일 수가 있으며, 보관 시에도 보관하는 기간이 짧아 창고시설에 대한 투자비용이나 임차료, 관리비용을 줄일 수가 있다. 그 외에도 하역 작업에서의 핸들링 과정이 적어 도난, 파손 또는 멸실의 위험이 상대적으로 낮다.

- 서비스 측면의 장점

항공화물 운송은 고객 서비스를 향상시켜서 매출 증대를 도모할 수가 있다. 예상치 못한 수용에도 신속하게 대처가 가능하다는 장점이 있으며, 제품의 변질이나 손실을 감소시킬 수 있어 변질이 쉬운 제품의 시장을 확보하는 데에도 유용하다. 수요 기간이 짧은 제품 역시 시장 경쟁력을 확보할 수가 있으며, 운송중인 제품의 현재 위치 파악도 용이하다.

1.3 항공물류의 중요성

세계무역기구에 의하면 2006년 총 국제무역거래량(수출)은 11.7조 달러(수입은 11조 달러)로서 오일 가격 상승에도 불구하고 16.2%(수입은 15.9%)나 성장하였다. 이는 단일 산업으로서 세계에서 가장 거대한 산업인 관광 산업의 총수입(8조 달러)을 훨씬 능가하는 수준이며, 따라서 여행객을 취급하는 관광 산업보다 물류 산업은 일자리 창출이나 고용 면에서 오히려 관광 산업을 상회하는 것으로 여겨지고 있다. 국제민간항공기구의 발표에 따르면 2006년 189개 국제민간항공기구 가입국 수송실적은 톤킬로 기준으로 전년보다 5.5% 증가한 총 514,750톤킬로이며, 전체 실적에서 국제선이 차지하는 비율은 약 67.2%에 해당된다. 한편 2006년 여객 킬로와 화물 톤킬로의 수송실적은 각각 전년 대비 5.9%와 5.0% 성장한 것으로 나타났다(한국항공진흥협회). 고용 효과는 약 120만 명이며, 물류의 핵심적인 업체인 포워딩업체에는 세계적으로 150개 회원국에서 4만 개 업체에 약 8천만 내지 1억 명의 고용 창출 효과가 있다. 정기 항공사 외에 부정기 항공, 포워더, 화물터미널조업, 관세사 등 모든 항공관련 물류업자의 일자리와 고용을 추산하면 그 10배를 초과할 것으로 예상된다.

2017년 우리나라의 항공 운송 분야 중 항공화물 분야에서의 화물량은 432만 톤으로 국제 정세의 경기회복으로 인해 전자 화물, 신선식품 및 의약품 등의 특수하물, 화장품, 의류 및 잡화 등의 전자상거래 물량과 국내외를 오고가는 여객의 증가와 그에 따른 여객 수하물 증가 등의 이유로 전년 대비 6.1%를 성장하였다.

국제 화물의 증가에 비해 국내화물 수하물은 2016년 대비 약 2.2% 정도 증가하였으나, 순화물이 약 −4.5% 감소하여 전체적으로 2016년 대비 약 −0.9% 감소하여 29만 톤을 기록하였다. 2017년 수출입 화물실적을 국가별로 살펴보았을 때 항공물류의 수출액 실적은 중국, 홍콩, 베트남, 미국, 대만 순으로 나타났으며, 그 중 전체 수출액에서 상위 7개 국가

표 10.2 항공화물수송량 및 증감률

		2013년	2014년	2015년	2016년	2017년
국내	수송량 (톤)	252,686	283,119	287,781	292,887	290,125
	증감률 (%)	−4.7	12.0	1.6	1.8	−0.9
국제	수송량 (톤)	3,246,253	3,410,742	3,518,772	3,780,908	4,031,516
	증감률 (%)	1.2	5.1	3.2	7.4	6.6

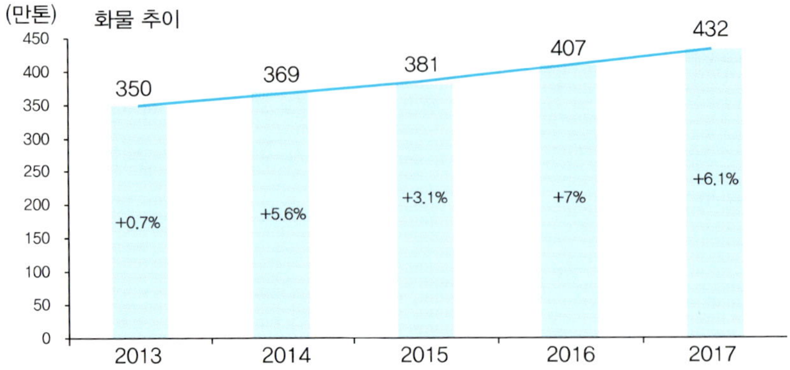

그림 10.1 화물실적 추이(2013–2017)

의 수출액이 148억 달러로 전체 수출액의 84.5%를 차지하였다. 이 중 중국 수출액은 전체 수출액의 32.6%를 차지하였고, 메모리 반도체, 프로세스와 콘트롤러, 기타 보조 기억장치 순으로 수출이 많이 되었으며, 각각 홍콩은 메모리 반도체, 베트남은 프로세스와 콘트롤러, 미국은 기타 무선 전화기가 수출액에서 1위를 차지하는 품목으로 나타났다. 수출입 화물실적을 품목별로 살펴보았을 때, 주요 품목별 수출액 실적은 메모리 반도체, 프로세스와 콘트롤러, 기타보조기억장치, 기타 무선 통신 기기 부품 순으로 나타났고 전체 수출액 상위 7개 품목의 수출액은 122억 달러로 전체 수출액의 66.6%를 차지하는 것으로 나타났다.

표 10.3 항공물류 국가별 수출 화물 실적(2017년)

(단위: 백만달러, 톤, %)

순위	국 가	금액		중량	
		실적	증감	실적	증감
1	중국	5,717	47.6	9,964	6.6
2	홍콩	3,441	36.8	3,316	–9.9
3	베트남	2,235	7.3	6,420	–21.3
4	미국	1,715	22.4	6,830	10.2
5	대만	610	18.2	2,139	12.2
6	필리핀	567	24	686	–10.3
7	일본	506	21.4	8,282	204.8
전체 수출		17,513	25.3	62,678	6.1

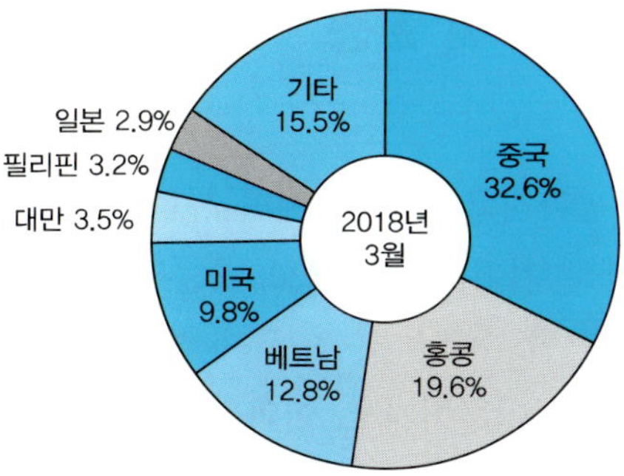

그림 10.2 국가별 수출액 비중

표 10.4 항공물류 품목별 수출 화물 실적(2017년)

(단위: 백만달러, 톤, %)

순위	품 목	금액		중량	
		실적	증감	실적	증감
1	메모리반도체	67,140	90.7	2,999	−9.2
2	프로세스와 콘트롤러	20,931	24.6	5,916	18.1
3	기타 무선통신기기부품	7,842	−40.7	15,032	−12.4
4	유기발광다이오드	5,523	46.9	3,266	−30.7
5	기타 보조기억장치	5,515	45.6	772	−3.8
6	인쇄회로	5,151	27.8	15,234	2.9
7	기타 무선전화기	4,244	−15.3	3,281	−26.0
전체 수출		175,048	30.3	635,643	7.5

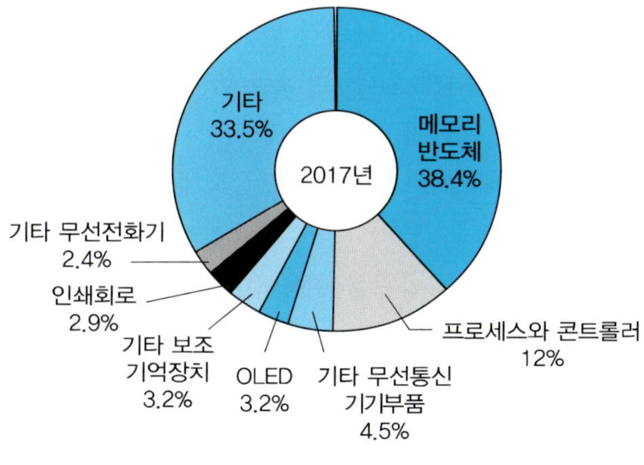

그림 10.3 품목별 수출액 비중

제2절 항공화물 특성 및 운송

물류 산업에서 비중이 높아지고 있는 국제 물류는 "제품을 생산이 완료된 시점에서부터 해외의 최종 소비자에게로 가장 효율적으로 이동시키는 데 필요한 직간접적인 관련이 있는 제반 활동"이라고 정의할 수 있다. 즉, 국제 물류는 원료 조달, 생산, 가공, 제조, 판매 등의 활동이 국경을 넘어서 이루어지고, 이와 같은 재화의 이동 때문에 수출입 수속, 통관 절차, 운송 방법 등의 부수적인 프로세스가 생겨나 복잡해지게 된다. 국제 물류는 크게 다섯 가지의 중요 역할을 담당하고 있다.

첫째, 국제 물류는 국제 간 물품의 소비와 생산을 연결하여 생산력을 증대시킴으로써 국제 시장의 발전에 기여하는 효과가 있다. 둘째, 국제 물류는 운송 시간을 단축하고 제품의 조기 또는 적기 인도 등을 통하여 기업들의 해외 고객 관련 서비스 활동을 향상시켜 신뢰감을 높이고 판매 기능을 촉진하는 역할을 한다. 셋째, 국제 물류는 생산과 수출 외에도 총비용이라는 경제적인 측면에서 제3의 이윤을 창출하는 역할을 한다. 국제 물류는 국내 물류와는 달리 해외 운송비용의 비중이 크기 때문에 총비용을 줄이기 위해 제품 단가를 인하시켜 국제 경쟁력에 기여하게 된다. 넷째, 국제 물류는 기업의 입장에서는 서비스 향상과 물류비 절감을 통해 판매를 증진시키고 기업이 발전할 수 있는 수단이 되고, 공급자인 기업의 입장에서는 양질의 서비스로 기업의 경쟁 기반을 확립할 수 있는 기회가 되기도 한다. 다섯째, 국제 물류는 국민 경제적인 입장에서 수출입 물품의 최적 유통을 통해 물류비를 절감시키기 때문에 국제화 시대에 따른 경제 발전과 물가 안정을 가져온다. 이렇듯 국제 물류는 물류의 기능들을 전부 필요로 하는 종합적인 시스템이기는 하지만 무엇보다도 시간과 장소라는 차이를 극복해내기 위한 노력이 중요해서 어떤 운송 수단을 사용하느냐에 따라 큰 차이를 보이게 된다. 따라서 국제 물류는 각 운송 수단을 효과적으로 연계하여 운용하고 그 운송 수단의 연결점이라고 할 수 있는 항만, 공항, 터미널 등에서의 작업이 효율적이어야 하는데, 최근 항공 운송이 국제 물류에서 차지하는 비중이 점점 높아지는 이유가 이것이다.

항공 운송은 항공기의 수송 공급력을 이용하여 여객이나 화물을 국내외 공항에서 일정하게 규정된 항로를 통해서 다른 지점의 공항까지 실어 나르는 운송 시스템이다. 즉, 엄밀한 의미에서 항공 운송은 항공기를 사용하여 재화나 화물을 이동시키는 단순 운송 시스템이라는 제한적인 의미로 정의할 수 있으며, 이는 특정 지점에서 항공기가 운항하는 노선에 의지하여 화물을 항공기로 이동시키는 물류의 운송 기능만을 국한하여 이야기하는 것이다. 그에 반해 항공물류는 공항을 통하여 항공기를 이용한 운송을 행하면서 동시에 관련된 모든 물류적 활동을 포함하는 보다 광범위한 의미를 가지고 있다. 따라서 일반적으로 국제 물류에서 주력 운송 수단이 항공기로 사용되는 경우를 항공물류로 정의할 수 있다. 특히 항공물류는 단순히 항공기를 운용하는 항공사 이외에도 제품의 운송을 의뢰하는 화주, 물류 기능을 대행하는 포워더, 창고 및 터미널 사업자, 세관 등등이 참여하는 모든 물류적 행위를 포함한다.

2.1 항공화물의 정의

항공화물이라고 하면 무엇이 떠오르는가? 많은 사람들은 일반적으로 항공화물이라고 하면 항공사에 의해 항공기에 탑재되어 운송되는 물건으로 생각하는 경우가 많다. 즉 승객 및 승객의 수하물, 승무원, 기내식, 기타 등등의 항공기에 실리는 모든 물건을 항공화물로 인식하는 경우가 대부분이다. 하지만 이것은 많은 사람들이 가지고 있는 항공화물에 대한 잘못된 인식이다. 법적으로 화물은 운송의 목적물로서 합당한 운송 약관의 적용을 받는 대상물을 뜻한다. 따라서 화물 운송 약관의 적용 대상이 아닌 승객의 휴대품 및 운송 작업에 사용되는 기타 물품들은 화물이라고 볼 수가 없다. 결과적으로 항공화물은 "항공사의 일정한 운송장에 의거하여 항공기 및 항공기에 준하는 운송 수단에 탑재되어 수송되는 모든 대상"으로 정의된다. 앞서 설명된 바와 같이 항공화물은 일정한 형식을 갖춘 운송장에 의거해야 하기 때문에 운송장 없이 탑재되는 다른 물품(여객 수하물, 항공기 일부 자재 등)과는 구분이 된다. 또한 항공기에 준하는 운송 수단은 항공기에 탑재될 것을 전제로 항공사의 운송장이 발행되고 그 운송장의 효력이 지배하는 동안의 지상 운반 수단을 포함하며, 따라서 해당 지상 운반 수단이 취급하는 화물도 항공화물에 속하게 된다. 모든 대상이라 함은 명부가 발행되는 조건하에서 운송되는 유상 탑재물을 의미하며, 따라서 종래 항공화물과 분리해서 설명되었던 우편물도 넓은 의미에서는 항공화물에 속한다고 볼 수 있다. 항공기에 의한 화물 운송 서비스는 일반 항공화물, 급송 화물, 그리고 항공 우편물 등으로 크게 세 가지 영역의 서비스로 구분된다. 일반 항공화물의 운송장은 항공화물 운송장으로 대표되며 항공사의 소관 서류로 분류된다. 급송 화물의 운송장은 캐리어의 대표적인 서류 중 하나이며, 우편물을 항공 수송하는 경우 행낭은 운송장 AV7을, 그리고 소형화물은 운송장 N38을 사용하고 있다. 마지막으로 항공 우편물은 만국 우편 조합의 통제를 받기 때문에 항공 운송의 경우 일반 화물과 분리해서 취급하는 경향이 있으나, 우편물도 항공기에 탑재되어 운송이 되는 한 항공 규정을 따라야만 한다.

2.2 항공화물의 분류

항공화물 운송의 대상이 되는 화물을 항공화물이라고 할 때, 항공기에 탑재할 수 있는 다양한 화물은 여러 가지 형태로 분류할 수 있다. 크게 여섯 가지 형태로 분류할 수 있으며,

분류 방법은 다음과 같다.

화물의 특성에 따른 분류에서는 일반 화물과 특수 화물로 분류할 수 있다. 일반 화물은 가격 또는 항공사 규정에 의해 아무런 제한을 받지 않는 일반적인 운송 화물을 말한다. 특수 화물은 화물의 성격에 따라 특별한 취급이 필요해 그에 따른 특별 요금을 적용받는 화물을 말한다. 항공사 취급에 따른 분류 중 위험품은 화물을 구성하고 있는 물질이 운송 도중 기체나 승객 혹은 다른 화물에 피해를 줄 수 있다고 판단되는 화물로 국제 항공 운송협회의 규정에 의해서 특별한 취급을 필요로 하는 화물이다. 귀중품은 화물의 운송 신고 가격이 킬로그램당 미화 1,000달러 이상이 되는 화물이나 항공사가 별도로 규정하는 금괴, 은행권, 다이아몬드 등의 보석류를 포함한다. 생동물은 살아 움직이는 화물로서 운송 중 특별 취급을 요하는 화물이며 생동물의 종류에 따라 취급 방법이 달라진다. 부패성 화물은 운송 도중 부패하기 쉬운 화물로 요구되는 일정 온도를 유지시킬 수 있는 시설을 갖추어야 운송이 가능한 화물이다. 습성 화물은 냉장을 요하는 화물이나, 습기가 있는 꽃, 야채, 과일 등과 같이 운송 도중 물기를 내어 다른 화물에 피해를 줄 수 있어 특별 포장을 요하는 화물이다. 시체는 사람의 시체만을 뜻하며, 관련된 유가족, 승객, 취급자, 관련 당국 등의 모든 사람에게 민감한 화물이기 때문에 특별 취급을 필요로 하는 화물이다. 외교 행낭은 외교와 관련된 문서 및 물품이 담겨 있는 행낭 혹은 물품을 지칭한다. 중량 화물은 항공기의 탑재 중량이나 균형에 영향을 줄 수 있는 화물로서 항공기의 탑재 위치 등 특별 취급이 요구되는 화물이다. 마지막으로 대형 화물은 항공기 화물실의 내부 모형 및 규격을 초과하는 화물로서 별도의 핸들링과 특별히 제작된 항공기를 이용해야 하는 화물이다.

운송 상태에 따른 분류도 있다. 수출 화물은 특정 출발지를 떠나 목적지로 운송하는 화물이며, 수입 화물은 반대로 항공기가 출발지를 떠나서 도착지로 운송된 화물을 지칭한다. 통과 화물은 항공기 운항 중 특정 중간 기착지를 통과해서 다른 목적지로 향하는 화물을 지칭한다. 화물 사고에 따라서 분류를 할 수도 있다. 연착 화물은 항공기가 지연되었거나, 기타 이유로 정해진 시간보다 늦게 도착한 화물로서 손해 배상 청구가 예상되는 화물이다. 파손 화물은 화물이 파손된 상태로 발견된 화물로서 역시 손해 배상 청구가 예상된다. 분실 화물은 화물의 일부 또는 전부가 분실된 화물로서 손해 배상 청구가 예상되는 화물이다. 오송 화물은 본래의 목적지가 아닌 다른 목적지로 보내진 화물이다. 미송 화물은 운송이 예정된 항공편으로 되지 못한 화물이다. 하기 화물은 예정된 항공편으로부터 도착지 공항에 내려진 화물이며, 미착 화물은 예정된 항공편으로 도착지에 도착하지 않은 화물이다. 예약 불이행 화물은 출발지 공항에 나타나지 않아 예약된 항공편에 탑재되지 않은 화물이다. 마지막으로 무예약 탑재 화물은 예약되지 않은 항공편으로 운송된 화물이다. 보세 여부에 따른 분류는 간단히 국내 화물과 보세 화물로 나누어진다. 국내 화물은 국외로 수출할 화물이 세관의 통관 절차를 마치지 않은 상태이거나, 국외로부터 수입하여 도착한 화물이 이미 통관을 마친 상태의 화물을 뜻한다. 보세 화물은 국외로 수출하기 위해 화물의 통관 절차를 마친 상태의 화물 또는 국외로부터 수입된 화물이 아직 통관을 마치지 못한 상태의 화물을 뜻한다.

표 10.5 항공화물 분류 방법

분류 방법	항목	설명
화물 특성	일반 화물	가격 및 항공기 규정상 제약을 받지 않음
	특수 화물	화물의 성격에 따라 특별 요금을 적용함
항공사 취급	위험품	운송 중 기체, 승객, 기타 화물 등에 피해를 줄 수 있는 화물로 국제 항공운송협회의 규정에 의해 특별 취급을 필요로 함
	귀중품	운송 신고 가격이 킬로그램당 미화 1,000달러 이상 혹은 항공사가 별도로 규정하는 금괴, 은행권 등을 포함
	생동물	살아 움직이는 화물로 동물 등을 포함
	부패성 화물	부패하기 쉬워 적정 온도를 유지할 수 있는 시설을 필요로 함
	습성 화물	냉장이 필요하거나 습기를 많이 포함한 화물
	시체	사람의 시체 및 관련된 유가족, 승객 등
	외교 행낭	외교와 관련된 문서 및 물품
	중량 화물	항공기의 탑재 중량이나 균형에 영향을 줄 수 있는 화물
	대형 화물	항공기 화물실의 규격을 초과하는 화물
운송 상태	수출 화물	공항을 떠나 목적지로 운송되는 화물
	수입 화물	항공기의 도착지로 운송된 화물
	통과 화물	중간 지점을 통과해서 다른 목적지로 향하는 화물
화물 사고	연착 화물	정해진 시간보다 늦게 도착한 화물
	파손 화물	파손된 상태로 발견된 화물
	분실 화물	화물의 일부 또는 전부가 분실
	오송 화물	다른 목적지로 보내진 화물
	미송 화물	예정된 항공편으로 운송되지 못한 화물
	하기 화물	예정된 항공편으로부터 도착지에 내려진 화물
	미착 화물	예정된 항공편으로 도착지에 도착하지 않은 화물
	예약 불이행 화물	예약된 항공편에 탑재되지 않은 화물
	무예약 탑재 화물	예약되지 않은 항공편으로 운송된 화물
보세 여부	국내 화물	세관 통관 절차를 마치지 않은 수출 화물 또는 통관을 마친 수입 화물
	보세 화물	통관 절차를 마친 수출 화물 또는 통관을 마치지 못한 수입 화물
요율	최저 요금 화물	기준 요율이 적용되나 일정 금액 이상을 받아야 하는 화물
	기준 요율 화물	요율표 기준대로 요율이 적용된 화물(통상 45킬로그램 이하)
	정량 요율 화물	요율표상 45킬로그램 이상이 되는 화물
	일반 요율 화물	일반 화물 요율을 적용받는 화물
	특별 요율 화물	특별 화물 요율을 적용받는 화물
	품목 요율 화물	분류 품목 요율을 적용받는 화물

마지막으로 요율에 따른 분류가 있다. 최저 요금 화물은 기준 요율을 적용하되 일정 금액 이상을 받아야 하는 최저 요금을 적용하는 화물이다. 기준 요율 화물은 요율표상 기준이 되는 요율을 적용받은 화물로 통상적으로 45kg 미만의 화물이 해당된다. 정량 요율 화물은 요율표상 45kg 이상에 해당되는 화물이다. 일반 요율 화물은 일반 화물 요율을 적용받는 화물이며, 특별 요율 화물은 특별 화물 요율을 적용받는 화물이다. 품목 요율 화물은 분류 품목 요율을 적용받는 화물이다. 표 10.5는 소개된 분류 방법을 정리한 것이다.

2.3 항공화물 운송의 성장 요인

항공화물 운송은 다른 운송 산업에 비해서 가장 늦게 출발한 운송 산업이라고 볼 수 있다. 하지만 고도의 첨단 기술이 접목된 항공기의 개발은 인간이 추구하는 "더 빠르게, 더 멀리"라는 욕구를 충족시킬 수 있었고, 이것은 항공화물 운송이 발전하게 된 가장 기본적인 요인이다. 또한 항공화물 운송은 물류 개념이 확산되면서 기업들이 비용을 산출하는 데 사용하는 총비용 개념을 도입함으로써 항공 운임이 다른 운송 수단의 운임에 비해 비싸다는 인식을 불식시키고 있다. 이와 함께 현대의 산업 구조가 고도화되고 소비자의 선호가 유행에 민감해지면서 고부가가치 상품이 크게 증가하고 있으며, 이러한 상품들의 실시간에 가까운 시장 적응을 원하는 기업들의 마케팅 전략으로 인해 신속성이 보장되는 항공화물 운송이 선호되어 항공화물 운송은 더욱 발전을 하고 있다. 이러한 항공화물 운송의 성장 요인은 크게 기술적 요인, 경영 경제적 요인, 그리고 사회적 요인으로 나눌 수 있다. 기술적 요인 중에는 항공기 기술이 포함되며, 항공기의 기술은 기체의 내부 용적과 속도 및 운항 기술을 크게 개선하면서 보다 빠르게 먼 곳으로 많은 물량을 수송하고자 하는 인간의 욕구를 충족시켜 왔다. 항공기 기술 외에도 하드웨어 기술 개발은 항공기 컨테이너 및 지상 조업 장비 등에 대한 기술을 발전시켰으며, 항공화물 수송 서비스의 질적인 향상을 가져오게 되었다. 결과적으로 기체의 대형화, 화물 전용기 개발, 컨테이너 및 지상 조업 장비 개선, 운항 기술 발달 등의 성과로 항공화물 운송은 신속성, 안정성, 확실성을 확보할 수 있었고 원가 절감도 할 수 있었다. 이를 통해 운임 격차를 극소화함으로써 타 수송수단과의 경쟁을 가능하게 하였다.

경영 경제적 요인은 기업으로 하여금 항공 운송 서비스의 가치를 인식하게 만드는 계기를 말한다. 물적 유통 관리 개념이 일반화되면서 생산 기업은 운송비용을 산출하는데 있어 종합 비용 개념을 도입하였고, 항공 운임이 다른 운송 수단의 운임에 비해 결코 비싼 것이 아니라는 사실을 인식하게 되었다. 따라서 과거 항공 운송에 부적합하다고 인식되었던 일반 화물들도 항공 운송 서비스를 이용하게 되었고, 항공 운송을 이용하는 화물의 폭 또한 넓어지고 있다. 즉, 물적 유통 관리의 보편화 및 포워더의 적시생산 시스템 개념 도입 등을 통해 기업은 물적 유통 관리 개념을 경영에 도입하면서 항공 운송의 항공 운송 서비스를 인정하게 되었고, 종합 물류 코스트 개념에 의거해서 항공 운송에 대한 새로운 인식이 자리잡게 되었다. 또한 물적 유통 관리 개념은 화주로 하여금 포워더의 적시 생산 시스템 개념을 인정하게끔 기여하였다. 사회적 요인 중 항공화물 운송에 영향을 미치는 것은 오늘날 인류 사회의 경제적 성장에 따른 자아실현 및 삶의 질 향상에 대한 욕구이다. 현대 사회에서는 개인의 취향을 인생의 최고 가치로 두고 있는데, 이로 인해서 물품을 구매할 때에도 취향에 따라서 결정하는 것이 일상적이다. 이러한 현대인의 가치관 변화는 물품 생산 형태를 단일 규격 대량 생산에서 다품종 소량 생산으로 바꾸었고, 새로운 변화는 자연스럽게 운송 체계에 변화를 가져다주었다. 점차 소량 다빈도 운송 체제로 바뀌면서 업계는 신속, 안전, 정확이라는 사회적 욕구를 충족시킬 수 있는 운송 수단을 필요로 하게 되었고, 따라서 항공으로 운송되는 화물은 계속 증가하는 추세이다.

2.4 항공화물 운송의 특성

항공화물 운송의 특성을 이야기할 때 여객 운송과의 차이점을 두고 구분을 하는 경우가 많다. 이는 일반적으로 항공 여객 운송과 달리 화물 운송은 '일방 운송'인 경우가 많기 때문이다. 즉, 여객 운송의 경우는 출발지를 떠난 여객이 다시 되돌아오는 왕복 운송 형태가 대부분이지만, 화물의 경우는 현지 통관에 문제가 없는 경우 다시 되돌아오는 경우가 거의 없다. 나아가서 화물 운송은 대부분 고정 구매자가 있기 때문에 1회 거래에 그치지 않고 반복적인 거래가 이어지는 경우가 많다. 또한 승객의 경우는 항공기 탑승과 도착 시 스스로 상황에 대처하지만, 화물의 경우는 지상 조업이라는 별도의 조치를 필요로 한다. 그리고 대부분의 화물 운송은 화물 전용기를 사용하며 야간에 화물이 집중되는 특성을 가지고 있고, 여객과 달리 계절적 변동 요인이 크지 않다는 특성도 지니고 있다. 또한 항공화물은 국경을 넘어 국제 간에 수송이 되고 경영이 전혀 다르게 수행되는 항공사 간의 연계 수송도 존재하기 때문에 전 세계 대부분의 항공사들은 국제 항공 운송협회 체제하에서 회원 항공사 간에 결의한 규정을 통해 질서를 유지하고 있다. 이해가 상이한 수많은 국가와 항공사 간의 의견을 통일하려는 노력으로 해가 거듭할수록 절차와 규정은 간소화되고 있지만 아직도 해결해야 할 절차나 규정은 수없이 많이 남아 있다. 항공화물 운송이 이렇게 까다롭고 전문적인 이유가 이러한 것에 있는데, 항공화물 운송이 발전하는 데는 신속성, 확실성, 안정성, 경제성 등과 같은 특성이 있기 때문이다.

현재까지 지구상에 등장한 운송 수단 중에는 항공기, 선박, 자동차, 철도, 파이프라인 등이 있지만 가장 신속하게 화물을 운송할 수 있는 수단은 항공기이다. 많은 화주들은 모든 화물을 무조건 빠르게 운송하기를 바라고 있지만 운임 부담 때문에 항공 운송을 하게 되는 화물은 운송 시간의 단축을 통해 혜택을 얻을 수 있는 대상으로 국한되는 것이 보통이다. 실제로 대부분의 항공화물은 긴급한 물품들로, 수요의 발생이 긴급하거나, 시간의 흐름에 따라 가치가 변동되는 화물이나, 투하 자금이 고가인 물품이나, 제품의 시장 경쟁성 확보를 위한 물품 등이 포함된다. 또한 항공기는 대체로 정시에 정규적으로 운항되며 운항 횟수도 많다. 따라서 화물을 소비자가 원하는 시간대에 언제든지 인도할 수 있는 특성이 있으며, 해당 특성 덕분에 항공화물 운송은 확실성을 확보할 수 있게 된다. 예를 들어 고급 의류나 전자 제품 등의 유행에 민감한 물품은 유행이 되는 시점을 파악하고 해당 기간 내에 화물을 유통하기 위해 적시 수송이 가능한 항공 운송 수단을 이용해야 하며, 정규적 수요 공급을 위한 외교 행낭, 신문, 잡지 등의 정기 구독물과 은행 결재 서류 등은 대체로 소량이지만 일정한 시간에 정기적으로 배송해야 할 필요가 있다. 이러한 특성을 이용한 사업이 약속을 바탕으로 하는 국제 특송 사업이다.

화물 운송의 발전을 위해서는 안정성도 보장이 되어야 한다. 그리고 항공화물은 대체로 도난의 위험이 적다. 세계 어느 나라를 가도 공항은 내국인 및 외국인의 출입국 관리, 보세 구역 관리, 그리고 항공기 보호 등의 이유로 외부의 접근을 막기 위해 보안 시설과 설비가 매우 잘 갖추어져 있기 때문이다. 여객과 다르게 화물은 스스로 행동할 수 없기 때문에 운송 수단에 탑재할 때까지의 많은 과정에서 파손의 위험에 노출되기 쉽지만 항공사의 자동화 장비와 시설은 사람의 손길이 닿는 기회를 최소화하였고, 화물을 다루는 직원들도 화물 하나하나를 조심해서 다루도록 훈련이 잘 되어 있어 다른 운송 수단에 비해 파손의 위험도 적다. 또한 항공기는 화물실 내부 온도 조절이 가능하며 바다로부터 멀리 떨어져 운항하거나 높은 고도로 지나가기 때문에 온도에 민감하거나 염풍에 의한 부식 위험이 있는 제품을 운송하기에 매우 이상적이기도 하다. 항공화물 운송의 마지막 특성은 경제성이다. 일반적으로 항공화물이 모든 다른 운송 수단 중에서 운임이 가장 비싸게 표시되는 것으로 알 수 있듯이 공시 요율 자체는 선박 요금과는 비교가 안 될 정도로 비싸다. 이런 식의 단순 운임 비교만으로는 경제성이 없는 것으로 보일 수 있지만 모든 경우에 요금이 비싼 것은 아니며, 다양한 측면에서 분석할 때 항공 운송이 더 경제적이라는 견해를 이해할 수 있다. 예를 들어서, 납기를 놓친 화물은 지연 도착 때문에 손해 배상 혹은 대금의 미수를 예상할 수 있는데, 다음 주문에 영향을 미칠 가능성 또한 있기 때문에 신속하게 운송할 필요가 있다. 또한 종합 물류 코스트 개념을 도입하는 경우에도 항공이 해상보다 경쟁력을 가질 수 있는데, 제조비, 마케팅비, 예정 이윤 등은 선박 수송이나 항공 수송이나 동일하기 때문에 나머지 물류비용에서 항공 운송이 유리할 수 있다. 일정 기준 이상의 무게가 나가는 화물의 경우 지역 또는 화물의 성격에 따라서 요금의 편차가 달라질 수 있지만, 대체로 22킬로그램 미만의 화물은 항공 운송이 해운 운송보다 저렴한 것으로 산출이 된다.

2.5 항공화물 운송의 장점

앞서 설명된 특성과 더불어 항공화물 운송은 다양한 장점도 가지고 있다. 우선적으로 물류 측면의 장점을 이야기할 수 있다. 항공화물 운송은 무엇보다도 긴급한 화물로 소형 화물을 운송하기 적합한 장점을 가지고 있다. 수요 기간이 짧아서 시장에 즉시 반응해야만 하는 제품의 수송에 적합할 뿐만 아니라 운송 시간을 단축시킴으로써 비용을 절감하고 제품의 훼손을 방지할 수도 있다. 또한 포장비가 절감되며 통관이 비교적 간소하다는 장점도 물류 산업의 특성상 장점으로 볼 수 있다. 비용 측면의 장점으로는 다른 운송 수단에 비해서 포장의 경량화에 따른 운임 절감을 이야기할 수 있다. 육상 운송에 비해서는 저렴한 보험료 부담이 장점이며, 운송 중인 제품에 대한 투자 자본의 비용이 절감된다. 신속한 운송이 가능하기 때문에 보관비용을 줄일 수 있으며, 보관 시에도 장소 및 기간이 짧아 창고 시설 투자나 임차료 및 관리 비용을 줄일 수 있다. 또한 하역 작업 등의 단계가 적어 도난 및 파손의 위험이 상대적으로 적다. 마지막으로 서비스 측면의 장점을 볼 수 있다. 항공화물 운송은 고객 서비스를 향상시켜서 매출 증대를 도모할 수 있다. 또한 예상치 못한 갑작스러운 수용에도 신속하게 대처할 수 있는 장점이 있으며, 변질이 쉬운 제품에 대한 시장을 확대하는 데에도 유용하다. 판매 기간이 짧은 제품의 시장 경쟁력을 보유할 수 있으며, 재고의 변질이나 손실을 감소시킬 수 있고, 운송 중인 제품의 위치 파악도 용이하다는 장점을 가지고 있다.

2.6 항공화물 운송 품목

앞서 소개된 것과 같이 다양한 특성과 장점을 가지고 있는 항공화물 운송이 이루어지기 위해서는 무엇보다도 수출입 무역 업무를 수행하는 기업인 화주의 존재가 필수적이다. 이는 운송 산업 자체가 국가 간의 무역을 전제로 발전해왔기 때문에 항공물류 산업의 실질적인 고객이 되는 무역 업체가 물류 산업의 중요한 주체가 되기 때문이다. 이러한 추세를 반영하듯이 이때까지 항공물류 산업은 새로운 운송 시장의 개발과 마케팅을 통해서 성장해왔고, 서비스 기자재 및 서비스 상품의 개발을 지속해왔는데, 이것은 결국 화주들의 요구에 부응하는 방향의 발전이었다. 재미있는 사실은 이러한 화주에 의한 항공물류 산업의 발전 배경을 살펴보면 국가별 산업 발달의 과정을 관찰할 수 있다는 것이다.

우리나라의 경우 1960년대부터 70년대 초반까지는 가내 수공업 위주의 가발과 스웨터 등의 의류가 초기 항공화물 수요의 주종을 이루었다. 국내 A 항공사는 태평양 노선에 B747 화물기를 1974년에 취항시켰으며, 당시 우리나라 수출 상황에서 100톤 이상의 수송 능력을 가진 화물기를 띄우면서 태평양 노선은 성공을 거두었고 향후 A 항공사의 화물 사업 기반이 되었다. 1970년대 중반에는 위탁생산 방식의 전자 제품과 모피류 등의 품목이 항공화물의 큰 부분을 차지했고, 이 시기에 해외 시장 개척에도 적극적인 노력을 기울여 일본의 전자 제품과 홍콩 및 동남아 지역의 의류 등을 김포공항을 통해 연계 수송하기 시작하여 수입 화물도 나타나기 시작했다. 1980년대는 우리나라의 전자 제품과 자동차가 본격적으로 해외 시장에 진출하기 시작한 시기로 비디오 테이프 레코더, 컴퓨터, 반도체, 자동차 부품 등이 항공화물의 주력 물품으로 자리를 잡았다. 특히 자동차의 경우도 해외 시장 출시를 위해 빠른 견본품을 수송할 필요가 있었고, 따라서 화물기를 통해 외국 시장에 선을 보이는 경우가 빈번했다. 또한 이 시기 국내 A 항공사는 송유관, 생동물, 핵연료 등의 다른 항공사가 꺼리는 특수 화물 운송을 통한 틈새시장을 공략하여 항공 운송에 큰 역할을 하였다. 또한 80년대 중반에 들어서는 일본 항공사들이 수산물 수송을 통해 수입을 올리는 것에 착안하여 우리나라 농수산물을 일본 지역에 수송해 높은 수입을 올릴 수 있었다. 1990년대 국내 항공화물은 반도체나 컴퓨터 등의 전자 제품과 고가의 패션 의류 제품이 주도하였다. 현재에 들어서는 휴대폰, 액정 디스플레이, 반도체 등의 고가 정보기술 제품이 주력이 되었다. 특히 정보기술 제품군을 비롯한 전자 제품은 항공화물에 있어 절대적인 비중을 차지하는 품목으로, 그 중에서도 휴대폰은 단일 품목 기준으로 2001년에 항공화물 수출 품목 1위로 뛰어오른 후 최근까지도 부동의 항공화물 주종 아이템 자리를 차지하고 있다. 전체 항공화물 수출 실적의 13% 정도를 차지하고 있는 휴대폰은 박막 트랜지스터 액정 디스플레이와 함께 가장 각광받는 항공화물 수송 아이템이며, 이외에 편직물, 컴퓨터 부품, 반도체 등이 주요 항공화물 아이템으로 자리를 잡고 있다.

제3절 공항의 시설 및 운영

3.1 항공화물터미널

공항의 주요 시설 중 하나로 항공화물터미널을 꼽을 수 있다. 항공화물터미널이란 수입·수출 상태의 항공화물을 효과적으로 처리하기 위한 시설로서 수출 항공화물의 반입, 보관, 포장, 통관, 적재 및 수입 항공화물의 분류, 보관, 포장, 통관, 운송 등의 일련의 조업 공정을 집중화함으로써 기계화된 설비 및 장비 등을 제공하는 일종의 보세구역을 말한다. 또한, 항공화물터미널의 본격적인 기능은 크게 하나는 항공기에 화물을 적재 및 하기, 분류하는 기능과 다른 하나는 국내 물품의 수출 및 외국 물품의 수입을 하는 통관 기능이다. 이로 인하여 항공화물 터미널은 교통 체계에서 각 체계를 연결하는 기능을 하고 있으며 그와 함께 육상 운송과의 연결 거점이 되어 복합운송의 거점시설이라고 할 수 있다.

그림 10.4 항공화물터미널의 기본 구조

항공화물터미널의 운영 방식은 운영 주체에 따라 크게 네 가지로 분류할 수 있으며 항공사가 운영하는 방식, 지상조업사가 운영하는 방식, 공항의 항공사가 직접 운영하는 방식과 컨소시엄을 구성하는 운영 방식으로 구분할 수 있는데, 그중에 공항이 직접 운영하는 공항 수하물 처리 시스템은 공항 화물 서비스 능력의 핵심 시설이다.

3.2 공항 수하물 처리 시스템

(1) 수하물 처리 시스템의 정의 및 필요성

수하물 처리 시스템이란 공항 내 여객들의 수하물을 안전하면서 각각의 목적지에 맞게 항공기에 탑재하기 위해 수하물의 이송, 분류, 검색 및 필요시에는 저장할 수 있도록 수하물들을 처리하는 시스템으로 공항 운영의 필수 설비이며, 주로 컨베이어를 통해 안전 검사 설비, 판독 설비 등으로 구성된 수하물 운송 시스템이다.

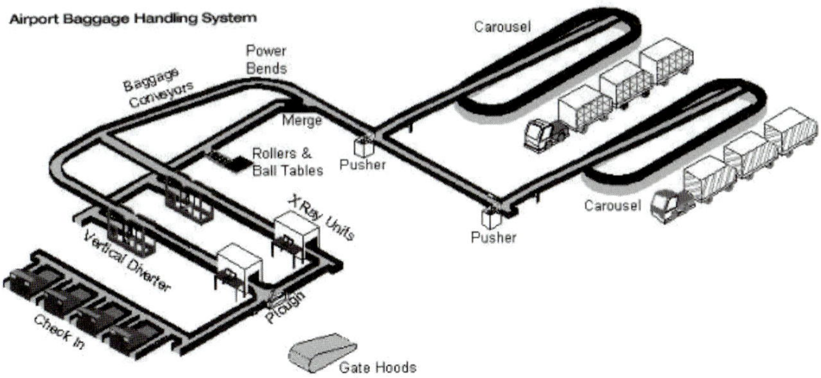

그림 10.5 공항 수하물 처리 시스템

수하물 처리 시스템은 여객의 수하물을 정확하고 신속하게 분류하여 해당하는 항공기로 운반해주는 시설로서 고도의 정밀함과 신뢰성이 요구되고 있다. 특히 환승여객 비율이 상대적으로 높은 허브 공항의 경우에는 그 중요성이 강조되고 있으며, 여객터미널의 핵심적인 시설로서 공항의 서비스 수준을 결정한다. 수하물 처리 시스템은 컨베이어, 분류 시스템, 자동제어 시스템 등으로 구성되어 있으며, 수하물 처리 시스템을 결정하는 중요한 요소는 여객처리 능력과 터미널 배치 형태이다.

항공기술이 급속히 발전함에 따라 대형 공항에서의 국제선 터미널의 경우에는 항공기 편당 평균적으로 210명이 탑승하고 있으며, 여객 한 명당 위탁수하물의 무료허용량을 23킬로그램까지 허용하고 있는 것을 기준으로 했을 때 약 8톤 정도의 수하물을 40분 동안에 항공기에 싣고 내려야 하며, 최근에는 공항 서비스 품질 측면에서의 측정 항목 중 하나로 항공기가 도착 후 여객들이 수하물을 찾는데 소요되는 시간도 반영되고 있다. 또한 소규모 공항의 경우 수하물을 대부분 수동으로 처리하고 있으며, 항공기 여러 편이 동시에 출발하는 중형급 규모의 공항의 경우에는, 수하물이 자동 또는 수동적으로 분류될 수 있도록 하는 시스템을 갖추어야 한다. 수하물을 자동으로 처리하는 시스템의 기술개발은 해외의 공항 산업에서 건설, 운영 및 컨설팅 분야에서의 진출을 원할 때의 핵심 산업군으로 공항시설은 물론 차세대 물류 시스템의 핵심기술이다.

그림 10.6 수하물 처리 시스템

(2) 수하물 처리 시스템의 처리 과정

수하물 처리 시스템 처리 과정이 수하물 흐름의 측면에 보면 크게 출발 흐름, 도착 흐름 및 환승 흐름으로 분류할 수 있다.

- 출발 흐름: 수하물 처리 시스템의 흐름은 수하물들이 체크인 카운터를 통하여 랜드사이드(공항 이용객이 접근할 수 있는 터미널 지역)에 진입하게 되고, 그곳에서 컨테이

너 또는 카트에 적입되어 에어사이드로 이동한 뒤 출발하는 항공기에 실게 되는 흐름이다.

- 도착 흐름: 도착한 수하물은 항공기에서 하기되어 분류지역에서 분산된 다음 터미널로 운송된 후 승객들은 수취지역에서 자신의 수하물을 수취하게 되며, 수하물 흐름이 종료되는 지점이다.
- 환승 흐름: 환승 수하물은 항공기를 통해 도착된 수하물 중에서 따로 분류되어 새로운 출발 수하물 컨테이너에 적입된다.

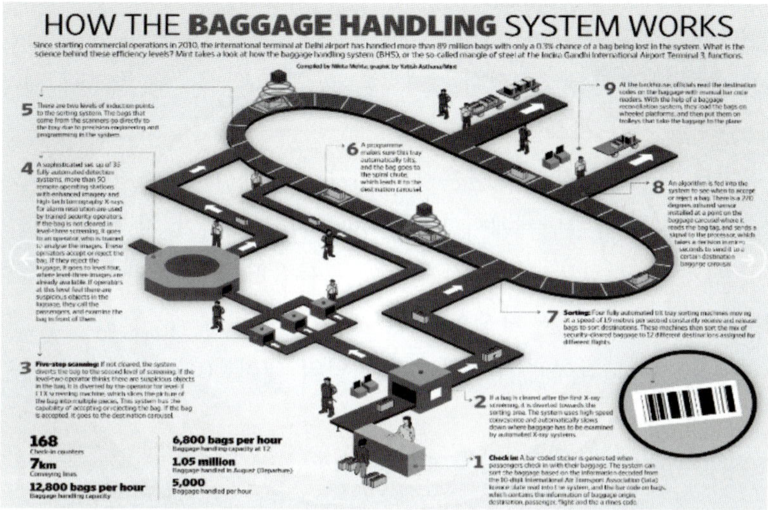

그림 10.7 수하물 처리 시스템 도착/환승/출발 흐름

또한, 일반적으로 수하물 처리 시스템의 처리 과정은 아래와 같이 반출 수하물 처리 시스템 처리 과정 및 반입 수하물 처리 시스템 처리 과정으로 나눌 수 있다.

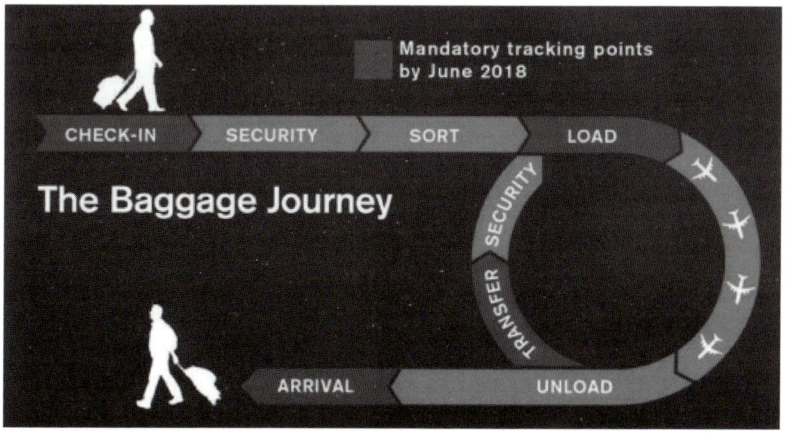

그림 10.8 수하물 처리 시스템 처리 순서 및 과정

- 반출 수하물 처리 시스템 처리 과정
  - 체크인 후 각기 다른 체크인 데스크를 거친 수하물들이 한 지점에서 합류
  - 체크인 수하물 스크리닝 단계로 항공기 안전을 위해 출발 수하물들을 검사
  - 항공기 출발 시간의 최소 2시간 이전에 입고된 수하물인 조기 수하물과 일반 수하물을 분류하여 조기 수하물을 조기 수하물 저장소에 저장한다. 그 후 항공사의 정기 출발시간에 맞추어 보관하거나 수하물의 플로우상에 일시적으로 보관한 후에 반출
  - 출발하는 항공기별로 수하물을 분류한 후 적입 지역에서 수하물을 컨테이너에 반입
  - 출발 수하물의 경우에는 환승 수하물인 경우와 아닌 경우로 분류하여 컨테이너에 반입
  - 환승 수하물은 분류 후 적재
- 반입 수하물 처리 시스템 처리 과정
  - 항공기로부터 도착한 수하물은 브레이크 구역에서 분류 처리
  - 환승 수하물은 분류단계에서 도착 수하물과 분리되어 처리. 수하물의 항공편에 따라 분류가 되고 필요시에는 검색 후에 분류장치로 이동(환승 수하물이 조기 입고된 경우에는 조기 수하물 저장소로 전달되어 보관)
  - 도착수하물은 도착여객 수하물 수취지역의 캐러셀(Carousel)로 이동

3.3 항공화물터미널의 주요 화물 프로세스

(1) 항공화물터미널에서 통과화물의 정의

공항 화물터미널, 특히 주요 허브 공항의 화물터미널은 수하물 처리 시스템과 같이 짧은 시간 내에 대량의 화물을 효과적으로 정확하게 처리해야 하는 특성이 있다. 국내 인천공항의 경우 화물 터미널에서의 통과화물의 정의는 다음과 같다.

- 자국이 아닌 제3국에서 수입되어 다시 제3국으로 수출되는 화물
- 국내의 지방 공항(부산, 제주 등)에서 출발하는 화물로 인천을 경유하여 해외로 운송되는 화물공편에 따라 분류되고 필요시에는 검색 후에 분류장치로 이동(환승 수하물이 조기 입고된 경우에는 조기 수하물 저장소로 전달되어 보관)
- 해외에서 출발하여 국내의 지방 공항(부산, 제주 등)에 도착하여 다시 육상 또는 항공편을 이용하여 운송되는 형태의 보세 운송 화물
- 복합 운송 형태의 항공 - 해운 또는 해운 - 항공 형태의 화물

(2) 주요 통과화물의 작업 프로세스

통과화물 중 제3국에서 수입되어 제3국으로 수출되는 화물이 가장 많으며, 이에 해당하

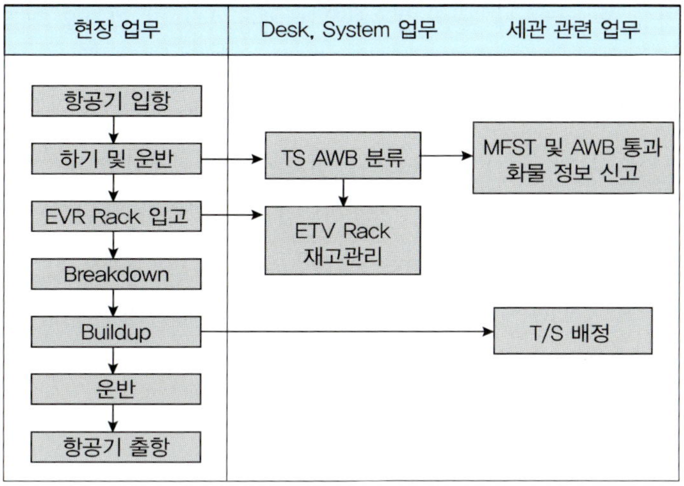

그림 10.9 통과 화물 프로세스

는 처리 프로세스는 아래와 같다. 통과화물을 적재하는 비행기가 입항하면 화물을 하기하여 이를 ETV Rack(Elevating Transfer Vehicle Rack) 앞으로 운반한다. 하기 과정에서 통과화물의 항공화물 운송장에 대한 정보를 분류하여 이를 관련 부서로 전달하고 적하 리스트와 운송장의 정보를 세관에 신고한다. 그리고 작업현장에서 운반된 통과화물을 분해 작업이 필요하면, 분해 작업장으로 이동하거나 분해 작업이 필요 없으면 ETV Rack에 입고

그림 10.10 ETV Rack에 입고된 항공화물 탑재용기

한다. 분해 작업 프로세스가 끝난 항공화물 탑재용기는 빈 공간을 채우는 빌드업 프로세스로 진행하여 바닥에 보관하거나 ETV Rack에 보관한다. 또한 세관에서는 적하 리스트에 통과화물을 배정한 후 이를 탑재할 비행기가 도착했으면 화물터미널 바닥에 있는 항공화물 탑재용기를 운반하고, ETV Rack에 입고된 항공화물 탑재용기는 출고를 거쳐 비행기로 운반되고 탑재된다. 이와 같은 모든 작업 프로세스가 끝나면 비행기는 출항한다.

여기서 현장업무 부분은 통과화물의 작업프로세스이며 'Desk, System 업무' 부분은 관련된 항공 사무실과 지원 부서이다. 또한 세관 인증이 필요하므로 관련 업무에 대해 '세관 관련 업무'로 표현된다.

(3) 프로세스별 작업 내용

• 항공기 입항

수입담당자에 따라 화물에 대한 서류가 분류되어 화물은 하기 조업 절차에 의해 통과화물 작업장으로 옮긴다. 이때 항공기에서 항공기로 이동하는 화물과, 동일한 날짜에 출발하는 화물 그리고 일반 통과화물을 확인하여 처리한다.

• 하기 및 운반

도착한 비행기에서 통과화물만 ETV Rack을 통해 화물터미널 내부로 이동하여 같은 항공화물 탑재용기 내에 모든 화물이 다 통과화물이고 동일한 목적지이면 ETV Rack에 입고되고, 그렇지 않으면 분해 작업장으로 이동하여 분해 작업을 수행한다.

• 분해

항공화물 탑재용기 내에 있는 화물이 수입화물과 통과화물이 섞여 있는 경우에는 수입 화물을 분류하여 수입 팀으로 전달하며, 항공화물 탑재용기 내에 있는 화물이 모두 통과화물이면서 목적지가 다른 경우, 화물을 목적지별로 분류하여서 수출 팀으로 전달한다.

• 빌드업

수출에서 빌드업 계획에 의해 항공화물 탑재용기에 대한 작업이 진행된다.

• 운반 및 탑재

탑재 계획에 따라 탑재관리사의 지휘에 의해 탑재되며 조업사는 정확한 위치에 탑재 및 고정 작업을 수행한다. 또한 현장에서 안전 점검사에 의해 위치 상태, 특수 화물의 작업 상태 및 모양 등을 수시로 확인하여 점검을 한다.

3.4 공항 운영에 관한 수리모형: 항공화물 터미널의 작업량 균형

(1) 수리모형의 연구배경

공항 운영의 효율성은 많은 연구자의 관심을 받았지만 대부분의 연구주제는 여객터미널에만 집중하였다. 그러나 지난 10년 동안 항공화물 운송 시장의 수입이 급증하여 항공사 간의 경쟁도 치열해졌다. 항공화물 터미널도 일종의 물류 창고이며 공항은 터미널의 화물처리 작업을 간소화하여 효율적으로 터미널을 운영하기 위해 계속해서 노력해왔다. 전통적인 물류 화물터널에 대한 연구가 많았지만, 항공화물터미널에 관한 연구는 거의 없었다. 일반적으로 하나의 국제공항 화물 터미널이 있으며, 그곳에서 다양한 항공사의 대량 화물을 처리하고 있다. 국제공항의 화물 터미널은 4개의 동일한 크기의 건물을 보유하고, 그 중에 2개는 수입 전용 터미널이고 2개는 수출 전용 터미널이다. 공항 터미널은 작업의 책임체계 및 용이성을 위해 한 항공사의 화물을 두 터미널(수입 혹은 수출) 중의 한 터미널에서만 처리할 계획이다.

항공화물의 처리시간에 대한 민감한 특성으로 인해, 터미널은 신속하게 화물을 분류하여 목적지까지 운송해야 한다. 결과적으로 짧은 기간 내에 항공편의 출발/도착 스케줄이 많을수록 화물처리 인력과 처리설비의 능력을 초과하여 화물처리 지연이 발생할 수 있는 문제가 있다. 또한, 화물량이 매일 다르고 매주 변동이 크기 때문에 운영비용을 최소화할 수 있는 인력 배치 계획을 수립하는 것이 어렵다. 실제로 계획자가 얼마나 경험이 풍부한지 또는 얼마나 효율적으로 스케줄링 하는 것과는 상관없이 종종 곤란한 문제가 발생한다. 작업시간 내에 화물처리 인력이 항상 부족한 반면에 유휴시간도 자꾸 일어나는 현상이 발생하는데, 이러한 딜레마를 '인력 부족 및 게으름에 관한 자기모순'이라고 부른다. 이 문제의 주요 원인은 작업량의 분포가 불균형함으로써 이에 따른 인력배치의 효율과 비용이 크게 변동하는 것이다. 공항 화물터미널에서 화물량의 분포가 항공편의 스케줄에 따라 변하며 항공편의 스케줄은 날씨, 공항교통, 승객요소 등의 이유로 자주 변동하여 불확실해지는 특징이 있지만 터미널에서 모든 작업자의 스케줄은 8시간 단위의 규칙적인 스케줄링으로 배치된다. 이러한 상황에서 물량이 급증할 때 작업자의 작업량이 과부하되고, 물량이 적을 때는 심지어 유휴 시간도 발생할 수 있다. 이를 요약하면 규칙적인 인력배치는 비규칙적인 항공화물 분포와 일치하지 않는다. 다른 한편으로는 모든 항공사를 균형에 맞추어 두 터미널에 배치하면 이 문제에 대해 개선할 수 있을 거라고 기대한다.

항공화물 터미널의 작업량 균형은 항공사의 개수가 주어졌을 때, 각 항공사의 항공편 수도 제공하여, 이를 통해 모든 항공사의 모든 항공편을 두 수입(수출) 터미널, T1 및 T2 중의 하나에 배치하며 시간대별로 두 터미널의 작업량 균형을 유지하는 것이 목적이다. 작업자의 작업량은 처리해야 할 팔레트/컨테이너의 총 개수로 측정할 수 있다. 모든 항공편의 화물분포가 크게 변동하지만, 과거의 역사 데이터를 통해 경험적인 분포를 도출할 수 있다. 여기서 항공편의 스케줄은 항공사마다 주어지며 고정적인 스케줄로 가정한다. 균형(불균형)에 대한 평가척도의 명확한 정의가 필요하다. 물량의 편차 및 분산은 좋은 평가척도가 될 수 있지만 이들의 비선형성 때문에 채택하기가 어렵다. 이를 대신하여 여러 가지 선형 평가척도를 사용할 수 있다. 예를 들어 널리 사용되는 '최대 작업량', '초과 적재 및 과부하의 합', '최대 이상치에 대한 함수' 등 작업효율에 관한 연구는 제시된 '최대 및 최소의 차이' 가정이 가장 간단하고 효과적인 방법이다. Kumar 연구진은 균형을 측정할 수 있는 평가척도로써 '최소 [평균 쌍 차이]' 방법이 제일 효과적이라는 결론을 내렸다. 위와 같은 모든 방법은 생산·제조 분야에 제시된 평가척도이지만 공항화물 터미널의 물량 균형에도 효과적으로 사용될 수 있다. 위에서 언급한 방법 중 '최대 작업량' 및 '분산 최소화' 방법에서 발전된 '쌍 차이 합계'를 사용하여 물량 균형을 측정할 것이다. 이 두 선형평가척도를 통해 솔루션을 도출하고 추가적으로 물량균형을 측정하기 위해 물량의 분산도 계산한다.

(2) 수리모형해석

■ 집합 및 기호

J : 시간주기 집합, j로 표시

I : 항공사 집합, i로 표시

■ 변수

a_{ij} : 항공사 i 주기 j내의 작업량

A_j : 주기 j내의 총 작업량. $A_j = \sum_{i \in I} a_{ij}$

l_i : 항공사 i의 총 작업량. $l_i = \sum_{j \in J} a_{ij}$

L : 모든 항공사의 총 작업량. $L = \sum_{i \in I}\sum_{j \in J} a_{ij}$

w_j^1, w_j^2 : 주기 j내에 가각 T1 및 T2 터미널의 작업량

■ 의사결정변수

x_i : (0,1); 1 항공사 i가 터미널 T1에서 배치한다면, 0 기타 (항공사 i가 터미널 T2에서 배치한다면)

■ 목적함수

$$[OP]\ Minimize\ C \cdot z + \sum_{j \in J} y_i \quad (10.1)$$

■ 제약조건

$$z \geq \sum_{i \in I} a_{ij} x_i \text{ for } all\ j \quad (10.2a)$$

$$z \geq A_j - \sum_{i \in I} a_{ij} x_i \text{ for } all\ j \quad (10.2b)$$

$$y_j \geq 2 \cdot \sum_{i \in I} a_{ij} x_i - A_j \text{ for } all\ j \quad (10.3a)$$

$$y_j \geq A_j - 2 \cdot \sum_{i \in I} a_{ij} x_i \text{ for } all\ j \tag{10.3b}$$

$$(0.5-\tau)L \leq \sum_{j \in J} w_j^1 \leq (0.5+\tau)L \tag{10.4}$$

$$z = \max(w_j^1, w_j^2) \text{ for } all\ j \tag{10.5}$$

$$y_j = \left| w_j^1 - w^{2_j} \right| \text{for } all\ j \tag{10.6}$$

목적함수 (10.1)은 터미널의 크기, 장비, 인력 등의 자원에 대하여 물량이 많을 때 항상 부족하기 때문에 두 터미널이 동일한 크기를 가지며 동일한 장비를 보유하고 있으므로 전체 작업량은 모든 주기에 가능한 균등하게 두 터미널에 배치해야 한다. 그러므로 균등한 물량 배분을 통해 두 터미널의 자원 사용률의 과부하를 개선할 수 있다. 또한 과부하 개선은 두 터미널의 모든 주기에 대하여 최대 작업량을 최소화시키는 것을 통해 가능하다. 터미널의 비용(인력, 장비 등)은 처리물량이 제일 많은 피크타임으로부터 결정되기 때문에 피크타임의 최대 물량을 줄이는 것이 매우 중요하다. 다른 한편으로 최대 화물량을 감소하는 동시에 높은 품질의 서비스도 보장해야 하는데, 이 두 조건이 서로 완전히 충돌하지는 않지만 동시에 만족하기 어렵다. 그러므로 두 평가척도에 가중치 C(상수)를 부여하여 두 평가척도 간의 중요도를 조절한다. C는 사용자가 정하는 변수이고(사용자의 비용 변수에 따른다) 최적의 솔루션에 영향을 미친다.

제약조건 (10.2a), (10.2b), (10.3a), (10.3b)는 선형 프로그래밍의 z, y_j에 대한 정의이다. 제약조건 (10.4)는 두 터미널의 전체 처리 물량이 균등해야 하다는 제약이고 전체 작업량의 최댓값과 최솟값의 차이는 $0.5+\tau$이다. 제약조건 (10.5)와 (10.6)으로 작업량에 대해 추가적으로 고려하게 된다.

예를 들어, $\tau = 0.05$이면 전체 작업량의 최댓값과 최솟값은 각각 45%, 55%이다. 여기서 [OP]는 해를 구하기 힘든 MIP(Mixed Integer Programming)이기 때문에 LP(Linear Programming)을 통해 도출한 해는 아래 식 (10.7)과 같다.

$$x_i = 1/2, \text{ for } all\ i \tag{10.7}$$

해를 구하기 힘든 이유는 이 선형 프로그래밍의 최적해가 위 (10.8)과 같은데, Branch-And-Bound 방법을 사용하기에는 좋은 시작상태가 아니기 때문이다. 또한 두 터미널이 동일하다고 볼 수 있으므로 아래 (10.9)와 같이 제일 큰 항공사를 미리 어느 터미널에 배치하여 컴퓨터 계산시간을 약 50% 정도 줄였다.

$$x_1 = 1 \tag{10.8}$$

(3) 모형재공식화

위의 [OP] 모델에서 최대 작업량 z는 모든 주기에 여러 가지 제약조건을 통해 제한된다. 식 (10.2a), (10.2b)와 마찬가지로 두 터미널 간의 작업량에 대한 차이의 절댓값 y도 (10.3a), (10.3b)를 통해 제한된다. 이러한 제약조건들이 모두 아래와 같은 변형을 통해 결합할 수 있다. (10.3a), (10.3b)를 변형하기 위해 보조 변수 p_j 및 q_j가 추가된다.

$$y_j - p_j = 2 \cdot \sum_{i \in I} a_{ij} x_i - A_j \quad p_j \geq 0 \tag{10.9a}$$

$$y_j - q_j = A_j - 2 \cdot \sum_{i \in I} a_{ij} x_i \quad q_j \geq 0 \tag{10.9b}$$

식 (10.9a), (10.9b)를 변형하여 식 (10.3a), (10.3b)와 같은 의미인 식 (10.10), (10.11)를 도출할 수 있다.

$$p_j + 4 \sum_{i \in I} a_{ij} x_i \geq A_j \tag{10.10}$$

$$y_i = p_j + 2 \sum_{i \in I} a_{ij} x_i - A_j \tag{10.11}$$

z와 y에 대한 제약조건은 주로 $\sum_{i \in I} a_{ij} x_i$, A_j을 통해 계산되고, 두 변수의 차이가 z와 y로 구성된 새로운 제약조건은 식 (10.2a), (10.2b)를 통해 변형될 수 있다. 식 (10.2a)의 양변에 2를 곱하여 A_j을 빼면, 아래와 같은 식을 얻을 수 있다.

$$2z - A_j \geq 2 \sum_{i \in I} a_{ij} x_i - A_j \tag{10.12a}$$

마찬가지로 2b의 양변에 2를 곱하여 A_j을 빼면, 아래와 같은 식을 얻을 수 있다.

$$2z - A_j \geq A_j - \ 2 \sum_{i \in I} a_{ij} x_i \tag{10.12b}$$

또한 식 (10.12a), (10.12b)의 좌변은 식 (10.3a), (10.3b)와 같으므로 새로운 제약조건을 통해 z의 바운드를 아래 (10.13)과 같이 줄일 수 있다.

$$2z - A_j \geq y_j \text{ for } all\ j \tag{10.13}$$

z는 목적함수에서 최소화시켜야 하므로 식 (10.13)은 식 (10.2a), (10.2b)와 같다. 식 (10.12)를 통해 y에 값을 대입하면, [OP]의 제약조건을 절반으로 줄일 수 있다. 새로 변형된 모델을 [OP′]로 지정하고 아래와 같다.

■ 목적함수

$$[\text{OP}'] \ Minimize\ 2\sum_{i \in I} l_i x_i + (C \cdot z \sum_{j \in I} p_j)$$

■ 제약조건

$$z \geq p_j/2 + \sum_{i \in I} a_{ij} x_i \text{ for } all\, j$$

$$p_j + 4\sum_{i \in I} a_{ij} x_i \geq 2A_j$$

$$(0.5 - r)L \leq \sum_{i \in I} l_i x_i \leq (0.5 + r)L$$

$$z, p \in R^+ \ x \in 0, 1 x_1 = 1$$

(4) 확률 모델 및 샘플 평균 근사

[OP]에서 평균 작업량은 a_{ij}로 표현된다. 그렇지만 실질적으로 물량이 시간에 따라 크게 변동하기 때문에 a_{ij}을 고정시키면 물량의 변동에 따른 최적값을 도출하기가 어렵다. 이 확률적인 현상을 모델링하기 위해 a_{ij}가 과거의 역사 데이터를 통해 도출된 어떤 분포에 따르는 랜덤 변수로 고려된다. 여기서 작업량 벡터 (a_{ij})의 모든 가능한 시나리오는 집합 P로 정의한다. 그러므로 배치문제는 (10.14)와 같은 식으로 표현될 수 있다.

$$Min_{x \in \Theta} f(x) := E_{w^k \in p} h(x, w^k) \tag{10.14}$$

여기서 $\Theta := x | x \in 0, 1 x_1 = 1$, w^k는 작업 벡터 중의 한 사례이며, k는 k번 사례를 의미하는 상수이다. 따라서 확률 모델은 아래와 같다.

■ 제약조건

$$h(x, w^k) = \min_{y^k, z^k} Cz^k + \sum_{j \in J} y_j^k$$

$$z^k \geq \sum_{i \in I} a^{k_{ij}} x_i \text{ for } all\, j$$

$$z^k \geq A_j^k - \sum_{i \in I} a^{k_{ij}} x_i \text{ for } all\, j$$

$$y_j^k \geq 2 \cdot \sum_{i \in I} a^{k_{ij}} x_i - A_j^k \text{ for } all\, j \tag{10.15}$$

$$y_j^k \geq A_j^k - 2 \cdot \sum_{i \in I} a^{k_{ij}} x_i \text{ for } all\, j$$

$$0.45L^k \leq \sum_{i \in I} l_i^k x_i \leq 0.55L^k$$

$$y^k, z^k \geq 0$$

위와 같은 확률 모델의 해를 도출하기는 매우 어렵다. 우선 결정변수 x가 주어졌을 때 목적함수를 계산하려면 선형 프로그래밍 함수 $h(x, w^k)$의 기댓값을 도출해야 한다. 하지만 $h(x,w^k)$의 기댓값은 다양한 확률 분포를 가질 수 있으니 이를 구체적인 식으로 표현할 수 없다. 또한 이 확률적 선형 프로그래밍의 기댓값을 표현할 수 있더라도 모든 가능한 경우 중에 최적해를 찾는 것은 컴퓨터 계산 시간이 매우 오래 걸린다. 이러한 문제를 해결하기 위해 샘플링 기반 알고리즘을 사용할 수 있다. 이 알고리즘의 아이디어는 간단하다. 어떤 모집단에서 랜덤 샘플을 얻으며 샘플의 평균값을 통해 모집단의 기댓값을 근사한다. 그리고 최근 몇 년 동안 SAA(Simulated Annealing Algorithm)를 이용하여 확률적 프로그램을 푸는 아이디어도 다양한 연구에서 많이 사용되고 있다. 사이즈가 N인 샘플이 있으며 랜덤 샘플 $\{w^1, w^2, ..., w^N\}$가 있다고 가정한다면, 목적함수는 아래와 같다.

$$Min_{x \in \Theta} \widehat{f_N}(x) := N^{-1} \sum_{k=1}^{N} h(x, w^k) \tag{10.16}$$

식 (10.15)와 (10.16)을 결합하여 항공사의 배치 문제는 랜덤 샘플을 통한 확정적 문제로 변형된다. 여기서 [OP] 문제와 구별하기 위해 확률적 문제는 [SP]로 지정한다.

■ 목적함수

$$\text{Minimize} \quad \frac{1}{N}(C\sum_{k=1}^{N} z^k + \sum_{k=1}^{N} \sum_{j \in J} y_j^k)$$

■ 제약조건

$$\begin{aligned} z^k &\geq \sum_{i \in I} a_{ij}^k x_i \text{ for } all\ j,k \\ z^k &\geq A_j^k - \sum_{i \in I} a_{ij}^k x_i \text{ for } all\ j,k \\ y_j^k &\geq 2 \cdot \sum_{i \in I} a_{ij}^k x_i - A_j^k \text{ for } all\ j,k \\ y_j^k &\geq A_j^k - 2 \cdot \sum_{i \in I} a_{ij}^k x_i \text{ for } all\ j,k \\ 0.45L^k &\leq \sum_{i \in I} l_i^k x_i \leq 0.55L^k \text{ for } all\ j,k \\ x &\in 0,1\, x_1 = 1 y^k, z^k \geq 0 \end{aligned} \tag{SP}$$

Shapiro의 연구결과에 따라 샘플 사이즈 N이 무한대까지 클수록 식 (10.16)의 결과는 식 (10.14)의 최적해로 수렴한다. 그리고 다른 연구에 따르면 샘플의 확률 분포가 분리형이면 식 (10.14)의 수렴 속도가 지수 분포로 급증한다. 또한 식 (10.14)의 솔루션은 적당한 샘플 사이즈가 주어지면 식 (10.16)의 SAA 문제로 풀 수 있을 것이며 실제로 임의의 샘플사이즈가 주어졌을 때, 식 (10.16)이 독립적인 확률 분포를 가지면 SAA로 풀 수 있다. Santoso 연구진은 최적해와 SAA 근사해 간의 차이를 양적으로 평가하는 방법을 개발하였다. 이 방법은 랜덤으로 같은 사이즈의 입력 데이터 N개를 생산하여 서로 독립한 확정적 문제로 가정하였다. 따라서 통계적인 상한치와 하한치를 얻을 수 있을 것이다. 샘플 사이즈 N의 개수를 증가시켜, 상한치와 하한치의 차이를 줄인다. 이 방법을 이용하여 본 연구는 [SP] 문제를 해결하였는데, 결과는 아래 표와 같다.

표 10.6 샘플 사이즈 차이에 의한 최적치 차이

표본의 크기	하한	상한	상대적인 차이 (%)
10	6,782.80	6,871.69	1.3105
20	6,800.66	6,874.76	1.0896
30	6,845.39	6,879.99	0.5054
40	6,835.71	6,858.91	0.3394
50	6,833.12	6,856.54	0.3427

표의 결과에 따라 샘플 사이즈가 크면 클수록 상한치와 하한치의 차이가 줄어드는 것을 확인할 수 있다. 샘플 사이즈가 30을 넘을 때 차이가 1%보다 작고, 샘플 사이즈가 60을 넘을 때, 차이가 0.1%보다 작다. 이 표의 결과를 토대로 [SP] 문제를 풀기 위해 $N=100$로 한다. [OP]를 [OP′]로 변형한 방법으로 [SP]도 아래와 같이 변형시킬 수 있다.

Minimize

$$\frac{1}{N}\sum_{k=1}^{N}\left(2\sum_{i\in I} l^{k_i}x_i+\left(C\cdot z+\sum_{j\in I} p^{k_j}\right)\right)$$

■ 제약조건

$$z^k \geq p^{k_j}/2+\sum_{i\in I} a^{k_{ij}}x_i \text{ for } all\, j, k \qquad [\mathrm{SP}']$$

$$p^{k_j}+4\sum_{i\in I} a^{k_{ij}}x_i \geq 2A^{k_j} \text{ for } all\, j, k$$

$$0.45L^k \leq \sum_{i\in I} l^{k_i}x_i \leq 0.55L^k$$

$$z, p \geq 0 \; x\in\{0,1\} \;\; x_1=1$$

위의 모델은 문제의 복잡도를 줄이며 컴퓨터의 계산시간도 감소시킬 수 있다. 이를 증명하기 위해 실험한 결과가 아래의 표와 같다.

표 10.7 [SP]와 [SP′]의 계산 소요 시간

표본의 크기	제제 [SP]	제제 [SP′]	시간 감소율 (%)
1	1.39	0.78	43.9
5	23.05	10.75	53.4
20	349.11	175.89	49.6
50	1,851.16	1,099.36	40.6
100	7,771.02	7,095.41	8.7

위의 결과에 따라 [SP′]는 컴퓨터 계산 시간을 줄일 수 있으며, 특히 샘플 사이즈가 50을 넘지 않을 때 가장 효과적이고 개선 범위는 40.6%부터 53.4%까지 이루어진다. 샘플 사이즈가 100일 때는 감소율이 8.7%로 떨어지며, 큰 사이즈의 선형 프로그래밍 문제를 일으킨다는 사실을 알 수 있다. 이를 해결하기 위해 Benders Decomposition 알고리즘과 같은 큰 사이즈의 확률 모델을 통해 솔루션을 도출할 수 있다.

3.5 공항 운영에 관한 시뮬레이션: SimAIR(Simulation Of Airline Operations)

(1) 항공기 운영 스케줄 문제

공항을 관리함에 있어서 가장 중요한 것 중 하나는 비행기의 스케줄링이다. 각 항공사의 운영 스케줄에서 다양한 종류의 돌발이 발생할 수 있고 이는 공항의 운영에 있어 막대한 영향을 미치게 된다. 예를 들어 예상치 못한 항공기 지연, 항공기의 돌발적인 유지보수 문제, 승무원의 투입 불가능한 상황, 항공기 이륙 및 착륙을 금지하는 심각한 기상 조건 등의 돌발로 스케줄을 원활하게 운영하는 데에 부정적인 영향을 준다. 이러한 운영 스케줄에 발생하는 돌발은 운영수익의 손실, 공항에 대한 승객 신뢰도의 감소, 비효율적인 승무원 인력배치 등의 문제를 일으킬 수 있다. 하지만 현실적으로 일부 항공사의 사전 운영계획은 이러한 돌발을 충분히 고려하지 못하여 돌발에 대한 대응력이 약하며 큰 피해를 받고 있다. 또한 돌발이 발생했으면, 항공사가 원래 예상된 스케줄대로 복구하려고 최대한 신속하게 대책방안을 실시하는 데에 있어 복구 절차에 따라 대처 효과가 크게 변한다. 일반적인 복구 절차는 항공편 취소, 항공편 재예약 또는 항공기 교체와 같은 대안을 고려한다. 그리고 복구 절차의 효율은 직접적으로 스케줄의 퍼포먼스에 영향을 미치며 항공사의 운영수익을 좌우하기도 한다.

(2) 항공사 돌발 복구 절차에 관한 연구

Teodorvic, Lettovsky, Rosenberger는 항공사가 스케줄 돌발 시 복구 절차에 대해 집중할 수 있도록 연구하였다. 이와 같은 연구는 주로 항공기 및 승무원의 이벤트를 대상으로 진행하는데 다른 연구자는 이를 통합시켜 복구 절차에 대한 하나의 운영모델을 개발하였다. 항공기의 투입이 불가능하다는 조건하에 생기는 운영 스케줄 변동에 대한 연구도 있으며, 해당 연구에서는 다른 항공기의 투입이 불가능하면 다시 운영 스케줄을 계획하여 새로운 운영 스케줄을 도출하였다. 이 연구는 발전되어 공항운영 정지 시간을 고려하여 취소된 항공기의 개수를 최소화하는 것을 목적함수로 하는 정수계획모델이 개발되었다. Jarrah는 항공기 부족할 때 관련 비용을 최소화하는 네트워크 플로우 모델을 제시하였다. 또한 처음으로 항공기 지연과 취소를 동시에 고려하는 관련 모델도 Yan에 의해 개발되었다. 문제 발생 시 항공기가 임시로 투입이 불가능한 경우의 스케줄 복구를 연구한 경우도 있으며, 휴리스틱 방법을 제시하여 항공 지연에 대해 스케줄을 조정하고 이때 항공기 비행경로도 재설정한 연구도 있었다. 처음으로 항공기 취소 시, 승무원의 부재 시, 그리고 항공 지연 출발시간의 변동 시에 따른 승무원 투입빈도의 적합성을 고려하여 승무원의 스케줄에 대해 연구가 진행되기도 하였다. Lettovsky도 승무원 스케줄에 돌발이 발생할 경우 스케줄을 복구하기 위해 승무원을 재할당하는 문제를 고려했다. 복잡한 승무원 스케줄과 제약된 적합성을 동시에 고려하여 정수 네트워크 플로 모델을 제시하며 휴리스틱 검색 알고리즘을 통해 승무원 스케줄링 문제를 연구한 연구자도 있다. 승무원, 항공기 및 승객의 이벤트를 동시에 고려하여 최적의 복구 절차를 개발하기 위해 이러한 고려요소들을 목적함수로 하여 혼합 정수 선형 프로그래밍이 개발되었다. 이 모델은 큰 사이즈의 선형 프로그래밍으로 구성되어 있으며, 그들을 더 작은 문제들로 분해하여 솔루션을 도출하였다.

위와 같이 항공사 운영 스케줄의 돌발 복구 절차에 대한 연구가 다양하지만, 통일된 프레임워크가 없으므로 여러 복구 알고리즘 간의 퍼포먼스 비교가 어렵다. 이를 가능하게 만들기 위해 이산 사건 시뮬레이션 모델인 SimAIR가 개발되었다. 처음으로 이산 사건 시뮬레이션을 철도 및 도로교통 분야에 활용된 연구도 있다. 그리고 Rosenberger이 공항운영에 대해 개발한 확률 모델이 SimAIR의 토대가 되었다. SimAIR 모델은 해당 모델을 모듈화시켜 다양한 복구 절차도 실행 가능하게 업데이트된 모델이다.

(3) C++기반의 시뮬레이션 도구-SimAIR

SimAIR는 C++ 언어기반의 시뮬레이션 도구이며 주로 항공사 운영 시뮬레이션의 용도로 사용된다. 항공사의 운영스케줄에 돌발 발생 시 SimAIR 모델은 다양한 복구 메커니즘을 고안하고 평가하는 방안을 제공할 수 있을 뿐만 아니라 항공사의 운영 스케줄이 주어졌을 때 스케줄에 대한 퍼포먼스도 평가하는 기능이 있다. 주어진 복구 메커니즘의 퍼포먼스는 연구 및 평가 목적으로 계량화될 수 있다. SimAIR의 버전이 발전하여 SimAIR 2.0은 주로 항공기 및 승무원 이벤트를, 2.1은 승객 이벤트를, 2.2는 항공화물 이벤트를 대상으로 하여 시뮬레이션을 진행한다. 그리고 SimAIR 3.0도 개발되었는데 이는 주로 구체적인 공항운영 이벤트(공항 서비스율, 게이트 능력, 공역 교통 혼잡도 시뮬레이션) 대상으로 시뮬레이션 실험을 진행한다. SimAIR 3.0(아래 SimAIR로 약칭)의 개념도는 그림 10.11과 같다.

여기서 비행 스케줄은 항공사의 항공기와 승무원 스케줄을 포함하는 것으로 구성된다. 이 스케줄은 미리 정해진 포맷으로 시뮬레이션 모듈에 입력될 것이며 SimAIR은 이 스케줄을 통해 실험을 진행한다. SimAIR에서 항공사의 운영시간은 입력 스케줄에 따라 달라지며 사용자가 반복적인 시뮬레이션을 통해 종합적인 결과도 얻을 수 있다. 시뮬레이션 모듈은 시뮬레이션 작동과정과 관련된 것으로 이 모듈은 미래 이벤트 리스트, 이벤트 스

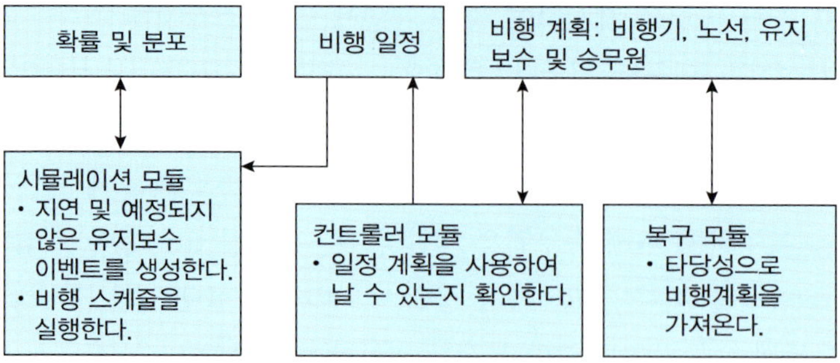

그림 10.11 SimAIR모델의 모듈화 구조

케줄러, 시뮬레이션 시계 등의 요소로 구성된다. 컨트롤러 모듈은 운영 스케줄의 적합성 체크 기능을 담당하는 모듈이다. 컨트롤러는 시뮬레이션의 여러 단계에서 호출되어 스케줄의 적합성을 확인하여 적합성을 위반하는 돌발 발생 시 복구 모듈을 호출하는 역할도 담당한다. 복구 모듈이 대체 방안을 제안한 후 컨트롤러 모듈은 제안된 방안의 적합성을 확인하여 통과되면 새로운 변동사항으로 채택하고 실행할 것이다. 시뮬레이션에서 돌발 발생 시, 복구 모듈이 호출될 것이며 원래 스케줄대로 복구하기 위해 이벤트를 생성한다. 복구 모듈에는 비상 돌발을 대처하는 다양한 정책을 포함되어 있다. 시뮬레이션에서 발생하는 게이트 지연, 예상지 못한 유지보수 등의 확률적 이벤트는 확률과 분포 모듈을 통해 만들어진다. SimAIR은 최대한 많은 연구자와 항공사에 의한 복구 모듈을 통합하기 위해 모듈화의 개념으로 구성된다. 그리고 이 모델이 여러 가지의 승무원 및 항공기 적합성 규칙도 포함하여 구체적인 항공사 항공기 관련 이벤트나 승무원 이벤트의 요구사항까지 실험하는 것이 가능하다. 서로 다른 모듈 간의 구체적인 정보흐름은 그림 10.12와 같다.

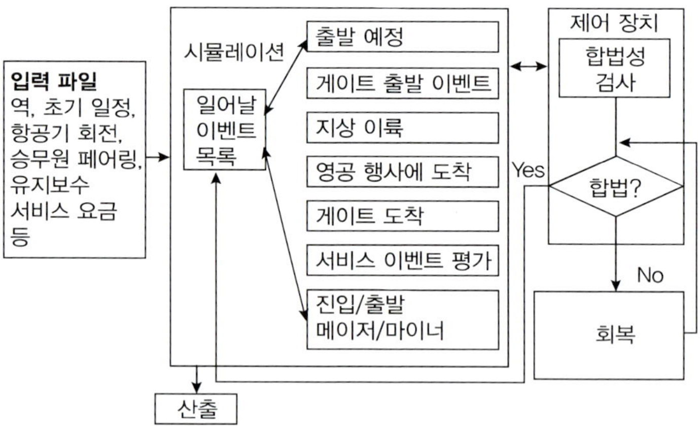

그림 10.12 SimAIR의 기본 작동 모델

(4) SimAIR 시뮬레이션 모듈

시뮬레이션 모듈은 항공기의 운영 활동을 일련의 순서로 된 이벤트를 모델링하며, 이때 하나의 이벤트는 다음의 이벤트를 유발하는 방식으로 항공사 운영활동의 시뮬레이션을 진행한다. 스케줄 내에 포함된 것은 여러 가지 이벤트로 나눠질 수 있으며 분해된 이벤트는 아래와 같다.

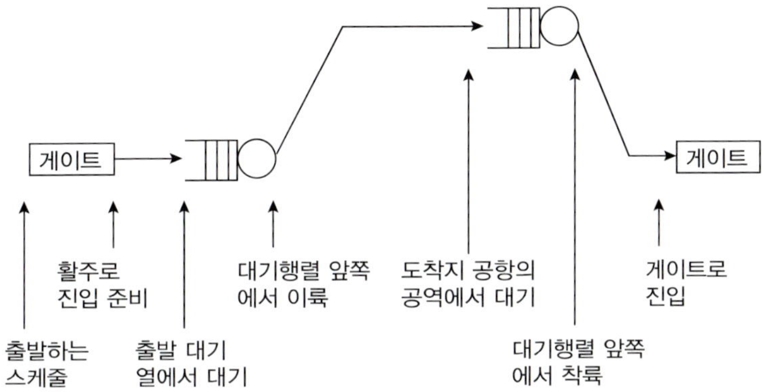

그림 10.13 분해된 이벤트

(1) 예정 출발 이벤트: 조종사와 승객이 게이트에서 출발하는 스케줄
(2) 출발 게이트 이벤트: 비행기가 게이트를 떠나 활주로에 진입을 준비하는 단계
(3) 활주로 대기열 진입 이벤트: 비행기가 활주로에 진입하여 출발 대기 열에서 대기함
(4) 이륙 이벤트: 비행기가 활주로의 대기행렬 앞쪽으로 들어가며 이륙함
(5) 공항 공역 도착 이벤트: 비행기가 도착지 공항의 공역에서 대기함
(6) 착륙 이벤트: 비행기가 대기행렬 앞쪽에 들어가며 착륙함
(7) 게이트 도착 이벤트: 비행기가 도착지 공항의 게이트로 진입

위와 같은 단계로 분해된 일곱 가지 이벤트 외에도 추가적인 다섯 가지 이벤트가 있다.

1. 미예정 정비 이벤트: 비행기는 돌발적인 유지보수 관련 이벤트이며 출발 게이트 이벤트 후에 확률적으로 발생하는 이벤트
2. 미예정 정비 이벤트 진입(소규모): 위의 이벤트와 동일하지만 소규모의 유지보수만 진행함
3. 미예정 정비 이벤트 진출(대규모): (i)를 따르는 이벤트이며 유지보수 끝난 후에 시뮬레이션에게 비행기가 이륙 준비가 가능하다는 정보를 전달하는 이벤트
4. 미예정 정비 이벤트 진출(소규모): (iii) 이벤트와 유사하며, 이벤트 (ii)가 완료된 후의 이벤트
5. 서비스 레이트 이벤트: 공항 활주로 시뮬레이션의 서비스율이 변하는 이벤트이며 비

행기의 이륙 및 착륙 서비스를 제공하는 활주로의 운영시간을 조절하는 이벤트이다. 활주로의 서비스율이 0까지 줄어들면 공항운영이 끝나며 이 시점에서는 비행기가 이륙 및 착륙을 실행하지 못한다. 그리고 현재 버전의 SimAIR(SimAIR3.0)는 날씨의 영향을 고려하지 못하지만 대신 공항 서비스율의 조절을 통해 이를 반영할 수 있다.

SimAIR 모델은 특정 항공사나 항공사의 특정 비행 시간대를 설명할 수 있다. 그리고 다른 항공사의 운영 스케줄, 날씨와 같은 공항 운영 혼잡도에 영향을 미치는 요소들은 공항의 서비스율 조절을 통해 반영한다. 예를 들어 일반적인 상황에서 공항의 서비스율이 높으면 더 많은 항공기가 착륙할 수 있으며, 반대로 비상 상황에서는 공항의 서비스율이 떨어질 것이라고 설명할 수 있다. 각 공항의 대기열은 선입선출의 규칙을 따르므로 비행기도 '선착륙 선이륙'이라는 규칙을 가지고 있다. 이와 같은 규칙을 시뮬레이션하기 위해 활주로 대기열과 공항 공역의 대기열에 대해 모델링한다. 활주로 대기 행렬은 이륙을 위해 활주로를 필요로 하는 비행기들의 대기 행렬이며, 공역 대기 행렬은 활주로에 착륙해야 하는 비행기의 대기 행렬이다. 이러한 대기 행렬은 공항의 서비스율과 동일한 속도로 대기한 비행기를 표시하며, 공항의 날씨와 교통 체증에 따라 달라진다. 이때 대기 행렬은 무한대의 용량을 가지는 것으로 간주된다. SimAIR 모델은 나열한 바와 같이 랜덤의 지상 지연시간, 추가적인 블록 시간지연 및 예기치 않은 유지보수 지연을 사용할 수 있다.

(5) SimAIR 컨트롤러 모듈

작동중인 시뮬레이션 모듈은 모든 이벤트를 시작할 때 컨트롤러 모듈을 호출한다. 컨트롤러 모듈은 적법성의 개념을 도입함으로써, 미국연방항공국과 같은 단체에 의해 시행되는 규칙과 규정을 준수한다. 항공사의 운영은 항상 미국연방항공국이나 승무원 합회와 같은 조직의 규정으로 제약된다. 이러한 규칙은 항공사 항공기 및 승무원의 배치에 관한 규칙이며, 예를 들어 승무원 배치규칙 중 7일간 승무원의 투입시간이 30시간 이내여야 한다는 규정이 있다.

시뮬레이션의 각 이벤트는 SimAIR 모델에 해당 컨트롤러가 연결되어 있다. 이벤트가 발생할 때 해당 컨트롤러는 현재 스케줄의 적법성을 확인한다. 예를 들어, 스케줄의 출발 이벤트에서 항공기의 적법성이 있는지, 항공기가 유지 보수 중인지, 승무원의 배치 스케줄이 7일간 승무원의 투입시간이 30시간 이내여야 한다는 규칙을 준수하는지 등을 확인한다. 컨트롤러 모듈은 즉시 위법성과 미래의 위법성, 두 가지의 위법성을 식별할 수 있다. 즉시 위법성은 다음을 실행하지 못하는 것을 의미하고, 미래의 위법성은 시뮬레이션이 그대로 지속된다면 미래에 문제를 발생시키는 것을 의미한다. 부적합한 이벤트가 발생할 때 컨트롤러 모듈은 복구 모듈을 호출하여 위법성의 유형, 비행기나 승무원에 관한 위법성 등의 정보를 복구 모듈로 전달하며 문제를 해결한다. 또한 컨트롤러 모듈에서 권장하는 스케줄에 대해 제안된 변경 스케줄의 타당성을 확인하는 역할도 담당한다. 일부의 복구 정책은 컨트롤러 모듈에서 전달되는 미래 위법성을 무시하고 즉시 위법성만을 확인하는 문제가 발생할 수 있다. SimAIR는 다양한 복구 정책에 의해 사용되기 때문에 컨트롤러 모듈은 제안된 변경 사항이 바로 다음의 적법성을 확실히 보장하도록 규정되어 있다. 그렇지 않은 경우 컨트롤러 모듈은 복구 모듈을 다시 호출한다. 미래의 위법성만이 발생하는 경우에는 컨트롤러 모듈이 다시 복구 모듈을 호출하지 않는다. 복구 모듈에 의해 제안된 변경사항이 승인되면 컨트롤러 모듈에는 운영 스케줄 변경을 구현하는 역할도 수행한다.

(6) SimAIR 복구 모듈

복구 모듈의 일반적인 프레임 워크가 설치되어 있으며 현재 기본 복구 정책이 설정되어 있지만, 사용자는 일반적인 프레임 워크에 따라 복구 정책을 바꿀 수 있다. 기본적으로 복구 정책은 위법 행위가 발생할 시, 그 행위를 해결하기 위해 진행된다. 복구 작업의 종류는 다음과 같다.

- 일반 승무원의 배치가 불가능한 경우에는 예비 승무원 배치
- 이륙이 실행 불가능한 경우 비행 단기간의 취소
- 목적지 공항이 폐쇄되는 경우, 또는 항공기가 연료를 다 썼을 때, 공중의 항공기를 대체 공항으로 유도
- 공항이 폐쇄 등의 큰 돌발이 발생한 경우 비행을 중단시키고, 상황이 회복되면 비행기를 보류 상태에서 해방(공항이 재개된다.)
- 항공기를 유지 보수 능력이 있는 공항으로 운송하여 유지 보수 능력을 확보
- SimAIR의 사용자는 대체 항공기 또는 항공기 교환기를 사용하는 특정 공항에서 다른 옵션을 사용하여 복구할 수 있다. 이러한 복구 작업은 SimAIR에 프로그래밍 할 수 있다.

(7) SimAIR의 성능 지표

스케줄을 평가하는 데 사용된 일련의 성과 지표가 이미 SimAIR에 내장되어 있다. 시뮬레이션을 통해 수집되는 출력 데이터는 크게 요약 데이터, 원 데이터, 승무원 데이터의 유형으로 나눌 수 있다. 요약 데이터에서 스케줄에 관한 데이터는 취소나 지연된 항공편의 개수 등을 제공한다. 그리고 지연 항공편은 또 다른 수준의 지연으로 나눌 수 있을 것이다. 승무원에 관한 데이터는 승무원 배치 회수 데이터, 승무원 배치 적법성 위반 데이터를 제공한다. 원 데이터에서는 미처리 내용을 많이 포함한다. 원 데이터는 각 지연의 비행 상황과 지연 이벤트의 스케줄을 제공한다. 이러한 데이터를 수집하여 사용자가 각 지연에서

발생하는 이벤트에 대한 추적이 가능하게 한다.

(8) 결과 및 토론

SimAIR로 실제 운항 스케줄에 따라 실험한 결과, 7일간 성공적으로 운영되었다. 테스트 스케줄은 미국 A항공사 운영 스케줄의 일부이다. 이 스케줄은 82대의 항공기, 335명의 정규 승무원 및 45개의 공항을 포함한다. 위 복구 모듈의 복구방안을 이용하여 돌발 상황을 복구한다. 교통 통계국에 따라 지연이 원래 정해진 도착시간보다 15분 이내의 지연이 발생하면 도착한다고 간주하고, 아니면 지연이라고 간주한다. 도착 지연의 시간을 통해 도착 지연 빈도를 계산할 수 있는데, 지연의 개수는 아래와 같다.

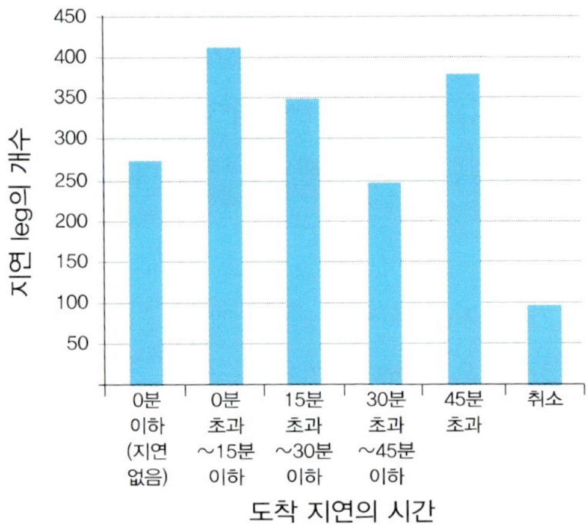

그림 10.14 지연 히스토그램

위의 히스토그램은 지연시간 15분 이하, 15분 초과에서 30분 이하, 30분 초과에서 45분 이하, 45분 초과에 대해 상세한 결과가 나타난다. 시뮬레이션에서는 약 6%의 항공편(총 1680개의 항공편에서 100개)이 취소되었다. 정시 도착 비율은 지연 항공편의 개수를 통해 계산된다. 약 40%의 항공편이 정시에 도착하였다. 위와 같은 지연 관련 데이터는 정시도착 비율 등의 스케줄 퍼포먼스 평가에 도움이 될 것이다. 시뮬레이션에서 승무원에 관한 데이터는 아래 표에 정리하였다.

표 10.8 출력 데이터

총 차단 시간	225,226 (분)
예비 승무원 비행시간	85
예비 승무원 대기시간	26,608 (분)
정기 승무원 비행시간	122
정기 승무원 대기시간	11,062 (분)
#8 in 24 Violations	10
#30 in 7 Violations	0
승무원의 스케줄 위반	5

여기서 예비 승무원의 비행시간은 전체 승무원 비행시간의 약 12%이다. 정기 승무원은 122회의 배치 횟수로 도출되었으며, 승무원의 스케줄은 최대 5회를 위반함으로써 최대 업무 규정의 관점에서 스케줄링이 잘 되지 않았다. 위의 승무원 데이터는 스케줄의 견고성에 대한 시사점을 제공할 수 있다. 이 데이터는 임금 및 근무 시간에 대한 승무원의 이용상황을 판단하는데도 도움이 될 것으로 기대된다. 또한 시뮬레이션을 통한 공항운영에 관한 데이터는 아래 표와 같다.

표 10.9 최고 정시 횟수 및 비율

스테이션	델러스-포트워스 국제공항	시카고 오헤어 국제공항	털사 국제공항	맥기 타이슨 공항
지연의 도착 횟수	329	294	7	8
지연의 출발 횟수	329	290	8	8
정시 취소 포함 비율	0.161	0.178	0.428	0.428
정시 취소 비포함 비율	0.294	0.326	0.857	0.750

공항 데이터에 따라 델러스-포트워스 국제공항과 시카고 오헤어 국제공항은 가장 바쁜 공항이며 각각 지연의 도착 횟수는 329와 294이다. 이 데이터는 시뮬레이션에서 두 공항의 도착 횟수 및 정시 도착 비율의 비교를 포함한다. 그리고 데이터를 통해 델러스-포트워스 국제공항의 혼잡도가 시카고 오헤어 국제공항보다 높고 정시 도착비율이 낮다는 사실을 알 수 있다. 정시 도착비율이 제일 높은 공항은 털사 국제공항과 맥기 타이슨 공항이며 두 공항은 다 0.428이다.

연습문제

1 항공화물의 정의란?

2 항공물류와 항공 운송(혹은 항공화물 운송) 간의 차이점이 무엇인가?

3 항공물류 시스템의 구성 요소를 주체, 객체, 매체로 구분하여 적으시오.

4 위의 항공물류 시스템의 구성 요소 중 매체는 주체와 객체를 연결하는 사업체의 서비스 내용에 따라 시간적 매체와 공간적 매체 및 기능적 매체로 구분한다. 각각의 매체를 설명하시오.

5 국제 물류가 담당하고 있는 중요 역할 다섯 가지를 설명하시오.

6 항공화물은 크게 여섯 가지 형태로 분류할 수 있다. 이때 여섯 가지 형태와 그에 따른 세부 항목으로 분류하시오.

7 항공화물 운송은 장점은 무엇인가?

8 수하물 처리 시스템(BHS: Baggage Handling System)이란 무엇인가?

9 Outbound BHS와 Inbound BHS의 처리 과정을 나열하시오.

10 통과화물 중 제3국에서 수입되어 제3국으로 수출되는 화물이 가장 많으며, 이에 해당하는 처리 프로세스가 정해져 있다. 이때의 처리 프로세스 과정을 나열하시오.

제 11 장

환경 및 회수물류

제1절 환경을 위한 물류의 중요성
제2절 구매와 조달
제3절 수배송과 교통
제4절 보관
제5절 주도적인 환경물류 방안
제6절 폐기물/쓰레기 처리
제7절 재생과 재활용(Recycling)을 위한 물류
제8절 미래의 전망

최근 물류업계들의 가장 큰 이슈로 떠오르고 있는 것은 바로 환경 물류이다. 녹색 물류라고도 하며, 이는 물류 프로세스에서 탄소배출량 및 폐기물 증가로 인한 환경오염을 막기 위함이다. 물류 산업에서 배출되는 탄소배출량은 전체 산업에서 배출되는 양의 대부분을 차지하고 있으며, 포장재의 약 70%는 폐기물이 되어 자원 낭비와 환경오염의 주범이 된다.

물류 업체들의 경우 운송환경에 있어 전동자전거, 기존 운송수단을 전기차량으로 교체하는 등 신기술들을 접목하여 환경 물류를 실천하고 있다. 국내 최대 택배 기업인 CJ대한통운의 경우 전동자전거를 이용하여 택배 배송을 하고 있고, 최근 전기차량의 가장 큰 단점으로 여겨졌던 충전소 또한 대폭 늘어나서 앞으로도 많은 운송 회사들이 전기차량을 이용할 것으로 예상한다. 전기차량의 이용은 기존 운송차량 운행을 통해 발생하는 비용 또한 대폭 감소시킬 수 있기 때문에 지속적으로 그 이용이 늘어날 것으로 기대하고 이로 인해 탄소배출량이 큰 폭으로 감속할 것으로 예측된다.

포장재에 의한 폐기물을 줄이기 위하여 유럽에서는 포장 폐기물을 줄이기 위한 '포장 없는 슈퍼마켓'이 속속 등장하고 있다. 독일 베를린에서 시작된 '오리지날 운페어팍트(Original Unverpackt)'는 포장 없는 슈퍼마켓의 시초다. '포장되어 있지 않은'이라는 뜻의 운페어팍트는 이름 그대로 포장되지 않은 날것 그대로의 제품들을 판매한다. 운페어팍트의 제품들은 커다랗고 투명한 용기에 담겨 있다. 소비자들은 사고 싶은 제품을 원하는 만큼 담아서 구매할 수 있다. 포장재를 판매하지 않기 때문에 물건을 담을 용기는 가지고 와야 한다. 직접 무게를 재고 포장해야 하는 불편함이 있지만, 소비자들은 환경보호를 위하여 기꺼이 감수하고 있다. 특히, 미국의 Walmart는 포장 공급업체와의 포럼에서 2025년까지 포장재 100% 재활용 및 산업적 퇴비 포장을 목표로 한 CRS(Corporate Sustainable Responsibility)를 다하고 있다.

CJ대한통운의 실버배송

제1절 환경을 위한 물류의 중요성

오늘날 환경보존과 자원절약과 재활용은 인류 생활의 질 향상의 문제일 뿐 아니라 생존을 위한 가장 중요한 문제가 되어 있다. 특히 공급사슬(Supply Chain)과 수요사슬(Demand Chain) 상에서 오염을 일으킬 수 있는 자원의 낭비와 폐기를 줄이고 회수하여 운반하고 재생 및 재활용할 수 있도록 분류하고 재가공하여 같은 용도나 다른 용도로 재사용하도록 생산과 소비를 지원하고 관리하는 물류의 중요성이 현재 전 세계에서 점차 중요하게 대두되고 있고, 기업 측면에서는 기업의 가치 향상과 지속 가능 경영(Corporate Sustainable Responsibility)을 위한 주요 이슈로 기업의 생산 및 물류 환경과 생활 환경 속에 미치는 악영향을 최소화하고 생활의 질을 향상시키는 노력과 투자와 기여가 중요시되어 있다.

물류와 관련되는 환경문제들은 구매와 공급업체에서의 조달, 수배송과 보관을 포함한 유통과 분배, 폐기물 처리 및 재생과 관련이 깊고, 물류 관리 측면에서의 환경 저해 요소들은 수배송과 조달, 보관과정에서 많이 발생한다. 또한 각종 자원과 에너지원의 부족 현상이 전 세계적으로 심각해져 가고 있는 현시대에서 사용 중인 물품을 재활용하거나 재생하여 사용해야 하는 필요성이 크게 대두되고 있다. 특히 전 세계적으로 식량난이 큰 문제인데도 과일과 채소류가 공급사슬상에서 매년 생산량의 33% 이상이 되는 약 2.9조 파운드가 추수와 운반 수송과 처리과정과 보관 하역상의 손상과 유통기간 문제로 버려지고 있고 생산량의 47%만 소비되고 있다고 National Geographic(2016년 3월)에서 보도되었다.

사례 11.1 도시 환경오염의 결국

러시아의 제르진스크시는 2000년부터 세계 최악의 환경오염도시로, 40대 사망률이 타도시에 비해 높고, 40세 이전에 암과 희귀병으로 대부분의 도시민들이 고통을 받고 있거나 사망률이 높다. 이 도시는 2차 대전 때부터 화학제품들을 주로 생산하는 도시였다. 그러나 화학폐기물 방치 및 도시 내의 매립으로 인하여 대부분 도시가 오염원이 되어 있고, 도시민들이 호르몬과 면역체계 이상과 각종 암과 병으로 고통받고 사망하는 죽음의 도시가 되어가고 있다.

독일이나 일본 같이 산업이 고도화되고 국토가 크지 않은 국가에서는 어떤 산업의 생산과 물류 및 소비과정에서는 환경적인 해결책이 주어지지 않으면, 생산이나 수입이나 수송 등을 거의 못하게 하고 있으나, 현재 전 세계적으로 국가나 기업차원에서 환경과 자원에 대한 미래의 충격을 파악하거나 정책을 세우거나 부분적이라도 환경오염 과정을 통제를 하거나 매립과 소각을 감소시키는 노력이 너무나 적고 형식적이며, 일부 대기업에서 판매제품에 대해 폐기된 후 회수하여 재생이나 재활용을 위한 노력과 함께 회수물류 시스템을 가동하고 있는 실정이다. 특히 물류 기능 중에는 도로수송이 환경에 가장 큰 위협요소로 지적되고 있다. 재생이 안 되는 천연자원의 사용, 대기오염과 소음공해 등 때문이다. 수송 활동을 감소시키는 노력들은 부정적인 환경오염을 줄이는데 일조한다. 또한 장기적으로는 유해가스의 배출감소와 친환경적 차량과 수송방안의 도입이 더 요구된다.

환경인식이 뚜렷해질수록 대두되는 정치적, 재정적, 정서적 이슈들은 원천자재(Virgin Materials), 원자재 구매, 부품개발, 수배송, 가공, 보관, 판매 및 회수하는 물류와 공급사슬 과정에 영향과 압박을 가하고 있다. 물류 관리 차원에서 대응하는 방안들은 자원의 절감, 재활용, 친환경 자재로 대체, 매립축소, 수배송과 운반과 보관 및 분류 등에서 환경효과적인 시스템을 구축하는 것을 지원하는 것이다. 대부분의 쓰레기는 매몰되거나 소각처리로 끝나고, 위험한 폐기물은 허용 장소에서 처리된다. 그리고 재생처리되어 나온 자재는 생산공정의 투입물로 사용되고, 이전과 같은 자재의 흐름이 계속된다. 이 자재의 흐름에 따라서 진행되는 제조과정이나 물류 활동에서 생성되는 부산물과 배출물이 예를 들면 지구온난화, 공해, 오존층 파괴 및 교통 혼잡 등의 형태로 환경에 영향을 준다.

제2절 구매와 조달

구매와 조달에서는 친환경적인 자재, 부품, 포장 등의 구매활동은 환경보호 문제와 밀접한 아주 중요한 물류 활동이다. 친환경적이지 않은 자재의 구매는 경제적일지라도 환경보호를 위한 재활용이나 처리를 곤란하게 한다. 원자재가 재생자재(Secondary Materials)보다 저렴할 수 있어서, 기업에서 재생자재를 꺼리는 경향이 있다. 또한 재생자재가 품질이 열등하다는 인식이 있고, 원자재를 사용해오던 것에서 재생자재를 사용하기 위한 공정이나 시스템상의 변화를 회피하고자 하는 업계의 관성이 있다. 그리고 증가된 재생비용을 소비자 가격에 전가하여 생기는 경쟁력 저하를 기업들은 회피하고자 한다. 구매 및 조달 과정에서 친환경적 자재를 확보하기 위한 방법들은 여러 가지가 있을 수 있다. 기존의 공급업체 가운데는 원자재의 전부나 일부를 재생품, 대체품, 기타 친환경적 자재로 공급할 수 있으므로, 공급업체로 하여금 납품하는 원자재 대신에 재활용품, 대체품, 다른 친환경적 자재로 대체하여 납품하도록 할 수도 있다. 또는 새로운 공급업체의 정보는 지역이나 전국 폐기물 교환, 도시재활용센터, 재생자재 공급업체 등을 통해 얻을 수 있다. 미국에서는 국가산업자원교환협회(NAEIR)나 Southeast 폐기물 교환(SEWE) 같은 단체들을 이용하여 재활용 자재를 사용하기 원하는 회사들과 정보와 자재를 확보할 수 있다. SEWE는

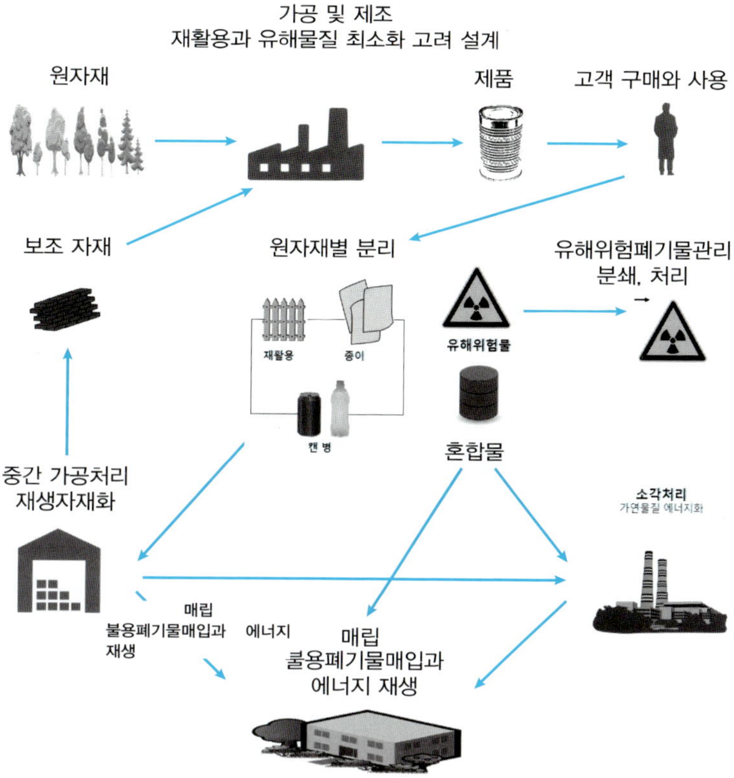

그림 11.1 친환경적인 자원 활용관리 시스템

위험/유해폐기물을 특별히 취급하고 있다.

구매 및 조달에서 자원절약활동은 다음과 같은 노력으로 환경보호에 이바지할 수 있다.

2.1 자원절감(Source Reduction)

(1) 원자재 분리, 재활용, 자원절감 활동과 관련된 유익과 작업과 자세변화에 관한 종업원 교육훈련

(2) 손상이나 망실 가능성을 최소화하기 위한 JIT(Just-In-Time) 방식의 원자재 구매

(3) 공급업체에게 불필요한 포장의 축소와 재생 및 재활용 가능한 자재와 반환 가능한 포장을 사용할 것을 요청

(4) 공급업체에게 조달되는 원자재와 재활용 자재들에 관한 단가와 가용한 정보를 요청하여 친환경적인 자재 납품 요청 시에 활용

(5) 제품설계 시 가치공학(VE: Value Engineering)에 의한 자재 절약형 설계를 하고, 구매 시 가치분석(VA: Value Analysis)에 의한 친환경적 구매를 하도록 함

Kraft General Foods(KGF)는 자원절감 프로그램으로 포장 폐기물을 지난 10년간 10억 파운드 가량 감소시켜 왔으며, 이를 통해 상품경쟁력과 시장잠재력을 향상시켰다고 평가하고 있다.

2.2 재생(Recycling)

재활용 자재를 구입하고, 처분하게 되는 자재는 재사용이나 재생자재로 대체하는 구매/조달정책의 개발이 필요하다. 기업은 제품과 포장의 성능을 원자재 사용의 경우와 재생자재 사용의 경우로 나누어 시험한 후, 재생자재가 성능을 충족하면, 제품과 포장의 조달규격을 환경 친화적으로 보완할 수 있다. 자원 절감을 위한 재생자재의 사용을 위하여 외주/공급업자에게 보다 친환경적인 자재 사용을 권할 수 있다.

사례 11.2 글로벌 기업들의 재활용 사례

Kraft General Food는 매년 5억 파운드의 재생포장자재를 사용하고 있다. 이 회사는 PET 재생플라스틱을 음식품 포장용으로 사용하는 선도적인 식품업체이다.

3M은 폐포장테이프, 기저귀용 폐테이프, 폐사진필름의 은, 레이저프린터 카트리지, 폐비디오 카세트 등을 재활용하여 각종 제품을 생산 판매한다. 3M은 폐비디오 카세트를 플라스틱과 테이프로 분리시켜 플라스틱 재생업체에 판매하여, 매년 70여 톤 이상의 폐기물 매립을 줄이고 2만 달러 이상을 절약하고 있다.

BMW는 1994년부터 자동차 회사 최초로 자체 운영하는 재활용분해센터(RDZ)를 운영하고 있다. 회수된 중고차량 분해와 재활용과 함께, 연간 4500여 대에 이르는 연구개발용이거나 시승 주행용 신차 기술 유출방지를 위한 것이다. BMW는 동시에 재활용 분해 과정의 노하우를 차량 생산단계의 연구에 포함시켰다. BMW 연구개발센터(FIZ)에서 이루어지는 재활용을 고려한 디자인 연구가 그것이다. 또 원자재 재활용의 길도 열고 있다. 차량을 만드는 데 있어서 폐차 과정에서 나온 여러 기술을 전달하여 높은 친환경적인 차량의 생산을 지속적으로 도모한다. BMW의 RDZ 운영은 유럽의 자동차 규제에 따른 발 빠른 대응이기도 하다. 2000년 공표된 폐차 처리에 관한 유럽 지침에 따르면, 자동차업체들은 신규 차량의 85%를 재활용하고 최대 95%를 재생하도록 규정하고 있다. 세계 자동차 시장을 선도하는 BMW는 이에 앞서 재활용분해센터를 만들고 폐차처리기술과 노하우를 축적해온 셈이다

HP에서는 공급업체 중 하나인 재생 플라스틱 병 공장에서 재생된 플라스틱으로 잉크카트리지를 생산하고 있다.

2.3 대체(Substitution)

친환경 자재로 대체 시 유리나 금속 같은 무겁거나 잘 부서지는 포장자재 등은 재활용이 가능한 플라스틱 같은 가벼운 자재로 대체하는 것이 필요하다. 이는 환경상의 유익을 주며, 중량과 부피를 감소시키므로 수송, 보관 및 재고관리비 측면에서 긍정적인 효과가 있다.

유해위험물에 대해서는 유해폐기물의 발생을 감소시키는 제품이나 성분의 대체를 연구하는 것이 기술 발달에 따라 용이해지고 있다. 자재의 대체 시에는 친환경적인 자재이면서 동시에 비용수준과 요구 성능을 충족하는지 함께 고려되어야 한다.

2.4 폐기처리(Disposal)

구매와 조달 과정에서 생애주기의 각 단계(Life-cycle Prospective)에서 구입 자재들의 유해성이나 환경에 끼치는 영향을 평가해야 한다. 특히 몇 가지 구매품목들은 소각되거나 매몰될 것이다. 조직 내에 품질보증이나 품질관리 체계를 세워 환경에 문제가 될 제품이나 부분품의 생성에 연관 있는 부품의 구매와 조달을 줄여야 한다.

제3절 수배송과 교통

완제품과 많은 부분품들을 수배송하고, 통합적인 폐기물 관리에서 리사이클링과 폐기처리 과정에서 수배송은 환경에 많은 영향을 미친다. 수배송과 유통업체는 환경에 대해서 그 회사가 미치는 영향을 연구하여 책임지는 자세를 견지해야 한다. 주로 차량의 활용에 대한 환경적 배려가 중요한데, 특히 연료절감, 소음, 배기가스 방출과 관련된 분야의 관리가 중요하다. 고객 서비스의 목표와 맞는다면, 철도 수송이나 복합수송의 선택도 고려될 수 있다.

항공, 트럭, 파이프라인, 철도 및 해운 수송의 5대 기본적인 수송수단은 친환경적이 아니며, 특히 트럭은 오염의 주요 원천이다. 특히 국내는 표 11.1에서 확인할 수 있듯이 화물 운송의 트럭 수송 의존도가 2014년에 90.76% 정도로 외국에 비하여 지나치게 높으며, 매년 철도 수송은 크게 감소(국내 화물수송량의 2010년 5%에서 2014년에 2.2%로)하는 반면 Door-to-Door 중심의 고객 서비스와 택배물류의 급증 등으로 트럭 수송 의존도가 심화(2010년 79%에서 2014년에 90.76%)되는 가운데, JIT(Just-In-Time) 배송의 도입 등으로 교통 정체가 더욱 심해지고, 수송비가 증가하고 있으며, 더불어 도시의 대기오염의

표 11.1 2014년도 국내화물 수송량 및 분담률 (국토교통부)

수송기관별	수송량 (천톤)	수송분담률 (%)
트 럭	1,512,701	90.6
연안해운	117,920	7.1
철 도	37,379	2.2
항 공	283	0.1

증가로 국민의 생존 환경을 상당히 위협하고 있는 것으로 평가되고 있다.

전 세계적으로 도로수송으로 인해 발생하는 CO_2 배출은 온실효과에 18~20% 정도의 악영향을 미치는데, 이 온실효과가 지속될 경우 해수면 상승과 기후대의 변혁으로 지구 환경의 황폐화가 심화될 것이다. 또한 도로수송은 배기배출로 영국의 경우 공기오염에서 미치는 영향이 CO는 오염의 80%, NO_2는 45%, 스모크(Smoke)는 34%를 차지하는 등 심각한 영향을 미치고 있다. 불완전연소로 나오는 CO는 배기가스 연소장치를 의무적으로 부착하여 점차 감소시켜 나가야 하고, 산성비의 원인인 CO_2와 호흡기병과 발암의 원인이 되는 스모크는 차량의 정비와 엔진 개선 등으로 감소될 수 있다. 국내의 경우 차량에서의 SO_2 발생이 선진국보다 많은데, 이는 폐암과 다양한 호흡기 질환의 원인이 되는 것으로 차량의 정비와 국내 생산 휘발유의 탈황 수준을 높이는 것이 필요하다.

3.1 수배송물류에서의 환경 대책

(1) 차량경로와 스케줄링 시스템 활용으로 교통정체 지역을 피한 최적 수배송 경로 선정과 운행 차량 수 최소화

(2) 공유경제 기반의 차량 공유를 통한 운행 차량 수 최소화
공유경제는 물품을 소유하는 것이 아닌 서로 대여해주고 차용해 쓰는 개념으로 인식하여 결제 활동을 하는 것을 의미하는데, 특정한 기술이 아닌 유휴 자원의 활용을 극대화하는 결제 활동이다. 특히, 물류기업들이 각각 운영되는 경우가 대다수이기 때문에 시설 및 장비의 중복 투자가 일어나고 많은 유휴 시간이 발생하는 문제가 있다. 이를 해결하기 위해 기업 소유의 시설과 장비를 공유하는 방식으로 활용하여 운행 차량 수를 감소시키고, 탄소배출량을 줄일 수 있다.

(3) 트럭에 트레일러 추가 부착하여 운행하는 트럭 Platooning으로 대량수송 검토

(4) 택배업체나 3자 물류업체(3PL)와 영업용 차량 활용

(5) 고객 서비스에 영향이 적은 범위 내에서 복합수송, 요일수송, 주문크기 상향조정 등 검토

(6) 연료절약형의 운전교육
연료소모를 줄이고 유해한 배기가스 방출을 감소시키는 운전 준수

(7) 속도제한기와 배기가스 연소장치 부착, 차량과 엔진정비 철저

선진국에서 20% 연료절감의 효과가 있음

(8) 엔진연료 첨가제 사용 검토

영국이나 선진국의 경우를 보면 상당한 효과를 보고 있음

사례 11.3 우버(Uber)의 트럭 공유

우버(Uber)란 미국에서 개발한 차량 공유 플랫폼 스마트폰 어플로 승객과 차량을 이어주는 서비스를 제공하는 업체이다. 우버는 우버셰어를 통해 주말과 공휴일을 제외하고 출퇴근을 목적으로 정해진 시간대와 요일에 사용할 수 있는 카풀 서비스를 개발하였고, 환경 전문 공익재단인 환경재단과 MOU를 체결하여 '나홀로 차량'을 줄이고 대기오염을 방지하려고 한다.

또한 우버는 화물차 운전자와 화물차를 필요로 하는 이를 연결해주는 우버 프레이트(Uber Freight) 서비스를 출시하였다. 기존 우버 서비스와 비슷한 형태를 취하지만, 화물 운송 특성상, 물품의 종류와 원하는 수송 시스템, 운송수단의 종류를 추가적으로 기입해야 한다는 차이점이 있다. 앱을 통해 손쉽게 운송 서비스를 예약 확정하고 조회할 수 있을 뿐 아니라 물류 지체나 운송 취소 같은 일이 발생하면 추가 비용에 대한 보상 기준도 도입했다. 이를 통해 트럭의 공차율을 줄임으로써 차량 운송 횟수를 감소시켜 연료를 절약할 수 있다.

3.2 장기적 대책

(1) 높은 연비와 공기역학적 키트 부착 차량 도입

평판형 Roof Fairing Deflector 부착 공기저항 감소 트럭 운용

(2) 수소연료 전지차나 전기차, 가솔린과 배터리 모터 겸용의 하이브리드 차량 같은 저공해 차량의 도입 등을 고려

하이브리드 자동차는 높은 연비에다 배기가스를 85% 가량 줄이고 있다. 수소연료 전지차는 GM의 하이-와이어, 도요타의 FCHV 모델의 경우 5분 압축수소 충전 후 300km를 주파할 수 있다.

(3) 무선통신네트워크의 지원을 받는 LBS(위치기반서비스, Location Based Service) 기능을 차량에 부착

교통체증 지역을 피해 빠른 시간 내에 수배송하도록 경로를 조정해주는 시스템을 운영하여 수송과 배달시간단축으로 고객 서비스를 향상하고, 연료 소모와 배기가스 방출을 크게 줄일 수도 있다.

사례 11.4 UPS의 ORION

UPS에서 보유하고 있는 ORION(On-Road Integrated Optimization and Navigation) 플랫폼은 2억 5000만 개의 주소 데이터와 고객의 배송 요구, 교통, 날씨 등 대량의 데이터들을 분석하여 최적의 배송 경로를 도출한다. 차량이 좌회전을 할 경우 신호를 기다리며 대기하는 시간이 발생하기에 온실가스 배출량이 증가되고 연료 사용량이 늘어난다는 점을 고려하여 배송 경로를 도출함에 있어 배송 차량이 좌회전을 하지 않는 것을 원칙으로 한다. 이를 통해 2004년부터 총 3800만 리터의 연료를 절감하고 10만 톤의 탄소절감효과를 가져왔다.

3.3 재생과 회수물류(Reverse Logistics)에서의 수송대책

수송은 회수물류 활동의 재생/재활용, 폐기처리에서 비용의 25% 이상을 점유하는 중요한 역할을 한다. 회수물류는 회수제품과 재생가능 자재, 자재조각, 유해폐기물과 재가공물 등의 수송으로 회수물류의 개념도는 그림 11.2와 같다. 차량의 경로와 스케줄링, 수송모드와 수송업체의 선정, 회사차량과 영업용차량 수송의 활용, 운전자와 장비의 안전관리 및 교통관리기능 측면 등이 다양한 수송이 발생하므로 회수물류에서 신중히 고려되어야 하는 문제들이다.

수송 대책 중 최적의 차량 경로를 선택하기 위해서 Clarke와 Wright의 Savings 기법을 사용할 수 있다.(해당 알고리즘은 제5장 9절과 예제 5.3을 참조하라.)

(1) 재생과 재활용(Recycling)

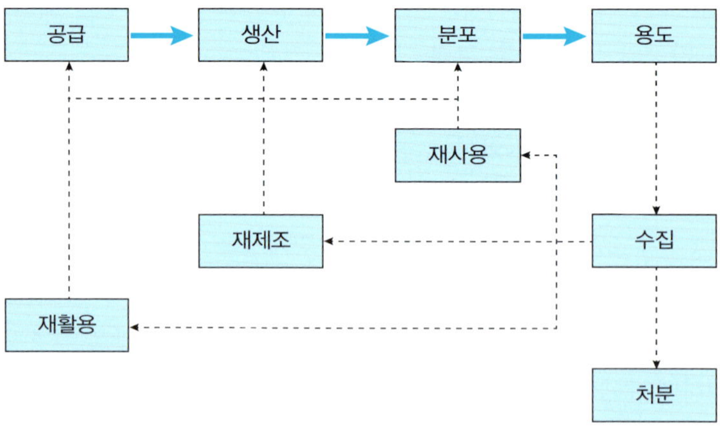

그림 11.2 회수물류(Reverse Logistics) 개념도

재생/재활용, 폐기처리 등 회수물류에서의 수송비용은 플라스틱 등 많은 재활용물의 용적대비 중량과 쓰레기 발생위치에서 재활용 공장까지의 거리에 크게 좌우된다. 수송은 폐기물 재생과 처분하는 성분과 방법에 따라 달라지며, 이 수송거리에 따라 타이어, 배터리, 오일 등 자체 폐기물도 만들어낸다. Frito-Lay(미국제과회사)는 배송 후 빈 골판지 상자를 접어 25개씩 다발로 묶어서 제조공장으로 귀로 수송 시 자사차량으로 회수하고, 이 상자를 5~10회 재활용하는 정책으로, 상자비용의 80%를 절감하고 있다.

또한 타이어는 새 타이어 대신에 천연합성고무를 이용한 재생타이어를 사용하고, 사용한 재생타이어는 매트나 고무제품 등의 원료나 연료로 사용할 수 있다. 트럭이나 하역장비 등의 배터리는 매립이나 소각에 의한 처리를 못하게 되어 있고, 미국의 SWMF(Solid Waste Management in Florida)에 의하면 80% 정도 재활용하고 있다 한다. 사용된 오일의 재생은 환경과 에너지 및 다른 자원을 절약하며, 특히 오일 생산용 소요 원유량의 대폭적인 절약, 오일 재처리용 에너지의 60% 절약을 도모하고, 사용을 다한 오일은 연료와 에너지화로 큰 유익을 준다.

대표적인 회수물류의 모형은 아래와 같다.

■ 변수

w_i : node i에서 수집된 회수물품의 양

d_{ij} : node i와 j 사이의 거리

c_{ij} : node i와 j 사이의 운송비(트럭당, 거리당)

f_j : 수집 node j에서 발생하는 고정비

Q_j : 수집 node j에서의 용량

x_{ij} : node i에서의 수요가 j로 할당되면 1 아니면 0

y_j : node j가 할당 지점으로 선택되면 1 아니면 0

$$Minimize \sum_{j\in N} f_j \cdot y_j + \sum_{i\in N}\sum_{j\in N} w_i \cdot d_{ij} \cdot c_{ij} \cdot x_{ij}$$

subject to

$$\sum_{j\in N} x_{ij} = 1 \qquad \text{for all } i$$

$$x_{ij} \le y_j \qquad \text{for all } i \text{ and } j$$

$$\sum_{i\in N} w_i \cdot x_{ij} \le Q_j \cdot y_j \qquad \text{for all } j$$

$$x_{ij} \in \{0,1\} \qquad \text{for all } i \text{ and } j$$

$$y_j \in \{0,1\} \qquad \text{for all } j$$

먼저, 목적함수는 두 가지 항으로 구성된다. 첫 번째 항은 수집 node에서 발생하는 고정비용과 두 번째 항은 회수물품의 운송비용이다. 따라서 총비용은 고정비용과 회수물품의 운송비용의 합으로 표현되고 총비용을 최소화하는 것을 목표로 삼는다. 첫 번째 제약

식은 출발 node와 수집 node는 일대일 대응임을 보장한다. 두 번째 제약식은 할당 node로 선정 여부에 대한 식이고, 세 번째 제약식은 회수물품의 양이 수집 node의 용량을 초과할 수 없도록 한다. 그리고 네 번째, 다섯 번째 제약식은 할당 문제이기 때문에 변수를 이진 변수로 지정한다.

예제 11.4

출발 노드 A, B, C에서 각각 200개, 100개, 300개의 회수물품이 수집되고, 수집 노드 1, 2, 3, 4에서의 수집 가능한 용량이 각각 400개, 300개, 100개, 200개이다. 또한, 수집 노드에서 발생하는 고정비는 3000만, 2500만, 2000만, 2000만 원이고, 거리에 따른 운송비는 단위거리당 1만 원으로 모두 동일하고 출발 노드와 수집 노드 간의 거리는 다음 아래 표와 같을 때, 최적의 회수물품 할당 계획을 도출하여라.

	노드 1	노드 2	노드 3	노드 4
노드 A	10	20	30	40
노드 B	10	10	20	30
노드 C	20	10	10	20

문제에서 정의된 내용을 각 변수로 지정하면 다음과 같다.

$w_A = 200,\ w_B = 100,\ w_C = 300$

$c_{ij} = 1 \quad \text{for } all\ i \text{ and } j$

$f_1 = 3000,\ f_2 = 2500, f_3 = 2000,\ f_4 = 2000$

$Q_1 = 400,\ Q_2 = 300,\ Q_3 = 100,\ Q_4 = 200$

d_{ij}는 위의 표와 동일

변수를 대입하여 회수물류의 모형의 최적값을 구하면, (노드 A - 노드 1), (노드 B - 노드 2), (노드 C - 노드 3)으로 할당이 되며, 총비용은 13,500만 원이 도출됨

(2) 폐기처리(Disposal)

유해폐기물을 포함한 폐기물의 폐기처리를 위한 수송 과정에서는 폐기물과 함께 적하목록이 적재에서 수송 및 하역하여 폐기처리 업체에게 전달되는 과정에서 서명되고, 감독기관에 최종 확인되어야 한다. 폐기처리 수송 시에는 수집차량에 실을 때 간단한 검사기구로 내용물을 검사하고, 적재위치에서 분류하며, 하역장이나 재처리장에서의 하역운반 작업을 줄이고, 재생공장에서 투입되는 자재의 검사를 용이하게 접근해서 할 수 있도록 하며, 재활용을 위한 폐기물의 집하와 분쇄장소의 위치를 비용효과적으로 선정하고, 재활용수송 차량의 경로와 운행계획을 신중히 수립해야 한다.

제4절 보관

보관(Warehousing and Storage) 활동은 수송에 비해 환경에 미치는 영향이 적지만 회수물류에 미치는 역할이 중요한 만큼 환경에 미치는 영향이 큰데, 특히 설비의 위치, 창고의 내부배치와 설계, 자재하역 및 취급 장비, 폐기물과 폐자재의 저장 등은 중요한 관련사항이다. 보관설비 위치선정은 수송과 생산 소비시장을 연결하는 물류 네트워크를 최적화하는 위치를 찾아내는 것과 그 토지 위에 물류센터 등의 시설을 설치하는데 필요한 허가취득과 환경영향 평가, 토양의 분석 및 기타 추가비용 등을 종합적으로 고려해서 선정되어야 한다.

냉동 창고의 경우 사용되는 냉각제인 염화불화탄소(CFCs)는 오존층 파괴의 주범이다. 또한 포장 재료는 회수 및 처리되어 재활용되어야 하는 쓰레기로 양산된다. 재활용과 환경적인 대응을 위해서 창고시스템들도 몇 가지 운영 측면에서 재평가되어야 한다.

4.1 재활용과 폐기물 처리를 위한 설비의 재설계 및 재구성

(1) 재활용과 재처리 설비 위치와 자재취급 하역장비의 신중한 선정
보관활동은 자원절감, 재생, 대체, 재사용, 처분과 제품 Recall 관련된 회수물류상의 문제해결에 주요 역할을 한다. 회수물류의 효과적인 운영을 위해서 창고시설의 위치, 내부배치와 설계, 자재취급 하역장비의 활용, 폐기물의 처리방안 등이 신중히 재고되어야 한다.

(2) 폐기물과 폐자재의 보관을 위한 저장장소의 크기 및 배치와 취급장비 선정 및 활용 효율화 방안강구

(3) 창고 내에서의 하역운반용 지게차나 트럭의 배터리 차량화
일반차량보다 15% 비용의 절감과 환경 개선을 함께 도모할 수 있다.

(4) 화물입하와 출하용 도크(Dock)의 적정 수와 위치를 연구하여 창고설계 시에 반영, 혼잡도를 줄이고 상하역 시간을 최소화한다.

4.2 보관에서 폐기물감축을 위한 방안

(1) 회수 가능하거나 재생 가능한 컨테이너, 용기 및 팔레트 사용

(2) 창고 내 재활용이나 처리장치의 위치 및 운영방안을 최적화

(3) 재고수준의 통제와 폐기물 최소화 방안 강구(FIFO, 장기저장품 우선 사용 등)

(4) 불용재고품의 재생을 위해 공급업자에게 반납

위와 같이 폐기물 감축을 위한 여러 가지 방안이 존재하는데, 특히 3번의 재고수준 통제를 위해 폐기 가능한 제품 특성을 고려한 경제적 주문이 필요하다. 부패성 제품(Perishable Product)이 시간에 따라 빨리 부패하는 특성이 있으므로 폐기물 감축을 위해 짧은 시일 내에 소량으로 생산되어 신속하게 판매해야 함에 있어 생산업자는 제품의 생산율과 재고수준에 대한 민감한 시장수요율 간의 균형을 잡도록 다양한 마케팅 전략을 이용하여 소매업자에게 하여금 EOQ(Economic Order Quantity, 경제주문량)보다 더 많은 주문을 권장한다. 전통적인 EOQ 모델은 재고된 제품 중의 불량품(Imperfect Quality Items), 시간에 따른 부패율에 대한 문제(Deteriorating Problem) 등을 고려하지 않으며 특히 부패성 제품의 경제주문량을 결정할 때, 제품의 수명 요소를 반영하지 못하므로 오히려 불합리적인 주문량을 도출하여 폐기물이 많이 발생할 수 있다. 여기서 전통적인 EOQ 모델에 대한 최적 단위 주문량은 $Q^* = \sqrt{2K\lambda/h}$ 로 되어, K는 단위당 납품비용이며 λ는 시장수요율이고, h는 단위당 제품의 단위시간 재고비용이다. 한 제품이 m이라는 수명이 있다고 가정하면, 최적 주문량은 $\alpha = \min(Q^*, \lambda m)$이며 제품의 수명도 같이 고려하게 되었다. 그러므로 부패성 제품의 특성 때문에 일반 제품의 재고모델과 다르다. 여기서 수명을 고려한 부패성 제품(N Periods Lifetime)과 일반 제품이 있다면 재고 패턴에 따라 경제주문정책은 아래 그래프와 같다.

$y_\infty(x)$: 부패성 제품의 비유동적 최적 정책

$\bar{x}$: 부패하지 않는 제품의 최적 재고량

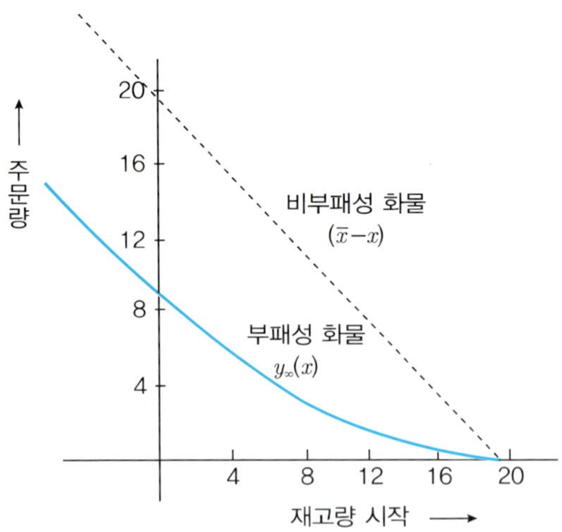

그림 11.3 부패성 제품과 일반 제품의 경제주문량

일반 제품보다 변질성 제품의 수명 초과문제(Outdating Problem)가 존재하므로 최적 주문량은 비교적 적으며 특히 재고가 시작하는 시점에 차이가 가장 크게 나타난다. 이는 부패성 제품은 대량 주문함에 있어 쇠약하게 하는 영향이 미치며 대량의 부패성 제품이 재고될 때, 제품의 수명에 따라 일부분의 제품은 신속하게 부패할 수 있기 때문이다. 위 그래프를 통하여 몇몇 연구자들이 다음 아래 식을 증명하였다.

$$0 < x + y_n(x) < \bar{x},\ \text{for}\ all\ \ 0 < x < \bar{x}$$

$$y_n(x) = |x| + y_n(0),\ \text{if}\ x < 0$$

이 수식은 제품의 시장수요가 증가하여 안전재고가 부족한 경우에 최적 주문량은 부족한 부분과 최적 주문정책에 따른 주문량의 합이라는 것이다. 그리고 위의 그래프를 통해 증명하였는데, 이는 제품의 시장수요가 증가하여 안전재고가 부족한 경우에 최적 주문량은 부족한 부분과 최적 주문정책에 따른 주문량의 합이라는 것이다.

또한 많은 유통산업의 현장 관리자들을 통해 제품의 보유량에 따라 수요가 변화하는 것을 발견하였다. 특히 부패성 제품의 경우에는 대량으로 재고를 보유할 때 소비자에게 인기가 많고 품질이 신선하다는 이미지를 전달할 수 있으므로 수요를 촉진하는 효과가 있다. 마케팅 연구자들은 이 현상을 수리적으로 표현하여 재고수준에 따른 부패성 제품 시장수요(Perishable Product Stock-dependent Demand) 모델을 개발하였다. 이에 따른 수요 모델과 재고모델은 아래와 같다.

공급망에서 하나의 생산업자와 하나의 소매업자가 있자고 가정한다면, 매 보충 기간 T 내에 생산업자는 일정한 생산율 R로 $T_m(T_m \le T)$의 시간 내에 제품을 생산하여 기간의 말에 소매업자에게 제품을 보낸다. 아래 그래프와 같이 소매업자의 재고량은 재고수준에 달려 있는 시장수요에 따라 0까지 감소한다.

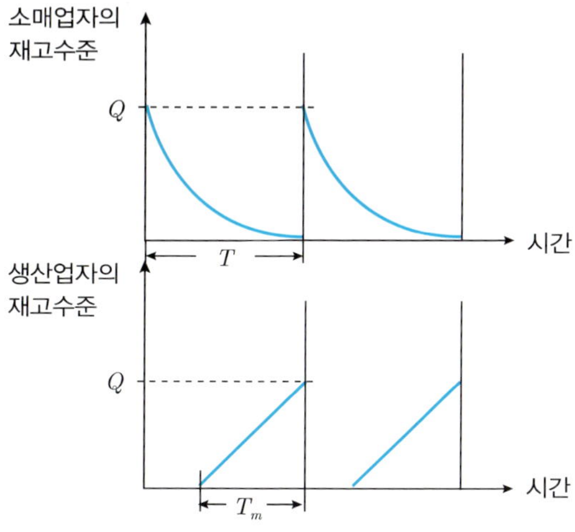

그림 11.4 소매업자와 생산업자의 재고수준

그래프를 보면, 소매업자가 제품의 부족한(재고수준 $q(t)<0$) 경우를 고려하지 않으며, 납품의 리드타임을 0으로 간주한다. 그리고 생산업자는 lot-for-lot(각 기간마다 필요한 순 소요량만큼만 주문을 계획하는 것)의 원칙에 따라 제품을 공급하여 소매업자는 모든 제품이 다 판매된 후에 다시 주문한다. 소매업자의 시장수요율 $D(t)$은 보유하고 있는 재고수준 $q(t)$에 따라 결정되므로 a는 시장규모 변수이고, b는 시장수요의 탄력성 변수라고 할 때, 아래와 같이 표현할 수 있다.

$$D(t)=aq(t)^b,\ a>0, 1>b>0$$

또한 소매업자의 시장수요율이 재고량의 감소율과 동일하므로 아래 식을 통하여 소매업자의 재고수준 $q(t)$을 표현할 수 있다.

$$\frac{dq(t)}{dt}=-aq(t)^b,\ 0<t<T$$

위의 식을 적분하면 아래와 같다.

$$\int_0^t -\frac{1}{aq(t)^b}dq(t)=\int_0^t d(t)$$

소매업자 t시점의 재고량 $q(t)$는 아래와 같다.

$$q(t)=[q(0)^{1-b}-a(1-b)t]^{1/1-b}$$

$t=0$일 때는 $q(0)=Q$이므로 아래와 같이 다시 표현할 수 있다.

$$q(t)=[Q^{1-b}-a(1-b)t]^{1/1-b}$$

$t=T$일 때는 $q(T)=0$이므로 아래와 같다.

$$T=\frac{Q^{1-b}}{a(1-b)}$$

예제 11.5

공급망에서 부패성 제품을 생산하는 생산업자 A와 제품을 판매하는 소매업자 B가 있다. 생산업자 A와 소매업자 B는 일정한 주기로 제품을 납품하기로 계약을 하였다. 소매업자가 재고 수준이 0일 때, 생산업자는 Lot-for-lot의 원칙에 따라 각 기간마다 일정한 양(Q=100개)의 제품을 공급하여야 한다. 이때, 리드타임을 0으로 간주할 때, 생산업자와 소매업자 간의 주기를 계산하여라. (시장 규모 변수는 1.5, 시장수요의 탄력성 변수는 0.8로 가정함.)

소매업자의 시장수요율($D(t)$)은 재고수준($q(t)$)과 시장규모 변수(a), 시장수요의 탄력성 변수(b)로 다음과 같이 표현 가능함.

$$D(t) = aq(t)^b,\ a = 1.5,\ b = 0.8$$
$$= 1.5 \cdot q(t)^{0.8}$$

소매업자의 시장수요율($D(t)$) = 재고량 감소율이기 때문에 다음과 같이 표현 가능하고, 이를 적분하면 다음과 같음.

$$\frac{dq(t)}{dt} = -1.5 \cdot q(t)^{0.8},\ 0 < t < T$$

$$\int_0^t -\frac{1}{1.5 \cdot q(t)^{0.8}} dq(t) = \int_0^t d(t)$$
$$q(t) = [q(0)^{1-0.8} - 1.5 \cdot (1-0.8)t]^{1/1-0.8}$$
$$= [q(0)^{0.2} - 1.5 \cdot 0.2t]^{1/0.2}$$
$$= [q(0)^{0.2} - 0.3 \cdot t]^5$$

$t = 0$일 때, $q(0) = Q = 100$이고, $t = T$일 때, $q(T) = 0$이므로 최종적인 생산업자와 소매업자 간의 주기는 다음과 같음.

$$T = \frac{Q^{1-b}}{a(1-b)} = \frac{100^{1-0.8}}{1.5 \cdot (1-0.8)} = \frac{100^{0.2}}{1.5 \cdot 0.2} = \frac{100^{0.2}}{0.3} = 8.37$$

약 8.37일이 최적의 주기라고 할 수 있음.

제5절 주도적인 환경물류 방안

기업과 물류 전문업체들은 정부의 규제 이전에 환경에 대해 책임을 지는 것이 유리하다. 유리한 점으로는 공공과 고객에의 이미지와 관계가 개선되고, 기업의 기속가능성(CSR) 상의 큰 효과를 얻으며, 단속에 따른 비용과 처벌에 따른 곤경과 희생을 줄일 수 있다. 기업 중심의 주도적인 환경 물류의 방안들은 다음과 같은 것들이 있을 수 있다.

표 11.2 주도적인 환경 물류의 방안의 예

환경개선 목표	환경물류 방안
폐기물/쓰레기 감소	• 재활용/재생 프로그램 및 서비스 발견과 이용윤활유와 오일, 타이어, 배터리, 포장재료, 폐차, 금속류 • 컨테이너, 용기, 팔레트 사용 • 폐기물/쓰레기 및 불용품 최소화를 위한 자재 관리 • 오래된 재고의 재생처리

표 11.2 (계속)

환경개선 목표	환경물류 방안
자원절약	• 차량엔진의 튜닝과 정비 수준 향상 • 고연비 차량 도입 • 평판형 Roof Fairing Deflector 부착 공기저항 감소 트럭 운용 • 트럭에 트레일러 추가 부착 Platooning • 고급 옵션 차량보다 요구 기능의 차량 도입 • 전기지게차 사용
교통정체와 대기오염 축소	• 교통 혼잡 대비를 위한 차량 내 통신 시스템 설치 • 차량경로와 스케줄링 시스템 활용 • 회귀차량 활용과 공차 운행 감소 • 자재는 대규모 적재량으로 운반 • 에어서스펜션 부착 차량 운행
대기오염 축소	• 배기가스 촉매변환장치(Catalytic Converter) 부착 점검 • 저유황 고세탄가의 디젤유 사용 • 배기가스량을 줄이는 연료첨가제 사용 • 냉장고 시스템과 에어컨 시스템의 누수 점검 • 엔진 공회전 감소
오존층 파괴감소	• CFCs(프레온가스)가 아닌 대체품 사용 • CFCs 사용 냉장고 시스템 폐기처분
소음공해 축소	• 방음벽 설치 • 에어브레이크 소음기 부착

친환경을 위해 항만시설과 공항시설에서 위와 같은 방안을 주도적으로 시행하고 있다. 독일 북부 엘베강 하구에 위치한 함부르크 항만은 '유럽 제2항'이자 독일 최대 항구다. 한 해 평균 1만 척에 달하는 선박이 드나들며 유럽 전체 수출입 물량의 5분의 1 이상(처리량은 21.9%)을 처리한다. 함부르크 항만은 도로 아래와 각 운송수단 등에 RFID 태그와 IoT 센서를 설치하여 서로 흩어져 있던 정보를 실시간으로 공유하게 함으로써 교통 정체가 15% 감소하였고 항만 운영비도 75%를 절감하였다. 또한, IoT를 적용하여 스마트 주차관

그림 11.5 독일 함부르크 항만의 Smart Project

그림 11.6 중국 상하이항의 육상전원공급설비(AMP)

리 시스템과 수질·습도 및 온도·풍향 등 수상정보 공유 시스템도 갖추었다.

2017년 중국 상하이항의 우송커우 국제크루즈터미널에서 아시아 최초로 세계 최대 크루즈선에 전력을 공급할 수 있는 육상전원공급설비(AMP; Alternative Maritime Power) 시스템을 구축함으로써 친환경 항만 구축에 박차를 가하고 있다. 세계 4대 크루즈 모항인 상하이항의 우송커우 국제크루즈터미널은 새로운 에너지 기술을 바탕으로 친환경 항만과 스마트 항만으로의 변신을 꾀하고 있으며 AMP를 활용하여 최대 95%의 오염물질 배출량을 줄이는 것을 목표로 하고 있다. 또한 상하이시 관계자에 따르면, 2020년까지 우송커우의 경우 550대의 선박에 대해 AMP를 통해 전력을 공급할 예정이며, 연간 대체연료 에너지량은 최대 8,900톤으로, 연간 이산화탄소 배출량 28,412톤, 이산화황 배출량 80톤의 에너지 절약과 오염물질 배출 감소가 가능하다고 전망한다.

2016년 미국은 무인안벽크레인, AGV, ARMGC 등을 적용한 무인자동화 컨테이너 터미널을 롱비치항에서 개장했다. 미국의 월스트리트 저널은 TraPac 자동화터미널(LA)과 롱비치항 자동화터미널을 ‘미국 항만의 미래상징’으로 언급하였고, 그린포트의 선두 주자로서 2050년까지 80% 수준 이상의 온실가스 감축을 목표로 화석연료 대체 혹은 노후 트럭 교체를 통한 연소효율 향상에 노력을 기울이고 있다.

2018년 2월에 개장한 인천공항 제2 여객 터미널 중 탑승동 역할을 하는 제2 교통센터는 국내 기업의 이건창호의 자연채광·신재생에너지 시스템인 건물 일체형 태양광 발전 시스템(BIPV; Building Integrated Photovoltaic System)과 태양광 발전 전지 시스템(PV)으로 이루어져 있다. 제2 교통센터는 지붕에 태양광 발전 전지가 붙어 있는 형태의 BIPV로 이루어져 있으며, 이는 방수, 단열, 방음 등의 외벽으로써의 역할을 하며, 자체적으로 전기를 생산한다.

여객 터미널의 지붕 전면에 부착한 태양광 발전 전지 시스템(PV)을 통해 제2 여객 터

그림 11.7 지붕에 BIPV가 적용된 인천국제공항 제2 여객 터미널 모습

미널에서는 하루 약 5243KW의 전기가 생산될 것으로 예상되며, 제1 여객터미널과 비교해 40%의 에너지 절감이 가능하다. 또한 인천공항 역에서부터 주변 지역에 있는 역까지 자기부상 열차가 운행한다. 자기부상 열차는 기존에 운행하던 지하철에 비해 운영비를 80% 수준으로 절감이 가능하며, 바퀴 대신 레일 위를 8mm 높이로 떠서 이동하기 때문에 마찰로 인해 생기는 진동, 소음, 분진이 없어 승차감과 수송 능력이 좋으며 이산화탄소 배출이 거의 없는 친환경 교통수단으로 이를 이용해 공기 중으로 배출되는 오염물질 감소가 가능하다.

싱가포르의 창이 공항(Changi Airport)에 '숲'을 테마로 한 제1터미널이 'Jewel Changi Airport'라는 프로젝트를 통하여 새로운 복합 단지로 재건설될 예정이다. 제1터미널에는 중앙에 40m의 폭포가 건설되며 그 주위로 수천의 나무와 식물으로 가득한 5층짜리 정원인 Forest Valley가 들어선다. 이곳에서 필요한 관개수는 빗물과 대기 처리 장치에서 나오는 냉각 및 응축기 배수관의 응축수를 재활용하여서 사용한다.

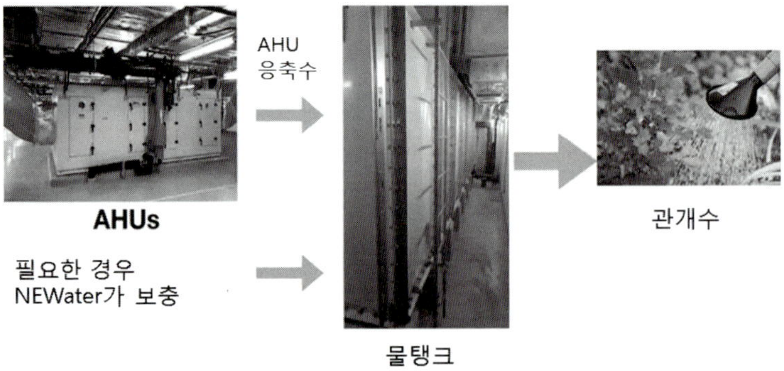

그림 11.8 창이 공항의 관개수용 응축수 재활용

공기 조절 시스템은 따뜻한 공기를 식히는데 이 과정에서 생성되는 습기는 공기 처리 장치에서 응축하게 된다. 응축된 물은 일반적으로 배출 펌프 또는 배수 시스템으로 배수된다. 공기 조절 시스템을 지속적으로 사용할 때 공기 조절 시스템의 공기 처리 장치(AHU)에서 상당량의 물이 응축되며 이 응축수를 탱크에 모아서 단지 내의 식물을 관개하는 데 사용할 수 있다.

제6절 폐기물/쓰레기 처리

경제계의 모든 부문에서 폐기물을 방출하므로 폐기물의 하역/운반, 저장, 처리의 물류 관리는 엄청난 규모이다. 폐기물에는 위험/유해품목(Hazardous Item)과 비위험품목(Nonhazardous Item)이 있다. 미국, 영국, 독일 등 선진국들에는 폐기물 규제법이 있으며, 대부분 폐기물의 운송업체는 면허가 허가되어야 하며, 수집과 처리에도 면허가 있어야 한다. 생산자는 폐기물에 대한 책임을 지며, 잘못 처리하면 법적 처벌을 받게 되어 있다. 위험/유해폐기물 처리와 연관된 보관과 처리장, 수송 등의 물류 문제는, 전북 부안의 핵폐기물 처리장 설치 반대에서 보듯이 정치적으로 심각한 것들이 될 수 있다. 폐기물 처리 비용을 정산하는 회계 시스템이 필요한데, 이는 하역, 수송, 처리가공 및 처분에 소요되는 비용 이외의 정치적·사회적 비용이 드는 것을 의미하며, 폐기물 감소 활동의 유익을 인식하게 한다. 이 회계 시스템에는 재생 자재로 판매되지 못한 것과 투입물 중 폐기되는 것의 가치도 포함될 수 있다.

폐기 자재의 최소화를 위한 기업, 산업 및 정부의 노력은 증가되고 있으며, 물류담당업체나 책임자는 다음의 권장지침을 포함한 폐기물 감소전략과 방안에 대해 지속적인 노력을 해야 한다.

ERRA(유럽재활용재생협회)의 폐기물 감소 방안과 지침은 아래와 같다.

- 폐기물이 그 공정이나 인접공정에서 재사용되게 할 것. 폐기물교환으로 시장가치를 가지게 할 것.
- 원자재를 더 적은 단위로 구매하도록 함.
- 생산기술을 개발하여 폐기물이 적게 나오면서 같은 제품 이상의 것을 산출하게 함.
- 생산과정에서 나온 자재조각과 스크랩 등을 재사용하는 방안을 찾음.
- 중간제품에서 채취 검사하는 품질샘플의 양을 줄일 것.
- 제품 설계 시 자재의 소요를 줄이고, 사용 중의 정비와 수리 및 사용 후의 재활용이 쉽도록 할 것.

- 철저한 재고관리로 모든 보관자재를 파악, 부적합 자재의 반품, 반환 컨테이너 사용, 모든 컨테이너 속의 자재를 완전히 사용하도록 할 것.
- 불필요한 뒤섞임과 오염으로 버려지는 자재의 비용을 줄이는 보관방법을 개발함.
- 포장자재가 적게 소요되고, 재활용되도록 설계하고 생산할 수 있도록 효율적인 포장 설계를 할 것.

설계와 생산의 원천에서 사용되거나 버려지는 자재의 발생을 최소화하는 자재절감기술(Source Reduction Technique)이 폐기물 발생을 최소화하는 최적해이다. 재사용이나 재생이 안 되는 폐기물이 발생하면, 적합하고 경제적인 하역/운반, 수송, 보관의 물류기술과 절차를 따라 처리해야 한다.

제7절 재생과 재활용을 위한 물류

앞으로는 고객이나 소비자가 미국과 독일처럼 구매의 결정과정에서 환경적 문제를 강조할 것이다. 구매 시 포장자재의 재활용성 검토, 비싸고 누런 재생종이 사용, 폐차와 폐전자제품의 회수와 재생처리의 증가 등에서 보듯이, 이제 그린마케팅(Green Marketing)의 도래로 재생과 재활용(Recycling)은 고객, 기업 및 국가 모든 차원에서 중요한 문제가 되었다.

독일은 통일 후 1991년부터 제조업체와 도소매상은 모든 포장의 처리와 재생의 책임을 지게 했다. 그리고 무역업체와 도소매상은 플라스틱, 종이, 마분지 등 불용 포장물의 반환을 받아서 처리하게 했고, 식음료, 세제, 용액, 페인트, 치약 등을 담았던 용기를 사용 후 처리를 책임지게 했다. 기업은 재생 가능한 쓰레기를 엄청난 양으로 내놓는다. 여기에는

그림 11.9 독일의 재활용 병 유리 회수 컨테이너

골판지상자, 팔레트, 각종 박스, 비닐포장, 기타 수송과 보관용 자재 등이 포함된다. 많은 제조기업들과 도소매상들과 물류 서비스업체들은 나름대로 재활용의 활동을 하고 있다. 일본의 혼다(Honda)사는 재활용 가능한 자재의 매립을 피하고 판매로 수익을 올리는 리사이클링 프로그램을 실행하고 있고, 독일의 BMW와 VW(폭스바겐)사는 중고폐차를 회수하여 60%의 부품을 재활용하는 프로그램을 실행하고 있다. 독일의 DSD(Duales System Deutschland, 독일 포장재활용 시스템)사는 코카콜라, 펩시콜라, 네슬레, 유니레버 등 400여 회사가 출자해서 만든 회사로 가정에서 폐기된 포장물의 리사이클링을 담당하는데, 가정에서의 폐기물을 25% 이상 줄이는 효과를 보고 있다. DSD는 유리, 종이 회수 컨테이너를 주민 500명에 1대꼴로 각 도시의 거리에 배치하고, 다른 재생 가능한 자재도 노란 쓰레기 컨테이너로 회수하고 있다.

또한 독일의 Tengelmann 생활용품 유통업체는 포장회사인 Scholler와 협력하여 RPS라는 10년 수명의 생활용품 수배송용 프로필렌 포장모듈 시스템을 개발하여 사용하는데, 포장처리비가 아주 적게 들고, 모듈구조의 포장으로 포장 부피가 50%까지 크게 줄어들어 수배송에도 비용면에서 유리하다.

전 세계적으로 물류 시스템의 지원과 결합되어 리사이클링은 대기업의 사업으로 성장하고 있다. 리사이클링은 재생자재를 사용하므로 원자재와 자원을 절감하고, 환경을 보호하며, 폐자재의 재가공과 판매로 수입도 생기고, 고객에게 우호와 긍정적인 회사의 이미지를 만드는 유익을 주고 있다. 아디다스는 해양환경보호단체 팔리와 협력해 바다에 방치되는 막대한 양의 플라스틱 쓰레기와 해양폐기물을 재활용한 신발을 만들어 매년 수십만 켤레를 팔고 있다. 유럽 축구팀 선수들도 재활용 유니폼을 입고 경기를 한다. 오늘날 소비자들은 사회에 기여하는 기업들과 환경을 오염시키는 쓰레기를 재활용해 제품을 만드는 업체들의 상품을 선호한다. 물류 활동은 매립과 소각의 감소로 환경을 보호하는 리사이클링의 여러 과정에서 필수적인 역할을 수행하고 있다.

제8절 미래의 전망

환경문제가 결코 사라지지 않고 개인, 기업, 산업계, 정부에게 있어서 더욱 중요하고 심각한 이슈가 되어, 자발적인 기업차원의 환경을 위한 포장, 제품설계, 공정의 재설계, 공해와 폐기물 감소를 위한 노력과 태도는 친환경 기업(Green Corporation) 이미지와 함께 제품판매력에 긍정적 효과를 더할 것이다. 모든 기업은 적어도 회수물류에서 문제 대응 방식이 아니라 미리 대비하는 선행적인 방식으로 적극 나서야 한다. 이를 위해 다음과 같은 대처가 필요하다.

(1) 물류 분야 중역진은 미래 환경법의 변화를 예측하고 능동적인 모습으로 기업이 대처하게 해야 한다.

(2) 또한 그린마케팅 혁명에 대한 이해와 물류공정에서의 영향을 잘 파악하여, 경제적 비용으로 그린 마케팅을 위한 서비스 제공을 하도록 대비를 해야 한다.

사례 11.5 Amazon의 Amazon Bin

Amazon에서는 재주문과 비주문 공간을 분리해놓은 스마트 쓰레기통(Amazon Bin)을 활용해 고객이 특정 제품을 버릴 때 재주문통에 넣으면 바로 주문을 해주고, 이용자들의 분리수거 습관을 유도한 후 재활용이 가능한 쓰레기는 수거한 후 재활용을 통해 Amazon이 추가 매출을 올릴 것을 기대하고 있다. 예를 들어, 이용자가 재활용이 가능한 쓰레기를 분리해 재주문통이나 비주문통에 담을 경우 보상을 제공해 재주문 습관을 기르도록 하면서 Amazon은 재활용 쓰레기를 처리해 매출을 올리고 이를 현금 보상 형태로 고객에게 추가 혜택을 줄 수도 있다. 또한 Amazon 입장에서는 쓰레기통에 버리는 제품 포장지나 캔을 통해 이용자가 어떤 제품을 얼마나 소비하고 어떤 주기로 소비하는지 이용자의 기호와 제품 소비 습관 관련 데이터도 파악할 수 있을 것으로 기대된다.

(3) 구매와 조달은 원자재보다 재생자재의 사용과 투입에 우선순위를 두도록 해야 한다.

(4) 물류분야 중역진은 회사의 회수물류 시스템을 계획하거나 리엔지니어링 해야 하는데, 이는 자재절감, 리사이클링, 대체 및 매몰 전략이 효과적이고 효율적으로 실행되도록 하기 위함이다.

(5) 몇몇 중간이나 최고경영진은 회수물류와 환경적 책임을 담당해야 한다. 그들은 환경과 물류 관리에 대한 권한과 책임이 법적으로 부여받게 된다.

1 구매 및 조달에서 친환경적 자재를 확보하기 위한 방법들은 무엇인가?

2 자원절감 방법을 나열하시오.

3 전 세계적으로 도로수송으로 인해 발생하는 CO_2 배출은 온실효과에 18~20% 정도의 악영향을 미치는데, 이 온실효과는 지속될 경우 발생할 것으로 예측되는 것은 무엇인가?

4 수배송물류에서의 환경 대책을 작성하시오.

5 UPS에서 보유하고 있는 ORION(On-Road Integrated Optimization and Navigation) 플랫폼은 무선통신네트워크의 지원을 받는 LBS(위치기반서비스, Location based service) 기능을 차량에 부착하고 있다. 이로 인해 가져올 효과는 무엇인가?

6 회수물류의 개념도를 그리시오.

7 보관에서 폐기물 감축을 위한 방안으로 무엇이 있는가?

8 기업과 물류 전문업체들은 정부의 규제 이전에 환경에 대해 책임을 지는 것이 유리하며 이 경우 공공과 고객에의 이미지와 관계가 개선되고 단속에 따른 비용과 처벌에 따른 곤경과 희생을 줄일 수 있다. 이때 기업 중심의 주도적인 환경 물류의 방안들은 무엇이 있는지 작성하시오.

9 경제계의 모든 부문에서 폐기물을 방출하므로 폐기물의 하역/운반, 저장, 처리의 물류 관리는 엄청난 규모이다. 폐기 자재의 최소화를 위한 기업, 산업 및 정부의 노력은 증가되고 있는데 그 중 하나가 ERRA(유럽재활용재생협회)이다. ERRA에서의 폐기물 감소 방안과 지침은 무엇인가?

10 기업은 재생 가능한 쓰레기를 엄청난 양으로 내놓는다. 여기에는 골판지 상자, 팔레트, 각종 박스, 비닐 포장, 기타 수송과 보관용 자재 등이 포함된다. 많은 제조기업들과 도소매상들과 물류 서비스업체들은 나름대로 재활용의 활동을 하고 있다. 그 예시를 하나 적으시오.

연습문제 풀이

제1장 연습문제

1. 물류의 네 가지 영역을 서술하시오.

답

- 조달 물류: 자재, 원재료, 부품 및 부분조립품을 공급업체에 주문, 구매하여 제조공장이나 생산업체에게 수송, 입하하여 조달하는 물류를 말한다. 일반적으로 공급업체(supplier, vendor) 개발과 선정, 조달을 위한 수송활동, 하역활동, 보관활동, 포장활동, 재고 및 정보관리가 포함된다.
- 생산 물류: 생산에 투입되는 자재와 중간제품을 출고하여 생산공정으로 하역 운반(자재취급, Material Handling)하고, 생산중인 제품의 운반, 완제품의 포장, 공장창고와 제품창고 입고 및 보관, 하역까지의 활동 전범위를 생산 물류라 한다. 생산과정에서 물자의 이동과 취급은 생산을 위한 자재운반과 취급이 중심이며, 물류의 중요한 영역이다.
- 판매 물류: 제품을 공장창고에서 출고하여 물류센터나 도매업체에로 수송, 보관하고, 주문이나 판매계획에 따라 물류센터나 배송센터에서 출하, 피킹, 유통가공, 분류, 포장 작업을 하고 소매업체나 고객에게 배송하는 활동 및 서비스 활동을 판매 물류라 한다.
- 환경 물류(회수/재생/폐기물류): 고객으로부터 빈 용기나 포장재를 회수하고, 소비 후의 폐기물을 회수하며, 회수품의 집하, 분류, 수송 및 재생가공을 위한 수송, 운반과 보관 활동, 하자보수와 판매제품의 반품, Recall 처리하는 활동을 환경 물류라 한다.

2. 현재 많은 기업들은 물류 4.0의 시대를 준비하고 있다. 물류 4.0의 시대는 기존의 물류와 어떠한 차이를 보일 것인지 논의하시오.

답 물류 4.0 시대에는 새로운 혁신적인 기술을 이용하여 기존과는 다른 혁신적인 프로세스와 시스템이 도입될 것으로 예상된다. 특히, IoT, 인공지능, 무인자동차, 로봇, 드론 등이 주요 기술로 관심을 받고 있으며, 이를 통해 완전한 자동화, 자율화가 이뤄지는 환경으로 변화할 것으로 예상된다. 이와 같은 기술은 기업의 수익 향상과 대두되는 사회적 이슈들을 해결하는데 도움이 될 것이다.

3. 기업 경영에서의 물류의 목적은 무엇인지 논의하시오.

답 기업 경영에서의 물류의 목적은 고객 서비스의 수준을 향상시키면서 물류비를 최소화하여 기업의 이윤을 추구하는 것이다. 이를 위한 물류의 목표는 '필요한 물품을, 필요한 장소에, 필요한 시간에, 적절한 가격과 적절한 조건과 상태로 전달'하는 것이다.

4. 글로벌화의 진전이 물류에 어떠한 영향을 주었는지 논의하시오.

답 글로벌화로 인하여 기업들은 글로벌 시장에서 물건을 판매할 수 있는 기회와 비용이 싼 부품과 노동력이 있는 곳에서 생산하여 비용을 줄일 수 있는 기회가 생겼다. 형태와 방법과 전자상거래의 획기적 발전으로 여러 나라 간의 무역에서의 물류의 효율화가 더욱 중요한 과제가 되었으며, 물류비와 수배송 시간이 상품경쟁력에서 큰 비중을 차지하게 되어 물류관리의 중요성이 더욱 부각되었다.

5. 다음 용어에 대해 설명하시오.

(1) JIT(Just In Time)

(2) 크로스도킹(Cross Docking)

(3) 유예(Postponement)

답

(1) JIT: 고객의 주문이 들어오는 적시 공급을 하는 시스템이다. JIT시스템을 통해 재고비용을 줄이고, 고객 대응력을 높인다.

(2) 크로스도킹: 수송 품목의 입하 즉시 고객주문에 따른 고객의 주문대로 분류하고 출하를 결정하는 시스템이다.

(3) 유예: 제품의 생산, 조립, 포장, 배송 등 최종 공정을 고객의 주문이 확정될 때까지 연기하고, 고객의 주문이 통보되면 이 최종 공정을 실행하여 짧은 시간 안에 대응하는 전략을 의미한다.

6. 물류 계획 수립 시 고려해야 하는 상충 관계를 예를 들어 설명하시오.

답 빠른 수송수단을 사용하면 주문부터 상품 입하까지의 리드타임이 단축되며, 수송중인 상품 재고량이 감소하고, 운송 리드타임 간의 수요의 변동을 고려한 창고의 안전재고를 대폭 감소시킬 수 있다. 또한 리드타임이 짧아지므로, 수요 변화에 대해서 신속 대응할 수 있기 때문에 판매를 놓친 재고가 발생할 가능성이 낮아진다. 이와 같은 빠른 수송수단을 사용하면 상품 재고량은 감소하고 재고유지비와 보관비용은 저렴하게 된다. 하지만 빠른 수송수단의 사용으로 인한 수배송 비용은 증가하게 된다. 따라서 재고유지비와 보관비용과 수배송 비용을 합한 총 비용 관점에서 상충관계를 분석해야 한다.

7. 물류방식 유예(Logistics Postponement)를 이용하기 전과 후의 프로세스를 사례를 들어 설명하시오.

답 글로벌 시장에서 물건을 판매하기 위해서는 각 지역의 특성에 맞춰서 전원공급장치, 전기코드, 플러그, 키보드, 설명서 등을 서로 다르게 준비해야 한다. 물류방식 유예를 사용하기 전에는 특정 지역에 위치한 공장에서 물건이 판매되는 국가의 기준에 맞춰서 다양한 제품을 생산하고 각 지역의 물류센터에 물건을 수송한다. 하지만 물류방식 유예를 이용하면, 공장에서는 단 한 가지 글로벌형 제품을 만들고, 각 지역의 물류센터로 물건을 보내면, 각 물류센터는 지역 특성에 맞게 커스터마이즈 작업을 진행하게 된다.

제2장 연습문제

1. 전략적 공급사슬을 형성하는 네 가지 차원에 대하여 설명하시오.

답 공급사슬전략을 형성하는 기본 구조는 고객 서비스전략(Customer Service Strategy), 수요흐름전략(Demand Flow Strategy), 전문업체 연계전략(Sourcing Strategy)과 공급사슬통합전략(Supply Chain Integration Strategy)의 네 가지 차원으로 구성되어 있다

- 고객 서비스 전략: 물류에 관련된 고객의 다양한 요구를 찾아내고, 대응방안들을 수립하는 것으로, 고객 서비스 세분화, 비용과 서비스 분석, 수익관리 등을 고려한다.
- 수요흐름 전략: 고객과 제품/서비스 공급자간의 협력과 연결방안을 결정하는 것으로, 유통경로설계, 수요계획, 공급사슬 구성을 고려한다.
- 전문업체 연계전략: 어디서 어떻게 제품과 서비스를 생산할 것인가를 결정하는 것으로, 자체 생산 및 구매 여부, 용량 관리, 제조 관리 등을 고려한다.

• 공급사슬 통합전략: 공급사슬상의 파트너들과 정보, 회계, 생산 운영관련 의사결정에서의 결합 수준을 결정하는 것으로, 통합의 수준, 공급사슬의 형태, 실질적 통합과 가상적 통합 등을 고려한다.

2. 월마트는 공급사슬을 전략적으로 활용하여 큰 성공을 이룬 대표적인 기업이다. 월마트의 공급사슬 전략에 대하여 논의하시오.

답 월마트는 매일저가판매(Everyday low pricing)라는 기업의 전략하에, 공급사슬과 기업 내의 모든 기능의 전략을 동기화시켰다. 적절한 품질 수준의 상품을 가능한 한 싸게 구입하고, 물류 과정에서의 Cross Docking 등으로 효율성을 높여 비용을 낮추는데 집중하였다. 또한, 파트너사와의 전략 역시 고객에게 저가로 제품을 판매할 수 있도록 연계하는 등 일관성 있는 전략의 실행을 통하여 글로벌 공급사슬망 전체에 걸쳐 비용을 절감하고 가격경쟁력을 높였다.

3. 물류 합리화의 3단계 과정을 설명하시오.

답

1단계: 물류 활동을 구성하는 수송보관하역정보 포장유통가공의 각 개별 활동을 합리화

2단계: 수송보관하역정보 포장유통가공의 개별 활동들을 사내 물류 시스템의 전체적 관점에서 상충분석 등으로 합리화

3단계: 공급업체와 유통업체 및 고객을 통합한 공급사슬시스템 전체 활동의 효율화를 위해서 공급사슬전략과 유통채널과 각 수송보관하역정보 포장유통가공 개별 활동들의 조정과 기능분담 등을 리엔지니어링하고 개선

4. 상물분리의 개념에 대하여 설명하시오.

답 상물분리란 마케팅(상류)과 물류활동을 분리시켜 운영하는 것을 말한다. 즉, 도시 내의 영업소가 물류활동을 하는 것을 중지하고 다수의 영업소의 창고들을 통합해서 교외에 현대적인 물류센터를 건설하고, 거기서 물류부서가 물류를 전문으로 담당하는 것을 의미한다.

5. 최근 들어 고객의 요구는 점점 다양해지고 있다. 다양한 고객의 요구에 대응하기 위하여 물류 기업은 어떠한 활동을 해야하는지 논의하시오.

답 고객의 요구가 다양해지는 환경에서 모든 고객의 요구를 100% 충족시키기는 매우 어려울 뿐만 아니라 많은 비용이 수반된다. 따라서 고객이 요구하는 서비스 수준의 충족과 이에 따라 발생하는 수익에 대한 분석이 필수적이다. 일반적으로 기업의 수익이 극대화되는 서비스 수준은 한계수입과 한계비용이 같아지는 지점이다. 최종적인 고객 서비스 수준은 경영진의 판단에 달렸으나, 소요되는 물류비와 고객 서비스 수준에 따라 다양한 물류 시스템을 설계하고 상충관계를 분석해야 한다.

6. 다음 물류 정보 시스템의 기능에 대하여 설명하시오.

(1) 주문처리시스템(OMS)

(2) 수배송관리시스템(TMS)

(3) 창고관리시스템(WMS)

답

(1) 주문처리시스템(OMS): 주문과 연관하여 영업부서와 고객과 공급업체 사이에서 발생되는 프로세스를 지원

하는 시스템으로 고객의 주문준비, 주문전달, 주문접수, 오더필링, 주문상태 보고 등을 처리하는 시스템이다.

(2) 수배송관리시스템(TMS): 처리된 주문을 바탕으로 수송과 공급망 전체에 걸쳐 배송을 적기에 제공하기 위한 시스템으로, 최적수송계획, 차량배송경로계획, 수송업자 선정 등이 처리된다.

(3) 창고관리시스템(WMS): 취급상품의 입하와 유통 가공, 보관, 주문에 따른 분류 피킹과 출하작업과 관련된 창고 시스템을 관리하며, 적절한 재고수준을 유지하기 위해 사용되는 시스템으로, 재고를 통제하고 고객 서비스 수준을 높이는 것을 목적으로 한다.

7. 블록체인 기술이 물류 관리 분야에 사용되면 어떠한 효과를 얻을 수 있는지 설명하시오.

답 블록체인은 각종 정보를 암호화하여 분산 보관하는 기술로, 해킹의 위험을 줄일 수 있을 뿐만 아니라 물류 프로세스에 참여하고 있는 다양한 참여자(화주, 보험회사, 보험사, 변호사, 세관 등)들의 업무 정확도를 높이고, 각종 인허가와 검증에 소요되는 시간을 획기적으로 줄일 수 있을 것으로 예상된다.

제3장 연습문제

1. 수요예측의 두 기법인 정성적 예측법과 정량적 예측법에 대해 서술하시오.

답

- 정성적 예측법(Qualitative forecasts): 물류관련 의사결정자나 전문가 관리자들의 직관이나 판단, 경험 또는 여러 사람들의 의견에 입각하여 수요를 예측하는 방법이다.
- 정량적 예측법(Quantitative forecasts): 여러가지 수리적 모형들을 사용하여 과거 데이터나 관련 변수들을 이용하여 수요를 예측하며, 인과형 판단법과 시계열 분석법이 있다.

2. 정성적 예측법 중 하나인 델파이법에 대하여 서술하시오.

답 델파이법(Delphi method): 의견조정자가 참여자의 신분을 비밀로 하여 익명성을 보장받는 다수의 전문가 그룹을 구성한다. 그들로부터 예측에 관한 질문을 설문지를 통해 의견을 수집하고 통계적, 과학적으로 분석한다. 종합 정리된 결과와 개선된 질문을 다시 각 전문가 그룹에 배포하여서 전문가들이 자신들의 의견을 수정하도록 유도하는 예측의 피드백 과정을 서너 차례 반복하게 된다. 이와 같은 과정으로 예측값의 분산 크기가 점점 작아지도록 하여, 신뢰도가 높은 수렴된 예측들을 하는 방법으로, 장기적 경제예측과 기술예측을 하는데 사용된다. 이러한 델파이 기법은 1950년대 Rand corporation에서 개발되었다.

3. 지난 5년 동안의 수송량이 다음과 같을 때 2016년도 수송량을 회귀분석법으로 예측하시오.

연도	2011	2012	2013	2014	2015	비고
수송량	100	110	130	140	180	단위:만톤

답 다음 표와 같이 정리하여, b와 a의 값과 상관계수 r의 값을 구하였다.

연도	X	Y	XY	X2	Y2
2011	1	100	100	1	10000
2012	2	110	220	4	12100
2013	3	130	390	9	16900

연도	X	Y	XY	X2	Y2
2014	4	140	560	16	19600
2015	5	180	900	25	35400
계			2170	55	91000
평균			434	11	18200

$$b = 19$$
$$a = 75$$
$$r = 0.930412$$

$r = 1$에 근접함으로 수요 Y와 시간 X와의 상관관계는 높다.

2016년도는 X 값이 6이므로, 추세선 $Y = a + bX$는

$$F_{2016} = 75 + 19 \times 6 = 189$$

그러므로 2016년 예상 수송량은 189,000톤이다.

4. ㈜한국무역은 월별 선박 수송량이 다음과 같다.

월	1	2	3	4	5	6	7	8	9	10	11	12	비고
수송량	10	17	9	15	18	22	16	19	18	21	19	?	단위: 만 톤

다음 각 기법을 사용하여 12월 수송량에 대한 예측을 하시오.

(1) 이동평균법(8개월)

(2) 가중 이동 평균법(단, $w_1 = 0.4$, $w_2 = 0.3$, $w_3 = 0.2$, $w_4 = 0.1$)

(3) 지수 평활법(단 $\alpha = 0.4$, $F_1 = 16.7$)

(4) 추세를 반영한 지수 평활법(단 $\alpha = 0.4$, $\beta = 0.4$, $F_1 = 16.7$, $T_1 = 15$)

답 (1)

월	수송량	예측 수송량
1	10	
2	17	
3	9	
4	15	
5	18	
6	22	
7	16	
8	19	
9	18	15.75
10	21	16.75
11	19	17.25
12	?	18.5

$$F_{12} = (D_{11} + D_{10} + D_9 \cdots D_4)/8$$
$$= 18.5$$

(2)

월	수송량	예측 수송량
8	19	
9	18	
10	21	
11	19	
12	?	19.4

$F_{12} = (0.4D_{11} + 0.3D_{10} + 0.2D_9 + 0.1D_8)/4$

$= 19.4$

(3)

월	수송량	예측 수송량
1	10	16.7
2	17	14.02
3	9	15.212
4	15	12.727
5	18	16.636
6	22	15.381
7	16	18.029
8	19	17.217
9	18	17.930
10	21	17.958
11	19	19.175
12	?	19.104

$F_{12} = \alpha D_{11} + (1-\alpha)F_{11}$

$= 0.4 \times 19 + (1-0.4) \times 19.175$

$= 19.104$

(4)

월	수송량	추세(T)	예측 수송량(F)
1	10	15	16.7
2	17	3.32	14.02
3	9	−3.48	15.21
4	15	−5.20	12.72
5	18	0.22	13.63
6	22	3.91	15.38
7	16	4.12	18.03
8	19	−0.72	17.22
9	18	−1.23	17.93
10	21	−0.1725	17.96
11	19	1.64	19.17
12	?		19.10

$FIT_{12} = F_{12} + T_{12} = 8.255 + 11.505 = 19.761$ (단위)

5. 위의 4번 문제의 결과를 바탕으로 지수 평활법과 추세를 반영한 지수 평활법의 장단점을 서술하시오.

답 지수 평활법은 예측의 정확도를 높일 수 있고, 작동 패턴을 파악하여 쉽게 조정할 수 있으며, 최근의 예측치, 실적치, 평활 상수만의 적은 정보자료를 가지고 쉽게 계산할 수 있어서 많이 활용되고 있다. 그러나 지수 평활법은 추세가 올라가고 내려가는 동안에 반응이 늦게 나타나는 현상이 있다. 이러한 문제점을 해결하기 위하여 지수 평활 예측에 적합한 추세를 포함함으로 보정할 수 있다.

6. ㈜한국무역의 지난 4년간 수송량에 관한 계절별 자료가 아래 표와 같다. 2019년의 총 수송량은 180톤으로 예상하고 있다. 이때 2019년의 계절별 수송량을 예측하시오.

(단위: 톤)

계절	2015년	2016년	2017년	2018년
봄	55	51	50	48
여름	77	73	72	68
가을	50	49	45	43
겨울	68	67	63	61
계	250	240	230	220

답

1～3단계: N(계절의 수) = 4

계절(시즌)	2015년		2016년		2017년		2018년		평균
	수요	SI	수요	SI	수요	SI	수요	SI	계절지수
봄	55	0.88	51	0.85	50	0.87	48	0.87	0.87
여름	77	1.23	73	1.22	72	1.25	68	1.24	1.23
가을	50	0.80	49	0.82	45	0.78	43	0.78	0.80
겨울	68	1.09	67	1.12	63	1.10	61	1.11	1.10
계	250		240		230		220		
계절별 평균수요	62.5(250/4)		60(240/4)		57.5(230/4)		55(220/4)		

4단계: 각 계절별 평균수요에 계절 지수를 곱한다. (단위: 톤)

평균수요 : $180/4 = 45$

봄 : $45 \times 0.87 = 39.06$

여름 : $45 \times 1.23 = 55.54$

가을 : $45 \times 0.80 = 35.79$

겨울 : $45 \times 1.10 = 49.61$

7. ㈜한국무역의 2019년 실제 수송량은 다음과 같다고 한다. 위의 6번 문제에서 예측한 계절별 예측법을 활용하여 예측을 하고 오차를 분석하고자 한다. 다음의 오차 분석 지표들을 구하고 차이점을 서술하시오.

(1) 누적예측오차(CFE)

(2) 평균절대오차(MAD)

2019년 실제 수송량

연도	봄	여름	가을	겨울
수송량	41	54	36	50

답

계절	실제 수송량(D_t)	예측 수송량(F_t)	예측오차(E_t)	평균절대오차(MAD)
봄	41	39.06	1.94	1.94
여름	54	55.54	−1.54	1.54
가을	36	35.79	0.21	0.21
겨울	50	49.61	0.39	0.39
계	181	180	1.00	4.09

누적예측오차는 실제 수송량과 예측 수송량 간의 차이들의 합을 의미한다.

$$E_t = D_t - F_t$$

$$CFE = \frac{\sum_{t=1}^{n} E_t}{n}$$

$$(1.94 - 1.54 + 0.21 + 0.39)/4 = 0.25$$

평균절대오차는 실제 수송량과 예측 수송량 간의 절대적 차이들의 합을 의미한다.

$$MAD = \frac{\sum_{t=1}^{n} |E_t|}{n}$$

$$(1.94 + 1.54 + 0.21 + 0.39)/4 = 1.02$$

누적예측오차는 예측오차의 부호를 고려하는 지표로, 예측기법이 실제수요변화를 적절히 예측하고 있는지 판단할 수 있는 지표이다. 평균절대오차는 예측오차의 부호를 고려하지 않는 지표로, 실제값 대비 예측값의 편차의 개념으로 쓰이는 지표이다.

제4장 연습문제

1. 입지 결정에 영향을 미치는 주요 요소는 무엇인가?

답 원재료 수급처로부터의 거리, 에너지 및 기타 설비의 유무 및 가격, 해당 지역의 노동 제공 능력, 해당 지역의 법률 및 규제, 해당 지역의 세금, 보험, 토지 가격 및 건설 가격, 사회적 불안 요소(내전, 무정부 상태 등), 환율 변동률, 수출 및 수입 관련 법률과 규제, 교통 시설, 환경 보호 관련 규제, 연간 날씨, 고객과의 거리, 비즈니스 성향 등

2. 단일 설비의 입지를 정하는데 사용되는 해법과 복수 설비의 입지를 정하는데 사용되는 해법에는 어떤 것들이 있는지 각각 설명하시오.

답 단일 설비의 해법에는 최적무게중심법(exact center of gravity method), 그리드 해법(grid method), 중심해법(centroid method) 등이 있음.

복수 설비의 해법에는 최적해법, 시뮬레이션 해법, 그리고 탐색적 해법(heuristic) 등이 있음.

3. 최적무게중심법에 대한 설명과 수식을 적으시오

답 각 지점에서 취급하는 화물량과 단일설비 선정 지점 사이를 운반할 때의 단위수송비와 거리를 곱한 것의 총합이 최소가 되어 총 수송비용이 최소가 되는 입지를 찾은 방식이다.

이를 구하는 수식은 $Min\,TC = \sum_{i} V_i R_i d_i$ 이다.

4. 가중점수 비교법으로 적절한 입지를 구하는 과정을 5단계로 설명하시오

답

1단계: 중요한 입지평가요소들을 찾아 선정하고 중요도를 매긴다. 평가요소들의 상대적 중요도에 따라 가중치를 1과 10까지의 수를 부여한다.

2단계: 대안으로 삼을 수 있는 후보입지들을 찾고, 입지평가요소와 관련된 자료들을 수집한다.

3단계: 각 후보지의 수집된 자료들을 먼저 계량적으로 분석하여 수송비, 건설비나 임대료, 총비용, 투자수익률(ROI), 현재가 가치(NPV), 세금, 시간 등으로 계량화한다.

4단계: 각 후보지의 정성적인 평가요소들도 평가에 고려한다.

5단계: 대안들 간에 입지평가요소별로 가중점수비교를 할 수 있는 가중점수비교표(Preference Matrix)를 만들어서, 대안별로 총 가중점수를 구하고 최고의 총 가중점수가 나온 후보지를 최선의 입지로 선정한다.

5. 탐색적 방법은 창고입지 선정에 있어서 일반화된 방법론이다. 이 방법론은 위치와 관련된 비용과 제반 물류비용을 절충함으로써 해결할 수 있는데 이때 관련되는 물류비용의 봉류는 무엇인가?

답 생산/구매 비용, 물류센터나 창고의 저장과 취급비용, 물류센터나 창고의 고정비용, 재고에 관한 자본비용, 주문비와 소비자의 주문처리비용, 창고로의 인바운드 수송비, 창고에서 나가는 아웃바운드 수송비용 등

6. 단일설비입지와 복수설비입지의 경우에서 거리 측정에 사용되는 방법에 대해 설명하시오.

답

- Rectilinear distance는 뉴욕 맨해튼과 같은 계획 도시 내부처럼 모든 도로가 평행 또는 직각으로 이어져 있을 경우 사용하기 용이하다. 도시 내 체인점의 위치 선정 목적으로 사용될 수 있다.
- Euclidean distance는 일반적으로 우리가 사용하는 직선 거리를 나타낸다. 설비의 위치가 도시 간 또는 국가 간 정도로 거리가 멀 때 사용하기 편리하다.
- Chebyshev distance는 벡터 스페이스 내에서 특정 벡터 간의 거리를 나타내는 방법이다.

7. 공급업체 2개소에서 제품들을 구입하여 시장 3군데로 공급하는데 수송비를 최소로 하는 물류센터의 위치를 찾고자 한다. 각 공급업체와 시장의 좌표상의 위치와 수송량과 수요량 및 단위당 수송비는 다음 표와 같다. 단, 축척치는 $K = 10$으로 가정한다.

공급업체와 시장	번호	위치(X, Y)	총 수송량(톤)	수송운임($/톤/Km)	
S1	1	(8, 2)	3,000	5	
S2	2	(3, 8)	2,000	5	
M1	3	(6, 4)	1,000	7.5	
M2	4	(8, 8)	1,500	7.5	
M3	5	(2, 5)	2,500	7.5	

답 $((X^0, Y^0) = (5.16, 5.18)$, 수송비 $= \$21,471$, 최적 입지와 수송비 $(X^n, Y^n) = (4.91, 5.06)$, 수송비 $= \$21,425)$

8. 복수의 물류센터를 세워서 3군데 시장의 수요량을 공급하고자 한다. 공장은 원거리의 해안가에 위치하여서 물류센터들로의 입하수송의 차이는 무시할 수 있다고 가정한다. 각 시장의 위치와 연간 수요량은 아래 표와 같다. 각 물류센터로의 수송요율은 $3/ton이고, 물류센터의 연간고정비는 $2,000,000, 연간재고관리비는 $600,000 $\sqrt{N}$이다. 최적의 물류센터의 수와 위치 및 총비용을 제시하라. 단, 축척치는 $K=5$로 가정한다.

시장	위치(X,Y)	연간수요량(ton)	수송요율($/ton)	
M1	(6, 5)	25,000	3	
M2	(9, 10)	30,000	3	
M3	(3, 2)	45,000	3	

답 물류센터 수: 2개소(M2, M3),
단, M2에 위치하는 물류센터에서 시장 M2의 수요량 수송 공급, M3에 위치하는 물류센터는 시장 M1과 M3의 수요량 공급 총비용 = 6,757,716 : (수송비 = 1,909,188, 재고관리비 = 848,528, 고정비 = 4,000,000)

9. 대도시 지역에 두 개의 쇼핑센터(A, B)가 아래 표와 같이 위치시키려고 하는데, 각 쇼핑센터의 판매액을 예상하고자 한다. 소비자들은 1, 2, 3지역에 집중되어 거주하고 있으며, 각 쇼핑센터와 소비자 거주지역간 이동거리 T_{ij}는 직선거리(유클리디안 거리)로 한다. 3개 소비자 거주 지역의 예상 구매 액은 각각 $20, $10, $14백만이다. 매장 크기가 쇼핑센터 A는 5,000평이고, B는 10,000평으로 신축할 예정이다. 통행 저항값(repelling time) T_{ij}^{a}의 a값은 2로 가정한다.

위치	소비자 1	소비자 2	소비자 3	쇼핑센터 A	쇼핑센터 B
X	1	2	7	4	5
Y	2	6	4	2	6

답

소비자	쇼핑센터 A	쇼핑센터 B
1	12.8	7.2
2	1.8	8.2
3	3.4	10.6
예상 판매액	$18.0	$26.0

10. 어느 지방 도청에서 6개 군에서 발생하는 응급환자들의 생존율을 높이고자 10분 이내로 이동하여 긴급 서비스를 받을 수 있는 의료센터를 설치하고자 한다. 단 의료센터의 설치 개소가 최소화되어야 한다. 예상되는 각 군 간의 이동시간은 표와 같으며, 양방향 이동시간이 같다고 가정하자. 어느 군들에 설치하는 것이 좋겠는가?

군	A	B	C	D	E	F
A	0	15	25	25	15	5
B	15	0	5	15	30	20
C	25	5	0	15	25	10
D	25	15	15	0	20	10
E	15	30	25	20	0	9
F	5	20	10	10	9	0

답 각 군에서 10분 내로 이동 가능한 군의 리스트.

군	10분 내 이동 가능한 군
A	A, F
B	B, C
C	B, C, F
D	D, F
E	E, F
F	A, C, D, E, F

0~1 정수계획법 수식모형을 다음과 같이 만들면 아래와 같다.

$$
\begin{aligned}
Min.\ Z= x_A + x_B + x_C + x_D + x_E + x_F& \\
s.t.\ x_A + x_F &\ge 1 \\
x_B + x_C &\ge 1 \\
x_B + x_C + x_F &\ge 1 \\
x_D + x_F &\ge 1 \\
x_E + x_F &\ge 1 \\
x_A + x_C + x_D + x_E + x_F &\ge 1 \\
\forall x_i = 0 \text{ 또는 } 1&
\end{aligned}
$$

EXCEL로 풀면, $x_C = 1$과 $x_F = 1$이다. 그러므로 응급의료센터를 C군과 F군에 설치하며, 총 2개소의 의료센터를 설치한다.

제5장 연습문제

1. 수송수단선정 방법에서 중요한 조건 다섯 가지에 대해 서술하시오.

답 수송물품의 종류, 수송량, 수송거리, 수송일수, 수송비용

2. 철도 수송이 트럭 수송에 비하여 왜 경쟁력이 떨어져 왔는지에 대해 서술하고 철도 수송의 경쟁력 향상을 위해 어떤 노력이 필요한지 서술하시오.

답 철도에 비해 트럭은 Door-to-Door의 기동성이 뛰어나며 편리성이 뛰어나며 철도의 수송시간 및 운임의 경쟁력이 떨어짐. 이를 극복하기 위해 철도 수송을 현대화시켜 철도만의 경쟁력을 향상시킬 필요가 있는데 이는 다음과 같다. 1) 직행화물열차에 의한 운행시간단축, 2) 고속 컨테이너 열차 도입, 3) Piggy-Back 수송, 4) 냉동 컨테이너 수송, 5) 디지털 철도물류시스템 도입

3. 현대 물류시장에서 트럭에 요구되는 기능들을 수송, 하역, 포장, 보관, 정보 측면에서 서술하시오.

답

- 수송: 긴(낮은) 적재함, 적은 진동, 작은 회전반경, 편안한 조작과 안전도 개선, 공기저항감소 Roof Fairing과 Deflector 시스템
- 하역: 성력화와 적재와 하역의 용이, 스피드화를 지원
- 포장: 소량 완충재 포장 및 대형포장의 수송이 가능
- 보관: 일시보관기능과 온도관리, 신선도관리, 악천후에서의 보호 가능
- 정보: 충돌예방시스템, 데이터 통신이나 이미지 전송이 되는 이동통신 기능, 수송차량 무인화, 트럭 Platooning(대열주행) 지원시스템

4. 해운 수송은 수송화물의 표준화된 컨테이너화로 인해 장거리 수송에 용이해졌으며 특히 국제무역에서 큰 비중을 차지하게 되었다. 이에 대해 어떤 장점이 있는지 간략히 소개하시오.

답 1) 혁신적인 컨테이너 양하 작업 시간 단축, 2) 종합 수송(transmodality) 능력으로 인한 비용절감, 3) 운임 비용 절감으로 인해 글로벌 공급사슬네트워크 구축,

5. 항공물류의 장점 중 신속성에 따른 효과 세 가지를 서술하시오.

답

- 고가의 부품과 긴급한 자재 등의 조달(생산 스케줄의 확보)
- 변질이 쉬운 상품의 수송(생선, 식품, 특수의약품, 수혈용 혈액)
- 소형 고가품의 수주납기의 단축과 수송재고의 감축

6. 단일화물시스템에서 가장 많이 쓰이는 방안 두 가지를 쓰고, 각 방안의 단점에 대해 서술하시오.

답 컨테이너화 및 팔레트화; 컨테이너화의 단점: 상대적으로 비싼 구매비용 및 운영관리시스템, 팔레트화 단점: 적재효율 감소, 비경제적 팔레트 회수, 내구성 문제, 비교적 큰 로트크기

7. 오늘날 택배물량이 매년 급증하고 있음에 따라 기업은 효율적인 배송을 위해 물류센터를 설치한다. 물류센터 설치에 따른 이점 네 가지를 서술하시오.

답

- 수송비가 절감된다. 공장창고에서 각 고객으로 직접 배송하는 것보다 수요지 근교의 물류센터까지 대형차로 장거리 수송을 하고, 물류센터에서 고객까지는 소형차로 배송하는 방법으로, 수송비와 배송비를 합한 총수송

비는 절감될 수 있다.

- 배송서비스율이 향상된다. 물류센터에 적정한 상품 재고량을 가지고 있으면, 일반적으로 공장에서 고객으로 배송하는 것보다 물류센터에서 고객으로 배송하는 방법이 배송 리드타임이 짧고 물류서비스가 향상된다.
- 모든 영업 지점과 영업소가 각각 창고를 가지고 있고, 각 영업소별로 영업(marketing)과 물류를 행하고 있는 상물일치보다 도시근교의 교통이 편리한 장소에 배송센터를 설치하고 상물분리를 실시한다. 여기에 모든 영업소의 고객들에게 전문적으로 물류서비스를 행하고 물류활동을 이 배송센터로 집중시키고, 종래의 지점과 영업소는 마케팅과 영업활동에만 전념하는 것이 보다 효율적일 수 있다.
- 납품작업의 합리화가 실현된다. 소매대리점과 백화점에 대한 상품공급 활동의 효율화를 위해서는, 물류센터를 세워서 공급업체와 각 매장간의 교차수송을 배제하고, 물류센터 내부에는 자동분류장치와 하역장비 및 기계를 설치하고 정보처리시스템을 보강하는 등 합리적으로 체계화하여, 소매대리점별 주문처리를 신속히 하고 각 매장 점포에게 상품공급을 적절한 시간에 정확한 품목들과 수량으로 배송되도록 할 수 있다.

8. 예제 5.1에서는 가전제품을 위한 최적의 운송 수단을 살펴보았다. GL사에서 신제품을 개발하여 기존 가전제품 대신 수도권 물류센터로 보내려고 한다. 신제품의 구매가격은 100만 원이며 연간 400,000개를 출하하려고 하고 있다. 또한 이 제품의 연간 재고 유지비율은 15%이다. 이때 최적의 운송수단을 찾아라. (각 운송비용 정보는 동일함)

답 (천 원)

	철도 수송	자가트럭	고속택배
수송비	400000 x 2 = 800,000	400000 x 5 = 2,000,000	400000 x 7 = 2,800,000
수송중 재고유지비	0.15 x 1000 x (400000/365) x 7 = 1,150,685	0.15 x 1000 x (400000/365) x 3 = 493,151	0.15 x 1000 x (400000/365) x 2 = 328,767
공장창고 재고유지비	0.15 x 1000 x 40000/2 = 3,000,000	0.15 x 1000 x (20000/2) x (1−0.02 x (7−3)) = 1,380,000	0.15 x 1000 x (13,333.3/2) x (1−0.02 x (7−2)) = 899,998
물류센터 재고유지비	0.15 x (1000+2) x 40000/2 = 3,006,000	0.15 x (1000+5) x (20000/2) x (1−0.02 x (7−3)) = 1,386,900	0.15 x (1000+7) x (13,333.3/2) x (1−0.02 x (7−2)) = 906,298
총비용	7,956,685	5,260,051	4,935,063
선정			최적수송수단

9. 택배기사는 출발지로부터 세 곳 A, B, C를 방문하여 물건을 배송하고 출발지로 돌아와야 한다. 출발지로부터 각 방문지까지의 이동시간 및 방문지 사이의 이동시간은 주어진 그림의 호 위에 나타나 있다. 택배기사는 방문지의 방문 순서를 Saving 기법으로 구하고자 한다. 택배기사가 출발지로부터 모든 방문지를 방문한 후 출발지로 돌아왔을 때의 총 이동거리와 방문순서를 구하시오.

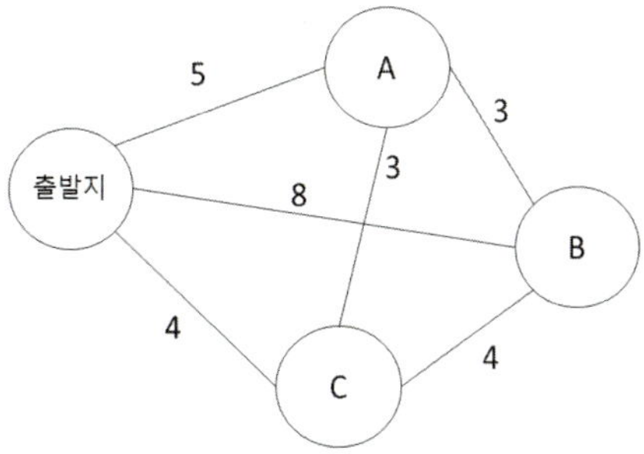

답 [Saving 기법]

1. 지점 간 이동시간표와 절약되는 배송거리(S_{ij}) 계산.

   $S_{ij} = D_{iw} + D_{wj} - D_{ij}$, w는 출발지를 의미.

   표의 괄호 ( ) 안은 두 지점 연결 운행시의 절약되는 배송거리 S_{ij}를 의미. 양방향 이동시간이 같으므로 상삼각행렬의 S_{ij}만 계산함.

2. 최대절약 구간 (i, j)부터 운행구간으로 확정하고 절약되는 배송거리가 큰 순서로 연결.

   첫째, 큰 절약 10의 A–B 연결, 둘째, 절약 8의 B–C를 A–B에 연결, A–B–C, 모든 방문지가 연결됨

3. 출발지–A–B–C–출발지가 최종경로로 형성됨

   총 이동거리=5+3+4+4=16

지점	W	A	B	C
W	–	5	8	4
A	5	–	3(10)	3(6)
B	8	3	–	4(8)
C	4	3	4	

그러므로 Saving 기법으로 결정한 총 이동거리가 16인 방문순서 출발지–A–B–C–출발지로 방문.

제6장 연습문제

1. 도요타가 리콜 사태와 이로 인한 위기의 원인을 어떻게 분석하고 대응하여 극복하였는지에 대해 외부 환경 및 내부 요인 관점에서 각각 조사하고 설명하시오.

답 도요타 리콜 사태는 공급업체 선정의 중요성에 대하여 크게 시사하는 바가 크다. 기존 협력업체였던 덴소의 공급부품에는 문제가 없었지만, 신규 거래를 하였던 CTS사의 공급부품 결함으로 인해 막대한 손실을 초래하였다. 이는 풀질 관리를 등한시하고 공격적인 투자로 인한 생산능력과 수익성 극대화만을 추구한 결과였다. 그리하여 도요타는 기업 내의 혁신 및 철저한 공급업체 생산부품 풀질 관리로 인해 다시 세계 1위 지위를 되찾을 수 있었다.

2. 다음은 부품 B100의 조달일정계획이다. 주문량 크기가 L4L일 때의 주별 계획주문량을 계산하시오.

부품: B100 설명: 자전거 바퀴 초기재고: 40						주문량 크기: L4L 조달기간: 2주 안전재고: 15			
구분	1	2	3	4	5	6	7	8	9
소요량	0	124	0	176	100	70	0	70	100
예정입고량	0	200	0	0	0	0	0	0	0
예상보유재고량	40	116	116						
계획입고량									
계획주문량									

답

부품	B100					발주량 크기	L4L		
설명	자전거 바퀴					조달기간	2주		
초기재고	40					안전재고	15		
구분	1	2	3	4	5	6	7	8	9
소요량	0	124	0	176	100	70	0	70	100
예정입고량	0	200	0	0	0	0	0	0	0
예상보유재고량	40	116	116	15	15	15	15	15	15
계획입고량	0	0	0	75	100	70	0	70	100
계획발주량	0	75	100	70	0	70	100	0	0

3. 다음은 부품 B102의 조달일정계획이다. 주문량 크기가 FOQ=200일 때의 주별 계획주문량을 계산하시오.

부품: B102 설명: 자전거 바퀴 초기재고: 40						주문량 크기: 200 조달기간: 2주 안전재고: 15			
구분	1	2	3	4	5	6	7	8	9
소요량	0	124	0	176	100	260	100	70	0
예정입고량	0	200	0	0	0	0	0	0	0
예상보유재고량	40	116	116						
계획입고량									
계획주문량									

답

부품	B102					발주량 크기	200		
설명	자전거 바퀴					조달기간	2주		
초기재고	40					안전재고	15		
구분	1	2	3	4	5	6	7	8	9
소요량	0	124	0	176	100	260	100	70	0
예정입고량	0	200	0	0	0	0	0	0	0
예상보유재고량	40	116	116	140	40	180	80	210	210
계획입고량	0	0	0	200	0	400	0	200	0
계획발주량	0	200	0	400	0	200	0	0	0

4. 다음은 부품 B103의 조달일정계획이다. 주문량 크기가 P=3일 때의 주별 계획주문량을 계산하시오.

부품: B103						주문량 크기: P=3			
설명: 자전거 바퀴						조달기간: 2주			
초기재고: 40						안전재고: 15			
구분	**1**	**2**	**3**	**4**	**5**	**6**	**7**	**8**	**9**
소요량	0	124	0	176	100	70	100	70	0
예정입고량	0	200	0	0	0	0	0	0	0
예상보유재고량	40	116	116						
계획입고량									
계획주문량									

답

부품	B103					발주량 크기	P=3		
설명	자전거 바퀴					조달기간	2주		
초기재고	40					안전재고	15		
구분	1	2	3	4	5	6	7	8	9
소요량	0	124	0	176	100	70	100	70	0
예정입고량	0	200	0	0	0	0	0	0	0
예상보유재고량	40	116	116	185	85	15	85	15	0
계획입고량	0	0	0	245	0	0	170	0	0
계획발주량	0	245	0	0	170	0	0	0	0

5. 선물구매가 필요시구매에 비해 가지는 장점과 단점을 간단하게 서술하시오.

답 선물구매는 가격이 오른다고 예상될 때 현재와 미래의 예측된 소요량을 현재의 낮은 가격에 구매하는 전략이다. 반도체 산업과 같이 가격변동에 주기가 있을 경우 많이 활용된다. 그러나 선물구매의 경우 미리 구매하였기 때문에 현금 유동성이 부족해지고 기회비용이 발생한다. 또한 재고가 생기므로 재고유지 비용이 발생한다.

6. JIT 조달일정계획시스템을 구현하기 위해서는 몇 가지 하위 시스템들이 필요하다. 간반 시스템, 혼합 조립 생산 및 적은 주문량 등이 적시 생산의 핵심 요소로 6장에서 소개되었다. 이외에도 다기능공의 역할이 매우 중요한데, 이를 Pull system 및 수요의 변화 관점에서 설명하시오.

답 Pull system은 수요에 맞추어 생산한다. 수요변화에 따라 특정 기계의 작업은 필요 없게 되고 대신 다른 기계의 작업이 필요할 수 있다. 수요가 적을 때는 굳이 많은 인력을 투입할 필요가 없다. 따라서 유연하게 생산 시스템을 구성해야 하며 설비 배치도 종종 바뀐다. 시스템을 변화할 때마다 인력을 감축하거나 새로운 인력을 보충하는 것이 법률적으로나 현실적으로 어렵기 때문에 동시에 여러 기계를 다룰 수 있는 작업자들이 요구된다.

7. 장기간 동안 개최하는 행사에서 참석자들에게 매일 간식을 제공하려 한다. 간식업체에서 간식을 포장하는데 평균 0.2일의 시간이 소요되고, 공정상에서 대기시간 및 배송으로 1.8일이 소요된다. 간식의 일간 수요량은 평균 1,000개이며 안전재고를 10%로 정하였다. 리틀의 법칙을 활용하여 주문량을 계산하시오.

답 $\bar{d}=1{,}000/$일, $\bar{p}=0.2$일, $\bar{w}=1.8$일, $\alpha=0.10$ 이므로,

$$k=\bar{d}(\bar{w}+\bar{p})(1+\alpha)=1{,}000(0.2+1.8)(1+0.10)=2200$$

2,200개의 컨테이너를 공급업자에게 주문한다.

8. 최근 인건비 등 각종 비용 절감을 이유로 해외에 나간 자국 기업이 다시 국내에 돌아오는 현상인 리쇼어링(Reshoring)이 생겨나고 있다. 미국은 일자리 대책 일환으로 리쇼어링 정책을 강하게 펼쳤으며, 일본도 대기업 규제 완화와 공격적 통화·재정 정책을 펴면서 리쇼어링 효과를 봤다. 리쇼어링이 활발한 것은 정책적인 원인도 있지만 해외에 내간 기업들이 아웃소싱의 문제점을 실감했기 때문이기도 하다. 공급업체 아웃소싱의 문제점에 대해서 서술하시오.

답 공급 프로세스상에서 통제력을 상실할 수 있다. 아웃소싱을 하면 자체 생산 및 기술 능력이 발전하지 못하게 된다. 이는 공급업체의 권한 및 협상력을 향상시키는 원인이 되므로 예상하지 못한 협력 비용이 발생하고 생산 비용이 증가할 수도 있다. 또한 핵심 기술 및 생산·영업 정보 등의 지적자산 유출도 아웃소싱의 문제점 중 하나이다.

9. 만수종합기계회사는 여러 제품생산에 들어가는 공동부품을 5개 공급업체로부터 공급받아 세 군데 공장으로 조달할 예정이다. 각 공급업체의 견적가격(만 원)과 공급능력과 공급받는 각 공장의 소요량, 공급업체와 각 공장간 단위당 수송비(만 원)는 다음 표와 같다. 이때 비용을 최소화하는 수송계획표를 작성하시오.

공급업체 수송계획표

공급업체	공장도가격	공 장			공급 가능량	비고
		광주	부산	인천		
주현	1000	3	2	9	430	
슬기	400	2	10	8	200	
승완	400	2	2	1	260	
수영	600	9	3	1	310	
예림	900	3	5	3	170	
수요량		280	210	300		

답 수송계획법 모형을 설계하여 EXCEL 스프레드시트 해 찾기 기능을 이용하여 최적해를 구할 수 있다. 최

적 조달수송계획과 총 조달수송비용은 다음과 같다.

공급업체	수송 계획 및 조달량
주현	–
슬기	광주공장으로 200단위 수송
승완	광주공장 60, 부산공장 200단위 수송
수영	부산공장 10, 인천공장 300단위 소송
예림	광주공장으로 20단위 수송
총 비용	389,310

10. 조달인도기간(Lead Time)은 일반적으로 주문 후 납품까지의 소요 기간을 산정할 때 많이 사용한다. 보통 조달인도기간은 각 산업마다 정의하는 바가 틀리겠지만 일반적으로는 주문(Order)을 받았을 시점에서부터 시작하여 출고를 할 수 있는 시점까지를 보면 된다. 조달인도기간을 단축시키는 것은 효율적인 공급망관리를 위해서 필요한 요소 중 하나이다. 조달인도기간 단축의 효과를 수요예측 측면에서 설명하시오.

답 조달인도기간을 단축시키면 수요예측의 정확도를 향상시킬 수 있다. 1년 뒤의 수요를 예측하는 것보다 한달 뒤의 수요를 예측하는 것이 더 정확하고, 한달 뒤의 수요를 예측하는 것보다 일주일 뒤의 수요를 예측하는 것이 더 정확하다. 조달인도기간을 무시할 수 있을 만큼 단축시켜 주문생산을 하게 되면 수요예측 자체가 필요 없어지기도 한다.

제7장 연습문제

1. 제품을 생산자로부터 공급받아 소비자들에게 판매하는 소매업자의 관점에서, 재고의 장단점에 관하여 서술하시오.

답 • 장점: 수요급증, 공급지연과 같은 사건이 발생해도 고객의 수요에 신속하게 대응할 수 있다. 미래 재고 구매가격이 상승한다면 현재 상대적으로 낮은 구매가격으로 미래의 수요량을 선매하여 비용 절감을 도모할 수 있다.

• 단점: 재고는 정체된 투자자본으로서 기회비용을 발생시킨다. 관리적 관점에서 재고는 경영상의 문제점 혹은 생산관리, 품질관리 상의 문제점을 감출 수 있다.

2. 시스템에서 재고와 관련된 비용 중 재고유지비용은 단위 제품당 일정 기간 보관하고 유지하는 데 드는 비용으로 정의될 수 있다. 그렇다면 제품의 재고유지비용을 특정값으로 정의하고자 할 때 어떤 요인들이 고려될 수 있는지 소개하시오.

답 (a) 특정 제품이 보관될 물리적 공간을 마련하는데 필요한 공간비용

(b) 재고 구매에 사용된 자본과 관련된 발생이자와 기회비용

(c) 재고의 보관 과정에서 소실, 손실, 도난 또는 재고의 손상 등과 관련된 위험비용

3. 남성복을 판매하는 R아울렛에서는 K패션에서 새로 출시한 클래식 와이셔츠의 주문량을 결정하고

자 한다. 와이셔츠는 6개월 동안 약 120벌이 판매될 것으로 예상하고 있으며, 이 매장은 와이셔츠를 K패션으로부터 4만 원에 공급받고 있다. 와이셔츠의 공급 금액에 더하여, 와이셔츠의 주문에는 한 번에 20만 원의 주문비용이 발생한다고 한다. R아울렛에서 주문한 와이셔츠는 주문 후 K패션으로부터 바로 도착한다고 가정한다. R아울렛에서는 제품의 유지비용을 1년 동안 와이셔츠 공급 가격(4만 원)의 30%로 계산하고 있다. 이때 아래의 비용 및 의사결정을 도출하시오.

3–1) R아울렛의 최적 주문량은 몇 벌인가?

3–2) 최적 주문 주기를 계산하여 답하라.

3–3) 이 매장이 매년 지출하는 총 구매비용은 얼마인가?

답 3–1) $Q^* = \sqrt{\frac{2DS}{IC}} = \sqrt{\frac{2 \times 240 \times 20}{0.3 \times 4}} = 89.44$

3–2) $P^* = \frac{Q^*}{D} = \frac{89.44}{240} = 0.373(\text{년}) = 4.472(\text{개월})$

3–3) $TC = \frac{D}{Q}S + \frac{Q}{2}CI + DC = 2.681 \times 20 + 44.72 \times 4 \times 0.3 + 240 \times 4 = 1067.284(\text{만 원})$

4. 앞의 3번 문제에서 계약상 문제로 인하여 K패션으로부터 와이셔츠가 R아울렛에 도착할 때까지 2주(약 0.5개월)가 소요될 것으로 예상된다. 이때 R아울렛의 주문 시기와 주문량은 어떻게 변해야 하는지 계산하시오.

답 0.5개월간의 수요는 120/12=10이므로, 재고가 10개 남았을 때 재주문을 하면 판매손실없이 와이셔츠의 판매가 가능하다. 주문량은 위의 최적 주문량과 같다.

5. 앞의 3번 문제에서 R아울렛은 K패션과 새로운 계약을 통해 아래와 같은 수량할인 계약을 하였다. 이때 R아울렛의 주문량은 어떻게 변해야 하는지 계산하시오.

주문량	와이셔츠당 공급 가격(원)
1~50	40,000
51~100	38,000
101~	36,000

답 $Q_1 = \sqrt{\frac{2 \times 240 \times 20}{0.3 \times 3.6}} = 94.28$

94.28은 마지막 할인구간에 해당하는 주문량이 아니므로 $Q_1 = 101$

$$Q_2 = \sqrt{\frac{2 \times 240 \times 20}{0.3 \times 3.8}} = 91.77$$

91.77은 두 번째 할인구간에 해당하는 주문량이므로 $Q_2 = 91.77$

이제 총 비용을 계산하면,

$$TC_1(Q_1) = \frac{240 \times 20}{101} + \frac{0.3 \times 3.6 \times 101}{2} + 240 \times 3.6 = 966.065$$
$$TC_2(Q_2) = \frac{240 \times 20}{91.77} + \frac{0.3 \times 3.8 \times 91.77}{2} + 240 \times 3.8 = 1016.61$$

따라서 최적 주문량은 101이다.

6. 앞의 3번 문제에 이어, R아울렛은 한국은행 각 지점의 사원들을 대상으로 정장 공동구매를 요청받았다. 현재부터 각 주별로 수요량은 80, 100, 60, 90이 될 것으로 예상하고 있다. 다음 물음에 답하라.

1) 와그너-휘틴 알고리즘을 이용하여 각 주별 주문량 및 총 재고비용을 계산하시오.

2) 실버-밀 휴리스틱을 사용하여 각 주별 주문량 및 총 재고비용을 계산하시오.

답 1)

Step 1. $\theta_5 = 0, t = 4$

Step 2. $\theta_4 = \min_{4 < s \le 5}\left\{K + h\sum_{i=4}^{s-1}(i-4)d_i + \theta_s\right\} = 20[s(4) = 5]$

Step 3. $t = 3$

$$\theta_3 = \min_{3 < s \le 5}\left\{K + h\sum_{i=3}^{s-1}(i-3)d_i + \theta_s\right\}$$
$$= \min\begin{cases}20 + \theta_4 \\ 20 + 0.1 \times (d_4) + \theta_5\end{cases}$$
$$= \min\{40, 29\} = 29[s(3) = 5]$$

Step 4. $t = 2$

$$\theta_2 = \min_{2 < s \le 5}\left\{K + h\sum_{i=2}^{s-1}(i-2)d_i + \theta_s\right\}$$
$$= \min\begin{cases}20 + \theta_3 \\ 20 + 0.1 \times (d_3) + \theta_4 \\ 20 + 0.1 \times (d_3 + 2d_4) + \theta_5\end{cases}$$
$$= \min\{49, 46, 44\} = 44[s(2) = 5]$$

Step 5. $t = 1$

$$\theta_1 = \min_{1 < s \le 5}\left\{K + h\sum_{i=1}^{s-1}(i-1)d_i + \theta_s\right\}$$
$$= \min\begin{cases}20 + \theta_2 \\ 20 + 0.1 \times (d_2) + \theta_3 \\ 20 + 0.1 \times (d_2 + 2d_3) + \theta_4 \\ 20 + 0.1 \times (d_2 + 2d_3 + 3d_4) + \theta_5\end{cases}$$
$$= \min\{64, 59, 62, 69\} = 59[s(1) = 3]$$

따라서 $Q_1 = 80 + 100 = 180,\ Q_3 = 60 + 90 = 150$

2)

T	수요	재고 유지기간	재고 유지비용	주문비용	총비용	월별 평균비용
1	80	0	0	20	20	20
2	100	1	10	20	30	15
3	60	2	22	20	42	14
4	90	3	49	20	69	17.25

따라서 $Q_1 = 80 + 100 + 60 = 240,\ Q_3 = 90$

7. 다음과 같은 이산형 신문 판매원 문제를 생각해보자. 신문은 50부 단위로 주문 가능하며, 신문 한 부당 구매가격은 500원, 판매가격은 1,500원이며, 판매되지 않은 신문은 폐지업체에 한 부당 250원을 받고 넘길 수 있다. 가장 많은 이익을 낼 수 있는 최적의 신문 주문량을 구하시오.

D	0	50	100	150	200	250	300
f(D)	0.05	0.1	0.35	0.2	0.15	0.1	0.05

답

Q	0	50	100	150	200	250	300
$P[X \le Q]$	0.05	0.15	0.5	0.7	0.85	0.95	1

$\frac{p-c}{p-v} = \frac{3-1}{3-0.5} = 0.8$이고 $P(Q \le 150) = 0.7 < 0.8 < 0.85 = P(Q \le 200)$이므로, 최적 주문량은 $Q^* = 200$이 된다.

8. ABC 스노우보드 판매점은 겨울철 스노우보드 시즌을 맞아 스노우보드를 미리 주문하고자 한다. 스노우보드의 시즌 동안의 수요는 매우 불확실하지만 과거 경험으로 평균이 500대, 표준편차가 100대인 정규분포를 따른다고 예년의 수요 데이터를 바탕으로 추정되었다. 스노우보드 한 대의 구매가격은 10만 원, 판매가격은 25만 원이며, 스키 시즌 종료 후 파격가 할인을 통해 5만 원에 판매될 것으로 예상하고 있다. ABC 스노우보드 판매점은 스노우보드 몇 대를 주문해야 하는가? 이 경우 기대 품절량은 몇 대이며, 기대 판매량은 몇 대인가? 기대이익은 얼마가 될 것인가?

답 $C_0 = 10-5 = 5$만원, $C_u = 25-10 = 15$만원이 된다.

$F(Q) = \frac{C_u}{C_0 + C_u} = 0.75$이며, 이는 표준정규분포표에서 근사적으로 $z = 0.68$가 된다. 따라서 $Q^* = \mu + z \times \sigma = 500 + 0.68 \times 100 = 568$대가 된다.

$L(z) = 0.1478$이므로, 기대 품절량 ELS은 $\sigma \times L(z) = 100 * 0.1478 = 148$대이고,

기대 판매량 ES은 $ES = 500 - 148 = 352$대이다.

이때 기대 잔존 재고량 ELI는 $ELI = 568 - 352 = 216$대이다.

따라서 기대이익은 $C_u \times ES - C_0 \times ELI = 15 \times 352 - 5 \times 216 = 4200$만원이 된다.

9. AAA 대리점에서 판매하는 어떤 제품의 일주일 수요는 평균이 400개, 표준편차가 50개인 정규분포를 따른다고 추정되었다. 주문 조달기간은 5주가 소요되며, 서비스 수준은 90%를 유지하기를 원한다. 대리점은 연속조사 재주문점 모형을 사용하고 있으며, 주문량은 과거 경험에 의해서 1,200개를 주문하고 있다. 안전재고량 SS는 얼마이며, 재주문점은 몇 개가 되는가?

답 주문 인도기간이 5주이기 때문에 조달기간 LT 동안 평균 수요 $\overline{X}$와 표준편차량 σ_d는 각각 2000개, $50\sqrt{5}$이다. 서비스 수준을 90%로 유지하기 위한 안전재고량 SS는 다음과 같은 식을 만족해야 한다.

$$P(\overline{X} \le ROP) = P\left[\frac{X - \overline{X}}{\sigma_d} \le \frac{ROP - \overline{X}}{\sigma_d}\right] = \left[z \le \frac{SS}{\sigma_d}\right] = 0.90$$

이때 $z = 1.28$이므로 안전재고량 $SS = 1.28 \times 50\sqrt{5} = 143.1$이 되고, 재주문점 ROP는 $\overline{X} + SS = 2000 + 143 = 2143$개가 된다.

10. 9번의 AAA 대리점의 서비스 수준은 몇 % 정도 되는가? 조달기간 동안의 보유재고에 대한 목표 서비스 수준과 비교하여 어떠한가?

답 AAA 대리점의 서비스 수준 SL은 $SL = 1 - \frac{50\sqrt{50}\,(0.0475)}{1,200} = 0.9956$이다.

따라서 보유재고 에 대한 목표 서비스 수준 90%보다 높다.

제8장 연습문제

1. 하역에서 발생하는 여섯 가지 세부 작업들을 설명하시오.

답

- 상하차(Loading & Unloading): 수송기기와 컨테이너 등을 이용하여 물품을 트럭등 수송수단에 실어 넣는 일과 짐을 내리는 일을 말한다.
- 운반(Moving): 생산, 유통, 조달의 과정에서 물품을 물류센터, 창고, 공장과 도소매 매장 내 등에서 짧은 거리를 이동시키는 것을 말한다.
- 적재(Stacking): 창고 등 보관시설 내의 정해진 장소로 이동한 물품을 적절한 보관 위치에 적합한 형태로 쌓아두는 작업을 말한다.
- 피킹(Picking): 인출이라고 하며 적재하여둔 물품을 꺼내는 일을 말한다. 특히 오더피킹(Order Picking)은 주문된 제품을 보관장소에서 꺼내어 용기에 담아 보내는 일을 말한다.
- 분류(Sorting): 인출된 물품을 품목별, 발송 방면별, 고객별 등으로 분류하는 일을 말한다.
- 정리(Collection): 출하하는 물품을 수송수단에 상하차, 하역, 운반과 적재 등 고려하여 적재해두기 위해서 단위하물(유닛로드, Unit Load)로 적합하게 포장하거나 정리하는 것을 말한다.

2. 하역 합리화의 일곱 가지 원칙을 설명하시오.

답 무리한 작업의 배제, 운반활성의 향상, 중력 이용, 흐름 이용, 하역기계의 이용, 유닛로스 시스템화, 효율적인 통합 시스템의 형성

3. 지게차의 단점을 설명하시오.

답 지게차는 포크(Fork)를 이용하기 때문에 개별 단위화물의 취급은 불가능하며, 취급화물은 팔레트화 등의 유니트화가 필요하다.

4. 물건의 수직방향 이동에 사용되는 장비에는 무엇이 있는지 설명하시오.

답 엘리베니터, 호이스트, 슈터 등

5. 기존의 전통적인 AGV 시스템은 규모가 커짐에 따라 차량의 혼잡을 통제는 것이 어려운 문제로 대두되었다. 이로 인하여 새롭게 제안된 AGV 시스템은 무엇이며, 어떠한 방식으로 차량의 혼잡을 회피했는지 설명하시오.

답 텐템 AGV 시스템은 분할 정복(Divide And Conquer)의 개념을 적용하여 전체 시스템을 몇 개의 지역으로 구분하고, 각 지역을 하나의 차량으로 서비스하는 방식으로 경로를 설계한다. 이와 같이 단순한 차량 경로를 활용하여 차량의 혼잡을 회피하고자 하였다.

6. 한 대의 AGV로 운영되는 AGV 시스템이 존재한다. 다음 표과 같이 이동을 요청하는 작업이 발생하였다. 다음 규칙을 사용할 때 어떠한 작업을 우선 이동해야 하는지 결정하시오.

(1) Shortest-Distance-First

(2) First-Come-First-Served

(3) Maximum-Outgoing-Queue-Size

작업 ID	출발지	도착지	요청 시간	현재위치에서의 거리
Job 1	WS1	WS2	13:05 pm	10m
Job 2	WS2	WS4	13:10 pm	5m
Job 3	WS1	WS4	13:02 pm	10m
Job 4	WS1	WS2	13:04 pm	10m
Job 5	WS3	WS1	13:08 pm	3m

답 (1) Shortest-Distance-First: Job 5

(2) First-Come-First-Served: Job 3

(3) Maximum-Outgoing-Queue-Size: Job 3(WS1에 가장 많은 물건이 쌓여 있으며, 이중 가장 먼저 요청한 Job 3를 우선 운반한다.)

7. 저장창고와 유통창고의 차이를 설명하시오.

답 저장창고는 물품을 비교적 장기간 보관하고, 그 기간 동안 품질을 보호하기 위하여 운영된다. 이를 통해 수요와 공급을 조절하고, 수익을 얻을 수 있다. 반면, 유통창고는 보관기간이 비교적 짧고, 상품의 입출고 빈도수가 많은 특징을 갖는다. 보관효율보다는 신속한 분류, 하역 및 배송을 수행하는 것을 목적으로 한다.

8. 포장의 목적을 설명하시오.

답 제품의 보호 및 품질 유지: 물류 과정 중에 발생하는 손상이나 품질 저하를 방지한다.

운영의 효율성 향상: 표준화된 형태를 유지하여 물류과정의 효율성을 높인다.

마케팅 경쟁력 향상: 고객의 감성을 자극하고, 제품을 가치를 극대화한다.

9. 적정 포장의 의미와 필요성을 설명하시오.

답 적정 포장이란 포장 본연의 기본적인 목적을 달성하면서, 동시에 가장 경제적인 포장을 해야 함을 말한다. 과대 포장은 소비자의 불만족을 야기할 수 있으며, 사회·환경적 비용을 발생시킨다. 반면, 과소 포장을 하게 되면 제품의 유통 과정 중에 손상되거나, 운영의 비효율성이 발생할 수 있다.

10. 단위포장, 내부포장, 외부포장으로 구분하여 포장이 이뤄지는 이유를 설명하시오.

답 단위포장은 물품의 보호, 정보전달, 상품 가치의 향상을 위해 소비자 판매단위를 기준으로 포장이 이뤄진다. 내부포장은 물품이 손상되는 것을 방지하기 위해 적절한 포장재료를 이용하여 포장화물 내부를 포장한다. 외부포장은 제품의 보호, 운송의 용이성 등을 위해 포장화물을 한번 더 포장하는 것을 의미한다.

제9장 연습문제

1. 고대로부터 근대까지 도시와 국가의 경제와 문화는 해상운송을 중심으로 발전해왔고, 현재 전 세계

무역량의 80% 이상이 해운물류를 통하여 운송되고 있을 정도로 해운물류는 물류산업에서 꾸준히 중요성을 보이고 있다. 그렇다면 해운물류가 가지고 있는 장점과 단점은 무엇인가?

답

장점	단점
수송비용이 저렴 대량의 화물 수송 용이 장거리 수송 가능 자유로운 수송로 국가 간 운송이 자유로움	신속성이 떨어짐 정확성이 떨어짐 하역설비가 있는 항만 간 수송만 가능

2. 해운물류를 하기 위해 많은 국가에는 항만이 존재한다. 항만의 개념을 설명하시오. 그리고 제2차 세계대전 이후 컨테이너가 등장해 현재까지도 컨테이너를 통한 해운물류는 큰 역할을 하고 있다. 컨테이너를 해운물류에서 사용하는 이유를 서술하시오.

답 항만법상으로 항만의 정의는 선박의 출입과 사람이 타고 내리거나 화물을 선박에 싣고 내릴 수 있는 시설이 구비된 항이다. 항만은 해상수송 기지로서 해상수송을 육지와 연결시키는 역할을 수행한다. 컨테이너 운송이 갖는 장점으로는 규격화된 견고한 용기가 제공하는 경제성, 신속성 및 안전성이 대표적이다. 경제성의 경우 화물의 규격화에 따른 화물취급비용의 절감과 운송시간의 절감을 의미한다. 신속성의 경우 환적 등에서 내용물을 일일이 적입하는 대신 용기 그대로 옮길 수 있다는 것을 의미하며, 안전성의 경우 컨테이너 용기의 견고성으로 인해 화물의 파손이 줄어드는 것을 의미한다.

3. 3차원 컨테이너 패킹 문제는 물자의 개수가 많아지고 크기가 다양해짐에 따라 계산 시간이 지수적(exponential)으로 증가하면서, 빠른 시간 내에 괜찮은 가능해를 찾기 위한 많은 휴리스틱 대안들이 연구되고 있다. 예제 9.1에서 DBLF(Deepest Bottom Left with Fill) 전략이 그 중 하나이다. 2차원으로 축소한 패킹 문제에 대한 DLF(Deepest Left with Fill) 전략은 다음과 같다.

• DLF 위치

가능한 왼쪽 위치들 중 실제 위치하게 되는 DLF 위치를 선정하는 기준은 다음과 같다.

Step 1. x축 좌표가 가장 작은 값을 나타내는 위치, 위치가 1개이면 종료.
만약 둘 이상의 위치가 나올 경우, Step 2로 간다.

Step 2. y축 좌표가 가장 작은 값을 나타내는 위치, 종료.

① 10×10 크기의 정사각형 모양의 공간이 주어져 있고, 총 5개의 직사각형 모양의 물자가 있다. 크기는 아래 표에 제시하였다. 물자를 정사각형 공간에 진열하는데, 진열 순서는 물자 1에서 시작해 물자 5에서 종료한다. 그리고 물자를 90도 회전할 수 없다고 하자.

물자	1	2	3	4	5
크기	5×4	2×4	5×2	3×8	4×3

DLF 전략을 이용해 진열한 결과를 도식화해보자.

답 물자 1부터 4까지 다음과 같이 진열된다. 물자 5는 진열되지 못한다.

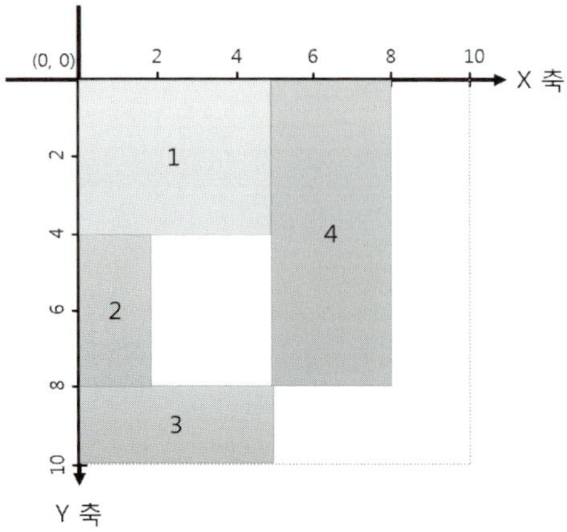

② 물자의 순서를 바꾸어 DLF 전략을 진행해보자. ①번 문제의 결과보다 더 나은 진열 결과를 보이는 물자의 순서가 존재하는가? 존재한다면 어떤 순서인가? (물자를 90도 회전할 수 없다.)

답 다음 표와 같은 순서의 경우, 다음과 같이 5개 물자 모두 진열할 수 있다.

물자	1	2	3	4	5
크기	3×8	5×4	5×2	2×4	4×3

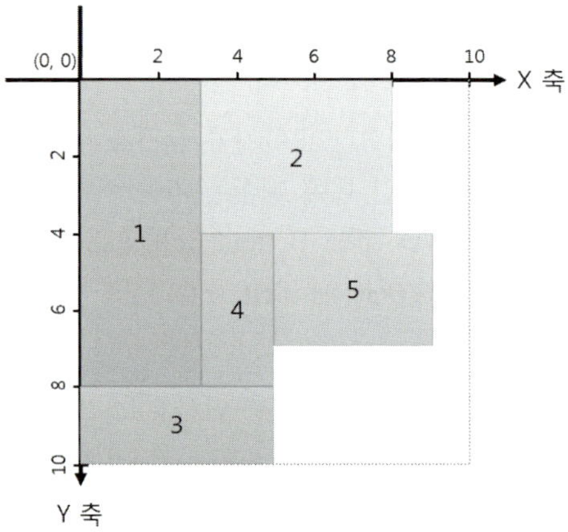

4. 컨테이너 적재 계획을 다루는 컨테이너 로딩 문제는 해양물류에서 중요한 문제 중 하나이다. 최근 접이식 컨테이너의 등장으로 인해, 접이식 컨테이너에 맞춘 컨테이너 로딩 문제가 새롭게 제시되고 있다. 일반 컨테이너를 접이식 컨테이너로 대체하면서 나타날 수 있는 비용적인 측면에서의 장점과 단점은 무엇인가? 그리고 로딩 문제를 풀 때 새롭게 고려해야 할 제약식에는 무엇이 있을지 서술하시오.

답 일반 공 컨테이너 1개의 공간을 접이식 컨테이너 4개의 공간으로 바꿀 수 있다. 이는 실제 이용하는 컨테이너의 개수를 줄일 수 있어 컨테이너의 재고비용을 감소할 수 있다. 반대로 남은 공간에 더 많은 컨테이너를 실을 수 있다는 측면에서 보면, 이는 수송비용의 감소도 보일 수 있다. 하지만 접이식 컨테이너를 사용함에 따라 발생하는 추가적인 운용비용이 증가한다. 접이식 컨테이너를 접고 펼치는 데 필요한 추가적인 설비가 항만에 필요하고, 일반 컨테이너보다 비싼 접이식 컨테이너를 구매하는 등 초기 투자비용이 증가한다. 접이식 컨테이너를 고려한 로딩 문제를 진행할 경우, 컨테이너 패킹문제와 유사하게 접이식 컨테이너의 취약성에 따른 제약조건이 추가될 수 있다. 접이식 컨테이너 위에 적재된 컨테이너들이 많이 쌓일 경우, 접이식 컨테이너의 파손이 생길 수 있어 이를 방지하는 제약조건을 추가하는 게 하나의 예시가 될 수 있다.

5. 공 컨테이너 재배치 문제에서 컨테이너의 흐름에 대해서 서술하시오. 서술할 때 컨테이너의 반납과정에 대해 정확히 서술해야 하며, 그림을 이용해 설명하시오.

답 내륙에 있는 화주 또는 송하인(shipper or consignor)은 화물을 해상운송을 통해 수하인(consignee)에게 보내고자 하며, 이를 공 컨테이너 재배치 문제에서의 수요라고 한다. 수요가 발생하면 해운회사는 공 컨테이너를 송하인에게 보내며, 송하인은 공 컨테이너에 화물을 싣고 컨테이너는 항구로 운송된다. 해운회사는 선박을 통해 컨테이너를 바다로 운송하며 도착 항구에서 컨테이너는 내려지고 수하인에게 보내진다. 수하인은 도착한 화물을 꺼내고 컨테이너는 빈 상태가 되어 해운회사가 가진 창고로 보내진다. 이를 공 컨테이너 재배치 문제에서의 공급이라 한다.

6. 공 컨테이너 재배치 비용을 줄이는 것이 해운회사에게 중요한 이유를 서술하시오.

답 컨테이너의 흐름에서 공 컨테이너에 대한 수요와 공급의 불균형을 해소하기 위해 해운회사는 공 컨테이너를 재배치하게 되며, 최적의 재배치 운영 계획을 수립하는 것이 해운회사의 중요한 과제이다. 극심한 무역 불균형으로 인해 공 컨테이너 재배치 비용이 해운회사의 운영비용의 큰 비중을 차지하기 때문에 효과적이고 효율적인 공 컨테이너 재배치 계획을 수립하는 것은 해운회사에게 매우 중요하다. 또한 경제적인 효과에 더불어 선박의 연료 소비량, 항만의 혼잡 등에도 영향을 주므로 공 컨테이너 재배치 문제는 환경과 사회 전반에 중요한 문제이다.

7. 공 컨테이너 재배치 문제의 수리모형에서 항만의 균형 제약식을 서술하고, 제약식의 의미에 대해 설명하시오.

답 $z_{i,t} = z_{i,t-1} + \sum_{j \in P} r_{ji,t-\tau_{ji}} - \sum_{j \in P} r_{ijt} + \sum_{j \in P} x_{ji,t-\nu_i-\nu_j-\tau_{ji}} - \sum_{j \in P} x_{ijt} \quad \forall i \in P, t = 1, \ldots, T$

항만 i에서의 균형 제약식으로 t 시점의 재고는 들어오는 양과 나가는 양의 차이로 결정된다. 항만 i로 재배치되어 들어오는 공 컨테이너와 항만 i에서 재배치되어 나가는 공 컨테이너, 수요를 만족시키기 위해 사용된 공 컨테이너, 사용되고 비워진 후 반납되는 공 컨테이너가 합쳐져서 현재 시점의 재고가 결정된다. 이때 주의해야 할 점은 과거에 사용된 컨테이너가 현재에 반납되므로 시점을 정확히 고려해야 한다. 그림 9.21 참고.

8. 공 컨테이너 재배치 문제에 접이식 컨테이너를 활용하였을 때의 장점에 대해 서술하시오.

답 접이식 컨테이너를 사용하면 1개의 표준 컨테이너를 운반할 공간에 여러 개의 공 컨테이너를 접어서 운송할 수 있어 운영비용을 크게 절감할 수 있다. 또한 여러 개의 공 컨테이너를 묶어서 배송하므로 수요의 변동성에 더욱 효과적으로 대응할 수 있을 것으로 기대한다.

9. 공 컨테이너 재배치 게임은 공 컨테이너 관리를 사용자가 모의 실험해볼 수 있는 시뮬레이션 형식의 의사결정지원시스템(DSS)이다. 공 컨테이너 재배치 게임의 활용 가능성과 장점에 대해 서술하시오.

답 DSS는 사용자가 다양한 데이터에 대해 실험해볼 수 있도록 하고, 최적의 의사결정과 비교할 수 있도록 함으로써 사용자의 업무 능력 향상을 도모할 수 있다. 공 컨테이너 재배치 게임에서는 게임 인터페이스를 채택하여, 종래의 DSS가 가져오던 문제를 해결하고자 했다. 게임 인터페이스의 적용은 사용자의 자발적 흥미를 유발할 뿐만 아니라 시스템과 사용자 간의 양방향 상호작용을 가능하게 한다.

제10장 연습문제

1. 항공화물의 정의란?

답 항공화물은 "항공사의 일정한 운송장에 의거하여 항공기 및 항공기에 준하는 운송 수단에 탑재되어 수송되는 모든 대상"으로 정의되며 법적으로 화물은 운송의 목적물로서 합당한 운송 약관의 적용을 받는 대상물을 뜻한다. 따라서 화물 운송 약관의 적용 대상이 아닌 승객의 휴대품 및 운송 작업에 사용되는 기타 물품들은 화물이라고 볼 수가 없다.

2. 항공물류와 항공운송(혹은 항공화물 운송) 간의 차이점이 무엇인가?

답 항공운송은 항공기를 사용하여 사람이나 화물을 다른 지역으로 이동시키는 방식의 단순 운송 시스템이라는 의미로 제한할 수 있으며, 특정 지점에서 항공기가 운항하는 노선에만 의지하여 다른 지점으로 화물을 이동시킨다는 물류의 운송기능만으로 그 범위를 국한하여 이야기한다. 항공물류(Air Logistics)라고 말하는 것은 공항을 통하여 항공기를 이용한 운송을 행하면서 그와 동시에 운송과 관련된 모든 물류적인 활동을 포함하는 것이다.

3. 항공물류 시스템의 구성 요소를 주체, 객체, 매체로 구분하여 적으시오.

답

주체	항공화물화주
객체	항공운송서비스 (3S1L)
매체	항공물류사업자
시간적 매체	항공화물청사
공간적 매체	항공사
기능적 매체	항공 포워더

4. 위의 항공물류 시스템의 구성 요소 중 매체는 주체와 객체를 연결하는 사업체의 서비스 내용에 따라 시간적 매체와 공간적 매체 및 기능적 매체로 구분한다. 각각의 매체를 설명하시오.

답

- 시간적 매체: 화물이 유통되는 과정의 한 서비스 단계에서 다음 서비스 단계로의 이전을 원활하게 하도록 머무름의 효용을 만들어 주는 기능을 말한다. 창고 및 터미널이 이에 해당한다.
- 공간적 매체: 생산(공급처)과 소비(수요처) 사이의 공간적 장애를 해결하는 기능(운송)을 의미한다. 생산품을 이전하는 데 있어 한 지점과 다른 지점과의 사이에 있는 공간적 거리를 이동함으로써 효용을 창출하는 기능이다. 모든 종류의 운송수단이 이에 해당한다.
- 기능적 매체: 물류 시스템을 구성하는 전체 요소들 간의 상호작용이 가능하도록 구성요소들의 연결을 통해

효용을 만드는 기능이다. 대표적인 사업체로는 포워더가 있으며 포워더 외에도 물류에 가담하는 모든 사업체 조직 기구 등은 직간접으로 매개기능을 한다고 보아야 할 것이다.

5. 국제 물류가 담당하고 있는 중요 역할 다섯 가지를 설명하시오

답

- 첫째, 국제 물류는 국제 간 물품의 소비와 생산을 연결하여 생산력을 증대시킴으로써 국제 시장의 발전에 기여하는 효과가 있다.
- 둘째, 국제 물류는 운송 시간을 단축하고 제품의 조기 또는 적기 인도 등을 통하여 기업들의 해외 고객 관련 서비스 활동을 향상시켜 신뢰감을 높이고 판매 기능을 촉진하는 역할을 한다.
- 셋째, 국제 물류는 생산과 수출 외에도 총 비용이라는 경제적인 측면에서 제3의 이윤을 창출하는 역할을 한다. 국제 물류는 국내 물류와는 달리 해외 운송비용의 비중이 크기 때문에 총 비용을 줄이기 위해 제품 단가를 인하시켜 국제 경쟁력에 기여하게 된다.
- 넷째, 국제 물류는 기업의 입장에서는 서비스 향상과 물류비 절감을 통해 판매를 증진시키고 기업이 발전할 수 있는 수단이 되고, 공급자인 기업의 입장에서는 양질의 서비스로 기업의 경쟁 기반을 확립할 수 있는 기회가 되기도 한다.
- 다섯째, 국제 물류는 국민 경제적인 입장에서 수출입 물품의 최적 유통을 통해 물류비를 절감시키기 때문에 국제화 시대에 따른 경제 발전과 물가 안정을 가져온다.

6. 항공화물은 크게 여섯 가지 형태로 분류할 수 있다. 이때 여섯 가지 형태와 그에 따른 세부 항목으로 분류하시오.

답

- 화물 특성 – 일반 화물, 특수 화물
- 항공사 취급 – 위험품, 귀중품, 생동물, 부패성 화물, 습성 화물, 시체, 외교 행낭, 중량 화물, 대형 화물
- 운송 상태 – 수출 화물, 수입 화물, 통과 화물
- 화물 사고 – 연착 화물, 파손 화물, 분실 화물, 오송 화물, 미송 화물, 하기 화물, 미착 화물, 예약 불이행 화물, 무예약 탑재 화물
- 보세 여부 – 국내 화물, 보세 화물
- 요율 – 최저 요금 화물, 기준 요율 화물, 정량 요율 화물, General Cargo Rate 화물, Special Cargo Rate 화물, Class Rate 화물

7. 항공화물 운송은 장점은 무엇인가?

답

- 물류 측면의 장점 – 항공화물 운송은 무엇보다도 긴급한 화물로 소형 화물을 운송하기 적합한 장점을 가지고 있다. 수요 기간이 짧아서 시장에 즉시 반응해야만 하는 제품의 수송에 적합할 뿐만 아니라 운송 시간을 단축시킴으로써 비용을 절감하고 제품의 훼손을 방지할 수도 있다. 또한 포장비가 절감되며 통관이 비교적 간소하다는 장점도 물류 산업의 특성상 장점으로 볼 수 있다.
- 비용 측면의 장점 – 다른 운송 수단에 비해서 포장의 경량화에 따른 운임 절감을 이야기할 수 있다. 육상 운송에 비해서는 저렴한 보험료 부담이 장점이며, 운송 중인 제품에 대한 투자 자본의 비용이 절감된다. 신속한 운송이 가능하기 때문에 보관비용을 줄일 수 있으며, 보관 시에도 장소 및 기간이 짧아 창고 시설 투자나 임차료 및 관리 비용을 줄일 수 있다. 또한 하역 작업 등의 단계가 적어 도난 및 파손의 위험이 상대적으로 적다.

- 서비스 측면의 장점 – 항공화물 운송은 고객 서비스를 향상시켜서 매출 증대를 도모할 수 있다. 또한 예상치 못한 갑작스러운 수용에도 신속하게 대처할 수 있는 장점이 있으며, 변질이 쉬운 제품에 대한 시장을 확대하는 데에도 유용하다. 판매 기간이 짧은 제품의 시장 경쟁력을 보유할 수 있으며, 재고의 변질이나 손실을 감소시킬 수 있고, 운송 중인 제품의 위치 파악도 용이하다는 장점을 가지고 있다.

8. 수하물 처리 시스템(BHS: Baggage Handling System)이란 무엇인가?

답 공항 내 여객들의 수하물을 안전하면서 각각의 목적지에 맞게 항공기에 탑재하기 위해 수하물의 이송, 분류, 검색 및 필요시에는 저장할 수 있도록 수하물들을 처리하는 시스템으로 공항 운영의 필수 설비이며, 주로 컨베이어를 통해 안전 검사 설비, 판독설비 등으로 구성된 수하물 운송 시스템이다.

9. Outbound BHS와 Inbound BHS의 처리 과정을 나열하시오.

답

Outbound BHS 처리 과정

- 체크인 후 각기 다른 체크인 데스크를 거친 수하물들이 한 지점에서 합류
- HBS(Hold Baggage Screening) 단계로 항공기 안전을 위해 출발 수하물들을 검사
- 항공기 출발 시간의 최소 2시간 이전에 입고된 수하물인 조기 수하물과 일반 수하물을 분류하여 조기 수하물을 EBS(Early Baggage Storage)에 저장한다. 그 후 항공사의 정기출발시간에 맞추어 보관하거나 수하물의 flow 상에 일시적으로 보관한 후에 반출
- 출발하는 항공기별로 수하물을 분류한 후 적입 지역에서 수하물을 컨테이너에 반입
- 출발 수하물의 경우에는 환승 수하물인 경우와 아닌 경우로 분류하여 컨테이너에 반입
- 환승 수하물은 분류 후 적재

Inbound BHS 처리 과정

- 항공기로부터 도착한 수하물은 Break Area에서 분류 처리
- 환승 수하물은 분류단계에서 도착 수하물과 분리되어 처리. 수하물의 항공편에 따라 분류가 되고 필요시에는 검색 후에 분류장치로 이동(환승 수하물이 조기 입고된 경우에는 EBS로 전달되어 보관)
- 도착수하물은 도착여객 수하물 수취지역의 Carousel로 이동

10. 통과화물 중 제3국에서 수입되어 제3국으로 수출되는 화물이 가장 많으며, 이에 해당하는 처리 프로세스가 정해져 있다. 이때의 처리 프로세스 과정을 나열하시오.

답 통과화물을 적재하는 비행기가 입항하면 화물을 하기하여 이를 ETV Rack(Elevating Transfer Vehicle Rack) 앞으로 운반한다. 하기 과정에서 통과화물의 Air Waybill(항공화물 운송장)에 대한 정보를 분류하여 이를 관련 부서로 전달하고 적하리스트와 Waybill의 정보를 세관에 신고한다. 그리고 작업현장에서 운반된 통과화물을 분해 작업이 필요하면, Breakdown 작업장으로 이동하거나 분해 작업이 필요 없으면 ETV Rack에 입고한다. 분해 작업프로세스 끝난 ULD(Unit Load Device)는 빈 공간을 채우는 Buildup 프로세스로 진행하여 바닥에 보관하거나 ETV Rack에 보관한다. 또한, 세관에서는 적하리스트에 통과화물을 배정한 후 이를 탑재할 비행기가 도착했으면 화물터미널 바닥에 있는 ULD를 운반하고, ETV Rack에 입고된 ULD는 출고를 거쳐 비행기로 운반되고 탑재된다. 이와 같은 모든 작업 프로세스가 끝나면 비행기는 출항한다.

제11장 연습문제

1. 구매 및 조달에서 친환경적 자재를 확보하기 위한 방법들은 무엇인가?

답 기존의 공급업체 가운데는 원자재(Virgin Materials)의 전부나 일부를 재생품, 대체품, 기타 친환경적 자재로 공급할 수 있으므로, 공급업체로 하여금 납품하는 원자재 대신에 재활용품, 대체품, 다른 친환경적 자재로 대체하여 납품하도록 할 수도 있다. 또는 새로운 공급업체의 정보는 지역이나 전국 폐기물교환, 도시재활용센터, 재생자재 공급업체 등을 통해 얻을 수 있다.

2. 자원절감 방법을 나열하시오.

답

- 원자재 분리, 재활용, 자원절감 활동과 관련된 유익과 작업과 자세변화에 관한 종업원 교육훈련
- 손상이나 망실가능성을 최소화하기 위한 JIT(Just-in-time) 방식의 원자재 구매
- 공급업체에게 불필요한 포장의 축소와 재생 및 재활용 가능한 자재와 반환 가능한 포장을 사용할 것을 요청
- 공급업체에게 조달되는 원자재와 재활용 자재들에 관한 단가와 가용한 정보를 요청하여 친환경적인 자재납품 요청 시에 활용
- 제품설계시 가치공학(VE: Value Engineering)에 의한 자재절약형 설계를 하고, 구매시 가치분석(VA: Value Analysis)에 의한 친환경적 구매를 하도록 함

3. 전 세계적으로 도로수송으로 인해 발생하는 CO_2 배출은 온실효과에 18~20% 정도의 악영향을 미치는데, 이 온실효과는 지속될 경우 발생할 것으로 예측되는 것은 무엇인가?

답 온실효과는 지속될 경우 해수면의 상승과 기후대의 큰 변혁으로 지구환경의 황폐화가 심화될 것이다. 또한 도로수송은 배기배출로 영국의 경우 공기오염에서 미치는 영향이 CO는 오염의 80%, NO_2는 45%, 스모그(smog)는 34%를 차지하는 등 심각한 영향을 미치고 있다. 불완전연소로 나오는 CO는 배기가스 연소장치를 의무적으로 부착하여 점차 감소시켜 나가야 하고, 산성비의 원인인 NO_2와 호흡기병과 발암의 원인이 되는 스모그는 차량의 정비와 엔진개선 등으로 감소될 수 있다. 국내의 경우 차량에서의 SO_2의 발생이 선진국보다 많은데, 이는 폐암과 다양한 호흡기 질환의 원인이 되는 것으로 차량의 정비와 국내 생산 휘발유의 탈황 수준을 높이는 것이 필요하다.

4. 수배송물류에서의 환경 대책을 작성하시오.

답

(1) 차량경로와 스케줄링 시스템 활용으로 교통정체 지역을 피한 최적 수배송경로 선정과 운행 차량 수 최소화
(2) 공유경제 기반의 차량 공유를 통한 운행 차량 수 최소화
(3) 트럭에 트레일러 추가 부착하여 운행하는 트럭 Platooning으로 대량수송 검토
(4) 택배업체나 3자 물류업체(3PL)와 영업용 차량 활용
(5) 고객 서비스에 영향이 적은 범위 내에서 복합수송, 요일수송, 주문크기 상향조정 등 검토
(6) 연료절약형의 운전교육
(7) 속도제한기와 배기가스 연소장치 부착, 차량과 엔진정비 철저
(8) 엔진연료 첨가제 사용 검토
(9) 자율주행트럭 도입 검토

5. UPS에서 보유하고 있는 ORION(On-Road Integrated Optimization and Navigation) 플랫폼은 무선 통신네트워크의 지원을 받는 LBS(위치기반서비스, Location based service) 기능을 차량에 부착하고 있다. 이로 인해 가져올 효과는 무엇인가?

답 교통체증 지역을 피해 빠른 시간 내에 수배송하도록 경로를 조정해주는 시스템을 운영하여 수송과 배달 시간단축으로 고객 서비스를 향상하고, 연료 소모와 배기가스 방출을 크게 줄일 수도 있다.

6. 회수물류의 개념도를 그리시오.

답

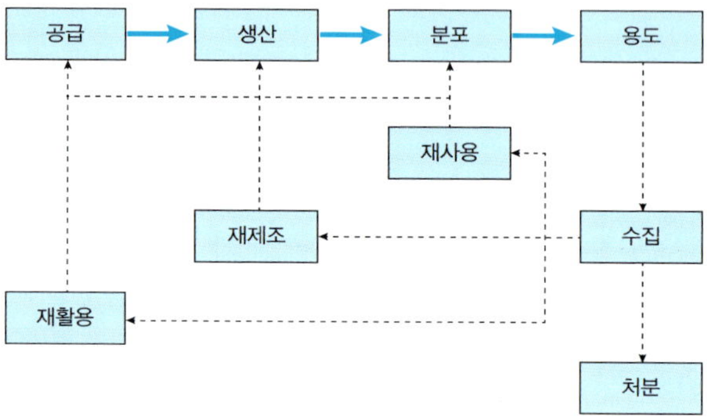

7. 보관에서 폐기물감축을 위한 방안은 무엇이 있는가?

답

- 회수 가능하거나 재생 가능한 컨테이너, 용기 및 팔레트 사용
- 창고 내 재활용이나 처리장치의 위치 및 운영방안을 최적화
- 재고수준의 통제와 폐기물 최소화 방안 강구(FIFO, 장기저장품 우선사용 등)
- 불용재고품의 재생을 위해 공급업자에게 반납 등

8. 기업과 물류 전문업체들은 정부의 규제 이전에 환경에 대해 책임을 지는 것이 유리하며 이 경우 공공과 고객에의 이미지와 관계가 개선되고 단속에 따른 비용과 처벌에 따른 곤경과 희생을 줄일 수 있다. 이때 기업 중심의 주도적인 환경 물류의 방안들은 무엇이 있는지 작성하시오.

답

환경개선 목표	환경물류 방안
폐기물/쓰레기 감소	• 재활용/재생프로그램 및 실행–사용 후 폐기되는 윤활유 오일, 타이어, 배터리, 포장재료, 폐차, 금속류 • 컨테이너, 용기, 팔레트 사용 • 폐기물/쓰레기 및 불용품 최소화를 위한 자재관리 • 오래된 재고의 재생처리
자원절약	• 차량엔진의 튜닝과 정비수준 향상 • 고연비 차량 도입 • 평판형 Roof Fairing Deflector 부착 공기저항 감소 트럭 운용 • 트럭에 트레일러 추가부착 Platooning • 고급옵션 차량보다 요구기능의 차량 도입 • 전기지게차 사용

환경개선 목표	환경물류 방안
교통정체와 대기오염 축소	• 교통 혼잡 대비를 위한 차량 내 통신시스템 설치 • 차량경로와 스케쥴링 시스템 활용 • 회귀차량 활용과 공차운행 감소 • 자재는 대규모 적재량으로 운반 • 에어서스펜션 부착 차량 운행
대기오염 축소	• 배기가스 촉매변환장치(Catalytic converter) 부착 점검 • 저유황 고세탄가의 디젤유 사용 • 배기가스량을 줄이는 연료첨가제 사용 • 냉장고시스템과 에어컨시스템의 누수 점검 • 엔진공회전 감소
오존층 파괴감소	• CFCs(프레온가스)가 아닌 대체품 사용 • CFCs 사용 냉장고 시스템 폐기처분
소음공해 축소	• 방음벽 설치 • 에어브레이크 소음기 부착

9. 경제계의 모든 부문에서 폐기물을 방출하므로 폐기물의 하역/운반, 저장, 처리의 물류관리는 엄청난 규모이다. 폐기 자재의 최소화를 위한 기업, 산업 및 정부의 노력은 증가되고 있는데 그 중 하나가 ERRA(유럽재활용재생협회)이다. ERRA에서의 폐기물 감소 방안과 지침은 무엇인가?

답

- 폐기물이 그 공정이나 인접공정에서 재사용되게 할 것. 폐기물교환으로 시장가치를 가지게 할 것.
- 원자재를 더 적은 단위로 구매하도록 함.
- 생산기술을 개발하여 폐기물이 적게 나오면서 같은 제품 이상의 것을 산출하게 함.
- 생산과정에서 나온 자재조각과 스크랩 등을 재사용하는 방안을 찾음.
- 중간제품에서 채취 검사하는 품질 샘플의 양을 줄일 것.
- 제품 설계 시 자재의 소요를 줄이고, 사용 중의 정비와 수리 및 사용 후의 재활용이 쉽도록 할 것.
- 철저한 재고관리로 모든 보관자재를 파악, 부적합 자재의 반품, 반환 컨테이너 사용, 모든 컨테이너 속의 자재를 완전히 사용하도록 할 것.
- 불필요한 뒤섞임과 오염으로 버려지는 자재의 비용을 줄이는 보관방법을 개발함.
- 포장자재가 적게 소요되고, 재활용되도록 설계하고 생산할 수 있도록 효율적인 포장설계를 할 것.

10. 기업은 재생 가능한 쓰레기를 엄청난 양으로 내놓는다. 여기에는 골판지 상자, 팔레트, 각종 박스, 비닐 포장, 기타 수송과 보관용 자재 등이 포함된다. 많은 제조기업들과 도소매상들과 물류 서비스 업체들은 나름대로 재활용의 활동을 하고 있다. 그 예시를 하나 적으시오.

답 미국의 혼다(Honda) 자동차사는 재활용 가능한 자재의 매립을 피하고 판매로 수익을 올리는 리사이클링 프로그램을 실행하고 있고, 독일의 BMW와 VW(폭스바겐) 자동차사는 중고폐차를 회수하여 60%의 부품을 재활용하는 프로그램을 실행하고 있다. 독일의 DSD(Duales System Deutschland, 독일 포장재 활용 시스템)사는 코카콜라, 펩시콜라, 네슬레, 유니레버 등 400여 회사가 출자해서 만든 회사로 가정에서 폐기된 포장물의 리사이클링을 담당하는데, 가정에서의 폐기물을 25% 이상 줄이는 효과를 보고 있다. DSD는 유리, 종이 회수 컨테이너를 주민 500명에 1대꼴로 각 도시의 거리에 배치하고, 다른 재생 가능한 자재도 노란 쓰레기 컨테이너로 회수하고 있다.

[부록 1] 표준정규분포표, Φ(z)

z	-0.09	-0.08	-0.07	-0.06	-0.05	-0.04	-0.03	-0.02	-0.01	0.00
-4.0	0.0000	0.0000	0.0000	0.0000	0.0000	0.0000	0.0000	0.0000	0.0000	0.0000
-3.9	0.0000	0.0000	0.0000	0.0000	0.0000	0.0000	0.0000	0.0000	0.0000	0.0000
-3.8	0.0001	0.0001	0.0001	0.0001	0.0001	0.0001	0.0001	0.0001	0.0001	0.0001
-3.7	0.0001	0.0001	0.0001	0.0001	0.0001	0.0001	0.0001	0.0001	0.0001	0.0001
-3.6	0.0001	0.0001	0.0001	0.0001	0.0001	0.0001	0.0001	0.0001	0.0002	0.0002
-3.5	0.0002	0.0002	0.0002	0.0002	0.0002	0.0002	0.0002	0.0002	0.0002	0.0002
-3.4	0.0002	0.0003	0.0003	0.0003	0.0003	0.0003	0.0003	0.0003	0.0003	0.0003
-3.3	0.0003	0.0004	0.0004	0.0004	0.0004	0.0004	0.0004	0.0005	0.0005	0.0005
-3.2	0.0005	0.0005	0.0005	0.0006	0.0006	0.0006	0.0006	0.0006	0.0007	0.0007
-3.1	0.0007	0.0007	0.0008	0.0008	0.0008	0.0008	0.0009	0.0009	0.0009	0.0010
-3.0	0.0010	0.0010	0.0011	0.0011	0.0011	0.0012	0.0012	0.0013	0.0013	0.0013
-2.9	0.0014	0.0014	0.0015	0.0015	0.0016	0.0016	0.0017	0.0018	0.0018	0.0019
-2.8	0.0019	0.0020	0.0021	0.0021	0.0022	0.0023	0.0023	0.0024	0.0025	0.0026
-2.7	0.0026	0.0027	0.0028	0.0029	0.0030	0.0031	0.0032	0.0033	0.0034	0.0035
-2.6	0.0036	0.0037	0.0038	0.0039	0.0040	0.0041	0.0043	0.0044	0.0045	0.0047
-2.5	0.0048	0.0049	0.0051	0.0052	0.0054	0.0055	0.0057	0.0059	0.0060	0.0062
-2.4	0.0064	0.0066	0.0068	0.0069	0.0071	0.0073	0.0075	0.0078	0.0080	0.0082
-2.3	0.0084	0.0087	0.0089	0.0091	0.0094	0.0096	0.0099	0.0102	0.0104	0.0107
-2.2	0.0110	0.0113	0.0116	0.0119	0.0122	0.0125	0.0129	0.0132	0.0136	0.0139
-2.1	0.0143	0.0146	0.0150	0.0154	0.0158	0.0162	0.0166	0.0170	0.0174	0.0179
-2.0	0.0183	0.0188	0.0192	0.0197	0.0202	0.0207	0.0212	0.0217	0.0222	0.0228
-1.9	0.0233	0.0239	0.0244	0.0250	0.0256	0.0262	0.0268	0.0274	0.0281	0.0287
-1.8	0.0294	0.0301	0.0307	0.0314	0.0322	0.0329	0.0336	0.0344	0.0351	0.0359
-1.7	0.0367	0.0375	0.0384	0.0392	0.0401	0.0409	0.0418	0.0427	0.0436	0.0446
-1.6	0.0455	0.0465	0.0475	0.0485	0.0495	0.0505	0.0516	0.0526	0.0537	0.0548
-1.5	0.0559	0.0571	0.0582	0.0594	0.0606	0.0618	0.0630	0.0643	0.0655	0.0668
-1.4	0.0681	0.0694	0.0708	0.0721	0.0735	0.0749	0.0764	0.0778	0.0793	0.0808
-1.3	0.0823	0.0838	0.0853	0.0869	0.0885	0.0901	0.0918	0.0934	0.0951	0.0968
-1.2	0.0985	0.1003	0.1020	0.1038	0.1056	0.1075	0.1093	0.1112	0.1131	0.1151
-1.1	0.1170	0.1190	0.1210	0.1230	0.1251	0.1271	0.1292	0.1314	0.1335	0.1357
-1.0	0.1379	0.1401	0.1423	0.1446	0.1469	0.1492	0.1515	0.1539	0.1562	0.1587
-0.9	0.1611	0.1635	0.1660	0.1685	0.1711	0.1736	0.1762	0.1788	0.1814	0.1841
-0.8	0.1867	0.1894	0.1922	0.1949	0.1977	0.2005	0.2033	0.2061	0.2090	0.2119
-0.7	0.2148	0.2177	0.2206	0.2236	0.2266	0.2296	0.2327	0.2358	0.2389	0.2420
-0.6	0.2451	0.2483	0.2514	0.2546	0.2578	0.2611	0.2643	0.2676	0.2709	0.2743
-0.5	0.2776	0.2810	0.2843	0.2877	0.2912	0.2946	0.2981	0.3015	0.3050	0.3085
-0.4	0.3121	0.3156	0.3192	0.3228	0.3264	0.3300	0.3336	0.3372	0.3409	0.3446
-0.3	0.3483	0.3520	0.3557	0.3594	0.3632	0.3669	0.3707	0.3745	0.3783	0.3821
-0.2	0.3859	0.3897	0.3936	0.3974	0.4013	0.4052	0.4090	0.4129	0.4168	0.4207
-0.1	0.4247	0.4286	0.4325	0.4364	0.4404	0.4443	0.4483	0.4522	0.4562	0.4602
0.0	0.4641	0.4681	0.4721	0.4761	0.4801	0.4840	0.4880	0.4920	0.4960	0.5000

z	0.00	0.01	0.02	0.03	0.04	0.05	0.06	0.07	0.08	0.09
0.0	0.5000	0.5040	0.5080	0.5120	0.5160	0.5199	0.5239	0.5279	0.5319	0.5359
0.1	0.5398	0.5438	0.5478	0.5517	0.5557	0.5596	0.5636	0.5675	0.5714	0.5753
0.2	0.5793	0.5832	0.5871	0.5910	0.5948	0.5987	0.6026	0.6064	0.6103	0.6141
0.3	0.6179	0.6217	0.6255	0.6293	0.6331	0.6368	0.6406	0.6443	0.6480	0.6517
0.4	0.6554	0.6591	0.6628	0.6664	0.6700	0.6736	0.6772	0.6808	0.6844	0.6879
0.5	0.6915	0.6950	0.6985	0.7019	0.7054	0.7088	0.7123	0.7157	0.7190	0.7224
0.6	0.7257	0.7291	0.7324	0.7357	0.7389	0.7422	0.7454	0.7486	0.7517	0.7549
0.7	0.7580	0.7611	0.7642	0.7673	0.7704	0.7734	0.7764	0.7794	0.7823	0.7852
0.8	0.7881	0.7910	0.7939	0.7967	0.7995	0.8023	0.8051	0.8078	0.8106	0.8133
0.9	0.8159	0.8186	0.8212	0.8238	0.8264	0.8289	0.8315	0.8340	0.8365	0.8389
1.0	0.8413	0.8438	0.8461	0.8485	0.8508	0.8531	0.8554	0.8577	0.8599	0.8621
1.1	0.8643	0.8665	0.8686	0.8708	0.8729	0.8749	0.8770	0.8790	0.8810	0.8830
1.2	0.8849	0.8869	0.8888	0.8907	0.8925	0.8944	0.8962	0.8980	0.8997	0.9015
1.3	0.9032	0.9049	0.9066	0.9082	0.9099	0.9115	0.9131	0.9147	0.9162	0.9177
1.4	0.9192	0.9207	0.9222	0.9236	0.9251	0.9265	0.9279	0.9292	0.9306	0.9319
1.5	0.9332	0.9345	0.9357	0.9370	0.9382	0.9394	0.9406	0.9418	0.9429	0.9441
1.6	0.9452	0.9463	0.9474	0.9484	0.9495	0.9505	0.9515	0.9525	0.9535	0.9545
1.7	0.9554	0.9564	0.9573	0.9582	0.9591	0.9599	0.9608	0.9616	0.9625	0.9633
1.8	0.9641	0.9649	0.9656	0.9664	0.9671	0.9678	0.9686	0.9693	0.9699	0.9706
1.9	0.9713	0.9719	0.9726	0.9732	0.9738	0.9744	0.9750	0.9756	0.9761	0.9767
2.0	0.9772	0.9778	0.9783	0.9788	0.9793	0.9798	0.9803	0.9808	0.9812	0.9817
2.1	0.9821	0.9826	0.9830	0.9834	0.9838	0.9842	0.9846	0.9850	0.9854	0.9857
2.2	0.9861	0.9864	0.9868	0.9871	0.9875	0.9878	0.9881	0.9884	0.9887	0.9890
2.3	0.9893	0.9896	0.9898	0.9901	0.9904	0.9906	0.9909	0.9911	0.9913	0.9916
2.4	0.9918	0.9920	0.9922	0.9925	0.9927	0.9929	0.9931	0.9932	0.9934	0.9936
2.5	0.9938	0.9940	0.9941	0.9943	0.9945	0.9946	0.9948	0.9949	0.9951	0.9952
2.6	0.9953	0.9955	0.9956	0.9957	0.9959	0.9960	0.9961	0.9962	0.9963	0.9964
2.7	0.9965	0.9966	0.9967	0.9968	0.9969	0.9970	0.9971	0.9972	0.9973	0.9974
2.8	0.9974	0.9975	0.9976	0.9977	0.9977	0.9978	0.9979	0.9979	0.9980	0.9981
2.9	0.9981	0.9982	0.9982	0.9983	0.9984	0.9984	0.9985	0.9985	0.9986	0.9986
3.0	0.9987	0.9987	0.9987	0.9988	0.9988	0.9989	0.9989	0.9989	0.9990	0.9990
3.1	0.9990	0.9991	0.9991	0.9991	0.9992	0.9992	0.9992	0.9992	0.9993	0.9993
3.2	0.9993	0.9993	0.9994	0.9994	0.9994	0.9994	0.9994	0.9995	0.9995	0.9995
3.3	0.9995	0.9995	0.9995	0.9996	0.9996	0.9996	0.9996	0.9996	0.9996	0.9997
3.4	0.9997	0.9997	0.9997	0.9997	0.9997	0.9997	0.9997	0.9997	0.9997	0.9998
3.5	0.9998	0.9998	0.9998	0.9998	0.9998	0.9998	0.9998	0.9998	0.9998	0.9998
3.6	0.9998	0.9998	0.9999	0.9999	0.9999	0.9999	0.9999	0.9999	0.9999	0.9999
3.7	0.9999	0.9999	0.9999	0.9999	0.9999	0.9999	0.9999	0.9999	0.9999	0.9999
3.8	0.9999	0.9999	0.9999	0.9999	0.9999	0.9999	0.9999	0.9999	0.9999	0.9999
3.9	1.0000	1.0000	1.0000	1.0000	1.0000	1.0000	1.0000	1.0000	1.0000	1.0000
4.0	1.0000	1.0000	1.0000	1.0000	1.0000	1.0000	1.0000	1.0000	1.0000	1.0000

[부록 2] 표준정규분포에 대한 손실 함수, L(z)

z	-0.09	-0.08	-0.07	-0.06	-0.05	-0.04	-0.03	-0.02	-0.01	0.00
-4.0	4.0900	4.0800	4.0700	4.0600	4.0500	4.0400	4.0300	4.0200	4.0100	4.0000
-3.9	3.9900	3.9800	3.9700	3.9600	3.9500	3.9400	3.9300	3.9200	3.9100	3.9000
-3.8	3.8900	3.8800	3.8700	3.8600	3.8500	3.8400	3.8300	3.8200	3.8100	3.8000
-3.7	3.7900	3.7800	3.7700	3.7600	3.7500	3.7400	3.7300	3.7200	3.7100	3.7000
-3.6	3.6900	3.6800	3.6700	3.6600	3.6500	3.6400	3.6300	3.6200	3.6100	3.6000
-3.5	3.5900	3.5800	3.5700	3.5600	3.5500	3.5400	3.5301	3.5201	3.5101	3.5001
-3.4	3.4901	3.4801	3.4701	3.4601	3.4501	3.4401	3.4301	3.4201	3.4101	3.4001
-3.3	3.3901	3.3801	3.3701	3.3601	3.3501	3.3401	3.3301	3.3201	3.3101	3.3001
-3.2	3.2901	3.2801	3.2701	3.2601	3.2502	3.2402	3.2302	3.2202	3.2102	3.2002
-3.1	3.1902	3.1802	3.1702	3.1602	3.1502	3.1402	3.1302	3.1202	3.1103	3.1003
-3.0	3.0903	3.0803	3.0703	3.0603	3.0503	3.0403	3.0303	3.0204	3.0104	3.0004
-2.9	2.9904	2.9804	2.9704	2.9604	2.9505	2.9405	2.9305	2.9205	2.9105	2.9005
-2.8	2.8906	2.8806	2.8706	2.8606	2.8506	2.8407	2.8307	2.8207	2.8107	2.8008
-2.7	2.7908	2.7808	2.7708	2.7609	2.7509	2.7409	2.7310	2.7210	2.7110	2.7011
-2.6	2.6911	2.6811	2.6712	2.6612	2.6512	2.6413	2.6313	2.6214	2.6114	2.6015
-2.5	2.5915	2.5816	2.5716	2.5617	2.5517	2.5418	2.5318	2.5219	2.5119	2.5020
-2.4	2.4921	2.4821	2.4722	2.4623	2.4523	2.4424	2.4325	2.4226	2.4126	2.4027
-2.3	2.3928	2.3829	2.3730	2.3631	2.3532	2.3433	2.3334	2.3235	2.3136	2.3037
-2.2	2.2938	2.2839	2.2740	2.2641	2.2542	2.2444	2.2345	2.2246	2.2147	2.2049
-2.1	2.1950	2.1852	2.1753	2.1655	2.1556	2.1458	2.1360	2.1261	2.1163	2.1065
-2.0	2.0966	2.0868	2.0770	2.0672	2.0574	2.0476	2.0378	2.0280	2.0183	2.0085
-1.9	1.9987	1.9890	1.9792	1.9694	1.9597	1.9500	1.9402	1.9305	1.9208	1.9111
-1.8	1.9013	1.8916	1.8819	1.8723	1.8626	1.8529	1.8432	1.8336	1.8239	1.8143
-1.7	1.8046	1.7950	1.7854	1.7758	1.7662	1.7566	1.7470	1.7374	1.7278	1.7183
-1.6	1.7087	1.6992	1.6897	1.6801	1.6706	1.6611	1.6516	1.6422	1.6327	1.6232
-1.5	1.6138	1.6044	1.5949	1.5855	1.5761	1.5667	1.5574	1.5480	1.5386	1.5293
-1.4	1.5200	1.5107	1.5014	1.4921	1.4828	1.4736	1.4643	1.4551	1.4459	1.4367
-1.3	1.4275	1.4183	1.4092	1.4000	1.3909	1.3818	1.3727	1.3636	1.3546	1.3455
-1.2	1.3365	1.3275	1.3185	1.3095	1.3006	1.2917	1.2827	1.2738	1.2650	1.2561
-1.1	1.2473	1.2384	1.2296	1.2209	1.2121	1.2034	1.1946	1.1859	1.1773	1.1686
-1.0	1.1600	1.1514	1.1428	1.1342	1.1257	1.1172	1.1087	1.1002	1.0917	1.0833
-0.9	1.0749	1.0665	1.0582	1.0499	1.0416	1.0333	1.0250	1.0168	1.0086	1.0004
-0.8	0.9923	0.9842	0.9761	0.9680	0.9600	0.9520	0.9440	0.9360	0.9281	0.9202
-0.7	0.9123	0.9045	0.8967	0.8889	0.8812	0.8734	0.8658	0.8581	0.8505	0.8429
-0.6	0.8353	0.8278	0.8203	0.8128	0.8054	0.7980	0.7906	0.7833	0.7759	0.7687
-0.5	0.7614	0.7542	0.7471	0.7399	0.7328	0.7257	0.7187	0.7117	0.7047	0.6978
-0.4	0.6909	0.6840	0.6772	0.6704	0.6637	0.6569	0.6503	0.6436	0.6370	0.6304
-0.3	0.6239	0.6174	0.6109	0.6045	0.5981	0.5918	0.5855	0.5792	0.5730	0.5668
-0.2	0.5606	0.5545	0.5484	0.5424	0.5363	0.5304	0.5244	0.5186	0.5127	0.5069
-0.1	0.5011	0.4954	0.4897	0.4840	0.4784	0.4728	0.4673	0.4618	0.4564	0.4509
0.0	0.4456	0.4402	0.4349	0.4297	0.4244	0.4193	0.4141	0.4090	0.4040	0.3989

z	0.00	0.01	0.02	0.03	0.04	0.05	0.06	0.07	0.08	0.09
0.0	0.3989	0.3940	0.3890	0.3841	0.3793	0.3744	0.3697	0.3649	0.3602	0.3556
0.1	0.3509	0.3464	0.3418	0.3373	0.3328	0.3284	0.3240	0.3197	0.3154	0.3111
0.2	0.3069	0.3027	0.2986	0.2944	0.2904	0.2863	0.2824	0.2784	0.2745	0.2706
0.3	0.2668	0.2630	0.2592	0.2555	0.2518	0.2481	0.2445	0.2409	0.2374	0.2339
0.4	0.2304	0.2270	0.2236	0.2203	0.2169	0.2137	0.2104	0.2072	0.2040	0.2009
0.5	0.1978	0.1947	0.1917	0.1887	0.1857	0.1828	0.1799	0.1771	0.1742	0.1714
0.6	0.1687	0.1659	0.1633	0.1606	0.1580	0.1554	0.1528	0.1503	0.1478	0.1453
0.7	0.1429	0.1405	0.1381	0.1358	0.1334	0.1312	0.1289	0.1267	0.1245	0.1223
0.8	0.1202	0.1181	0.1160	0.1140	0.1120	0.1100	0.1080	0.1061	0.1042	0.1023
0.9	0.1004	0.0986	0.0968	0.0950	0.0933	0.0916	0.0899	0.0882	0.0865	0.0849
1.0	0.0833	0.0817	0.0802	0.0787	0.0772	0.0757	0.0742	0.0728	0.0714	0.0700
1.1	0.0686	0.0673	0.0659	0.0646	0.0634	0.0621	0.0609	0.0596	0.0584	0.0573
1.2	0.0561	0.0550	0.0538	0.0527	0.0517	0.0506	0.0495	0.0485	0.0475	0.0465
1.3	0.0455	0.0446	0.0436	0.0427	0.0418	0.0409	0.0400	0.0392	0.0383	0.0375
1.4	0.0367	0.0359	0.0351	0.0343	0.0336	0.0328	0.0321	0.0314	0.0307	0.0300
1.5	0.0293	0.0286	0.0280	0.0274	0.0267	0.0261	0.0255	0.0249	0.0244	0.0238
1.6	0.0232	0.0227	0.0222	0.0216	0.0211	0.0206	0.0201	0.0197	0.0192	0.0187
1.7	0.0183	0.0178	0.0174	0.0170	0.0166	0.0162	0.0158	0.0154	0.0150	0.0146
1.8	0.0143	0.0139	0.0136	0.0132	0.0129	0.0126	0.0123	0.0119	0.0116	0.0113
1.9	0.0111	0.0108	0.0105	0.0102	0.0100	0.0097	0.0094	0.0092	0.0090	0.0087
2.0	0.0085	0.0083	0.0080	0.0078	0.0076	0.0074	0.0072	0.0070	0.0068	0.0066
2.1	0.0065	0.0063	0.0061	0.0060	0.0058	0.0056	0.0055	0.0053	0.0052	0.0050
2.2	0.0049	0.0047	0.0046	0.0045	0.0044	0.0042	0.0041	0.0040	0.0039	0.0038
2.3	0.0037	0.0036	0.0035	0.0034	0.0033	0.0032	0.0031	0.0030	0.0029	0.0028
2.4	0.0027	0.0026	0.0026	0.0025	0.0024	0.0023	0.0023	0.0022	0.0021	0.0021
2.5	0.0020	0.0019	0.0019	0.0018	0.0018	0.0017	0.0017	0.0016	0.0016	0.0015
2.6	0.0015	0.0014	0.0014	0.0013	0.0013	0.0012	0.0012	0.0012	0.0011	0.0011
2.7	0.0011	0.0010	0.0010	0.0010	0.0009	0.0009	0.0009	0.0008	0.0008	0.0008
2.8	0.0008	0.0007	0.0007	0.0007	0.0007	0.0006	0.0006	0.0006	0.0006	0.0006
2.9	0.0005	0.0005	0.0005	0.0005	0.0005	0.0005	0.0004	0.0004	0.0004	0.0004
3.0	0.0004	0.0004	0.0004	0.0003	0.0003	0.0003	0.0003	0.0003	0.0003	0.0003
3.1	0.0003	0.0003	0.0002	0.0002	0.0002	0.0002	0.0002	0.0002	0.0002	0.0002
3.2	0.0002	0.0002	0.0002	0.0002	0.0002	0.0002	0.0001	0.0001	0.0001	0.0001
3.3	0.0001	0.0001	0.0001	0.0001	0.0001	0.0001	0.0001	0.0001	0.0001	0.0001
3.4	0.0001	0.0001	0.0001	0.0001	0.0001	0.0001	0.0001	0.0001	0.0001	0.0001
3.5	0.0001	0.0001	0.0001	0.0001	0.0000	0.0000	0.0000	0.0000	0.0000	0.0000
3.6	0.0000	0.0000	0.0000	0.0000	0.0000	0.0000	0.0000	0.0000	0.0000	0.0000
3.7	0.0000	0.0000	0.0000	0.0000	0.0000	0.0000	0.0000	0.0000	0.0000	0.0000
3.8	0.0000	0.0000	0.0000	0.0000	0.0000	0.0000	0.0000	0.0000	0.0000	0.0000
3.9	0.0000	0.0000	0.0000	0.0000	0.0000	0.0000	0.0000	0.0000	0.0000	0.0000
4.0	0.0000	0.0000	0.0000	0.0000	0.0000	0.0000	0.0000	0.0000	0.0000	0.0000

[부록 3]

정수 계획법(integer programming)으로 표현한 단일 컨테이너 패킹 문제의 formulation (경영과학의 선형계획법과 정수계획법을 참고할 것: Paguay et al., 2016)

기호 및 모수

i, k : 아이템 $(i, k = 1, \ldots, n)$

a : 좌표축 $(a = 1(x), 2(y), 3(z))$

b, b' : 가로, 세로, 높이 $(b, b' = 1(\text{가로}), 2(\text{세로}), 3(\text{높이}))$

r : 회전방향 $(r = 1, \ldots, 6)$

l : 꼭짓점 $(l = 1(x_i, y_i), 2(x_i', y_i), 3(x_i, y_i'), 4(x_i', y_i'))$

V_i : 아이템 i 부피

m_i : 아이템 i의 무게

L : 컨테이너의 가로

W : 컨테이너의 세로

H : 컨테이너의 높이

l_i : 아이템 i의 가로

w_i : 아이템 i의 세로

h_i : 아이템 i의 높이

■ 의사결정변수

p_i : 아이템 i가 컨테이너 내부에 있는 지에 대한 유무

(x_i, y_i, z_i) : 아이템 i의 '왼쪽–앞–아래'에 위치한 좌표값

(x_i', y_i', z_i') : 아이템 i의 '오른쪽–뒤–위'에 위치한 좌표값

r_{iab} : 아이템 i가 a축 방향으로 b측면이 오는 지에 대한 여부

■ 보조변수

X_i : $(x_i + x_i')/2$

Y_i : $(y_i + y_i')/2$

X_{ik}^P : $x_k' \le x_i$인지에 대한 여부

Y_{ik}^P : $y_k' \le y_i$인지에 대한 여부

Z_{ik}^P : $z_k' \le z_i$인지에 대한 여부

■ 목적함수

$$Max \sum_{i=1}^{n} V_i p_i$$

■ 제약식

(기하학적 측면 제약)

$$x_i \ge 0,\ y_i \ge 0,\ z_i \ge 0 \quad \forall i = 1, \ldots, n$$

$$x_i' \le L,\ y_i' \le W,\ z_i' \le H \quad \forall i = 1, \ldots, n$$

$$x_i' - x_i = r_{i11}l_i + r_{i12}w_i + r_{i13}h_i \quad \forall i = 1,\ldots,n$$
$$y_i' - y_i = r_{i21}l_i + r_{i22}w_i + r_{i23}h_i \quad \forall i = 1,\ldots,n$$
$$z_i' - z_i = r_{i31}l_i + r_{i32}w_i + r_{i33}h_i \quad \forall i = 1,\ldots,n$$
$$\sum_{a=1}^{3} r_{iab} = p_i \ \forall i = 1,\ldots,n,\ \forall b = 1,2,3$$
$$\sum_{b=1}^{3} r_{iab} = p_i \ \forall i = 1,\ldots,n,\ \forall a = 1,2,3$$

(물자간의 겹침 방지 제약)

$$x_k' \le x_i + (1 - X_{ki}^P)L \quad \forall i,k = 1,\ldots,n,\ i \ne k$$
$$x_i + 1 \le x_k' + X_{ki}^P L \quad \forall i,k = 1,\ldots,n,\ i \ne k$$
$$y_k' \le y_i + (1 - Y_{ki}^P)W \quad \forall i,k = 1,\ldots,n,\ i \ne k$$
$$y_i + 1 \le y_k' + Y_{ki}^P W \quad \forall i,k = 1,\ldots,n,\ i \ne k$$
$$z_k' \le z_i + (1 - Z_{ki}^P)H \quad \forall i,k = 1,\ldots,n,\ i \ne k$$
$$z_i + 1 \le z_k' + Z_{ki}^P H \quad \forall i,k = 1,\ldots,n,\ i \ne k$$
$$X_{ik}^P + X_{ki}^P + Y_{ik}^P + Y_{ki}^P + Z_{ik}^P + Z_{ki}^P \ge (p_i + p_k) - 1 \quad \forall i,k = 1,\ldots,n,\ i \ne k$$

$$p_i \in \{0,1\} \quad \forall i = 1,\ldots,n$$
$$r_{iab} \in \{0,1\} \quad \forall i = 1,\ldots,n,\ \forall a,b = 1,\ldots,3$$
$$X_{ik}^P \in \{0,1\} \quad \forall i,k = 1,\ldots,n,\ i \ne k$$
$$Y_{ik}^P \in \{0,1\} \quad \forall i,k = 1,\ldots,n,\ i \ne k$$
$$Z_{ik}^P \in \{0,1\} \quad \forall i,k = 1,\ldots,n,\ i \ne k$$

참고문헌

경남발전연구원, 정책 issue & Brief, 2018. 5.

국도교통부 한국교통연구원, 물류효율성 및 부가가치 향상을 위한 접이식 컨테이너 개발 기획보고서, 2016.

국토교통부, 《국토교통통계연보》, 2015.

국토교통부, 《국토교통통계연보》, 2017.

국토교통부, 《항공통계》, 2017.

김인수, 항공화물터미널의 프로세스 효율성 제고 방안에 관한 연구, 2006.

김정환 외 5인, 신물류경영, 문영각, 2003.

김현 외, 《컨테이너 하역론》, 박영사, 2009.

데일리시큐, UPS, 빅데이터와 오리온 노선 관리 시스템으로 업무 효율 혁신, 2017.10.11.

동아닷컴, 친환경 디자인의 인천공항 제2 터미널, 이건창호 신재생에너지 기술력 적용, 2018.2.20. (출처: http://bizn.donga.com/3/all/20180220/88746457/2)

문일경 외, 《생산 및 운영관리》, 생능출판사, 2016.

문일경, 응웬 티 비에트 리, & 홍화진 (2014). 컨테이너에서의 무게중심을 고려한 박스 적재 방법, 특허등록번호 10-1384739.

부산신항 BNCT터미널 컨테이너 처리 500만개 돌파, 연합뉴스, 2016년 4월 28일. (출처: https://www.yna.co.kr/view/AKR20160428046600051)

연합뉴스(영문판), "S. Korea develops new folding container, cutting cost and space for shipment", 2017.01.22. (기사)

연합뉴스, "우유팩처럼 접히는 항공 컨테이너 개발. 대전 벤처기업서 양산", 2017.09.01. (기사)

이영혁, 우리나라 항공화물 운송 산업의 발전방향, 해운산업연구원, 1992, p.128.

장병만, 설비계획, 경문사, 1992.

최재갑, 국제 항공화물 터미널의 효율적 운영방안에 대한 연구, 인하대학교 석사학위 논문, 1993, p.26.

택배 인력 모자란 일본… 공동배송·첨단배송에 사활 걸었다, 조선일보, 2017년 6월 28일. (출처 : http://news.chosun.com/site/data/html_dir/2017/06/28/2017062800022.html)

특허명: 드론을 활용한 통합 물류 운용 시스템 및 그 방법, 등록번호: 10-1924729.

한겨레, "러시아 공해도시 제르진스크 평균수명 42살", 2013.12.05. (출처: http://ecotopia.hani.co.kr/177968)

한국국제협력단, 글로벌 CSR 사례집, 2014. 4.

한국철도기술연구원 보도자료, “컨테이너를 접는다? 철도연, 부피를 1/4로 줄인 접이식 컨테이너 개발”, 2017.

한국항만물류 정보센터, www.spidc.go.kr

DHL, 한국·유럽간 복합운송 네트워크 구축…해운보다 21일 빨라, 조선비즈, 2017년 6월 29일. (출처: http://biz.chosun.com/site/data/html_dir/2017/06/29/2017062901983.html?rsMobile=false)

HAPPIST, 아마존과 홀푸드가 열어 줄 미래 전망 – 드론, 공유냉장고 그리고 공유 경제, 2017.9.10. (출처: https://happist.com/555281/)

KB금융지주경영연구소, KB 지식비타민, 2018.3.

KMI, 국제 물류위클리, 2017.11.29.

routestofinance, 골판지 상자 재사용 판매. (출처: https://ko.routestofinance.com/how-to-make-more-money-recycling-used-cardboard-boxes)

shippersjournal, 함부르크 항만의 미래 생존을 위한 개발, 2018.6.3. (출처: http://www.shippersjournal.com/mobile/article.html?no=24714)

ACI, Baggage Tracking IATA Resolution 753/A4A Resolution 30.53 Implementation Guide, 2017, p.16.

Acunis, Air Cargo Intralogistics, Innovative & Efficient Air Cargo Terminals. (출처: www.copybook.com/companies/acunis)

Ambrosino, D., Paolucci, M., & Sciomachen, A. (2015). A MIP heuristic for multi port stowage planning. Transportation Research Procedia, 10, 725-734.

Ambrosino, D., Sciomachen, A., & Tanfani, E. (2004). Stowing a containership: the master bay plan problem. Transportation Research Part A: Policy and Practice, 38(2), 81-99.

Argüello, M. F., Bard, J. F., & Yu, G. (1997). A GRASP for aircraft routing in response to groundings and delays. Journal of Combinatorial Optimization, 1(3), 211-228.

Ashayeri, J., & Gelders, L. F. (1985). Warehouse design optimization. European Journal of Operational Research, 21(3), 285-294.

Avriel, M., Penn, M., & Shpirer, N. (2000). Container ship stowage problem: complexity and connection to the coloring of circle graphs. Discrete Applied Mathematics, 103(1-3), 271-279.

Baron, P. (1969). A simulation analysis of airport terminal operations. Transportation Research/UK/, 3(4).

Bausch, D.O., Brown, G.G. and Ronen, D. (1998), Scheduling Short-term Marine Transport of Bulk Products, Maritime Policy and Management, 25(4), 335-348.

Berrada, M., & Stecke, K. E. (1986). A branch and bound approach for machine load balancing in flexible manufacturing systems. Management Science, 32(10), 1316-1335.

Beumer Group, Beumer Lands Baggage Handling System O&M Contract at Calgary International Airport, 2017. (출처: www.airport-technology.com/contractors/baggage/crisplant/pressreleases/pressbaggage-handling-system-beumer)

Bortfeldt, A., & Wäscher, G. (2012). Container loading problems: A state-of-the-art review. Univ., Faculty of Economics and Management.

Bozer, Y. A., & Srinivasan, M. M. (1992). Tandem AGV systems: a partitioning algorithm and performance comparison with conventional AGV systems. European Journal of operational research, 63(2), 173-191.

Brown, G.G., Graves, G.W. and Ronen, D. (1987), Scheduling Ocean Transportation of Crude oil, Management Science, 33(3), 335-346.

C4ISRNET, "How collapsible refrigerators and unmanned helicopters are solving DoD's logistics problems", 2018.03.13. (기사)

Changiairport, Terminal 4: Caring for Passengers and the Environment. (출처: http://www.changiairport.com/corporate/media-centre/resources/publication/changi-journeys/issue-11/terminal-4-caring-for-passengers-and-the-environment.html)

Christiansen, M., Fagerholt, K. and Ronen, D. (2004), Ship Routing and Scheduling: Status and Perspective, Transportation Science, 38(1), 1-18.

Clark, A. J., & Scarf, H. (1960). Optimal policies for a multi-echelon inventory problem. Management science, 6(4), 475-490.

Cormier, G., & Gunn, E. A. (1992). A review of warehouse models. European Journal of Operational Research, 58(1), 3-13.

Crainic, T.G., Grendreau, M. and Dejax, P. (1993), Dynamic and Stochastic Models for the Allocation of Empty Containers, Operations Research, 41, 102-126.

Davis, Herbert W., and William H. Drumm. "LOGISTICS COSTS AND CUSTOMER SERVICE LEVELS 1996." In ANNUAL CONFERENCE PROCEEDINGS, COUNCIL OF LOGISTICS MANAGEMENT, 1996.

DC Velocity, "Foldable shipping containers cut costs and carbon", 2017.11.13. (기사)

de Azevedo, A. T., Ribeiro, C. M., de Sena, G. J., Chaves, A. A., Neto, L. L. S., & Moretti, A. C. (2012). Solving the 3D Container Ship Loading Planning Problem by Representation by Rules and Beam Search. ICORES, 12, 132-141.

de Neufville, R., & Rusconi-Clerici, I. (1978). Designing airport terminals for transfer passengers. Journal of Transportation Engineering, 104(6).

Dekker, N. (2008), Annual Container Market Review and Forecast 2008-2009, Drewry Shipping Consultants, London.

Delgado, A., Jensen, R. M., Janstrup, K., Rose, T. H., & Andersen, K. H. (2012). A constraint programming model for fast optimal stowage of container vessel bays. European Journal of Operational Research, 220(1), 251-261.

Denver Airport Baggage Claim, How the Baggage Handling System Works. (출처: https://homesecurity.press/quotes/denver-airport-baggage-claim.html)

Di Francesco, M., Crainic, T. G., & Zuddas, P. (2009). The effect of multi-scenario policies on empty container repositioning. Transportation Research Part E: Logistics and Transportation Review, 45(5), 758-770.

Erera, A. L., Morales, J. C., & Savelsbergh, M. (2009). Robust optimization for empty repositioning problems. Operations Research, 57(2), 468-483.

Fagerholt, K. (1999), Optimal Fleet Design in a Ship Routing Problem, International Transportations in Operational Research, 6(5), 453-464.

Fagerholt, K. (2004), A Computer- based Decision Support System for Vessel Fleet Scheduling - Experience and Future Research, Decision Support Systems, 37, 35-47.

Gallego, G., & Moon, I. (1993). The distribution free newsboy problem: review and extensions. Journal of the Operational Research Society, 44(8), 825-834.

Ganesharajah, Tharma, Nicholas G. Hall, and Chelliah Sriskandarajah. "Design and operational issues in AGV-served manufacturing systems." Annals of Operations Research 76 (1998): 109-154.

Guerrero, F. (1999). Machine loading and part type selection in flexible manufacturing systems. International Journal of Production Research, 37(6), 1303-1317.

Haghani, A., & Chen, M. C. (1998). Optimizing gate assignments at airport terminals. Transportation Research Part A: Policy and Practice, 32(6), 437-454.

Halim, S., & Yoanita, L. Y. D. I. A. (2015, December). Adjusted clustering Clarke-Wright Saving Algorithm for two depots-N vehicles. In Industrial Engineering and Engineering Management (IEEM), 2015 IEEE International Conference on (pp. 270-274). IEEE.

Harris, F. W. (1913). How many parts to make at once. Factory, The Magazine ofManagement, Volume 10, Number 2, February 1913, pp. 135-136, 152.

Jacobs, F. R. (2000). Playing the beer distribution game over the internet. Production and

Operations Management, 9(1), 31-39.

Jarrah, A. I., Yu, G., Krishnamurthy, N., & Rakshit, A. (1993). A decision support framework for airline flight cancellations and delays. Transportation Science, 27(3), 266-280.

Jeong, B. H., & Randhawa, S. U. (2001). A multi-attribute dispatching rule for automated guided vehicle systems. International Journal of Production Research, 39(13), 2817-2832.

Jeong, Y., Saha, S., Chatterjee, D., & Moon, I. (2018). Direct shipping service routes with an empty container management strategy. Transportation Research Part E: Logistics and Transportation Review, 118, 123-142.

Kang, J. G., & Kim, Y. D. (2002). Stowage planning in maritime container transportation. Journal of the Operational Research Society, 53(4), 415-426.

Karabulut, K., & İnceoğlu, M. M. (2004). A hybrid genetic algorithm for packing in 3d with deepest bottom left with fill method. In International Conference on Advances in Information Systems, 441-450.

Kim, J. S., & Lee, D. H. (2008). Heuristic algorithms for capacitated collection network design in reverse logistics. Management Science and Financial Engineering, 14(2), 45-66.

Kim, S., & Moon, I. (2019). Traveling salesman problem with a drone station. IEEE Transactions on Systems, Man, and Cybernetics: Systems, 49(1), 42-52.

Kim, S.H. and Lee, K.K. (1997), An Optimization-based Decision Support System for Ship Scheduling, Computers & Industrial Engineering, 33, 689-692.

Klei, C. M., and J. Kim. “AGV dispatching.” International Journal of Production Research 34, no. 1 (1996): 95-110.

Kleywegt, A. J., Shapiro, A., & Homem-de-Mello, T. (2002). The sample average approximation method for stochastic discrete optimization. SIAM Journal on Optimization, 12(2), 479-502.

Kumar, N., & Shanker, K. (2001). Comparing the effectiveness of workload balancing objectives in FMS loading. International Journal of Production Research, 39(5), 843-871.

Lee, L. H., Huang, H. C., Lee, C., Chew, E. P., Jaruphongsa, W., Yong, Y. Y., ... & Johnson, E. (2003, December). Simulation of airports/aviation systems: discrete event simulation model for airline operations: SIMAIR. In Proceedings of the 35th conference on Winter simulation: driving innovation (pp. 1656-1662). Winter Simulation Conference.

Lettovsky, L. (1999). Airline operations recovery: An optimization approach.

Lettovsky, L., Johnson, E. L., & Nemhauser, G. L. (2000). Airline crew recovery. Transportation Science, 34(4), 337-348.

Li, J. A., Leung, S. C. H., Wu, Y. and Liu K. (2007), Allocation of Empty Containers between Multi-ports, European Journal of Operational Research, 182, 400-412.

Li, J. A., Liu, K., Leung, S. C. H. and Lai, K. K. (2004), Empty Container Management in a Port with Long-run Average Criterion, Mathematical and Computer Modeling, 40, 85-100.

Moon, I., & Hong, H. (2016). Repositioning of empty containers using both standard and foldable containers. Maritime Economics & Logistics, 18(1), 61-77.

Moon, I., & Nguyen, T. V. L. (2014). Container packing problem with balance constraints. OR spectrum, 36(4), 837-878.

Moon, I., Do Ngoc, A. D., & Konings, R. (2013). Foldable and standard containers in empty container repositioning. Transportation Research Part E: Logistics and Transportation Review, 49(1), 107-124.

Moreno, A. A., & Ding, F. (1989). Goal oriented heuristics for the FMS loading (and part type selection) problems. In Proceedings of the Third ORSA/TIMS Conference on Flexible Manufacturing Systems (pp. 105-110).

Myung, Y. S. (2017). Efficient solution methods for the integer programming models of relocating empty containers in the hinterland transportation network. Transportation Research Part E: Logistics and Transportation Review, 108, 52-59.

Myung, Y. S., & Moon, I. (2014). A network flow model for the optimal allocation of both foldable and standard containers. Operations Research Letters, 42(6), 484-488.

Nahmias, S., & Pierskalla, W. P. (1973). Optimal ordering policies for a product that perishes in two periods subject to stochastic demand. Naval Research Logistics Quarterly, 20(2), 207-229.

National Geographic, 2016년 3월.

Paquay, C., Schyns, M., & Limbourg, S. (2016). A mixed integer programming formulation for the three-dimensional bin packing problem deriving from an air cargo application. International Transactions in Operational Research, 23(1-2), 187-213.

Review of Maritime Transport 2016, United Nations Conference on Trade and

Development, 2016.

Rizzoli, A. E., Fornara, N., & Gambardella, L. M. (2002). A simulation tool for combined rail/road transport in intermodal terminals. Mathematics and Computers in Simulation, 59(1-3), 57-71.

Ronald Ballou, Business Logistics/Supply Chain Managements(5 e/d, Prentice Hall, 2004.

Rosenberger, J. M., Johnson, E. L., & Nemhauser, G. L. (2003). Rerouting aircraft for airline recovery. Transportation Science, 37(4), 408-421.

Rosenberger, J. M., Schaefer, A. J., Goldsman, D., Johnson, E. L., Kleywegt, A. J., & Nemhauser, G. L. (2002). A stochastic model of airline operations. Transportation science, 36(4), 357-377.

Rouwenhorst, B., Reuter, B., Stockrahm, V., van Houtum, G. J., Mantel, R. J., & Zijm, W. H. (2000). Warehouse design and control: Framework and literature review. European journal of operational research, 122(3), 515-533.

Santoso, T., Ahmed, S., Goetschalckx, M., & Shapiro, A. (2005). A stochastic programming approach for supply chain network design under uncertainty. European Journal of Operational Research, 167(1), 96-115.

Scarf, H. (1958). A min-max solution of an inventory problem. Studies in the mathematical theory of inventory and production.

Shanker, K., & Tzen, Y. J. J. (1985). A loading and dispatching problem in a random flexible manufacturing system. International Journal of Production Research, 23(3), 579-595.

Shapiro, A. (2001, December). Monte Carlo simulation approach to stochastic programming. In Proceedings of the 33nd conference on Winter simulation (pp. 428-431). IEEE Computer Society.

Shapiro, A., & Homem-de-Mello, T. (1998). A simulation-based approach to two-stage stochastic programming with recourse. Mathematical Programming, 81(3), 301-325.

Shapiro, A., & Homem-de-Mello, T. (2000). On the rate of convergence of optimal solutions of Monte Carlo approximations of stochastic programs. SIAM journal on optimization, 11(1), 70-86.

Shen, W.S. and Khoong, C.M. (1995), A DSS for Empty Container Distribution Planning, Decision Support Systems, 15, 75-82.

Shintani, K., Imai, A., Nishimura, E. and Papadimitriou, S. (2007), The Container Shipping Network Design Problem with Empty Container Repositioning, Transportation Research

Part E, 43, 39-59.

Shintani, K., Konings, R., & Imai, A. (2010). The impact of foldable containers on container fleet management costs in hinterland transport. Transportation Research Part E: Logistics and Transportation Review, 46(5), 750-763.

Silver, E. A. (1973). A heuristic for selecting lot size quantities for the case of a deterministic time-varying demand rate and discrete opportunities for replenishment. Prod. Inventory Manage, 2, 64-74.

Silver, E. A., & Peterson, R. (1985). Decision systems for inventory management and production planning. John Wiley & Sons Inc.

Silver, E. A., Pyke, D. F., & Thomas, D. J. (2016). Inventory and production management in supply chains. CRC Press.

Simchi-Levi, D., Kaminsky, P. and Simchi-Levi, E. (2007), Designing and Managing the Supply Chain 3/E, McGraw-Hil, New York.

Simchi-Levi, D., Kaminsky, P., & Simchi-Levi, E. (2003), Designing & Managing the Supply Chain: Concepts, Strategies & Case Studies,.

Song, D. P. (2007). Characterizing optimal empty container reposition policy in periodic-review shuttle service systems. Journal of the Operational Research Society, 58(1), 122-133.

Takahashi, M., Nakanishi, T., Miyoshi, I., & Fujikura, T. (2002). An evaluation of the road traffic system simulator PIMTRACS by PIM. Mathematics and computers in simulation, 59(1-3), 45-56.

Teodorović, D., & Guberinić, S. (1984). Optimal dispatching strategy on an airline network after a schedule perturbation. European Journal of Operational Research, 15(2), 178-182.

Teodorović, D., & Stojković, G. (1990). Model for operational daily airline scheduling. Transportation Planning and Technology, 14(4), 273-285.

Theconstructionindex, Singapore starts work on forest-filled airport complex, 2015.2.3. (출처: https://www.theconstructionindex.co.uk/news/view/singapore-starts-work-on-forest-filled-airport-complex)

Tsang, H. T., & Mak, H. Y. (2015). Robust Optimization Approach to Empty Container Repositioning in Liner Shipping. In Handbook of Ocean Container Transport Logistics, 209-229.

UNCTAD secretariat, (2008), Review of Maritime Transport 2008, United Nations

Publication, New York and Geneva.

United Nations Conference on Trade and Development (UNCTAD) (2018), Review of Maritime Transport.

Valeriy Vyatkin, Baggage Handling System Diagram. (출처: www.researchgate.net/figure/Baggage- Handling-System-Diagram-10_fig1_224167747)

Verweij, B., Ahmed, S., Kleywegt, A. J., Nemhauser, G., & Shapiro, A. (2003). The sample average approximation method applied to stochastic routing problems: a computational study. Computational Optimization and Applications, 24(2-3), 289-333.

VG Cargo, Doosan and ACS Elevate VG Cargo to the Next Level, 2015. (출처: www.vgcargo.de/?p=379&lang=en)

Wagner, H. M., & Whitin, T. M. (1958). Dynamic version of the economic lot size model. Management science, 5(1), 89-96.

Wäscher, Gerhard, Heike Haußner, and Holger Schumann(2007), "An improved typology of cutting and packing problems." European journal of operational research 183, no. 3, 1109-1130.

Wei, G., Yu, G., & Song, M. (1997). Optimization model and algorithm for crew management during airline irregular operations. Journal of Combinatorial Optimization, 1(3), 305-321.

Wirasinghe, S. C., & Bandara, S. (1990). Airport gate position estimation for minimum total costs—approximate closed form solution. Transportation Research Part B: Methodological, 24(4), 287-297.

Yan, S., & Young, H. F. (1996). A decision support framework for multi-fleet routing and multi-stop flight scheduling. Transportation Research Part A: Policy and Practice, 30(5), 379-398.

Zhang, R., Zhao, H., & Moon, I. (2018). Range-based truck-state transition modeling method for foldable container drayage services. Transportation Research Part E: Logistics and Transportation Review, 118, 225-239.

Zhang, W. Y., Lin, Y., Ji, Z. S., & Zhang, G. F. (2008). Review of containership stowage plans for full routes. Journal of Marine Science and Application, 7(4), 278-285.

찾아보기

ㄱ

가중 이동 평균법(Weighted Moving Average Method) · 74
가중점수 비교법(Weighted Score Comparison Checklist) · 101
가중점수비교표 · 101
가치공학(VE: Value Engineering) · 369
가치분석(VA: Value Analysis) · 369
가치 향상 · 367
간반(Kanban Card) · 181
경제적 주문량(EOQ) · 203
경제주문량 · 378
계절성 예측기법(Seasonality Forecasting) · 79
계절지수(Seasonal Index) · 79
고객 서비스 전략(Customer Service Strategy) · 34
고객대응성(availability) · 42
고부가가치 · 326
고정투자비 · 104
공 컨테이너 재배치(Empty Container Repositioning: ECR) · 289, 305
공 컨테이너 재배치 게임 · 311, 313
공간작용모형 · 111
공급망 관리(SCM, Supply Chain Management) · 171
공급사슬(Supply Chain) · 367
공급사슬 통합전략(Supply Chain Integration Strategy) · 37
공급처 · 328
공기 조절 시스템 · 385
공유경제 · 372
공정재고(Work-in-Process) · 199
공차율 · 373
과잉재고(Overstock) · 212
구매(Purchasing) · 171
구매/조달정책 · 370
구역할당문제(셋커버링 문제: Set Covering Problem) · 113
균형점 분석(Trade off Analysis) · 106, 186
그리드 해법(Grid Method) · 96
그린마케팅(Green Marketing) · 386
기업물류(Business Logistics) · 10

ㄴ

냉동 창고 · 377

ㄷ

다제품 다층적 모형(Multi-Stage Multi-Product Model) · 104
다중회귀분석(Multiple Regression Analysis) · 72
단순 이동 평균법(Simple Moving Average Method) · 73
단위수송비 · 96
단위하물(유닛로드, Unit Load) · 243
단위화물시스템(Unit Load System) · 138, 141
단일루프 차량 경로(Single-Loop Guided-Path) · 253
단일설비입지 · 96
대량고객화(Mass Customization) · 12
대열주행(Platooning) · 129, 144
도시재활용센터 · 368
드론 배송 · 144, 147
Depot · 134

ㄹ

Radio Frequency Identification(RFID) · 54

ㅁ

면역체계 이상 · 367
모바일 물류(M-Logistics: Mobile Logistics) · 15, 58
무인안벽크레인 · 383
문전에서 문전까지 · 124
물류자산대비 회수율(ROLA: Return on Logistics Assets) · 16
물류 환경 · 367
물적공급(Physical Supply, Supply Chain) · 6
물적유통(Physical Distribution, Demand Chain) · 6
미납주문(Backorder) · 223

ㅂ

배낭 문제(Knapsack Problem) · 275
보관과 불출(Storage and Retrieval) · 268
복수설비입지 · 103
복합수송(Intermodal Transportation) · 245, 371
복합운송(Multimodal) · 141
복합운송업자 · 328
부족재고(Understock) · 212
부패성 제품 · 378
부패성 제품 시장수요(Perishable Product Stock-dependent Demand) · 379
분류(Break-Bulk) · 259
불량품(Imperfect Quality Items) · 378
블록체인(Block Chain) · 59
비위험품목(Nonhazardous Item) · 385

ㅅ

상물분리 · 43
상자 채우기 문제(Bin Packing Problem) · 276
상충관계 · 19
생산물류 · 9
생애주기의 각 단계(Life-cycle Prospective) · 371
서비스 시설 입지 문제 · 111
선형회귀분석법(Linear Regression Analysis) · 70
설비입지 문제 · 95
수리계획모형(Mathematical Programming Models) · 103
수명 초과문제(Outdating Problem) · 379
수배송 관리 시스템(TMS) · 52
수송계획문제 · 159
수송 네트워크 · 107
수송수단 · 123
수요모델 · 379
수요사슬(Demand Chain) · 367
수요 예측(Demand Forecasting) · 67
수요처 · 328
수요 흐름 전략(Demand Flow Strategy) · 35
스마트 항만 · 383
시계열 분석 · 73
시계열 분석법(Time Series Analysis) · 68
시계열 분해법(Decomposition of a time series) · 78
시뮬레이션 입지모형 · 109
시뮬레이션 해법 · 103, 109
시설고정비 · 106
시장수요율 · 380
신문 판매원 모형(Newsvendor Model) · 212
실버-밀(Silver-Meal) 휴리스틱 · 210
3PL · 372
3S1L(Speedy Safety Surely Low) · 325
Storage · 377

ㅇ

아웃소싱(외주 조달, Outsourcing) · 171
안전재고량 · 106
연속 조사(Continuous Review) · 221
오더필링(Order Filling) · 52
와그너-휘틴(Wagner-Whitin) 모형 · 209
왕복 운송 · 329

외판원문제(Traveling · 161, 166
우연오차(Random Errors) · 83
운반활성 · 244
원천자재(Virgin Materials) · 368
위치기반서비스(Location Based Service) · 373
위험/유해품목(Hazardous Item) · 385
유닛로드시스템(ULS: Unit Load System) · 41, 245
유비쿼터스 물류(U-Logistics) · 15, 59
유예 · 23
유통창고(Distribution Warehouse) · 260
의사결정지원시스템(DSS) · 313
인과형 예측법 · 70
인과형 판단법(Causal Model) · 68
입지 결정 · 95
입지평가요소(Location Factor) · 101
EDI(전자문서교환: Electronic Data Interchange) · 53
ERP(전사적 자원계획, Enterprise Resource Planning) · 41
MRP(자재소요계획) · 182
OTIF(정시완납, On Time In Full) 제도 · 198

ㅈ

자동주행 운반차량(Automated Guided Vehicle: AGV) · 247, 252
자동창고(AS/RS: Automated Storage and Retrieval System) · 262
자동창고 시스템(AS/RS: Automatic Storage and Retrieval System) · 263
자원절감(Source Reduction) · 369
자재명세서(BOM) · 183
자재절감기술(Source Reduction Technique) · 386
작업지시(Dispatching) · 255
잔존가치 · 213
재고모델 · 379
재고보유 확률(In-Stock Probability) · 214
재고수준 · 378, 379
재고와 보관 비용곡선 · 106
재고유지비용 · 103
재고통합효과 · 95
재생(Recycling) · 370
재생자재(Secondary Materials) · 368
재생 프로그램 · 381
재주문점(Reorder Point) · 206
재처리장 · 376
저장(Holding, 비축) · 258
저장창고(Storage Warehouse) · 259
전문업체 연계전략(Sourcing Strategy) · 36
전자문서교환(EDI: Electronic Data Interchange) · 15
전자물류(E-Logistics: Electronic Logistics) · 58
전통적인 차량 경로(Traditional Guided Path) · 253
접이식 컨테이너 · 289, 309, 309
정기 스케줄 · 328
정기 주문(Periodical Review) · 227
정량적 예측법(Quantitative Forecasts) · 68
정성적 예측법(Qualitative Forecasts) · 68
정수선형계획법 · 104
제삼자 물류업체 · 126, 145
제품 가용성(제품공급 가용성; Product Availability) · 197
제품 수명주기 · 22
제품혼합(Mixing) · 259
조달(Procurement) · 171
조달물류 · 9
조달시간 · 124
조달주기(Procurement Cycle) · 177
주문처리 시스템(OMS) · 50
중심해법(Centroid Method) · 96
지게차(Fork Lift Truck) · 245
지상조업 · 329
지속가능경영(CSR: Corporate Sustainable Responsibility) · 7, 367
지수 평활법(Exponential Smoothing) · 75

JIT(Just-In-Time) 기법 · 178

ㅊ

차량경로문제 · 161, 162
창고관리 시스템(WMS) · 52
창고시스템 · 377
초대형 선박(mega vessel) · 287
초점예측(Focus Forecasting) · 86
총가중점수 · 101
총가중지수 · 101
최적무게중심법 · 97
최적무게중심법(Exact Center of Gravity Method) · 96
최적해법 · 103
추세 반영 지수 평활(Trend-adjusted Exponential Smoothing) · 77
축척치(Scaling Factor) · 97
출하수송비 · 106
친환경 교통수단 · 384
친환경 기업(Green Corporation) · 387

ㅋ

컨테이너 · 126, 142, 283
컨테이너 로딩 · 297
컨테이너 로딩 문제 · 298
컨테이너 패킹 · 291
컨테이너화(Containerization) · 133, 138, 142
크레인 · 247
클라우드 컴퓨팅(Cloud Computing) · 56
키 크레인(Quay-crane) · 297
Clarke와 Wright의 Savings 기법 · 374

ㅌ

탐색적 방법 · 105
탐색적 해법(Heuristic) · 103
태양광 발전 시스템(BIPV; Building Integrated Photovoltaic System) · 383
터미널 사업자 · 329
텐뎀 차량 경로(Tandem Guided Path) · 254
투자수익률(ROI) · 101
트럭단위 미만(LTL: Less-than-Truckload Volumes) · 22
트럭단위(TL: Truckload Volumes) · 22
트레일러(Trailer) · 128
TOS(Terminal Operation System) · 316

ㅍ

판매물류 · 9
판매시점관리(POS: Point of Sale) · 15
팔레트 · 133, 138
팔레트화(Palletization) · 141
편향오차(Bias Errors) · 83
폐기물 교환 · 368
폐기처리(Disposal) · 371
포워더 · 325, 326, 328
포장(Packaging) · 268
포장자재 · 371, 386
표준화 · 27, 273
품절 확률(Stockout Probability) · 215
품질관리 체계 · 371
품질보증 · 371
품질샘플 · 385
피킹(Picking) · 252

ㅎ

하역(Material Handling) · 243
하이브리드 차량 · 373
항공화물 운송 · 325
항만 · 286
해운물류 · 131, 283
현재가 가치(NPV) · 101
협력계획보충 시스템(CPFR, Collaborative Planning, Forecasting and Replenishment) · 53
혼재(Consolidation) · 26, 259

혼합 전략 · 23
혼합정수 선형계획법(Mixed-Integer Linear Programming) · 104
화물량 · 96
화물추적 정보 시스템 · 52
화학폐기물 · 367
환경물류(Environmental Logistics) · 8, 9
환경물류 방안 · 381
환경 저해 요소 · 367
환경효과적인 시스템 · 368
활동재고량 · 106
활동중심비용(Activity-Based Costing: ABC) · 34
회수물류(Reverse Logistics) · 374
회수물류 시스템 · 368
후보입지 · 101